A Student's Companion to the Daily Office in Greek and Hebrew

A Student's Companion to the Daily Office in Greek and Hebrew

Volume I: Year 1, Spring

Edited by Molly Jane Layton
and Garrett Ayers

VTS PRESS

ISBN: 978-0-578-81428-5

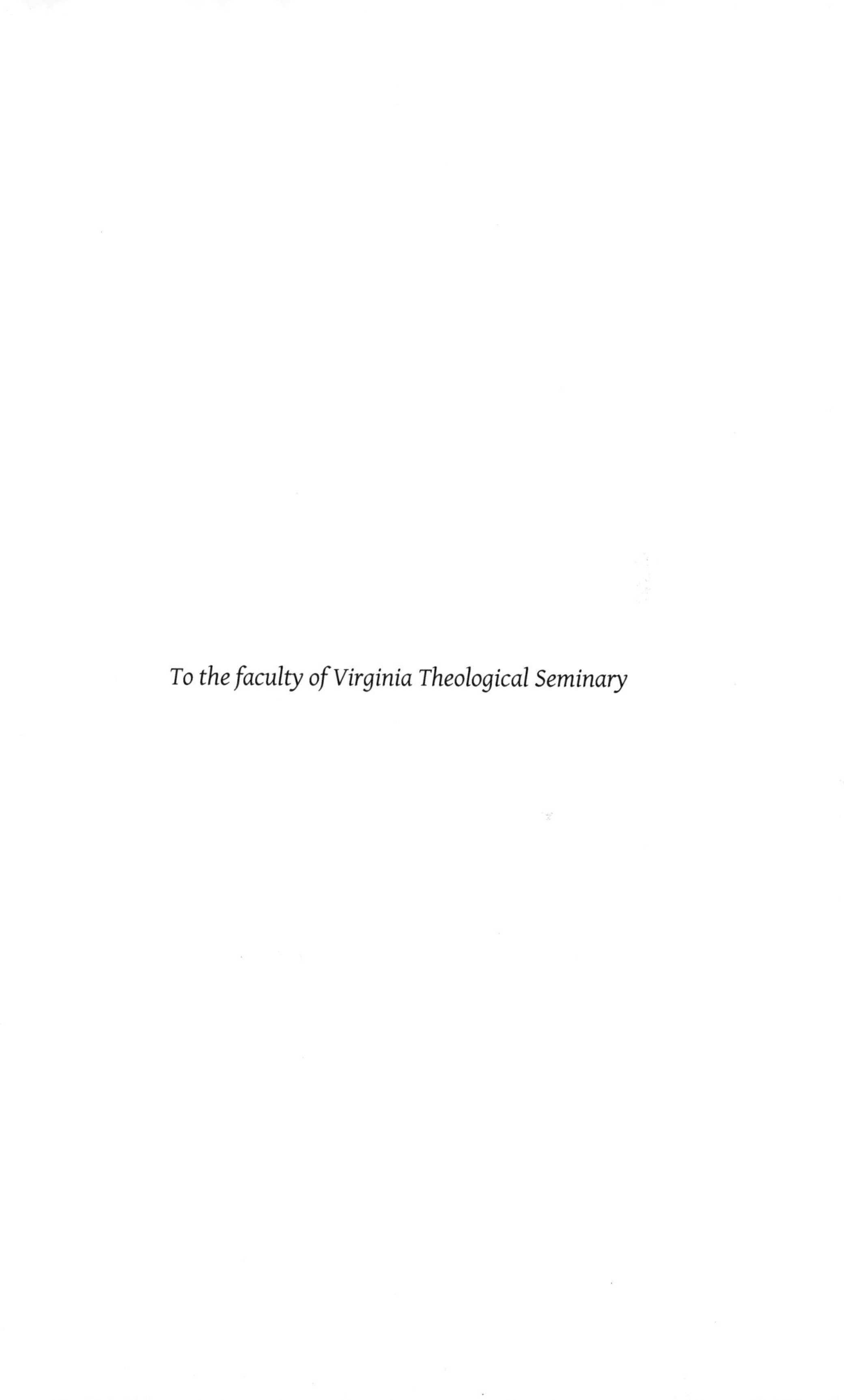

To the faculty of Virginia Theological Seminary

Table of Contents

Preface i

Introductions to Old Testament Books iii

Introductions to New Testament Books xxxiii

Introductions to Deuterocanonical Books lxxix

Bibliography lxxxvii

The Lectionary 1

Appendix 221

Preface

At the initiative of the Very Rev. Ian S. Markham, Ph.D., this book compiles The Episcopal Church's Daily Office readings and sets them in their Biblical language with the hope that seminary students will be able to hone and appreciate their Greek or Hebrew skills in a worship setting. While we do hope that anyone trained in Biblical Greek or Hebrew will find these volumes edifying, it has been specifically tailored for a seminary context. The Lectionary portion includes the readings for weekday Morning Prayer from September to May in four volumes: one for each semester of the Lectionary cycle (e.g. Vol. I: Year 1, Spring.). We have included just two passages for each day, following the rubrics of the Book of Common Prayer. These passages are the Old Testament or Deuterocanonical readings across both years, the epistle reading during Year One, and the gospel reading during Year Two. An Appendix includes the passages for all major feasts and fasts. The formatting of the work reflects that found in *Daily Office Readings* from Church Publishing Incorporated, which is familiar to many Episcopalians.

In an effort to better prepare readers for the Biblical texts in these volumes, we have also written individual introductions for each Biblical text as it appears in the Daily Office during the normal schoolyear. These introductions are written to provide an assessment of the major themes and linguistic tendencies of a given text. However, because we are limited by the schoolyear, some Biblical texts are treated rather fully (Luke-Acts), others only by one or two selections (Numbers), still others not at all (Song of Songs). Our thought here was simply to focus our attention as best as we could. At times, this meant giving a broader overview of a text; at other times it meant limiting our scope to a single passage. In all, we have tried to alert students to particular stylistic features, *hapax legomena*, grammatical particularities—any feature that might prepare readers for a deeper engagement with the text, and open a door into what can, at times, be quite challenging selections. Our desire in these introductions was simply to be *as helpful as possible*, while not overburdening readers who may be looking for a quick preparation before Morning Prayer. In short, according to Gene Tucker, "The first rule of biblical interpretation should be this: Do not reverse the miracle at Cana. That is, do not turn wine into water."[1] His advice is well-stated, and we have done our best to stick to his suggestion.

For these introductions, we have adopted a more holistic approach to the text *as we have it*. Meaning, while it is fruitful to note the changes and possibilities of authorship which produced a certain text in general, there is a way in which the worship setting itself places a burden on us to regard the text as communicative and valuable in its present form. This is not an assertion of infallibility, but rather a question of *purpose*. What we are necessarily interested in here is how the text may communicate presently, and how it may speak to us *in light of*, not despite, its incongruities or idiosyncrasies. To that effect, we have not often mentioned issues of text criticism, except where the corruption of a text has an *immediate* bearing on its readability. For Biblical quotations, we are relying heavily on the NRSV, the version in which our Daily Office readings are published. Where necessary, we have supplied our own translations marked by the abbreviation ET (Editor's Translation).

Finally, a brief comment on circumstance is in order. The scholarship of the present work reflects first of all, the sources which were most *pertinent*, and secondly, those which were most *available*. Because of the displacement brought on by COVID-19, most of these introductions were written in an attic or an apartment, away from hard-copy library access, and away from the world in general. As such, there were plenty of valuable texts that were, simply, out of reach. Search engines, e-Books, and the staff of the Bishop Payne Library have been indispensable in bringing this project to fruition.

In all, we hope these volumes invite readers into worship even more fully, that they may return to these Biblical texts again and again for comfort, challenge, and an engagement with God.

Molly Jane Layton and Garrett Ayers
2021

---

[1] Gene M. Tucker, "The Book of Isaiah 1–39: Introduction, Commentary, and Reflections" in *New Interpreter's Bible Commentary*, ed. Leander E. Keck et al. (Nashville: Abingdon, 2015), 4:169.

Introductions to Old Testament Books

Brief History of Biblical Hebrew

When addressing the historical situation of a language such as Biblical Hebrew, there are two dominant descriptive tools: *synchronic* description and *diachronic* description.[2] In short, "a synchronic view considers a language at a single point *in time*," (e.g. pre-exilic or post-exilic Hebrew), while a diachronic view is "directed to the language as it changes *over time*."[3] What follows will be a treatment of Hebrew according to those two methods. We will begin by treating Biblical Hebrew synchronically—that is, addressing its distinctions or identity within a particular time—and then briefly treat it diachronically—asking the degree to which Hebrew changes summarily across those periods.

To begin, we must be conscious of Biblical Hebrew's historical *contexts*, rather than a singular historical *context*. Unlike the texts of the New Testament, which were composed more or less within a span of forty years (50–90 CE), Biblical Hebrew is a complicated mix of early oral tradition, compilations, and compositions, all later vocalized toward the end of the first millennium CE.[4] The actual compositional period of the Old Testament stretched over several hundred years, but is largely concentrated between 800–600 BCE. Each of these epochs (oral tradition, composition, vocalization) has created what we now call the Text of the Old Testament—an historically dynamic, multi-layered document of documents. There are thus three particular strands of Hebrew detectable in the Scriptures: Archaic Biblical Hebrew, Classical (or Standard) Biblical Hebrew, and Late Biblical Hebrew.

---

[2] Bruce K. Waltke and M. O'Connor, *An Introduction to Biblical Hebrew Syntax* (Winona Lake, IN: Eisenbrauns, 1990), 4. Students of Greek will be able to break the words out into their parts: συν+χρονος (*syn+chronos, with* time, that is, *in* time) and δια+χρονος (*dia+chronos, through* time).

[3] Waltke and O'Connor, *Introduction to Biblical Hebrew*, 4.

[4] By "vocalized" here I mean the process of vowel-pointings which the Hebrew text underwent under the care of the Masoretes.

William Schniedewind identifies Archaic Biblical Hebrew as "specifically the poetry of a few apparently archaic poems in the Bible," including the Song of Moses (Exodus 15), the Blessing of Jacob (Genesis 49), and the Song of Deborah (Judges 5). In other words, these portions *pre-date* the actual compositions in which they are found; they are witnesses to Israel's oral tradition, given in a form of Hebrew antecedent to the linguistic standardization that took place around the eighth century BCE.[5] Some prominent features of Archaic Biblical Hebrew include: retention of case endings; retention of the final *yod* or *waw*; alternative relative pronouns; the paragogic nun (תַּעֲשִׂין, Ruth 3:4);[6] and of course, a number of *hapax legomena*.[7]

Next, the distinction between Classical Biblical Hebrew and Late Biblical Hebrew falls along the axis of *pre-exilic* and *post-exilic* Israel. As can be expected with any intercultural cohabitation, after the exile Biblical Hebrew begins to take on new characteristics of its neighbors' languages—neologisms, and, above all, a higher degree of Aramaisms. While the presence of Aramaisms does not *guarantee* that a text is Late versus Classical, still "it is the heavy concentration of Aramaisms—as well as other late elements—that characterizes Late Biblical Hebrew and distinguishes it from the classic Biblical Hebrew as we know it from pre-exilic compositions."[8] So, each period bears identifiable marks of its historical circumstance, and linguistically responds to new events and new places.

Diachronically, however, Biblical Hebrew remains a fairly stable language. While it certainly changes, and while its changes can be noted by an increase of Aramaisms (for example), these changes are not so substantial as to

---

[5] William M. Schniedewind, *The Social History of Hebrew: Its Origins Through the Rabbinic Period* (New Haven: Yale University Press, 2013), 53.

[6] Waltke and O'Connor, *Introduction to Biblical Hebrew*, 347: "There are a variety of forms with *nun* either between the stem and suffix (the energic forms) or after the stem (the forms with paragogic *nun*); these forms, too, reflect an earlier stage in the language."

[7] Schniedewind, *Social History of Hebrew*, 71–72.

[8] A. Hurvitz, "The Chronological Significance of 'Aramaisms' in Biblical Hebrew," *Israel Exploration Journal* 18, no. 4 (1968): 239.

constitute different languages.[9] Thankfully, whether a text is listed below as "Late" or "Classical" will have no *necessary* bearing on its accessibility. For example, Job predates Jonah, and is quite difficult to understand, while Kings predates Daniel, and is often very accessible. [10] This pattern alone demonstrates some stability to the language across its development.

Finally, we are not simply dealing with the patterns of Biblical Hebrew within their own times; we are dealing also with those patterns as they are given to us through the Masoretic Text. While the Masoretic Text is a reliable vocalization of the Hebrew Scriptures as they were handed down, we should always bear this history in mind when reading the following pericopes. Just like the Greek New Testament, the base text is not the only source for biblical writing, even if it is the most complete. However, the *most* complete rarely means *perfect*. Thus, there are a few instances where textual corruption (lost corners of a manuscript, poor transmission, etc.) really strain translation. Because none of the following pericopes will be *shown* as corrupt, we have tried to note corruption where it has a direct bearing on readability.

Readers may also notice some differences between English and Hebrew versification (c.f. Joel and Zechariah). The pericopes below have been appropriately adjusted to correspond to the English readings for the day (regardless of verse), and we have noted the disjunctions where relevant.

In short, the introductions below are designed to open up the texts, not to close them. And, whatever else the reader may keep in mind while reading, they should never forget the worship setting they are in—something of an opening itself.

---

[9] Waltke and O'Connor, *Introduction to Biblical Hebrew*, 15: "The Hebrew of scripture, though far from uniform, is essentially a single language...Certain post-exilic texts differ from earlier texts. [But,] The bulk of the Hebrew Bible, later than Exodus 15 and earlier than Esther, presents a single if changing grammar."

[10] The difficulty of Daniel is due, in part, not just to the Aramaisms in the text, but to the extended portions *written in* Aramaic, like 2:4b–7:28.

Genesis

Compiled over many centuries from oral and written traditions, Genesis holds together quite a number of linguistic particularities, narrative tropes, and distinct authorial voices within one literary unit (Ch. 1–3) or even one *chapter* (Ch. 37). That is, stylistic elements fade or come into view depending on *which* Genesis is in question. To help, we might recall the familiar documentary hypothesis (JEPD, or some version of it) for a thematic and grammatical appraisal of patterns, if only we remember with Gerhard von Rad that the sources are still "open to each other." In other words, "the exegete must take into account the fact that the sources are no longer separate from each other, but have been combined together."[11] Here, source criticism helps to reveal certain predictable aspects as they interact with one another in a complicated and multifarious text like Genesis. With this in mind, there are three broadly accepted sources for the composition of Genesis: P, J, and E.

At the risk of oversimplification, two images stretch across the Priestly (P) or more properly the Priestly Torah (PT) tradition in Genesis.[12] First—the תּוֹלְדוֹת, the "begettings" or genealogies down the centuries. Because of this emphasis on lineage, the reader may at times "conclude that she or he is reading a family history," even as "Genesis pursues virtually every imaginable threat to a linear genealogy."[13] Second—*the land* (הָאָרֶץ). Walter Brueggemann has gone to some lengths to distinguish the P tradition according to this

---

[11] Gerhard von Rad, *Genesis: A Commentary*, trans. John H. Marks, The Old Testament Library (Philadelphia: Westminster, 1972), 42.

[12] The general use of "P" is now somewhat outdated. Many scholars generally divide P into two traditions: PT (Priestly Torah) and HS (Holiness School). There is not enough space to rehearse the arguments here, only to note that all of the "P" material in Genesis falls more properly under the proper category of PT. See Israel Knohl, *The Divine Symphony: The Bible's Many Voices* (Philadelphia: Jewish Publication Society, 2003), 157-158. For an assessment of the differences between PT and HS, see Israel Knohl, *The Sanctuary of Silence: The Priestly Torah and Holiness School* (Minneapolis: Fortress Press, 1995).

[13] Robert B. Robinson, "Literary Functions of the Genealogies of Genesis," *The Catholic Biblical Quarterly* 48, no. 4 (October 1986): 601, 605.

central desire for land, even going so far as to suggest that land is "the *goal* of the kerygma."[14] This, therefore, may provide one way to sum up the P (or PT) source-tradition in Genesis—landed blessing of the generations—and readers can be attentive to the many places that these images play themselves out, like the blessing at 1:28.[15]

Next, roughly dating to the mid-tenth century B.C.E., J can be characterized above all by the name יהוה, from which the tradition draws its own name (Yahwist, or Jahwist). While, "it is hardly possible to recognize a *single* intention running through the entire [Yahwistic] work and finding expression in turns of phrase that are repeated without alteration,"[16] still we might list a few common features of the source. Gerhard von Rad calls J "the great psychologist," depicting with rich detail the inner life of its characters. He notes in particular "bold [divine] anthropomorphisms"—the LORD walking in the garden to catch an evening breeze.[17] Next, Joel Baden calls attention to the *etymological* and *etiological* plays that occur through the text—processes of *naming* and *explanation.*[18] In such moments, אָדָם is named from אֲדָמָה (etymology), and the serpent comes to crawl on its belly on account of its deception (etiology). Therefore, the reader should be alert to these sorts of wordplays and justifications; aside from the tetragrammaton, both devices provide some of J's most significant contributions to Genesis.

---

[14] Walter Brueggemann, "The Kerygma of the Priestly Writers," *Zeitschrift fur die Alttestamentliche Wissenschaft* 84, no.4 (January 1, 1972): 405, emphasis mine. Brueggeman's claim is built on the understanding that P was written as an exilic text, which may not have been the case. For a summary of the distinctions of PT (as opposed to P), and a different date for its composition, see Knohl, *Divine Sympony*, 9-35.

[15] Other noted distinctions involve the moniker אֵל שַׁדַּי in Genesis 17:1, and of course the rich depiction of creation in Genesis 1:1–2:4a, ending, fittingly, with the tag, "these are the generations (תּוֹלְדוֹת) of the heavens and the earth (וְהָאָרֶץ) when they were created."

[16] Werner H. Schmidt, *Old Testament Introduction* (Boston: de Gruyter, 2015), 79, emphasis mine.

[17] von Rad, *Genesis*, 25.

[18] Joel S. Baden, *The Composition of the Pentateuch: Renewing the Documentary Hypothesis* (New Haven: Yale University Press, 2012), 273fn107, 274fn111.

Finally, the Elohist (E). Aside from identifying God as אֱלֹהִים, E depicts a far more transcendent theology than perhaps we might discern in J; God no longer walks about in the Garden, but speaks in dreams, calls from a distance, or sends prophets.[19] E's contributions to the text appear later in the narrative (substantively around chapter 20), yet its "interweaving with the Yahwistic narrative is so thorough that any separation can be made only with great damage to the text."[20] For both of these distinctions, chapter 37 tends to be a typical test-case for the Elohistic source; it exhibits Joseph full of dreams, and some probable intermingling with J toward the latter half of the chapter.[21]

At the end, and to reiterate von Rad's assessment, we should still say that *all* sources in Genesis are intermingled (not just J and E), and our task here has simply been to isolate them so that we might better understand the ways in which Genesis depicts both the people of God, and God's involvement with this people. The reader may then hold these multiple strands in mind loosely so as to allow themselves a fuller engagement with Genesis.

Exodus

Exodus incorporates salvation history, legal formation, and rehearsals of the suzerainty treaty into a single arc expressing the formation of a people in God.[22] These changes in genre are, as we will see, the result of a successful assembly of different narrative traditions into one master-narrative.[23] Here, in

---

[19] Schmidt, *Old Testament Introduction*, 90. To that effect, both Hosea and Micah take up an Elohistic theology.

[20] von Rad, *Genesis*, 27.

[21] Baden, *Composition of the Pentateuch*, 39.

[22] For a foundational overview of the suzerainty treaty and Sinaitic theology, see Jon D. Levenson, *Sinai & Zion: An Entry into the Jewish Bible* (New York: HarperOne, 1985), 15–80.

[23] Though Exodus is a composite text like Genesis, its strands are somewhat less complex— largely just P and JE Therefore we do not need to spend as much energy teasing out the differences among the voices like we did for Genesis. To be sure, we ought to *notice* their differences—Horeb versus Sinai, the God's revelatory fire (JE), or the hyper-detailed account of the Tabernacle and the Aaronic line (P)—but on the whole, they are easier to distinguish, and seamlessly together.

Exodus, is a text of knowledge and recognition, of deliverance and relationship. Or, as one commentator writes, "In Exodus, the people of Israel are born."[24]

The narrative moves broadly through three main settings: Deliverance from Egypt (1:1–13:16), Israel in the Wilderness (13:17–18:27), and Israel at Sinai (19:1–40:38).[25] Within these subsections, we can detect different, simultaneous brushstrokes of Israel's theological imagination—God's intolerable presence, God's saving hand, and God's covenantal law.

Readers will be delighted to find that the language of Exodus is generally straightforward. Largely "devoid of philological and grammatical complication," it can be translated "both clearly and easily."[26] In Exodus, we encounter similar tropes to Genesis along the lines of etymology and etiology—מֹשֶׁה from מָשָׁה and the institution of the Passover festival—but Exodus certainly has its own style and vocabulary. As Propp notes, some dominant images or roots include: כבד, both in the sense of heaviness (4:10) and in the Sinaitic Glory of the LORD (40:34, וּכְבוֹד יְהוָה מָלֵא אֶת־הַמִּשְׁכָּן); the hand (יָד, יָמִין) or arm (זְרוֹעַ) of God, connoting strength and providence (c.f. 15:9, 15:12, 15:16); or the name (שֵׁם) of YHWH, to be *known* both by the Israelites and Pharaoh (9:16).[27]

Propp points out as well, that "the most prominent theme word in Exodus is *yādaʿ* [יָדַע], a verb connoting knowledge, experience, duty and love."[28] Thus, we should not be surprised that the formula לְמַעַן תֵּדַע כִּי occurs no less than

---

[24] John I. Durham, *Exodus,* vol. 3 of *Word Biblical Commentary* (Waco, TX: Word, 1987), xix.

[25] Durham, *Exodus*, xxx. An alternative outline would simply see the Song of the Sea (15:1–21) as an intermission, and thus divide the book in two: pre and post-deliverance. Separating it into thirds, however, lets the law and wandering have their own prominence.

[26] Durham, *Exodus*, xxviii.

[27] William H.C. Propp, *Exodus 1-18: A New Translation with Introduction and Commentary,* vol. 2 of *The Anchor Bible* (New York: Doubleday, 1998), 37: "Yahweh's *fire*, his *Glory*, his *arm*, and his *name*—all are the means whereby he is *known* in the world," emphasis in original.

[28] Propp, *Exodus*, 37.

eight times throughout the text (c.f. 8:6, 8:18, 9:29, 10:2, 14:4, 14:18).[29] All these works—the parted-sea, the law handed to Moses, the Sabbath—are given so that Israel *might know* their God, and know the God who is for them.

In truth, any one of these terms, roots, or phrases could provide an exegetical entry into the text of Exodus. No other work forms more deeply the theological scaffolding of either Testament (besides perhaps Deuteronomy), and this is largely due to the diversity of expression in Exodus—both at the level of narrative, and down to the level of the particular word. Thus, the reader is invited to enter into that theological world where God speaks out of the fire or calls a people his own.

Deuteronomy

Deuteronomy presents itself as a text situated between endings and beginnings, old lands and new lands—a closing of the Torah, and an opening of the Deuteronomistic History.[30] Set in the plains of Moab, "Deuteronomy is essentially [a] speech" from Moses, and we should not overlook this exhortatory tone.[31] Stephen Cook notes that the word "today" (הַיּוֹם) appears more than sixty times.[32] In a manner of speaking, Deuteronomy can be read like a sermon given on tiptoe. There is a sense of urgency here, an expectancy, and an understanding that all of Israel's processes of liberation and redemption are brought to bear upon the teaching that Moses presents "today"—the "today" in which Israel stands on the east bank of the Jordan, and the "today" that will present itself to each subsequent generation.

Formally, there are quite a number of repeated phrases that help to identify some of the core theological claims of the work. To name only three,

---

[29] Ellen F. Davis, *Opening Israel's Scriptures* (Oxford: Oxford University Press, 2019), 46. Note that Exodus 8:6 in the MT is 8:10 in the NRSV and 8:18 is 8:22.

[30] Several scholars highlight this feature in their treatment. See for example, Ellen F. Davis, *Opening Israel's Scriptures* (Oxford: OUP, 2019), 105; Patrick D. Miller, *Deuteronomy*, Interpretation (Louisville: Westminster John Knox, 1990), 10.

[31] Miller, *Deuteronomy*, 8.

[32] Stephen L. Cook, *Reading Deuteronomy: A Literary and Theological Commentary* (Macon, GA: Smyth & Helwys, 2015), 19.

first we might consider הלך/עבד אַחֲרֵי אֱלֹהִים אֲחֵרִים, "to follow after" or "worship other Gods."[33] Variants of this phrase appear in Deuteronomy well over fifteen times, and are always to be understood in contrast to following אַחֲרֵי יהוה אֱלֹהֵיכֶם (after the LORD your God, c.f. 13:4, 13:5 Heb). While Deuteronomy did not *initiate* this monotheistic impulse,[34] this sort of language certainly becomes central for all the subsequent Deuteronomistic-historical texts (c.f. 1 Kings 18:18). Tied to this monotheistic exhortation is a prior recognition of God's already-oneness, as in 6:4: "Hear, O Israel: The *LORD* is our God, the *LORD* alone (אֶחָד)." God's oneness and the people's devotion to the *LORD alone* are inextricable.

Second, special emphasis is given to הַמָּקוֹם אֲשֶׁר־יִבְחַר יְהוָה אֱלֹהֵיכֶם: "the place that the LORD your God will choose" (c.f. 12:5).[35] The centralization of worship takes on an important life in the Deuteronomic theological world, and is closely related to the demand upon Israel to purge itself of all idols. Here is a different sort of oneness. Readers will likely take this to mean Jerusalem. However, appearing some twenty-one times in the text, this phrase may originally refer to a northern cite, like Shechem or Shiloh because of Deuteronomy's possible origin. Nevertheless, within the developing tradition, Jerusalem certainly emerges as the *de facto* מָקוֹם.[36] Where the previous phraseology demonstrates a theological centralization, this verse demonstrates a *liturgical* centralization. Moreover, Israel's tradition of deliverance lies latent within this language (מֵאֶרֶץ מִצְרַיִם מִבֵּית עֲבָדִים, 5:6) of centralization; *place* and *land* are indispensable to a proper engagement with God.

Third, the reader should note the phrase, אֲשֶׁר אָנֹכִי מְצַוֶּה אֶתְכֶם, "which I am commanding you" (c.f. Deuteronomy 6:6).[37] Variations of this phrase appear over thirty times. It provides an excellent summary both of Moses' role

---

[33] Moshe Weinfeld, *Deuteronomy and the Deuteronomic School* (Oxford: Clarendon, 1972), 320.

[34] A text like Hosea, which predates Deuteronomy, still seems to anticipate some of Deuteronomy's concerns and phraseology (c.f. Hosea 3:1).

[35] Weinfeld, *Deuteronomy*, 324.

[36] Davis, *Opening*, 119.

[37] Weinfeld, *Deuteronomy*, 356.

in the text, and the exhortation of Deuteronomy. There are two things in particular to note here. First, this is Moses speaking, rather than God. As the model prophet and teacher, it is Moses who delivers the word of God to the people (cf. 18:15–18). Second, in this particular phrase, the participle holds special importance. Narratively, Moses *is* commanding—that is, performing an *ongoing* act. Taken together then, this phrase reveals Deuteronomy as an *ever-ongoing invitation* into the covenant God has set before his people. In a way, Moses is *always* setting before the people "life and death, blessings and curses" (30:19). This is not some life in the abstract, however. Rather, life presents itself as that life to which Israel is called through the teaching and preaching of Moses. In other words, "Deuteronomy is about the formation of renewed persons, newly graced with abundant, God-directed life."[38]

To close, each of these phrases are one node in a whole nexus of overlapping theological understandings of how God has related to Israel. In Deuteronomy readers will encounter an endlessly rich text. While the selections for the lectionary focus on the first ten chapters, because of the book's well-defined and singular style, readers will still encounter any of the aforementioned themes and patterns in Morning Prayer. Particular attention should be paid to narrative voice, tense (or aspect), and the text's *tropological* sense—who is speaking, when is the action taking place, and what is being asked of me? Deuteronomy is, above all, a text to be learned, lived, and taught:

> "Keep (וְהָיוּ) these words that I am commanding you (מְצַוְּךָ) today in your heart. Recite them (וְשִׁנַּנְתָּם) to your children and talk about them when you are at home and when you are away, when you lie down and when you rise. Bind them (וּקְשַׁרְתָּם) as a sign on your hand, fix (וְהָיוּ) them as an emblem on your forehead, and write them on the doorposts of your house and on your gates." (Deuteronomy 6:6–8)

---

[38] Cook, *Reading Deuteronomy*, 5.

Joshua 1:1–9

Where Deuteronomy ends on a note of suspension, Joshua crosses over from suspension into a narrative of triumph. In language and scope, Joshua is a work close to the Pentateuch and the Deuteronomic History.[39] Both of these directions are summoned up in YHWH's first words to Joshua, "My servant Moses is dead. Now proceed to cross the Jordan, you and all this people, into the land that I am giving them, to the Israelites" (1:2). On the one hand, because of the work's emphases on land, ancestors, and belonging, many scholars are inclined to place Joshua within the broader Pentateuchal (or "Hexateuchal") epic which begins with God's first oath to Abraham in Genesis 15 (נָתַתִּי אֶת־הָאָרֶץ, Genesis 15:18).[40] "But as the introduction to the Deuteronomistic History, Joshua provides the point of contrast to the decline and fall of the Israelite nation chronicled in Judges, Samuel, and Kings."[41] Thus, holistically, the first nine verses function as a prologue to the work in total, laying out its central themes, and anticipating the events to come.

Our sole passage from Joshua (1:1–9) typifies this interplay between Pentateuchal and Deuteronomistic history. Two dominant themes are detectable already in this short pericope. First, in a Pentateuchal reading, YHWH reiterates his unconditional promise of land, "which I swore (אֲשֶׁר־נִשְׁבַּעְתִּי) to your ancestors to give to them" (1:6). That is, "everywhere the sole of your foot (כַּף־רַגְלְכֶם) treads, I will give it to you" (1:3, ET). So, from the outset, Joshua understands itself as the process of a people coming into inheritance of *the* land (הָאָרֶץ).[42] As opposed to a haphazard settlement, the boundaries of Israel's inheritance are clearly (and expansively) set (1:4). Second, following a Deuteronomistic reading, special attention is paid also to the role of the *law* in Israel's formation. Joshua and the people of Israel are

---

[39] Thomas B. Dozeman, *Joshua 1-12: A New Translation with Commentary*, vol. 6B of *The Anchor Yale Bible* (New Haven: Yale University Press, 2015), 3.

[40] Dozeman, *Joshua 1-12*, 3.

[41] Dozeman, *Joshua 1*-12, 3.

[42] This sort of reading cannot be offered uncritically, nor without tremendous qualification as readers move from text to action. One possibility for application will be treated below.

instructed to keep the *whole* of Moses' instruction (לַעֲשׂוֹת כְּכָל־הַתּוֹרָה אֲשֶׁר צִוְּךָ מֹשֶׁה, 1:7), to do *everything* which is written in the book (לַעֲשׂוֹת כְּכָל־הַכָּתוּב בּוֹ, 1:8).

Formally, the passage should present only minor difficulties for the reader. By and large the passage is readable, and its vocabulary accessible. Unfamiliar terms include כַּף (sole), אמץ (Qal: be strong), מְשָׁרֵת (Piel participle: servant), and תַּשְׂכִּיל (Hiphil: you will have success). Several phrases take on special importance in this passage, and function almost like a refrain, like the exhortation, חֲזַק וֶאֱמָץ: "Be strong and courageous." Finally, because of this passage's similarities to Deuteronomic language, readers may find some phrasing quite familiar; emphases on wholeness, law-faithfulness, and peoplehood occur frequently in these nine verses.

We can return, then, to this refrain, "Be strong and courageous" (חֲזַק וֶאֱמָץ). Verse 7 even intensifies this exhortation, "Be strong and *very* courageous" (חֲזַק וֶאֱמַץ מְאֹד, 1:7). Readers familiar with Joshua's narrative may wince at this exhortation. Joshua is perhaps one of the most contentious and paralyzing texts for a world exhausted by war. Nevertheless, we would be remiss if we glossed over the immediate context of this refrain; while we might expect the verses to assume some galvanizing battle-cry toward "the land" which Israel is to inherit, this is not quite what the text offers. Instead, in verse 7, it becomes clear that Joshua and Israel are to be strong and courageous as regards the *Torah*— "to keep and to do the whole Torah (כְּכָל־הַתּוֹרָה)" (ET). Thus, we might follow Ellen Davis' reading of Joshua, as she warns us against "reading Joshua too literally, as an account of territorial conquest."[43] In this reading, the prologue to Joshua complicates its own narrative; far more important than courage in warfare is the courage of *covenant faithfulness*. And it is to *this* form of faithfulness that the people of God are summoned.

Ruth

The Book of Ruth is one of the most distinctive and beloved books of the Old Testament. There are several ways to typify this text—a traditional

---

[43] Davis, *Opening*, 134.

comedy, a text about genealogical insecurity and providence, a movement from death to life. It chronicles the life of Naomi (or "Sweetness," נָעֳמִי), who moves away from Bethlehem with her family, but returns a childless widow.

Inasmuch as Ruth tells the story of "family and survival,"[44] it also tells the story of a certain created family, of a daughter-in-law who vows to her mother-in-law, "Where you go, I will go;/ Where you lodge, I will lodge" (1:16). To that effect, the reader can expect plenty of dialogue in this text; of the book's eighty-five verses, fifty-nine are dialogue.[45] While most of the dialogue is prosaic in form, select portions are rendered in verse to reflect an emotional transparency of a character's speech.[46] We can think particularly of Naomi's lament in 1:20, in which she plays on her own name, "Call me Sweetness (נָעֳמִי) no longer,/ Call me Bitter (מָרָא),/ Because Shaddai has embittered me (כִּי־שַׁדַּי לִי הֵמַר) greatly" (ET).

The narrative also tells the story of Naomi's descendants, of Ruth who grafts herself onto Naomi, and counts her children according to Naomi's lineage. Thus, while in one sense for Ruth, "Naomi's people, and Naomi's God will henceforth be hers,"[47] the inverse may also be true: Ruth's people (or offspring) will henceforth be *Naomi's*. Even "The women of the neighborhood gave him a name, saying, 'A son has been born to Naomi' " (4:17). In this sense, the genealogy at the end of the text becomes especially important (4:18–22). Far from being an irrelevant addendum to the story, the genealogy is the appropriate conclusion to a narrative plagued by loss and the threat of childlessness.[48]

---

[44] Judy Fentress-Williams, *Ruth,* Abingdon Old Testament Commentaries (Nashville: Abingdon, 2012), 1.

[45] Jeremy Schipper, *Ruth: A New Translation with Introduction and Commentary*, vol. 7D of *The Yale Anchor Bible* (New Haven: Yale University Press, 2016), 21.

[46] Schipper, *Ruth*, 27.

[47] Frederic W. Bush, *Ruth, Esther,* vol. 9 of *Word Biblical Commentary* (Dallas: Word, 1996), 53.

[48] We are reminded here as well of the genealogical interest in Genesis, as Ruth 4:18 begins, "וְאֵלֶּה תּוֹלְדוֹת".

Formally, "Ruth is both well written and well preserved."[49] While Ruth bears features of Archaic and Late Biblical Hebrew, it sits more appropriately within a classical style. According to one commentator, the author of Ruth "endeavored to write his narrative using the classical language of SBH [Standard Biblical Hebrew]...but inevitably he could not avoid using several of the more subtle linguistic features of his own."[50] Nevertheless, students should feel that they can navigate the text fairly comfortably, aside from the odd Aramaism or paragogic nun (3:4, תַּעֲשִׂין). [51] Select verses stand out as particularly difficult (e.g. 2:7), but these are, on the whole, exceptions to the norm. Stylistically, "as with most biblical narrative, the vocabulary in Ruth is very repetitive."[52] Common roots include הלך, אמר, שׁוב. In sum, once a cursory grasp of the narrative's terms like כַּלָּה (daughter-in-law) הַמּוֹאֲבִיָּה (the Moabite), or גֹּרֶן (threshing floor) can be secured, the text reads much more smoothly.

Finally, the reader should pay attention to themes of birth, of personhood, and of *kinship*. In one political reading (and one that has held sway for some),[53] Ruth exists to legitimize David's Moabite roots.[54] A movement from loss to promise stretches across the work, even as it painstakingly reminds us of *Ruth's* Moabite identity. Whether her identity is evoked in interest of the Davidic line, or a simple story of newfound kinship, the Book of Ruth certainly makes a strong claim to the possibilities of family—that is, the possibilities of belonging.

---

[49] Kirsten Nielsen, *Ruth: A Commentary*. Old Testament Library (Louisville: Westminster John Knox, 1997), 33.

[50] Bush, *Ruth, Esther*, 30.

[51] A paragogic nun is an archaic verbal form in which a nun is added after the stem. See Waltke and O'Connor, *Introduction to Biblical Hebrew,* 347, 515.

[52] Schipper, *Ruth*, 9.

[53] For an exposition of this possibility, see, Fentress-Williams, *Ruth*, 22.

[54] Fentress-Williams, *Ruth*, 27.

First and Second Samuel

Start to finish, First and Second Samuel tell the story of Israel's movement from a confederation of tribes to a nation centralized under the Davidic monarchy. The narrative begins with the birth of Samuel to Hannah and moves quickly into an exposition of Israel's state of crisis. Out of this crisis emerges Saul, and out of Saul's crises emerges David— "and the spirit of the LORD came mightily upon David from that day forward" (1 Samuel 16:3). The passages in this volume (1 Samuel 2:1–10; 1 Samuel 16:1–13; and 2 Samuel 7) reflect particularly this movement of the Davidic Covenant. The following exposition will examine the passages specifically, rather than the narrative as a whole.

For Bruce C. Burch, "The story of Hannah's barrenness opens to the story of Israel's barren future."[55] Hannah's Song (1 Samuel 2:1–10) appears twice in our volumes—first on the Feast of the Presentation of the Lord; and second, during the third week of Advent. Readers may find themselves stretched by the vocabulary a bit. Structurally, however, Hannah's song can be quite easy to follow. Its parallelism provides a unity and rhythm that may help to keep the reader from getting too lost.

Attentive readers may also find that the English lesson differs slightly from the Hebrew text. The Samuel texts are quite poorly kept, which means translation committees in several places have favored readings from Qumran or the Septuagint, rather than the Masoretic Text.[56] For example, the NRSV follows a text from Qumran (4QSam[a]) at 2:2. Thus, students may hear, "My mouth derides my enemies,/ because I rejoice in *my* victory" while they *read*, כִּי שָׂמַחְתִּי בִּישׁוּעָתֶךָ, "for I rejoice in *your salvation*" (ET). Clearly these are different suggestions. Still, whether we are speaking of Hannah's victory or the salvation of the LORD, there is a reciprocity here; the LORD's salvation is *received as* Hannah's salvation, and Hannah's victory is the victory which *God* brings about.

---

[55] Bruce C. Birch, "The First and Second Books of Samuel," in Keck, et al., *The New Interpreter's*, 2:316–317.

[56] P. Kyle McCarter, *1 Samuel*, vol. 8 of *The Anchor Bible* (Garden City, NY: Doubleday, 1980), 8–9.

Next, 1 Samuel 16:1–13 tells the story of David's anointing by Samuel. Despite a few unfamiliar vocabulary words (like יָפֶה, meaning "beautiful") the pericope is fairly straightforward and accessible. Likewise, in contrast to Hannah's Song, which was fairly corrupt, David's Anointing in English follows the Masoretic Text throughout. Common or important roots include קרא, מאס, בוא and משח.

Because of the passage's accessibility, readers can give more attention to the dramatic and literary features of this passage as it sets up David to be Saul's anti-type.[57] Where Saul has been rejected (מְאַסְתִּיו, 16:1), David is anointed (וַיִּמְשַׁח, 16:13). The similarity of sound alone suggests a conversation between the figures. Over against the tall, powerful Saul (9:2) of Samuel's first anointing, David is rosy-cheeked (אַדְמוֹנִי) and insignificant (קָטָן). Yet Samuel is strictly warned not to regard God's new anointed by his appearance. In this context, the parade of sons lead before Samuel only reiterates God's new direction for kingship (16:7). Walter Brueggemann writes, "The explicit reference to height in this verse suggests that Yahweh can remember when they both were misled by the appearance of Saul (10:23), and Israel does not need another Saul."[58] Thus, readers should be attentive to descriptions of David, and the suggestion of the "new thing" God is doing through David.

Finally, 2 Samuel 7:1–17 tells of God's promise to David's house (כִּי־בַיִת יַעֲשֶׂה־לְּךָ יְהוָה, 2 Samuel 7:11), while 7:18–29 recount David's prayer of praise, "Who am I, O LORD God, and what is my house, that you have brought me thus far?" (7:18). Like 1 Samuel 16, this pericope should prove relatively accessible for the reader. Stylistically, this passage plays with its own descriptions of David from previous chapters. As the LORD articulates the terms of his own covenant, he says to David, "I took you from the pasture, from following the sheep to be prince (נָגִיד) over my people Israel" (7:8). Readers even more familiar with the language of David's anointing will notice David's *own*

---

[57] Gerhard von Rad, *The Theology of Israel's Historical Traditions*, vol. I of *Old Testament Theology*, trans. D.M.G. Stalker (New York: Harper & Row, 1962), 327: "So then, the tradition about Saul has no intrinsic independence, for it is never given merely for itself: it always has an eye on the one who is to come."

[58] Walter Brueggemann, *First and Second Samuel*, Interpretation (Louisville: Westminster John Knox, 2012), 122.

reference to his stature (7:19). David exalts, וַתִּקְטַן עוֹד זֹאת בְּעֵינֶיךָ. Auld, favoring a self-referential translation, gives this verse as, "I was *extremely* little in your eyes."[59] By turning the phrase in this way, Auld draws our attention to the moment in which Jesse refers to David as הַקָּטָן, "the little one." Here, as elsewhere, attention is given to the insignificant one by whom God blesses many.

To sum up, Hannah's Song proves the most challenging pericope for the reader, but its form allows readers to stay engaged and follow along. The other two pericopes, however, should be quite manageable, with 2 Samuel 7 perhaps requiring a bit more attention. Taken together, these passages reflect an arc moving from a people's anxiety to a people's security. Where we begin with the barrenness of Israel, finally the LORD promises to David, "Your house and your kingdom shall be made sure forever before me" (2 Samuel 7:16).

Job

Much of the modern scholastic debate concerning the Book of Job tries to decipher its layers of authorship. From notable tone-shifts between the folkloric opening (אִישׁ הָיָה בְאֶרֶץ־עוּץ אִיּוֹב שְׁמוֹ) and Job's lament in chapter 3 (יֹאבַד יוֹם אִוָּלֶד בּוֹ); structural tensions between the prosaic sections (1–2; 42:7–17) and the body of poetry; or thematic tensions between Job's anguish and Job's happy-go-lucky restitution, readers are often puzzled over how to consider this a unified text.

One of the most popular scholastic positions, therefore, is *not* to treat it as a whole text. Readings in this line hold to the primacy of the predominantly prosaic tradition about someone named Job—whom God tested and God redeemed—while the poetic sections emerged later, as if someone thought to dwell on the reality of the story at hand. For our purposes, we need only mention that the book is marked in many ways by structural tensions and inconsistencies that have, as yet, not been resolved. There are an almost innumerable amount of *hapax legomena*, plenty of loan-words and peculiar

---

[59] A. Graeme Auld, *I & II Samuel: A Commentary,* The Old Testament Library (Louisville: Westminster John Knox, 2011), 418, emphasis in original.

formulations. That is to say, Job is perhaps the most difficult biblical work to translate well.

Nonetheless, we might consider a few governing images and stylistic markers the reader may encounter on any given morning. Because the predominant image is one of *a court-room testimony*, verse 23:4 seems fruitful.

אֶעֶרְכָה לְפָנָיו מִשְׁפָּט

"Let me lay a case before him!" (ET). There are two notable features to this cry:

First, Job isn't just *upset* with God, he has a **מִשְׁפָּט**, a *case*, against God. Job is most concerned about his suffering and his defense of *righteousness* before God. Consider the opening word: **אֶעֶרְכָה**. This form is the cohortative first person, which can be rendered, "let me lay." It's unclear to whom Job is speaking, whether to his friends, to God, or to anyone who will listen. Here, the cohortative captures a sense of an ambiguous apostrophe, a plea to no one or everyone, which reflects Job's anxiety in being his only defender.[60]

Additionally, Eliphaz asks in 4:17, **הַאֱנוֹשׁ מֵאֱלוֹהַ יִצְדָּק**, "Can any human justify themselves before God?" (ET). While Eliphaz means this to be a rhetorical "no," this is the driving question of the entire text. Can Job, who believes he is righteous (**צדק**), actually bring his case before God? In light of this, the reader should keep track of this insistence that Job has a *case* against God. Linguistically, the text reinforces this dilemma through the common root **צדק** (righteousness), words like **רִיב** in 40:2 (conducting a lawsuit), or the play of **עֵד** (testimony) in 16:8.

Thus, the *second* notable feature involves **לְפָנָיו**, meaning simply "before him." However, imbedded within this preposition is the word for face, **פָּנֶה** or **פָּנִים**. A much more literal translation of this would be "to his face."[61] Job, above all else, desires a *direct* audience with God so that he can oppose him *to his face.* Thus, when Job cries that he would bring his case **לְפָנָיו**, before him (God), the word choice draws upon an already existing theme of the hiddenness of God's

---

[60] Just recently Job has given one of the most famous verses from the text, 19:25: "For I know my redeemer (גֹּאֲלִי) lives." The redeemer, in this case, is not *necessarily* God (though he would like it to be) but the one who will come to defense of his righteousness. In short, "I know *someone* will defend me," for apparently, God will give him no attention (23:6).

[61] Norman C. Habel, *The Book of Job: A Commentary* (Philadelphia: Westminster, 1985), 31.

face from Job.[62] Just as Job desires to present his case before God, God apparently is nowhere to be found.[63]

In short, the reader should be alert for all sorts of literary plays, certainly like the לְפָנָיו we have noted, but even other tropes that might appear during a reading. Various sections have their own themes, like the hymn to Wisdom in chapter 12, or God's appeals to creation during his own response, and attention to sound and tone may facilitate a richer engagement with the text. At a broader level, Job itself is a court-room-drama-in-waiting until chapter 38. But closer in, the text itself is known best for its semantic and structural ambiguities, which, in light of the subject matter, may actually invite the audience into a deeper sympathy with Job, as one returns to this text to consider uninterpretable suffering, and an oscillation between the presence and absence of God.

Isaiah

For several centuries, the Book of Isaiah has been a notable subject of redaction criticism in an effort to articulate dates of composition, authorships, and overall unity of the text. As a result, students may be familiar with the now-common (even if debated) tripartite division of "Isaiah" (ch. 1–39), "Deutero-Isaiah," (ch. 40–54), and "Trito-Isaiah" (ch. 55–66). While this introduction will treat Isaiah holistically, it is still important to keep this history in mind. Because of these shifts in authorship or style, readers are often cautioned, in the words of one commentator, "not to suggest more coherence than the book allows."[64]

With that in mind, let us note some broad themes or patterns in vocabulary. First, Isaiah is a strongly Zionic text.[65] Within the category of Zion

---

[62] For a development of the force of God's face in Job, see, Habel, *Job*, 21.

[63] Habel, *Job*, 21. Playing on this theme of God's hiddenness, Job mocks God with nicknames like "Seeing-Eye" (עֵין רֹאִי literally, the eye-that-sees-me) in 7:8 and "The Watcher of Humanity" (הָאָדָם נֹצֵר) in 7:20.

[64] Tucker, "The Book of Isaiah 1–39," 4:177.

[65] For a fundamental overview of Zion Theology within the Old Testament, see Levenson, *Sinai & Zion*, 89–186.

theology lie theologies of kingship (מלך), the Davidic dynasty, and images of Zion's holiness (קדש)– "The Holy Mountain" (בְּכָל־הַר קָדְשִׁי, 11:9) and "The Holy One of Israel" (קְדוֹשׁ יִשְׂרָאֵל, 43:3).[66] Next, partly because of the several "Servant" sections which comprise the latter portions of the book, עבד occurs 40 times, while other words like חֲזוֹן (vision, 1:1), חָזָה (envision, 1:4), דָּבָר (word, thing; 2:1), or מַשָּׂא (burden, 42:1) occur less frequently but contribute to a reading of the work which emphasizes God's revelation of a new reality (43:19).[67] Additionally, some readers may be surprised to find that עזב (abandon) occurs in every main section of the book, "used very frequently to characterize the desolation of the land and the people because God has abandoned them."[68] This expression of abandonment has led some scholars to consider parts of Isaiah a disputation text (רִיב) against God, and his justice (c.f. 43:26). Still, God puts forth his own disputation against the people; words like חטה (sin פשע (rebellion), and רשע (wicked) litter the text. Even עזב can be turned around to express *God's* forsakenness by Israel.[69]

By putting these clusters of vocabulary in apposition, we can begin to see clearly Isaiah's theological diversity. Isaiah is formed from prophetic poetry and narratives of several sorts. We may we read, לִמְדוּ הֵיטֵב דִּרְשׁוּ מִשְׁפָּט (Learn to do good; seek justice, 1:17 ET), which sounds quite a bit like Micah 6:8. Yet just a few chapters later Isaiah seems to resemble Daniel (c.f. Isaiah 6 and Daniel 7:9–14), or eventually Revelation (c.f. Revelation 4)

We would do well, then, to approach Isaiah more as a collection of prophetic styles and messages than as a linear or deliberately unified work. To be sure, there are several arcs and consistencies across the text; several scholars note Isaiah 40:1–8 ("Comfort, comfort my people!") as a fulcrum positioned between the former things and the things at hand—proclamations of judgment (chs. 1–39) and restoration (chs. 40–66).[70] Nevertheless, no

---

[66] Tucker, "The Book of Isaiah 1–39," 4:170.

[67] John D. W. Watts, *Isaiah 1-33*, vol. 24 of *Word Biblical Commentary*, rev. ed. (Nashville: Nelson, 2005), lxxix, lxxxii.

[68] Watts, *Isaiah 1-33*, cii.

[69] Watts, *Isaiah 1-33*, xcviii.

[70] For a concise defense of this theme, see David M. Carr, "Reaching for Unity in Isaiah," *Journal for the Study of the Old Testament* 18, no. 57 (1993): 69–70.

characterization can quite exhaust the book of Isaiah; judgment and comfort interweave throughout the entire text.[71] Thankfully, an inability to totally thematize Isaiah leaves the work open to more, not less, and readers may find any number of these patterns striking and edifying.

Jeremiah

The Book of Jeremiah—its *Sitz im Leben*—spans through two major periods of Israelite history: the Josianic Reign (640–609 B.C.E.), and Babylonian Captivity (597–586 B.C.E.). According to Ellen Davis, "Jeremiah charts the long descent into the pit of Jerusalem's destruction."[72] Thus, for a people who found themselves newly displaced, Jeremiah's "proclamation was crucial in the development of a theology adequate to the disaster that his people were undergoing."[73]

It should come as no surprise, then, that several of the core phrases particular to Jeremiah involve such disaster. Because of Israel's stubbornness (שְׁרִרוּת, eight times), prophecies of great destruction abound (שֶׁבֶר גָּדוֹל, six times), prophecies which anticipate some mysterious Northern invader (cf. 6:22) or Israel's devastation in general (cf. 15:14).[74] Indeed, "*Your* ways and *your* doings/ have brought this upon you" (4:18, emphasis mine). Still, proclamations of destruction often accompany a promise of restitution, as in 5:18, "I will not make a full end of you" (כָּלָה לֹא־אֶעֱשֶׂה אִתְּכֶם). This set phrase appears only three times (4:27, 5:10, 5:18), but is echoed elsewhere in contexts of repentance (cf. 7:5–7).[75]

Perhaps the defining feature of the book is Jeremiah's own lamentation—on behalf of Israel, on behalf of God, and even on behalf of *himself* (c.f. 20:7–9). In these cries, Jeremiah acts as some mouthpiece for the grief of the Israelites,

---

[71] For early comfort, see 2:2–4. For late judgment, see 66:15–16.

[72] Davis, *Opening Israel's Scriptures*, 280.

[73] William L. Holladay *Jeremiah 2: A Commentary on Jeremiah 26-52*, ed. Paul D. Hanson, Hermeneia (Minneapolis: Augsburg Fortress, 1989), 80.

[74] S.R. Driver, *Introduction to the Literature of the Old Testament* (Cleveland: The World Publishing Company, 1967), 275.

[75] Driver, *Introduction*, 275.

and the grief of God.[76] Hear, for example, Jeremiah's cry from 4:19, in response to the prospect of desolation, מֵעַי מֵעַי אחוּלָה קִירוֹת לִבִּי (My anguish! My anguish! I write in pain!/ Oh, the walls of my heart!). Though מֵעַי often is translated, "My anguish!" and probably rightly so, the word itself has a *bodily depth* to it; literally, it refers to one's intestines.[77] The image is quite intense, and anyone acquainted with great loss or tragedy can attest to grief's *bodily* effects. Jeremiah "writhes in pain" at the prospect of Israel's disaster (4:20), and he cannot keep destruction even from the walls of his own heart. Here, Jeremiah seems to synecdochize himself *as* Israel.

Aside from the laments, the work is formed of biographical material concerning Jeremiah's life, larger prose sayings by the prophet "showing Deuteronomic affinities"[78] (cf. 21:8), and the proclamation of a *new* covenant (Jer. 31): Israel's final restoration and new Exodus (16:14–15; 31:31–33).[79] In addition to Deuteronomy, the Book of Jeremiah draws heavily from prophetic texts like Hosea, reprising Hosea's most famous image of Yahweh-as-husband, and Israel-as-harlot (c.f. Jeremiah 3:1 and Hosea 3:1).

In all, while readers will not know every word of Jeremiah, the text itself should not be *particularly* difficult. Its formulations are not foreign to prophetic literature, and the text has been maintained reasonably well. More energy, therefore, can be spent engaging the emotional force of the work, which is its hallmark. In Jeremiah, one finds an up-close look at the life of a prophet—its delights, its struggles—as well as a key text in a key moment for the people of God.

---

[76] Abraham Heschel, *The Prophets: An Introduction* (New York: Harper Torch, 1969), 117: "The prophet must not only learn to see how man[kind] behaves, he must learn to sense God's feeling: His eternal love for Israel."

[77] Francis Brown, "מֵעֶה," *The Brown-Driver-Briggs Hebrew and English Lexicon,* 588–589.

[78] Patrick D. Miller, "Jeremiah" in Keck, et al., *The New Interpreter's,* 4:570.

[79] Gerhard von Rad, *The Theology of Israel's Prophetic Traditions,* vol. II of *Old Testament Theology*, trans. D.M.G. Stalker (London: Harper and Row, 1965), 215, 217.

Ezekiel

"The prophecies in the book of Ezekiel are among the most fascinating and puzzling writings in the Bible," opines Stephen Cook.[80] Ezekiel's Hebrew, accordingly, is quite difficult, and readers will encounter a fair share of *hapax legmonena*.[81] On one hand, these *hapax* are the result of a different framework of expression. Plenty of phrases common to the Old Testament are not common to Ezekiel.[82] Present instead are other formulae like, "so that you may know that I am the LORD (לָדַעַת כִּי אֲנִי יְהוָה)," "for the sake of my Holy Name (שֵׁם־קָדְשִׁי)," and most particularly, the address "Mortal (בֶּן־אָדָם)".[83] On the other hand, this syntactical difficulty follows quite understandably from a text compiled of all sorts of literary genres, from visions and allegories, to symbolic action reports and legal arguments.[84]

For our purposes, however, only two passages appear from Ezekiel during the course of the schoolyear: Ezekiel 3:4–11, and Ezekiel 47:1–12.

While technically Ezekiel 3:4–11 is the *second* passage—the Old Testament text for the Confession of St. Peter in Year 2—it makes sense to treat it first given its placement. Contrary to plenty of Ezekiel, the passage in itself is quite readable. Full of parallel phrases, it forms the end of the prophet's commission narrative, and repeats several words or roots in the span of a few verses. Examples include עַם, עִמְקֵי שָׂפָה (construct, rendered as "unintelligible speech,"[85]), and variations of the roots דבר and שׁמע. The reader is likely to encounter some difficulty, however, at the level of *meaning*, rather than definition. Verses can at times require some maneuvering or creativity to

---

[80] Stephen L. Cook, "Ezekiel" in *The New Oxford Annotated Bible*, 4th ed., ed. Michael D. Coogan, et al. (Oxford: Oxford University Press, 2010), 1161.

[81] Zimmerli notes *130 hapax legomena* in the work. See Walther Zimmerli, *Ezekiel 1: Commentary on the Book of the Prophet Ezekiel, Chapters 1-24*, ed. Frank Moore Cross and Klaus Baltzer with the assistance of Leonard Jay Greenspoon, trans. R.E. Clements, Hermeneia (Philadelphia: Fortress, 1979), 23.

[82] Zimmerli, *Ezekiel 1*, 22–23.

[83] Cook, "Ezekiel," *Oxford*, 1161.

[84] Cook, "Ezekiel," *Oxford*, 1161.

[85] See Francis Brown, "עָמֵק," *The Brown-Driver-Briggs Hebrew and English Lexicon*, 771.

avoid a harsh, overly clunky reading (c.f. vv. 8–9).[86] Even still, these verses are fairly navigable.

The next passage, however, is substantially more difficult. Scholars note several places of syntactical awkwardness, several even in the first verse.[87] Additionally, there are a number of *hapax legomena*, or at least words which are *hapax legomena* for Ezekiel. One notable and relevant example comes from verse 2: מְפַכִּים. Not only is this word unique to the Biblical corpus, it also functions as an onomatopoeia—a Piel participle imitating "gurgling," or "trickling,"[88] Even if singular, it is quite an important word for a passage which concerns the development of a "trickling" stream into a great river in the midst of Israel. More importantly, the stream serves as an image of *living water*; trees sprout up with healing fruit and there seems to be no end to the water's fish. By using an onomatopoeia in this way, the text even gives us an intimation of that water of life breaking *through the pages* and into life. This is water which "delivers holy life to the land...healing it of chaos," and re-establishing it with Edenic fecundity.[89]

Together, these passages can form something of a bookend for Ezekiel's ministry. The first introduces the reader to Ezekiel as he begins his prophecy, and the second introduces the reader to the *telos* of Ezekiel's prophecy. Or, we can think of the passages as points along Israel's redemptive journey. In the first, there is one sent by God to proclaim judgment and redemption; in the second, an eschatological vision arrives, locating the entire world and people within the Holiness of Temple. In either respect, whether straightforward or challenging, both passages reward patient and incisive reading.

---

[86] Readers should also be alert to the play between חָזָק (strength) and Ezekiel (יְחֶזְקֵאל, "God strengthens"). See Moshe Greenberg, *Ezekiel 1-20: A New Translation with Commentary*, vol. 22 of *The Anchor Bible* (Garden City, NY: Doubleday, 1983), 69.

[87] Stephen L. Cook, *Ezekiel 38–48: A New Translation with Introduction and Commentary*, vol. 22B of *The Anchor Yale Bible* (New Haven: Yale University Press, 2018), 262–263.

[88] Cook, *Ezekiel 38-48*, 263, and Kathryn Pfisterer Darr, "The Book of Ezekiel," in Keck, et al., *The New Interpreter's*, 5:412.

[89] Cook, *Ezekiel 38-48*, 272.

Daniel

The trouble with Daniel for the Hebrew student is that much of it is written in Aramaic. The portions that were not written in Aramaic—1:1–2:4a, and chapters 8–12—are still full of Aramaisms, idiosyncrasies, and uncertainties, leading some to suspect that these sections themselves were *translated* into Hebrew, or at least written by someone who had more facility with Aramaic than Hebrew.[90]

The book itself can be divided into two drastically different but iconic sections. Chapters 1–7 are often described as "court tales," and it is here we read of Nebuchadnezzar's conquest, Shadrach, Meshach, and Abednego, as well as Daniel in the Lion's Den. The remaining chapters of the book are a foundational source for apocalyptic writing. They tend to be cryptic, and readers familiar with the book of Revelation will find plenty of source material here. In part, the "idiosyncrasies" of Daniel are due to this style of writing, which is highly figurative, imagistic, and often paratactic.

While the text's diglossia (or even polyglossia) certainly makes Daniel a sufficiently difficult read, it also reflects a particular moment within Israel's history of occupation. Ellen Davis writes, "The presence of Aramaic within the so-called Hebrew Bible...inscribes the long-term reality of Jews living in the diaspora, making their way within Gentile dominated power structures."[91] This sort of reading is quite at home in a text which itself narrativizes the challenges of interculturality, bilingualism, and above all, the challenge of maintaining one's corporate identity in an occupied space. To intensify Davis' point, then, it is not simply the people who struggle, or a document which bears the mark of conquest, but the *text itself* which struggles between two different languages.

Though this may seem like an embellishment, consider the importance of *naming* in Daniel. We have grown accustomed to the names Shadrach, Meshach, and Abednego (in that order) down through the years, because of their representation in Sunday school, or their typology as paragons of

---

[90] John E. Goldingay, *Daniel*, vol. 30 of *Word Biblical Commentary* (Dallas: Word, 1989), xxv.

[91] Davis, *Opening*, 391.

resistance.[92] The beginning of the work, however, makes clear that their *original* names were Hananiah (חֲנַנְיָה), Mishael (מִישָׁאֵל), and Azariah (עֲזַרְיָה), and it is Nebuchadnezzar who renames them. To the point, each of these names contain specifically *Hebraic* suffixes: יָה and אֵל. That is, these are *Jewish* names, and thus re-naming constitutes the final act of conquering for Nebuchadnezzar.[93] With Daniel (דָּנִיֵּאל) the text seems to push back. While Daniel receives the name Belteshazzar (בֵּלְטְשַׁאצַּר), unlike Shadrach, Meshach, and Abednego, the narration refers to him exclusively as Daniel, while the *Babylonians* call him Belteshazzar.[94] This tension forms its own micronarrative of identity and subjugation in a portion of the text distinctly concerned with Jewish life under Gentile rule.

It should come as no surprise then that the stories themselves unfold precisely under occupation, and, like Joseph and Esther, characters negotiate faithfulness in now foreign spaces. In short, the presence of Aramaic reinforces the cultural dichotomy of occupation, and in fact, gives shape to, or more forcefully, *is* this dichotomy.

As the book moves toward the apocalyptic sections, the text slowly returns back to Hebrew. Chapter 7—the beginning of Daniel's vision—is still given in Aramaic, but from chapter 8 until the end, the visions are told in Hebrew. Only one pericope from this section is featured in our volumes (vol. 1)—Daniel 12:1–4, 13. This passage is characteristically difficult, and contains the arrival of Michael and a depiction of Resurrection. Verse 2 reads, "Many of those who

---

[92] See, for example, Martin Luther King, Jr., *A Testament of Hope: The Essential Writings and Speeches*, ed. James M. Washington (New York: HarperOne, 1986), 294: "Of course there is nothing new about this kind of civil disobedience. It was seen sublimely in the refusal of Shadrach, Meshach, and Abednego to obey the laws of Nebuchadnezzar because a higher moral law was involved."

[93] Daniel L. Smith-Christopher, "The Book of Daniel," in Keck, et al., *The New Interpreter's*, 6:723: "But clearly the most crushing reality of Babylonian policy was the deportation itself, the disruption of life and the constant reminder of being a conquered people."

[94] There is, however, one instance in which the trio is addressed by their Hebrew names (2:17), but it is, arguably, Daniel's perspectives mediated through the narrative. That is, in a conversation with a fellow Hebrew they receive their names back.

sleep in the dust of the earth shall awake (וְרַבִּים מִיְּשֵׁנֵי אַדְמַת־עָפָר יָקִיצוּ), some to everlasting life, some to shame and everlasting contempt (אֵלֶּה לְחַיֵּי עוֹלָם וְאֵלֶּה לַחֲרָפוֹת לְדִרְאוֹן עוֹלָם)." Popular words include עֵת (time), עוֹלָם (eternity), and the adjective רַב (great), while infinitives and participles have a robust presence.

In closing, while readers will encounter quite a challenge in Daniel, the challenge can be put to good use by allowing themselves to be displaced by the text—an experience with which the work is intimately concerned. Moreover, as the work stretches its own language for new visions of a new land, readers may find themselves in as-yet unfamiliar territory as they encounter the Hebrew of apocalypticism, a genre defined by defamiliarization and language made strange.

Jonah

The Book of Jonah stands out among the prophetic literature, first of all, because it is a narrative rather than a collection of oracles delivered by the prophet. It is *about* the prophet, not *by* the prophet.[95] To that effect, most scholarship agrees (for one reason or another) that Jonah is not an historically *literal* text, even if it contains some historical touchstones, like the reference to Jonah's father in 1:1, corroborated by 2 Kings 14:25. As such it is classified in various ways, from parable, to folktale, myth, or legend. While at first this genre clarification feels like a loss, especially with respect to a prophetic book, reading Jonah lightly actually allows for a deeper engagement with the text, opening up the plays and particularities of a story that has deeply captured our imagination since its composition.

As we might imagine then, its formal and linguistic qualities are quite distinct. Yair Zakovitch places the composition in the Second Temple period—"its vocabulary and syntax corresponding with those of the Bible's later books,

---

[95] This an oversimplification, but for our purposes, it holds. Other prophetic texts like Isaiah or Jeremiah stand out as examples which also contain narratives likely not written/spoken by the prophet himself, though Jonah's narrative is much more like the legends of Elijah and Elisha in 1 and 2 Kings.

Aramaic sources, and rabbinic literature."[96] Some of these postexilic features include the compound relative particle שֶׁ (who, what, which) found in verses 1:7, 1:12, 4:10; the "later" verb מנה (וַיְמַן in 1:1, for example), meaning to "appoint" which appears most densely in postexilic Hebrew;[97] and more generally, a deep knowledge of prophetic tropes and psalmic devices which provide the literary background for the development of Jonah's story.

Thus, we could say in a very general sense, that the Book of Jonah is a prophetic text concerned lightheartedly with the phenomenon of prophecy itself. "Jonah," writes Ellen Davis, "might be the extended joke in the prophetic corpus, which is otherwise short on humor."[98] Beginning rather quickly, it follows a reluctant prophet who spends the first half of the text fleeing from the God (מִלִּפְנֵי יְהוָה) "who *made the sea and the dry land* (אֲשֶׁר־עָשָׂה אֶת־הַיָּם וְאֶת־הַיַּבָּשָׁה, 1:9)." Ironically, Jonah himself offers this characterization to a group of shipmen—that is, *on the raging sea*—while presumably hiding from God. So, we might allow this statement to provide something of a topography for the story as a whole—a narrative outline.[99] First Jonah flees to the sea, and after getting swallowed by the whale, is spit out on *dryland* (אֶל־הַיַּבָּשָׁה). Therefore, embedded within Jonah's own proclamation is an admission of *God's enduring presence in the world*. As Davis notes again, the story of the prophet Jonah portrays "a story of a human being [brought] into the sphere of a resilient friendship with God."[100]

There is not enough space here to detail all the riches of this brief but powerful text. However, readers following the Daily Office will have the unique

---

[96] Yair Zakovitch, "Jonah," in Coogan, et al., *The New Oxford Annotated Bible*, 1301. Phyllis Trible, however, narrows the *terminus ad quem* a bit here, limiting it to the second century BCE as the latest possible date. See Phyllis Trible, "The Book of Jonah: Introduction, Commentary, and Reflections," in Keck, et al., *The New Interpreter's*, 5:635.

[97] James Limburg, *Jonah: A Commentary,* The Old Testament Library (Louisville: Westminster/John Knox, 1993), 29.

[98] Davis, *Opening*, 250.

[99] To that effect, nearly every commentary notes Jonah's fecundity for creational theology. Perhaps Jonah's statement— "the one who made the sea and the dryland"—is not incidental, but right at the heart of the theology of the text.

[100] Davis, *Opening*, 254–255.

opportunity to hear this story in its entirety over the course of a few days, broken up by chapters, which are themselves broken up by vignette: Jonah's travelogue, the belly of the whale, Nineveh, and Nineveh's outskirts. This will allow plenty of opportunities to read the wordplay, the humor, the playful rhymes, and Jonah's prayer of thanksgiving "from the belly of Sheol" (מִבֶּטֶן שְׁאוֹל, 2:3, ET). From each of these devices arise opportunities for reflection upon that "resilient friendship" which God extends to Jonah, to Nineveh, to each of us.

Micah

Like many prophetic works, Micah is closer to a collection of oracles than a single unified work; it is often considered the product of many hands. To that effect, scholars struggle over attribution of original content (redaction history), and when precisely to date the work, though most date the text to the eighth century BCE. And, similar to Hosea, its language bears definitive affinities to the agrarian life from which it emerged and was received.

Thus, if we are trying to discern in the text a unified *hand*, we may struggle. However, if we are trying to discern within the text a unified *voice*, or *cause*, then the text coheres rather quickly. As Hillers puts it, "disparate elements in the book of Micah appear more closely connected on the assumption that the prophet was somehow associated with a movement of *revitalization*."[101] This revitalization is none other than the cause of YHWH to execute אֶת־הַמִּשְׁפָּט against Israel. Micah's claim (here, מִשְׁפָּט as well) against Israel can be typified in verse 2:8:

> *But you [Jacob], rise up against my people as an enemy;*
> *You strip the robe from the peaceful,*
> *From those who pass by trustingly*
> *With no thought of war.*

This unifying cause is the pronouncement of demise for the corrupt leaders of Israel, those who "built Zion with blood, and Jerusalem with wickedness" (בֹּנֶה

---

[101] Delbert R. Hillers, *Micah: A Commentary on the Book of the Prophet Micah*, ed. Paul D. Hanson with Loren Fisher. Hermeneia. (Minneapolis: Augsburg Fortress, 1984), 7, emphasis mine.

צִיּוֹן בְּדָמִים וִירוּשָׁלִַם בְּעַוְלָה, 3:10 ET). Therefore, "I have begun to strike you down,/ Making you desolate because of your sins" (6:13). In characteristic fashion, just as the powerful are struck down, YHWH announces the vindication of the weak:

They shall all sit under their own vines
And under their own fig trees,
And no one shall make them afraid;
For the mouth of the Lord has spoken. (4:4)

While several passages may present difficulties for readers (specifically 1:10–16, 6:9–12, and 7:11–12), the book on the whole articulates itself similarly to Hosea, though with shorter lines and full of briefer comparisons. In Micah, the reader can expect, "a set of exquisite small poems, employing regular rhythm, elegant patterns of repetition with variation (parallelism), vivid imagery, and an intense dialogical engagement with the audience."[102] The beginning of verse 3:6 stands out as a superb example of Micah's linguistic beauty and tone of judgment: לָכֵן לַיְלָה לָכֶם מֵחָזוֹן וְחָשְׁכָה לָכֶם מִקְּסֹם (Therefore it will be night for you, without sight, and a darkness without revelation for you, ET). The alliterative lamed and slant rhyme throughout unify the statement under one single image of sightlessness, and the night (לַיְלָה) of judgment. In an engagement with Micah, readers are therefore invited to dwell in that night of judgment, both to wait there for deliverance, and to consider how they might take part in Micah's "revitalization"—how better to "walk humbly with your God" (וְהַצְנֵעַ לֶכֶת עִם־אֱלֹהֶיךָ, 6:8).

[102] Davis, *Opening*, 236.

Introductions to New Testament Books

Brief History of New Testament Greek

The Greek of the New Testament is a product of its historical context, cultural milieu, and specific subject matter. Understanding the unique features of New Testament Greek will improve both the reader's formal comprehension and intuitive sense of the meaning of a passage. Thus, we hope to situate New Testament Greek in its linguistic and cultural context and to discuss specific characteristics of each book contained in this volume of the lectionary.

Judea/Palestine and its immediate environs in the first century CE saw the confluence of four languages: Aramaic as the local language, Hebrew as the written language of the Jewish people, and Greek and Latin as the languages of its past and current conquerors.[103] In this mixture, Greek was commonly used as the primary mode of communication between "speakers whose speech would otherwise have been mutually incomprehensible" despite the fact that it was a reminder of their status as a conquered people.[104] In fact, Stanley Porter argues that Jesus spoke Greek, not only from assumptions made based on his social location in multilingual Judea/Palestine, but also from specific instances in the gospels where he is portrayed as talking to non-Aramaic speakers without any sort of interpreter interposed.[105] Furthermore, Greek was the obvious choice for authors of New Testament books who were writing beyond an initial Jewish audience to people throughout the known world. "Out

---

[103] Stanley E. Porter, *Studies in Biblical Greek*, vol. 6 of *Studies in the Greek New Testament: Theory and Practice*, ed. D. A. Carson (New York: Lang, 1996), 89. See also, Jonathan M. Watt, "A Brief History of Ancient Greek with a View to the New Testament," in *Early Christianity in its Hellenistic Context*, ed. Stanley E. Porter and Andrew W. Pitts, vol. 3 of *The Language of the New Testament: Context, History, and Development* (Leiden: Brill, 2013), 237, and Catherine Hezser, *Jewish Literacy in Roman Palestine* (Tübingen: Mohr Siebeck, 2001), 230–31.

[104] Watt, "A Brief," 235. C.f. Hezser, *Jewish Literacy*, 231.

[105] Porter, *Studies in Biblical*, 161–62.

of all these choices, though, Greek lent itself naturally to writer-evangelists who articulated an aggressively cross-cultural intent to 'break down the barrier of the dividing wall' between Jew and Gentile in line with a mandate to testify to the Gospel 'from Jerusalem to the ends of the earth.' "[106]

Certain factors distinguish New Testament Greek from other dialects of Greek. First, this confluence of languages produced a bi- and multilingual society. Diglossia in Judea/Palestine applied to Hebrew, Aramaic, and Greek; not only would people have spoken more than one language, but for each language, there would have been a higher written form and a lower spoken form.[107] Second, while the Old Testament was still studied in Hebrew, its translation into Greek in the Septuagint indicates that fewer people were learning and using the Semitic languages.[108] As a translation, the Septuagint was characterized by both the Greek vocabulary of Alexandria and by Semitisms, which are constructions related to Hebrew or Aramaic and not found in the standard Greek of the time.[109]

However, scholars disagree on the extent that New Testament Greek has been influenced by these Semitic languages. Porter gives a comprehensive summary of the views supported by the leading scholars over the past century or so, divided into three main theories.[110] "The Greek Hypothesis" argues that the Greek of the New Testament is simply another example of Hellenistic Greek; Adolf Deissman, one of its main proponents, "maintained that the Greek of the New Testament, like that of Egypt, was part of the body of popular Greek of the Hellenistic Age," and was skeptical of the idea that vocabulary in the New Testament had separate meanings from the colloquial Greek of the day.[111] "The Semitic Hypothesis" argues that "the Gospels and at least the first part of

---

[106] Watt, "A Brief," 239–40.

[107] Jonathan M. Watt, "Some Implications of Bilingualism for New Testament Exegesis," in Porter and Pitts, *Early Christianity in its Hellenistic Context*, 22.

[108] Watt, "A Brief," 238; F. C. Conybeare and St. George Stock, *Grammar of Septuagint Greek: With Selected Readings, Vocabularies, and Updated Indexes*, exp. ed. (1905; repr., Peabody, MA: Hendrickson, 1995), 3–4.

[109] Conybeare and Stock, *Grammar of Septuagint*, 22.

[110] Porter, *Studies in Biblical*, 76–95.

[111] Porter, *Studies in Biblical*, 77–78.

Acts, and possibly Revelation, are directly dependent upon some form of Semitic language, probably Aramaic."[112] This theory's underlying assumption rests on the fact that Aramaic was more pervasive in Palestine than Greek and that it was the primary language of Jesus.[113] The "Semitic-Greek Hypothesis" proposes that there was "a Jewish-Greek dialect in use in Palestine in the first century" spoken by Jesus and his disciples, influenced by the Semitic languages and the Septuagint.[114]

Regardless of which theory one finds most convincing, it is clear that there is more "flexibility of meaning" for a multilingual person because they have more mental associations with a given word than a monolingual person.[115] One can see that "a diverse arsenal of competencies resided within the minds of the subjects, and the contributors involved in the pages of the New Testament."[116] This only serves to enhance the richness of interpretation and application possible in these texts handed down to us.

Matthew

The Gospel of Matthew is written in good Koine Greek, showing an author who had a strong grasp of the language. Scholars disagree whether the author's first language was Greek or a Semitic language; however, a common observation is that he may have grown up in a bilingual or trilingual environment, which would explain both his facility with Greek and his liberal use of Semitisms.[117] Jonathan Watt uses 5:22 as an example of bilingualism in

---

[112] Porter, *Studies in Biblical*, 81.

[113] Porter, *Studies in Biblical*, 82–85.

[114] Porter, *Studies in Biblical*, 90.

[115] Watt, "Some Implications," 23.

[116] Watt, "Some Implications," 23–24, citing Ruth Berman, "Narrative Development in Multilingual Contexts," in *Narrative Development in a Multilingual Context*, ed. Sven Strömqvist and Ludo Verhoeven, (Amsterdam: John Benjamins, 2001), 419–428 (421).

[117] W. D. Davies and D. C. Allison, *Matthew 1-7*, vol. 1 of *The Gospel According to Saint Matthew* (London: T&T Clark, 2004), 73; Ulrich Luz, *Matthew 1-7*, ed. James E. Crouch, trans. Helmut Koester, Hermeneia (Minneapolis: Augsburg Fortress, 2007), 24, Project Muse.

the gospel itself; in this verse as Jesus teaches about the dangers of anger, he suggests two different insults one might use, ῥακά and μωρέ. ῥακά is Aramaic and μωρέ is Greek, and the fact that both are used shows that the author understood that "translation of either of these charged words (in speech or in writing) would have mollified their rhetorical and emotional force";[118] each word's connotation is specific enough that the audience will react differently to them. While this is far from conclusive evidence about the author's bilingualism, it is an example of how he embraced a milieu of mixed languages to achieve a specific linguistic effect.

The Gospel of Matthew presents Jesus as a teacher, one who came not to abolish the Law and the Prophets but to fulfill them (5:17). As a result, the author uses Old Testament quotations at least twice as often as the other evangelists.[119] These repeated references to the Old Testament show a familiarity with the Old Testament texts in both Greek and Hebrew,[120] and the Greek of the gospel is marked by structures typical of the Septuagint.[121] Through the author's use of the Old Testament texts and style, the reader is reminded of Jesus' purpose of properly interpreting the Law and the Prophets for future generations.

In addition, other aspects of the author's style emphasize both Jesus' portrayal as a teacher and the author's own didactic intentions. The evangelist uses direct speech more often than the other Synoptic gospels, and when he abbreviates narratives, he tends to leave the direct speech intact.[122] Ulrich Luz notes that in Matthew's redaction of Mark's material, he generally corrects Mark's use of the historic present by replacing it with the past tense, except in the case of the word for "speak" (λέγω). This suggests that the author is focusing the reader on Jesus' words specifically: "Since Matthew emphasizes

---

[118] Watt, "Some Implications," 25–26.

[119] John Nolland, *The Gospel of Matthew: A Commentary on the Greek Text*, The New International Greek Testament Commentary (Grand Rapids: Eerdmans; Exeter: Paternoster, 2005), 29. According to Nolland, the gospel has 10 formula citations, 60 quotations, and many allusions to the OT.

[120] Nolland, *The Gospel*, 33.

[121] Luz, *Matthew 1-7*, 22.

[122] Nolland, *The Gospel*, 28.

the dialogue in his story by tightening the narrative, it may be that the historical present with λέγω is also a means of directing the readers' attention to what is most important in the stories, namely Jesus' words."[123]

Another didactic technique is repetition, especially of formulas, which the author uses liberally throughout the gospel. Each of the ten Old Testament citations is introduced with a version of ἵνα πληρωθῇ τὸ ῥηθὲν ὑπὸ κυρίου διὰ τοῦ προφήτου λέγοντος (so that what was spoken by the Lord through the prophet might be fulfilled, 1:22, NRSV) and each of the five main discourses end with a version of Καὶ ἐγένετο ὅτε ἐτέλεσεν ὁ 'Ιησοῦς τοὺς λόγους τούτους... (So it happened when Jesus finished these words..., 7:28, NRSV).[124] Each repeated formula signals to the reader the importance of what is about to come or what has been concluded.

In addition, the author uses repeated vocabulary, phrases or synonyms to create cross-references within the text, again to signal to the reader connections to make between passages. For example, John the Baptist's message of repentance because the kingdom of heaven has come (Μετανοεῖτε· ἤγγικεν γὰρ ἡ βασιλεία τῶν οὐρανῶν, 3:2) is repeated exactly as Jesus' message at the beginning of his ministry after his temptation (4:17).[125] This type of repetition serves both to signal to the reader the importance of the message and to make a connection between the ministries of John the Baptist and Jesus.

The evangelist of Matthew weaves together material from his various sources to present the gospel with his unique theological emphasis: Jesus the Son of God and Messiah, teaching in a bilingual milieu, fulfilling the Law and the Prophets as he shows their true meaning to his audience. The evangelist's attention to repeated formulas and cross-references support this presentation as the readers make connections between different passages, mutually deepening their understanding.

---

[123] Luz, *Matthew 1-7*, 25.

[124] Nolland, *The Gospel*, 23–24; cf. Luz, *Matthew 1-7*, 22.

[125] Nolland, *The Gospel*, 26–27.

John

The Gospel of John is written in a unique Greek style, which is similar only to that found in the Johannine epistles.[126] While the Greek is grammatically accurate, it lacks nuance; however, this does not prevent it from presenting "a memorable solemnity and grandeur of diction."[127] A number of Aramaisms in the style have caused some scholars to argue that the gospel was written in Aramaic; however, most posit that the author drew on Aramaic tradition but composed it in Greek.[128] C.K. Barrett nicely summarizes the way that the Aramaisms in the language contribute to a developing liturgical diction, "...John treads, perhaps not unconsciously, the boundary between the Hellenic and the Semitic; he avoids the worst kind of Semitism, but retains precisely that slow and impressive feature of Aramaic which was calculated to produce the effect of solemn, religious Greek, and may perhaps have influenced already the liturgical language of the Church."[129]

John's lexical choices are a distinctive feature of his style; his vocabulary is limited, but he uses a selection of words distinct from that found in the Synoptics.[130] Thus, the evangelist's vocabulary choices shape the direction of his theology. For example, John uses the words ἀγαπᾶν and ἀγάπη (love) forty-four times; Luke's usage is less than one-third of that, and Matthew's and Mark's even less. Forms of ἀλήθεια, ἀληθής, ἀληθινός (truth) are used forty-six times, compared to four times each in Mark and Luke and twice in Matthew.

---

[126] C.K. Barrett, *The Gospel According to St. John: An Introduction with Commentary and Notes on the Greek Text* (New York: MacMillan, n.d.), 5.

[127] Murray J. Harris, Andreas J. Köstenberger, and Robert W. Yarbrough, *John*, Exegetical Guide to the Greek New Testament (Nashville: B&H Academic, 2015), 8, EBSCOhost; Barrett, *The Gospel*, 5.

[128] Barrett, *The Gospel*, 10; Raymond E. Brown, *The Gospel According to John (i–xii)*, vol. 29 of *The Anchor Bible* (Garden City, NY: Doubleday, 1966), cxxx. Some scholars have also argued that there is a certain poetic quality to the writing, especially in the discourses, which may stem from an Aramaic original; see Brown, *The Gospel*, cxxxii–cxxxv.

[129] Barrett, *The Gospel*, 11.

[130] Barrett, *The Gospel*, 5.

μένειν (abide) is used forty times, compared to seven times in Luke, three times in Matthew, and twice in Mark.[131] These lexical items play a significant role in Johannine theology, which emphasizes God's love and truth, and the importance of abiding in God. In addition, John's Christology is marked by his unique usage of two expressions: ὑψοῦν and ἀφ' ἑαυτοῦ/ἀπ' ἐμαυτοῦ. He uses ὑψοῦν as a play on words to mean both 'to exalt' and 'to lift up on a cross' (for example, in 3:14 where he compares Jesus to the serpent Moses lifted up in the wilderness); he develops this from Palestinian Aramaic or Syriac אזדקף (*'ezdᵉqeph*), which carries both denotations in normal usage.[132] This makes a clear theological connection between Jesus' crucifixion and his glorification. ἀφ' ἑαυτοῦ/ἀπ' ἐμαυτοῦ (on his/my own) is used thirteen times in John, and nowhere else in the New Testament in the singular;[133] Barrett notes that John's use of this phrase exemplifies the way John views the relationship between Jesus Christ and God the Father (for example, in 5:19 where Jesus says that he does nothing on his own without the Father).[134]

The simplicity of John's style is seen in his use of conjunctions. A normal characteristic of Greek is frequent subordinating conjunctions which distinguish the main action and supporting actions. John, however, often uses καί to connect short sentences together, a rhetorical device called parataxis which creates a simple and direct narrative effect. For example, in 9:6–7 where Jesus heals the blind man, John joins four verb phrases together with καί to describe Jesus' actions.[135] John will also at times use asyndeton, where he connects short phrases together without conjunctions (see for example 1:40, 42, 45, 47). In addition, John uses the conjunction οὖν, which normally carries an argumentative connotation, to simply mean "and."[136] Thus, the reader must

---

[131] For these statistics, Barrett references Maurice Goguel, *Le quatrième Évangile*, vol. 2 of *Introduction au Nouveau Testament* (Paris: Leroux, 1924), 244ff.

[132] Barrett, *The Gospel*, 9.

[133] Barrett, *The Gospel*, 7, citing Eduard Schweizer, *Beiträge zur Theologie des Neuen Testaments* (Zürich, Zwingli-Verlag, 1970), 93.

[134] Barrett, *The Gospel*, 7–8.

[135] Barrett, *The Gospel*, 6–7.

[136] Barrett, *The Gospel*, 7.

rely on other cues besides conjunctions to assess the relative importance of actions within sentences and to understand how phrases relate to each other.

However, although simple, John's style is not monotonous; to achieve variety, he relies on word order and form. For instance, John the Baptist twice denies that he is the Christ; in 1:20 the word order is ἐγὼ οὐκ εἰμὶ ὁ χριστός whereas in 3:28 the word order is οὐκ εἰμὶ ἐγὼ ὁ χριστός. In 15:4–10, the classic passage where Jesus commands the disciples to abide in him, the evangelist uses the word μένω ten times in eight different forms, consistently switching the order of the accompanying prepositional phrases and other modifiers.[137]

For the reader, close attention to the unique features of this gospel proves rewarding. From the gospel's distinctive vocabulary and its high Christology, to its Aramaisms possibly indicating early liturgical usage, there is certainly a great deal here to read carefully and closely.

The Acts of the Apostles

The narrative structure of the Book of Acts, along with its clear Greek prose, makes it engaging to read.[138] It is generally accepted that the Lukan evangelist also wrote the Acts of the Apostles, and the literary styles of the books are very similar, showing an accuracy and simplicity that contributes to readability.[139] For example, the author frequently uses summaries as transitions between events.[140] However, the reader may need to keep a

---

[137] Harris, Köstenberger, and Yarbrough, *John*, 9.

[138] An unusual aspect of the Book of Acts is the textual history of the manuscript; the Western text is longer than the Alexandrian text by roughly ten percent. See Mikeal C. Parsons and Martin M. Culy, *Acts: A Handbook on the Greek Text,* Baylor Handbook on the Greek New Testament (Waco, TX: Baylor University Press, 2003), xiii. While the various arguments for the superiority of either text go beyond the scope of this introduction, the reader should note that Nestle Aland's edition of the Greek text, which is used in this lectionary, follows the shorter Alexandrian manuscript.

[139] Barclay M. Newman and Eugene A. Nida, *A Translator's Handbook on The Acts of the Apostles*, Helps for Translators (London: United Bible Societies, 1972), 1.

[140] Raymond E. Brown, *An Introduction to the New Testament* (New Haven: Yale University Press, 1997), 319.

dictionary handy, since Luke has made unique lexical choices: "Of the 5,436 unique vocabulary words in the New Testament, 2,038 are found in Acts."[141]

As Luke traces the development of the early church and the missionary journeys of Peter and Paul, he dedicates one-third of his text to speeches, mostly apostolic. This follows the standard historiographical practice of the Greco-Roman period and makes the narrative more compelling.[142] Scholars debate to what extent these speeches were actually made by the apostles and how much they have been edited, or even composed entirely, by Luke. For instance, Peter's and Paul's speeches are very different. Peter's are more kerygmatic and focused on direct explanation of the gospel (e.g. 3:12–26 and 4:8–12), whereas Paul's tend to be more free-flowing as he uses the situation at hand and his own testimony to build an argument for the gospel (e.g. 20:18–35 and 22:3–21).[143] However, without another extant source for comparison, it is difficult to know if these differences are based on actual distinctions in the way Peter and Paul spoke or simply on Luke's characterization of the two men.

One of the key narrative events in Acts is the conversion of the apostle Paul, which is recorded three times, first as narrative in 9:1–19 and then twice in speeches by the apostle, once in 22:6–16 when he is speaking to the mob at the temple in Jerusalem and again in 26:12–18 before King Agrippa. The essence of the story is the same each time, but Luke did not feel bound to use the same vocabulary or grammatical constructions.[144] At times the events themselves change, which raises the question of historical accuracy. For instance, the light from heaven which shone on Paul is described as φῶς ἐκ τοῦ οὐρανοῦ in 9:3; in Paul's first speech an adjective is added, ἐκ τοῦ οὐρανοῦ ... φῶς ἱκανὸν (22:6), and then a full modifying phrase in the second speech, οὐρανόθεν ὑπὲρ τὴν λαμπρότητα τοῦ ἡλίου ... φῶς (26:13). This example is not particularly troubling. However, when Luke reports the words of the Lord Jesus to Paul, each time he uses the same phrase, Σαοὺλ Σαούλ, τί με διώκεις; (9:4, 22:7, 26:14), but the third time he adds an additional sentence σκληρόν σοι

---

[141] Parsons and Culy, *Acts: A Handbook*, xiii. An example is the verb ἀποφθέγγομαι which may be used to indicate inspired speech (32).

[142] Brown, *An Introduction*, 318.

[143] Brown, *An Introduction*, 319.

[144] Newman and Nida, *A Translator's*, 1.

πρὸς κέντρα λακτίζειν. To what extent is Paul (or Luke as the author) adding to the narrative? For another perhaps even more difficult example, in each version of the conversion narrative, it is clear that Saul is called to proclaim the gospel to the world; however in the first version, the Lord tells this to Ananias (9:15), in the second version, Ananias reports this to Saul from the Lord (22:14–15), and in the third, Ananias is left out entirely and the Lord tells it directly to Saul (26:16–18).

To the modern reader with an eye for historical accuracy, these changes may seem troubling. However, Luke has stated in the prologue of both his works (Acts 1:1, and especially Luke 1:1–4) that he is writing a careful account based on eyewitnesses,[145] and it is important to note that the changes in details did not seem to bother him as a historian; he does not view them as stumbling blocks to belief. Especially in a devotional context, it is important for modern readers to understand and respect the nuanced approach to historical accuracy that the ancients held.

The Pauline Epistles

There are seven letters for which Paul's authorship is uncontested: Romans, First and Second Corinthians, Galatians, Philippians, Philemon, and First Thessalonians. Some scholars would add Second Thessalonians to that list as well, though the arguments against doing so are becoming more compelling.[146] The other letters commonly attributed to Paul (Ephesians, Colossians, and the Pastoral Epistles) produce much more controversy over authorship. They show some similarities in style and language and may have been written by someone who was part of his school, but for the majority of scholars, they are not considered part of the corpus.

---

[145] For a discussion and assessment of Luke's use of sources, see Sean A. Adams, "On Sources and Speeches: Methodological Discussions in Ancient Prose Works and Luke-Acts," in *Early Christianity in its Hellenistic Context*, ed. Stanley E. Porter and Andrew W. Pitts, vol. 1 of *Christian Origins and Greco-Roman Culture: Social and Literary Contexts for the New Testament*, Texts and Editions for New Testament Study 9 (Leiden: Brill, 2013), EBSCOhost.

[146] Brown, *An Introduction*, 592.

Paul was an educated Jew from the Diaspora, though it is debated to what extent he was formally trained in the use of Greek rhetoric.[147] He shows the capacity to write in polished Greek, but his letters also contain awkward Greek constructions, many of which have parallels in Semitic languages.[148] Paul's letters are written both to Jews and to Gentiles with a knowledge of Judaism, so perhaps he intentionally left the Semitisms in the language because he knew his readers would have been familiar with them.[149] In addition, the Semitisms stem from Paul's reliance on the Septuagint, which was translated into Greek from the original Hebrew.[150] Paul's letters tend to be conversational, simple and unadorned; his sentence structure is linear, with clauses building on each other, rather than the periodic structure expected in Classical Greek.[151] His sentences tend to lack subordinating conjunctions, a grammatical style called parataxis, and this is probably due to the fact that his mother tongue was most likely Aramaic, a language characterized by parataxis.[152]

R. Dean Anderson comes to the conclusion that in Paul's Greek there were enough differences from Hellenistic Greek to create difficulties in communication, but not enough for scholars to argue for a completely different dialect or sociolect. "Paul, then, by his own admission an 'apostle to the Gentiles,' shows remarkably little regard for writing his letters in such a way that they might be easily understood by someone with no knowledge of

---

[147] Brown, *An Introduction*, 424–25; Joseph A. Fitzmyer, *Romans: A New Translation with Introduction and Commentary*, vol. 33 of *The Anchor Bible* (New York: Doubleday, 1993), 90; Timothy A. Brookins and Bruce W. Longenecker, *1 Corinthians 1-9: A Handbook on the Greek Text*, Baylor Handbook on the Greek New Testament (Waco, TX: Baylor University Press, 2016), xviii.

[148] R. Dean Anderson, "Grappling with Paul's Language: How a Greek Might Struggle," in *The Language and Literature of the New Testament: Essays in Honor of Stanley E. Porter's 60th Birthday*, ed. Lois K. Fuller Dow, Craig A. Evans, and Andrew W. Pitts (Leiden: Brill, 2016), 237–38.

[149] Anderson, "Grappling with," 238.

[150] "Paul's Greek is affected by that of the LXX; but it is no worse for that reason than that of many other New Testament authors or other Hellenistic writers of the period." Fitzmyer, *Romans: A New Translation*, 90.

[151] Anderson, "Grappling with," 240.

[152] Anderson, "Grappling with," 241.

either Jewish customs or Jewish use of the Greek language."[153] However, most of the Gentiles in Paul's churches had connections to Judaism, making Paul's language ultimately intelligible to his audience.[154]

Romans

Joseph Fitzmyer notes that in Romans, Paul sounds like an orator rather than a writer, composing more of a "formal lecture than...a literary essay-letter."[155] His ability to write in a polished style and use rhetorical devices create a clearly argued letter putting forth his doctrine of law and grace.[156] Through careful argument supported by tradition and Scripture and infused with neologisms, Paul lays out his theology of salvation by faith through grace, to show the new work which Christ has done on our behalf.

Paul develops and repeatedly uses certain formulae that take on specific theological meaning: ἐν Χριστῷ (e.g. 8:1,39), ἐν πνεύματι (8:9), ἔργα νόμου (3:20,28), πίστις Ἰησοῦ Χριστοῦ (3:22,26b).[157] A contemporary debate shows the importance of the last phrase. Scholars disagree on whether πίστις Ἰησοῦ Χριστοῦ should be translated as an objective or subjective genitive. Does Paul mean faith which we have in Jesus Christ (an objective genitive) or the faith/faithfulness of Jesus Christ towards us (a subjective genitive)? The Greek allows both translations, and the nuanced difference changes the force of the phrase. The first possibility focuses on our capacity for faith, while the second focuses on Christ's faithfulness to us in his life and death on the cross. The careful reader might pay attention to how the different connotations impact the meaning of individual verses and the overall sense of justification by faith.

Paul's vocabulary is quite distinct. He uses words from the Septuagint which were found almost exclusively in the New Testament and other Christian texts, and which native Greek speakers would have recognized as

---

[153] Anderson, "Grappling with," 254.

[154] Anderson, "Grappling with," 255.

[155] Fitzmyer, *Romans: A New Translation*, 92.

[156] Fitzmyer, *Romans: A New Translation*, 91.

[157] Richard N. Longenecker, *The Epistle to the Romans: A Commentary on the Greek Text*, The New International Greek Testament Commentary (Grand Rapids: Eerdmans, 2016), 19.

Semitisms.[158] For example, his use of ἁγιάζω (15:16) and ἁγιασμός, (6:19,22), while based on the Greek root of ἅγιος (sacred or holy), more clearly reflect the Hebrew idea of making holy or sanctifying. He also creates new words, known as neologisms, to express his ideas. For example, in 5:16 he says τὸ μὲν γὰρ κρίμα ἐξ ἑνὸς εἰς κατάκριμα, creating κατάκριμα (condemnation) out of the more common word κρίμα (judgement) to emphasize the punishment that comes from Adam's sin.[159] A few verses later (5:20), Paul says οὗ δὲ ἐπλεόνασεν ἡ ἁμαρτία, ὑπερεπερίσσευσεν ἡ χάρις, creating ὑπερπερισσεύω out of the more common verb περισσεύω, to show just how much more grace abounds than sin.[160] The newness of these words would strike an ancient listener, further emphasizing these important ideas about grace and judgement.

Paul's distinct usage of a few Greek words would not have made much sense to a native Greek speaker who was not well-versed in Jewish culture. For instance, he uses δικαιόω to mean "to justify" instead of "to pronounce judgment" or "to punish." This follows Hebrew צדק (*tsedeq*), but the change in meaning can produce confusion; for example in 2:13 he says οἱ ποιηταὶ νόμου δικαιωθήσονται, meaning that those who follow the law are justified, but to the unsuspecting Greek, it could be taken that those who follow the law are punished.[161] Paul later uses this as a key part of his argument to show that since we cannot follow the law perfectly, we will be justified by faith. While this does not pose a problem for the modern reader with access to a New Testament dictionary, Paul was assuming that his audience was versed enough in Jewish culture and the Hebrew language to follow his argument.

Paul also uses material from Scripture to make his arguments more persuasive. For instance, he combines Old Testament passages into *testimonia* lists, creating ample textual support for his ideas (e.g. 9:25–29).[162] "Of the approximately 83 places in the Pauline corpus where biblical quotations are to be found..., well over half appear in this letter: 45 of the 83."[163] While over half

---

[158] Anderson, "Grappling with," 246.

[159] Compare also 5:18 and 8:1.

[160] Anderson, "Grappling with," 242.

[161] Anderson, "Grappling with," 250.

[162] Fitzmyer, *Romans: A New Translation*, 91–92.

[163] Longenecker, *The Epistle*, 21.

of his quotations are from the Septuagint, four times overall (once in Romans), his reading agrees with the Masoretic Text instead of the Septuagint, and about half the time his readings differ from both the Septuagint and the Masoretic Text. This differs from most other New Testament writers who use the Septuagint almost exclusively.[164] Contrary to those who have used Paul's writings about the law over time as an argument for anti-Semitism, this reminds us that Paul was a student of the Hebrew Scriptures themselves, not just their Greek translations. He hopes that the grace he passionately defends will reach both Jew and Gentile.

Paul's penchant for morphological creation and his capacity to draw together Hebrew and Greek ideas create a work of tremendous rhetorical and linguistic force. Romans is "calm in the sense that it is not aggressive and that the rush of words is always well under control. Still there is a rush of words, rising repeatedly to passages of splendid eloquence; but the eloquence is spontaneous, the outcome of strongly moved feeling..."[165] Paul uses this eloquence and emotion thoroughly in defense of the gospel of grace.

First and Second Corinthians

Paul wrote several times to the church at Corinth, and we have a compilation of these letters handed to us in the form of First and Second Corinthians. The majority of scholars accept the first letter as intact, though perhaps composed at two separate times.[166] The second letter has provoked more controversy, with scholars arguing for four separate theories: the traditional view that it is a single letter; two additional views that chapters 1–9 constituted one letter and chapters 10–13 a second letter, with disagreement over which section had priority; and a final view that as many as five or six

---

[164] Longenecker, *The Epistle*, 22.

[165] William Sanday and Arthur C. Headlam, *A Critical and Exegetical Commentary on the Epistle to the Romans*, 9th ed. (New York: Scribner's Sons, 1904), lv, GoogleBooks, https://play.google.com/books/reader?id=qEsn-q1qOu8C&hl=en&pg=GBS.PR1.

[166] Brown, *An Introduction*, 515.

letters have been combined into one book.[167] Both letters are excellent examples of Pauline Greek. The uniqueness of Paul's literary style makes First Corinthians "an exhilarating text"; the "ornament" in his writing connects him to the aristocratic style of elite philosophers, while his "(in)correctness," straying from standard grammatical conventions, lowers the register of his writing.[168] The Greek of Second Corinthians is perhaps "the most complex of any book in the New Testament. In an effort to make the strongest case possible, Paul here brings out his full arsenal of rhetorical strategies in what constitutes the highest register of Greek that he uses anywhere in his extant letters."[169] Paul's relationship with the church at Corinth is characterized by both conflict and care; Paul loved the Corinthians deeply, but frequently took issue with the choices of their church community. Both his letters show his attempts to confront them so as to build up mutual trust and encourage them to respect his apostolic authority. The linguistic and rhetorical choices he made in each of these letters reflect these underlying goals.

First Corinthians

In First Corinthians, Paul responds to major issues facing the church at Corinth. At first glance, he seems to jump around from topic to topic, from church unity to sexual immorality to eating food sacrificed to idols. However, a careful reading shows that his Christological soteriology underscores all of his teaching.[170] Joseph Fitzmyer identifies 1 Corinthians 1:21–24, where Paul explains his theology of Christ crucified (Χριστὸν ἐσταυρωμένον), as the key theological statement of his entire extant corpus. Especially in First Corinthians, with its "ad hoc character" addressing a "succession of unrelated problems," Paul's "reactions and answers are always related to this basic

[167] Roger L. Omanson and John Ellington, *A Handbook on Paul's Second Letter to the Corinthians*, UBS Handbook Series (New York: United Bible Societies, 1993), 3–4.

[168] Brookins and Longenecker, *1 Corinthians 1-9*, xxii–xxiii.

[169] Fredrick J. Long, *2 Corinthians: A Handbook on the Greek Text*, Baylor Handbook on the Greek New Testament (Waco, TX: Baylor University Press, 2015), xxvii.

[170] Joseph A. Fitzmyer, *First Corinthians: A New Translation with Introduction and Commentary*, vol. 32 of *The Anchor Bible* (New Haven: Yale University Press, 2008), 69.

kērygma and *euangelion*."[171] The reader can return to this basic message of Paul as she reflects on how the various concerns fit together.

Paul's vocabulary in First Corinthians is distinctive to the topics addressed. The Greek words σοφία and σοφός characterize chapters 1–3, occurring twenty-five times total,[172] as Paul argues that the wisdom of God is separate from and in opposition to the wisdom of the world. Paul's choice of vocabulary to address the issue of eating meat sacrificed to idols is unusual. He uses εἰδωλόθυτος (e.g. 1 Cor 8:1) to mean "sacrifice to an idol" and εἰδωλεῖον (1 Cor 8:10) to mean "idol-temple." Both of these are based on the word εἴδωλον, but to a Greek that meant "immaterial phantom or ghost" so it would have been confusing to see those words used for a physical idol.[173] In addition, as he discusses spiritual gifts, Paul slightly adjusts the meanings of the family of words for prophecy. In Classical Greek, προφήτης usually referred to the spokesperson of a temple who received messages from the prophet; however, in First Corinthians, Paul uses προφήτης to refer to the prophet himself, which may have developed from the Hebrew word נָבִיא (*nabi*).[174]

Paul's literary style gives the sense of conversing with the Corinthians. The letter is characterized by the rhetorical device of *diatribē*, "a pedagogical discourse conducted in lively debate and familiar conversational style with an interlocutor, real or imaginary, which was peppered with apostrophes, proverbs, rhetorical questions, paradoxes, parodies, antitheses, and fictitious speech"; this stylized discourse is seen throughout the letter as Paul composes a two way dialogue, imagining what the Corinthians might say in response to his exhortations and concerns.[175] A good example of this is 4:6–15, where Paul discusses his and Apollo's ministry to the Corinthians. He uses rhetorical questions in verse 7 to call the Corinthians out on their arrogance,[176] and then in verse 8, he continues with mock exclamations about the Corinthians'

---

[171] Fitzmyer, *First Corinthians*, 70.

[172] Brown, *An Introduction*, 526.

[173] Anderson, "Grappling with," 247.

[174] Anderson, "Grappling with," 249–50.

[175] Fitzmyer, *First Corinthians*, 67.

[176] τίς γάρ σε διακρίνει; τί δὲ ἔχεις ὃ οὐκ ἔλαβες; εἰ δὲ καὶ ἔλαβες, τί καυχᾶσαι ὡς μὴ λαβών;

greatness.[177] The passage ends with a series of antitheses in verses 10–13, where Paul contrasts himself and Apollo with the Corinthians to convince them that the apostolic ministry should actually happen in weakness, that is, in the proclamation of Christ crucified.[178] This device creates a letter which portrays the immediacy of Paul's relationship to the Corinthians and of his concern for their spiritual growth.

Second Corinthians

If the canonical version of Second Corinthians was composed at different times or redacted together later, there are complicated implications for how we understand the Corinthians' relationship with Paul and the situations addressed. However, one example of a holistic interpretation of the canonical form of the letter will help the beginning Greek reader to place specific passages within their wider context. According to Murray Harris, chapters 1–7 express Paul's relief that the Corinthians responded well to an earlier severe letter, chapters 8–9 ask the Corinthians to donate to the collection for the saints in Jerusalem, and chapters 10–13 are encouragement to discern false apostles and recognize Paul's apostolic authority.[179] The sections work together to reaffirm Paul's relationship with the Corinthians, to encourage them to act charitably towards others, and to reestablish his authority.

Second Corinthians is marked by usage of the epistolary plural—when an author uses a first-person plural verb to refer to himself alone. However, for Paul, it is often unclear whether he means himself alone or includes his companions Timothy and Silvanus (1:19) or even the readers as well. For instance, in 5:20–21 πρεσβεύομεν clearly does not refer to the readers, as he is referring to his role as an ambassador. However, γενώμεθα seems to include his readers, since he would want them to see themselves as becoming the

---

[177] ἤδη κεκορεσμένοι ἐστέ, ἤδη ἐπλουτήσατε, χωρὶς ἡμῶν ἐβασιλεύσατε·

[178] ἡμεῖς μωροὶ διὰ Χριστόν, ὑμεῖς δὲ φρόνιμοι ἐν Χριστῷ· ἡμεῖς ἀσθενεῖς, ὑμεῖς δὲ ἰσχυροί· ὑμεῖς ἔνδοξοι, ἡμεῖς δὲ ἄτιμοι...

[179] Murray J. Harris, *The Second Epistle to the Corinthians: A Commentary on the Greek Text*, The New International Greek Testament Commentary (Grand Rapids: Eerdmans, 2005), "The Occasion, Purpose, and Outcome of 2 Corinthians," digital file.

righteousness of God as well.[180] Despite the lack of clarity at times, his usage of the epistolary plural is important, since it "lends to the whole an aspect of solemn purposefulness and authority" which helps the Corinthians maintain their confidence in Paul and to trust his apostolic authority.[181]

Long also comments on Paul's "patterned emphasis" which occurs frequently in the letter as "chiasms, parallelisms, lists, and inclusions ... at critical moments of transition, thematic development, and climax."[182] For instance, at the end of chapter two Paul discusses how God led him to Macedonia, making him the aroma of Christ to those around him. In verses 2:15–16a, he uses a chiasm, flipping the order in which he discusses the two types of people to whom he is an aroma; the former lists those being saved first and those perishing second. The latter describes "the fragrance from death to death" first, but the one from "life to life" second. This emphasizes that his focus is on those who are perishing since the descriptions of them are enclosed by the descriptions of those who are already being saved. In addition, he uses a parallelism in the grammatical structure in the μὲν...δὲ construction in 16a; the repetition of "ἐκ + genitive εἰς + accusative" further draws the reader's attention to the importance of his point here. The careful reader can find similar examples throughout Paul's writings, which serve to deepen one's understanding of his finer points.

Galatians

The book of Galatians constitutes one of Paul's more passionate defenses of his role as apostle to the Gentiles and of the doctrine that Gentiles need not be circumcised in order to be accepted into the family of Abraham. His style is abrupt, which hints at his fervor. The letter does not even contain a

---

[180] See Omanson and Ellington, *A Handbook*, 5–6, citing Maurice Carrez, "Le 'nous' in 2 Corinthiens. Paul parle-t-il au nom de toute la communauté du groupe apostolique, de l'équipe ministérielle ou en son nom personnel? Contribution à l'étude de l'apostolicité dan 2 Corinthiens.," *New Testament Studies* 26 (1980): 474–486.

[181] Victor Paul Furnish, *II Corinthians: Translated with Introduction, Notes, and Commentary*, vol. 32A of *The Anchor Bible* (Garden City, NY: Doubleday, 1984), 44.

[182] Long, *2 Corinthians*, xxiii.

thanksgiving paragraph after the greeting, as all of Paul's other letters do, because Paul leapt straight into his argument. "The awkward start-and-stop style of passages like Gal 2:3–5, which is rife with anacolutha, suggests the lack of mediation between Paul, his agitated thoughts, and the parchment or papyrus before him."[183] The anacolutha–when an author switches grammatical constructions unexpectedly–show that Paul was struggling to finish his thoughts. David deSilva goes so far as to argue that this indicates that Paul did not use a scribe for this letter, though this view is in the minority.[184]

Despite Paul's intensity, his argumentation is careful and he uses linguistic markers to lay out his ideas persuasively; for instance, he uses the conjunction γάρ thirty-six times, a word which indicates "rationale or other evidence in support of a preceding statement."[185] Relying on Richard Longenecker's list of epistolary features,[186] deSilva points out these features in Galatians: vocatives of direct address used for transition or emphasis (ἀδελφοί 1:11; Ὦ ἀνόητοι Γαλάται 3:1); verbs of astonishment and rebuke (θαυμάζω 1:6); phrases evoking grief or distress (οὓς πάλιν ὠδίνω 4:19); allusions to previous instructions (ἃ προλέγω ὑμῖν 5:21); and disclosure and request formulas (Γνωρίζω γὰρ ὑμῖν, 1:11 and δέομαι ὑμῶν, 4:12).[187] These features communicate to the reader the distress and passion flowing from Paul as he pleads with the Galatians. He addresses them as both his "brothers and sisters" and as "foolish" as he is astonished at their lack of faith in God's grace; he begs them and reminds them of the things he told them before, even describing his anguish as labor pains. In addition, some of his lexical choices support his specific argument in this letter. R. Dean Anderson points out Paul's "*inventive* vocabulary," or words which he seems to have coined specifically for his purpose; here he uses the

---

[183] David Arthur deSilva, *Galatians: A Handbook on the Greek Text*, Baylor Handbook on the Greek New Testament (Waco, TX: Baylor University Press, 2014), xxi.

[184] deSilva, *Galatians: A Handbook*, xxi.

[185] deSilva, *Galatians: A Handbook*, xxvi.

[186] Richard N. Longenecker, *Galatians*, ed. David A. Hubbard, Glenn W. Barker, and Ralph P. Martin, vol. 41 of *Word Biblical Commentary* (Dallas: Word, 1990), cv–cvi.

[187] deSilva, *Galatians: A Handbook*, xxiv.

hapax legomenon φρεναπατάω (deceive)[188] in 6:3 to describe the self-deceit which some of the Galatians are under.[189] In addition, he uses Semitic vocabulary from the Septuagint; for example, he calls the cross a σκάνδαλον in 5:11 to emphasize its offensiveness.[190] Paul is desperate for the Galatians to return to a genuine understanding of God's grace and pulls out all his rhetorical devices to push them in that direction.

However, Anderson points out that Paul uses one of his key vocabulary words in this discussion of grace in a Semitic sense, which might have caused a native Greek speaker some difficulty. The word δικαιόω in this context means "to justify" instead of "to pronounce judgment" or "to punish"; this new meaning follows the Hebrew root צדק (*tsedeq*). Without knowing this, the reader might draw the opposite meaning from some passages; for example in 2:16, where Paul repeatedly says that we are not made righteous by the works of the law but by faith in Christ, without the parallel usage of צדק to shed light on his meaning, the original reader might understand that we are *not* judged or punished by the works of the law.[191] While a modern reader has the benefit of dictionaries spelling out meanings specific to the New Testament, it is still helpful to understand the Hebraic connections which influenced the development of Paul's theological vocabulary.

While Paul develops his theology of grace more fully and perhaps more carefully in Romans, Galatians gives the reader a glimpse into his mind as he addresses a crisis, and the subtle stylistic variations communicate clearly how important he perceives this issue to be.

Ephesians

While the Epistle to the Ephesians purports to be written by the apostle Paul, a significant number of scholars contest that assertion, due to differences

---

[188] Henry G. Liddell and Robert Scott, "φρεναπατάω,"*A Greek-English Lexicon*, with the cooperation of Professor Drisler, 7th ed. (New York: Harper & Brothers, Franklin Square, 1883), 1691.

[189] Anderson, "Grappling with " 242–43, emphasis original.

[190] Anderson, "Grappling with," 246.

[191] Anderson, "Grappling with," 250.

in style and theology from the uncontested Pauline letters. More than eighty words in Ephesians are not found in the Pauline letters. Also, Ephesians lacks more common Pauline vocabulary, such as ἀδελφοί as a word of direct address, δικαιόω, οἱ Ἰουδαῖοι, and ὁ χρόνος. In addition, some words have different meanings than in the uncontested letters, such as τὸ μυστήριον and ἡ ἐκκλησία.[192] However, other elements of the author's style can be found in the uncontested Pauline material, so a small minority still argues for Pauline authorship.

The author employs devices such as synonymy and parallelism for comparisons and contrasts, and also utilizes the device of amplification by linking together genitives, participles, infinitives, and prepositional phrases; in addition, he often repeats vocabulary or uses a string of synonyms for emphasis, such as the list including ἡ δύναμις, ἡ ἀρχή, ἡ ἐξουσία, and ἡ κυριότης in 1:19–21.[193] The prepositional phrase ἐν with Jesus Christ as object is used over thirty times and is key for the theology of the text.[194] Its various uses show membership in the church (1:1), describe the Christian life (4:17), state the basis for divine fellowship (1:7; 2:7), and denote "the origin of salvation in eternal election 'in Christ' (1:4,9; 3:11)."[195]

In the first half of the letter, where the author expounds his Christology using traditional material, the style is "typical of epideictic discourse, the rhetoric of praise and worship. It is half poetic and half oratorical, employing florid expressions to impress on the hearer/reader the message's content."[196] Scholars have described it as "profuse and effusive"[197] and "hymnodic."[198] It has a style characterized by long, "clumsy" sentences loaded with relative

---

[192] Markus Barth, *Ephesians*, vol. 34 of *The Anchor Bible* (Garden City, NY: Doubleday, 1974), 4.

[193] William J. Larkin, *Ephesians: A Handbook on the Greek Text*, Baylor Handbook on the Greek New Testament (Waco, TX: Baylor University Press, 2009), xxvii–xxviii.

[194] Larkin, *Ephesians: A Handbook*, xxvi.

[195] Larkin, *Ephesians: A Handbook*, xxvii.

[196] Larkin, *Ephesians: A Handbook*, xvii.

[197] Andrew T. Lincoln, *Ephesians*, vol. 42 of *Word Biblical Commentary* (Dallas: Word, 1990), xlvi.

[198] Barth, *Ephesians*, 6.

clauses, attributive phrases and indirect questions[199] and by "simple repetition of key words or cognates or synonyms."[200] This is the affective language of worship and is appropriate to an epistle marked by use of traditional material.

Markus Barth summarizes the scholarship investigating the presence of hymns, hymnal fragments, and confessional formulae in Ephesians, noting thirteen separate instances of traditional material. He describes the means of identifying them, which include the presence of special conjunctions, the absence of the name of God, *hapax legomena*, the ease of dividing the lines into rhythmic sections, interruptions in context, and specific elements of Christology.[201] An example is found in 3:20–21, where the author offers a doxology to God for working in and through the church. It is addressed to God, but begins without using God's name and contains the rhythmic and poetic sense of hymnic material. However, it also contains material which is distinctive of Paul, such as the use of the word ὑπερεκπερισσοῦ[202] and the phrase ἐν Χριστῷ Ἰησοῦ. In contrast, the phrase τοῦ αἰῶνος τῶν αἰώνων is not found in this exact formulation anywhere else in the New Testament or the Septuagint.[203] Thus, while scholars may be able to identify elements of traditional material, it is difficult to ascertain how the author has adapted them.

In the paraenesis (or advice section) of the letter's second half, the grammar is more direct and concise with "commands using imperatives presented in short sentences as discrete thoughts, sometimes even without coordinating connectives,"[204] showing that the author was intentionally choosing the more florid style for the first half.[205] The paraenetic section can be divided into five separate units, each introduced by οὖν plus a form of περιπατέω, containing all but one of the imperatives in the letter.[206] In 5:1–2,

---

[199] Barth, *Ephesians*, 5.

[200] Lincoln, *Ephesians*, xlv.

[201] Barth, *Ephesians*, 6–8.

[202] Anderson, "Grappling with," 243; Barth, *Ephesians*, 375.

[203] Barth, *Ephesians*, 376.

[204] Larkin, *Ephesians: A Handbook*, xxviii.

[205] Lincoln, *Ephesians*, xlvi.

[206] Larkin, *Ephesians: A Handbook*, xx, xxiv.

for example, the author uses two present tense imperatives (μιμηταὶ and περιπατεῖτε) to exhort his readers to be imitators of God, relying on his formula of οὖν + περιπατέω to indicate a new section. The grammar is relatively simple; after the two imperatives, he ends with a modifying clause where ὁ Χριστὸς is the subject of two aorist verbs (ἠγάπησεν and παρέδωκεν), describing him as the model which the Ephesians are supposed to imitate. However, the writing is not suddenly devoid of rhetorical flourish; here is an instance of synonymy (προσφορὰν καὶ θυσίαν). Even with the stylistic changes in the paraenesis, the letter is still distinctly written by one hand.

The careful reader can appreciate the stylistic uniqueness of the letter to the Ephesians, with its flowery descriptions developed from the traditional material of the church set alongside its exhortation to live lives worthy of Christ. While likely not Pauline material, it shows us how certain elements within the church developed Paul's theology for circumstances facing a later generation and hands down to us rich examples of the church's early hymns and confessions.

Philippians

In Philippians, Paul steps away from his normal theological argumentation to write a friendship letter to the Christians in the house church at Philippi.[207] While Pauline theology is presupposed throughout the letter, the content is personal and the tone informal, even intimate.[208] Paul's love for the Philippians comes shining through, even as he gently chides them for some rivalry that seems to have taken hold in the community. Through all of this, Paul and the Philippians' relationship is clearly based on their common experience of Jesus Christ and his gospel, which "are mentioned proportionately more times in this letter than anywhere else in the [Pauline] corpus."[209] The Christ hymn in

---

[207] Gordon D. Fee, *Paul's Letter to the Philippians*, The New International Commentary on the New Testament (Grand Rapids: Eerdmans, 1995), 37–38. See also Gerald F. Hawthorne and Ralph P. Martin, *Philippians*, revised ed., vol. 43 of *Word Biblical Commentary* (n.p.: Nelson Reference & Electronic, 2004), lxvi.

[208] Hawthorne and Martin, *Philippians*, lxi.

[209] Fee, *Paul's Letter*, 20.

2:6–11, perhaps the most well-known passage in the epistle and its "beating heart,"[210] exemplifies the high Christology which underlies Paul's love for and commitment to the Philippians.

Paul's vocabulary in this letter emphasizes his friendship with his audience and encourages them to build up their own communal relationships. For instance, in 4:1, he addresses them as ἀδελφοί μου ἀγαπητοὶ καὶ ἐπιπόθητοι, ... ἀγαπητοί, calling them "beloved and longed for brothers and sisters," and then 8 words later, addressing them directly as "beloved." Both of these vocatives (ἀδελφοί and ἀγαπητοί) occur more frequently in Philippians than in Paul's other writings.[211] In addition, Pauline *hapax legomena* (words which only occur once in Paul's letters) describe his relationship with the Philippians; they are longed for (ἐπιπόθητοι, 4:1), and he emphasizes his absence (ἀπουσίᾳ, 2:12) and his unity with them (*syn*-compounds).[212] Some of these *syn*-compounds were explicitly coined by Paul for his own usage, notably συναθλέω (Phil 1:27, 4:3) and σύμψυχος (Phil 2:2).[213] The usage of *syn*-compounds also stresses that Paul was not just holding up his friendship with the Philippians, but also calling them to bond together as a community. Paul uses two other *hapaxes* to emphasize the Philippians' need to strengthen their relationships with each other. In 1:27 he calls them to be citizens worthy of the gospel of Christ (ἀξίως τοῦ εὐαγγελίου τοῦ Χριστοῦ πολιτεύεσθε) and in 3:20 he tells them that their citizenship is in heaven (ἡμῶν γὰρ τὸ πολίτευμα ἐν οὐρανοῖς ὑπάρχει). Each of these terms expresses the idea that while the Philippians were citizens of Rome, they were first and foremost citizens of heaven and needed to care for each other in the believing community in light of that citizenship.[214]

Paul solidifies his focus on community relations in the centerpiece of the letter (2:1–11),[215] calling the Philippians to be unified and to look to each

[210] Hawthorne and Martin, *Philippians*, lxxii.

[211] Fee, *Paul's Letter*, 20. However, these vocatives are also common in 1 Thessalonians, which is similar in tone to Philippians.

[212] Fee, *Paul's Letter*, 19.

[213] Anderson, "Grappling with," 243–44.

[214] Fee, *Paul's Letter*, 161–62.

[215] While many scholars would note the Christ hymn in 2:6–11 as the center, William Varner stipulates that 2:1–4 is the "discourse peak" of the text. William

other's interests, in the same way that Christ did in his Incarnation. However, Paul does not leave it up to the Philippians to understand what that looks like, but shows it to them through the Christ hymn, as Jesus empties himself (κενόω, 2:7) and humbles himself (ταπεινόω, 2:8) only to later be exalted by the Father (ὑπερυψόω, 2:9) and worshipped by all (πᾶν γόνυ κάμψῃ, 2:10). Here we see a glimpse of Paul's persistent focus: Jesus Christ and his role in the salvation of the world.

Philippians is an encouraging letter, written by a friend and leader to a church which he deeply loves. He exhorts his readers (and us) to live as citizens of a different place in the way that we treat each other. But in the midst of all his encouragement, he never loses sight of the reason for that encouragement, Christ's work on our behalf.

Colossians

In the Letter to the Colossians, one can trace the development of Christological and ecclesial theology, showing how the church built on Paul's writings about Christ and the church. Through use of what scholars agree to be an early hymn or piece of traditional material about Christ (1:15–20), the author advocates a high Christology which lays the foundation for his teaching about the church, his warnings against false theology, and his closing exhortations. In addition, he builds on a Pauline conception of the church as the body of Christ, extending this concept to the church universal, rather than just to the local church in its individual context.[216] There is a traditional connection with Paul's letter to Philemon, because Philemon was from

---

Varner, *Philippians: A Handbook on the Greek Text*, Baylor Handbook on the Greek New Testament (Waco, TX: Baylor University Press, 2016), xxvii. Regardless, both halves of the passage are woven tightly together.

[216] Raymond E. Brown, *The Churches the Apostles Left Behind* (New York: Paulist, 1984), 49.

Colossae,[217] and scholars also note a similarity in language and style to the letter to the Ephesians.[218]

Colossians has many distinct lexical items. Forty-eight of its words are not found in the undisputed letters of Paul, and thirty-four of them are not found elsewhere in the New Testament. However, scholars note that a number of these unique vocabulary words show up in two places within the letter: in material which is considered traditional or hymnic and in material which is used to describe false theology, thus indicating that the author may be using specific vocabulary words related to those contexts.[219] For instance, in the Christ hymn, the word τὸ ὁρατόν (visible, 1:16) is not found elsewhere in the New Testament, and may come directly from traditional material.[220] Two other examples show the use of new vocabulary to describe the activities of false teachers: συλαγωγέω (make you his prey, 2:8)[221] and καταβραβεύω (disqualify, 2:18).[222] While these relatively unusual words can sometimes make reading the passages feel a bit choppy, by looking into their uses outside the New Testament, the reader can gain a richer understanding of the situations which the author uses them to describe.

The style of Colossians is descriptive and somewhat static, which is part of its similarity to Ephesians. It has a noun:verb ratio of roughly 6:5, which is higher than the overall New Testament ratio of 1:1 and which impacts the flow of the speech: "In speech and script, preponderance of nouns over verbs often has an unequivocal effect: at the expense of fluent and/or dramatic style, the

---

[217] Constantine R. Campbell, *Colossians and Philemon: A Handbook on the Greek Text*, Baylor Handbook on the Greek New Testament (Waco, TX: Baylor University Press, 2013), xx.

[218] Markus Barth and Helmut Blanke, *Colossians: A New Translation*, trans. Astrid B. Beck, vol. 34A of *The Anchor Bible* (New Haven: Yale University Press, 1994), 56.

[219] Barth and Blanke, *Colossians: A New Translation*, 57; cf. Stanley E. Porter, *The Apostle Paul : His Life, Thought, and Letters* (Grand Rapids: Eerdmans, 2016), 407, 411, EBSCOHost.

[220] Porter, *The Apostle*, 407.

[221] Barth and Blanke, *Colossians: A New Translation*, 58n85.

[222] James D. G. Dunn, *The Epistles to the Colossians and to Philemon: A Commentary on the Greek Text*, The New International Greek Testament Commentary (Grand Rapids: Eerdmans, 1996), 177.

diction becomes descriptive, formal, ponderous."[223] Along with this stronger emphasis on nouns, Colossians uses more definite articles per every hundred words than any book in the New Testament besides Ephesians and Revelation and it uses the pronoun αὐτός (he or it) more frequently than all the other epistles, except for the Johannine epistles.[224] In addition, the author frequently uses synonyms to create parallel phrasing and links together multiple modifying genitives in a row, resulting in long and complicated sentences.[225] Scholars also note the frequent use of the phrase ἐν Χριστῷ or ἐν plus an abstract noun, often at the end of sentences.[226] This abundant use of nouns and articles allows the richness of the writer's Christology and ecclesiology to surface. Thus, there is much to be gained from a slow, careful reading that allows one's thoughts to steep in the nominal phrases.

Colossians 1:9–11 exemplifies how these grammatical characteristics come together to produce beautiful, if long, sentences.[227] All three verses are one sentence in Greek, with a series of parallel expressions. Προσευχόμενοι καὶ αἰτούμενοι are synonymous participles describing how Paul and Timothy are praying and asking on behalf of the Colossians that they may be filled with σοφίᾳ καὶ συνέσει (again synonymous: "wisdom and understanding"). We also see the frequent use of the word πᾶς (each or all), which is often attached to abstract nouns;[228] here it is used five times with ἡ σοφία (wisdom), ἡ ἀρεσκεία (complaisance [229]), τὸ ἔργον (deed), ἡ δύναμις (power), and ἡ ὑπομονή (endurance). Three of these phrases (σοφία, ἔργον, and δύναμις) also illustrate the writer's tendency to use ἐν plus an abstract noun. The repeated participles,

---

[223] Barth and Blanke, *Colossians: A New Translation*, 59n89. For their statistics, Barth and Blanke are relying on Robert Morgenthaler, *Statistik des neutestamentlichen Wortschatzes* (Zürich: Gotthelf-Verlag, 1958), 164.

[224] Barth and Blanke, *Colossians: A New Translation*, 59.

[225] Porter, *The Apostle*, 407–08.

[226] Campbell, *Colossians and Philemon*, xxviii; Barth and Blanke, *Colossians: A New Translation*, 59–60.

[227] Porter, *The Apostle*, 407–08.

[228] Barth and Blanke, *Colossians: A New Translation*, 59.

[229] It is interesting to note that many translations turn this word into a verb to make it flow more smoothly in English.

the pleonastic expressions, and the emphatic use of πᾶς all work together to show the intensity of the feeling the writer has for the Colossians and how strongly he expects that God will work in their lives.

The Pastoral Epistles

The ancient church held as canonical three short letters written by Paul to his converts and fellow traveling missionaries, Timothy and Titus. These letters have traditionally been grouped together as "the Pastoral Epistles" since they offer exhortation and instruction to younger men who, in Paul's absence, are leading churches planted in Ephesus and Crete. In the nineteenth century scholars began questioning the authenticity of these letters and proposed arguments for their pseudonymity, which became the prevailing view for about 150 years. More recently, however, a small but vocal minority has begun to question these arguments and to argue for the traditional view of Pauline authorship.[230] While we will not weigh in on the debate, the way the argument is framed is relevant to this introduction's purpose, as it frequently revolves around language and style. When the Pastoral Epistles are grouped together, they appear to have a different writing style than the authentic letters of Paul. Luke Johnson describes it thus:

> The syntax of the Pastorals, taken as a group, is generally smoother and flatter than the more vividly dialogical sections of Romans and Galatians. Sentences tend to be longer and more regular, although they are also marked by frequent anarthous nouns and participles, asyndeton, and dangling clauses. The use of particles is less varied and rich than in some other letters.[231]

---

[230] William D. Mounce, *Pastoral Epistles*, vol. 46 of *Word Biblical Commentary* (Nashville: Nelson, 2000), xlvii–xlviii.

[231] Luke Timothy Johnson, *The First and Second Letters to Timothy*, vol. 35A of *The Anchor Bible* (New York: Doubleday, 2001), 71.

In addition, as many commentators have noticed, the vocabulary of the three letters varies from Paul's and is closer to that found in Luke and Acts.[232] However, commentators have also noticed distinct problems with taking these three letters as a single entity, and also with taking the authentic letters of Paul as one entity. Johnson points out that the Pastoral Epistles are more similar to Philippians and Thessalonians than they are to Paul's diatribal letters, Galatians, Romans, and 1 Corinthians.[233] In addition, each of the Pastoral Epistles has a distinct occasion and purpose and it does them a disservice to gloss over those differences.[234]

First Timothy

Scholars note the distinctive vocabulary of First Timothy. A good example is the vice list in 1:9–10. William Mounce attributes the *hapax legomena* here to the author's use of traditional material found in the Decalogue, which he is reworking to make relevant to his contemporary audience.[235] In addition, elsewhere Gordon Fee notes certain vocabulary words drawn from the author's Hellenistic context. He uses ἡ εὐσέβεια (2:2) for "godliness," ἡ ἐπιφάνεια to refer to Jesus Christ's second coming instead of the more traditional ἡ παρουσία, and ὁ σωτήρ to describe God.[236] While παραγγέλλω is a common word, it is used more frequently in First Timothy than the rest of the New Testament, which is indicative of the large number of commands found in this book.[237]

---

[232] Johnson, *The First*, 69. Johnson also notes here that another way to frame this is to say that the vocabulary of the PE and of Luke is more broadly Koine than Paul's authentic letters.

[233] Johnson, *The First*, 71.

[234] Philip H. Towner, *The Letters to Timothy and Titus*, The New International Commentary on the New Testament (Grand Rapids: Eerdmans, 2006), 30: "The interrelationships are more subtle, and each letter's individuality and independence are more fundamental to a fair reading of its message."

[235] Mounce, *Pastoral Epistles*, ci.

[236] Gordon D. Fee, *1 and 2 Timothy, Titus*, rev. ed., ed. W. Ward Gasque (Peabody, MA: Hendrickson, 1988), 24.

[237] Johnson, *The First*, 137.

The internal rise of false teachers from the membership of the church in Ephesus provided the occasion for First Timothy. The standard view is that the author intends to show how good church order is "the proper antidote" to false teaching, but Fee is concerned that this turns the letter into little more than a church manual, which disregards significant portions of its more personal content. [238] In fact, the letter switches frequently between commands addressed to the church and those to Timothy himself. Johnson notes the similarities between First Timothy (and Titus) and the category of "royal correspondence," letters written from a royal official to a delegate in a distant city.[239] The letters were meant to be read aloud and contained instructions for both the city inhabitants and for the royal delegate, which gave the delegate the authority of the crown as he led the inhabitants and gave the inhabitants a standard of behavior by which to measure the delegate. This model provides good insight into the disparate parts of First Timothy, especially with its large number of commands both personal and communal, and explains why its tone is less intimate than that of Second Timothy.[240]

The attentive reader can note how the letter models a mutual respectful relationship between the church members and their leader through the various commands addressed to each. While we may adapt some of the commands for our current ecclesial or familial structure to match a different cultural setting, the underlying pattern of the leader's care for the congregation and their respect for his or her spiritual authority remains powerful.

---

[238] Fee, *1 and 2 Timothy*, 7.

[239] Johnson, *The First*, 139–140. He notes that Fiore and Wolter both also recognize these similarities. B. Fiore, *The Function of Personal Example in the Socratic and Pastoral Epistles*, Analecta Biblica 105, Rome: Biblical Institute Press, 1986; M. Wolter, *Der Pastoralbriefe als Paulustradition*, Forschungen zur Religion und Literatur des Alten und Neuen Testaments 146, Göttingen: Vandenhöck & Ruprecht, 1988.

[240] Johnson, *The First*, 141.

Second Timothy

Scholars have always noted that Second Timothy is distinctly different from First Timothy and Titus, even as they have grouped the three together for study. This letter is much more personal and intimate than the other two, and it recalls the relationship that Paul formed with Timothy's family. It is also interesting to note that the vocabulary of Second Timothy on its own is more in line with that of the authentic letters of Paul than when it is grouped together with First Timothy and Titus.[241] Regardless of whether the letter was written by Paul or by someone who knew of Paul's relationship with Timothy, the warmth and intimacy between them shines through this letter.

This letter also implicitly hints at Paul's death. Fee, who accepts Pauline authorship, argues that the purpose of this letter was "to call Timothy to his side" and to "appeal to Timothy's loyalty, especially in light of so many defections and Paul's own imprisonment."[242] Other scholars note similarities to the category of a last testament or farewell discourse, in which the life and death of a religious patriarch is chronicled to provide a model of and encouragement for following God's commandments.[243] This characterization is also valid if the letter is pseudonymous. Johnson emphasizes the paraenesis inherent in the letter and compares it to a protreptic discourse, "which encourage young men to pursue the life of philosophy"; Paul is offered to Timothy as a model for imitation, with warnings against the false teachers that might draw him away.[244] For the modern reader, this letter is an encouragement to follow in the same steps as Timothy in his imitation of Paul and his constant confidence in the gospel of Jesus Christ.[245]

---

[241] Johnson, *The First*, 69.

[242] Fee, *1 and 2 Timothy*, 13.

[243] Johnson, *The First*, 321.

[244] Johnson, *The First*, 322–23.

[245] Fee, *1 and 2 Timothy*, 13.

As noted above, this letter is closer in form and content to First Timothy than to Second Timothy, although it is addressed to Titus, Paul's companion who was left with the church on Crete to appoint elders. It has similar themes of polemic against false teachers and instructions for both the church and for Titus, which makes Johnson again note the similarities with the category of "royal correspondence," letters written from a royal official to a delegate in a distant city.[246] The letters were meant to be read aloud and contained instructions for the city inhabitants and for the royal delegate, which gave the delegate the authority of the crown as he led the inhabitants and gave the inhabitants a standard of behavior by which to measure the delegate. This is modeled in this letter by the commands addressed alternately to the community and to Titus.

However, there are significant differences with First Timothy as well. Fee notes that there is less urgency in Titus, which he attributes to the fact that the church on Crete is younger than the one in Ephesus and so there is more confidence that it will rebound from the false teachers. There are direct differences in the language and tone; there are few second person singular imperatives to encourage Titus, no vocatives of direct address or appeal, and less emphasis on teaching the faith.[247] "The dominant theme in Titus, therefore, is *good works...*, that is, exemplary Christian behavior and that *for the sake of outsiders.*"[248] As we read, may we consider the importance of our church's witness to outsiders for Jesus Christ's gospel.

Hebrews

The Greek found in the Letter to the Hebrews is widely recognized as some of the best in the New Testament. The author is capable of stylistic variation, writing everything from complex sentences to short, direct questions, with language that at times verges on poetry. In addition, he shows off an extensive

---

[246] Johnson, *The First*, 139–140.

[247] Fee, *1 and 2 Timothy*, 11.

[248] Fee, *1 and 2 Timothy*, 12, emphasis original.

vocabulary, using "154 words not found elsewhere in the New Testament, 90 found in only one other New Testament composition, and 10 found nowhere else in Greek literature before Hebrews,"[249] which suggests the author is educated and well-read. The author also chooses to defy standard genre conventions found in the New Testament, writing a work that has been called a letter, a sermon, and a homiletical midrash;[250] he himself calls it τοῦ λόγου τῆς παρακλήσεως (a word of exhortation, 13:22). While Hebrews stands out in the New Testament in many ways and requires careful attention, its Christology is foundational to the Christian faith.

Scholars agree that the Greek of Hebrews lends itself to being heard rather than read by oneself. Oral rhetorical devices draw attention to important words and phrases which help the reader to identify specific theological emphases. The book is filled with these devices such as alliteration, seen in the first verse, "Πολυμερῶς καὶ πολυτρόπως πάλαι..." (1:1);[251] anaphora, the repetition of words and phrases, seen throughout chapter 11 in the use of πίστει (by faith); and assonance, the repetition of vowel sounds, seen in 6:20 where the beginning of the verse is populated with o/u vowel sounds while the end has more e/i sounds.[252] Luke Johnson lists four additional features that show its oral character: the use of the first person plural, through which the speaker enhances his authority by identifying with his listeners; repeated references to speaking or hearing instead of writing or reading (e.g. 5:11); the consistent switching between argument and exhortation which keeps the hearers' attention; and the way the author returns to themes introduced earlier to explain them more fully, which "creat[es] a wavelike, cumulative effect."[253] The complicated literary Greek may force the student to read the

---

[249] Luke Timothy Johnson, *Hebrews: A Commentary*, The New Testament Library (Louisville: Westminster John Knox, 2006), 8, ProQuest.

[250] George Wesley Buchanan, *To the Hebrews*, vol. 36 of *The Anchor Bible* (New York: Doubleday, 1972), xix.

[251] Paul Ellingworth, *The Epistle to the Hebrews: A Commentary on the Greek Text*, The New International Greek Testament Commentary (Grand Rapids: Eerdmans, 1993), 60.

[252] Johnson, *Hebrews: A Commentary*, 8.

[253] Johnson, *Hebrews: A Commentary*, 10.

work slowly and carefully instead of simply listening to it, but keeping its oral character in mind is important.

The book is difficult to outline because topics are repeated so frequently, and scholars are often divided on whether a particular verse ends the previous section or starts the following one. However, the author has not left the reader without signposts, and he uses devices such as *inclusio*, catchwords and transition sentences in order to "blend one unit into the next" (Buchanan xxvi).[254] A classic example of these signposts is seen in the first chapter: Here, the author starts out with a brief introduction (vv. 1–3), and then uses the catchword ἄγγελος in verse 4 to connect the introduction with the section on angels to follow. He repeats phrases in verses 5 and 13 to make an *inclusio*: τίνι γὰρ εἶπέν ποτε τῶν ἀγγέλων (v. 5) and πρὸς τίνα δὲ τῶν ἀγγέλων εἴρηκέν ποτε (v. 13), asking to which of the angels God had ever said things like God had said to Jesus. Then the author uses verse 14 to transition to the next topic, also involving angels. These devices connect the units with each other and illuminate the flow of the argument. In a daily lectionary such as ours, the beginning and end of sections may seem arbitrary. If it calls us to read further on our own, all the better.

In terms of audience, the author may have been writing in a Jewish context. Hebrews relies heavily on the Old Testament, with quotations of, allusions to, and perhaps paraphrases of many Old Testament passages from a variety of sources, including both the Septuagint and the Masoretic Text.[255] The author clearly expected his listeners to recognize these passages and understand their context and relationship to his argument, so his audience may have had extensive scriptural knowledge.[256] In addition, he uses circumlocution and the passive voice to avoid saying the name of God; for example, in 7:21 he says διὰ τοῦ λέγοντος πρὸς αὐτον (through the one saying

---

[254] Buchanan, *To the Hebrews*, xxvi.

[255] Buchanan, *To the Hebrews*, xxix.

[256] The passage discussed above (1:5–13) is also an example of the author's use of proof texts or *florilegia*, where he uses multiple passages in a row to support his argument. Buchanan, *To the Hebrews*, xxiii. Notably, this passage also contains one of the few places in the New Testament where Jesus is clearly referred to as divine: verse 8, where he is addressed as ὁ θεός.

to him) and in 3:15 he says ἐν τῷ λέγεσθαι (in which it is said) to introduce OT passages.[257] However, this contrasts somewhat with his use of the name of Jesus, which is used alone without any honorific or title at key moments in his argument.[258]

These distinctive features of Hebrews work together to build a book which is full of dense theological argumentation, almost to the exclusion of the language of emotion.[259] This necessitates careful reading along with a thorough understanding of the Old Testament for the reader to appreciate the wandering argument held together through rhetorical devices, the rich theological insights found in this book, however, are well worth the work.

James

On its surface, the letter of James is one of the most accessible books of the New Testament. Its direct, simple style is easy to understand, and the presentation of clear moral expectations is deeply convicting. James lays out for us "the absolute incompatibility of two construals of reality and two modes of behavior.... This 'deep structure' of polar opposition between 'friendship with the world' and 'friendship with God' undergirds the inclusion and shaping of James' material."[260] He wants us to obey the word of God through caring for the needy, even through trial and testing. At times, living up to the standard set in James may seem daunting. However, he also reminds us that as we humble ourselves in our obedience, God gives us "all the more grace" (4:6).

The Greek student will be relieved to know that James' style is as simple in Greek as it is in English; as Joseph Mayor puts it, he "never allows his principal sentence to be lost in the rank luxuriance of the subordinate clauses."[261] His

---

[257] Buchanan, *To the Hebrews*, xxii.

[258] Ellingworth, *The Epistle*, 11.

[259] Ellingworth, *The Epistle*, 9.

[260] Luke Timothy Johnson, *The Letter of James: A New Translation with Introduction and Commentary*, vol. 37A of *The Anchor Bible* (New York: Doubleday, 1995), 14.

[261] Joseph B. Mayor, *The Epistle of St. James : the Greek Text with Introduction, Notes and Comments*, 2d ed. (London: Macmillan, 1897), ccxxvii, accessed August 26, 2020, https://catalog.hathitrust.org/Record/100452856.

verb form of choice is the imperative, which he uses fifty-nine times in 108 verses, and frequently one of three types of clauses follows for further explanation: participial clauses, γάρ clauses and ὅτι clauses.[262] His vocabulary, however, might pose more of a challenge, since he has poetic tendencies and makes comparisons to nature and common objects. For instance, the word for "woods" (ὕλη, 3:5), which James uses when he compares the tongue to a forest fire, is a *hapax legomenon* in the NT.[263] The references to everyday life that make the letter so approachable also make it a little more difficult for someone who is used to religious vocabulary in Greek.

This relatively short letter covers many topics, from persecution to anger to partiality to ambition, which makes it difficult to assess its structure. Some commentators have tended in the direction of treating it as many separate moral commands, but, as Luke Johnson points out, that approach glosses over many connections that yield deep rewards to the attentive reader.[264] It is important when contemplating an apparent "switch of topic" to consider why James may have linked these two ideas together. What further insight does the connection yield?

Due to the variety in the letter, it is virtually impossible to place it in one genre. Although it has the structure of a letter, its audience is the scattered twelve tribes (ταῖς δώδεκα φυλαῖς ταῖς ἐν τῇ διασπορᾷ), rather than a specific person or house church. Thus, commentators argue that it does not fit the traditional sense of a letter. The rhetorical device of diatribe helps explain the literary style of some parts of James;[265] diatribe was used to encourage people to adopt a certain course of action. James uses vocatives and second person verbs as he directly addresses his readers, he dialogues with an imaginary interlocutor (2:18–22) and composes speeches for various characters (e.g. 2:3), and he asks questions, many of them rhetorical (3:11–12).[266] In addition, *ad hominem* attacks are also a traditional part of diatribe: ὦ ἄνθρωπε κενέ (2:20),

---

[262] Johnson, *The Letter*, 8.

[263] Mayor, *The Epistle*, ccxix.

[264] Johnson, *The Letter*, 13–15.

[265] Johnson, *The Letter*, 17–18.

[266] Johnson, *The Letter*, 9.

μοιχαλίδες (4:4), and ἁμαρτωλοί/δίψυχοι (4:8).[267] The modern reader may cringe, but such epithets were expected in some ancient rhetorical styles.

James uses his seasoned literary capacity to encourage the Christians in the twelve tribes to obey the word of God, the perfect law of liberty (1:25). "...whatever he says, he says forcibly, with the tone of one who is entirely convinced both of the truth and of the importance of the message which he has to deliver."[268] May we as modern readers hear this word of truth and respond with obedience (1:22).

First Peter

First Peter is characterized by "scholarly, elegant Greek" with complex sentences with grammatical relationships that are at times unclear.[269] Scholars disagree on authorship; many using the complexity of the Greek as evidence against the apostle Peter, who was an uneducated fisherman from Galilee, while others emphasize that the Greek still contains deficiencies and idiosyncrasies.[270] The fact that the Old Testament quotations and allusions come from the Septuagint appears to show that the author was better versed in the Greek Old Testament than the Hebrew Masoretic Text.[271] The Greek contains parallelisms, which are characteristic of Semitic literature, and substantival expressions based on abstract nouns, which are more characteristic of Hellenistic literature.[272] Thus, while the literary style provides some insight into the question of authorship, there is no definitive answer to be found there.

---

[267] C. Freeman Sleeper, *James*, Abingdon New Testament Commentaries (Nashville: Abingdon, 1998), 16.

[268] Mayor, *The Epistle*, ccxxx.

[269] Daniel C. Arichea and Eugene Albert Nida, *A Translator's Handbook on the First Letter from Peter*, Helps for Translators (New York: United Bible Societies, 1980), 2.

[270] Paul J. Achtemeier, *1 Peter: A Commentary on First Peter*, ed. Eldon Jay Epp, Hermeneia (Minneapolis: Augsburg Fortress, 1996), 2, Project Muse.

[271] Achtemeier, *1 Peter*, 6.

[272] John H. Elliott, *1 Peter: A New Translation with Introduction and Commentary*, vol. 37B of *The Anchor Bible* (New York: Doubleday, 2000), 64.

Paul Achtemeier argues that the letter is an example of deliberative rhetoric, through which an author would encourage a certain course of action from his audience.[273] This is supported by the hortatory tone in the letter, which is characterized by imperatival constructions, use of second person plural verbs and pronouns, and antitheses contrasting believers and non-believers or certain behavior types.[274] The author wants his audience to behave a certain way in the world, to live holy lives in the face of persecution (2:12).

This purpose fuels the use of hortatory constructions which go beyond the traditional present imperatives, some of which may seem unusual to the reader. One unique feature is his use of the aorist imperative. This tends to be used to make commands in specific situations, while the present imperative tends to be used for the more general instructions which are typical of New Testament exhortation.[275] However, although the commands given in First Peter typically qualify as general instructions, the author uses the aorist imperative twenty-five times and the present only ten times.[276] Another somewhat unique aspect of the exhortation in First Peter is the use of the participle as an imperative, which is seen more in First Peter than anywhere else in the New Testament, outside of Romans 12.[277] One example is seen in 1:14–15, where the participial phrase μὴ συσχηματιζόμενοι (do not be conformed) is linked to the main verb phrase ἅγιοι...γενήθητε (be holy) with the conjunction ἀλλὰ. Normally the participle would be subordinate to the

---

[273] Achtemeier, *1 Peter*, 5–6.

[274] Elliott, *1 Peter*, 67.

[275] Greg W. Forbes, *Exegetical Guide to the Greek New Testament: 1 Peter*, ed. Andreas J. Köstenberger and Robert W. Yarbrough (Nashville: B&H Publishing Group, 2014), 4, EBSCOhost.

[276] Forbes, *Exegetical Guide*, 4–5. One possible explanation is that the aorist is programmatic, "setting a course of action to be continued from this point on"; for example, the two aorists in 5:8 (νήψατε and γρηγορήσατε) encourage the audience to "be sober" and "stay awake", both of which are states of being in which one continues. See Achtemeier, *1 Peter*, 340n60. Another similar possibility is that the aorist is "ingressive" or indicates the starting point of a new action; for example, the aorist of the next verse (ἀντίστητε) calls the audience to begin resisting the devil. See Elliott, *1 Peter*, 859.

[277] Forbes, *Exegetical Guide*, 6.

main verb, making its command less forceful, but the conjunction gives both the participle and the main verb equal force.[278] In addition, some of the author's unique vocabulary add to the theme of living holy lives in the world; the words κακοποιός and ἀγαθοποιός in 2:14 do not show up elsewhere in the New Testament.[279]

It is important for the reader to understand the hortatory sense of the letter within its larger theological context. First Peter contains the most frequent use of the Greek verb πάσχω meaning 'to suffer' in all New Testament writings (twelve times in 105 verses),[280] and it refers both to Christ's sufferings and to the readers' sufferings. "The theological logic of 1 Peter is grounded in the events of the passion of Jesus Christ: his suffering (2:21) and death, (1:19) and his subsequent resurrection (1:21) and glorification (3:21)."[281] Christ's suffering becomes the means by which Christians are healed from sin (2:24) and thus is the basis for the author's exhortation for believers to endure under suffering and to live out their baptism by which they are saved (3:18–22).

First, Second, and Third John

Many scholars have debated the relationship of the Johannine epistles to each other and to the Gospel of John. Thematic similarities (at least between the gospel and First and Second John) lead most scholars to posit a Johannine school of thought from which the letters come. First John, the longest of the three letters, is frequently read for its beautiful picture of God's love for us and for its deeply important exhortations to love our brothers and sisters in Christ. However, it also paints a picture of a rift in the church and of adversaries of the gospel; the author wants to warn his readers. This theme connects it to Second John, which has admonitions along the same lines. Third John is almost identical in structure to Second John, but thematically is the most unique of

---

278 Forbes, *Exegetical Guide*, 7.

279 Elliott, *1 Peter*, 61.

280 Elliott, *1 Peter*, 61.

281 Achtemeier, *1 Peter*, 66.

the writings. The brevity of Second and Third John make comparisons difficult, so at best we can only "establish probabilities."[282]

First John

The Greek of First John may seem simpler than it is. The vocabulary is repetitive. The author uses εἴμι ninety-nine times and ὁ θεός sixty-two times in a letter with only 105 verses; in addition, he uses ἀγαπάω and μένω twenty-eight times and twenty-three times each, with ἡ ἀγάπη and ἡ ἁμαρτία close behind at eighteen times and seventeen times each.[283] The repetition of vocabulary makes the overarching themes of the letter very clear; the author wants his readers to understand that God is love and that if we abide in this loving God, then sin is not acceptable, especially that which hinders our love for others.

On the other hand, the grammar is frequently complex; and even when it is simple, the sense of the text is not often immediately obvious.[284] For instance, the use of αὐτός plus a third person singular verb frequently creates an ambiguity about whether God the Father or God the Son should be the subject of a given verb. An example of this is seen in 2:25. Directly following verses concerning the need to confess and abide in both the Son and the Father, the text reads καὶ αὕτη ἐστὶν ἡ ἐπαγγελία ἣν αὐτὸς ἐπηγγείλατο ἡμῖν, τὴν ζωὴν τὴν αἰώνιον, with no indication of whether the Son or the Father is the αὐτὸς who has promised us eternal life. Martin Culy sees this as indicative of the author viewing a perfect identity between the two,[285] and if the author does understand the two as being identical, this supports the high Christology found in the Johannine writings.

---

[282] Raymond E. Brown, *The Epistles of John*, vol. 30 of *The Anchor Bible* (Garden City, NY: Doubleday, 1982), 15.

[283] Martin M. Culy, *1, 2, 3 John: A Handbook on the Greek Text* (Waco, TX: Baylor University Press, 2004), xi.

[284] C. Haas, M. de Jonge, and J.L. Swellengrebel, *A Translator's Handbook on the Letters of John*, Helps for Translators (London: United Bible Societies, 1972), 13; Culy, *1, 2, 3 John*, xi.

[285] Culy, *1, 2, 3 John*, xx.

Adding to the sense of complexity, the author does not develop his ideas logically; scholars call the movement of his thoughts a "spiral"[286] and note that "the transitions between parts of the discourse are usually not clear-cut."[287] For instance, the twin themes of God's love and humanity's obedience are developed together throughout the letter, with the author first emphasizing one and then the other. Another characteristic of the epistle is that there is a sparsity of particles; ὅτι and καί are used frequently, but μέν τε and οὖν are not used at all. Frequently the author resorts to asyndeton.[288] This can also cause a beginning Greek reader difficulty because the relationship between ideas must be supplied.

The letter is primarily hortatory, encouraging the readers to live lives of obedience. While there are only thirteen imperative verbs in the letter, Culy identifies four additional types of exhortation clauses: a form of ἐντολή with a ἵνα clause, ὀφείλω plus an infinitive, the construction πᾶς plus a participle, and ἐάν clauses.[289] For instance, 1:6–10 contains five "if/then" sentences, each one starting with ἐάν plus the subjunctive. While this is not the expected imperative form, the sense of each sentence is exhortative. For instance, the ἐὰν clause in verse 10 says, "If we say we have not sinned," and the main clause shows the result, "we make [God] a liar." Clearly we ought not to do this. In addition, the author emphasizes this exhortative material by using the present tense for his imperatives and hortatory subjunctives, while using the aorist for all of his background material.[290] A clear example of this is found in 2:24a, where the author uses the aorist ἠκούσατε to explain what the audience has heard from the beginning, but then switches to the present imperative μενέτω for the main verb. In order to absorb fully the import of this letter, the reader must look for the sense of the exhortation, rather than expecting the imperative as a more traditional method of expressing commands.

---

[286] C. H. Dodd, *The Johannine Epistles*, The Moffatt New Testament Commentary (New York: Harper & Brothers, 1946), xxi.

[287] Haas, Jonge, and Swellengrebel, *A Translator's*, 14.

[288] Brooke Foss Westcott, *The Epistles of St John: The Greek Text with Notes*, 1966 ed. (Appleford, UK: Marcham Books, 1966), xxxix–xl.

[289] Culy, *1, 2, 3 John*, xiii.

[290] Culy, *1, 2, 3 John*, xvii–xviii.

First John balances well the dual themes of love and obedience, expressing clearly God's love for the reader, but also the expectation that the reader respond to that love by obeying God in love. But with all the emphasis on exhortation, the overarching message is that it is God's love that reaches out to us first, which encourages us as we respond with lives of obedience (1 John 4:10–12).

Second and Third John

Second and Third John show clear similarities in their opening and closing; both are addressed from Ὁ πρεσβύτερος (2/3 John 1), and both include two similar phrases: οὓς ἐγὼ ἀγαπῶ ἐν ἀληθείᾳ (2/3 John 1)[291] and Ἐχάρην (γὰρ) λίαν (2 John 4 and 3 John 3). The author uses more similar phrasing as he explains that he rejoices because his addressees are walking in the truth.[292] In the closing to both, the author expresses that he prefers to see the addressees in person, rather than writing more letters.[293] In contrast, the message of each is fairly different, because the author addresses specific situations for each house church. In Second John, the chosen lady and her children face the same adversaries that the audience of First John do, and they are exhorted in similar ways: to love each other, to obey the commandments, and to beware of the deceivers. In Third John, there appears to be one specific troublemaker, a Diotrephes, who is not accepting τοὺς ἀδελφοὺς into the church. The elder writes to Gaius to urge him to continue to welcome τοὺς ἀδελφοὺς, and by this to avoid imitating the evil of Diotrephes. These two short letters are often overlooked since they are addressed to such specific situations, but the concern of the elder for these congregations and their spiritual care is clear in the structure and content of the letters.

[291] The pronoun οὓς is ὃν in 3 John because the addressee is singular.

[292] It is phrased σου περιπατοῦντας ἐν ἀληθείᾳ in 2 John 4 and σὺ ἐν ἀληθείᾳ περιπατεῖς in 3 John 3. This phrasing is unique to these two books in the whole New Testament. Brown, *The Epistles*, 18.

[293] Brown lists the similarities of the opening and closing in *The Epistles*, 15.

Revelation

One of the first things a reader will notice about the Revelation to John is its difficult, confusing, and at times ungrammatical Greek. "Revelation's language can be blunt and evocative, vivid and obscure. ... The writer both follows and violates accepted patterns of Greek grammar, resulting in an idiosyncratic style that some find intriguing and others disparage."[294] There is no scholarly consensus about the origins of this Greek. Was John's first language Aramaic or Hebrew? Or was his native Greek influenced by the Greek translations found in writings like the Septuagint?[295]

A good example of these grammatical difficulties appears in the greeting that John sends to the seven churches in 1:4–5. The Greek preposition ἀπὸ takes a genitive object in standard grammatical usage, which John follows when its objects are the seven spirits and Jesus Christ (ἀπὸ τῶν ἑπτὰ πνευμάτων and ἀπὸ Ἰησοῦ Χριστοῦ). However, when the object is God, he uses the nominative case instead (ἀπὸ ὁ ὢν καὶ ὁ ἦν καὶ ὁ ἐρχόμενος). Conventional usage also requires nouns and adjectives to agree with one another in gender, number, and case, which John follows when he describes God in the nominative, but not when he pairs the genitive Ἰησοῦ Χριστοῦ with nominative nouns (ὁ μάρτυς, ὁ πιστός, ὁ πρωτότοκος, ὁ ἄρχων). In addition, he uses a finite verb (ἦν) in between two participles, not only breaking any sense of parallelism, but also incorrectly using it with an article. Craig Koester's analysis of this passage suggests that perhaps John is using the incorrect grammar for emphasis by placing God who is absolute, outside of the normal usage.[296] While this viewpoint helpfully refuses to dismiss the linguistic

---

[294] Craig R. Koester, *Revelation: A New Translation with Introduction and Commentary*, vol. 38A of *The Anchor Yale Bible* (New Haven: Yale University Press, 2014), 138, EbscoHost.

[295] For further discussion, see Koester, *Revelation: A New Translation*, 139–141, and David L. Mathewson, *Revelation: A Handbook on the Greek Text*, Baylor Handbook on the Greek New Testament (Waco, TX: Baylor University Press, 2016), xxiv–xxv.

[296] Koester, *Revelation: A New Translation*, 139–140; Robert G. Bratcher and Howard A. Hatton, *A Handbook on the Revelation to John*, UBS Handbook Series (New York: United Bible Societies, 1993), 2–3.

variations, the grammatical irregularities are extensive enough that it would be difficult to find theological meaning in all of them.

The genre and structure of the book are interlinked, and certain linguistic features help the reader navigate the dreamlike and circuitous narrative sequences. The book begins and ends with a traditional epistle format, but the contents are a mix of prophecy and apocalypse and do not develop typically for an epistle.[297] Rather, the narrative progresses with a series of episodic visions that are typical of the apocalyptic genre.[298] Specific constructions alert one to the beginning of a vision when the seer announces what he has seen or heard with καὶ εἶδον or ἤκουσα. However, once the vision begins, he frequently switches to third person for narration.[299]

Another grammatical feature which contributes to the episodic nature of the book is the seer's use of the definite article ὁ/ἡ/τὸ.[300] Usually John omits the definite article the first time he mentions an object or being, but then uses it for all future references to the same object or being. This serves to direct the reader's attention back to the first time it was mentioned, giving a sense of "that one I already told you about" and highlighting connections between the separate visions. For instance, John says, "εἶδον... ἀρνίον" (5:6), omitting the definite article as he introduces the Lamb standing before the throne of God. Then in 5:8, 12–13, and throughout the book, he uses the definite article with ἀρνίον.

Within a specific episodic vision, another feature of the unique Greek of Revelation is the fluidity of verb tense usage. While the narrative is mostly in past tense, it does sometimes go into present or future tense.[301] For instance, in 7:9–17, the seer describes seeing a great multitude from every nation standing before the Lamb; the episode contains two verb tense sequences, one with nine verb forms in five different tenses, and the other with eleven verb

---

[297] Mathewson, *Revelation: A Handbook*, xxii.

[298] David E. Aune, *Revelation 1-5*, vol. 52A of *Word Biblical Commentary* (Nashville: Nelson, 1997), lxxxii.

[299] David L. Mathewson, *Verbal Aspect in the Book of Revelation: The Function of Greek Verb Tenses in John's Apocalypse*, Linguistic Biblical Studies (Leiden: Brill, 2010), 46.

[300] Mathewson, *Revelation: A Handbook*, xxiii.

[301] Mathewson, *Revelation: A Handbook*, xxii–xxiii, citing Mathewson, *Verbal Aspect*, 46.

forms in three different tenses.[302] The unexpected changes in verb tense remind the reader that the seer is attempting to express a vision in words, rather than narrating a specific sequence of events, and the shifts in the tenses resist a narrative reading of the text.[303]

Even with the grammatical difficulties present, the language of Revelation expresses the majestic imagery of the seer's visions effectively. The passages are rich with biblical imagery, and the new contexts ascribed to the old biblical images creates layers of meaning that deepen the picture of God, such as when the author juxtaposes the Lion of Judah with the sacrificial lamb (5:5–6).[304] For the reader who perseveres, the idiosyncrasies of language and style unveil further layers of meaning.

---

[302] Buist M. Fanning, "Greek Tenses in John's Apocalypse: Issues in Verbal Aspect, Discourse Analysis and Diachronic Change," in Dow, Evans, and Pitts, *The Language and Literature of the New Testament*, 328n3.

[303] For more extensive discussions of the tense changes, see Mathewson, *Revelation: A Handbook*, xxvi–xxvii and Fanning, "Greek Tenses," 331.

[304] Koester, *Revelation: A New Translation*, 124.

Introductions to Deuterocanonical Books

The Book of Wisdom

The Book of Wisdom, also known as the Wisdom of Solomon, is Deuterocanonical wisdom literature, most likely written sometime between the third century BCE and the first century CE by a Jewish scholar in Alexandria, Egypt. As its name implies, the text is attributed to Solomon but is pseudonymous; however, the author "assumes [Solomon's] persona from beginning to end."[305] The book comes into the extended Christian Scriptures through its connection to the Septuagint; however, unlike the canonical books in the Septuagint, it was most likely composed in Greek, rather than translated from Hebrew.

Scholars note the author's fluency with the language and his unique vocabulary, "Of the *c.* 1,735 different words used in the book of Wisdom in the original Greek text, *c.* 335 appear nowhere else in the Old Testament. This alone indicates how original it is."[306] The vocabulary shows extensive Hellenistic influence in the areas of religion, philosophy and ethics, and the author "made a deliberate effort to associate ideas from Hellenistic culture with typically Jewish terms."[307] This is seen in instances of parallelism, where the author used a Jewish term in conjunction with a Greek term; for example, in 5:11, σημεῖον, the Jewish term for "sign" is seen alongside τεκμήριον, the Hellenistic term for "proof."[308] This gives a glimpse into the questions which Jews living under Ptolemaic rule in Alexandria faced, and which the author of this book grapples

---

[305] Samuel E. Balentine, *Wisdom Literature*, Core Biblical Studies (Nashville: Abingdon, 2018), 123, EBSCOhost.

[306] James Gavigan, Brian McCarthy, and Thomas McGovern, eds., *Wisdom Books*, The Navarre Bible (Dublin: Four Courts, 2004), 303. See also James M. Reese, *Hellenistic Influence on the Book of Wisdom and Its Consequences* (Rome: Biblical Institute Press, 1970), 3, GoogleBooks.

[307] Reese, *Hellenistic Influence*, 6. Reese discusses the subject of lexical influence extensively on pages 1–31 of this work.

[308] Reese, *Hellenistic Influence*, 5.

with as he defends Judaism in the midst of the Hellenistic influence: "how much could Jews accommodate themselves to Greek culture before losing their distinctive identity as Jews?"[309]

Structurally, the book is divided into three sections, beginning with a description of judgement and the afterlife (1:1–6:21), continuing by paying homage to Wisdom's nature and benefits (6:22–9:18), and finishing with a narration of Wisdom's role in the Exodus (10:1–19:22). [310] As the author transitions from the first section to the second, the argument climaxes in a beautiful example of a Sorites (verses 17–20)[311], a carefully constructed line of reasoning in which the predicate of the first line becomes the subject of the next, and so on until the predicate of the final line and the subject of the first line are linked in the conclusion. The sentence structure is simple; subjects and predicates are joined together with an assumed linking verb "is." The author shows off his extensive vocabulary through his use of synonyms. However, the words for which he does not choose to use synonyms show a certain emphasis as well. The repetition of words like ἡ ἀγάπη, ἡ παιδεία, ὁ νόμος, ἡ ἀφθαρσία, and ἡ ἐπιθυμία all emphasize the themes of love of Wisdom, love of learning, keeping the law, and immortality. Righteousness leads to eternal life, and, in a world in which Wisdom holds everything together, the love of Wisdom is the key to a true righteousness.[312] Thus the reader is exhorted to seek God and eternal life through a love of Wisdom.

However, this message creates a disturbing corollary for the modern reader, which is the relegation of the wicked to eternal punishment. As firm as our sense of justice is, we may be concerned about the harshness of the judgment in verses such as 4:19–20 which declare the wicked to be a πτῶμα ἄτιμον (ignominious carcass[313]). Understanding the tension between the Jews and their Hellenistic culture in this particular socio-location can help provide some context for verses such as these. David Winston argues for a date in the

---

309 Balentine, *Wisdom Literature*, 124.

310 Balentine, *Wisdom Literature*, 123.

311 David Winston, *The Wisdom of Solomon*, vol. 43 of *The Anchor Bible* (Garden City, NY: Doubleday, 1979), 17.

312 Balentine, *Wisdom Literature*, 138–40.

313 Winston, *The Wisdom*, 137.

1st century CE for the composition of the work.[314] Importantly, the Jews of Alexandria experienced persecution during the reign of Caligula in 38 CE.[315] As Balentine points out, the intense suffering of one's people can provide a context for a rather vicious characterization of the wicked (e.g., 2:12–20).[316]

Regardless of whether the Book of Wisdom had an early or late composition date, the author aims to help his Jewish readers navigate the tension of living in a non-Jewish culture, and to do so, he appeals to a love of Wisdom, which sends one in the direction of the law, righteousness, and ultimately, eternal life with God. Paying close attention to these themes in the lectionary will help us increase our own love of Wisdom.

Ecclesiasticus

Ecclesiasticus, recorded in our lectionary under its Latin name, is also known as the Wisdom of Sirach and the Wisdom of Ben Sira. It is a Deuterocanonical work which falls into the category of Wisdom Literature, alongside the canonical books of Ecclesiastes, Proverbs, and Job. Originally written in Hebrew, it was not considered part of the Jewish canon and was preserved in Christian literature through its connection to the Septuagint. More recently, about two-thirds of its text has been uncovered in the original Hebrew through Qumran and Geniza fragments. In this lectionary, we have chosen to use the Greek translation because of its completeness and because it is through this translation that it has been handed down as part of the extended collection of Scriptures used in Christian worship.

A unique aspect of this book is its prologue, in which the translator identifies himself as the grandson of the author, Ben Sira, and explains why he is translating his grandfather's work into Greek, since a translation is never as good as the original. Scholars disagree about the extent to which this prologue can be used to understand the translator's linguistic choices. Benjamin Wright

---

[314] Winston, *The Wisdom*, 22–23. To support his argument for a late dating of the work, Winston notes the presence of certain lexical items (35 in total) which do not show up in contemporary secular literature until the first century CE.

[315] Winston, *The Wisdom*, 23–24.

[316] Balentine, *Wisdom Literature*, 126–27.

notes that the Greek of the prologue is significantly better than the translated Greek in the remainder of the book.[317] His main criticism of the Greek in the body of the text is that it is isomorphic, meaning that the translator tended to translate it word-by-word, instead of considering whole phrases or sentences, which makes the Greek read more like "translation-ese" than actual Greek.[318] Frequently the translator even maintained the exact word order and the exact same number of words.[319] In Wright's view, if the translator was capable of writing correct Greek, then he must have had a purpose in using an isomorphic model of translation. Based on the prologue, Wright thinks the translator wanted to keep the focus on the teaching itself rather than on the skill of the translator.[320] James Aitken, on the other hand, thinks that to take the self-effacement in the prologue literally is to miss a literary conceit in which the author downplays his own work in order to emphasize its value.[321] While acknowledging that the Greek is less than idiomatic, Aitken documents the translator's literary accomplishments; he has a rich vocabulary that shows variation and sensitivity based on the context of individual verses,[322] and there is evidence of him changing the word order to emphasize certain aspects of passages.[323] Both viewpoints are useful for the lectionary reader; it is helpful to remember that if the Greek feels awkward, it is probably due to the unusual

---

[317] Benjamin G. Wright, III, "Translation Greek in Sirach in light of the Grandson's Prologue," in *The Texts and Versions of the Book of Ben Sira: Transmission and Interpretation*, ed. Jean-Sébastien Rey and Jan Joosten, Supplements to the Journal for the Study of Judaism 150 (Leiden: Brill, 2011), 75.

[318] Wright, "Translation Greek," 75, 91.

[319] James K. Aitken, "The Literary and Linguistic Subtlety of the Greek Version of Sirach," in *Texts and Contexts of the Book of Sirach*, ed. Gerhard Karner, Frank Ueberschaer, and Burkard M. Zapff, Septuagint and Cognate Studies 66 (Atlanta: SBL Press, 2017), 115–116.

[320] Wright, "Translation Greek," 86.

[321] James K. Aitken, "The Literary Attainment of the Translator of Greek Sirach," in *The Texts and Versions of the Book of Ben Sira: Transmission and Interpretation*, ed. Jean-Sébastien Rey and Jan Joosten, Supplements to the Journal for the Study of Judaism 150 (Leiden: Brill, 2011), 106.

[322] Aitken, "The Literary Attainment," 110; Aitken, "The Literary and Linguistic," 119.

[323] Aitken, "The Literary and Linguistic," 135.

translation style. Also, paying close attention to vocabulary choices and word order can yield dividends in understanding the meaning of the passages.

The historical, literary and cultural context of Ecclesiasticus provides important insight into its theology. The book contains a variety of literary styles found in Wisdom Literature, including hymns of praise, prayers of petition, confessional statements, didactic narratives, and the *māšāl* or proverb composed in two parallel lines; the author frequently will use one or more proverbs to introduce a topic and then further develop it.[324] However, there is a shift in theology from the canonical Wisdom Literature that can be traced to the date of composition and the author's socio-location, according to Samuel Balentine. The author, Ben Sira, connects the fear of God and wisdom to the Law in a way that is not seen in Proverbs, Job, and Ecclesiastes. While these books were written in the late Second Temple Period when Hellenism was new to Palestine and had yet to see conflict with Judaism, Ecclesiasticus' later date puts it during a time when "the tensions between the colonizers and the colonized were more intense and the choices for Jews between compliance and resistance were more consequential." [325] This results in a theological movement away from a character like Job, who is free to question God and God's authority, to a focus on piety and obedience. Ben Sira is concerned about the reputation of his students and advises them to follow God's law and seek approval from both their fellow Jews and their Seleucid rulers.[326] "From the outset, therefore, Ben Sira models for his students a wisdom focused more on piety than on intellect, more on acknowledging who God is and what God has done than on asking why things are as they are."[327] While this was a good survival technique for Ben Sira's day, the modern reader may find value in balancing the piety of Ben Sira with the questions of Job.

While Ecclesiasticus is not part of our canonical Scriptures, its inclusion in the lectionary provides the reader with a glimpse into the world of Ben Sira and encourages us to grapple with the idea that God is the source of wisdom who expects our obedience even when things do not make sense.

---

[324] Balentine, *Wisdom Literature*, 97–98.

[325] Balentine, *Wisdom Literature*, 96–97.

[326] Balentine, *Wisdom Literature*, 106–107.

[327] Balentine, *Wisdom Literature*, 114.

Baruch

The Book of Baruch, also known as First Baruch to distinguish it from a late apocalyptic work by the same name, comes to us as the first of two addenda to the Book of Jeremiah in the Septuagint.[328] Even the untrained eye can easily identify two drastically different styles in the book, as the first half is written in prose (1:1–3:8) and the second half in poetry (3:9–5:9). Scholars have used this to argue that the work is not a single literary unit, but was composed by at least two different people.[329] In addition, certain particles are translated differently in the first and second half; the Hebrew *wa* is translated by καί in the first part and by δέ (or left out entirely) in the second half, and the Hebrew *kî* is translated by ὅτι in the first part and by γάρ in the second.[330] However, Emil Schürer goes even further to argue that the second half of the book was originally composed in Greek, rather than translated from Hebrew or Aramaic.[331] Some scholars have attempted to reconstruct a hypothetical text in Hebrew, and the English of the New Revised Standard Version reflects "conjectures according to that hypothetical Semitic text."[332] These questions

---

[328] The second addendum is the Epistle of Jeremiah.

[329] H. St. John Thackeray, "The Greek Translators of Jeremiah," *The Journal of Theological Studies* 4, no. 14 (1903): 264, http://0-www.jstor.org.librarycatalog.vts.edu/stable/23949726: "The Greek of the latter part of Baruch is of an entirely different character, and is certainly by another hand."

[330] Carey A. Moore, *Daniel, Esther, and Jeremiah: The Additions*, vol. 44 of *The Anchor Bible* (Garden City, NY: Doubleday, 1977), 304.

[331] Emil Schürer, *A History of the Jewish People in the Time of Jesus Christ*, 2nd ed., trans. Sophia Taylor and Peter Christie (New York: Charles Scribner's Sons, 1910), div. ii, vol. iii:191, originally published as *A Manual of the History of New Testament Times*, accessed August 24, 2020, https://babel.hathitrust.org/cgi/pt?id=uva.x002109196&view=1up&seq=7. No manuscripts in Hebrew have been discovered for Baruch (see Moore, *Daniel, Esther*, 259), but most scholars accept that, at least for the first half of the book, there are enough Hebraisms and other mistakes to justify the existence of a Hebrew or Aramaic original.

[332] Marie-Theres Wacker, *Baruch and The Letter of Jeremiah*, ed. Carol J. Dempsey and Barbara E. Reid, vol. 31 of *Wisdom Commentary* (Collegeville, MN: Liturgical Press, 2016), xxxix.

will unlikely be resolved without further manuscript evidence being uncovered.

To further complicate the matter, theological and linguistic differences do not divide down neatly in between the prose and poetry sections of the work. The book begins with an introduction to the situation of the Jewish exiles (1:1–4), continues with a confession for those remaining in Palestine (1:15–2:5), a prayer from the exiles (2:6–3:8), a poem praising Wisdom (3:9–4:4), and a psalm encouraging both the exiles and those in Jerusalem (4:5–5:9).[333] The introduction, confession, and prayer are in prose, and the poem and the psalm are in poetry. However, Moore points out that the prose and the psalm both refer to God as κύριος or Lord (Hebrew יהוה, *YHWH*) but the Wisdom poem uses the more generic θέος. In addition, he states, "Whereas in Poem God's transcendence and omnipotence are emphasized, the other portions stress his righteousness, justice, compassion, and faithfulness."[334] Thus, part of the poetry reflects the theological considerations of the prose, while part of it does not.

A short work, Baruch only shows up three times in our lectionary, once during Easter of Year 1 and twice during Advent of Year 2; all three are taken from the poetic second half of the book, one from the Wisdom poem and two from the psalm of encouragement. Despite the differences in language, literary style, vocabulary and theology, the three passages in our lectionary present a relatively cohesive picture of God and God's relationship with Israel. In the Wisdom poem, the author stipulates that "wisdom depends totally on God's disclosure," and that God alone grants wisdom to Israel.[335] In the poem of encouragement, in which the exiles are given an image of the eschatological future awaiting Jerusalem, God alone is the bearer of righteousness and alone grants it to Israel.[336] Ultimately, Israel does not give herself wisdom, righteousness, or even the capacity to follow God—everything, including "the reversal of destiny" is a gift from God to Israel.[337] May these passages draw each

[333] Moore, *Daniel, Esther*, 257–58.

[334] Moore, *Daniel, Esther*, 259.

[335] Wacker, *Baruch and The Letter*, 54, 58.

[336] Wacker, *Baruch and The Letter*, 87.

[337] Wacker, *Baruch and The Letter*, 82.

of us to a deeper understanding of our complete and total reliance on the God of Israel.

Bibliography

Achtemeier, Paul J. *1 Peter: A Commentary on First Peter*. Edited by Eldon Jay Epp. Hermeneia: A Critical and Historical Commentary on the Bible. Minneapolis: Augsburg Fortress, 1996. Project Muse.

Adams, Sean A. "On Sources and Speeches: Methodological Discussions in Ancient Prose Works and Luke-Acts." Pages 389–411 in *Early Christianity in its Hellenistic Context*. Edited by Stanley E. Porter and Andrew W. Pitts. Vol. 1 of *Christian Origins and Greco-Roman Culture: Social and Literary Contexts for the New Testament*. Texts and Editions for New Testament Study 9. Leiden: Brill, 2013. EBSCOhost.

Aitken, James K. "The Literary and Linguistic Subtlety of the Greek Version of Sirach." Pages 115–40 in *Texts and Contexts of the Book of Sirach*. Edited by Gerhard Karner, Frank Ueberschaer, and Burkard M. Zapff. Septuagint and Cognate Studies 66. Atlanta: SBL Press, 2017.

———. "The Literary Attainment of the Translator of Greek Sirach." Pages 95–126 in *The Texts and Versions of the Book of Ben Sira: Transmission and Interpretation*. Edited by Jean-Sébastien Rey and Jan Joosten. Supplements to the Journal for the Study of Judaism 150. Leiden: Brill, 2011.

Anderson, R. Dean. "Grappling with Paul's Language: How a Greek Might Struggle." In Dow, Evans, and Pitts, *The Language and Literature of the New Testament*, 237–56.

Arichea, Daniel C., and Eugene Albert Nida. *A Translator's Handbook on the First Letter from Peter*. Helps for Translators. New York: United Bible Societies, 1980.

Auld, A. Graeme. *I & II Samuel: A Commentary*, The Old Testament Library. Louisville: Westminster John Knox, 2011.

Aune, David E. *Revelation 1–5*. Vol. 52A of *Word Biblical Commentary*. Nashville: Nelson, 1997.

Baden, Joel S. *The Composition of the Pentateuch: Renewing the Documentary Hypothesis.* New Haven: Yale University Press, 2012.

Balentine, Samuel E. *Wisdom Literature.* Core Biblical Studies. Nashville: Abingdon, 2018. EBSCOhost.

Barrett, C.K. *The Gospel According to St. John: An Introduction with Commentary and Notes on the Greek Text.* New York: MacMillan, n.d.

Barth, Markus. *Ephesians.* Vol. 34 of *The Anchor Bible.* Garden City, NY: Doubleday, 1974.

Barth, Markus, and Helmut Blanke. *Colossians: A New Translation.* Translated by Astrid B. Beck. Vol. 34A of *The Anchor Bible.* New Haven: Yale University Press, 1994.

Berman, Ruth. "Narrative Development in Multilingual Contexts." In *Narrative Development in a Multilingual Context.* Edited by Sven Strömqvist and Ludo Verhoeven. Amsterdam: John Benjamins, 2001.

Birch, Bruce C. "The First and Second Books of Samuel." In Keck, et al., *The New Interpreter's Bible Commentary,* 2:307–628.

The Book of Common Prayer. New York: Oxford University Press, 2007.

Bratcher, Robert G. and Howard A. Hatton, *A Handbook on the Revelation to John,* UBS Handbook Series. New York: United Bible Societies, 1993.

Brookins, Timothy A., and Bruce W. Longenecker. *1 Corinthians 1-9: A Handbook on the Greek Text.* Baylor Handbook on the Greek New Testament. Waco, TX: Baylor University Press, 2016.

Brown, Francis. *The Brown-Driver-Briggs Hebrew and English Lexicon.* With the cooperation of S. R. Driver and Charles A. Briggs. Massachusetts: Hendrickson, 1906.

Brown, Raymond E. *The Churches the Apostles Left Behind.* New York: Paulist, 1984.

———. *The Epistles of John.* Vol. 30 of *The Anchor Bible.* Garden City, NY: Doubleday, 1982.

———. *The Gospel According to John (i–xii)*. Vol. 29 of *The Anchor Bible*. Garden City, NY: Doubleday, 1966.

———. *An Introduction to the New Testament*. New Haven: Yale University Press, 1997.

Brueggemann, Walter. *First and Second Samuel*. Interpretation. Louisville: Westminster John Knox, 2012.

———. "The Kerygma of the Priestly Writers." *Zeitschrift fur die Alttestamentliche Wissenschaft* 84, no. 4 (January 1, 1972): 397–413.

Buchanan, George Wesley. *To the Hebrews*. Vol. 36 of *The Anchor Bible*. New York: Doubleday, 1972.

Bush, Frederic W. *Ruth, Esther*. Vol. 9 of *Word Biblical Commentary*. Dallas: Word, 1996.

Campbell, Constantine R. *Colossians and Philemon: A Handbook on the Greek Text*. Baylor Handbook on the Greek New Testament. Waco, TX: Baylor University Press, 2013.

Carr, David M. "Reaching for Unity in Isaiah." *Journal for the Study of the Old Testament* 18, no. 57 (1993): 61–80.

Conybeare, F. C., and St. George Stock. *Grammar of Septuagint Greek: With Selected Readings, Vocabularies, and Updated Indexes*. Exp. ed. Peabody, MA: Hendrickson, 1995. First published 1905 by Ginn and Co.

Coogan, Michael D., et al., eds. *The New Oxford Annotated Bible*. 4th ed. Oxford: Oxford University Press, 2010.

Cook, Stephen L. "Ezekiel." In Coogan et al., *The New Oxford Annotated Bible*, 1159–1162.

———. *Ezekiel 38–48: A New Translation with Introduction and Commentary*. Vol. 22B of *The Anchor Yale Bible*. New Haven: Yale University Press, 2018.

———. *Reading Deuteronomy: A Literary and Theological Commentary*. Macon, GA: Smyth & Helwys, 2015.

Culy, Martin M. *1, 2, 3 John: A Handbook on the Greek Text*. Baylor Handbook on the Greek New Testament. Waco, TX: Baylor University Press, 2004.

Darr, Kathryn Pfisterer. "The Book of Ezekiel." In Keck, et al., *The New Interpreter's Bible Commentary,* 5:1–420.

Davies, W. D., and D. C. Allison. *Matthew 1–7*. Vol. 1 of *The Gospel According to Saint Matthew*. London: T&T Clark, 2004.

Davis, Ellen F. *Opening Israel's Scriptures.* Oxford: Oxford University Press, 2019.

deSilva, David A. *Galatians: A Handbook on the Greek Text*. Baylor Handbook on the Greek New Testament. Waco, TX: Baylor University Press, 2014.

Dodd, C. H. *The Johannine Epistles*. The Moffatt New Testament Commentary. New York: Harper & Brothers, 1946.

Dow, Lois K. Fuller, Craig A. Evans, and Andrew W. Pitts, eds. *The Language and Literature of the New Testament: Essays in Honor of Stanley E. Porter's 60th Birthday*. Leiden: Brill, 2016.

Dozeman, Thomas B. *Joshua 1–12: A New Translation with Commentary*. Vol. 6B of *The Anchor Yale Bible*. New Haven: Yale University Press, 2015.

Driver, S.R. *Introduction to the Literature of the Old Testament*. Cleveland: The World Publishing Company, 1967.

Dunn, James D. G. *The Epistles to the Colossians and to Philemon: A Commentary on the Greek Text*. The New International Greek Testament Commentary. Grand Rapids: Eerdmans, 1996.

Durham, John I. *Exodus.* Vol. 3 of *Word Biblical Commentary.* Waco, TX: Word, 1987.

Ellingworth, Paul. *The Epistle to the Hebrews: A Commentary on the Greek Text*. The New International Greek Testament Commentary. Grand Rapids: Eerdmans, 1993.

Elliott, John H. *1 Peter: A New Translation with Introduction and Commentary*. Vol. 37B of *The Anchor Bible*. New York: Doubleday, 2000.

Fanning, Buist M. "Greek Tenses in John's Apocalypse: Issues in Verbal Aspect, Discourse Analysis and Diachronic Change." In Dow, Evans, and Pitts, *The Language and Literature of the New Testament*, 328–53.

Fee, Gordon D. *1 and 2 Timothy, Titus*. Rev. ed. Edited by W. Ward Gasque. Peabody, MA: Hendrickson, 1988.

———. *Paul's Letter to the Philippians*. The New International Commentary on the New Testament. Grand Rapids: Eerdmans, 1995.

Fentress-Williams, Judy. *Ruth.* Abingdon Old Testament Commentaries. Nashville: Abingdon, 2012.

Fitzmyer, Joseph A. *First Corinthians: A New Translation with Introduction and Commentary*. Vol. 32 of *The Anchor Bible*. New Haven: Yale University Press, 2008.

———. *Romans: A New Translation with Introduction and Commentary*. Vol. 33 of *The Anchor Bible*. New York: Doubleday, 1993.

Forbes, Greg W. *Exegetical Guide to the Greek New Testament: 1 Peter*. Edited by Andreas J. Köstenberger and Robert W. Yarbrough. Nashville: B&H Publishing Group, 2014. EBSCOhost.

Furnish, Victor Paul. *II Corinthians: Translated with Introduction, Notes, and Commentary*. Vol. 32A of *The Anchor Bible*. Garden City, NY: Doubleday, 1984.

Gavigan, James, Brian McCarthy, and Thomas McGovern, eds. *Wisdom Books*. The Navarre Bible. Dublin: Four Courts, 2004.

Goldingay, John E. *Daniel*. Vol. 30 of *Word Biblical Commentary*. Dallas: Word, 1989.

Greenberg, Moshe. *Ezekiel 1–20: A New Translation with Commentary*. Vol. 22 of *The Anchor Bible*. Garden City, NY: Doubleday, 1983.

Haas, C., M. de Jonge, and J. L. Swellengrebel. *A Translator's Handbook on the Letters of John*. Helps for Translators. London: United Bible Societies, 1972.

Habel, Norman C. *The Book of Job: A Commentary.* Philadelphia: Westminster, 1985.

Harris, Murray J. *The Second Epistle to the Corinthians: A Commentary on the Greek Text.* The New International Greek Testament Commentary. Grand Rapids: Eerdmans, 2005. Digital file.

Harris, Murray J., Andreas J. Köstenberger, and Robert W. Yarbrough. *John.* Exegetical Guide to the Greek New Testament. Nashville: B&H Academic, 2015. EBSCOhost.

Hawthorne, Gerald F., and Ralph P. Martin. *Philippians.* Revised ed. Vol. 43 of *Word Biblical Commentary.* N.p.: Nelson Reference & Electronic, 2004.

Heschel, Abraham. *The Prophets: An Introduction.* New York: Harper Torch, 1969.

Hezser, Catherine. *Jewish Literacy in Roman Palestine.* Tübingen: Mohr Siebeck, 2001.

Hillers, Delbert R. *Micah: A Commentary on the Book of the Prophet Micah.* Edited by Paul D. Hanson with Loren Fisher. Hermeneia. Minneapolis: Augsburg Fortress, 1984.

Holladay, William L. *Jeremiah 2: A Commentary on Jeremiah 26–52.* Edited by Paul D. Hanson. Hermeneia. Minneapolis: Augsburg Fortress, 1989.

Hurvitz, A. "The Chronological Significance of 'Aramaisms' in Biblical Hebrew." *Israel Exploration Journal* 18, no. 4 (1968): 234–240.

Johnson, Luke Timothy. *The First and Second Letters to Timothy.* Vol. 35A of *The Anchor Bible.* New York: Doubleday, 2001.

———. *Hebrews: A Commentary.* The New Testament Library. Louisville: Westminster John Knox, 2006. ProQuest.

———. *The Letter of James: A New Translation with Introduction and Commentary.* Vol. 37A of *The Anchor Bible.* New York: Doubleday, 1995.

Keck, Leander, et al., eds. *The New Interpreter's Bible: A Commentary in Ten Volumes.* 10 vols. Nashville: Abingdon, 2015.

King, Jr., Martin Luther. *A Testament of Hope: The Essential Writings and Speeches.* Edited by James M. Washington. New York: HarperOne, 1986.

Knohl, Israel. *The Divine Symphony: The Bible's Many Voices.* Philadelphia: Jewish Publication Society, 2003.

———. *The Sanctuary of Silence: The Priestly Torah and Holiness School.* Minneapolis: Fortress Press, 1995.

Koester, Craig R. *Revelation: A New Translation with Introduction and Commentary.* Vol. 38A of *The Anchor Bible.* New Haven: Yale University Press, 2014. EbscoHost.

Larkin, William J. *Ephesians: A Handbook on the Greek Text.* Baylor Handbook on the Greek New Testament. Waco, TX: Baylor University Press, 2009.

Levenson, Jon D. *Sinai & Zion: An Entry into the Jewish Bible.* New York: HarperOne, 1985.

Liddell, Henry G. and Robert Scott. *A Greek-English Lexicon.* With the cooperation of Professor Drisler. 7th ed. New York: Harper & Brothers, Franklin Square, 1883.

Limburg, James. *Jonah: A Commentary.* The Old Testament Library. Louisville: Westminster/John Knox, 1993.

Lincoln, Andrew T. *Ephesians.* Vol. 42 of *Word Biblical Commentary*. Dallas: Word, 1990.

Long, Fredrick J. *2 Corinthians: A Handbook on the Greek Text.* Baylor Handbook on the Greek New Testament. Waco, TX: Baylor University Press, 2015.

Longenecker, Richard N. *The Epistle to the Romans: A Commentary on the Greek Text.* The New International Greek Testament Commentary. Grand Rapids: Eerdmans, 2016.

———. *Galatians.* Vol. 41 of *Word Biblical Commentary*. Dallas: Word, 1990.

Luz, Ulrich. *Matthew 1-7.* Edited by James E. Crouch. Translated by Helmut Koester. Hermeneia. Minneapolis: Augsburg Fortress, 2007. Project Muse.

Mathewson, David L. *Revelation: A Handbook on the Greek Text*. Baylor Handbook on the Greek New Testament. Waco, TX: Baylor University Press, 2016.

———. *Verbal Aspect in the Book of Revelation: The Function of Greek Verb Tenses in John's Apocalypse*. Linguistic Biblical Studies. Leiden: Brill, 2010.

Mayor, Joseph B. *The Epistle of St. James : the Greek Text with Introduction, Notes and Comments*. 2d ed. London: Macmillan, 1897. Accessed August 26, 2020. https://catalog.hathitrust.org/Record/100452856.

McCarter, P. Kyle. *1 Samuel*. Vol. 8 of *The Anchor Bible*. Garden City, NY: Doubleday, 1980.

Miller, Patrick D. *Deuteronomy*. Interpretation. Louisville: Westminster John Knox, 1990.

———. "Jeremiah." In Keck, et al., *The New Interpreter's Bible Commentary*, 4:563–811.

Moore, Carey A. *Daniel, Esther, and Jeremiah: The Additions*. Vol. 44 of *The Anchor Bible*. Garden City, NY: Doubleday, 1977.

Mounce, William D. *Pastoral Epistles*. Vol. 46 of *Word Biblical Commentary*. Nashville: Nelson, 2000.

Newman, Barclay M., and Eugene A. Nida. *A Translator's Handbook on The Acts of the Apostles*. Helps for Translators. London: United Bible Societies, 1972.

Nielsen, Kirsten. *Ruth: A Commentary*. Old Testament Library. Louisville: Westminster John Knox, 1997.

Nolland, John. *The Gospel of Matthew: A Commentary on the Greek Text*. The New International Greek Testament Commentary. Grand Rapids: Eerdmans; Exeter: Paternoster, 2005.

Omanson, Roger L., and John Ellington. *A Handbook on Paul's Second Letter to the Corinthians*. UBS Handbook Series. New York: United Bible Societies, 1993.

Parsons, Mikeal C., and Martin M. Culy. *Acts: A Handbook on the Greek Text*. Baylor Handbook on the Greek New Testament. Waco, TX: Baylor University Press, 2003.

Porter, Stanley E. *The Apostle Paul : His Life, Thought, and Letters*. Grand Rapids: Eerdmans, 2016. EBSCOHost. https://0-search-ebscohost-com.librarycatalog.vts.edu/login.aspx?direct=true&AuthType=ip,url,uid&db=nlebk&AN=1372759&site=ehost-live&scope=site.

———. *Studies in Biblical Greek*. Vol. 6 of *Studies in the Greek New Testament: Theory and Practice*. Edited by D. A. Carson. New York: Lang, 1996.

Porter, Stanley E. and Andrew W. Pitts, eds. *Early Christianity in its Hellenistic Context*. Vol. 3 of *The Language of the New Testament: Context, History, and Development*. Leiden: Brill, 2013.

Propp, William H.C. *Exodus 1-18: A New Translation with Introduction and Commentary*. Vol. 2 of *The Anchor Bible*. New York: Doubleday, 1998.

Reese, James M. *Hellenistic Influence on the Book of Wisdom and Its Consequences*. Rome: Biblical Institute Press, 1970. GoogleBooks.

Robinson, Robert B. "Literary Functions of the Genealogies of Genesis." *The Catholic Biblical Quarterly* 48, no. 4 (October 1986): 595–608.

Sanday, William, and Arthur C. Headlam. *A Critical and Exegetical Commentary on the Epistle to the Romans*. 9th ed. New York: Scribner's Sons, 1904. Accessed May 29, 2020. https://play.google.com/books/reader?id=qEsn-q1qOu8C&hl=en &pg=GBS.PR1.

Schipper, Jeremy. *Ruth: A New Translation with Introduction and Commentary*. Vol. 7D of *The Yale Anchor Bible*. New Haven: Yale University Press, 2016.

Schmidt, Werner H. *Old Testament Introduction*. Berlin: de Gruyter, 2015.

Schniedewind, William M. *The Social History of Hebrew: Its Origins Through the Rabbinic Period*. New Haven: Yale University Press, 2013.

Schürer, Emil. *A History of the Jewish People in the Time of Jesus Christ*. 2nd ed. Translated by Sophia Taylor and Peter Christie. Vols. div. ii, vol. iii. New York: Charles Scribner's Sons, 1910. Originally published as *A Manual of the History of New Testament Times*. Accessed August 24, 2020. https://babel.hathitrust.org/cgi/pt?id=uva.x002109196&view=1up&seq=7.

Sleeper, C. Freeman. *James.* Abingdon New Testament Commentaries. Nashville, TN: Abingdon Press, 1998.

Smith-Christopher, Daniel L. "The Book of Daniel." In Keck, et al., *The New Interpreter's Bible Commentary*, 6:713–815.

Thackeray, H. St. John. "The Greek Translators of Jeremiah." *The Journal of Theological Studies* 4, no. 14 (1903): 245–66. http://0-www.jstor.org.librarycatalog.vts. edu/stable/23949726.

Towner, Philip H. *The Letters to Timothy and Titus.* The New International Commentary on the New Testament. Grand Rapids: Eerdmans, 2006.

Trible, Phyllis. "The Book of Jonah: Introduction, Commentary, and Reflections." In Keck, et al., *The New Interpreter's Bible Commentary*, 5:631–686.

Tucker, Gene M. "The Book of Isaiah 1–39: Introduction, Commentary, and Reflections." In Keck, et al., *The New Interpreter's Bible Commentary*, 4:167–374.

Varner, William. *Philippians: A Handbook on the Greek Text.* Baylor Handbook on the Greek New Testament. Waco, TX: Baylor University Press, 2016.

von Rad, Gerhard. *Genesis: A Commentary.* The Old Testament Library. Translated by John H. Marks. Philadelphia: Westminster, 1972.

———. *Old Testament Theology.* Translated by D.M.G. Stalker. 2 vols. London: Harper & Row, 1962–1965.

Wacker, Marie-Theres. *Baruch and The Letter of Jeremiah.* Edited by Carol J. Dempsey and Barbara E. Reid. Vol. 31 of *Wisdom Commentary.* Collegeville, MN: Liturgical Press, 2016.

Waltke, Bruce K. and M. O'Connor. *An Introduction to Biblical Hebrew Syntax.* Winona Lake, IN: Eisenbrauns, 1990.

Watt, Jonathan M. "A Brief History of Ancient Greek with a View to the New Testament." In Porter and Pitts, *Early Christianity in its Hellenistic Context,* 225–41.

———. "Some Implications of Bilingualism for New Testament Exegesis." In Porter and Pitts, *Early Christianity in its Hellenistic Context*, 9–27.

Watts, John D. W. *Isaiah 1-33.* Vol. 24 of *Word Biblical Commentary*. Rev. ed. Nashville: Nelson, 2005.

Weinfeld, Moshe. *Deuteronomy and the Deuteronomic School*. Oxford: Clarendon, 1972.

Westcott, Brooke Foss. *The Epistles of St John: The Greek Text with Notes*. 1966 ed. Appleford, UK: Marcham Books, 1966.

Winston, David. *The Wisdom of Solomon*. Vol. 43 of *The Anchor Bible*. Garden City, NY: Doubleday, 1979.

Wright, Benjamin G., III. "Translation Greek in Sirach in light of the Grandson's Prologue." Pages 75–94 in *The Texts and Versions of the Book of Ben Sira: Transmission and Interpretation*, edited by Jean-Sébastien Rey and Jan Joosten. Supplements to the Journal for the Study of Judaism 150. Leiden: Brill, 2011.

Zakovitch, Yair. "Jonah." In Coogan et al., *The New Oxford Annotated Bible,* 1301–1302.

Zimmerli, Walther. *Ezekiel 1: Commentary on the Book of the Prophet Ezekiel, Chapters 1-24*. Edited by Frank Moore Cross and Klaus Baltzer with the assistance of Leonard Jay Greenspoon. Translated by R.E. Clements. Hermeneia. Philadelphia: Fortress, 1979.

The Lectionary

Year One

Second Sunday After Christmas

Holy Name *January 1*

A Reading (Lesson) from the Book of Genesis (17:1–12a, 15–16)

וַיְהִ֣י אַבְרָ֔ם בֶּן־תִּשְׁעִ֥ים שָׁנָ֖ה וְתֵ֣שַׁע שָׁנִ֑ים וַיֵּרָ֨א יְהוָ֜ה אֶל־אַבְרָ֗ם
וַיֹּ֤אמֶר אֵלָיו֙ אֲנִי־אֵ֣ל שַׁדַּ֔י הִתְהַלֵּ֥ךְ לְפָנַ֖י וֶהְיֵ֥ה תָמִֽים׃
וְאֶתְּנָ֥ה בְרִיתִ֖י בֵּינִ֣י וּבֵינֶ֑ךָ וְאַרְבֶּ֥ה אוֹתְךָ֖ בִּמְאֹ֥ד מְאֹֽד׃
וַיִּפֹּ֥ל אַבְרָ֖ם עַל־פָּנָ֑יו וַיְדַבֵּ֥ר אִתּ֛וֹ אֱלֹהִ֖ים לֵאמֹֽר׃
אֲנִ֕י הִנֵּ֥ה בְרִיתִ֖י אִתָּ֑ךְ וְהָיִ֕יתָ לְאַ֖ב הֲמ֥וֹן גּוֹיִֽם׃
וְלֹא־יִקָּרֵ֥א ע֛וֹד אֶת־שִׁמְךָ֖ אַבְרָ֑ם וְהָיָ֤ה שִׁמְךָ֙ אַבְרָהָ֔ם כִּ֛י אַב־
הֲמ֥וֹן גּוֹיִ֖ם נְתַתִּֽיךָ׃
וְהִפְרֵתִ֤י אֹֽתְךָ֙ בִּמְאֹ֣ד מְאֹ֔ד וּנְתַתִּ֖יךָ לְגוֹיִ֑ם וּמְלָכִ֖ים מִמְּךָ֥ יֵצֵֽאוּ׃
וַהֲקִמֹתִ֨י אֶת־בְּרִיתִ֜י בֵּינִ֣י וּבֵינֶ֗ךָ וּבֵ֨ין זַרְעֲךָ֧ אַחֲרֶ֛יךָ לְדֹרֹתָ֖ם
לִבְרִ֣ית עוֹלָ֑ם לִהְי֤וֹת לְךָ֙ לֵֽאלֹהִ֔ים וּֽלְזַרְעֲךָ֖ אַחֲרֶֽיךָ׃
וְנָתַתִּ֣י לְ֠ךָ וּלְזַרְעֲךָ֨ אַחֲרֶ֜יךָ אֵ֣ת ׀ אֶ֣רֶץ מְגֻרֶ֗יךָ אֵ֚ת כָּל־אֶ֣רֶץ כְּנַ֔עַן
לַאֲחֻזַּ֖ת עוֹלָ֑ם וְהָיִ֥יתִי לָהֶ֖ם לֵאלֹהִֽים׃
וַיֹּ֤אמֶר אֱלֹהִים֙ אֶל־אַבְרָהָ֔ם וְאַתָּ֖ה אֶת־בְּרִיתִ֣י תִשְׁמֹ֑ר אַתָּ֛ה וְזַרְעֲךָ֥
אַחֲרֶ֖יךָ לְדֹרֹתָֽם׃
זֹ֣את בְּרִיתִ֞י אֲשֶׁ֣ר תִּשְׁמְר֗וּ בֵּינִי֙ וּבֵ֣ינֵיכֶ֔ם וּבֵ֖ין זַרְעֲךָ֣ אַחֲרֶ֑יךָ הִמּ֥וֹל
לָכֶ֖ם כָּל־זָכָֽר׃
וּנְמַלְתֶּ֕ם אֵ֖ת בְּשַׂ֣ר עָרְלַתְכֶ֑ם וְהָיָה֙ לְא֣וֹת בְּרִ֔ית בֵּינִ֖י וּבֵינֵיכֶֽם׃

וּבֶן־שְׁמֹנַ֣ת יָמִ֗ים יִמּ֥וֹל לָכֶ֛ם כָּל־זָכָ֖ר לְדֹרֹתֵיכֶ֑ם
וַיֹּ֤אמֶר אֱלֹהִים֙ אֶל־אַבְרָהָ֔ם שָׂרַ֣י אִשְׁתְּךָ֔ לֹא־תִקְרָ֥א אֶת־שְׁמָ֖הּ
שָׂרָ֑י כִּ֥י שָׂרָ֖ה שְׁמָֽהּ׃
וּבֵרַכְתִּ֣י אֹתָ֔הּ וְגַ֨ם נָתַ֧תִּי מִמֶּ֛נָּה לְךָ֖ בֵּ֑ן וּבֵֽרַכְתִּ֙יהָ֙ וְהָֽיְתָ֣ה לְגוֹיִ֔ם
מַלְכֵ֥י עַמִּ֖ים מִמֶּ֥נָּה יִהְיֽוּ׃

A Reading (Lesson) from the letter to the Colossians (2:6–12)

Ὡς οὖν παρελάβετε τὸν Χριστὸν Ἰησοῦν τὸν κύριον, ἐν αὐτῷ περιπατεῖτε, ἐρριζωμένοι καὶ ἐποικοδομούμενοι ἐν αὐτῷ καὶ βεβαιούμενοι ⸀τῇ πίστει καθὼς ἐδιδάχθητε, περισσεύοντες ἐν εὐχαριστίᾳ. Βλέπετε μή τις ὑμᾶς ἔσται ὁ συλαγωγῶν διὰ τῆς φιλοσοφίας καὶ κενῆς ἀπάτης κατὰ τὴν παράδοσιν τῶν ἀνθρώπων, κατὰ τὰ στοιχεῖα τοῦ κόσμου καὶ οὐ κατὰ Χριστόν· ὅτι ἐν αὐτῷ κατοικεῖ πᾶν τὸ πλήρωμα τῆς θεότητος σωματικῶς, καὶ ἐστὲ ἐν αὐτῷ πεπληρωμένοι, ὅς ἐστιν ἡ κεφαλὴ πάσης ἀρχῆς καὶ ἐξουσίας. Ἐν ᾧ καὶ περιετμήθητε περιτομῇ ἀχειροποιήτῳ ἐν τῇ ἀπεκδύσει τοῦ σώματος τῆς σαρκός, ἐν τῇ περιτομῇ τοῦ Χριστοῦ, συνταφέντες αὐτῷ ἐν τῷ βαπτισμῷ, ἐν ᾧ καὶ συνηγέρθητε διὰ τῆς πίστεως τῆς ἐνεργείας τοῦ θεοῦ τοῦ ἐγείραντος αὐτὸν ἐκ νεκρῶν·

January 2

A Reading (Lesson) from the Book of Genesis (12:1–7)

וַיֹּ֤אמֶר יְהוָה֙ אֶל־אַבְרָ֔ם לֶךְ־לְךָ֛ מֵאַרְצְךָ֥ וּמִמּֽוֹלַדְתְּךָ֖ וּמִבֵּ֣ית
אָבִ֑יךָ אֶל־הָאָ֖רֶץ אֲשֶׁ֥ר אַרְאֶֽךָּ׃
וְאֶֽעֶשְׂךָ֙ לְג֣וֹי גָּד֔וֹל וַאֲבָ֣רֶכְךָ֔ וַאֲגַדְּלָ֖ה שְׁמֶ֑ךָ וֶהְיֵ֖ה בְּרָכָֽה׃
וַאֲבָֽרְכָה֙ מְבָ֣רְכֶ֔יךָ וּמְקַלֶּלְךָ֖ אָאֹ֑ר וְנִבְרְכ֣וּ בְךָ֔ כֹּ֖ל מִשְׁפְּחֹ֥ת
הָאֲדָמָֽה׃

וַיֵּ֣לֶךְ אַבְרָ֗ם כַּאֲשֶׁ֨ר דִּבֶּ֤ר אֵלָיו֙ יְהוָ֔ה וַיֵּ֥לֶךְ אִתּ֖וֹ ל֑וֹט וְאַבְרָ֗ם בֶּן־
חָמֵ֤שׁ שָׁנִים֙ וְשִׁבְעִ֣ים שָׁנָ֔ה בְּצֵאת֖וֹ מֵחָרָֽן׃
וַיִּקַּ֣ח אַבְרָם֩ אֶת־שָׂרַ֨י אִשְׁתּ֜וֹ וְאֶת־ל֣וֹט בֶּן־אָחִ֗יו וְאֶת־כָּל־רְכוּשָׁם֙
אֲשֶׁ֣ר רָכָ֔שׁוּ וְאֶת־הַנֶּ֖פֶשׁ אֲשֶׁר־עָשׂ֣וּ בְחָרָ֑ן וַיֵּצְא֗וּ לָלֶ֙כֶת֙ אַ֣רְצָה
כְּנַ֔עַן וַיָּבֹ֖אוּ אַ֥רְצָה כְּנָֽעַן׃
וַיַּעֲבֹ֤ר אַבְרָם֙ בָּאָ֔רֶץ עַ֚ד מְק֣וֹם שְׁכֶ֔ם עַ֖ד אֵל֣וֹן מוֹרֶ֑ה וְהַֽכְּנַעֲנִ֖י אָ֥ז
בָּאָֽרֶץ׃
וַיֵּרָ֤א יְהוָה֙ אֶל־אַבְרָ֔ם וַיֹּ֕אמֶר לְזַ֨רְעֲךָ֔ אֶתֵּ֖ן אֶת־הָאָ֣רֶץ הַזֹּ֑את וַיִּ֤בֶן
שָׁם֙ מִזְבֵּ֔חַ לַיהוָ֖ה הַנִּרְאֶ֥ה אֵלָֽיו׃

A Reading (Lesson) from the letter to the Hebrews (11:1–12)

Ἔστιν δὲ πίστις ἐλπιζομένων ὑπόστασις, πραγμάτων ἔλεγχος οὐ βλεπομένων. ἐν ταύτῃ γὰρ ἐμαρτυρήθησαν οἱ πρεσβύτεροι. Πίστει νοοῦμεν κατηρτίσθαι τοὺς αἰῶνας ῥήματι θεοῦ, εἰς τὸ μὴ ἐκ φαινομένων τὸ βλεπόμενον γεγονέναι. Πίστει πλείονα θυσίαν Ἅβελ παρὰ Κάϊν προσήνεγκεν τῷ θεῷ, δι᾽ ἧς ἐμαρτυρήθη εἶναι δίκαιος, μαρτυροῦντος ἐπὶ τοῖς δώροις αὐτοῦ τοῦ θεοῦ, καὶ δι᾽ αὐτῆς ἀποθανὼν ἔτι λαλεῖ. Πίστει Ἑνὼχ μετετέθη τοῦ μὴ ἰδεῖν θάνατον, καὶ οὐχ ηὑρίσκετο διότι μετέθηκεν αὐτὸν ὁ θεός. πρὸ γὰρ τῆς μεταθέσεως μεμαρτύρηται εὐαρεστηκέναι τῷ θεῷ· χωρὶς δὲ πίστεως ἀδύνατον εὐαρεστῆσαι· πιστεῦσαι γὰρ δεῖ τὸν προσερχόμενον στῷ θεῷ ὅτι ἔστιν καὶ τοῖς ἐκζητοῦσιν αὐτὸν μισθαποδότης γίνεται. Πίστει χρηματισθεὶς Νῶε περὶ τῶν μηδέπω βλεπομένων, εὐλαβηθεὶς κατεσκεύασεν κιβωτὸν εἰς σωτηρίαν τοῦ οἴκου αὐτοῦ δι᾽ ἧς κατέκρινεν τὸν κόσμον, καὶ τῆς κατὰ πίστιν δικαιοσύνης ἐγένετο κληρονόμος.

Πίστει καλούμενος Ἀβραὰμ ὑπήκουσεν ἐξελθεῖν εἰς τόπον ὃν ἤμελλεν λαμβάνειν εἰς κληρονομίαν, καὶ ἐξῆλθεν μὴ ἐπιστάμενος ποῦ ἔρχεται. Πίστει παρῴκησεν εἰς γῆν τῆς ἐπαγγελίας ὡς ἀλλοτρίαν ἐν σκηναῖς κατοικήσας μετὰ Ἰσαὰκ καὶ Ἰακὼβ τῶν συγκληρονόμων τῆς ἐπαγγελίας τῆς αὐτῆς· ἐξεδέχετο γὰρ τὴν τοὺς θεμελίους ἔχουσαν πόλιν ἧς τεχνίτης καὶ δημιουργὸς ὁ θεός. Πίστει καὶ αὐτὴ Σάρρα στεῖρα δύναμιν εἰς καταβολὴν σπέρματος ἔλαβεν καὶ παρὰ καιρὸν ἡλικίας, ἐπεὶ πιστὸν ἡγήσατο τὸν ἐπαγγειλάμενον. διὸ καὶ ἀφ᾽ ἑνὸς ἐγεννήθησαν, καὶ ταῦτα νενεκρωμένου, καθὼς τὰ ἄστρα τοῦ οὐρανοῦ τῷ πλήθει καὶ ὡς ἡ ἄμμος ἡ παρὰ τὸ χεῖλος τῆς θαλάσσης ἡ ἀναρίθμητος.

January 3

A Reading (Lesson) from the Book of Genesis (28:10–22)

וַיֵּצֵ֥א יַעֲקֹ֖ב מִבְּאֵ֣ר שָׁ֑בַע וַיֵּ֖לֶךְ חָרָֽנָה׃
וַיִּפְגַּ֨ע בַּמָּק֜וֹם וַיָּ֤לֶן שָׁם֙ כִּי־בָ֣א הַשֶּׁ֔מֶשׁ וַיִּקַּח֙ מֵאַבְנֵ֣י הַמָּק֔וֹם וַיָּ֖שֶׂם
מְרַאֲשֹׁתָ֑יו וַיִּשְׁכַּ֖ב בַּמָּק֥וֹם הַהֽוּא׃
וַֽיַּחֲלֹ֗ם וְהִנֵּ֤ה סֻלָּם֙ מֻצָּ֣ב אַ֔רְצָה וְרֹאשׁ֖וֹ מַגִּ֣יעַ הַשָּׁמָ֑יְמָה וְהִנֵּה֙
מַלְאֲכֵ֣י אֱלֹהִ֔ים עֹלִ֥ים וְיֹרְדִ֖ים בּֽוֹ׃
וְהִנֵּ֨ה יְהוָ֜ה נִצָּ֣ב עָלָיו֮ וַיֹּאמַר֒ אֲנִ֣י יְהוָ֗ה אֱלֹהֵי֙ אַבְרָהָ֣ם אָבִ֔יךָ
וֵאלֹהֵ֖י יִצְחָ֑ק הָאָ֗רֶץ אֲשֶׁ֤ר אַתָּה֙ שֹׁכֵ֣ב עָלֶ֔יהָ לְךָ֥ אֶתְּנֶ֖נָּה וּלְזַרְעֶֽךָ׃
וְהָיָ֤ה זַרְעֲךָ֙ כַּעֲפַ֣ר הָאָ֔רֶץ וּפָרַצְתָּ֛ יָ֥מָּה וָקֵ֖דְמָה וְצָפֹ֣נָה וָנֶ֑גְבָּה
וְנִבְרְכ֥וּ בְךָ֛ כָּל־מִשְׁפְּחֹ֥ת הָאֲדָמָ֖ה וּבְזַרְעֶֽךָ׃
וְהִנֵּ֨ה אָנֹכִ֜י עִמָּ֗ךְ וּשְׁמַרְתִּ֙יךָ֙ בְּכֹ֣ל אֲשֶׁר־תֵּלֵ֔ךְ וַהֲשִׁ֣בֹתִ֔יךָ אֶל־
הָאֲדָמָ֖ה הַזֹּ֑את כִּ֚י לֹ֣א אֶֽעֱזָבְךָ֔ עַ֚ד אֲשֶׁ֣ר אִם־עָשִׂ֔יתִי אֵ֥ת אֲשֶׁר־
דִּבַּ֖רְתִּי לָֽךְ׃
וַיִּיקַ֣ץ יַעֲקֹב֮ מִשְּׁנָתוֹ֒ וַיֹּ֕אמֶר אָכֵן֙ יֵ֣שׁ יְהוָ֔ה בַּמָּק֖וֹם הַזֶּ֑ה וְאָנֹכִ֖י לֹ֥א
יָדָֽעְתִּי׃
וַיִּירָא֙ וַיֹּאמַ֔ר מַה־נּוֹרָ֖א הַמָּק֣וֹם הַזֶּ֑ה אֵ֣ין זֶ֗ה כִּ֚י אִם־בֵּ֣ית אֱלֹהִ֔ים
וְזֶ֖ה שַׁ֥עַר הַשָּׁמָֽיִם׃

וַיַּשְׁכֵּ֨ם יַעֲקֹ֜ב בַּבֹּ֗קֶר וַיִּקַּ֤ח אֶת־הָאֶ֙בֶן֙ אֲשֶׁר־שָׂ֣ם מְרַֽאֲשֹׁתָ֔יו וַיָּ֥שֶׂם
אֹתָ֖הּ מַצֵּבָ֑ה וַיִּצֹ֥ק שֶׁ֖מֶן עַל־רֹאשָֽׁהּ׃
וַיִּקְרָ֛א אֶת־שֵֽׁם־הַמָּק֥וֹם הַה֖וּא בֵּֽית־אֵ֑ל וְאוּלָ֛ם ל֥וּז שֵׁם־הָעִ֖יר
לָרִאשֹׁנָֽה׃
וַיִּדַּ֥ר יַעֲקֹ֖ב נֶ֣דֶר לֵאמֹ֑ר אִם־יִהְיֶ֨ה אֱלֹהִ֜ים עִמָּדִ֗י וּשְׁמָרַ֙נִי֙ בַּדֶּ֤רֶךְ
הַזֶּה֙ אֲשֶׁ֣ר אָנֹכִ֣י הוֹלֵ֔ךְ וְנָֽתַן־לִ֥י לֶ֛חֶם לֶאֱכֹ֖ל וּבֶ֥גֶד לִלְבֹּֽשׁ׃
וְשַׁבְתִּ֥י בְשָׁל֖וֹם אֶל־בֵּ֣ית אָבִ֑י וְהָיָ֧ה יְהוָ֛ה לִ֖י לֵאלֹהִֽים׃
וְהָאֶ֣בֶן הַזֹּ֗את אֲשֶׁר־שַׂ֙מְתִּי֙ מַצֵּבָ֔ה יִהְיֶ֖ה בֵּ֣ית אֱלֹהִ֑ים וְכֹל֙ אֲשֶׁ֣ר
תִּתֶּן־לִ֔י עַשֵּׂ֖ר אֲעַשְּׂרֶ֥נּוּ לָֽךְ׃

A Reading (Lesson) from the letter to the Hebrews (11:13–22)

Κατὰ πίστιν ἀπέθανον οὗτοι πάντες, μὴ λαβόντες τὰς ἐπαγγελίας ἀλλὰ πόρρωθεν αὐτὰς ἰδόντες καὶ ἀσπασάμενοι καὶ ὁμολογήσαντες ὅτι ξένοι καὶ παρεπίδημοί εἰσιν ἐπὶ τῆς γῆς. οἱ γὰρ τοιαῦτα λέγοντες ἐμφανίζουσιν ὅτι πατρίδα ἐπιζητοῦσιν. καὶ εἰ μὲν ἐκείνης ἐμνημόνευον ἀφ᾽ ἧς ἐξέβησαν, εἶχον ἂν καιρὸν ἀνακάμψαι· νῦν δὲ κρείττονος ὀρέγονται, τοῦτ᾽ ἔστιν ἐπουρανίου. διὸ οὐκ ἐπαισχύνεται αὐτοὺς ὁ θεὸς θεὸς ἐπικαλεῖσθαι αὐτῶν· ἡτοίμασεν γὰρ αὐτοῖς πόλιν.

Πίστει προσενήνοχεν Ἀβραὰμ τὸν Ἰσαὰκ πειραζόμενος καὶ τὸν μονογενῆ προσέφερεν, ὁ τὰς ἐπαγγελίας ἀναδεξάμενος, πρὸς ὃν ἐλαλήθη ὅτι

ἐν Ἰσαὰκ κληθήσεταί σοι σπέρμα,

λογισάμενος ὅτι καὶ ἐκ νεκρῶν ἐγείρειν δυνατὸς ὁ θεός, ὅθεν αὐτὸν καὶ ἐν παραβολῇ ἐκομίσατο. Πίστει οκαὶ περὶ μελλόντων εὐλόγησεν Ἰσαὰκ τὸν Ἰακὼβ καὶ τὸν Ἠσαῦ. Πίστει Ἰακὼβ ἀποθνῄσκων ἕκαστον τῶν υἱῶν Ἰωσὴφ εὐλόγησεν καὶ *προσεκύνησεν ἐπὶ τὸ ἄκρον τῆς ῥάβδου αὐτοῦ.* Πίστει Ἰωσὴφ τελευτῶν περὶ τῆς ἐξόδου τῶν υἱῶν Ἰσραὴλ ἐμνημόνευσεν καὶ περὶ τῶν ὀστέων αὐτοῦ ἐνετείλατο.

January 4

A Reading (Lesson) from the Book of Exodus (3:1–12)

וּמֹשֶׁ֗ה הָיָ֥ה רֹעֶ֛ה אֶת־צֹ֛אן יִתְר֥וֹ חֹתְנ֖וֹ כֹּהֵ֣ן מִדְיָ֑ן וַיִּנְהַ֤ג אֶת־הַצֹּאן֙
אַחַ֣ר הַמִּדְבָּ֔ר וַיָּבֹ֛א אֶל־הַ֥ר הָאֱלֹהִ֖ים חֹרֵֽבָה׃
וַיֵּרָא֩ מַלְאַ֨ךְ יְהוָ֥ה אֵלָ֛יו בְּלַבַּת־אֵ֖שׁ מִתּ֣וֹךְ הַסְּנֶ֑ה וַיַּ֗רְא וְהִנֵּ֤ה
הַסְּנֶה֙ בֹּעֵ֣ר בָּאֵ֔שׁ וְהַסְּנֶ֖ה אֵינֶ֥נּוּ אֻכָּֽל׃
וַיֹּ֣אמֶר מֹשֶׁ֔ה אָסֻֽרָה־נָּ֣א וְאֶרְאֶ֔ה אֶת־הַמַּרְאֶ֥ה הַגָּדֹ֖ל הַזֶּ֑ה מַדּ֖וּעַ
לֹֽא־יִבְעַ֥ר הַסְּנֶֽה׃
וַיַּ֥רְא יְהוָ֖ה כִּ֣י סָ֣ר לִרְא֑וֹת וַיִּקְרָא֩ אֵלָ֨יו אֱלֹהִ֜ים מִתּ֣וֹךְ הַסְּנֶ֗ה
וַיֹּ֛אמֶר מֹשֶׁ֥ה מֹשֶׁ֖ה וַיֹּ֥אמֶר הִנֵּֽנִי׃
וַיֹּ֖אמֶר אַל־תִּקְרַ֣ב הֲלֹ֑ם שַׁל־נְעָלֶ֙יךָ֙ מֵעַ֣ל רַגְלֶ֔יךָ כִּ֣י הַמָּק֗וֹם אֲשֶׁ֤ר
אַתָּה֙ עוֹמֵ֣ד עָלָ֔יו אַדְמַת־קֹ֖דֶשׁ הֽוּא׃
וַיֹּ֗אמֶר אָנֹכִי֙ אֱלֹהֵ֣י אָבִ֔יךָ אֱלֹהֵ֧י אַבְרָהָ֛ם אֱלֹהֵ֥י יִצְחָ֖ק וֵאלֹהֵ֣י
יַעֲקֹ֑ב וַיַּסְתֵּ֤ר מֹשֶׁה֙ פָּנָ֔יו כִּ֣י יָרֵ֔א מֵהַבִּ֖יט אֶל־הָאֱלֹהִֽים׃
וַיֹּ֣אמֶר יְהוָ֔ה רָאֹ֥ה רָאִ֛יתִי אֶת־עֳנִ֥י עַמִּ֖י אֲשֶׁ֣ר בְּמִצְרָ֑יִם וְאֶת־
צַעֲקָתָ֤ם שָׁמַ֙עְתִּי֙ מִפְּנֵ֣י נֹֽגְשָׂ֔יו כִּ֥י יָדַ֖עְתִּי אֶת־מַכְאֹבָֽיו׃
וָאֵרֵ֞ד לְהַצִּיל֣וֹ ׀ מִיַּ֣ד מִצְרַ֗יִם וּֽלְהַעֲלֹתוֹ֮ מִן־הָאָ֣רֶץ הַהִוא֒ אֶל־
אֶ֤רֶץ טוֹבָה֙ וּרְחָבָ֔ה אֶל־אֶ֛רֶץ זָבַ֥ת חָלָ֖ב וּדְבָ֑שׁ אֶל־מְק֤וֹם הַֽכְּנַעֲנִי֙
וְהַ֣חִתִּ֔י וְהָֽאֱמֹרִי֙ וְהַפְּרִזִּ֔י וְהַחִוִּ֖י וְהַיְבוּסִֽי׃
וְעַתָּ֕ה הִנֵּ֛ה צַעֲקַ֥ת בְּנֵֽי־יִשְׂרָאֵ֖ל בָּ֣אָה אֵלָ֑י וְגַם־רָאִ֙יתִי֙ אֶת־הַלַּ֔חַץ
אֲשֶׁ֥ר מִצְרַ֖יִם לֹחֲצִ֥ים אֹתָֽם׃
וְעַתָּ֣ה לְכָ֔ה וְאֶֽשְׁלָחֲךָ֖ אֶל־פַּרְעֹ֑ה וְהוֹצֵ֛א אֶת־עַמִּ֥י בְנֵֽי־יִשְׂרָאֵ֖ל
מִמִּצְרָֽיִם׃

וַיֹּ֤אמֶר מֹשֶׁה֙ אֶל־הָ֣אֱלֹהִ֔ים מִ֣י אָנֹ֔כִי כִּ֥י אֵלֵ֖ךְ אֶל־פַּרְעֹ֑ה וְכִ֥י
אוֹצִ֛יא אֶת־בְּנֵ֥י יִשְׂרָאֵ֖ל מִמִּצְרָֽיִם׃
וַיֹּ֙אמֶר֙ כִּֽי־אֶֽהְיֶ֣ה עִמָּ֔ךְ וְזֶה־לְּךָ֣ הָא֔וֹת כִּ֥י אָנֹכִ֖י שְׁלַחְתִּ֑יךָ בְּהוֹצִֽיאֲךָ֤
אֶת־הָעָם֙ מִמִּצְרַ֔יִם תַּֽעַבְדוּן֙ אֶת־הָ֣אֱלֹהִ֔ים עַ֖ל הָהָ֥ר הַזֶּֽה׃

A Reading (Lesson) from the letter to the Hebrews (11:23–31)

Πίστει Μωϋσῆς γεννηθεὶς ἐκρύβη τρίμηνον ὑπὸ τῶν πατέρων αὐτοῦ, διότι εἶδον ἀστεῖον τὸ παιδίον καὶ οὐκ ἐφοβήθησαν τὸ διάταγμα τοῦ βασιλέως. Πίστει Μωϋσῆς μέγας γενόμενος ἠρνήσατο λέγεσθαι υἱὸς θυγατρὸς Φαραώ, μᾶλλον ἑλόμενος συγκακουχεῖσθαι τῷ λαῷ τοῦ θεοῦ ἢ πρόσκαιρον ἔχειν ἁμαρτίας ἀπόλαυσιν, μείζονα πλοῦτον ἡγησάμενος τῶν Αἰγύπτου θησαυρῶν τὸν ὀνειδισμὸν τοῦ Χριστοῦ· ἀπέβλεπεν γὰρ εἰς τὴν μισθαποδοσίαν. Πίστει κατέλιπεν Αἴγυπτον μὴ φοβηθεὶς τὸν θυμὸν τοῦ βασιλέως· τὸν γὰρ ἀόρατον ὡς ὁρῶν ἐκαρτέρησεν. Πίστει πεποίηκεν τὸ πάσχα καὶ τὴν πρόσχυσιν τοῦ αἵματος, ἵνα μὴ ὁ ὀλοθρεύων τὰ πρωτότοκα θίγῃ αὐτῶν. Πίστει διέβησαν τὴν ἐρυθρὰν θάλασσαν ὡς διὰ ξηρᾶς ογῆς, ἧς πεῖραν λαβόντες οἱ Αἰγύπτιοι κατεπόθησαν. Πίστει τὰ τείχη Ἰεριχὼ ἔπεσαν κυκλωθέντα ἐπὶ ἑπτὰ ἡμέρας. Πίστει Ῥαὰβ ἡ πόρνη οὐ συναπώλετο τοῖς ἀπειθήσασιν δεξαμένη τοὺς κατασκόπους μετ᾽ εἰρήνης.

January 5

A Reading (Lesson) from the Book of Joshua (1:1–9)

וַיְהִ֗י אַחֲרֵ֛י מ֥וֹת מֹשֶׁ֖ה עֶ֣בֶד יְהוָ֑ה וַיֹּ֤אמֶר יְהוָה֙ אֶל־יְהוֹשֻׁ֣עַ בִּן־נ֔וּן
מְשָׁרֵ֥ת מֹשֶׁ֖ה לֵאמֹֽר׃
מֹשֶׁ֥ה עַבְדִּ֖י מֵ֑ת וְעַתָּה֩ ק֨וּם עֲבֹ֜ר אֶת־הַיַּרְדֵּ֣ן הַזֶּ֗ה אַתָּה֙ וְכָל־הָעָ֣ם
הַזֶּ֔ה אֶל־הָאָ֕רֶץ אֲשֶׁ֧ר אָנֹכִ֛י נֹתֵ֥ן לָהֶ֖ם לִבְנֵ֥י יִשְׂרָאֵֽל׃

כָּל־מָק֗וֹם אֲשֶׁ֨ר תִּדְרֹ֧ךְ כַּף־רַגְלְכֶ֛ם בּ֖וֹ לָכֶ֣ם נְתַתִּ֑יו כַּאֲשֶׁ֥ר
דִּבַּ֖רְתִּי אֶל־מֹשֶֽׁה׃
מֵהַמִּדְבָּ֩ר וְהַלְּבָנ֨וֹן הַזֶּ֜ה וְעַד־הַנָּהָ֧ר הַגָּד֣וֹל נְהַר־פְּרָ֗ת כֹּ֚ל אֶ֣רֶץ
הַֽחִתִּ֔ים וְעַד־הַיָּ֥ם הַגָּד֖וֹל מְב֣וֹא הַשָּׁ֑מֶשׁ יִהְיֶ֖ה גְּבוּלְכֶֽם׃
לֹא־יִתְיַצֵּ֥ב אִישׁ֙ לְפָנֶ֔יךָ כֹּ֖ל יְמֵ֣י חַיֶּ֑יךָ כַּאֲשֶׁ֨ר הָיִ֤יתִי עִם־מֹשֶׁה֙
אֶהְיֶ֣ה עִמָּ֔ךְ לֹ֥א אַרְפְּךָ֖ וְלֹ֥א אֶעֶזְבֶֽךָּ׃
חֲזַ֖ק וֶאֱמָ֑ץ כִּ֣י אַתָּ֗ה תַּנְחִיל֙ אֶת־הָעָ֣ם הַזֶּ֔ה אֶת־הָאָ֕רֶץ אֲשֶׁר־
נִשְׁבַּ֥עְתִּי לַאֲבוֹתָ֖ם לָתֵ֥ת לָהֶֽם׃
רַק֩ חֲזַ֨ק וֶאֱמַ֜ץ מְאֹ֗ד לִשְׁמֹ֤ר לַעֲשׂוֹת֙ כְּכָל־הַתּוֹרָ֗ה אֲשֶׁ֤ר צִוְּךָ֙ מֹשֶׁ֣ה
עַבְדִּ֔י אַל־תָּס֥וּר מִמֶּ֖נּוּ יָמִ֣ין וּשְׂמֹ֑אול לְמַ֣עַן תַּשְׂכִּ֔יל בְּכֹ֖ל אֲשֶׁ֥ר
תֵּלֵֽךְ׃
לֹֽא־יָמ֡וּשׁ סֵפֶר֩ הַתּוֹרָ֨ה הַזֶּ֜ה מִפִּ֗יךָ וְהָגִ֤יתָ בּוֹ֙ יוֹמָ֣ם וָלַ֔יְלָה לְמַ֙עַן֙
תִּשְׁמֹ֣ר לַעֲשׂ֔וֹת כְּכָל־הַכָּת֖וּב בּ֑וֹ כִּי־אָ֛ז תַּצְלִ֥יחַ אֶת־דְּרָכֶ֖ךָ וְאָ֥ז
תַּשְׂכִּֽיל׃
הֲל֤וֹא צִוִּיתִ֙יךָ֙ חֲזַ֣ק וֶאֱמָ֔ץ אַֽל־תַּעֲרֹ֖ץ וְאַל־תֵּחָ֑ת כִּ֤י עִמְּךָ֙ יְהוָ֣ה
אֱלֹהֶ֔יךָ בְּכֹ֖ל אֲשֶׁ֥ר תֵּלֵֽךְ׃ פ

A Reading (Lesson) from the letter to the Hebrews (11:32–12:2)

Καὶ τί ἔτι λέγω; ἐπιλείψει με γὰρ διηγούμενον ὁ χρόνος περὶ Γεδεών, Βαράκ, Σαμψών, Ἰεφθάε, Δαυίδ τε καὶ Σαμουὴλ καὶ τῶν προφητῶν, οἳ διὰ πίστεως κατηγωνίσαντο βασιλείας, εἰργάσαντο δικαιοσύνην, ἐπέτυχον ἐπαγγελιῶν, ἔφραξαν στόματα λεόντων, ἔσβεσαν δύναμιν πυρός, ἔφυγον στόματα μαχαίρης, ἐδυναμώθησαν ἀπὸ ἀσθενείας, ἐγενήθησαν ἰσχυροὶ ἐν πολέμῳ, παρεμβολὰς ἔκλιναν ἀλλοτρίων. Ἔλαβον γυναῖκες ἐξ ἀναστάσεως τοὺς νεκροὺς αὐτῶν· ἄλλοι δὲ ἐτυμπανίσθησαν οὐ προσδεξάμενοι τὴν ἀπολύτρωσιν, ἵνα κρείττονος ἀναστάσεως τύχωσιν· ἕτεροι δὲ ἐμπαιγμῶν καὶ μαστίγων πεῖραν ἔλαβον, ἔτι δὲ δεσμῶν καὶ φυλακῆς· ἐλιθάσθησαν, ἐπρίσθησαν, ἐν φόνῳ μαχαίρης ἀπέθανον, περιῆλθον ἐν μηλωταῖς, ἐν αἰγείοις δέρμασιν, ὑστερούμενοι, θλιβόμενοι, κακουχούμενοι, ὧν οὐκ ἦν ἄξιος ὁ κόσμος, ἐπὶ ἐρημίαις πλανώμενοι καὶ ὄρεσιν καὶ σπηλαίοις καὶ ταῖς ὀπαῖς τῆς γῆς. Καὶ οὗτοι πάντες μαρτυρηθέντες διὰ τῆς πίστεως οὐκ ἐκομίσαντο τὴν ἐπαγγελίαν, τοῦ θεοῦ περὶ ἡμῶν κρεῖττόν τι προβλεψαμένου, ἵνα μὴ χωρὶς ἡμῶν τελειωθῶσιν.

Τοιγαροῦν καὶ ἡμεῖς τοσοῦτον ἔχοντες περικείμενον ἡμῖν νέφος μαρτύρων, ὄγκον ἀποθέμενοι πάντα καὶ τὴν εὐπερίστατον ἁμαρτίαν, δι᾽ ὑπομονῆς τρέχωμεν τὸν προκείμενον ἡμῖν ἀγῶνα ἀφορῶντες εἰς τὸν τῆς πίστεως ἀρχηγὸν καὶ τελειωτὴν Ἰησοῦν, ὃς ἀντὶ τῆς προκειμένης αὐτῷ χαρᾶς ὑπέμεινεν σταυρὸν αἰσχύνης καταφρονήσας ἐν δεξιᾷ τε τοῦ θρόνου τοῦ θεοῦ κεκάθικεν.

The Epiphany and Following

Epiphany *January 6*

A Reading (Lesson) from the Prophet Isaiah (52:7–10)

מַה־נָּאווּ עַל־הֶהָרִים רַגְלֵי מְבַשֵּׂר מַשְׁמִיעַ שָׁלוֹם מְבַשֵּׂר טוֹב
מַשְׁמִיעַ יְשׁוּעָה אֹמֵר לְצִיּוֹן מָלַךְ אֱלֹהָיִךְ׃
קוֹל צֹפַיִךְ נָשְׂאוּ קוֹל יַחְדָּו יְרַנֵּנוּ כִּי עַיִן בְּעַיִן יִרְאוּ בְּשׁוּב יְהוָה
צִיּוֹן׃
פִּצְחוּ רַנְּנוּ יַחְדָּו חָרְבוֹת יְרוּשָׁלָםִ כִּי־נִחַם יְהוָה עַמּוֹ גָּאַל
יְרוּשָׁלָםִ׃
חָשַׂף יְהוָה אֶת־זְרוֹעַ קָדְשׁוֹ לְעֵינֵי כָּל־הַגּוֹיִם וְרָאוּ כָּל־אַפְסֵי־
אָרֶץ אֵת יְשׁוּעַת אֱלֹהֵינוּ׃ ס

A Reading (Lesson) from the Revelation to John (21:22–27)

Καὶ ναὸν οὐκ εἶδον ἐν αὐτῇ, ὁ γὰρ κύριος ὁ θεὸς ὁ παντοκράτωρ ναὸς αὐτῆς ἐστιν καὶ τὸ ἀρνίον. καὶ ἡ πόλις οὐ χρείαν ἔχει τοῦ ἡλίου οὐδὲ τῆς σελήνης ἵνα φαίνωσιν αὐτῇ, ἡ γὰρ δόξα τοῦ θεοῦ ἐφώτισεν αὐτήν, καὶ ὁ λύχνος αὐτῆς τὸ ἀρνίον. καὶ περιπατήσουσιν τὰ ἔθνη διὰ τοῦ φωτὸς αὐτῆς, καὶ οἱ βασιλεῖς τῆς γῆς φέρουσιν τὴν δόξαν αὐτῶν εἰς αὐτήν, καὶ οἱ πυλῶνες αὐτῆς οὐ μὴ κλεισθῶσιν ἡμέρας, νὺξ γὰρ οὐκ ἔσται ἐκεῖ, καὶ οἴσουσιν τὴν δόξαν καὶ τὴν τιμὴν τῶν ἐθνῶν εἰς αὐτήν. καὶ οὐ μὴ εἰσέλθῃ εἰς αὐτὴν πᾶν κοινὸν καὶ [ὁ] ποιῶν βδέλυγμα καὶ ψεῦδος εἰ μὴ οἱ γεγραμμένοι ἐν τῷ βιβλίῳ τῆς ζωῆς τοῦ ἀρνίου.

January 7

A Reading (Lesson) from the Prophet Isaiah (52:3–6)

כִּֽי־כֹה֙ אָמַ֣ר יְהוָ֔ה חִנָּ֖ם נִמְכַּרְתֶּ֑ם וְלֹ֥א בְכֶ֖סֶף תִּגָּאֵֽלוּ׃
כִּ֣י כֹ֤ה אָמַר֙ אֲדֹנָ֣י יְהוִ֔ה מִצְרַ֛יִם יָֽרַד־עַמִּ֥י בָרִאשֹׁנָ֖ה לָג֣וּר שָׁ֑ם
וְאַשּׁ֖וּר בְּאֶ֥פֶס עֲשָׁקֽוֹ׃
וְעַתָּ֤ה [K]מי־לי־ [Q]מה־לי־פֹה֙ נְאֻם־יְהוָ֔ה כִּֽי־לֻקַּ֥ח עַמִּ֖י חִנָּ֑ם מֹשְׁלָ֤ו
יְהֵילִ֙ילוּ֙ נְאֻם־יְהוָ֔ה וְתָמִ֥יד כָּל־הַיּ֖וֹם שְׁמִ֥י מִנֹּאָֽץ׃
לָכֵ֛ן יֵדַ֥ע עַמִּ֖י שְׁמִ֑י לָכֵן֙ בַּיּ֣וֹם הַה֔וּא כִּֽי־אֲנִי־ה֥וּא הַֽמְדַבֵּ֖ר הִנֵּֽנִי׃

A Reading (Lesson) from the Revelation to John (2:1–7)

Τῷ ἀγγέλῳ τῆς ἐν Ἐφέσῳ ἐκκλησίας γράψον· Τάδε λέγει ὁ κρατῶν τοὺς ἑπτὰ ἀστέρας ἐν τῇ δεξιᾷ αὐτοῦ, ὁ περιπατῶν ἐν μέσῳ τῶν ἑπτὰ λυχνιῶν τῶν χρυσῶν· οἶδα τὰ ἔργα σου καὶ τὸν κόπον καὶ τὴν ὑπομονήν σου οκαὶ ὅτι οὐ δύνῃ βαστάσαι κακούς, καὶ ἐπείρασας τοὺς λέγοντας ἑαυτοὺς ἀποστόλους καὶ οὐκ εἰσὶν καὶ εὗρες αὐτοὺς ψευδεῖς, καὶ ὑπομονὴν ἔχεις καὶ ἐβάστασας διὰ τὸ ὄνομά μου καὶ οὐ κεκοπίακες. ἀλλ’ ἔχω κατὰ σοῦ ὅτι τὴν ἀγάπην σου τὴν πρώτην ἀφῆκες. μνημόνευε οὖν πόθεν πέπτωκας καὶ μετανόησον καὶ τὰ πρῶτα ἔργα ποίησον· εἰ δὲ μή, ἔρχομαί σοι καὶ κινήσω τὴν λυχνίαν σου ἐκ τοῦ τόπου αὐτῆς, ἐὰν μὴ μετανοήσῃς. ἀλλὰ τοῦτο ἔχεις, ὅτι μισεῖς τὰ ἔργα τῶν Νικολαϊτῶν ἃ κἀγὼ μισῶ. Ὁ ἔχων οὖς ἀκουσάτω τί τὸ πνεῦμα λέγει ταῖς ἐκκλησίαις. Τῷ νικῶντι δώσω αὐτῷ φαγεῖν ἐκ τοῦ ξύλου τῆς ζωῆς, ὅ ἐστιν ἐν τῷ παραδείσῳ τοῦ θεοῦ.

January 8

A Reading (Lesson) from the Prophet Isaiah (59:15–21)

וַתְּהִ֤י הָֽאֱמֶת֙ נֶעְדֶּ֔רֶת וְסָ֥ר מֵרָ֖ע מִשְׁתּוֹלֵ֑ל וַיַּ֧רְא יְהוָ֛ה וַיֵּ֥רַע בְּעֵינָ֖יו
כִּי־אֵ֥ין מִשְׁפָּֽט׃
וַיַּ֙רְא֙ כִּי־אֵ֣ין אִ֔ישׁ וַיִּשְׁתּוֹמֵ֖ם כִּ֣י אֵ֣ין מַפְגִּ֑יעַ וַתּ֤וֹשַׁע לוֹ֙ זְרֹע֔וֹ
וְצִדְקָת֖וֹ הִ֥יא סְמָכָֽתְהוּ׃
וַיִּלְבַּ֤שׁ צְדָקָה֙ כַּשִּׁרְיָ֔ן וְכ֥וֹבַע יְשׁוּעָ֖ה בְּרֹאשׁ֑וֹ וַיִּלְבַּ֞שׁ בִּגְדֵ֤י נָקָם֙
תִּלְבֹּ֔שֶׁת וַיַּ֥עַט כַּמְעִ֖יל קִנְאָֽה׃
כְּעַ֤ל גְּמֻלוֹת֙ כְּעַ֣ל יְשַׁלֵּ֔ם חֵמָה֙ לְצָרָ֔יו גְּמ֖וּל לְאֹֽיְבָ֑יו לָאִיִּ֖ים גְּמ֥וּל
יְשַׁלֵּֽם׃
וְיִֽירְא֨וּ מִֽמַּעֲרָ֜ב אֶת־שֵׁ֣ם יְהוָ֗ה וּמִמִּזְרַח־שֶׁ֛מֶשׁ אֶת־כְּבוֹד֖וֹ כִּֽי־יָב֤וֹא
כַנָּהָר֙ צָ֔ר ר֥וּחַ יְהוָ֖ה נֹ֥סְסָה בֽוֹ׃
וּבָ֤א לְצִיּוֹן֙ גּוֹאֵ֔ל וּלְשָׁבֵ֥י פֶ֖שַׁע בְּיַעֲקֹ֑ב נְאֻ֖ם יְהוָֽה׃
וַאֲנִ֗י זֹ֣את בְּרִיתִ֤י אוֹתָם֙ אָמַ֣ר יְהוָ֔ה רוּחִי֙ אֲשֶׁ֣ר עָלֶ֔יךָ וּדְבָרַ֖י אֲשֶׁר־
שַׂ֣מְתִּי בְּפִ֑יךָ לֹֽא־יָמ֡וּשׁוּ מִפִּ֡יךָ וּמִפִּי֩ זַרְעֲךָ֨ וּמִפִּ֜י זֶ֤רַע זַרְעֲךָ֙ אָמַ֣ר
יְהוָ֔ה מֵעַתָּ֖ה וְעַד־עוֹלָֽם׃ ס

A Reading (Lesson) from the Revelation to John (2:8–17)

Καὶ τῷ ἀγγέλῳ τῆς ἐν Σμύρνῃ ἐκκλησίας γράψον· Τάδε λέγει ὁ πρῶτος καὶ ὁ ἔσχατος, ὃς ἐγένετο νεκρὸς καὶ ἔζησεν·οἶδά σου τὴν θλῖψιν καὶ τὴν πτωχείαν, ἀλλὰ πλούσιος εἶ, καὶ τὴν βλασφημίαν ἐκ τῶν λεγόντων Ἰουδαίους εἶναι ἑαυτοὺς καὶ οὐκ εἰσὶν ἀλλὰ συναγωγὴ τοῦ σατανᾶ. μηδὲν φοβοῦ ἃ μέλλεις πάσχειν. ἰδοὺ μέλλει βάλλειν ὁ διάβολος ἐξ ὑμῶν εἰς φυλακὴν ἵνα πειρασθῆτε καὶ ἕξετε θλῖψιν ἡμερῶν δέκα. γίνου πιστὸς ἄχρι θανάτου, καὶ δώσω σοι τὸν στέφανον τῆς ζωῆς. Ὁ ἔχων οὖς ἀκουσάτω τί τὸ πνεῦμα λέγει ταῖς ἐκκλησίαις. Ὁ νικῶν οὐ μὴ ἀδικηθῇ ἐκ τοῦ θανάτου τοῦ δευτέρου.

Καὶ τῷ ἀγγέλῳ τῆς ἐν Περγάμῳ ἐκκλησίας γράψον· Τάδε λέγει ὁ ἔχων τὴν ῥομφαίαν τὴν δίστομον τὴν ὀξεῖαν·οἶδα ποῦ κατοικεῖς, ὅπου ὁ θρόνος τοῦ σατανᾶ, καὶ κρατεῖς τὸ ὄνομά μου καὶ οὐκ ἠρνήσω τὴν πίστιν μου καὶ ἐν ταῖς ἡμέραις Ἀντιπᾶς ὁ μάρτυς μου ὁ πιστός μου, ὃς ἀπεκτάνθη παρ' ὑμῖν, ὅπου ὁ σατανᾶς κατοικεῖ. ἀλλ' ἔχω κατὰ σοῦ ὀλίγα ὅτι ἔχεις ἐκεῖ κρατοῦντας τὴν διδαχὴν Βαλαάμ, ὃς ἐδίδασκεν τῷ Βαλὰκ βαλεῖν σκάνδαλον ἐνώπιον τῶν υἱῶν Ἰσραὴλ φαγεῖν εἰδωλόθυτα καὶ πορνεῦσαι. οὕτως ἔχεις καὶ σὺ κρατοῦντας τὴν διδαχὴν [τῶν] Νικολαϊτῶν ὁμοίως. μετανόησον οὖν· εἰ δὲ μή, ἔρχομαί σοι ταχὺ καὶ πολεμήσω μετ' αὐτῶν ἐν τῇ ῥομφαίᾳ τοῦ στόματός μου. Ὁ ἔχων οὖς ἀκουσάτω τί τὸ πνεῦμα λέγει ταῖς ἐκκλησίαις. Τῷ νικῶντι δώσω αὐτῷ τοῦ μάννα τοῦ κεκρυμμένου καὶ δώσω αὐτῷ ψῆφον λευκήν, καὶ ἐπὶ τὴν ψῆφον ὄνομα καινὸν γεγραμμένον ὃ οὐδεὶς οἶδεν εἰ μὴ ὁ λαμβάνων.

January 9

A Reading (Lesson) from the Prophet Isaiah (63:1–5)

מִי־זֶ֣ה ׀ בָּ֣א מֵאֱד֗וֹם חֲמ֤וּץ בְּגָדִים֙ מִבָּצְרָ֔ה זֶ֚ה הָד֣וּר בִּלְבוּשׁ֔וֹ צֹעֶ֖ה בְּרֹ֣ב כֹּח֑וֹ אֲנִ֛י מְדַבֵּ֥ר בִּצְדָקָ֖ה רַ֥ב לְהוֹשִֽׁיעַ׃

מַדּ֖וּעַ אָדֹ֣ם לִלְבוּשֶׁ֑ךָ וּבְגָדֶ֖יךָ כְּדֹרֵ֥ךְ בְּגַֽת׃
פּוּרָ֣ה ׀ דָּרַ֣כְתִּי לְבַדִּ֗י וּֽמֵעַמִּים֙ אֵֽין־אִ֣ישׁ אִתִּ֔י וְאֶדְרְכֵ֣ם בְּאַפִּ֔י
וְאֶרְמְסֵ֖ם בַּחֲמָתִ֑י וְיֵ֤ז נִצְחָם֙ עַל־בְּגָדַ֔י וְכָל־מַלְבּוּשַׁ֖י אֶגְאָֽלְתִּי׃
כִּ֛י י֥וֹם נָקָ֖ם בְּלִבִּ֑י וּשְׁנַ֥ת גְּאוּלַ֖י בָּֽאָה׃
וְאַבִּיט֙ וְאֵ֣ין עֹזֵ֔ר וְאֶשְׁתּוֹמֵ֖ם וְאֵ֣ין סוֹמֵ֑ךְ וַתּ֤וֹשַׁע לִי֙ זְרֹעִ֔י וַחֲמָתִ֖י הִ֥יא
סְמָכָֽתְנִי׃

A Reading (Lesson) from the Revelation to John (2:18–29)

Καὶ τῷ ἀγγέλῳ τῆς ἐν Θυατείροις ἐκκλησίας γράψον· Τάδε λέγει ὁ υἱὸς τοῦ θεοῦ, ὁ ἔχων τοὺς ὀφθαλμοὺς αὐτοῦ ὡς φλόγα πυρὸς καὶ οἱ πόδες αὐτοῦ ὅμοιοι χαλκολιβάνῳ· οἶδά σου τὰ ἔργα καὶ τὴν ἀγάπην καὶ τὴν πίστιν καὶ τὴν διακονίαν καὶ τὴν ὑπομονήν σου, καὶ τὰ ἔργα σου τὰ ἔσχατα πλείονα τῶν πρώτων. ἀλλ᾽ ἔχω κατὰ σοῦ ὅτι ἀφεῖς τὴν γυναῖκα Ἰεζάβελ, ἡ λέγουσα ἑαυτὴν προφῆτιν καὶ διδάσκει καὶ πλανᾷ τοὺς ἐμοὺς δούλους πορνεῦσαι καὶ φαγεῖν εἰδωλόθυτα. καὶ ἔδωκα αὐτῇ χρόνον ἵνα μετανοήσῃ, καὶ οὐ θέλει μετανοῆσαι ἐκ τῆς πορνείας αὐτῆς. ἰδοὺ βάλλω αὐτὴν εἰς κλίνην καὶ τοὺς μοιχεύοντας μετ᾽ αὐτῆς εἰς θλῖψιν μεγάλην, ἐὰν μὴ μετανοήσωσιν ἐκ τῶν ἔργων αὐτῆς, καὶ τὰ τέκνα αὐτῆς ἀποκτενῶ ἐν θανάτῳ. καὶ γνώσονται πᾶσαι αἱ ἐκκλησίαι ὅτι ἐγώ εἰμι ὁ ἐραυνῶν νεφροὺς καὶ καρδίας, καὶ δώσω ὑμῖν ἑκάστῳ κατὰ τὰ ἔργα ὑμῶν. ὑμῖν δὲ λέγω τοῖς λοιποῖς τοῖς ἐν Θυατείροις, ὅσοι οὐκ ἔχουσιν τὴν διδαχὴν ταύτην, οἵτινες οὐκ ἔγνωσαν τὰ βαθέα τοῦ σατανᾶ ὡς λέγουσιν· οὐ βάλλω ἐφ᾽ ὑμᾶς ἄλλο βάρος, πλὴν ὃ ἔχετε κρατήσατε ἄχρι [ς] οὗ ἂν ἥξω. Καὶ ὁ νικῶν καὶ ὁ τηρῶν ἄχρι τέλους τὰ ἔργα μου, δώσω αὐτῷ ἐξουσίαν ἐπὶ τῶν ἐθνῶν καὶ *ποιμανεῖ αὐτοὺς ἐν ῥάβδῳ σιδηρᾷ ὡς τὰ σκεύη* τὰ *κεραμικὰ συντρίβεται*, ὡς κἀγὼ εἴληφα παρὰ τοῦ πατρός μου, καὶ δώσω αὐτῷ τὸν ἀστέρα τὸν πρωϊνόν. Ὁ ἔχων οὖς ἀκουσάτω τί τὸ πνεῦμα λέγει ταῖς ἐκκλησίαις.

January 10

A Reading (Lesson) from the Prophet Isaiah (65:1–9)

נִדְרַ֙שְׁתִּי֙ לְל֣וֹא שָׁאָ֔לוּ נִמְצֵ֖אתִי לְלֹ֣א בִקְשֻׁ֑נִי אָמַ֗רְתִּי הִנֵּ֤נִי הִנֵּ֙נִי֙
אֶל־גּ֖וֹי לֹֽא־קֹרָ֥א בִשְׁמִֽי׃
פֵּרַ֧שְׂתִּי יָדַ֛י כָּל־הַיּ֖וֹם אֶל־עַ֣ם סוֹרֵ֑ר הַהֹלְכִים֙ הַדֶּ֣רֶךְ לֹא־ט֔וֹב
אַחַ֖ר מַחְשְׁבֹתֵיהֶֽם׃
הָעָ֗ם הַמַּכְעִיסִ֥ים אוֹתִ֛י עַל־פָּנַ֖י תָּמִ֑יד זֹבְחִים֙ בַּגַּנּ֔וֹת וּמְקַטְּרִ֖ים
עַל־הַלְּבֵנִֽים׃
הַיֹּֽשְׁבִים֙ בַּקְּבָרִ֔ים וּבַנְּצוּרִ֖ים יָלִ֑ינוּ הָאֹֽכְלִים֙ בְּשַׂ֣ר הַחֲזִ֔יר [K]וּפְרַ֥ק
[Q]וּמְרַ֥ק פִּגֻּלִ֖ים כְּלֵיהֶֽם׃
הָאֹמְרִים֙ קְרַ֣ב אֵלֶ֔יךָ אַל־תִּגַּשׁ־בִּ֖י כִּ֣י קְדַשְׁתִּ֑יךָ אֵ֤לֶּה עָשָׁן֙ בְּאַפִּ֔י
אֵ֖שׁ יֹקֶ֥דֶת כָּל־הַיּֽוֹם׃
הִנֵּ֥ה כְתוּבָ֖ה לְפָנָ֑י לֹ֤א אֶחֱשֶׂה֙ כִּ֣י אִם־שִׁלַּ֔מְתִּי וְשִׁלַּמְתִּ֖י עַל־חֵיקָֽם׃
עֲוֺנֹֽתֵיכֶ֡ם וַעֲוֺנֹ֣ת אֲבוֹתֵיכֶם֩ יַחְדָּ֨ו אָמַ֜ר יְהוָ֗ה אֲשֶׁ֤ר קִטְּרוּ֙ עַל־
הֶ֣הָרִ֔ים וְעַל־הַגְּבָע֖וֹת חֵרְפ֑וּנִי וּמַדֹּתִ֞י פְעֻלָּתָ֛ם רִאשֹׁנָ֖ה [K]עַל [Q]אֶל־
חֵיקָֽם׃ ס
כֹּ֣ה ׀ אָמַ֣ר יְהוָ֗ה כַּאֲשֶׁ֨ר יִמָּצֵ֤א הַתִּירוֹשׁ֙ בָּֽאֶשְׁכּ֔וֹל וְאָמַר֙ אַל־
תַּשְׁחִיתֵ֔הוּ כִּ֥י בְרָכָ֖ה בּ֑וֹ כֵּ֤ן אֶעֱשֶׂה֙ לְמַ֣עַן עֲבָדַ֔י לְבִלְתִּ֖י הַשְׁחִ֥ית
הַכֹּֽל׃
וְהוֹצֵאתִ֤י מִֽיַּעֲקֹב֙ זֶ֔רַע וּמִֽיהוּדָ֖ה יוֹרֵ֣שׁ הָרָ֑י וִֽירֵשׁ֤וּהָ בְחִירַ֔י וַעֲבָדַ֖י
יִשְׁכְּנוּ־שָֽׁמָּה׃

A Reading (Lesson) from the Revelation to John (3:1–6)

Καὶ τῷ ἀγγέλῳ τῆς ἐν Σάρδεσιν ἐκκλησίας γράψον· Τάδε λέγει ὁ ἔχων τὰ ἑπτὰ πνεύματα τοῦ θεοῦ καὶ τοὺς ἑπτὰ ἀστέρας· οἶδά σου τὰ ἔργα ὅτι ὄνομα ἔχεις ὅτι ζῇς, καὶ νεκρὸς εἶ. γίνου γρηγορῶν καὶ στήρισον τὰ λοιπὰ ἃ ἔμελλον ἀποθανεῖν, οὐ γὰρ εὕρηκά σου τὰ ἔργα πεπληρωμένα ἐνώπιον τοῦ θεοῦ μου. μνημόνευε οὖν πῶς εἴληφας καὶ ἤκουσας καὶ τήρει καὶ μετανόησον. ἐὰν οὖν μὴ γρηγορήσῃς, ἥξω ὡς κλέπτης, καὶ οὐ μὴ γνῷς ποίαν ὥραν ἥξω ἐπὶ σέ. ἀλλ' ἔχεις ὀλίγα ὀνόματα ἐν Σάρδεσιν ἃ οὐκ ἐμόλυναν τὰ ἱμάτια αὐτῶν, καὶ περιπατήσουσιν μετ' ἐμοῦ ἐν λευκοῖς, ὅτι ἄξιοί εἰσιν. Ὁ νικῶν οὕτως περιβαλεῖται ἐν ἱματίοις λευκοῖς καὶ οὐ μὴ ἐξαλείψω τὸ ὄνομα αὐτοῦ ἐκ τῆς βίβλου τῆς ζωῆς καὶ ὁμολογήσω τὸ ὄνομα αὐτοῦ ἐνώπιον τοῦ πατρός μου καὶ ἐνώπιον τῶν ἀγγέλων αὐτοῦ. Ὁ ἔχων οὖς ἀκουσάτω τί τὸ πνεῦμα λέγει ταῖς ἐκκλησίαις.

January 11

A Reading (Lesson) from the Prophet Isaiah (65:13–16)

לָכֵ֞ן כֹּה־אָמַ֣ר ׀ אֲדֹנָ֣י יְהוִֹ֗ה הִנֵּ֨ה עֲבָדַ֤י ׀ יֹאכֵ֙לוּ֙ וְאַתֶּ֣ם תִּרְעָ֔בוּ הִנֵּ֧ה
עֲבָדַ֛י יִשְׁתּ֖וּ וְאַתֶּ֣ם תִּצְמָ֑אוּ הִנֵּ֧ה עֲבָדַ֛י יִשְׂמָ֖חוּ וְאַתֶּ֥ם תֵּבֹֽשׁוּ׃
הִנֵּ֧ה עֲבָדַ֛י יָרֹ֖נּוּ מִטּ֣וּב לֵ֑ב וְאַתֶּ֤ם תִּצְעֲקוּ֙ מִכְּאֵ֣ב לֵ֔ב וּמִשֵּׁ֥בֶר ר֖וּחַ
תְּיֵלִֽילוּ׃
וְהִנַּחְתֶּ֨ם שִׁמְכֶ֤ם לִשְׁבוּעָה֙ לִבְחִירַ֔י וֶהֱמִֽיתְךָ֖ אֲדֹנָ֣י יְהוִ֑ה וְלַעֲבָדָ֥יו
יִקְרָ֖א שֵׁ֥ם אַחֵֽר׃
אֲשֶׁ֨ר הַמִּתְבָּרֵ֜ךְ בָּאָ֗רֶץ יִתְבָּרֵךְ֙ בֵּאלֹהֵ֣י אָמֵ֔ן וְהַנִּשְׁבָּ֣ע בָּאָ֔רֶץ יִשָּׁבַ֖ע
בֵּאלֹהֵ֣י אָמֵ֑ן כִּ֤י נִשְׁכְּחוּ֙ הַצָּר֣וֹת הָרִֽאשֹׁנ֔וֹת וְכִ֥י נִסְתְּר֖וּ מֵעֵינָֽי׃

A Reading (Lesson) from the Revelation to John (3:7–13)

Καὶ τῷ ἀγγέλῳ τῆς ἐν Φιλαδελφείᾳ ἐκκλησίας γράψον· Τάδε λέγει ὁ ἅγιος, ὁ ἀληθινός, ὁ ἔχων τὴν κλεῖν Δαυίδ, ὁ ἀνοίγων καὶ οὐδεὶς κλείσει καὶ κλείων καὶ οὐδεὶς ἀνοίγει· οἶδά σου τὰ ἔργα, ἰδοὺ δέδωκα ἐνώπιόν σου θύραν ἠνεῳγμένην, ἣν οὐδεὶς δύναται κλεῖσαι αὐτήν, ὅτι μικρὰν ἔχεις δύναμιν καὶ ἐτήρησάς μου τὸν λόγον καὶ οὐκ ἠρνήσω τὸ ὄνομά μου. ἰδοὺ διδῶ ἐκ τῆς συναγωγῆς τοῦ σατανᾶ τῶν λεγόντων ἑαυτοὺς Ἰουδαίους εἶναι, καὶ οὐκ εἰσὶν ἀλλὰ ψεύδονται. ἰδοὺ ποιήσω αὐτοὺς ἵνα ἥξουσιν καὶ προσκυνήσουσιν ἐνώπιον τῶν ποδῶν σου καὶ γνῶσιν ὅτι ἐγὼ ἠγάπησά σε. ὅτι ἐτήρησας τὸν λόγον τῆς ὑπομονῆς μου, κἀγώ σε τηρήσω ἐκ τῆς ὥρας τοῦ πειρασμοῦ τῆς μελλούσης ἔρχεσθαι ἐπὶ τῆς οἰκουμένης ὅλης πειράσαι τοὺς κατοικοῦντας ἐπὶ τῆς γῆς. ἔρχομαι ταχύ· κράτει ὃ ἔχεις, ἵνα μηδεὶς λάβῃ τὸν στέφανόν σου. Ὁ νικῶν ποιήσω αὐτὸν στῦλον ἐν τῷ ναῷ τοῦ θεοῦ μου καὶ ἔξω οὐ μὴ ἐξέλθῃ ἔτι καὶ γράψω ἐπ' αὐτὸν τὸ ὄνομα τοῦ θεοῦ μου καὶ τὸ ὄνομα τῆς πόλεως τοῦ θεοῦ μου, τῆς καινῆς Ἰερουσαλὴμ ἡ καταβαίνουσα ἐκ τοῦ οὐρανοῦ ἀπὸ τοῦ θεοῦ μου, καὶ τὸ ὄνομά μου τὸ καινόν. Ὁ ἔχων οὖς ἀκουσάτω τί τὸ πνεῦμα λέγει ταῖς ἐκκλησίαις.

January 12

A Reading (Lesson) from the Prophet Isaiah (66:1–2, 22–23)

כֹּה אָמַר יְהוָה הַשָּׁמַיִם כִּסְאִי וְהָאָרֶץ הֲדֹם רַגְלָי אֵי־זֶה בַיִת אֲשֶׁר
תִּבְנוּ־לִי וְאֵי־זֶה מָקוֹם מְנוּחָתִי׃
וְאֶת־כָּל־אֵלֶּה יָדִי עָשָׂתָה וַיִּהְיוּ כָל־אֵלֶּה נְאֻם־יְהוָה וְאֶל־זֶה
אַבִּיט אֶל־עָנִי וּנְכֵה־רוּחַ וְחָרֵד עַל־דְּבָרִי׃
כִּי כַאֲשֶׁר הַשָּׁמַיִם הַחֲדָשִׁים וְהָאָרֶץ הַחֲדָשָׁה אֲשֶׁר אֲנִי עֹשֶׂה
עֹמְדִים לְפָנַי נְאֻם־יְהוָה כֵּן יַעֲמֹד זַרְעֲכֶם וְשִׁמְכֶם׃

וְהָיָ֗ה מִֽדֵּי־חֹ֙דֶשׁ֙ בְּחָדְשׁ֔וֹ וּמִדֵּ֥י שַׁבָּ֖ת בְּשַׁבַּתּ֑וֹ יָב֧וֹא כָל־בָּשָׂ֛ר
לְהִֽשְׁתַּחֲוֺ֥ת לְפָנַ֖י אָמַ֥ר יְהוָֽה׃

A Reading (Lesson) from the Revelation to John (3:14–22)

Καὶ τῷ ἀγγέλῳ τῆς ἐν Λαοδικείᾳ ἐκκλησίας γράψον· Τάδε λέγει ὁ ἀμήν, ὁ μάρτυς ὁ πιστὸς καὶ ἀληθινός, ἡ ἀρχὴ τῆς κτίσεως τοῦ θεοῦ· οἶδά σου τὰ ἔργα ὅτι οὔτε ψυχρὸς εἶ οὔτε ζεστός. ὄφελον ψυχρὸς ἦς ἢ ζεστός. οὕτως ὅτι χλιαρὸς εἶ καὶ οὔτε ζεστὸς οὔτε ψυχρός, μέλλω σε ἐμέσαι ἐκ τοῦ στόματός μου. ὅτι λέγεις ὅτι πλούσιός εἰμι καὶ πεπλούτηκα καὶ οὐδὲν χρείαν ἔχω, καὶ οὐκ οἶδας ὅτι σὺ εἶ ὁ ταλαίπωρος καὶ ἐλεεινὸς καὶ πτωχὸς καὶ τυφλὸς καὶ γυμνός, συμβουλεύω σοι ἀγοράσαι παρ᾽ ἐμοῦ χρυσίον πεπυρωμένον ἐκ πυρὸς ἵνα πλουτήσῃς, καὶ ἱμάτια λευκὰ ἵνα περιβάλῃ καὶ μὴ φανερωθῇ ἡ αἰσχύνη τῆς γυμνότητός σου, καὶ κολλ[ο]ύριον ἐγχρῖσαι τοὺς ὀφθαλμούς σου ἵνα βλέπῃς. ἐγὼ ὅσους ἐὰν φιλῶ ἐλέγχω καὶ παιδεύω· ζήλευε οὖν καὶ μετανόησον. Ἰδοὺ ἕστηκα ἐπὶ τὴν θύραν καὶ κρούω· ἐάν τις ἀκούσῃ τῆς φωνῆς μου καὶ ἀνοίξῃ τὴν θύραν, [καὶ] εἰσελεύσομαι πρὸς αὐτὸν καὶ δειπνήσω μετ᾽ αὐτοῦ καὶ αὐτὸς μετ᾽ ἐμοῦ. Ὁ νικῶν δώσω αὐτῷ καθίσαι μετ᾽ ἐμοῦ ἐν τῷ θρόνῳ μου, ὡς κἀγὼ ἐνίκησα καὶ ἐκάθισα μετὰ τοῦ πατρός μου ἐν τῷ θρόνῳ αὐτοῦ. Ὁ ἔχων οὖς ἀκουσάτω τί τὸ πνεῦμα λέγει ταῖς ἐκκλησίαις.

Week of 1 Epiphany

Monday

A Reading (Lesson) from the Prophet Isaiah (40:12–23)

מִֽי־מָדַ֨ד בְּשָׁעֳלוֹ֜ מַ֗יִם וְשָׁמַ֙יִם֙ בַּזֶּ֣רֶת תִּכֵּ֔ן וְכָ֥ל בַּשָּׁלִ֖שׁ עֲפַ֣ר הָאָ֑רֶץ
וְשָׁקַ֤ל בַּפֶּ֙לֶס֙ הָרִ֔ים וּגְבָע֖וֹת בְּמֹאזְנָֽיִם׃
מִֽי־תִכֵּ֥ן אֶת־ר֖וּחַ יְהוָ֑ה וְאִ֥ישׁ עֲצָת֖וֹ יוֹדִיעֶֽנּוּ׃

אֶת־מִ֤י נוֹעָץ֙ וַיְבִינֵ֔הוּ וַֽיְלַמְּדֵ֖הוּ בְּאֹ֣רַח מִשְׁפָּ֑ט וַיְלַמְּדֵ֣הוּ דַ֔עַת
וְדֶ֥רֶךְ תְּבוּנ֖וֹת יוֹדִיעֶֽנּוּ׃
הֵ֤ן גּוֹיִם֙ כְּמַ֣ר מִדְּלִ֔י וּכְשַׁ֥חַק מֹאזְנַ֖יִם נֶחְשָׁ֑בוּ הֵ֥ן אִיִּ֖ים כַּדַּ֥ק יִטּֽוֹל׃
וּלְבָנ֕וֹן אֵ֥ין דֵּ֖י בָּעֵ֑ר וְחַיָּת֕וֹ אֵ֥ין דֵּ֖י עוֹלָֽה׃ ס
כָּל־הַגּוֹיִ֖ם כְּאַ֣יִן נֶגְדּ֑וֹ מֵאֶ֥פֶס וָתֹ֖הוּ נֶחְשְׁבוּ־לֽוֹ׃
וְאֶל־מִ֖י תְּדַמְּי֣וּן אֵ֑ל וּמַה־דְּמ֖וּת תַּ֥עַרְכוּ לֽוֹ׃
הַפֶּ֙סֶל֙ נָסַ֣ךְ חָרָ֔שׁ וְצֹרֵ֖ף בַּזָּהָ֣ב יְרַקְּעֶ֑נּוּ וּרְתֻק֥וֹת כֶּ֖סֶף צוֹרֵֽף׃
הַֽמְסֻכָּ֣ן תְּרוּמָ֔ה עֵ֥ץ לֹֽא־יִרְקַ֖ב יִבְחָ֑ר חָרָ֤שׁ חָכָם֙ יְבַקֶּשׁ־ל֔וֹ לְהָכִ֥ין
פֶּ֖סֶל לֹ֥א יִמּֽוֹט׃
הֲל֤וֹא תֵֽדְעוּ֙ הֲל֣וֹא תִשְׁמָ֔עוּ הֲל֛וֹא הֻגַּ֥ד מֵרֹ֖אשׁ לָכֶ֑ם הֲלוֹא֙ הֲבִ֣ינֹתֶ֔ם
מוֹסְד֖וֹת הָאָֽרֶץ׃
הַיֹּשֵׁב֙ עַל־ח֣וּג הָאָ֔רֶץ וְיֹשְׁבֶ֖יהָ כַּחֲגָבִ֑ים הַנּוֹטֶ֤ה כַדֹּק֙ שָׁמַ֔יִם
וַיִּמְתָּחֵ֥ם כָּאֹ֖הֶל לָשָֽׁבֶת׃
הַנּוֹתֵ֥ן רוֹזְנִ֖ים לְאָ֑יִן שֹׁ֥פְטֵי אֶ֖רֶץ כַּתֹּ֥הוּ עָשָֽׂה׃

A Reading (Lesson) from the letter to the Ephesians (1:1–14)

Παῦλος ἀπόστολος Χριστοῦ Ἰησοῦ διὰ θελήματος θεοῦ τοῖς ἁγίοις τοῖς οὖσιν [ἐν Ἐφέσῳ] καὶ πιστοῖς ἐν Χριστῷ Ἰησοῦ, χάρις ὑμῖν καὶ εἰρήνη ἀπὸ θεοῦ πατρὸς ἡμῶν καὶ κυρίου Ἰησοῦ Χριστοῦ.

Εὐλογητὸς ὁ θεὸς καὶ πατὴρ τοῦ κυρίου ἡμῶν Ἰησοῦ Χριστοῦ, ὁ εὐλογήσας ἡμᾶς ἐν πάσῃ εὐλογίᾳ πνευματικῇ ἐν τοῖς ἐπουρανίοις ἐν Χριστῷ, καθὼς ἐξελέξατο ἡμᾶς ἐν αὐτῷ πρὸ καταβολῆς κόσμου εἶναι ἡμᾶς ἁγίους καὶ ἀμώμους κατενώπιον αὐτοῦ ἐν ἀγάπῃ προορίσας ἡμᾶς εἰς υἱοθεσίαν διὰ Ἰησοῦ Χριστοῦ εἰς αὐτόν, κατὰ τὴν εὐδοκίαν τοῦ θελήματος αὐτοῦ, εἰς ἔπαινον δόξης τῆς χάριτος αὐτοῦ ἧς ἐχαρίτωσεν ἡμᾶς ἐν τῷ ἠγαπημένῳ. Ἐν ᾧ ἔχομεν τὴν ἀπολύτρωσιν διὰ τοῦ αἵματος αὐτοῦ, τὴν ἄφεσιν τῶν παραπτωμάτων, κατὰ τὸ πλοῦτος τῆς χάριτος αὐτοῦ ἧς ἐπερίσσευσεν εἰς ἡμᾶς, ἐν πάσῃ σοφίᾳ καὶ φρονήσει, γνωρίσας ἡμῖν τὸ μυστήριον τοῦ θελήματος αὐτοῦ, κατὰ τὴν εὐδοκίαν αὐτοῦ ἣν προέθετο ἐν αὐτῷ εἰς οἰκονομίαν τοῦ πληρώματος τῶν καιρῶν, ἀνακεφαλαιώσασθαι τὰ πάντα ἐν τῷ Χριστῷ, τὰ ἐπὶ τοῖς οὐρανοῖς καὶ τὰ ἐπὶ τῆς γῆς ἐν αὐτῷ. Ἐν ᾧ καὶ ἐκληρώθημεν προορισθέντες κατὰ πρόθεσιν τοῦ τὰ πάντα ἐνεργοῦντος κατὰ τὴν βουλὴν τοῦ θελήματος αὐτοῦ εἰς τὸ εἶναι ἡμᾶς εἰς ἔπαινον δόξης αὐτοῦ τοὺς προηλπικότας ἐν τῷ Χριστῷ. Ἐν ᾧ καὶ ὑμεῖς ἀκούσαντες τὸν λόγον τῆς ἀληθείας, τὸ εὐαγγέλιον τῆς σωτηρίας ὑμῶν, ἐν ᾧ καὶ πιστεύσαντες ἐσφραγίσθητε τῷ πνεύματι τῆς ἐπαγγελίας τῷ ἁγίῳ, ὅ ἐστιν ἀρραβὼν τῆς κληρονομίας ἡμῶν, εἰς ἀπολύτρωσιν τῆς περιποιήσεως, εἰς ἔπαινον τῆς δόξης αὐτοῦ.

Tuesday

A Reading (Lesson) from the Prophet Isaiah (40:25–31)

וְאֶל־מִ֥י תְדַמְּי֖וּנִי וְאֶשְׁוֶ֑ה יֹאמַ֖ר קָדֽוֹשׁ׃
שְׂאוּ־מָר֨וֹם עֵינֵיכֶ֜ם וּרְא֣וּ מִי־בָרָ֣א אֵ֔לֶּה הַמּוֹצִ֥יא בְמִסְפָּ֖ר צְבָאָ֑ם
לְכֻלָּם֙ בְּשֵׁ֣ם יִקְרָ֔א מֵרֹ֣ב אוֹנִ֗ים וְאַמִּ֥יץ כֹּ֛חַ אִ֖ישׁ לֹ֥א נֶעְדָּֽר׃ ס
לָ֤מָּה תֹאמַר֙ יַעֲקֹ֔ב וּתְדַבֵּ֖ר יִשְׂרָאֵ֑ל נִסְתְּרָ֤ה דַרְכִּי֙ מֵיְהוָ֔ה וּמֵאֱלֹהַ֖י
מִשְׁפָּטִ֥י יַעֲבֽוֹר׃
הֲל֨וֹא יָדַ֜עְתָּ אִם־לֹ֣א שָׁמַ֗עְתָּ אֱלֹהֵ֨י עוֹלָ֤ם ׀ יְהוָה֙ בּוֹרֵא֙ קְצ֣וֹת
הָאָ֔רֶץ לֹ֥א יִיעַ֖ף וְלֹ֣א יִיגָ֑ע אֵ֥ין חֵ֖קֶר לִתְבוּנָתֽוֹ׃
נֹתֵ֥ן לַיָּעֵ֖ף כֹּ֑חַ וּלְאֵ֥ין אוֹנִ֖ים עָצְמָ֥ה יַרְבֶּֽה׃
וְיִעֲפ֥וּ נְעָרִ֖ים וְיִגָ֑עוּ וּבַחוּרִ֖ים כָּשׁ֥וֹל יִכָּשֵֽׁלוּ׃
וְקוֹיֵ֤ה יְהוָה֙ יַחֲלִ֣יפוּ כֹ֔חַ יַעֲל֥וּ אֵ֖בֶר כַּנְּשָׁרִ֑ים יָר֙וּצוּ֙ וְלֹ֣א יִיגָ֔עוּ יֵלְכ֖וּ
וְלֹ֥א יִיעָֽפוּ׃ פ

A Reading (Lesson) from the letter to the Ephesians (1:15–23)

Διὰ τοῦτο κἀγὼ ἀκούσας τὴν καθ' ὑμᾶς πίστιν ἐν τῷ κυρίῳ Ἰησοῦ καὶ τὴν ἀγάπην τὴν εἰς πάντας τοὺς ἁγίους οὐ παύομαι εὐχαριστῶν ὑπὲρ ὑμῶν μνείαν ποιούμενος ἐπὶ τῶν προσευχῶν μου, ἵνα ὁ θεὸς τοῦ κυρίου ἡμῶν Ἰησοῦ Χριστοῦ, ὁ πατὴρ τῆς δόξης, δώῃ ὑμῖν πνεῦμα σοφίας καὶ ἀποκαλύψεως ἐν ἐπιγνώσει αὐτοῦ, πεφωτισμένους τοὺς ὀφθαλμοὺς τῆς καρδίας [ὑμῶν] εἰς τὸ εἰδέναι ὑμᾶς τίς ἐστιν ἡ ἐλπὶς τῆς κλήσεως αὐτοῦ, τίς ὁ πλοῦτος τῆς δόξης τῆς κληρονομίας αὐτοῦ ἐν τοῖς ἁγίοις, καὶ τί τὸ ὑπερβάλλον μέγεθος τῆς δυνάμεως αὐτοῦ εἰς ἡμᾶς τοὺς πιστεύοντας κατὰ τὴν ἐνέργειαν τοῦ κράτους τῆς ἰσχύος αὐτοῦ. Ἣν ἐνήργησεν ἐν τῷ Χριστῷ ἐγείρας αὐτὸν ἐκ νεκρῶν καὶ καθίσας ἐν δεξιᾷ αὐτοῦ ἐν τοῖς ἐπουρανίοις ὑπεράνω πάσης ἀρχῆς καὶ ἐξουσίας καὶ δυνάμεως καὶ κυριότητος καὶ παντὸς ὀνόματος ὀνομαζομένου, οὐ μόνον ἐν τῷ αἰῶνι τούτῳ ἀλλὰ καὶ ἐν τῷ μέλλοντι· καὶ *πάντα ὑπέταξεν ὑπὸ τοὺς πόδας αὐτοῦ* καὶ αὐτὸν ἔδωκεν κεφαλὴν ὑπὲρ πάντα τῇ ἐκκλησίᾳ, ἥτις ἐστὶν τὸ σῶμα αὐτοῦ, τὸ πλήρωμα τοῦ τὰ πάντα ἐν πᾶσιν πληρουμένου.

Wednesday

A Reading (Lesson) from the Prophet Isaiah (41:1–16)

הַחֲרִ֤ישׁוּ אֵלַי֙ אִיִּ֔ים וּלְאֻמִּ֖ים יַחֲלִ֣יפוּ כֹ֑חַ יִגְּשׁוּ֙ אָ֣ז יְדַבֵּ֔רוּ יַחְדָּ֖ו
לַמִּשְׁפָּ֥ט נִקְרָֽבָה׃
מִ֤י הֵעִיר֙ מִמִּזְרָ֔ח צֶ֖דֶק יִקְרָאֵ֣הוּ לְרַגְל֑וֹ יִתֵּ֨ן לְפָנָ֤יו גּוֹיִם֙ וּמְלָכִ֣ים
יַ֔רְדְּ יִתֵּ֤ן כֶּֽעָפָר֙ חַרְבּ֔וֹ כְּקַ֥שׁ נִדָּ֖ף קַשְׁתּֽוֹ׃
יִרְדְּפֵ֖ם יַעֲב֣וֹר שָׁל֑וֹם אֹ֥רַח בְּרַגְלָ֖יו לֹ֥א יָבֽוֹא׃
מִֽי־פָעַ֣ל וְעָשָׂ֔ה קֹרֵ֥א הַדֹּר֖וֹת מֵרֹ֑אשׁ אֲנִ֤י יְהוָה֙ רִאשׁ֔וֹן וְאֶת־
אַחֲרֹנִ֖ים אֲנִי־הֽוּא׃
רָא֤וּ אִיִּים֙ וְיִירָ֔אוּ קְצ֥וֹת הָאָ֖רֶץ יֶחֱרָ֑דוּ קָרְב֖וּ וַיֶּאֱתָיֽוּן׃

אִ֥ישׁ אֶת־רֵעֵ֖הוּ יַעְזֹ֑רוּ וּלְאָחִ֖יו יֹאמַ֥ר חֲזָֽק׃
וַיְחַזֵּ֤ק חָרָשׁ֙ אֶת־צֹרֵ֔ף מַחֲלִ֥יק פַּטִּ֖ישׁ אֶת־ה֣וֹלֶם פָּ֑עַם אֹמֵ֤ר לַדֶּ֙בֶק֙
ט֣וֹב ה֔וּא וַיְחַזְּקֵ֥הוּ בְמַסְמְרִ֖ים לֹ֥א יִמּֽוֹט׃ ס
וְאַתָּה֙ יִשְׂרָאֵ֣ל עַבְדִּ֔י יַעֲקֹ֖ב אֲשֶׁ֣ר בְּחַרְתִּ֑יךָ זֶ֖רַע אַבְרָהָ֥ם אֹהֲבִֽי׃
אֲשֶׁ֤ר הֶחֱזַקְתִּ֙יךָ֙ מִקְצ֣וֹת הָאָ֔רֶץ וּמֵאֲצִילֶ֖יהָ קְרָאתִ֑יךָ וָאֹ֤מַר לְךָ֙
עַבְדִּי־אַ֔תָּה בְּחַרְתִּ֖יךָ וְלֹ֥א מְאַסְתִּֽיךָ׃
אַל־תִּירָא֙ כִּ֣י עִמְּךָ־אָ֔נִי אַל־תִּשְׁתָּ֖ע כִּֽי־אֲנִ֣י אֱלֹהֶ֑יךָ אִמַּצְתִּ֙יךָ֙ אַף־
עֲזַרְתִּ֔יךָ אַף־תְּמַכְתִּ֖יךָ בִּימִ֥ין צִדְקִֽי׃
הֵ֤ן יֵבֹ֙שׁוּ֙ וְיִכָּ֣לְמ֔וּ כֹּ֖ל הַנֶּחֱרִ֣ים בָּ֑ךְ יִהְי֧וּ כְאַ֛יִן וְיֹאבְד֖וּ אַנְשֵׁ֥י רִיבֶֽךָ׃
תְּבַקְשֵׁם֙ וְלֹ֣א תִמְצָאֵ֔ם אַנְשֵׁ֖י מַצֻּתֶ֑ךָ יִהְי֧וּ כְאַ֛יִן וּכְאֶ֖פֶס אַנְשֵׁ֥י
מִלְחַמְתֶּֽךָ׃
כִּ֗י אֲנִ֛י יְהוָ֥ה אֱלֹהֶ֖יךָ מַחֲזִ֣יק יְמִינֶ֑ךָ הָאֹמֵ֥ר לְךָ֛ אַל־תִּירָ֖א אֲנִ֥י
עֲזַרְתִּֽיךָ׃ ס
אַל־תִּֽירְאִי֙ תּוֹלַ֣עַת יַעֲקֹ֔ב מְתֵ֖י יִשְׂרָאֵ֑ל אֲנִ֤י עֲזַרְתִּיךְ֙ נְאֻם־יְהוָ֔ה
וְגֹאֲלֵ֖ךְ קְד֥וֹשׁ יִשְׂרָאֵֽל׃
הִנֵּ֣ה שַׂמְתִּ֗יךְ לְמוֹרַג֙ חָר֣וּץ חָדָ֔שׁ בַּ֖עַל פִּֽיפִיּ֑וֹת תָּד֤וּשׁ הָרִים֙ וְתָדֹ֔ק
וּגְבָע֖וֹת כַּמֹּ֥ץ תָּשִֽׂים׃
תִּזְרֵם֙ וְר֣וּחַ תִּשָּׂאֵ֔ם וּסְעָרָ֖ה תָּפִ֣יץ אוֹתָ֑ם וְאַתָּה֙ תָּגִ֣יל בַּֽיהוָ֔ה
בִּקְד֥וֹשׁ יִשְׂרָאֵ֖ל תִּתְהַלָּֽל׃ פ

A Reading (Lesson) from the letter to the Ephesians (2:1–10)

Καὶ ὑμᾶς ὄντας νεκροὺς τοῖς παραπτώμασιν καὶ ταῖς ἁμαρτίαις ὑμῶν, ἐν αἷς ποτε περιεπατήσατε κατὰ τὸν αἰῶνα τοῦ κόσμου τούτου, κατὰ τὸν ἄρχοντα τῆς ἐξουσίας τοῦ ἀέρος, τοῦ πνεύματος τοῦ νῦν ἐνεργοῦντος ἐν τοῖς υἱοῖς τῆς ἀπειθείας· ἐν οἷς καὶ ἡμεῖς πάντες ἀνεστράφημέν ποτε ἐν ταῖς ἐπιθυμίαις τῆς σαρκὸς ἡμῶν ποιοῦντες τὰ θελήματα τῆς σαρκὸς καὶ τῶν διανοιῶν, καὶ ἤμεθα τέκνα φύσει ὀργῆς ὡς καὶ οἱ λοιποί· ὁ δὲ θεὸς πλούσιος ὢν ἐν ἐλέει, διὰ τὴν πολλὴν ἀγάπην αὐτοῦ ἣν ἠγάπησεν ἡμᾶς, καὶ ὄντας ἡμᾶς νεκροὺς τοῖς παραπτώμασιν συνεζωοποίησεν τῷ Χριστῷ,– χάριτί ἐστε σεσῳσμένοι– καὶ συνήγειρεν καὶ συνεκάθισεν ἐν τοῖς ἐπουρανίοις ἐν Χριστῷ Ἰησοῦ, ἵνα ἐνδείξηται ἐν τοῖς αἰῶσιν τοῖς ἐπερχομένοις τὸ ὑπερβάλλον πλοῦτος τῆς χάριτος αὐτοῦ ἐν χρηστότητι ἐφ' ἡμᾶς ἐν Χριστῷ Ἰησοῦ. Τῇ γὰρ χάριτί ἐστε σεσῳσμένοι διὰ πίστεως· καὶ τοῦτο οὐκ ἐξ ὑμῶν, θεοῦ τὸ δῶρον· οὐκ ἐξ ἔργων, ἵνα μή τις καυχήσηται. αὐτοῦ γάρ ἐσμεν ποίημα, κτισθέντες ἐν Χριστῷ Ἰησοῦ ἐπὶ ἔργοις ἀγαθοῖς οἷς προητοίμασεν ὁ θεός, ἵνα ἐν αὐτοῖς περιπατήσωμεν.

Thursday

A Reading (Lesson) from the Prophet Isaiah (41:17–29)

הָעֲנִיִּים וְהָאֶבְיוֹנִים מְבַקְשִׁים מַיִם֙ וָאַיִן לְשׁוֹנָם בַּצָּמָא נָשָׁתָּה אֲנִי
יְהוָה֙ אֶעֱנֵם אֱלֹהֵי יִשְׂרָאֵל לֹא אֶעֶזְבֵם׃
אֶפְתַּח עַל־שְׁפָיִים֙ נְהָרוֹת וּבְתוֹךְ בְּקָעוֹת מַעְיָנוֹת אָשִׂים מִדְבָּר֙
לַאֲגַם־מַיִם וְאֶרֶץ צִיָּה לְמוֹצָאֵי מָיִם׃
אֶתֵּן בַּמִּדְבָּר֙ אֶרֶז שִׁטָּה וַהֲדַס וְעֵץ שָׁמֶן אָשִׂים בָּעֲרָבָה בְּרוֹשׁ
תִּדְהָר וּתְאַשּׁוּר יַחְדָּו׃
לְמַעַן יִרְאוּ וְיֵדְעוּ וְיָשִׂימוּ וְיַשְׂכִּילוּ֙ יַחְדָּו כִּי יַד־יְהוָה עָשְׂתָה זֹּאת
וּקְדוֹשׁ יִשְׂרָאֵל בְּרָאָהּ׃ פ
קָרְבוּ רִיבְכֶם יֹאמַר יְהוָה הַגִּישׁוּ֙ עֲצֻמוֹתֵיכֶם יֹאמַר מֶלֶךְ יַעֲקֹב׃
יַגִּישׁוּ֙ וְיַגִּידוּ לָנוּ אֵת אֲשֶׁר תִּקְרֶינָה הָרִאשֹׁנוֹת ׀ מָה הֵנָּה הַגִּידוּ
וְנָשִׂימָה לִבֵּנוּ֙ וְנֵדְעָה אַחֲרִיתָן אוֹ הַבָּאוֹת הַשְׁמִיעֻנוּ׃
הַגִּידוּ֙ הָאֹתִיּוֹת לְאָחוֹר וְנֵדְעָה כִּי אֱלֹהִים אַתֶּם אַף־תֵּיטִיבוּ
וְתָרֵעוּ וְנִשְׁתָּעָה [K]וְנִרָא [Q]וְנִרְאֶה יַחְדָּו׃

הֵן־אַתֶּ֣ם מֵאַ֔יִן וּפָעָלְכֶ֖ם מֵאָ֑פַע תּוֹעֵבָ֖ה יִבְחַ֥ר בָּכֶֽם׃
הַעִירוֹתִ֤י מִצָּפוֹן֙ וַיַּ֔את מִמִּזְרַח־שֶׁ֖מֶשׁ יִקְרָ֣א בִשְׁמִ֑י וְיָבֹ֤א סְגָנִים֙
כְּמוֹ־חֹ֔מֶר וּכְמ֥וֹ יוֹצֵ֖ר יִרְמָס־טִֽיט׃
מִֽי־הִגִּ֤יד מֵרֹאשׁ֙ וְנֵדָ֔עָה וּמִלְּפָנִ֖ים וְנֹאמַ֣ר צַדִּ֑יק אַ֣ף אֵין־מַגִּ֗יד אַ֚ף
אֵ֣ין מַשְׁמִ֔יעַ אַ֖ף אֵין־שֹׁמֵ֥עַ אִמְרֵיכֶֽם׃
רִאשׁ֥וֹן לְצִיּ֖וֹן הִנֵּ֣ה הִנָּ֑ם וְלִירוּשָׁלִַ֖ם מְבַשֵּׂ֥ר אֶתֵּֽן׃
וְאֵרֶא֙ וְאֵ֣ין אִ֔ישׁ וּמֵאֵ֖לֶּה וְאֵ֣ין יוֹעֵ֑ץ וְאֶשְׁאָלֵ֖ם וְיָשִׁ֥יבוּ דָבָֽר׃
הֵ֤ן כֻּלָּם֙ אָ֔וֶן אֶ֖פֶס מַעֲשֵׂיהֶ֑ם ר֥וּחַ וָתֹ֖הוּ נִסְכֵּיהֶֽם׃ פ

A Reading (Lesson) from the letter to the Ephesians (2:11–22)

Διὸ μνημονεύετε ὅτι ποτὲ ὑμεῖς τὰ ἔθνη ἐν σαρκί, οἱ λεγόμενοι ἀκροβυστία ὑπὸ τῆς λεγομένης περιτομῆς ἐν σαρκὶ χειροποιήτου, ὅτι ἦτε τῷ καιρῷ ἐκείνῳ χωρὶς Χριστοῦ, ἀπηλλοτριωμένοι τῆς πολιτείας τοῦ Ἰσραὴλ καὶ ξένοι τῶν διαθηκῶν τῆς ἐπαγγελίας, ἐλπίδα μὴ ἔχοντες καὶ ἄθεοι ἐν τῷ κόσμῳ. νυνὶ δὲ ἐν Χριστῷ Ἰησοῦ ὑμεῖς οἵ ποτε ὄντες μακρὰν ἐγενήθητε ἐγγὺς ἐν τῷ αἵματι τοῦ Χριστοῦ. Αὐτὸς γάρ ἐστιν ἡ εἰρήνη ἡμῶν, ὁ ποιήσας τὰ ἀμφότερα ἓν καὶ τὸ μεσότοιχον τοῦ φραγμοῦ λύσας, τὴν ἔχθραν ἐν τῇ σαρκὶ αὐτοῦ, τὸν νόμον τῶν ἐντολῶν ἐν δόγμασιν καταργήσας, ἵνα τοὺς δύο κτίσῃ ἐν αὐτῷ εἰς ἕνα καινὸν ἄνθρωπον ποιῶν εἰρήνην καὶ ἀποκαταλλάξῃ τοὺς ἀμφοτέρους ἐν ἑνὶ σώματι τῷ θεῷ διὰ τοῦ σταυροῦ, ἀποκτείνας τὴν ἔχθραν ἐν αὐτῷ. καὶ ἐλθὼν εὐηγγελίσατο εἰρήνην ὑμῖν τοῖς μακρὰν καὶ εἰρήνην τοῖς ἐγγύς· ὅτι δι’ αὐτοῦ ἔχομεν τὴν προσαγωγὴν οἱ ἀμφότεροι ἐν ἑνὶ πνεύματι πρὸς τὸν πατέρα. Ἄρα οὖν οὐκέτι ἐστὲ ξένοι καὶ πάροικοι ἀλλ’ ἐστὲ συμπολῖται τῶν ἁγίων καὶ οἰκεῖοι τοῦ θεοῦ, ἐποικοδομηθέντες ἐπὶ τῷ θεμελίῳ τῶν ἀποστόλων καὶ προφητῶν, ὄντος ἀκρογωνιαίου αὐτοῦ Χριστοῦ Ἰησοῦ, ἐν ᾧ πᾶσα οἰκοδομὴ συναρμολογουμένη αὔξει εἰς ναὸν ἅγιον ἐν κυρίῳ, ἐν ᾧ καὶ ὑμεῖς συνοικοδομεῖσθε εἰς κατοικητήριον τοῦ θεοῦ ἐν πνεύματι.

Friday

A Reading (Lesson) from the Prophet Isaiah (42:10–17)

שִׁ֤ירוּ לַֽיהוָה֙ שִׁ֣יר חָדָ֔שׁ תְּהִלָּת֖וֹ מִקְצֵ֣ה הָאָ֑רֶץ יוֹרְדֵ֤י הַיָּם֙ וּמְלֹא֔וֹ
אִיִּ֖ים וְיֹשְׁבֵיהֶֽם׃
יִשְׂא֤וּ מִדְבָּר֙ וְעָרָ֔יו חֲצֵרִ֖ים תֵּשֵׁ֣ב קֵדָ֑ר יָרֹ֨נּוּ֙ יֹ֣שְׁבֵי סֶ֔לַע מֵרֹ֥אשׁ
הָרִ֖ים יִצְוָֽחוּ׃
יָשִׂ֥ימוּ לַֽיהוָ֖ה כָּב֑וֹד וּתְהִלָּת֖וֹ בָּאִיִּ֥ים יַגִּֽידוּ׃
יְהוָה֙ כַּגִּבּ֣וֹר יֵצֵ֔א כְּאִ֥ישׁ מִלְחָמ֖וֹת יָעִ֣יר קִנְאָ֑ה יָרִ֙יעַ֙ אַף־יַצְרִ֔יחַ
עַל־אֹיְבָ֖יו יִתְגַּבָּֽר׃ ס
הֶחֱשֵׁ֨יתִי֙ מֵֽעוֹלָ֔ם אַחֲרִ֖ישׁ אֶתְאַפָּ֑ק כַּיּוֹלֵדָ֣ה אֶפְעֶ֔ה אֶשֹּׁ֥ם וְאֶשְׁאַ֖ף
יָֽחַד׃
אַחֲרִ֤יב הָרִים֙ וּגְבָע֔וֹת וְכָל־עֶשְׂבָּ֖ם אוֹבִ֑ישׁ וְשַׂמְתִּ֤י נְהָרוֹת֙ לָֽאִיִּ֔ים
וַאֲגַמִּ֖ים אוֹבִֽישׁ׃
וְהוֹלַכְתִּ֣י עִוְרִ֗ים בְּדֶ֙רֶךְ֙ לֹ֣א יָדָ֔עוּ בִּנְתִיב֥וֹת לֹֽא־יָדְע֖וּ אַדְרִיכֵ֑ם
אָשִׂ֨ים מַחְשָׁ֤ךְ לִפְנֵיהֶם֙ לָא֔וֹר וּמַֽעֲקַשִּׁים֙ לְמִישׁ֔וֹר אֵ֚לֶּה הַדְּבָרִ֔ים
עֲשִׂיתִ֖ם וְלֹ֥א עֲזַבְתִּֽים׃
נָסֹ֤גוּ אָחוֹר֙ יֵבֹ֣שׁוּ בֹ֔שֶׁת הַבֹּטְחִ֖ים בַּפָּ֑סֶל הָאֹמְרִ֥ים לְמַסֵּכָ֖ה אַתֶּ֥ם
אֱלֹהֵֽינוּ׃ ס

A Reading (Lesson) from the letter to the Ephesians (3:1–13)

Τούτου χάριν ἐγὼ Παῦλος ὁ δέσμιος τοῦ Χριστοῦ ['Ιησοῦ] ὑπὲρ ὑμῶν τῶν ἐθνῶν– εἴ γε ἠκούσατε τὴν οἰκονομίαν τῆς χάριτος τοῦ θεοῦ τῆς δοθείσης μοι εἰς ὑμᾶς, [ὅτι] κατὰ ἀποκάλυψιν ἐγνωρίσθη μοι τὸ μυστήριον, καθὼς προέγραψα ἐν ὀλίγῳ, πρὸς ὃ δύνασθε ἀναγινώσκοντες νοῆσαι τὴν σύνεσίν μου ἐν τῷ μυστηρίῳ τοῦ Χριστοῦ, ὃ ἑτέραις γενεαῖς οὐκ ἐγνωρίσθη τοῖς υἱοῖς τῶν ἀνθρώπων ὡς νῦν ἀπεκαλύφθη τοῖς ἁγίοις ἀποστόλοις αὐτοῦ καὶ προφήταις ἐν πνεύματι, εἶναι τὰ ἔθνη συγκληρονόμα καὶ σύσσωμα καὶ συμμέτοχα τῆς ἐπαγγελίας ἐν Χριστῷ Ἰησοῦ διὰ τοῦ εὐαγγελίου, οὗ ἐγενήθην διάκονος κατὰ τὴν δωρεὰν τῆς χάριτος τοῦ θεοῦ τῆς δοθείσης μοι κατὰ τὴν ἐνέργειαν τῆς δυνάμεως αὐτοῦ.

Ἐμοὶ τῷ ἐλαχιστοτέρῳ πάντων ἁγίων ἐδόθη ἡ χάρις αὕτη, τοῖς ἔθνεσιν εὐαγγελίσασθαι τὸ ἀνεξιχνίαστον πλοῦτος τοῦ Χριστοῦ καὶ φωτίσαι [πάντας] τίς ἡ οἰκονομία τοῦ μυστηρίου τοῦ ἀποκεκρυμμένου ἀπὸ τῶν αἰώνων ἐν τῷ θεῷ τῷ τὰ πάντα κτίσαντι, ἵνα γνωρισθῇ νῦν ταῖς ἀρχαῖς καὶ ταῖς ἐξουσίαις ἐν τοῖς ἐπουρανίοις διὰ τῆς ἐκκλησίας ἡ πολυποίκιλος σοφία τοῦ θεοῦ, κατὰ πρόθεσιν τῶν αἰώνων ἣν ἐποίησεν ἐν τῷ Χριστῷ Ἰησοῦ τῷ κυρίῳ ἡμῶν, ἐν ᾧ ἔχομεν τὴν παρρησίαν καὶ προσαγωγὴν ἐν πεποιθήσει διὰ τῆς πίστεως αὐτοῦ. διὸ αἰτοῦμαι μὴ ἐγκακεῖν ἐν ταῖς θλίψεσίν μου ὑπὲρ ὑμῶν, ἥτις ἐστὶν δόξα ὑμῶν.

Week of 2 Epiphany

Monday

A Reading (Lesson) from the Prophet Isaiah (44:6–8, 21–23)

כֹּֽה־אָמַ֨ר יְהוָ֧ה מֶֽלֶךְ־יִשְׂרָאֵ֛ל וְגֹאֲל֖וֹ יְהוָ֣ה צְבָא֑וֹת אֲנִ֤י רִאשׁוֹן֙ וַאֲנִ֣י
אַחֲר֔וֹן וּמִֽבַּלְעָדַ֖י אֵ֥ין אֱלֹהִֽים׃
וּמִֽי־כָמ֣וֹנִי יִקְרָ֗א וְיַגִּידֶ֙הָ֙ וְיַעְרְכֶ֣הָ לִ֔י מִשּׂוּמִ֖י עַם־עוֹלָ֑ם וְאֹתִיּ֛וֹת
וַאֲשֶׁ֥ר תָּבֹ֖אנָה יַגִּ֥ידוּ לָֽמוֹ׃
אַֽל־תִּפְחֲדוּ֙ וְאַל־תִּרְה֔וּ הֲלֹ֥א מֵאָ֛ז הִשְׁמַעְתִּ֥יךָ וְהִגַּ֖דְתִּי וְאַתֶּ֣ם עֵדָ֑י
הֲיֵ֤שׁ אֱל֙וֹהַּ֙ מִבַּלְעָדַ֔י וְאֵ֥ין צ֖וּר בַּל־יָדָֽעְתִּי׃
זְכָר־אֵ֣לֶּה יַעֲקֹ֔ב וְיִשְׂרָאֵ֖ל כִּ֣י עַבְדִּי־אָ֑תָּה יְצַרְתִּ֤יךָ עֶֽבֶד־לִי֙ אַ֔תָּה
יִשְׂרָאֵ֖ל לֹ֥א תִנָּשֵֽׁנִי׃

מָחִיתִי כָעָב פְּשָׁעֶיךָ וְכֶעָנָן חַטֹּאותֶיךָ שׁוּבָה אֵלַי כִּי גְאַלְתִּיךָ׃
רָנּוּ שָׁמַיִם כִּי־עָשָׂה יְהוָה הָרִיעוּ תַּחְתִּיּוֹת אָרֶץ פִּצְחוּ הָרִים רִנָּה
יַעַר וְכָל־עֵץ בּוֹ כִּי־גָאַל יְהוָה יַעֲקֹב וּבְיִשְׂרָאֵל יִתְפָּאָר׃ פ

A Reading (Lesson) from the letter to the Ephesians (4:1–16)

Παρακαλῶ οὖν ὑμᾶς ἐγὼ ὁ δέσμιος ἐν κυρίῳ ἀξίως περιπατῆσαι τῆς κλήσεως ἧς ἐκλήθητε, μετὰ πάσης ταπεινοφροσύνης καὶ πραΰτητος, μετὰ μακροθυμίας, ἀνεχόμενοι ἀλλήλων ἐν ἀγάπῃ, σπουδάζοντες τηρεῖν τὴν ἑνότητα τοῦ πνεύματος ἐν τῷ συνδέσμῳ τῆς εἰρήνης· Ἓν σῶμα καὶ ἓν πνεῦμα, καθὼς καὶ ἐκλήθητε ἐν μιᾷ ἐλπίδι τῆς κλήσεως ὑμῶν·

εἷς κύριος, μία πίστις, ἓν βάπτισμα,
εἷς θεὸς καὶ πατὴρ πάντων,
ὁ ἐπὶ πάντων καὶ διὰ πάντων καὶ ἐν πᾶσιν.

Ἑνὶ δὲ ἑκάστῳ ἡμῶν ἐδόθη ἡ χάρις κατὰ τὸ μέτρον τῆς δωρεᾶς τοῦ Χριστοῦ. διὸ λέγει·

ἀναβὰς εἰς ὕψος ᾐχμαλώτευσεν αἰχμαλωσίαν,
ἔδωκεν δόματα τοῖς ἀνθρώποις.

τὸ δὲ *ἀνέβη* τί ἐστιν, εἰ μὴ ὅτι καὶ κατέβη εἰς τὰ κατώτερα [μέρη] τῆς γῆς; ὁ καταβὰς αὐτός ἐστιν καὶ ὁ *ἀναβὰς* ὑπεράνω πάντων τῶν οὐρανῶν, ἵνα πληρώσῃ τὰ πάντα. Καὶ αὐτὸς ἔδωκεν τοὺς μὲν ἀποστόλους, τοὺς δὲ προφήτας, τοὺς δὲ εὐαγγελιστάς, τοὺς δὲ ποιμένας καὶ διδασκάλους, πρὸς τὸν καταρτισμὸν τῶν ἁγίων εἰς ἔργον διακονίας, εἰς οἰκοδομὴν τοῦ σώματος τοῦ Χριστοῦ, μέχρι καταντήσωμεν οἱ πάντες εἰς τὴν ἑνότητα τῆς πίστεως καὶ τῆς ἐπιγνώσεως τοῦ υἱοῦ τοῦ θεοῦ, εἰς ἄνδρα τέλειον, εἰς μέτρον ἡλικίας τοῦ πληρώματος τοῦ Χριστοῦ, ἵνα μηκέτι ὦμεν νήπιοι, κλυδωνιζόμενοι καὶ περιφερόμενοι παντὶ ἀνέμῳ τῆς διδασκαλίας ἐν τῇ κυβείᾳ τῶν ἀνθρώπων, ἐν πανουργίᾳ πρὸς τὴν μεθοδείαν τῆς πλάνης, ἀληθεύοντες δὲ ἐν ἀγάπῃ αὐξήσωμεν εἰς αὐτὸν τὰ πάντα, ὅς ἐστιν ἡ κεφαλή, Χριστός, ἐξ οὗ πᾶν τὸ σῶμα συναρμολογούμενον καὶ συμβιβαζόμενον διὰ πάσης ἁφῆς τῆς ἐπιχορηγίας κατ’ ἐνέργειαν ἐν μέτρῳ ἑνὸς ἑκάστου μέρους τὴν αὔξησιν τοῦ σώματος ποιεῖται εἰς οἰκοδομὴν ἑαυτοῦ ἐν ἀγάπῃ.

Tuesday

A Reading (Lesson) from the Prophet Isaiah (44:9–20)

יֹצְרֵי־פֶסֶל כֻּלָּם תֹּהוּ וַחֲמוּדֵיהֶם בַּל־יוֹעִילוּ וְעֵדֵיהֶם הֵמָּה בַּל־
יִרְאוּ וּבַל־יֵדְעוּ לְמַעַן יֵבֹשׁוּ׃
מִי־יָצַר אֵל וּפֶסֶל נָסָךְ לְבִלְתִּי הוֹעִיל׃
הֵן כָּל־חֲבֵרָיו יֵבֹשׁוּ וְחָרָשִׁים הֵמָּה מֵאָדָם יִתְקַבְּצוּ כֻלָּם יַעֲמֹדוּ
יִפְחֲדוּ יֵבֹשׁוּ יָחַד׃
חָרַשׁ בַּרְזֶל מַעֲצָד וּפָעַל בַּפֶּחָם וּבַמַּקָּבוֹת יִצְּרֵהוּ וַיִּפְעָלֵהוּ
בִּזְרוֹעַ כֹּחוֹ גַּם־רָעֵב וְאֵין כֹּחַ לֹא־שָׁתָה מַיִם וַיִּיעָף׃
חָרַשׁ עֵצִים נָטָה קָו יְתָאֳרֵהוּ בַשֶּׂרֶד יַעֲשֵׂהוּ בַּמַּקְצֻעוֹת וּבַמְּחוּגָה
יְתָאֳרֵהוּ וַיַּעֲשֵׂהוּ כְּתַבְנִית אִישׁ כְּתִפְאֶרֶת אָדָם לָשֶׁבֶת בָּיִת׃
לִכְרָת־לוֹ אֲרָזִים וַיִּקַּח תִּרְזָה וְאַלּוֹן וַיְאַמֶּץ־לוֹ בַּעֲצֵי־יָעַר נָטַע
אֹרֶן וְגֶשֶׁם יְגַדֵּל׃
וְהָיָה לְאָדָם לְבָעֵר וַיִּקַּח מֵהֶם וַיָּחָם אַף־יַשִּׂיק וְאָפָה לָחֶם אַף־
יִפְעַל־אֵל וַיִּשְׁתָּחוּ עָשָׂהוּ פֶסֶל וַיִּסְגָּד־לָמוֹ׃
חֶצְיוֹ שָׂרַף בְּמוֹ־אֵשׁ עַל־חֶצְיוֹ בָּשָׂר יֹאכֵל יִצְלֶה צָלִי וְיִשְׂבָּע אַף־
יָחֹם וְיֹאמַר הֶאָח חַמּוֹתִי רָאִיתִי אוּר׃
וּשְׁאֵרִיתוֹ לְאֵל עָשָׂה לְפִסְלוֹ [K]יסגוד [Q]יִסְגָּד־לוֹ וְיִשְׁתַּחוּ וְיִתְפַּלֵּל
אֵלָיו וְיֹאמַר הַצִּילֵנִי כִּי אֵלִי אָתָּה׃
לֹא יָדְעוּ וְלֹא יָבִינוּ כִּי טַח מֵרְאוֹת עֵינֵיהֶם מֵהַשְׂכִּיל לִבֹּתָם׃

וְלֹא־יָשִׁיב אֶל־לִבּוֹ וְלֹא דַעַת וְלֹא־תְבוּנָה לֵאמֹר חֶצְיוֹ שָׂרַפְתִּי
בְמוֹ־אֵשׁ וְאַף אָפִיתִי עַל־גֶּחָלָיו לֶחֶם אֶצְלֶה בָשָׂר וְאֹכֵל וְיִתְרוֹ
לְתוֹעֵבָה אֶעֱשֶׂה לְבוּל עֵץ אֶסְגּוֹד׃
רֹעֶה אֵפֶר לֵב הוּתַל הִטָּהוּ וְלֹא־יַצִּיל אֶת־נַפְשׁוֹ וְלֹא יֹאמַר הֲלוֹא
שֶׁקֶר בִּימִינִי׃ ס

A Reading (Lesson) from the letter to the Ephesians (4:17–32)

Τοῦτο οὖν λέγω καὶ μαρτύρομαι ἐν κυρίῳ, μηκέτι ὑμᾶς περιπατεῖν, καθὼς καὶ τὰ ἔθνη περιπατεῖ ἐν ματαιότητι τοῦ νοὸς αὐτῶν, ἐσκοτωμένοι τῇ διανοίᾳ ὄντες, ἀπηλλοτριωμένοι τῆς ζωῆς τοῦ θεοῦ διὰ τὴν ἄγνοιαν τὴν οὖσαν ἐν αὐτοῖς, διὰ τὴν πώρωσιν τῆς καρδίας αὐτῶν, οἵτινες ἀπηλγηκότες ἑαυτοὺς παρέδωκαν τῇ ἀσελγείᾳ εἰς ἐργασίαν ἀκαθαρσίας πάσης ἐν πλεονεξίᾳ.

Ὑμεῖς δὲ οὐχ οὕτως ἐμάθετε τὸν Χριστόν, εἴ γε αὐτὸν ἠκούσατε καὶ ἐν αὐτῷ ἐδιδάχθητε, καθώς ἐστιν ἀλήθεια ἐν τῷ Ἰησοῦ, ἀποθέσθαι ὑμᾶς κατὰ τὴν προτέραν ἀναστροφὴν τὸν παλαιὸν ἄνθρωπον τὸν φθειρόμενον κατὰ τὰς ἐπιθυμίας τῆς ἀπάτης, ἀνανεοῦσθαι δὲ τῷ πνεύματι τοῦ νοὸς ὑμῶν καὶ ἐνδύσασθαι τὸν καινὸν ἄνθρωπον τὸν κατὰ θεὸν κτισθέντα ἐν δικαιοσύνῃ καὶ ὁσιότητι τῆς ἀληθείας.

Διὸ ἀποθέμενοι τὸ ψεῦδος *λαλεῖτε ἀλήθειαν ἕκαστος μετὰ τοῦ πλησίον αὐτοῦ*, ὅτι ἐσμὲν ἀλλήλων μέλη. *ὀργίζεσθε καὶ μὴ ἁμαρτάνετε*· ὁ ἥλιος μὴ ἐπιδυέτω ἐπὶ [τῷ] παροργισμῷ ὑμῶν, μηδὲ δίδοτε τόπον τῷ διαβόλῳ. ὁ κλέπτων μηκέτι κλεπτέτω, μᾶλλον δὲ κοπιάτω ἐργαζόμενος ταῖς [ἰδίαις] χερσὶν τὸ ἀγαθόν, ἵνα ἔχῃ μεταδιδόναι τῷ χρείαν ἔχοντι. πᾶς λόγος σαπρὸς ἐκ τοῦ στόματος ὑμῶν μὴ ἐκπορευέσθω, ἀλλ' εἴ τις ἀγαθὸς πρὸς οἰκοδομὴν τῆς χρείας, ἵνα δῷ χάριν τοῖς ἀκούουσιν. καὶ μὴ λυπεῖτε τὸ πνεῦμα τὸ ἅγιον τοῦ θεοῦ, ἐν ᾧ ἐσφραγίσθητε εἰς ἡμέραν ἀπολυτρώσεως. πᾶσα πικρία καὶ θυμὸς καὶ ὀργὴ καὶ κραυγὴ καὶ βλασφημία ἀρθήτω ἀφ' ὑμῶν σὺν πάσῃ κακίᾳ. γίνεσθε [δὲ] εἰς ἀλλήλους χρηστοί, εὔσπλαγχνοι, χαριζόμενοι ἑαυτοῖς, καθὼς καὶ ὁ θεὸς ἐν Χριστῷ ἐχαρίσατο ὑμῖν.

Wednesday

A Reading (Lesson) from the Prophet Isaiah (44:24–45:7)

כֹּה־אָמַ֤ר יְהוָה֙ גֹּאֲלֶ֔ךָ וְיֹצֶרְךָ֖ מִבָּ֑טֶן אָנֹכִ֤י יְהוָה֙ עֹ֣שֶׂה כֹּ֔ל נֹטֶ֤ה
שָׁמַ֙יִם֙ לְבַדִּ֔י רֹקַ֥ע הָאָ֖רֶץ [K]מִי אִתִּי [Q]מֵ֥ אִתִּֽי׃
מֵפֵר֙ אֹתֹ֣ות בַּדִּ֔ים וְקֹסְמִ֖ים יְהֹולֵ֑ל מֵשִׁ֧יב חֲכָמִ֛ים אָחֹ֖ור וְדַעְתָּ֥ם
יְשַׂכֵּֽל׃
מֵקִים֙ דְּבַ֣ר עַבְדֹּ֔ו וַעֲצַ֥ת מַלְאָכָ֖יו יַשְׁלִ֑ים הָאֹמֵ֨ר לִירוּשָׁלִַ֜ם תּוּשָׁ֗ב
וּלְעָרֵ֤י יְהוּדָה֙ תִּבָּנֶ֔ינָה וְחָרְבֹותֶ֖יהָ אֲקֹומֵֽם׃
הָאֹמֵ֥ר לַצּוּלָ֖ה חֳרָ֑בִי וְנַהֲרֹתַ֖יִךְ אֹובִֽישׁ׃
הָאֹמֵ֤ר לְכֹ֙ורֶשׁ֙ רֹעִ֔י וְכָל־חֶפְצִ֖י יַשְׁלִ֑ם וְלֵאמֹ֤ר לִירוּשָׁלִַ֙ם֙ תִּבָּנֶ֔ה
וְהֵיכָ֖ל תִּוָּסֵֽד׃ ס
כֹּֽה־אָמַ֣ר יְהוָה֮ לִמְשִׁיחֹו֒ לְכֹ֣ורֶשׁ אֲשֶׁר־הֶחֱזַ֣קְתִּי בִֽימִינֹ֗ו לְרַד־
לְפָנָיו֙ גֹּויִ֔ם וּמָתְנֵ֥י מְלָכִ֖ים אֲפַתֵּ֑חַ לִפְתֹּ֤חַ לְפָנָיו֙ דְּלָתַ֔יִם וּשְׁעָרִ֖ים
לֹ֥א יִסָּגֵֽרוּ׃
אֲנִי֙ לְפָנֶ֣יךָ אֵלֵ֔ךְ וַהֲדוּרִ֖ים [K]אושר [Q]אֲיַשֵּׁ֑ר דַּלְתֹ֤ות נְחוּשָׁה֙ אֲשַׁבֵּ֔ר
וּבְרִיחֵ֥י בַרְזֶ֖ל אֲגַדֵּֽעַ׃
וְנָתַתִּ֤י לְךָ֙ אֹוצְרֹ֣ות חֹ֔שֶׁךְ וּמַטְמֻנֵ֖י מִסְתָּרִ֑ים לְמַ֣עַן תֵּדַ֗ע כִּֽי־אֲנִ֧י
יְהוָ֛ה הַקֹּורֵ֥א בְשִׁמְךָ֖ אֱלֹהֵ֥י יִשְׂרָאֵֽל׃
לְמַ֙עַן֙ עַבְדִּ֣י יַעֲקֹ֔ב וְיִשְׂרָאֵ֖ל בְּחִירִ֑י וָאֶקְרָ֤א לְךָ֙ בִּשְׁמֶ֔ךָ אֲכַנְּךָ֖ וְלֹ֥א
יְדַעְתָּֽנִי׃
אֲנִ֤י יְהוָה֙ וְאֵ֣ין עֹ֔וד זוּלָתִ֖י אֵ֣ין אֱלֹהִ֑ים אֲאַזֶּרְךָ֖ וְלֹ֥א יְדַעְתָּֽנִי׃

לְמַעַן יֵדְעוּ מִמִּזְרַח־שֶׁמֶשׁ וּמִמַּעֲרָבָהּ כִּי־אֶפֶס בִּלְעָדָי אֲנִי יְהוָה
וְאֵין עוֹד׃
יוֹצֵר אוֹר וּבוֹרֵא חֹשֶׁךְ עֹשֶׂה שָׁלוֹם וּבוֹרֵא רָע אֲנִי יְהוָה עֹשֶׂה
כָל־אֵלֶּה׃ ס

A Reading (Lesson) from the letter to the Ephesians (5:1–14)

Γίνεσθε οὖν μιμηταὶ τοῦ θεοῦ ὡς τέκνα ἀγαπητὰ καὶ περιπατεῖτε ἐν ἀγάπῃ, καθὼς καὶ ὁ Χριστὸς ἠγάπησεν ἡμᾶς καὶ παρέδωκεν ἑαυτὸν ὑπὲρ ἡμῶν προσφορὰν καὶ θυσίαν τῷ θεῷ εἰς ὀσμὴν εὐωδίας.

Πορνεία δὲ καὶ ἀκαθαρσία πᾶσα ἢ πλεονεξία μηδὲ ὀνομαζέσθω ἐν ὑμῖν, καθὼς πρέπει ἁγίοις, καὶ αἰσχρότης καὶ μωρολογία ἢ εὐτραπελία, ἃ οὐκ ἀνῆκεν, ἀλλὰ μᾶλλον εὐχαριστία. τοῦτο γὰρ ἴστε γινώσκοντες, ὅτι πᾶς πόρνος ἢ ἀκάθαρτος ἢ πλεονέκτης, ὅ ἐστιν εἰδωλολάτρης, οὐκ ἔχει κληρονομίαν ἐν τῇ βασιλείᾳ τοῦ Χριστοῦ καὶ θεοῦ. Μηδεὶς ὑμᾶς ἀπατάτω κενοῖς λόγοις· διὰ ταῦτα γὰρ ἔρχεται ἡ ὀργὴ τοῦ θεοῦ ἐπὶ τοὺς υἱοὺς τῆς ἀπειθείας. μὴ οὖν γίνεσθε συμμέτοχοι αὐτῶν· ἦτε γάρ ποτε σκότος, νῦν δὲ φῶς ἐν κυρίῳ· ὡς τέκνα φωτὸς περιπατεῖτε– ὁ γὰρ καρπὸς τοῦ φωτὸς ἐν πάσῃ ἀγαθωσύνῃ καὶ δικαιοσύνῃ καὶ ἀληθείᾳ– δοκιμάζοντες τί ἐστιν εὐάρεστον τῷ κυρίῳ, καὶ μὴ συγκοινωνεῖτε τοῖς ἔργοις τοῖς ἀκάρποις τοῦ σκότους, μᾶλλον δὲ καὶ ἐλέγχετε. τὰ γὰρ κρυφῇ γινόμενα ὑπ᾽ αὐτῶν αἰσχρόν ἐστιν καὶ λέγειν, τὰ δὲ πάντα ἐλεγχόμενα ὑπὸ τοῦ φωτὸς φανεροῦται, πᾶν γὰρ τὸ φανερούμενον φῶς ἐστιν. διὸ λέγει·

ἔγειρε, ὁ καθεύδων,
καὶ ἀνάστα ἐκ τῶν νεκρῶν,
καὶ ἐπιφαύσει σοι ὁ Χριστός.

Thursday

A Reading (Lesson) from the Prophet Isaiah (45:5–17)

אֲנִ֤י יְהוָה֙ וְאֵ֣ין ע֔וֹד זוּלָתִ֖י אֵ֣ין אֱלֹהִ֑ים אֲאַזֶּרְךָ֖ וְלֹ֥א יְדַעְתָּֽנִי׃
לְמַ֣עַן יֵדְע֗וּ מִמִּזְרַח־שֶׁ֙מֶשׁ֙ וּמִמַּ֣עֲרָבָ֔ה כִּי־אֶ֖פֶס בִּלְעָדָ֑י אֲנִ֥י יְהוָ֖ה
וְאֵ֥ין עֽוֹד׃
יוֹצֵ֥ר אוֹר֙ וּבוֹרֵ֣א חֹ֔שֶׁךְ עֹשֶׂ֥ה שָׁל֖וֹם וּב֣וֹרֵא רָ֑ע אֲנִ֥י יְהוָ֖ה עֹשֶׂ֥ה
כָל־אֵֽלֶּה׃ ס
הַרְעִ֤יפוּ שָׁמַ֙יִם֙ מִמַּ֔עַל וּשְׁחָקִ֖ים יִזְּלוּ־צֶ֑דֶק תִּפְתַּח־אֶ֣רֶץ וְיִפְרוּ־יֶ֗שַׁע
וּצְדָקָ֤ה תַצְמִ֙יחַ֙ יַ֔חַד אֲנִ֥י יְהוָ֖ה בְּרָאתִֽיו׃ ס
ה֚וֹי רָ֣ב אֶת־יֹֽצְר֔וֹ חֶ֖רֶשׂ אֶת־חַרְשֵׂ֣י אֲדָמָ֑ה הֲיֹאמַ֨ר חֹ֤מֶר לְיֹֽצְרוֹ֙
מַֽה־תַּעֲשֶׂ֔ה וּפָעָלְךָ֖ אֵין־יָדַ֥יִם לֽוֹ׃ ס
ה֛וֹי אֹמֵ֥ר לְאָ֖ב מַה־תּוֹלִ֑יד וּלְאִשָּׁ֖ה מַה־תְּחִילִֽין׃ ס
כֹּה־אָמַ֧ר יְהוָ֛ה קְד֥וֹשׁ יִשְׂרָאֵ֖ל וְיֹצְר֑וֹ הָאֹתִיּ֣וֹת שְׁאָל֔וּנִי עַל־בָּנַ֛י
וְעַל־פֹּ֥עַל יָדַ֖י תְּצַוֻּֽנִי׃
אָנֹכִי֙ עָשִׂ֣יתִי אֶ֔רֶץ וְאָדָ֖ם עָלֶ֣יהָ בָרָ֑אתִי אֲנִ֗י יָדַי֙ נָט֣וּ שָׁמַ֔יִם וְכָל־
צְבָאָ֖ם צִוֵּֽיתִי׃
אָנֹכִי֙ הַעִירֹתִ֣הוּ בְצֶ֔דֶק וְכָל־דְּרָכָ֖יו אֲיַשֵּׁ֑ר הֽוּא־יִבְנֶ֤ה עִירִי֙ וְגָלוּתִ֣י
יְשַׁלֵּ֔חַ לֹ֤א בִמְחִיר֙ וְלֹ֣א בְשֹׁ֔חַד אָמַ֖ר יְהוָ֥ה צְבָאֽוֹת׃ פ
כֹּ֣ה ׀ אָמַ֣ר יְהוָ֗ה יְגִ֨יעַ מִצְרַ֥יִם וּסְחַר־כּוּשׁ֮ וּסְבָאִים֮ אַנְשֵׁ֣י מִדָּה֒
עָלַ֤יִךְ יַעֲבֹ֙רוּ֙ וְלָ֣ךְ יִהְי֔וּ אַחֲרַ֣יִךְ יֵלֵ֔כוּ בַּזִּקִּ֖ים יַעֲבֹ֑רוּ וְאֵלַ֤יִךְ
יִֽשְׁתַּחֲוּוּ֙ אֵלַ֣יִךְ יִתְפַּלָּ֔לוּ אַ֣ךְ בָּ֥ךְ אֵ֛ל וְאֵ֥ין ע֖וֹד אֶ֥פֶס אֱלֹהִֽים׃
אָכֵ֕ן אַתָּ֖ה אֵ֣ל מִסְתַּתֵּ֑ר אֱלֹהֵ֥י יִשְׂרָאֵ֖ל מוֹשִֽׁיעַ׃
בּ֥וֹשׁוּ וְגַֽם־נִכְלְמ֖וּ כֻּלָּ֑ם יַחְדָּו֙ הָלְכ֣וּ בַכְּלִמָּ֔ה חָרָשֵׁ֖י צִירִֽים׃
יִשְׂרָאֵל֙ נוֹשַׁ֣ע בַּֽיהוָ֔ה תְּשׁוּעַ֖ת עוֹלָמִ֑ים לֹֽא־תֵבֹ֥שׁוּ וְלֹֽא־תִכָּלְמ֖וּ
עַד־ע֥וֹלְמֵי עַֽד׃ פ

A Reading (Lesson) from the letter to the Ephesians (5:15–33)

Βλέπετε οὖν ἀκριβῶς πῶς περιπατεῖτε μὴ ὡς ἄσοφοι ἀλλ' ὡς σοφοί, ἐξαγοραζόμενοι τὸν καιρόν, ὅτι αἱ ἡμέραι πονηραί εἰσιν. διὰ τοῦτο μὴ γίνεσθε ἄφρονες, ἀλλὰ συνίετε τί τὸ θέλημα τοῦ κυρίου. καὶ μὴ μεθύσκεσθε οἴνῳ, ἐν ᾧ ἐστιν ἀσωτία, ἀλλὰ πληροῦσθε ἐν πνεύματι, λαλοῦντες ἑαυτοῖς [ἐν] ψαλμοῖς καὶ ὕμνοις καὶ ᾠδαῖς πνευματικαῖς, ᾄδοντες καὶ ψάλλοντες τῇ καρδίᾳ ὑμῶν τῷ κυρίῳ, εὐχαριστοῦντες πάντοτε ὑπὲρ πάντων ἐν ὀνόματι τοῦ κυρίου ἡμῶν Ἰησοῦ Χριστοῦ τῷ θεῷ καὶ πατρί.

Ὑποτασσόμενοι ἀλλήλοις ἐν φόβῳ Χριστοῦ αἱ γυναῖκες τοῖς ἰδίοις ἀνδράσιν ὡς τῷ κυρίῳ, ὅτι ἀνήρ ἐστιν κεφαλὴ τῆς γυναικὸς ὡς καὶ ὁ Χριστὸς κεφαλὴ τῆς ἐκκλησίας, αὐτὸς σωτὴρ τοῦ σώματος· ἀλλ' ὡς ἡ ἐκκλησία ὑποτάσσεται τῷ Χριστῷ, οὕτως καὶ αἱ γυναῖκες τοῖς ἀνδράσιν ἐν παντί.

Οἱ ἄνδρες, ἀγαπᾶτε τὰς γυναῖκας, καθὼς καὶ ὁ Χριστὸς ἠγάπησεν τὴν ἐκκλησίαν καὶ ἑαυτὸν παρέδωκεν ὑπὲρ αὐτῆς, ἵνα αὐτὴν ἁγιάσῃ καθαρίσας τῷ λουτρῷ τοῦ ὕδατος ἐν ῥήματι, ἵνα παραστήσῃ αὐτὸς ἑαυτῷ ἔνδοξον τὴν ἐκκλησίαν, μὴ ἔχουσαν σπίλον ἢ ῥυτίδα ἤ τι τῶν τοιούτων, ἀλλ' ἵνα ᾖ ἁγία καὶ ἄμωμος. οὕτως ὀφείλουσιν [καὶ] οἱ ἄνδρες ἀγαπᾶν τὰς ἑαυτῶν γυναῖκας ὡς τὰ ἑαυτῶν σώματα. ὁ ἀγαπῶν τὴν ἑαυτοῦ γυναῖκα ἑαυτὸν ἀγαπᾷ. Οὐδεὶς γάρ ποτε τὴν ἑαυτοῦ σάρκα ἐμίσησεν ἀλλ' ἐκτρέφει καὶ θάλπει αὐτήν, καθὼς καὶ ὁ Χριστὸς τὴν ἐκκλησίαν, ὅτι μέλη ἐσμὲν τοῦ σώματος αὐτοῦ. *ἀντὶ τούτου καταλείψει ἄνθρωπος [τὸν] πατέρα καὶ [τὴν] μητέρα καὶ προσκολληθήσεται πρὸς τὴν γυναῖκα αὐτοῦ , καὶ ἔσονται οἱ δύο εἰς σάρκα μίαν.* τὸ μυστήριον τοῦτο μέγα ἐστίν· ἐγὼ δὲ λέγω εἰς Χριστὸν καὶ εἰς τὴν ἐκκλησίαν. πλὴν καὶ ὑμεῖς οἱ καθ' ἕνα, ἕκαστος τὴν ἑαυτοῦ γυναῖκα οὕτως ἀγαπάτω ὡς ἑαυτόν, ἡ δὲ γυνὴ ἵνα φοβῆται τὸν ἄνδρα.

Friday

A Reading (Lesson) from the Prophet Isaiah (45:18–25)

כִּ֣י כֹ֣ה אָֽמַר־יְהוָ֡ה בּוֹרֵ֨א הַשָּׁמַ֜יִם ה֣וּא הָאֱלֹהִ֗ים יֹצֵ֨ר הָאָ֤רֶץ וְעֹשָׂהּ֙
ה֣וּא כֽוֹנְנָ֔הּ לֹא־תֹ֥הוּ בְרָאָ֖הּ לָשֶׁ֣בֶת יְצָרָ֑הּ אֲנִ֥י יְהוָ֖ה וְאֵ֥ין עֽוֹד׃
לֹ֨א בַסֵּ֜תֶר דִּבַּ֗רְתִּי בִּמְק֣וֹם אֶ֘רֶץ֮ חֹ֒שֶׁךְ֒ לֹ֥א אָמַ֛רְתִּי לְזֶ֥רַע יַעֲקֹ֖ב
תֹּ֣הוּ בַקְּשׁ֑וּנִי אֲנִ֤י יְהוָה֙ דֹּבֵ֣ר צֶ֔דֶק מַגִּ֖יד מֵישָׁרִֽים׃
הִקָּבְצ֥וּ וָבֹ֛אוּ הִֽתְנַגְּשׁ֥וּ יַחְדָּ֖ו פְּלִיטֵ֣י הַגּוֹיִ֑ם לֹ֣א יָדְע֗וּ הַנֹּֽשְׂאִים֙ אֶת־
עֵ֣ץ פִּסְלָ֔ם וּמִתְפַּלְלִ֕ים אֶל־אֵ֖ל לֹ֥א יוֹשִֽׁיעַ׃
הַגִּ֣ידוּ וְהַגִּ֔ישׁוּ אַ֥ף יִֽוָּעֲצ֖וּ יַחְדָּ֑ו מִ֣י הִשְׁמִיעַ֩ זֹ֨את מִקֶּ֜דֶם מֵאָ֣ז הִגִּידָ֗הּ
הֲל֨וֹא אֲנִ֤י יְהוָה֙ וְאֵֽין־ע֤וֹד אֱלֹהִים֙ מִבַּלְעָדַ֔י אֵֽל־צַדִּ֣יק וּמוֹשִׁ֔יעַ אַ֖יִן
זוּלָתִֽי׃
פְּנוּ־אֵלַ֥י וְהִוָּשְׁע֖וּ כָּל־אַפְסֵי־אָ֑רֶץ כִּ֥י אֲנִי־אֵ֖ל וְאֵ֥ין עֽוֹד׃
בִּ֣י נִשְׁבַּ֔עְתִּי יָצָ֨א מִפִּ֧י צְדָקָ֛ה דָּבָ֖ר וְלֹ֣א יָשׁ֑וּב כִּי־לִי֙ תִּכְרַ֣ע כָּל־
בֶּ֔רֶךְ תִּשָּׁבַ֖ע כָּל־לָשֽׁוֹן׃
אַ֧ךְ בַּיהוָ֛ה לִ֥י אָמַ֖ר צְדָק֣וֹת וָעֹ֑ז עָדָ֤יו יָבוֹא֙ וְיֵבֹ֔שׁוּ כֹּ֖ל הַנֶּחֱרִ֥ים
בּֽוֹ׃
בַּיהוָ֛ה יִצְדְּק֥וּ וְיִֽתְהַלְל֖וּ כָּל־זֶ֥רַע יִשְׂרָאֵֽל׃

A Reading (Lesson) from the letter to the Ephesians (6:1 9)

Τὰ τέκνα, ὑπακούετε τοῖς γονεῦσιν ὑμῶν [ἐν κυρίῳ]· τοῦτο γάρ ἐστιν δίκαιον. *τίμα τὸν πατέρα σου καὶ τὴν μητέρα*, ἥτις ἐστὶν ἐντολὴ πρώτη ἐν ἐπαγγελίᾳ, *ἵνα εὖ σοι γένηται καὶ ἔσῃ μακροχρόνιος ἐπὶ τῆς γῆς.* Καὶ οἱ πατέρες, μὴ παροργίζετε τὰ τέκνα ὑμῶν ἀλλ' ἐκτρέφετε αὐτὰ ἐν παιδείᾳ καὶ νουθεσίᾳ κυρίου.

Οἱ δοῦλοι, ὑπακούετε τοῖς κατὰ σάρκα κυρίοις μετὰ φόβου καὶ τρόμου ἐν ἁπλότητι τῆς καρδίας ὑμῶν ὡς τῷ Χριστῷ, μὴ κατ' ὀφθαλμοδουλίαν ὡς ἀνθρωπάρεσκοι ἀλλ' ὡς δοῦλοι Χριστοῦ ποιοῦντες τὸ θέλημα τοῦ θεοῦ ἐκ ψυχῆς, μετ' εὐνοίας δουλεύοντες ὡς τῷ κυρίῳ καὶ οὐκ ἀνθρώποις, εἰδότες ὅτι ἕκαστος ἐάν τι ποιήσῃ ἀγαθόν, τοῦτο κομίσεται παρὰ κυρίου εἴτε δοῦλος εἴτε ἐλεύθερος. Καὶ οἱ κύριοι, τὰ αὐτὰ ποιεῖτε πρὸς αὐτούς, ἀνιέντες τὴν ἀπειλήν, εἰδότες ὅτι καὶ αὐτῶν καὶ ὑμῶν ὁ κύριός ἐστιν ἐν οὐρανοῖς καὶ προσωπολημψία οὐκ ἔστιν παρ' αὐτῷ.

Week of 3 Epiphany

Monday

A Reading (Lesson) from the Prophet Isaiah (48:1–11)

שִׁמְעוּ־זֹאת בֵּית־יַעֲקֹב הַנִּקְרָאִים בְּשֵׁם יִשְׂרָאֵל וּמִמֵּי יְהוּדָה יָצָאוּ
הַנִּשְׁבָּעִים ׀ בְּשֵׁם יְהוָה וּבֵאלֹהֵי יִשְׂרָאֵל יַזְכִּירוּ לֹא בֶאֱמֶת וְלֹא
בִצְדָקָה׃
כִּי־מֵעִיר הַקֹּדֶשׁ נִקְרָאוּ וְעַל־אֱלֹהֵי יִשְׂרָאֵל נִסְמָכוּ יְהוָה צְבָאוֹת
שְׁמוֹ׃ ס
הָרִאשֹׁנוֹת מֵאָז הִגַּדְתִּי וּמִפִּי יָצְאוּ וְאַשְׁמִיעֵם פִּתְאֹם עָשִׂיתִי
וַתָּבֹאנָה׃
מִדַּעְתִּי כִּי קָשֶׁה אָתָּה וְגִיד בַּרְזֶל עָרְפֶּךָ וּמִצְחֲךָ נְחוּשָׁה׃
וָאַגִּיד לְךָ מֵאָז בְּטֶרֶם תָּבוֹא הִשְׁמַעְתִּיךָ פֶּן־תֹּאמַר עָצְבִּי עָשָׂם
וּפִסְלִי וְנִסְכִּי צִוָּם׃
שָׁמַעְתָּ חֲזֵה כֻּלָּהּ וְאַתֶּם הֲלוֹא תַגִּידוּ הִשְׁמַעְתִּיךָ חֲדָשׁוֹת מֵעַתָּה
וּנְצֻרוֹת וְלֹא יְדַעְתָּם׃

עַתָּה נִבְרְאוּ וְלֹא מֵאָז וְלִפְנֵי־יוֹם וְלֹא שְׁמַעְתָּם פֶּן־תֹּאמַר הִנֵּה
יְדַעְתִּין׃
גַּם לֹא־שָׁמַעְתָּ גַּם לֹא יָדַעְתָּ גַּם מֵאָז לֹא־פִתְּחָה אָזְנֶךָ כִּי יָדַעְתִּי
בָּגוֹד תִּבְגּוֹד וּפֹשֵׁעַ מִבֶּטֶן קֹרָא לָךְ׃
לְמַעַן שְׁמִי אַאֲרִיךְ אַפִּי וּתְהִלָּתִי אֶחֱטָם־לָךְ לְבִלְתִּי הַכְרִיתֶךָ׃
הִנֵּה צְרַפְתִּיךָ וְלֹא בְכָסֶף בְּחַרְתִּיךָ בְּכוּר עֹנִי׃
לְמַעֲנִי לְמַעֲנִי אֶעֱשֶׂה כִּי אֵיךְ יֵחָל וּכְבוֹדִי לְאַחֵר לֹא־אֶתֵּן׃ ס

A Reading (Lesson) from Paul's letter to the Galatians (1:1–17)

Παῦλος ἀπόστολος οὐκ ἀπ' ἀνθρώπων οὐδὲ δι' ἀνθρώπου ἀλλὰ διὰ Ἰησοῦ Χριστοῦ καὶ θεοῦ πατρὸς τοῦ ἐγείραντος αὐτὸν ἐκ νεκρῶν, καὶ οἱ σὺν ἐμοὶ πάντες ἀδελφοὶ ταῖς ἐκκλησίαις τῆς Γαλατίας, χάρις ὑμῖν καὶ εἰρήνη ἀπὸ θεοῦ πατρὸς ἡμῶν καὶ κυρίου Ἰησοῦ Χριστοῦ τοῦ δόντος ἑαυτὸν ὑπὲρ τῶν ἁμαρτιῶν ἡμῶν, ὅπως ἐξέληται ἡμᾶς ἐκ τοῦ αἰῶνος τοῦ ἐνεστῶτος πονηροῦ κατὰ τὸ θέλημα τοῦ θεοῦ καὶ πατρὸς ἡμῶν, ᾧ ἡ δόξα εἰς τοὺς αἰῶνας τῶν αἰώνων, ἀμήν.

Θαυμάζω ὅτι οὕτως ταχέως μετατίθεσθε ἀπὸ τοῦ καλέσαντος ὑμᾶς ἐν χάριτι [Χριστοῦ] εἰς ἕτερον εὐαγγέλιον, ὃ οὐκ ἔστιν ἄλλο, εἰ μή τινές εἰσιν οἱ ταράσσοντες ὑμᾶς καὶ θέλοντες μεταστρέψαι τὸ εὐαγγέλιον τοῦ Χριστοῦ. ἀλλὰ καὶ ἐὰν ἡμεῖς ἢ ἄγγελος ἐξ οὐρανοῦ εὐαγγελίζηται [ὑμῖν] παρ' ὃ εὐηγγελισάμεθα ὑμῖν, ἀνάθεμα ἔστω. ὡς προειρήκαμεν καὶ ἄρτι πάλιν λέγω· εἴ τις ὑμᾶς εὐαγγελίζεται παρ' ὃ παρελάβετε, ἀνάθεμα ἔστω. Ἄρτι γὰρ ἀνθρώπους πείθω ἢ τὸν θεόν; ἢ ζητῶ ἀνθρώποις ἀρέσκειν; εἰ ἔτι ἀνθρώποις ἤρεσκον, Χριστοῦ δοῦλος οὐκ ἂν ἤμην. Γνωρίζω γὰρ ὑμῖν, ἀδελφοί, τὸ εὐαγγέλιον τὸ εὐαγγελισθὲν ὑπ' ἐμοῦ ὅτι οὐκ ἔστιν κατὰ ἄνθρωπον· οὐδὲ γὰρ ἐγὼ παρὰ ἀνθρώπου παρέλαβον αὐτὸ οὔτε ἐδιδάχθην, ἀλλὰ δι' ἀποκαλύψεως Ἰησοῦ Χριστοῦ. Ἠκούσατε γὰρ τὴν ἐμὴν ἀναστροφήν ποτε ἐν τῷ Ἰουδαϊσμῷ, ὅτι καθ' ὑπερβολὴν ἐδίωκον τὴν ἐκκλησίαν τοῦ θεοῦ καὶ ἐπόρθουν αὐτήν, καὶ προέκοπτον ἐν τῷ

Ἰουδαϊσμῷ ὑπὲρ πολλοὺς συνηλικιώτας ἐν τῷ γένει μου, περισσοτέρως ζηλωτὴς ὑπάρχων τῶν πατρικῶν μου παραδόσεων. Ὅτε δὲ εὐδόκησεν [ὁ θεὸς] ὁ ἀφορίσας με ἐκ κοιλίας μητρός μου καὶ καλέσας διὰ τῆς χάριτος αὐτοῦ ἀποκαλύψαι τὸν υἱὸν αὐτοῦ ἐν ἐμοί, ἵνα εὐαγγελίζωμαι αὐτὸν ἐν τοῖς ἔθνεσιν, εὐθέως οὐ προσανεθέμην σαρκὶ καὶ αἵματι οὐδὲ ἀνῆλθον εἰς Ἱεροσόλυμα πρὸς τοὺς πρὸ ἐμοῦ ἀποστόλους, ἀλλ' ἀπῆλθον εἰς Ἀραβίαν καὶ πάλιν ὑπέστρεψα εἰς Δαμασκόν.

Tuesday

A Reading (Lesson) from the Prophet Isaiah (48:12–21)

שְׁמַ֤ע אֵלַי֙ יַֽעֲקֹ֔ב וְיִשְׂרָאֵ֖ל מְקֹרָאִ֑י אֲנִי־הוּא֙ אֲנִ֣י רִאשׁ֔וֹן אַ֖ף אֲנִ֥י אַחֲרֽוֹן׃

אַף־יָדִי֙ יָ֣סְדָה אֶ֔רֶץ וִימִינִ֖י טִפְּחָ֣ה שָׁ֑מָיִם קֹרֵ֥א אֲנִ֛י אֲלֵיהֶ֖ם יַֽעַמְד֥וּ יַחְדָּֽו׃

הִקָּבְצ֤וּ כֻלְּכֶם֙ וּֽשֲׁמָ֔עוּ מִ֥י בָהֶ֖ם הִגִּ֣יד אֶת־אֵ֑לֶּה יְהוָ֣ה אֲהֵב֗וֹ יַעֲשֶׂ֤ה חֶפְצוֹ֙ בְּבָבֶ֔ל וּזְרֹע֖וֹ כַּשְׂדִּֽים׃

אֲנִ֥י אֲנִ֛י דִּבַּ֖רְתִּי אַף־קְרָאתִ֑יו הֲבִאֹתִ֖יו וְהִצְלִ֥יחַ דַּרְכּֽוֹ׃

קִרְב֣וּ אֵלַי֮ שִׁמְעוּ־זֹאת֒ לֹ֤א מֵרֹאשׁ֙ בַּסֵּ֣תֶר דִּבַּ֔רְתִּי מֵעֵ֥ת הֱיוֹתָ֖הּ שָׁ֣ם אָ֑נִי וְעַתָּ֗ה אֲדֹנָ֧י יְהוִ֛ה שְׁלָחַ֖נִי וְרוּחֽוֹ׃ פ

כֹּֽה־אָמַ֧ר יְהוָ֛ה גֹּאַלְךָ֖ קְד֣וֹשׁ יִשְׂרָאֵ֑ל אֲנִ֨י יְהוָ֤ה אֱלֹהֶ֙יךָ֙ מְלַמֶּדְךָ֣ לְהוֹעִ֔יל מַדְרִֽיכְךָ֖ בְּדֶ֥רֶךְ תֵּלֵֽךְ׃

ל֥וּא הִקְשַׁ֖בְתָּ לְמִצְוֹתָ֑י וַיְהִ֤י כַנָּהָר֙ שְׁלוֹמֶ֔ךָ וְצִדְקָתְךָ֖ כְּגַלֵּ֥י הַיָּֽם׃

וַיְהִ֤י כַחוֹל֙ זַרְעֶ֔ךָ וְצֶאֱצָאֵ֥י מֵעֶ֖יךָ כִּמְעֹתָ֑יו לֹֽא־יִכָּרֵ֧ת וְלֹֽא־יִשָּׁמֵ֛ד שְׁמ֖וֹ מִלְּפָנָֽי׃

צְא֣וּ מִבָּבֶל֮ בִּרְח֣וּ מִכַּשְׂדִּים֒ בְּק֣וֹל רִנָּ֗ה הַגִּ֤ידוּ הַשְׁמִ֙יעוּ֙ זֹ֔את הוֹצִיא֖וּהָ עַד־קְצֵ֣ה הָאָ֑רֶץ אִמְר֕וּ גָּאַ֥ל יְהוָ֖ה עַבְדּ֥וֹ יַעֲקֹֽב׃

וְלֹא צָמְאוּ בָּחֳרָבוֹת הוֹלִיכָם מַיִם מִצּוּר הִזִּיל לָמוֹ וַיִּבְקַע־צוּר וַיָּזֻבוּ מָיִם׃

A Reading (Lesson) from Paul's letter to the Galatians (1:18–2:10)

Ἔπειτα μετὰ ἔτη τρία ἀνῆλθον εἰς Ἱεροσόλυμα ἱστορῆσαι Κηφᾶν καὶ ἐπέμεινα πρὸς αὐτὸν ἡμέρας δεκαπέντε, ἕτερον δὲ τῶν ἀποστόλων οὐκ εἶδον εἰ μὴ Ἰάκωβον τὸν ἀδελφὸν τοῦ κυρίου. ἃ δὲ γράφω ὑμῖν, ἰδοὺ ἐνώπιον τοῦ θεοῦ ὅτι οὐ ψεύδομαι. Ἔπειτα ἦλθον εἰς τὰ κλίματα τῆς Συρίας καὶ τῆς Κιλικίας· ἤμην δὲ ἀγνοούμενος τῷ προσώπῳ ταῖς ἐκκλησίαις τῆς Ἰουδαίας ταῖς ἐν Χριστῷ. μόνον δὲ ἀκούοντες ἦσαν ὅτι ὁ διώκων ἡμᾶς ποτε νῦν εὐαγγελίζεται τὴν πίστιν ἥν ποτε ἐπόρθει, καὶ ἐδόξαζον ἐν ἐμοὶ τὸν θεόν.

Ἔπειτα διὰ δεκατεσσάρων ἐτῶν πάλιν ἀνέβην εἰς Ἱεροσόλυμα μετὰ Βαρναβᾶ συμπαραλαβὼν καὶ Τίτον· ἀνέβην δὲ κατὰ ἀποκάλυψιν· καὶ ἀνεθέμην αὐτοῖς τὸ εὐαγγέλιον ὃ κηρύσσω ἐν τοῖς ἔθνεσιν, κατ' ἰδίαν δὲ τοῖς δοκοῦσιν, μή πως εἰς κενὸν τρέχω ἢ ἔδραμον. ἀλλ' οὐδὲ Τίτος ὁ σὺν ἐμοί, Ἕλλην ὤν, ἠναγκάσθη περιτμηθῆναι· διὰ δὲ τοὺς παρεισάκτους ψευδαδέλφους, οἵτινες παρεισῆλθον κατασκοπῆσαι τὴν ἐλευθερίαν ἡμῶν ἣν ἔχομεν ἐν Χριστῷ Ἰησοῦ, ἵνα ἡμᾶς καταδουλώσουσιν, οἷς οὐδὲ πρὸς ὥραν εἴξαμεν τῇ ὑποταγῇ, ἵνα ἡ ἀλήθεια τοῦ εὐαγγελίου διαμείνῃ πρὸς ὑμᾶς. Ἀπὸ δὲ τῶν δοκούντων εἶναί τι,– ὁποῖοί ποτε ἦσαν οὐδέν μοι διαφέρει· πρόσωπον [ὁ] θεὸς ἀνθρώπου οὐ λαμβάνει– ἐμοὶ γὰρ οἱ δοκοῦντες οὐδὲν προσανέθεντο, ἀλλὰ τοὐναντίον ἰδόντες ὅτι πεπίστευμαι τὸ εὐαγγέλιον τῆς ἀκροβυστίας καθὼς Πέτρος τῆς περιτομῆς, ὁ γὰρ ἐνεργήσας Πέτρῳ εἰς ἀποστολὴν τῆς περιτομῆς ἐνήργησεν καὶ ἐμοὶ εἰς τὰ ἔθνη, καὶ γνόντες τὴν χάριν τὴν δοθεῖσάν μοι, Ἰάκωβος καὶ Κηφᾶς καὶ Ἰωάννης, οἱ δοκοῦντες στῦλοι εἶναι, δεξιὰς ἔδωκαν ἐμοὶ καὶ Βαρναβᾷ κοινωνίας, ἵνα ἡμεῖς εἰς τὰ ἔθνη, αὐτοὶ δὲ εἰς τὴν περιτομήν· μόνον τῶν πτωχῶν ἵνα μνημονεύωμεν, ὃ καὶ ἐσπούδασα αὐτὸ τοῦτο ποιῆσαι.

Wednesday

A Reading (Lesson) from the Prophet Isaiah (49:1–12)

שִׁמְעוּ אִיִּים֙ אֵלַי וְהַקְשִׁיבוּ לְאֻמִּים מֵרָחוֹק יְהוָה֙ מִבֶּטֶן קְרָאָנִי
מִמְּעֵי אִמִּי הִזְכִּיר שְׁמִי׃
וַיָּשֶׂם פִּי֙ כְּחֶרֶב חַדָּה בְּצֵל יָדוֹ הֶחְבִּיאָנִי וַיְשִׂימֵנִי֙ לְחֵץ בָּרוּר
בְּאַשְׁפָּתוֹ הִסְתִּירָנִי׃
וַיֹּאמֶר לִי עַבְדִּי־אָתָּה יִשְׂרָאֵל אֲשֶׁר־בְּךָ אֶתְפָּאָר׃
וַאֲנִי אָמַרְתִּי֙ לְרִיק יָגַעְתִּי לְתֹהוּ וְהֶבֶל כֹּחִי כִלֵּיתִי אָכֵן֙ מִשְׁפָּטִי
אֶת־יְהוָה וּפְעֻלָּתִי אֶת־אֱלֹהָי׃
וְעַתָּה ׀ אָמַר יְהוָה יֹצְרִי מִבֶּטֶן֙ לְעֶבֶד לוֹ לְשׁוֹבֵב יַעֲקֹב֙ אֵלָיו
וְיִשְׂרָאֵל [K]לֹא [Q]לוֹ יֵאָסֵף וְאֶכָּבֵד֙ בְּעֵינֵי יְהוָה וֵאלֹהַי הָיָה עֻזִּי׃
וַיֹּאמֶר נָקֵל מִהְיוֹתְךָ לִי֙ עֶבֶד לְהָקִים֙ אֶת־שִׁבְטֵי יַעֲקֹב [K]וּנְצִירֵי
[Q]וּנְצוּרֵי יִשְׂרָאֵל לְהָשִׁיב וּנְתַתִּיךָ֙ לְאוֹר גּוֹיִם לִהְיוֹת יְשׁוּעָתִי עַד־
קְצֵה הָאָרֶץ׃ ס
כֹּה אָמַר־יְהוָה֩ גֹּאֵל יִשְׂרָאֵל קְדוֹשׁוֹ לִבְזֹה־נֶפֶשׁ לִמְתָעֵב גּוֹי֙
לְעֶבֶד מֹשְׁלִים מְלָכִים֙ יִרְאוּ וָקָמוּ שָׂרִים וְיִשְׁתַּחֲווּ לְמַעַן יְהוָה֙
אֲשֶׁר נֶאֱמָן קְדֹשׁ יִשְׂרָאֵל וַיִּבְחָרֶךָּ׃
כֹּה ׀ אָמַר יְהוָה בְּעֵת רָצוֹן֙ עֲנִיתִיךָ וּבְיוֹם יְשׁוּעָה עֲזַרְתִּיךָ וְאֶצָּרְךָ
וְאֶתֶּנְךָ֙ לִבְרִית עָם לְהָקִים אֶרֶץ לְהַנְחִיל נְחָלוֹת שֹׁמֵמוֹת׃
לֵאמֹר לַאֲסוּרִים֙ צֵאוּ לַאֲשֶׁר בַּחֹשֶׁךְ הִגָּלוּ עַל־דְּרָכִים יִרְעוּ
וּבְכָל־שְׁפָיִים מַרְעִיתָם׃
לֹא יִרְעָבוּ֙ וְלֹא יִצְמָאוּ וְלֹא־יַכֵּם שָׁרָב וָשָׁמֶשׁ כִּי־מְרַחֲמָם יְנַהֲגֵם
וְעַל־מַבּוּעֵי מַיִם יְנַהֲלֵם׃
וְשַׂמְתִּי כָל־הָרַי לַדָּרֶךְ וּמְסִלֹּתַי יְרֻמוּן׃

הִנֵּה־אֵ֕לֶּה מֵרָח֖וֹק יָבֹ֑אוּ וְהִנֵּה־אֵ֙לֶּה֙ מִצָּפ֣וֹן וּמִיָּ֔ם וְאֵ֖לֶּה מֵאֶ֥רֶץ סִינִֽים׃

A Reading (Lesson) from Paul's letter to the Galatians (2:11–21)

Ὅτε δὲ ἦλθεν Κηφᾶς εἰς Ἀντιόχειαν, κατὰ πρόσωπον αὐτῷ ἀντέστην, ὅτι κατεγνωσμένος ἦν. πρὸ τοῦ γὰρ ἐλθεῖν τινας ἀπὸ Ἰακώβου μετὰ τῶν ἐθνῶν συνήσθιεν· ὅτε δὲ ἦλθον, ὑπέστελλεν καὶ ἀφώριζεν ἑαυτὸν φοβούμενος τοὺς ἐκ περιτομῆς. καὶ συνυπεκρίθησαν αὐτῷ [καὶ] οἱ λοιποὶ Ἰουδαῖοι, ὥστε καὶ Βαρναβᾶς συναπήχθη αὐτῶν τῇ ὑποκρίσει. ἀλλ' ὅτε εἶδον ὅτι οὐκ ὀρθοποδοῦσιν πρὸς τὴν ἀλήθειαν τοῦ εὐαγγελίου, εἶπον τῷ Κηφᾷ ἔμπροσθεν πάντων· εἰ σὺ Ἰουδαῖος ὑπάρχων ἐθνικῶς καὶ οὐχὶ Ἰουδαϊκῶς ζῇς, πῶς τὰ ἔθνη ἀναγκάζεις ἰουδαΐζειν; Ἡμεῖς φύσει Ἰουδαῖοι καὶ οὐκ ἐξ ἐθνῶν ἁμαρτωλοί· εἰδότες [δὲ] ὅτι οὐ δικαιοῦται ἄνθρωπος ἐξ ἔργων νόμου ἐὰν μὴ διὰ πίστεως Ἰησοῦ Χριστοῦ, καὶ ἡμεῖς εἰς Χριστὸν Ἰησοῦν ἐπιστεύσαμεν, ἵνα δικαιωθῶμεν ἐκ πίστεως Χριστοῦ καὶ οὐκ ἐξ ἔργων νόμου, ὅτι ἐξ ἔργων νόμου οὐ δικαιωθήσεται πᾶσα σάρξ. εἰ δὲ ζητοῦντες δικαιωθῆναι ἐν Χριστῷ εὑρέθημεν καὶ αὐτοὶ ἁμαρτωλοί, ἆρα Χριστὸς ἁμαρτίας διάκονος; μὴ γένοιτο. εἰ γὰρ ἃ κατέλυσα ταῦτα πάλιν οἰκοδομῶ, παραβάτην ἐμαυτὸν συνιστάνω. ἐγὼ γὰρ διὰ νόμου νόμῳ ἀπέθανον, ἵνα θεῷ ζήσω. Χριστῷ συνεσταύρωμαι· ζῶ δὲ οὐκέτι ἐγώ, ζῇ δὲ ἐν ἐμοὶ Χριστός· ὃ δὲ νῦν ζῶ ἐν σαρκί, ἐν πίστει ζῶ τῇ τοῦ υἱοῦ τοῦ θεοῦ τοῦ ἀγαπήσαντός με καὶ παραδόντος ἑαυτὸν ὑπὲρ ἐμοῦ. Οὐκ ἀθετῶ τὴν χάριν τοῦ θεοῦ· εἰ γὰρ διὰ νόμου δικαιοσύνη, ἄρα Χριστὸς δωρεὰν ἀπέθανεν.

Thursday

A Reading (Lesson) from the Prophet Isaiah (49:13–23)

רָנּ֨וּ שָׁמַ֜יִם וְגִ֣ילִי אָ֗רֶץ [K]יִפְצְח֛וּ [Q]וּפִצְח֥וּ הָרִ֖ים רִנָּ֑ה כִּֽי־נִחַ֤ם יְהוָה֙
עַמּ֔וֹ וַעֲנִיָּ֖ו יְרַחֵֽם׃ ס
וַתֹּ֥אמֶר צִיּ֖וֹן עֲזָבַ֣נִי יְהוָ֑ה וַאדֹנָ֖י שְׁכֵחָֽנִי׃
הֲתִשְׁכַּ֤ח אִשָּׁה֙ עוּלָ֔הּ מֵרַחֵ֖ם בֶּן־בִּטְנָ֑הּ גַּם־אֵ֣לֶּה תִשְׁכַּ֔חְנָה וְאָנֹכִ֖י
לֹ֥א אֶשְׁכָּחֵֽךְ׃
הֵ֥ן עַל־כַּפַּ֖יִם חַקֹּתִ֑יךְ חוֹמֹתַ֖יִךְ נֶגְדִּ֥י תָּמִֽיד׃
מִהֲר֖וּ בָּנָ֑יִךְ מְהָרְסַ֥יִךְ וּמַחֲרִבַ֖יִךְ מִמֵּ֥ךְ יֵצֵֽאוּ׃
שְׂאִֽי־סָבִ֤יב עֵינַ֙יִךְ֙ וּרְאִ֔י כֻּלָּ֖ם נִקְבְּצ֣וּ בָֽאוּ־לָ֑ךְ חַי־אָ֣נִי נְאֻם־יְהוָ֗ה
כִּ֤י כֻלָּם֙ כָּעֲדִ֣י תִלְבָּ֔שִׁי וּתְקַשְּׁרִ֖ים כַּכַּלָּֽה׃
כִּ֤י חָרְבֹתַ֙יִךְ֙ וְשֹׁ֣מְמֹתַ֔יִךְ וְאֶ֖רֶץ הֲרִסֻתֵ֑ךְ כִּ֤י עַתָּה֙ תֵּצְרִ֣י מִיּוֹשֵׁ֔ב
וְרָחֲק֖וּ מְבַלְּעָֽיִךְ׃
ע֚וֹד יֹאמְר֣וּ בְאָזְנַ֔יִךְ בְּנֵ֖י שִׁכֻּלָ֑יִךְ צַר־לִ֥י הַמָּק֖וֹם גְּשָׁה־לִּ֥י וְאֵשֵֽׁבָה׃
וְאָמַ֣רְתְּ בִּלְבָבֵ֗ךְ מִ֤י יָֽלַד־לִי֙ אֶת־אֵ֔לֶּה וַאֲנִ֥י שְׁכוּלָ֖ה וְגַלְמוּדָ֑ה גֹּלָ֣ה
׀ וְסוּרָ֗ה וְאֵ֙לֶּה֙ מִ֣י גִדֵּ֔ל הֵ֤ן אֲנִי֙ נִשְׁאַ֣רְתִּי לְבַדִּ֔י אֵ֖לֶּה אֵיפֹ֥ה הֵֽם׃ פ
כֹּֽה־אָמַ֞ר אֲדֹנָ֣י יְהוִ֗ה הִנֵּ֨ה אֶשָּׂ֤א אֶל־גּוֹיִם֙ יָדִ֔י וְאֶל־עַמִּ֖ים אָרִ֣ים
נִסִּ֑י וְהֵבִ֤יאוּ בָנַ֙יִךְ֙ בְּחֹ֔צֶן וּבְנֹתַ֖יִךְ עַל־כָּתֵ֥ף תִּנָּשֶֽׂאנָה׃
וְהָי֨וּ מְלָכִ֜ים אֹֽמְנַ֗יִךְ וְשָׂרֽוֹתֵיהֶם֙ מֵינִיקֹתַ֔יִךְ אַפַּ֗יִם אֶ֚רֶץ יִשְׁתַּ֣חֲווּ לָ֔ךְ
וַעֲפַ֥ר רַגְלַ֖יִךְ יְלַחֵ֑כוּ וְיָדַ֙עַתְּ֙ כִּֽי־אֲנִ֣י יְהוָ֔ה אֲשֶׁ֥ר לֹֽא־יֵבֹ֖שׁוּ קֹוָֽי׃ ס

A Reading (Lesson) from Paul's letter to the Galatians (3:1–14)

Ὦ ἀνόητοι Γαλάται, τίς ὑμᾶς ἐβάσκανεν, οἷς κατ' ὀφθαλμοὺς Ἰησοῦς Χριστὸς προεγράφη ἐσταυρωμένος; τοῦτο μόνον θέλω μαθεῖν ἀφ' ὑμῶν· ἐξ ἔργων νόμου τὸ πνεῦμα ἐλάβετε ἢ ἐξ ἀκοῆς πίστεως; οὕτως ἀνόητοί ἐστε, ἐναρξάμενοι πνεύματι νῦν σαρκὶ ἐπιτελεῖσθε; τοσαῦτα ἐπάθετε εἰκῇ; εἴ γε καὶ εἰκῇ. ὁ οὖν ἐπιχορηγῶν ὑμῖν τὸ πνεῦμα καὶ ἐνεργῶν δυνάμεις ἐν ὑμῖν, ἐξ ἔργων νόμου ἢ ἐξ ἀκοῆς πίστεως;

Καθὼς Ἀβραὰμ *ἐπίστευσεν τῷ θεῷ, καὶ ἐλογίσθη αὐτῷ εἰς δικαιοσύνην·* γινώσκετε ἄρα ὅτι οἱ ἐκ πίστεως, οὗτοι υἱοί εἰσιν Ἀβραάμ. προϊδοῦσα δὲ ἡ γραφὴ ὅτι ἐκ πίστεως δικαιοῖ τὰ ἔθνη ὁ θεός, προευηγγελίσατο τῷ Ἀβραὰμ ὅτι *ἐνευλογηθήσονται ἐν σοὶ πάντα τὰ ἔθνη·* ὥστε οἱ ἐκ πίστεως εὐλογοῦνται σὺν τῷ πιστῷ Ἀβραάμ.

Ὅσοι γὰρ ἐξ ἔργων νόμου εἰσίν, ὑπὸ κατάραν εἰσίν· γέγραπται γὰρ ὅτι *ἐπικατάρατος πᾶς ὃς οὐκ ἐμμένει πᾶσιν τοῖς γεγραμμένοις ἐν τῷ βιβλίῳ τοῦ νόμου τοῦ ποιῆσαι αὐτά.* ὅτι δὲ ἐν νόμῳ οὐδεὶς δικαιοῦται παρὰ τῷ θεῷ δῆλον, ὅτι *ὁ δίκαιος ἐκ πίστεως ζήσεται·* ὁ δὲ νόμος οὐκ ἔστιν ἐκ πίστεως, ἀλλ' *ὁ ποιήσας αὐτὰ ζήσεται ἐν αὐτοῖς.* Χριστὸς ἡμᾶς ἐξηγόρασεν ἐκ τῆς κατάρας τοῦ νόμου γενόμενος ὑπὲρ ἡμῶν κατάρα, ὅτι γέγραπται· *ἐπικατάρατος πᾶς ὁ κρεμάμενος ἐπὶ ξύλου,* ἵνα εἰς τὰ ἔθνη ἡ εὐλογία τοῦ Ἀβραὰμ γένηται ἐν Χριστῷ Ἰησοῦ, ἵνα τὴν ἐπαγγελίαν τοῦ πνεύματος λάβωμεν διὰ τῆς πίστεως.

Friday

A Reading (Lesson) from the Prophet Isaiah (50:1–11)

כֹּ֣ה ׀ אָמַ֣ר יְהוָ֗ה אֵ֣י זֶ֠ה סֵ֣פֶר כְּרִית֤וּת אִמְּכֶם֙ אֲשֶׁ֣ר שִׁלַּחְתִּ֔יהָ א֚וֹ מִ֣י
מִנּוֹשַׁ֔י אֲשֶׁר־מָכַ֥רְתִּי אֶתְכֶ֖ם ל֑וֹ הֵ֤ן בַּעֲוֹנֹֽתֵיכֶם֙ נִמְכַּרְתֶּ֔ם
וּבְפִשְׁעֵיכֶ֖ם שֻׁלְּחָ֥ה אִמְּכֶֽם׃
מַדּ֨וּעַ בָּ֜אתִי וְאֵ֣ין אִ֗ישׁ קָרָ֙אתִי֙ וְאֵ֣ין עוֹנֶ֔ה הֲקָצ֨וֹר קָצְרָ֤ה יָדִי֙
מִפְּד֔וּת וְאִם־אֵֽין־בִּ֥י כֹ֖חַ לְהַצִּ֑יל הֵ֣ן בְּגַעֲרָתִ֞י אַחֲרִ֣יב יָ֗ם אָשִׂ֤ים
נְהָרוֹת֙ מִדְבָּ֔ר תִּבְאַ֤שׁ דְּגָתָם֙ מֵאֵ֣ין מַ֔יִם וְתָמֹ֖ת בַּצָּמָֽא׃
אַלְבִּ֥ישׁ שָׁמַ֖יִם קַדְר֑וּת וְשַׂ֖ק אָשִׂ֥ים כְּסוּתָֽם׃ ס
אֲדֹנָ֣י יְהוִ֗ה נָ֤תַן לִי֙ לְשׁ֣וֹן לִמּוּדִ֔ים לָדַ֛עַת לָע֥וּת אֶת־יָעֵ֖ף דָּבָ֑ר
יָעִ֣יר ׀ בַּבֹּ֣קֶר בַּבֹּ֗קֶר יָעִ֥יר לִי֙ אֹ֔זֶן לִשְׁמֹ֖עַ כַּלִּמּוּדִֽים׃
אֲדֹנָ֤י יְהוִה֙ פָּֽתַח־לִ֣י אֹ֔זֶן וְאָנֹכִ֖י לֹ֣א מָרִ֑יתִי אָח֖וֹר לֹ֥א נְסוּגֹֽתִי׃

גֵּוִי֙ נָתַ֣תִּי לְמַכִּ֔ים וּלְחָיַ֖י לְמֹֽרְטִ֑ים פָּנַי֙ לֹ֣א הִסְתַּ֔רְתִּי מִכְּלִמּ֖וֹת וָרֹֽק׃
וַֽאדֹנָ֤י יְהוִה֙ יַֽעֲזָר־לִ֔י עַל־כֵּ֖ן לֹ֣א נִכְלָ֑מְתִּי עַל־כֵּ֞ן שַׂ֤מְתִּי פָנַי֙
כַּֽחַלָּמִ֔ישׁ וָאֵדַ֖ע כִּי־לֹ֥א אֵבֽוֹשׁ׃
קָרוֹב֙ מַצְדִּיקִ֔י מִֽי־יָרִ֥יב אִתִּ֖י נַ֣עַמְדָה יָּ֑חַד מִֽי־בַ֥עַל מִשְׁפָּטִ֖י יִגַּ֥שׁ
אֵלָֽי׃
הֵ֣ן אֲדֹנָ֤י יְהוִה֙ יַֽעֲזָר־לִ֔י מִי־ה֖וּא יַרְשִׁיעֵ֑נִי הֵ֤ן כֻּלָּם֙ כַּבֶּ֣גֶד יִבְל֔וּ עָ֖שׁ
יֹאכְלֵֽם׃
מִ֤י בָכֶם֙ יְרֵ֣א יְהוָ֔ה שֹׁמֵ֖עַ בְּק֣וֹל עַבְדּ֑וֹ אֲשֶׁ֣ר ׀ הָלַ֣ךְ חֲשֵׁכִ֗ים וְאֵ֥ין
נֹ֙גַהּ֙ ל֔וֹ יִבְטַח֙ בְּשֵׁ֣ם יְהוָ֔ה וְיִשָּׁעֵ֖ן בֵּאלֹהָֽיו׃
הֵ֤ן כֻּלְּכֶם֙ קֹ֣דְחֵי אֵ֔שׁ מְאַזְּרֵ֖י זִיק֑וֹת לְכ֣וּ ׀ בְּא֣וּר אֶשְׁכֶ֗ם וּבְזִיקוֹת֙
בִּֽעַרְתֶּ֔ם מִיָּדִי֙ הָֽיְתָה־זֹּ֣את לָכֶ֔ם לְמַעֲצֵבָ֖ה תִּשְׁכָּבֽוּן׃ פ

A Reading (Lesson) from Paul's letter to the Galatians (3:15–22)

Ἀδελφοί, κατὰ ἄνθρωπον λέγω· ὅμως ἀνθρώπου κεκυρωμένην διαθήκην οὐδεὶς ἀθετεῖ ἢ ἐπιδιατάσσεται. τῷ δὲ Ἀβραὰμ ἐρρέθησαν αἱ ἐπαγγελίαι καὶ τῷ σπέρματι αὐτοῦ. οὐ λέγει· καὶ τοῖς σπέρμασιν, ὡς ἐπὶ πολλῶν ἀλλ' ὡς ἐφ' ἑνός· *καὶ τῷ σπέρματί σου,* ὅς ἐστιν Χριστός. τοῦτο δὲ λέγω· διαθήκην προκεκυρωμένην ὑπὸ τοῦ θεοῦ ὁ μετὰ τετρακόσια καὶ τριάκοντα ἔτη γεγονὼς νόμος οὐκ ἀκυροῖ εἰς τὸ καταργῆσαι τὴν ἐπαγγελίαν. εἰ γὰρ ἐκ νόμου ἡ κληρονομία, οὐκέτι ἐξ ἐπαγγελίας· τῷ δὲ Ἀβραὰμ δι' ἐπαγγελίας κεχάρισται ὁ θεός.

Τί οὖν ὁ νόμος; τῶν παραβάσεων χάριν προσετέθη, ἄχρις οὗ ἔλθῃ τὸ σπέρμα ᾧ ἐπήγγελται, διαταγεὶς δι' ἀγγέλων ἐν χειρὶ μεσίτου. ὁ δὲ μεσίτης ἑνὸς οὐκ ἔστιν, ὁ δὲ θεὸς εἷς ἐστιν. ὁ οὖν νόμος κατὰ τῶν ἐπαγγελιῶν [τοῦ θεοῦ]; μὴ γένοιτο. εἰ γὰρ ἐδόθη νόμος ὁ δυνάμενος ζῳοποιῆσαι, ὄντως ἐκ νόμου ἂν ἦν ἡ δικαιοσύνη· ἀλλὰ συνέκλεισεν ἡ γραφὴ τὰ πάντα ὑπὸ ἁμαρτίαν, ἵνα ἡ ἐπαγγελία ἐκ πίστεως Ἰησοῦ Χριστοῦ δοθῇ τοῖς πιστεύουσιν.

Week of 4 Epiphany

Monday

A Reading (Lesson) from the Prophet Isaiah (51:17–23)

הִתְעוֹרְרִ֣י הִֽתְעוֹרְרִ֗י ק֚וּמִי יְר֣וּשָׁלִַ֔ם אֲשֶׁ֥ר שָׁתִ֛ית מִיַּ֥ד יְהוָ֖ה אֶת־
כּ֣וֹס חֲמָת֑וֹ אֶת־קֻבַּ֜עַת כּ֧וֹס הַתַּרְעֵלָ֛ה שָׁתִ֖ית מָצִֽית׃
אֵֽין־מְנַהֵ֣ל לָ֔הּ מִכָּל־בָּנִ֖ים יָלָ֑דָה וְאֵ֤ין מַחֲזִיק֙ בְּיָדָ֔הּ מִכָּל־בָּנִ֖ים
גִּדֵּֽלָה׃
שְׁתַּ֤יִם הֵ֙נָּה֙ קֹרְאֹתַ֔יִךְ מִ֖י יָנ֣וּד לָ֑ךְ הַשֹּׁ֧ד וְהַשֶּׁ֛בֶר וְהָרָעָ֥ב וְהַחֶ֖רֶב
מִ֥י אֲנַחֲמֵֽךְ׃
בָּנַ֜יִךְ עֻלְּפ֥וּ שָׁכְב֛וּ בְּרֹ֥אשׁ כָּל־חוּצ֖וֹת כְּת֣וֹא מִכְמָ֑ר הַֽמְלֵאִ֥ים
חֲמַת־יְהוָ֖ה גַּעֲרַ֥ת אֱלֹהָֽיִךְ׃
לָכֵ֛ן שִׁמְעִי־נָ֥א זֹ֖את עֲנִיָּ֑ה וּשְׁכֻרַ֖ת וְלֹ֥א מִיָּֽיִן׃ ס
כֹּֽה־אָמַ֞ר אֲדֹנַ֣יִךְ יְהוָ֗ה וֵאלֹהַ֙יִךְ֙ יָרִ֣יב עַמּ֔וֹ הִנֵּ֥ה לָקַ֛חְתִּי מִיָּדֵ֖ךְ
אֶת־כּ֣וֹס הַתַּרְעֵלָ֑ה אֶת־קֻבַּ֙עַת֙ כּ֣וֹס חֲמָתִ֔י לֹא־תוֹסִ֥יפִי לִשְׁתּוֹתָ֖הּ
עֽוֹד׃
וְשַׂמְתִּ֙יהָ֙ בְּיַד־מוֹגַ֔יִךְ אֲשֶׁר־אָמְר֥וּ לְנַפְשֵׁ֖ךְ שְׁחִ֣י וְנַעֲבֹ֑רָה וַתָּשִׂ֤ימִי
כָאָ֙רֶץ֙ גֵּוֵ֔ךְ וְכַח֖וּץ לַעֹבְרִֽים׃ ס

A Reading (Lesson) from Paul's letter to the Galatians (4:1–11)

Λέγω δέ, ἐφ' ὅσον χρόνον ὁ κληρονόμος νήπιός ἐστιν, οὐδὲν διαφέρει δούλου κύριος πάντων ὢν, ἀλλ' ὑπὸ ἐπιτρόπους ἐστὶν καὶ οἰκονόμους ἄχρι τῆς προθεσμίας τοῦ πατρός. οὕτως καὶ ἡμεῖς, ὅτε ἦμεν νήπιοι, ὑπὸ τὰ στοιχεῖα τοῦ κόσμου ἤμεθα δεδουλωμένοι· ὅτε δὲ ἦλθεν τὸ πλήρωμα τοῦ χρόνου, ἐξαπέστειλεν ὁ θεὸς τὸν υἱὸν αὐτοῦ, γενόμενον ἐκ γυναικός, γενόμενον ὑπὸ νόμον, ἵνα τοὺς ὑπὸ νόμον ἐξαγοράσῃ, ἵνα τὴν υἱοθεσίαν ἀπολάβωμεν. Ὅτι δέ ἐστε υἱοί, ἐξαπέστειλεν ὁ θεὸς τὸ πνεῦμα τοῦ υἱοῦ αὐτοῦ εἰς τὰς καρδίας ἡμῶν κρᾶζον· αββα ὁ πατήρ. ὥστε οὐκέτι εἶ δοῦλος ἀλλ' υἱός· εἰ δὲ υἱός, καὶ κληρονόμος διὰ θεοῦ.

Ἀλλὰ τότε μὲν οὐκ εἰδότες θεὸν ἐδουλεύσατε τοῖς φύσει μὴ οὖσιν θεοῖς· νῦν δὲ γνόντες θεόν, μᾶλλον δὲ γνωσθέντες ὑπὸ θεοῦ, πῶς ἐπιστρέφετε πάλιν ἐπὶ τὰ ἀσθενῆ καὶ πτωχὰ στοιχεῖα οἷς πάλιν ἄνωθεν δουλεύειν θέλετε; ἡμέρας παρατηρεῖσθε καὶ μῆνας καὶ καιροὺς καὶ ἐνιαυτούς, φοβοῦμαι ὑμᾶς μή πως εἰκῇ κεκοπίακα εἰς ὑμᾶς.

Tuesday

A Reading (Lesson) from the Prophet Isaiah (52:1–12)

עוּרִ֥י עוּרִ֛י לִבְשִׁ֥י עֻזֵּ֖ךְ צִיּ֑וֹן לִבְשִׁ֣י ׀ בִּגְדֵ֣י תִפְאַרְתֵּ֗ךְ יְרוּשָׁלַ֙͏ִם֙ עִ֣יר
הַקֹּ֔דֶשׁ כִּ֣י לֹ֥א יוֹסִ֛יף יָבֹא־בָ֥ךְ ע֖וֹד עָרֵ֥ל וְטָמֵֽא׃
הִתְנַעֲרִ֧י מֵעָפָ֛ר ק֥וּמִי שְּׁבִ֖י יְרֽוּשָׁלִָ֑ם [K]התפתחו [Q]הִֽתְפַּתְּחִי֙ מוֹסְרֵ֣י
צַוָּארֵ֔ךְ שְׁבִיָּ֖ה בַּת־צִיּֽוֹן׃ ס
כִּי־כֹה֙ אָמַ֣ר יְהוָ֔ה חִנָּ֖ם נִמְכַּרְתֶּ֑ם וְלֹ֥א בְכֶ֖סֶף תִּגָּאֵֽלוּ׃
כִּ֣י כֹ֤ה אָמַר֙ אֲדֹנָ֣י יְהוִ֔ה מִצְרַ֛יִם יָֽרַד־עַמִּ֥י בָרִאשֹׁנָ֖ה לָג֣וּר שָׁ֑ם
וְאַשּׁ֖וּר בְּאֶ֥פֶס עֲשָׁקֽוֹ׃
וְעַתָּ֤ה [K]מי־לי [Q]מַה־לִּי־פֹה֙ נְאֻם־יְהוָ֔ה כִּֽי־לֻקַּ֥ח עַמִּ֖י חִנָּ֑ם מֹשְׁלָ֤ו
יְהֵילִ֙ילוּ֙ נְאֻם־יְהוָ֔ה וְתָמִ֥יד כָּל־הַיּ֖וֹם שְׁמִ֥י מִנֹּאָֽץ׃
לָכֵ֛ן יֵדַ֥ע עַמִּ֖י שְׁמִ֑י לָכֵן֙ בַּיּ֣וֹם הַה֔וּא כִּֽי־אֲנִי־ה֥וּא הַֽמְדַבֵּ֖ר הִנֵּֽנִי׃
מַה־נָּאו֨וּ עַל־הֶהָרִ֜ים רַגְלֵ֣י מְבַשֵּׂ֗ר מַשְׁמִ֧יעַ שָׁל֛וֹם מְבַשֵּׂ֥ר ט֖וֹב
מַשְׁמִ֣יעַ יְשׁוּעָ֑ה אֹמֵ֥ר לְצִיּ֖וֹן מָלַ֥ךְ אֱלֹהָֽיִךְ׃
ק֥וֹל צֹפַ֛יִךְ נָ֥שְׂאוּ ק֖וֹל יַחְדָּ֣ו יְרַנֵּ֑נוּ כִּ֣י עַ֤יִן בְּעַ֙יִן֙ יִרְא֔וּ בְּשׁ֥וּב יְהוָ֖ה
צִיּֽוֹן׃

פִּצְח֤וּ רַנְּנוּ֙ יַחְדָּ֔ו חָרְב֖וֹת יְרוּשָׁלָ֑͏ִם כִּֽי־נִחַ֤ם יְהוָה֙ עַמּ֔וֹ גָּאַ֖ל
יְרוּשָׁלָֽ͏ִם׃
חָשַׂ֤ף יְהוָה֙ אֶת־זְר֣וֹעַ קָדְשׁ֔וֹ לְעֵינֵ֖י כָּל־הַגּוֹיִ֑ם וְרָאוּ֙ כָּל־אַפְסֵי־
אָ֔רֶץ אֵ֖ת יְשׁוּעַ֥ת אֱלֹהֵֽינוּ׃ ס
ס֤וּרוּ ס֙וּרוּ֙ צְא֣וּ מִשָּׁ֔ם טָמֵ֖א אַל־תִּגָּ֑עוּ צְא֣וּ מִתּוֹכָ֔הּ הִבָּ֕רוּ נֹשְׂאֵ֖י
כְּלֵ֥י יְהוָֽה׃
כִּ֣י לֹ֤א בְחִפָּזוֹן֙ תֵּצֵ֔אוּ וּבִמְנוּסָ֖ה לֹ֣א תֵלֵכ֑וּן כִּֽי־הֹלֵ֤ךְ לִפְנֵיכֶם֙ יְהוָ֔ה
וּמְאַסִּפְכֶ֖ם אֱלֹהֵ֥י יִשְׂרָאֵֽל׃ ס

A Reading (Lesson) from Paul's letter to the Galatians (4:12–20)

Γίνεσθε ὡς ἐγώ, ὅτι κἀγὼ ὡς ὑμεῖς, ἀδελφοί, δέομαι ὑμῶν. οὐδέν με ἠδικήσατε· οἴδατε δὲ ὅτι δι' ἀσθένειαν τῆς σαρκὸς εὐηγγελισάμην ὑμῖν τὸ πρότερον, καὶ τὸν πειρασμὸν ὑμῶν ἐν τῇ σαρκί μου οὐκ ἐξουθενήσατε οὐδὲ ἐξεπτύσατε, ἀλλ' ὡς ἄγγελον θεοῦ ἐδέξασθέ με, ὡς Χριστὸν Ἰησοῦν. ποῦ οὖν ὁ μακαρισμὸς ὑμῶν; μαρτυρῶ γὰρ ὑμῖν ὅτι εἰ δυνατὸν τοὺς ὀφθαλμοὺς ὑμῶν ἐξορύξαντες ἐδώκατέ μοι. ὥστε ἐχθρὸς ὑμῶν γέγονα ἀληθεύων ὑμῖν; ζηλοῦσιν ὑμᾶς οὐ καλῶς, ἀλλ' ἐκκλεῖσαι ὑμᾶς θέλουσιν, ἵνα αὐτοὺς ζηλοῦτε· καλὸν δὲ ζηλοῦσθαι ἐν καλῷ πάντοτε καὶ μὴ μόνον ἐν τῷ παρεῖναί με πρὸς ὑμᾶς. τέκνα μου, οὓς πάλιν ὠδίνω μέχρις οὗ μορφωθῇ Χριστὸς ἐν ὑμῖν· ἤθελον δὲ παρεῖναι πρὸς ὑμᾶς ἄρτι καὶ ἀλλάξαι τὴν φωνήν μου, ὅτι ἀποροῦμαι ἐν ὑμῖν.

Wednesday

A Reading (Lesson) from the Prophet Isaiah (54:1–10)

רָנִּ֥י עֲקָרָ֖ה לֹ֣א יָלָ֑דָה פִּצְחִ֨י רִנָּ֤ה וְצַהֲלִי֙ לֹא־חָ֔לָה כִּֽי־רַבִּ֧ים בְּנֵי־
שׁוֹמֵמָ֛ה מִבְּנֵ֥י בְעוּלָ֖ה אָמַ֥ר יְהוָֽה׃

הַרְחִ֣יבִי ׀ מְק֣וֹם אָהֳלֵ֗ךְ וִירִיע֧וֹת מִשְׁכְּנוֹתַ֛יִךְ יַטּ֖וּ אַל־תַּחְשֹׂ֑כִי
הַאֲרִ֙יכִי֙ מֵיתָרַ֔יִךְ וִיתֵדֹתַ֖יִךְ חַזֵּֽקִי׃
כִּי־יָמִ֥ין וּשְׂמֹ֖אול תִּפְרֹ֑צִי וְזַרְעֵךְ֙ גּוֹיִ֣ם יִירָ֔שׁ וְעָרִ֥ים נְשַׁמּ֖וֹת יוֹשִֽׁיבוּ׃
אַל־תִּֽירְאִי֙ כִּי־לֹ֣א תֵב֔וֹשִׁי וְאַל־תִּכָּלְמִ֖י כִּ֣י לֹ֣א תַחְפִּ֑ירִי כִּ֣י בֹ֤שֶׁת
עֲלוּמַ֙יִךְ֙ תִּשְׁכָּ֔חִי וְחֶרְפַּ֥ת אַלְמְנוּתַ֖יִךְ לֹ֥א תִזְכְּרִי־עֽוֹד׃
כִּ֤י בֹעֲלַ֙יִךְ֙ עֹשַׂ֔יִךְ יְהוָ֥ה צְבָא֖וֹת שְׁמ֑וֹ וְגֹֽאֲלֵךְ֙ קְד֣וֹשׁ יִשְׂרָאֵ֔ל אֱלֹהֵ֥י
כָל־הָאָ֖רֶץ יִקָּרֵֽא׃
כִּֽי־כְאִשָּׁ֧ה עֲזוּבָ֛ה וַעֲצ֥וּבַת ר֖וּחַ קְרָאָ֣ךְ יְהוָ֑ה וְאֵ֧שֶׁת נְעוּרִ֛ים כִּ֥י
תִמָּאֵ֖ס אָמַ֥ר אֱלֹהָֽיִךְ׃
בְּרֶ֥גַע קָטֹ֖ן עֲזַבְתִּ֑יךְ וּבְרַחֲמִ֥ים גְּדֹלִ֖ים אֲקַבְּצֵֽךְ׃
בְּשֶׁ֣צֶף קֶ֗צֶף הִסְתַּ֨רְתִּי פָנַ֥י רֶ֙גַע֙ מִמֵּ֔ךְ וּבְחֶ֥סֶד עוֹלָ֖ם רִֽחַמְתִּ֑יךְ אָמַ֥ר
גֹּאֲלֵ֖ךְ יְהוָֽה׃ ס
כִּי־מֵ֥י נֹ֙חַ֙ זֹ֣את לִ֔י אֲשֶׁ֣ר נִשְׁבַּ֗עְתִּי מֵעֲבֹ֛ר מֵי־נֹ֛חַ ע֖וֹד עַל־הָאָ֑רֶץ כֵּ֥ן
נִשְׁבַּ֛עְתִּי מִקְּצֹ֥ף עָלַ֖יִךְ וּמִגְּעָר־בָּֽךְ׃
כִּ֤י הֶהָרִים֙ יָמ֔וּשׁוּ וְהַגְּבָע֖וֹת תְּמוּטֶ֑ינָה וְחַסְדִּ֞י מֵאִתֵּ֣ךְ לֹא־יָמ֗וּשׁ
וּבְרִ֤ית שְׁלוֹמִי֙ לֹ֣א תָמ֔וּט אָמַ֥ר מְרַחֲמֵ֖ךְ יְהוָֽה׃ ס

A Reading (Lesson) from Paul's letter to the Galatians (4:21–31)

Λέγετέ μοι, οἱ ὑπὸ νόμον θέλοντες εἶναι, τὸν νόμον οὐκ ἀκούετε; γέγραπται γὰρ ὅτι Ἀβραὰμ δύο υἱοὺς ἔσχεν, ἕνα ἐκ τῆς παιδίσκης καὶ ἕνα ἐκ τῆς ἐλευθέρας. ἀλλ᾽ ὁ μὲν ἐκ τῆς παιδίσκης κατὰ σάρκα γεγέννηται, ὁ δὲ ἐκ τῆς ἐλευθέρας δι᾽ ἐπαγγελίας. ἅτινά ἐστιν ἀλληγορούμενα· αὗται γάρ εἰσιν δύο διαθῆκαι, μία μὲν ἀπὸ ὄρους Σινᾶ εἰς δουλείαν γεννῶσα, ἥτις ἐστὶν Ἁγάρ. τὸ δὲ Ἁγὰρ Σινᾶ ὄρος ἐστὶν ἐν τῇ Ἀραβίᾳ· συστοιχεῖ δὲ τῇ νῦν Ἰερουσαλήμ, δουλεύει γὰρ μετὰ τῶν τέκνων αὐτῆς. ἡ δὲ ἄνω Ἰερουσαλὴμ ἐλευθέρα ἐστίν, ἥτις ἐστὶν μήτηρ ἡμῶν· γέγραπται γάρ·

εὐφράνθητι, στεῖρα ἡ οὐ τίκτουσα,

ῥῆξον καὶ βόησον, ἡ οὐκ ὠδίνουσα·
ὅτι πολλὰ τὰ τέκνα τῆς ἐρήμου
μᾶλλον ἢ τῆς ἐχούσης τὸν ἄνδρα.

Ὑμεῖς δέ, ἀδελφοί, κατὰ Ἰσαὰκ ἐπαγγελίας τέκνα ἐστέ. ἀλλ' ὥσπερ τότε ὁ κατὰ σάρκα γεννηθεὶς ἐδίωκεν τὸν κατὰ πνεῦμα, οὕτως καὶ νῦν. ἀλλὰ τί λέγει ἡ γραφή; *ἔκβαλε τὴν παιδίσκην καὶ τὸν υἱὸν αὐτῆς· οὐ γὰρ μὴ κληρονομήσει ὁ υἱὸς τῆς παιδίσκης μετὰ τοῦ υἱοῦ* τῆς ἐλευθέρας. διό, ἀδελφοί, οὐκ ἐσμὲν παιδίσκης τέκνα ἀλλὰ τῆς ἐλευθέρας.

Thursday

A Reading (Lesson) from the Prophet Isaiah (55:1–13)

הֹ֤וי כָּל־צָמֵא֙ לְכ֣וּ לַמַּ֔יִם וַאֲשֶׁ֥ר אֵין־ל֖וֹ כָּ֑סֶף לְכ֤וּ שִׁבְרוּ֙ וֶֽאֱכֹ֔לוּ
וּלְכ֣וּ שִׁבְר֗וּ בְּלוֹא־כֶ֛סֶף וּבְל֥וֹא מְחִ֖יר יַ֥יִן וְחָלָֽב׃
לָ֤מָּה תִשְׁקְלוּ־כֶ֙סֶף֙ בְּֽלוֹא־לֶ֔חֶם וִיגִיעֲכֶ֖ם בְּל֣וֹא לְשָׂבְעָ֑ה שִׁמְע֨וּ
שָׁמ֤וֹעַ אֵלַי֙ וְאִכְלוּ־ט֔וֹב וְתִתְעַנַּ֥ג בַּדֶּ֖שֶׁן נַפְשְׁכֶֽם׃
הַטּ֤וּ אָזְנְכֶם֙ וּלְכ֣וּ אֵלַ֔י שִׁמְע֖וּ וּתְחִ֣י נַפְשְׁכֶ֑ם וְאֶכְרְתָ֤ה לָכֶם֙ בְּרִ֣ית
עוֹלָ֔ם חַֽסְדֵ֥י דָוִ֖ד הַנֶּאֱמָנִֽים׃
הֵ֛ן עֵ֥ד לְאוּמִּ֖ים נְתַתִּ֑יו נָגִ֥יד וּמְצַוֵּ֖ה לְאֻמִּֽים׃
הֵ֣ן גּ֤וֹי לֹֽא־תֵדַע֙ תִּקְרָ֔א וְג֥וֹי לֹֽא־יְדָע֖וּךָ אֵלֶ֣יךָ יָר֑וּצוּ לְמַ֙עַן֙ יְהוָ֣ה
אֱלֹהֶ֔יךָ וְלִקְד֥וֹשׁ יִשְׂרָאֵ֖ל כִּ֥י פֵאֲרָֽךְ׃ ס
דִּרְשׁ֥וּ יְהוָ֖ה בְּהִמָּצְא֑וֹ קְרָאֻ֖הוּ בִּהְיוֹת֥וֹ קָרֽוֹב׃
יַעֲזֹ֤ב רָשָׁע֙ דַּרְכּ֔וֹ וְאִ֥ישׁ אָ֖וֶן מַחְשְׁבֹתָ֑יו וְיָשֹׁ֤ב אֶל־יְהוָה֙ וִירַ֣חֲמֵ֔הוּ
וְאֶל־אֱלֹהֵ֖ינוּ כִּֽי־יַרְבֶּ֥ה לִסְלֽוֹחַ׃
כִּ֣י לֹ֤א מַחְשְׁבוֹתַי֙ מַחְשְׁב֣וֹתֵיכֶ֔ם וְלֹ֥א דַרְכֵיכֶ֖ם דְּרָכָ֑י נְאֻ֖ם יְהוָֽה׃
כִּֽי־גָבְה֥וּ שָׁמַ֖יִם מֵאָ֑רֶץ כֵּ֣ן גָּבְה֤וּ דְרָכַי֙ מִדַּרְכֵיכֶ֔ם וּמַחְשְׁבֹתַ֖י
מִמַּחְשְׁבֹתֵיכֶֽם׃

כִּ֗י כַּאֲשֶׁ֨ר יֵרֵ֜ד הַגֶּ֣שֶׁם וְהַשֶּׁ֘לֶג֮ מִן־הַשָּׁמַ֒יִם֒ וְשָׁ֙מָּה֙ לֹ֣א יָשׁ֔וּב כִּ֚י אִם־
הִרְוָ֣ה אֶת־הָאָ֔רֶץ וְהוֹלִידָ֖הּ וְהִצְמִיחָ֑הּ וְנָ֤תַן זֶ֙רַע֙ לַזֹּרֵ֔עַ וְלֶ֖חֶם
לָאֹכֵֽל׃
כֵּ֣ן יִהְיֶ֤ה דְבָרִי֙ אֲשֶׁ֣ר יֵצֵ֣א מִפִּ֔י לֹֽא־יָשׁ֥וּב אֵלַ֖י רֵיקָ֑ם כִּ֤י אִם־עָשָׂה֙
אֶת־אֲשֶׁ֣ר חָפַ֔צְתִּי וְהִצְלִ֖יחַ אֲשֶׁ֥ר שְׁלַחְתִּֽיו׃
כִּֽי־בְשִׂמְחָ֣ה תֵצֵ֔אוּ וּבְשָׁל֖וֹם תּֽוּבָל֑וּן הֶהָרִ֣ים וְהַגְּבָע֗וֹת יִפְצְח֤וּ
לִפְנֵיכֶם֙ רִנָּ֔ה וְכָל־עֲצֵ֥י הַשָּׂדֶ֖ה יִמְחֲאוּ־כָֽף׃
תַּ֤חַת הַנַּעֲצוּץ֙ יַעֲלֶ֣ה בְר֔וֹשׁ [K]תחת [Q]וְתַ֥חַת הַסִּרְפַּ֖ד יַעֲלֶ֣ה הֲדַ֑ס
וְהָיָ֤ה לַֽיהוָה֙ לְשֵׁ֔ם לְא֥וֹת עוֹלָ֖ם לֹ֥א יִכָּרֵֽת׃ ס

A Reading (Lesson) from Paul's letter to the Galatians (5:1–15)

Τῇ ἐλευθερίᾳ ἡμᾶς Χριστὸς ἠλευθέρωσεν· στήκετε οὖν καὶ μὴ πάλιν ζυγῷ δουλείας ἐνέχεσθε. Ἴδε ἐγὼ Παῦλος λέγω ὑμῖν ὅτι ἐὰν περιτέμνησθε, Χριστὸς ὑμᾶς οὐδὲν ὠφελήσει. μαρτύρομαι δὲ πάλιν παντὶ ἀνθρώπῳ περιτεμνομένῳ ὅτι ὀφειλέτης ἐστὶν ὅλον τὸν νόμον ποιῆσαι. κατηργήθητε ἀπὸ Χριστοῦ, οἵτινες ἐν νόμῳ δικαιοῦσθε, τῆς χάριτος ἐξεπέσατε. ἡμεῖς γὰρ πνεύματι ἐκ πίστεως ἐλπίδα δικαιοσύνης ἀπεκδεχόμεθα. ἐν γὰρ Χριστῷ Ἰησοῦ οὔτε περιτομή τι ἰσχύει οὔτε ἀκροβυστία ἀλλὰ πίστις δι' ἀγάπης ἐνεργουμένη.

Ἐτρέχετε καλῶς· τίς ὑμᾶς ἐνέκοψεν [τῇ] ἀληθείᾳ μὴ πείθεσθαι; ἡ πεισμονὴ οὐκ ἐκ τοῦ καλοῦντος ὑμᾶς. μικρὰ ζύμη ὅλον τὸ φύραμα ζυμοῖ. ἐγὼ πέποιθα εἰς ὑμᾶς ἐν κυρίῳ ὅτι οὐδὲν ἄλλο φρονήσετε· ὁ δὲ ταράσσων ὑμᾶς βαστάσει τὸ κρίμα, ὅστις ἐὰν ᾖ. Ἐγὼ δέ, ἀδελφοί, εἰ περιτομὴν ἔτι κηρύσσω, τί ἔτι διώκομαι; ἄρα κατήργηται τὸ σκάνδαλον τοῦ σταυροῦ. Ὄφελον καὶ ἀποκόψονται οἱ ἀναστατοῦντες ὑμᾶς.

Ὑμεῖς γὰρ ἐπ' ἐλευθερίᾳ ἐκλήθητε, ἀδελφοί· μόνον μὴ τὴν ἐλευθερίαν εἰς ἀφορμὴν τῇ σαρκί, ἀλλὰ διὰ τῆς ἀγάπης δουλεύετε ἀλλήλοις. ὁ γὰρ πᾶς νόμος ἐν ἑνὶ λόγῳ πεπλήρωται, ἐν τῷ· ἀγαπήσεις τὸν πλησίον σου ὡς σεαυτόν. εἰ δὲ ἀλλήλους δάκνετε καὶ κατεσθίετε, βλέπετε μὴ ὑπ’ ἀλλήλων ἀναλωθῆτε.

Friday

A Reading (Lesson) from the Prophet Isaiah (56:1–8)

כֹּה אָמַר יְהוָה שִׁמְרוּ מִשְׁפָּט וַעֲשׂוּ צְדָקָה כִּי־קְרוֹבָה יְשׁוּעָתִי
לָבוֹא וְצִדְקָתִי לְהִגָּלוֹת׃
אַשְׁרֵי אֱנוֹשׁ יַעֲשֶׂה־זֹּאת וּבֶן־אָדָם יַחֲזִיק בָּהּ שֹׁמֵר שַׁבָּת מֵחַלְּלוֹ
וְשֹׁמֵר יָדוֹ מֵעֲשׂוֹת כָּל־רָע׃ ס
וְאַל־יֹאמַר בֶּן־הַנֵּכָר הַנִּלְוָה אֶל־יְהוָה לֵאמֹר הַבְדֵּל יַבְדִּילַנִי
יְהוָה מֵעַל עַמּוֹ וְאַל־יֹאמַר הַסָּרִיס הֵן אֲנִי עֵץ יָבֵשׁ׃ ס
כִּי־כֹה ׀ אָמַר יְהוָה לַסָּרִיסִים אֲשֶׁר יִשְׁמְרוּ אֶת־שַׁבְּתוֹתַי וּבָחֲרוּ
בַּאֲשֶׁר חָפָצְתִּי וּמַחֲזִיקִים בִּבְרִיתִי׃
וְנָתַתִּי לָהֶם בְּבֵיתִי וּבְחוֹמֹתַי יָד וָשֵׁם טוֹב מִבָּנִים וּמִבָּנוֹת שֵׁם
עוֹלָם אֶתֶּן־לוֹ אֲשֶׁר לֹא יִכָּרֵת׃ ס
וּבְנֵי הַנֵּכָר הַנִּלְוִים עַל־יְהוָה לְשָׁרְתוֹ וּלְאַהֲבָה אֶת־שֵׁם יְהוָה
לִהְיוֹת לוֹ לַעֲבָדִים כָּל־שֹׁמֵר שַׁבָּת מֵחַלְּלוֹ וּמַחֲזִיקִים בִּבְרִיתִי׃
וַהֲבִיאוֹתִים אֶל־הַר קָדְשִׁי וְשִׂמַּחְתִּים בְּבֵית תְּפִלָּתִי עוֹלֹתֵיהֶם
וְזִבְחֵיהֶם לְרָצוֹן עַל־מִזְבְּחִי כִּי בֵיתִי בֵּית־תְּפִלָּה יִקָּרֵא לְכָל־
הָעַמִּים׃
נְאֻם אֲדֹנָי יְהוִה מְקַבֵּץ נִדְחֵי יִשְׂרָאֵל עוֹד אֲקַבֵּץ עָלָיו לְנִקְבָּצָיו׃

A Reading (Lesson) from Paul’s letter to the Galatians (5:16–24)

Λέγω δέ, πνεύματι περιπατεῖτε καὶ ἐπιθυμίαν σαρκὸς οὐ μὴ τελέσητε. ἡ γὰρ σὰρξ ἐπιθυμεῖ κατὰ τοῦ πνεύματος, τὸ δὲ πνεῦμα κατὰ τῆς σαρκός, ταῦτα γὰρ ἀλλήλοις ἀντίκειται, ἵνα μὴ ἃ ἐὰν θέλητε ταῦτα ποιῆτε. εἰ δὲ πνεύματι ἄγεσθε, οὐκ ἐστὲ ὑπὸ νόμον. φανερὰ δέ ἐστιν τὰ ἔργα τῆς σαρκός, ἅτινά ἐστιν πορνεία, ἀκαθαρσία, ἀσέλγεια, εἰδωλολατρία, φαρμακεία, ἔχθραι, ἔρις, ζῆλος, θυμοί, ἐριθεῖαι, διχοστασίαι, αἱρέσεις, φθόνοι, μέθαι, κῶμοι καὶ τὰ ὅμοια τούτοις, ἃ προλέγω ὑμῖν, καθὼς προεῖπον ὅτι οἱ τὰ τοιαῦτα πράσσοντες βασιλείαν θεοῦ οὐ κληρονομήσουσιν. ὁ δὲ καρπὸς τοῦ πνεύματός ἐστιν ἀγάπη χαρὰ εἰρήνη, μακροθυμία χρηστότης ἀγαθωσύνη, πίστις πραΰτης ἐγκράτεια· κατὰ τῶν τοιούτων οὐκ ἔστιν νόμος. οἱ δὲ τοῦ Χριστοῦ ['Ιησοῦ] τὴν σάρκα ἐσταύρωσαν σὺν τοῖς παθήμασιν καὶ ταῖς ἐπιθυμίαις.

Week of 5 Epiphany

Monday

A Reading (Lesson) from the Prophet Isaiah (58:1–12)

קְרָ֤א בְגָרוֹן֙ אַל־תַּחְשֹׂ֔ךְ כַּשּׁוֹפָ֖ר הָרֵ֣ם קוֹלֶ֑ךָ וְהַגֵּ֤ד לְעַמִּי֙ פִּשְׁעָ֔ם
וּלְבֵ֥ית יַעֲקֹ֖ב חַטֹּאתָֽם׃
וְאוֹתִ֗י י֥וֹם יוֹם֙ יִדְרֹשׁ֔וּן וְדַ֥עַת דְּרָכַ֖י יֶחְפָּצ֑וּן כְּג֞וֹי אֲשֶׁר־צְדָקָ֣ה
עָשָׂ֗ה וּמִשְׁפַּ֤ט אֱלֹהָיו֙ לֹ֣א עָזָ֔ב יִשְׁאָל֙וּנִי֙ מִשְׁפְּטֵי־צֶ֔דֶק קִרְבַ֥ת
אֱלֹהִ֖ים יֶחְפָּצֽוּן׃
לָ֤מָּה צַּ֙מְנוּ֙ וְלֹ֣א רָאִ֔יתָ עִנִּ֥ינוּ נַפְשֵׁ֖נוּ וְלֹ֣א תֵדָ֑ע הֵ֣ן בְּי֤וֹם צֹמְכֶם֙
תִּמְצְאוּ־חֵ֔פֶץ וְכָל־עַצְּבֵיכֶ֖ם תִּנְגֹּֽשׂוּ׃
הֵ֣ן לְרִ֤יב וּמַצָּה֙ תָּצ֔וּמוּ וּלְהַכּ֖וֹת בְּאֶגְרֹ֣ף רֶ֑שַׁע לֹא־תָצ֣וּמוּ כַיּ֔וֹם
לְהַשְׁמִ֥יעַ בַּמָּר֖וֹם קוֹלְכֶֽם׃
הֲכָזֶ֗ה יִהְיֶה֙ צ֣וֹם אֶבְחָרֵ֔הוּ י֛וֹם עַנּ֥וֹת אָדָ֖ם נַפְשׁ֑וֹ הֲלָכֹ֡ף כְּאַגְמֹ֨ן
רֹאשׁ֜וֹ וְשַׂ֤ק וָאֵ֙פֶר֙ יַצִּ֔יעַ הֲלָזֶה֙ תִּקְרָא־צ֔וֹם וְי֥וֹם רָצ֖וֹן לַיהוָֽה׃

הֲלֹוא זֶה֮ צֹ֣ום אֶבְחָרֵהוּ֒ פַּתֵּ֙חַ֙ חַרְצֻבֹּ֣ות רֶ֔שַׁע הַתֵּ֖ר אֲגֻדֹּ֣ות מֹוטָ֑ה
וְשַׁלַּ֤ח רְצוּצִים֙ חָפְשִׁ֔ים וְכָל־מֹוטָ֖ה תְּנַתֵּֽקוּ׃
הֲלֹ֨וא פָרֹ֤ס לָֽרָעֵב֙ לַחְמֶ֔ךָ וַעֲנִיִּ֥ים מְרוּדִ֖ים תָּ֣בִיא בָ֑יִת כִּֽי־תִרְאֶ֤ה
עָרֹם֙ וְכִסִּיתֹ֔ו וּמִבְּשָׂרְךָ֖ לֹ֥א תִתְעַלָּֽם׃
אָ֣ז יִבָּקַ֤ע כַּשַּׁ֙חַר֙ אֹורֶ֔ךָ וַאֲרֻכָתְךָ֖ מְהֵרָ֣ה תִצְמָ֑ח וְהָלַ֤ךְ לְפָנֶ֙יךָ֙
צִדְקֶ֔ךָ כְּבֹ֥וד יְהוָ֖ה יַאַסְפֶֽךָ׃
אָ֤ז תִּקְרָא֙ וַיהוָ֣ה יַעֲנֶ֔ה תְּשַׁוַּ֖ע וְיֹאמַ֣ר הִנֵּ֑נִי אִם־תָּסִ֤יר מִתֹּֽוכְךָ֙ מֹוטָ֔ה
שְׁלַ֥ח אֶצְבַּ֖ע וְדַבֶּר־אָֽוֶן׃
וְתָפֵ֤ק לָֽרָעֵב֙ נַפְשֶׁ֔ךָ וְנֶ֥פֶשׁ נַעֲנָ֖ה תַּשְׂבִּ֑יעַ וְזָרַ֤ח בַּחֹ֙שֶׁךְ֙ אֹורֶ֔ךָ
וַאֲפֵלָתְךָ֖ כַּֽצָּהֳרָֽיִם׃
וְנָחֲךָ֣ יְהוָה֮ תָּמִיד֒ וְהִשְׂבִּ֤יעַ בְּצַחְצָחֹות֙ נַפְשֶׁ֔ךָ וְעַצְמֹתֶ֖יךָ יַחֲלִ֑יץ
וְהָיִ֙יתָ֙ כְּגַ֣ן רָוֶ֔ה וּכְמֹוצָ֣א מַ֔יִם אֲשֶׁ֥ר לֹֽא־יְכַזְּב֖וּ מֵימָֽיו׃
וּבָנ֤וּ מִמְּךָ֙ חָרְבֹ֣ות עֹולָ֔ם מֹוסְדֵ֥י דֹור־וָדֹ֖ור תְּקֹומֵ֑ם וְקֹרָ֣א לְךָ֗
גֹּדֵ֣ר פֶּ֔רֶץ מְשֹׁבֵ֥ב נְתִיבֹ֖ות לָשָֽׁבֶת׃

A Reading (Lesson) from Paul's letter to the Galatians (6:11–18)

Ἴδετε πηλίκοις ὑμῖν γράμμασιν ἔγραψα τῇ ἐμῇ χειρί. Ὅσοι θέλουσιν εὐπροσωπῆσαι ἐν σαρκί, οὗτοι ἀναγκάζουσιν ὑμᾶς περιτέμνεσθαι, μόνον ἵνα τῷ σταυρῷ τοῦ Χριστοῦ μὴ διώκωνται. οὐδὲ γὰρ οἱ περιτεμνόμενοι αὐτοὶ νόμον φυλάσσουσιν ἀλλὰ θέλουσιν ὑμᾶς περιτέμνεσθαι, ἵνα ἐν τῇ ὑμετέρᾳ σαρκὶ καυχήσωνται. Ἐμοὶ δὲ μὴ γένοιτο καυχᾶσθαι εἰ μὴ ἐν τῷ σταυρῷ τοῦ κυρίου ἡμῶν Ἰησοῦ Χριστοῦ, δι' οὗ ἐμοὶ κόσμος ἐσταύρωται κἀγὼ κόσμῳ. οὔτε γὰρ περιτομή τί ἐστιν οὔτε ἀκροβυστία ἀλλὰ καινὴ κτίσις. καὶ ὅσοι τῷ κανόνι τούτῳ στοιχήσουσιν, εἰρήνη ἐπ' αὐτοὺς καὶ ἔλεος καὶ ἐπὶ τὸν Ἰσραὴλ τοῦ θεοῦ.

Τοῦ λοιποῦ κόπους μοι μηδεὶς παρεχέτω· ἐγὼ γὰρ τὰ στίγματα τοῦ Ἰησοῦ ἐν τῷ σώματί μου βαστάζω.

Ἡ χάρις τοῦ κυρίου ἡμῶν Ἰησοῦ Χριστοῦ μετὰ τοῦ πνεύματος ὑμῶν, ἀδελφοί· ἀμήν.

Tuesday

A Reading (Lesson) from the Prophet Isaiah (59:1–15a)

הֵן לֹא־קָצְרָה יַד־יְהוָה מֵהוֹשִׁיעַ וְלֹא־כָבְדָה אָזְנוֹ מִשְּׁמוֹעַ׃
כִּי אִם־עֲוֺנֹתֵיכֶם הָיוּ מַבְדִּלִים בֵּינֵכֶם לְבֵין אֱלֹהֵיכֶם וְחַטֹּאותֵיכֶם
הִסְתִּירוּ פָנִים מִכֶּם מִשְּׁמוֹעַ׃
כִּי כַפֵּיכֶם נְגֹאֲלוּ בַדָּם וְאֶצְבְּעוֹתֵיכֶם בֶּעָוֺן שִׂפְתוֹתֵיכֶם דִּבְּרוּ־
שֶׁקֶר לְשׁוֹנְכֶם עַוְלָה תֶהְגֶּה׃
אֵין־קֹרֵא בְצֶדֶק וְאֵין נִשְׁפָּט בֶּאֱמוּנָה בָּטוֹחַ עַל־תֹּהוּ וְדַבֶּר־שָׁוְא
הָרוֹ עָמָל וְהוֹלֵיד אָוֶן׃
בֵּיצֵי צִפְעוֹנִי בִּקֵּעוּ וְקוּרֵי עַכָּבִישׁ יֶאֱרֹגוּ הָאֹכֵל מִבֵּיצֵיהֶם יָמוּת
וְהַזּוּרֶה תִּבָּקַע אֶפְעֶה׃
קוּרֵיהֶם לֹא־יִהְיוּ לְבֶגֶד וְלֹא יִתְכַּסּוּ בְּמַעֲשֵׂיהֶם מַעֲשֵׂיהֶם מַעֲשֵׂי־
אָוֶן וּפֹעַל חָמָס בְּכַפֵּיהֶם׃
רַגְלֵיהֶם לָרַע יָרֻצוּ וִימַהֲרוּ לִשְׁפֹּךְ דָּם נָקִי מַחְשְׁבוֹתֵיהֶם
מַחְשְׁבוֹת אָוֶן שֹׁד וָשֶׁבֶר בִּמְסִלּוֹתָם׃
דֶּרֶךְ שָׁלוֹם לֹא יָדָעוּ וְאֵין מִשְׁפָּט בְּמַעְגְּלוֹתָם נְתִיבוֹתֵיהֶם עִקְּשׁוּ
לָהֶם כֹּל דֹּרֵךְ בָּהּ לֹא יָדַע שָׁלוֹם׃
עַל־כֵּן רָחַק מִשְׁפָּט מִמֶּנּוּ וְלֹא תַשִּׂיגֵנוּ צְדָקָה נְקַוֶּה לָאוֹר וְהִנֵּה־
חֹשֶׁךְ לִנְגֹהוֹת בָּאֲפֵלוֹת נְהַלֵּךְ׃
נְגַשְׁשָׁה כַעִוְרִים קִיר וּכְאֵין עֵינַיִם נְגַשֵּׁשָׁה כָּשַׁלְנוּ בַצָּהֳרַיִם כַּנֶּשֶׁף
בָּאַשְׁמַנִּים כַּמֵּתִים׃

נֶהֱמֶה כַדֻּבִּים כֻּלָּנוּ וְכַיּוֹנִים הָגֹה נֶהְגֶּה נְקַוֶּה לַמִּשְׁפָּט וָאַיִן
לִישׁוּעָה רָחֲקָה מִמֶּנּוּ׃
כִּי־רַבּוּ פְשָׁעֵינוּ נֶגְדֶּךָ וְחַטֹּאותֵינוּ עָנְתָה בָּנוּ כִּי־פְשָׁעֵינוּ אִתָּנוּ
וַעֲוֹנֹתֵינוּ יְדַעֲנוּם׃
פָּשֹׁעַ וְכַחֵשׁ בַּיהוָה וְנָסוֹג מֵאַחַר אֱלֹהֵינוּ דַּבֶּר־עֹשֶׁק וְסָרָה הֹרוֹ
וְהֹגוֹ מִלֵּב דִּבְרֵי־שָׁקֶר׃
וְהֻסַּג אָחוֹר מִשְׁפָּט וּצְדָקָה מֵרָחוֹק תַּעֲמֹד כִּי־כָשְׁלָה בָרְחוֹב
אֱמֶת וּנְכֹחָה לֹא־תוּכַל לָבוֹא׃
וַתְּהִי הָאֱמֶת נֶעְדֶּרֶת וְסָר מֵרָע מִשְׁתּוֹלֵל

A Reading (Lesson) from the second letter to Timothy (1:1–14)

Παῦλος ἀπόστολος Χριστοῦ Ἰησοῦ διὰ θελήματος θεοῦ κατ' ἐπαγγελίαν ζωῆς τῆς ἐν Χριστῷ Ἰησοῦ Τιμοθέῳ ἀγαπητῷ τέκνῳ, χάρις ἔλεος εἰρήνη ἀπὸ θεοῦ πατρὸς καὶ Χριστοῦ Ἰησοῦ τοῦ κυρίου ἡμῶν.

Χάριν ἔχω τῷ θεῷ, ᾧ λατρεύω ἀπὸ προγόνων ἐν καθαρᾷ συνειδήσει, ὡς ἀδιάλειπτον ἔχω τὴν περὶ σοῦ μνείαν ἐν ταῖς δεήσεσίν μου νυκτὸς καὶ ἡμέρας, ἐπιποθῶν σε ἰδεῖν, μεμνημένος σου τῶν δακρύων, ἵνα χαρᾶς πληρωθῶ, ὑπόμνησιν λαβὼν τῆς ἐν σοὶ ἀνυποκρίτου πίστεως, ἥτις ἐνῴκησεν πρῶτον ἐν τῇ μάμμῃ σου Λωΐδι καὶ τῇ μητρί σου Εὐνίκῃ, πέπεισμαι δὲ ὅτι καὶ ἐν σοί.

Δι' ἣν αἰτίαν ἀναμιμνῄσκω σε ἀναζωπυρεῖν τὸ χάρισμα τοῦ θεοῦ, ὅ ἐστιν ἐν σοὶ διὰ τῆς ἐπιθέσεως τῶν χειρῶν μου. οὐ γὰρ ἔδωκεν ἡμῖν ὁ θεὸς πνεῦμα δειλίας ἀλλὰ δυνάμεως καὶ ἀγάπης καὶ σωφρονισμοῦ. μὴ οὖν ἐπαισχυνθῇς τὸ μαρτύριον τοῦ κυρίου ἡμῶν μηδὲ ἐμὲ τὸν δέσμιον αὐτοῦ, ἀλλὰ συγκακοπάθησον τῷ εὐαγγελίῳ κατὰ δύναμιν θεοῦ,

τοῦ σώσαντος ἡμᾶς
    καὶ καλέσαντος κλήσει ἁγίᾳ,
οὐ κατὰ τὰ ἔργα ἡμῶν

ἀλλὰ κατὰ ἰδίαν πρόθεσιν καὶ χάριν,

τὴν δοθεῖσαν ἡμῖν ἐν Χριστῷ Ἰησοῦ

πρὸ χρόνων αἰωνίων,

φανερωθεῖσαν δὲ νῦν

διὰ τῆς ἐπιφανείας τοῦ σωτῆρος ἡμῶν Χριστοῦ Ἰησοῦ,

καταργήσαντος μὲν τὸν θάνατον

φωτίσαντος δὲ ζωὴν καὶ ἀφθαρσίαν διὰ τοῦ εὐαγγελίου

εἰς ὃ ἐτέθην ἐγὼ κῆρυξ καὶ ἀπόστολος καὶ διδάσκαλος, δι' ἣν αἰτίαν καὶ ταῦτα πάσχω· ἀλλ' οὐκ ἐπαισχύνομαι, οἶδα γὰρ ᾧ πεπίστευκα καὶ πέπεισμαι ὅτι δυνατός ἐστιν τὴν παραθήκην μου φυλάξαι εἰς ἐκείνην τὴν ἡμέραν. Ὑποτύπωσιν ἔχε ὑγιαινόντων λόγων ὧν παρ' ἐμοῦ ἤκουσας ἐν πίστει καὶ ἀγάπῃ τῇ ἐν Χριστῷ Ἰησοῦ· τὴν καλὴν παραθήκην φύλαξον διὰ πνεύματος ἁγίου τοῦ ἐνοικοῦντος ἐν ἡμῖν.

Wednesday

A Reading (Lesson) from the Prophet Isaiah (59:15b–21)

וַיַּ֧רְא יְהוָ֛ה וַיֵּ֥רַע בְּעֵינָ֖יו כִּי־אֵ֥ין מִשְׁפָּֽט׃

וַיַּ֙רְא֙ כִּי־אֵ֣ין אִ֔ישׁ וַיִּשְׁתּוֹמֵ֖ם כִּ֣י אֵ֣ין מַפְגִּ֑יעַ וַתּ֤וֹשַֽׁע לוֹ֙ זְרֹע֔וֹ

וְצִדְקָת֖וֹ הִ֥יא סְמָכָֽתְהוּ׃

וַיִּלְבַּ֤שׁ צְדָקָה֙ כַּשִּׁרְיָ֔ן וְכ֥וֹבַע יְשׁוּעָ֖ה בְּרֹאשׁ֑וֹ וַיִּלְבַּ֞שׁ בִּגְדֵ֤י נָקָם֙

תִּלְבֹּ֔שֶׁת וַיַּ֥עַט כַּמְעִ֖יל קִנְאָֽה׃

כְּעַ֤ל גְּמֻלוֹת֙ כְּעַ֣ל יְשַׁלֵּ֔ם חֵמָה֙ לְצָרָ֔יו גְּמ֖וּל לְאֹיְבָ֑יו לָאִיִּ֖ים גְּמ֥וּל

יְשַׁלֵּֽם׃

וְיִֽירְא֤וּ מִֽמַּעֲרָב֙ אֶת־שֵׁ֣ם יְהוָ֔ה וּמִמִּזְרַח־שֶׁ֖מֶשׁ אֶת־כְּבוֹד֑וֹ כִּֽי־יָב֤וֹא

כַנָּהָר֙ צָ֔ר ר֥וּחַ יְהוָ֖ה נֹ֥סְסָה בֽוֹ׃

וּבָ֤א לְצִיּוֹן֙ גּוֹאֵ֔ל וּלְשָׁבֵ֥י פֶ֖שַׁע בְּיַעֲקֹ֑ב נְאֻ֖ם יְהוָֽה׃

וַאֲנִ֗י זֹ֣את בְּרִיתִ֤י אוֹתָם֙ אָמַ֣ר יְהוָ֔ה רוּחִי֙ אֲשֶׁ֣ר עָלֶ֔יךָ וּדְבָרַ֖י אֲשֶׁר־
שַׂ֣מְתִּי בְּפִ֑יךָ לֹֽא־יָמ֡וּשׁוּ מִפִּיךָ֩ וּמִפִּ֨י זַרְעֲךָ֜ וּמִפִּ֨י זֶ֤רַע זַרְעֲךָ֙ אָמַ֣ר
יְהוָ֔ה מֵעַתָּ֖ה וְעַד־עוֹלָֽם׃ ס

A Reading (Lesson) from the second letter to Timothy (1:15–2:13)

Οἶδας τοῦτο, ὅτι ἀπεστράφησάν με πάντες οἱ ἐν τῇ Ἀσίᾳ, ὧν ἐστιν Φύγελος καὶ Ἑρμογένης. δῴη ἔλεος ὁ κύριος τῷ Ὀνησιφόρου οἴκῳ, ὅτι πολλάκις με ἀνέψυξεν καὶ τὴν ἅλυσίν μου οὐκ ἐπαισχύνθη, ἀλλὰ γενόμενος ἐν Ῥώμῃ σπουδαίως ἐζήτησέν με καὶ εὗρεν· δῴη αὐτῷ ὁ κύριος εὑρεῖν ἔλεος παρὰ κυρίου ἐν ἐκείνῃ τῇ ἡμέρᾳ. καὶ ὅσα ἐν Ἐφέσῳ διηκόνησεν, βέλτιον σὺ γινώσκεις.

Σὺ οὖν, τέκνον μου, ἐνδυναμοῦ ἐν τῇ χάριτι τῇ ἐν Χριστῷ Ἰησοῦ, καὶ ἃ ἤκουσας παρ' ἐμοῦ διὰ πολλῶν μαρτύρων, ταῦτα παράθου πιστοῖς ἀνθρώποις, οἵτινες ἱκανοὶ ἔσονται καὶ ἑτέρους διδάξαι. Συγκακοπάθησον ὡς καλὸς στρατιώτης Χριστοῦ Ἰησοῦ. οὐδεὶς στρατευόμενος ἐμπλέκεται ταῖς τοῦ βίου πραγματείαις, ἵνα τῷ στρατολογήσαντι ἀρέσῃ. ἐὰν δὲ καὶ ἀθλῇ τις, οὐ στεφανοῦται ἐὰν μὴ νομίμως ἀθλήσῃ. τὸν κοπιῶντα γεωργὸν δεῖ πρῶτον τῶν καρπῶν μεταλαμβάνειν. νόει ὃ λέγω· δώσει γάρ σοι ὁ κύριος σύνεσιν ἐν πᾶσιν.

Μνημόνευε Ἰησοῦν Χριστὸν ἐγηγερμένον ἐκ νεκρῶν, ἐκ σπέρματος Δαυίδ, κατὰ τὸ εὐαγγέλιόν μου, ἐν ᾧ κακοπαθῶ μέχρι δεσμῶν ὡς κακοῦργος, ἀλλ' ὁ λόγος τοῦ θεοῦ οὐ δέδεται· διὰ τοῦτο πάντα ὑπομένω διὰ τοὺς ἐκλεκτούς, ἵνα καὶ αὐτοὶ σωτηρίας τύχωσιν τῆς ἐν Χριστῷ Ἰησοῦ μετὰ δόξης αἰωνίου. πιστὸς ὁ λόγος·

εἰ γὰρ συναπεθάνομεν, καὶ συζήσομεν·
εἰ ὑπομένομεν, καὶ συμβασιλεύσομεν·
εἰ ἀρνησόμεθα, κἀκεῖνος ἀρνήσεται ἡμᾶς·
εἰ ἀπιστοῦμεν, ἐκεῖνος πιστὸς μένει,
ἀρνήσασθαι γὰρ ἑαυτὸν οὐ δύναται.

Thursday

A Reading (Lesson) from the Prophet Isaiah (60:1–17)

ק֥וּמִי א֖וֹרִי כִּ֣י בָ֣א אוֹרֵ֑ךְ וּכְב֥וֹד יְהוָ֖ה עָלַ֥יִךְ זָרָֽח׃
כִּֽי־הִנֵּ֤ה הַחֹ֙שֶׁךְ֙ יְכַסֶּה־אֶ֔רֶץ וַעֲרָפֶ֖ל לְאֻמִּ֑ים וְעָלַ֙יִךְ֙ יִזְרַ֣ח יְהוָ֔ה
וּכְבוֹד֖וֹ עָלַ֥יִךְ יֵרָאֶֽה׃
וְהָלְכ֥וּ גוֹיִ֖ם לְאוֹרֵ֑ךְ וּמְלָכִ֖ים לְנֹ֥גַהּ זַרְחֵֽךְ׃
שְׂאִֽי־סָבִ֤יב עֵינַ֙יִךְ֙ וּרְאִ֔י כֻּלָּ֖ם נִקְבְּצ֣וּ בָֽאוּ־לָ֑ךְ בָּנַ֙יִךְ֙ מֵרָח֣וֹק יָבֹ֔אוּ
וּבְנֹתַ֖יִךְ עַל־צַ֥ד תֵּאָמַֽנָה׃
אָ֤ז תִּרְאִי֙ וְנָהַ֔רְתְּ וּפָחַ֥ד וְרָחַ֖ב לְבָבֵ֑ךְ כִּֽי־יֵהָפֵ֤ךְ עָלַ֙יִךְ֙ הֲמ֣וֹן יָ֔ם
חֵ֥יל גּוֹיִ֖ם יָבֹ֥אוּ לָֽךְ׃
שִֽׁפְעַ֨ת גְּמַלִּ֜ים תְּכַסֵּ֗ךְ בִּכְרֵ֤י מִדְיָן֙ וְעֵיפָ֔ה כֻּלָּ֖ם מִשְּׁבָ֣א יָבֹ֑אוּ זָהָ֤ב
וּלְבוֹנָה֙ יִשָּׂ֔אוּ וּתְהִלֹּ֥ת יְהוָ֖ה יְבַשֵּֽׂרוּ׃
כָּל־צֹ֤אן קֵדָר֙ יִקָּ֣בְצוּ לָ֔ךְ אֵילֵ֥י נְבָי֖וֹת יְשָׁרְת֑וּנֶךְ יַעֲל֤וּ עַל־רָצוֹן֙
מִזְבְּחִ֔י וּבֵ֥ית תִּפְאַרְתִּ֖י אֲפָאֵֽר׃
מִי־אֵ֖לֶּה כָּעָ֣ב תְּעוּפֶ֑ינָה וְכַיּוֹנִ֖ים אֶל־אֲרֻבֹּתֵיהֶֽם׃
כִּֽי־לִ֣י ׀ אִיִּ֣ים יְקַוּ֗וּ וָאֳנִיּ֤וֹת תַּרְשִׁישׁ֙ בָּרִ֣אשֹׁנָ֔ה לְהָבִ֤יא בָנַ֙יִךְ֙ מֵֽרָח֔וֹק
כַּסְפָּ֥ם וּזְהָבָ֖ם אִתָּ֑ם לְשֵׁם֙ יְהוָ֣ה אֱלֹהַ֔יִךְ וְלִקְד֥וֹשׁ יִשְׂרָאֵ֖ל כִּ֥י
פֵאֲרָֽךְ׃
וּבָנ֤וּ בְנֵֽי־נֵכָר֙ חֹמֹתַ֔יִךְ וּמַלְכֵיהֶ֖ם יְשָׁרְת֑וּנֶךְ כִּ֤י בְקִצְפִּי֙ הִכִּיתִ֔יךְ
וּבִרְצוֹנִ֖י רִחַמְתִּֽיךְ׃
וּפִתְּח֨וּ שְׁעָרַ֧יִךְ תָּמִ֛יד יוֹמָ֥ם וָלַ֖יְלָה לֹ֣א יִסָּגֵ֑רוּ לְהָבִ֤יא אֵלַ֙יִךְ֙ חֵ֣יל
גּוֹיִ֔ם וּמַלְכֵיהֶ֖ם נְהוּגִֽים׃
כִּֽי־הַגּ֧וֹי וְהַמַּמְלָכָ֛ה אֲשֶׁ֥ר לֹא־יַעַבְד֖וּךְ יֹאבֵ֑דוּ וְהַגּוֹיִ֖ם חָרֹ֥ב
יֶחֱרָֽבוּ׃

כְּבוֹד הַלְּבָנוֹן אֵלַיִךְ יָבוֹא בְּרוֹשׁ תִּדְהָר וּתְאַשּׁוּר יַחְדָּו לְפָאֵר
מְקוֹם מִקְדָּשִׁי וּמְקוֹם רַגְלַי אֲכַבֵּד׃
וְהָלְכוּ אֵלַיִךְ שְׁחוֹחַ בְּנֵי מְעַנַּיִךְ וְהִשְׁתַּחֲווּ עַל־כַּפּוֹת רַגְלַיִךְ כָּל־
מְנַאֲצָיִךְ וְקָרְאוּ לָךְ עִיר יְהוָה צִיּוֹן קְדוֹשׁ יִשְׂרָאֵל׃
תַּחַת הֱיוֹתֵךְ עֲזוּבָה וּשְׂנוּאָה וְאֵין עוֹבֵר וְשַׂמְתִּיךְ לִגְאוֹן עוֹלָם
מְשׂוֹשׂ דּוֹר וָדוֹר׃
וְיָנַקְתְּ חֲלֵב גּוֹיִם וְשֹׁד מְלָכִים תִּינָקִי וְיָדַעַתְּ כִּי אֲנִי יְהוָה מוֹשִׁיעֵךְ
וְגֹאֲלֵךְ אֲבִיר יַעֲקֹב׃
תַּחַת הַנְּחֹשֶׁת אָבִיא זָהָב וְתַחַת הַבַּרְזֶל אָבִיא כֶסֶף וְתַחַת הָעֵצִים
נְחֹשֶׁת וְתַחַת הָאֲבָנִים בַּרְזֶל וְשַׂמְתִּי פְקֻדָּתֵךְ שָׁלוֹם וְנֹגְשַׂיִךְ
צְדָקָה׃

A Reading (Lesson) from the second letter to Timothy (2:14–26)

Ταῦτα ὑπομίμνῃσκε διαμαρτυρόμενος ἐνώπιον τοῦ θεοῦ μὴ λογομαχεῖν, ἐπ' οὐδὲν χρήσιμον, ἐπὶ καταστροφῇ τῶν ἀκουόντων. σπούδασον σεαυτὸν δόκιμον παραστῆσαι τῷ θεῷ, ἐργάτην ἀνεπαίσχυντον, ὀρθοτομοῦντα τὸν λόγον τῆς ἀληθείας. τὰς δὲ βεβήλους κενοφωνίας περιΐστασο· ἐπὶ πλεῖον γὰρ προκόψουσιν ἀσεβείας καὶ ὁ λόγος αὐτῶν ὡς γάγγραινα νομὴν ἕξει. ὧν ἐστιν Ὑμέναιος καὶ Φίλητος, οἵτινες περὶ τὴν ἀλήθειαν ἠστόχησαν, λέγοντες [τὴν] ἀνάστασιν ἤδη γεγονέναι, καὶ ἀνατρέπουσιν τήν τινων πίστιν. ὁ μέντοι στερεὸς θεμέλιος τοῦ θεοῦ ἕστηκεν, ἔχων τὴν σφραγῖδα ταύτην· *ἔγνω κύριος τοὺς ὄντας αὐτοῦ*, καί· *ἀποστήτω ἀπὸ ἀδικίας* πᾶς ὁ *ὀνομάζων τὸ ὄνομα κυρίου*. Ἐν μεγάλῃ δὲ οἰκίᾳ οὐκ ἔστιν μόνον σκεύη χρυσᾶ καὶ ἀργυρᾶ ἀλλὰ καὶ ξύλινα καὶ ὀστράκινα, καὶ ἃ μὲν εἰς τιμὴν ἃ δὲ εἰς ἀτιμίαν· ἐὰν οὖν τις ἐκκαθάρῃ ἑαυτὸν ἀπὸ τούτων, ἔσται σκεῦος εἰς τιμήν, ἡγιασμένον, εὔχρηστον τῷ δεσπότῃ, εἰς πᾶν ἔργον ἀγαθὸν ἡτοιμασμένον.

Τὰς δὲ νεωτερικὰς ἐπιθυμίας φεῦγε, δίωκε δὲ δικαιοσύνην πίστιν ἀγάπην εἰρήνην μετὰ τῶν ἐπικαλουμένων τὸν κύριον ἐκ καθαρᾶς καρδίας. τὰς δὲ μωρὰς καὶ ἀπαιδεύτους ζητήσεις παραιτοῦ, εἰδὼς ὅτι γεννῶσιν μάχας· δοῦλον δὲ κυρίου οὐ δεῖ μάχεσθαι ἀλλ' ἤπιον εἶναι πρὸς πάντας, διδακτικόν, ἀνεξίκακον, ἐν πραΰτητι παιδεύοντα τοὺς ἀντιδιατιθεμένους, μήποτε δώῃ αὐτοῖς ὁ θεὸς μετάνοιαν εἰς ἐπίγνωσιν ἀληθείας καὶ ἀνανήψωσιν ἐκ τῆς τοῦ διαβόλου παγίδος, ἐζωγρημένοι ὑπ' αὐτοῦ εἰς τὸ ἐκείνου θέλημα.

Friday

A Reading (Lesson) from the Prophet Isaiah (61:1–9)

רוּחַ֛ אֲדֹנָ֥י יְהוִ֖ה עָלָ֑י יַ֡עַן מָשַׁח֩ יְהוָ֨ה אֹתִ֜י לְבַשֵּׂ֣ר עֲנָוִ֗ים שְׁלָחַ֙נִי֙
לַחֲבֹ֣שׁ לְנִשְׁבְּרֵי־לֵ֔ב לִקְרֹ֤א לִשְׁבוּיִם֙ דְּר֔וֹר וְלַאֲסוּרִ֖ים פְּקַח־קֽוֹחַ׃
לִקְרֹ֤א שְׁנַת־רָצוֹן֙ לַֽיהוָ֔ה וְי֥וֹם נָקָ֖ם לֵאלֹהֵ֑ינוּ לְנַחֵ֖ם כָּל־אֲבֵלִֽים׃
לָשׂ֣וּם ׀ לַאֲבֵלֵ֣י צִיּ֗וֹן לָתֵת֩ לָהֶ֨ם פְּאֵ֜ר תַּ֣חַת אֵ֗פֶר שֶׁ֤מֶן שָׂשׂוֹן֙ תַּ֣חַת
אֵ֔בֶל מַעֲטֵ֣ה תְהִלָּ֔ה תַּ֖חַת ר֣וּחַ כֵּהָ֑ה וְקֹרָ֣א לָהֶם֙ אֵילֵ֣י הַצֶּ֔דֶק מַטַּ֥ע
יְהוָ֖ה לְהִתְפָּאֵֽר׃

וּבָנוּ֙ חָרְב֣וֹת עוֹלָ֔ם שֹׁמְמ֥וֹת רִאשֹׁנִ֖ים יְקוֹמֵ֑מוּ וְחִדְּשׁוּ֙ עָ֣רֵי חֹ֔רֶב
שֹׁמְמ֖וֹת דּ֥וֹר וָדֽוֹר׃

וְעָמְד֣וּ זָרִ֔ים וְרָע֖וּ צֹאנְכֶ֑ם וּבְנֵ֣י נֵכָ֔ר אִכָּרֵיכֶ֖ם וְכֹרְמֵיכֶֽם׃

וְאַתֶּ֗ם כֹּהֲנֵ֤י יְהוָה֙ תִּקָּרֵ֔אוּ מְשָׁרְתֵ֣י אֱלֹהֵ֔ינוּ יֵאָמֵ֖ר לָכֶ֑ם חֵ֤יל גּוֹיִם֙
תֹּאכֵ֔לוּ וּבִכְבוֹדָ֖ם תִּתְיַמָּֽרוּ׃

תַּ֤חַת בָּשְׁתְּכֶם֙ מִשְׁנֶ֔ה וּכְלִמָּ֖ה יָרֹ֣נּוּ חֶלְקָ֑ם לָכֵ֤ן בְּאַרְצָם֙ מִשְׁנֶ֣ה
יִירָ֔שׁוּ שִׂמְחַ֥ת עוֹלָ֖ם תִּהְיֶ֥ה לָהֶֽם׃

כִּ֣י אֲנִ֤י יְהוָה֙ אֹהֵ֣ב מִשְׁפָּ֔ט שֹׂנֵ֥א גָזֵ֖ל בְּעוֹלָ֑ה וְנָתַתִּ֤י פְעֻלָּתָם֙ בֶּאֱמֶ֔ת
וּבְרִ֥ית עוֹלָ֖ם אֶכְר֥וֹת לָהֶֽם׃

וְנוֹדַ֤ע בַּגּוֹיִם֙ זַרְעָ֔ם וְצֶאֱצָאֵיהֶ֖ם בְּת֣וֹךְ הָעַמִּ֑ים כָּל־רֹאֵיהֶם֙ יַכִּיר֔וּם כִּ֛י הֵ֥ם זֶ֖רַע בֵּרַ֥ךְ יְהוָֽה׃ ס

A Reading (Lesson) from the second letter to Timothy (3:1–17)

Τοῦτο δὲ γίνωσκε, ὅτι ἐν ἐσχάταις ἡμέραις ἐνστήσονται καιροὶ χαλεποί· ἔσονται γὰρ οἱ ἄνθρωποι φίλαυτοι φιλάργυροι ἀλαζόνες ὑπερήφανοι βλάσφημοι, γονεῦσιν ἀπειθεῖς, ἀχάριστοι ἀνόσιοι ἄστοργοι ἄσπονδοι διάβολοι ἀκρατεῖς ἀνήμεροι ἀφιλάγαθοι προδόται προπετεῖς τετυφωμένοι, φιλήδονοι μᾶλλον ἢ φιλόθεοι, ἔχοντες μόρφωσιν εὐσεβείας τὴν δὲ δύναμιν αὐτῆς ἠρνημένοι· καὶ τούτους ἀποτρέπου. Ἐκ τούτων γάρ εἰσιν οἱ ἐνδύνοντες εἰς τὰς οἰκίας καὶ αἰχμαλωτίζοντες γυναικάρια σεσωρευμένα ἁμαρτίαις, ἀγόμενα ἐπιθυμίαις ποικίλαις, πάντοτε μανθάνοντα καὶ μηδέποτε εἰς ἐπίγνωσιν ἀληθείας ἐλθεῖν δυνάμενα. ὃν τρόπον δὲ Ἰάννης καὶ Ἰαμβρῆς ἀντέστησαν Μωϋσεῖ, οὕτως καὶ οὗτοι ἀνθίστανται τῇ ἀληθείᾳ, ἄνθρωποι κατεφθαρμένοι τὸν νοῦν, ἀδόκιμοι περὶ τὴν πίστιν. ἀλλ' οὐ προκόψουσιν ἐπὶ πλεῖον· ἡ γὰρ ἄνοια αὐτῶν ἔκδηλος ἔσται πᾶσιν, ὡς καὶ ἡ ἐκείνων ἐγένετο.

Σὺ δὲ παρηκολούθησάς μου τῇ διδασκαλίᾳ, τῇ ἀγωγῇ, τῇ προθέσει, τῇ πίστει, τῇ μακροθυμίᾳ, τῇ ἀγάπῃ, τῇ ὑπομονῇ, τοῖς διωγμοῖς, τοῖς παθήμασιν, οἷά μοι ἐγένετο ἐν Ἀντιοχείᾳ, ἐν Ἰκονίῳ, ἐν Λύστροις, οἵους διωγμοὺς ὑπήνεγκα καὶ ἐκ πάντων με ἐρρύσατο ὁ κύριος. καὶ πάντες δὲ οἱ θέλοντες εὐσεβῶς ζῆν ἐν Χριστῷ Ἰησοῦ διωχθήσονται. πονηροὶ δὲ ἄνθρωποι καὶ γόητες προκόψουσιν ἐπὶ τὸ χεῖρον πλανῶντες καὶ πλανώμενοι. Σὺ δὲ μένε ἐν οἷς ἔμαθες καὶ ἐπιστώθης, εἰδὼς παρὰ τίνων ἔμαθες, καὶ ὅτι ἀπὸ βρέφους [τὰ] ἱερὰ γράμματα οἶδας, τὰ δυνάμενά σε σοφίσαι εἰς σωτηρίαν διὰ πίστεως τῆς ἐν Χριστῷ Ἰησοῦ. πᾶσα γραφὴ θεόπνευστος καὶ ὠφέλιμος πρὸς διδασκαλίαν, πρὸς ἐλεγμόν, πρὸς ἐπανόρθωσιν, πρὸς παιδείαν τὴν ἐν δικαιοσύνῃ, ἵνα ἄρτιος ᾖ ὁ τοῦ θεοῦ ἄνθρωπος, πρὸς πᾶν ἔργον ἀγαθὸν ἐξηρτισμένος.

Week of 6 Epiphany

Monday

A Reading (Lesson) from the Prophet Isaiah (63:1–6)

מִי־זֶ֣ה ׀ בָּ֣א מֵאֱד֗וֹם חֲמ֤וּץ בְּגָדִים֙ מִבָּצְרָ֔ה זֶ֚ה הָד֣וּר בִּלְבוּשׁ֔וֹ
צֹעֶ֖ה בְּרֹ֣ב כֹּח֑וֹ אֲנִ֛י מְדַבֵּ֥ר בִּצְדָקָ֖ה רַ֥ב לְהוֹשִֽׁיעַ׃
מַדּ֥וּעַ אָדֹ֖ם לִלְבוּשֶׁ֑ךָ וּבְגָדֶ֕יךָ כְּדֹרֵ֖ךְ בְּגַֽת׃
פּוּרָ֣ה ׀ דָּרַ֣כְתִּי לְבַדִּ֗י וּמֵֽעַמִּים֙ אֵין־אִ֣ישׁ אִתִּ֔י וְאֶדְרְכֵ֣ם בְּאַפִּ֔י
וְאֶרְמְסֵ֖ם בַּחֲמָתִ֑י וְיֵ֤ז נִצְחָם֙ עַל־בְּגָדַ֔י וְכָל־מַלְבּוּשַׁ֖י אֶגְאָֽלְתִּי׃
כִּ֛י י֥וֹם נָקָ֖ם בְּלִבִּ֑י וּשְׁנַ֥ת גְּאוּלַ֖י בָּֽאָה׃
וְאַבִּיט֙ וְאֵ֣ין עֹזֵ֔ר וְאֶשְׁתּוֹמֵ֖ם וְאֵ֣ין סוֹמֵ֑ךְ וַתּ֤וֹשַֽׁע לִי֙ זְרֹעִ֔י וַחֲמָתִ֖י הִ֥יא
סְמָכָֽתְנִי׃
וְאָב֤וּס עַמִּים֙ בְּאַפִּ֔י וַאֲשַׁכְּרֵ֖ם בַּחֲמָתִ֑י וְאוֹרִ֥יד לָאָ֖רֶץ נִצְחָֽם׃ ס

A Reading (Lesson) from the first letter to Timothy (1:1–17)

Παῦλος ἀπόστολος Χριστοῦ Ἰησοῦ κατ' ἐπιταγὴν θεοῦ σωτῆρος ἡμῶν καὶ Χριστοῦ Ἰησοῦ τῆς ἐλπίδος ἡμῶν Τιμοθέῳ γνησίῳ τέκνῳ ἐν πίστει, χάρις ἔλεος εἰρήνη ἀπὸ θεοῦ πατρὸς καὶ Χριστοῦ Ἰησοῦ τοῦ κυρίου ἡμῶν.

Καθὼς παρεκάλεσά σε προσμεῖναι ἐν Ἐφέσῳ πορευόμενος εἰς Μακεδονίαν, ἵνα παραγγείλῃς τισὶν μὴ ἑτεροδιδασκαλεῖν μηδὲ προσέχειν μύθοις καὶ γενεαλογίαις ἀπεράντοις, αἵτινες ἐκζητήσεις παρέχουσιν μᾶλλον ἢ οἰκονομίαν θεοῦ τὴν ἐν πίστει. τὸ δὲ τέλος τῆς παραγγελίας ἐστὶν ἀγάπη ἐκ καθαρᾶς καρδίας καὶ συνειδήσεως ἀγαθῆς καὶ πίστεως ἀνυποκρίτου, ὧν τινες ἀστοχήσαντες ἐξετράπησαν εἰς ματαιολογίαν θέλοντες εἶναι νομοδιδάσκαλοι, μὴ νοοῦντες μήτε ἃ λέγουσιν μήτε περὶ τίνων διαβεβαιοῦνται. Οἴδαμεν δὲ ὅτι καλὸς ὁ νόμος, ἐάν τις αὐτῷ νομίμως χρῆται, εἰδὼς τοῦτο, ὅτι δικαίῳ νόμος οὐ κεῖται, ἀνόμοις δὲ καὶ ἀνυποτάκτοις, ἀσεβέσιν καὶ ἁμαρτωλοῖς, ἀνοσίοις καὶ βεβήλοις, πατρολῴαις καὶ μητρολῴαις, ἀνδροφόνοις πόρνοις ἀρσενοκοίταις ἀνδραποδισταῖς ψεύσταις ἐπιόρκοις, καὶ εἴ τι ἕτερον τῇ ὑγιαινούσῃ διδασκαλίᾳ ἀντίκειται κατὰ τὸ εὐαγγέλιον τῆς δόξης τοῦ μακαρίου θεοῦ, ὃ ἐπιστεύθην ἐγώ.

Χάριν ἔχω τῷ ἐνδυναμώσαντί με Χριστῷ Ἰησοῦ τῷ κυρίῳ ἡμῶν, ὅτι πιστόν με ἡγήσατο θέμενος εἰς διακονίαν τὸ πρότερον ὄντα βλάσφημον καὶ διώκτην καὶ ὑβριστήν, ἀλλ’ ἠλεήθην, ὅτι ἀγνοῶν ἐποίησα ἐν ἀπιστίᾳ· ὑπερεπλεόνασεν δὲ ἡ χάρις τοῦ κυρίου ἡμῶν μετὰ πίστεως καὶ ἀγάπης τῆς ἐν Χριστῷ Ἰησοῦ. πιστὸς ὁ λόγος καὶ πάσης ἀποδοχῆς ἄξιος, ὅτι Χριστὸς Ἰησοῦς ἦλθεν εἰς τὸν κόσμον ἁμαρτωλοὺς σῶσαι, ὧν πρῶτός εἰμι ἐγώ. ἀλλὰ διὰ τοῦτο ἠλεήθην, ἵνα ἐν ἐμοὶ πρώτῳ ἐνδείξηται Χριστὸς Ἰησοῦς τὴν ἅπασαν μακροθυμίαν πρὸς ὑποτύπωσιν τῶν μελλόντων πιστεύειν ἐπ’ αὐτῷ εἰς ζωὴν αἰώνιον. Τῷ δὲ βασιλεῖ τῶν αἰώνων, ἀφθάρτῳ ἀοράτῳ μόνῳ θεῷ, τιμὴ καὶ δόξα εἰς τοὺς αἰῶνας τῶν αἰώνων, ἀμήν.

Tuesday

A Reading (Lesson) from the Prophet Isaiah (63:7–14)

חַסְדֵי יְהוָה ׀ אַזְכִּיר תְּהִלֹּת יְהוָה כְּעַל כֹּל אֲשֶׁר־גְּמָלָנוּ יְהוָה
וְרַב־טוּב לְבֵית יִשְׂרָאֵל אֲשֶׁר־גְּמָלָם כְּרַחֲמָיו וּכְרֹב חֲסָדָיו׃
וַיֹּאמֶר אַךְ־עַמִּי הֵמָּה בָּנִים לֹא יְשַׁקֵּרוּ וַיְהִי לָהֶם לְמוֹשִׁיעַ׃
בְּכָל־צָרָתָם ׀ [K]לא [Q]לוֹ צָר וּמַלְאַךְ פָּנָיו הוֹשִׁיעָם בְּאַהֲבָתוֹ
וּבְחֶמְלָתוֹ הוּא גְאָלָם וַיְנַטְּלֵם וַיְנַשְּׂאֵם כָּל־יְמֵי עוֹלָם׃
וְהֵמָּה מָרוּ וְעִצְּבוּ אֶת־רוּחַ קָדְשׁוֹ וַיֵּהָפֵךְ לָהֶם לְאוֹיֵב הוּא
נִלְחַם־בָּם׃

וַיִּזְכֹּ֥ר יְמֵֽי־עוֹלָ֖ם מֹשֶׁ֣ה עַמּ֑וֹ אַיֵּ֣ה ׀ הַמַּעֲלֵ֣ם מִיָּ֗ם אֵ֚ת רֹעֵ֣י צֹאנ֔וֹ אַיֵּ֛ה
הַשָּׂ֥ם בְּקִרְבּ֖וֹ אֶת־ר֥וּחַ קָדְשֽׁוֹ׃
מוֹלִיךְ֙ לִימִ֣ין מֹשֶׁ֔ה זְר֖וֹעַ תִּפְאַרְתּ֑וֹ בּ֤וֹקֵֽעַ מַ֙יִם֙ מִפְּנֵיהֶ֔ם לַעֲשׂ֥וֹת ל֖וֹ
שֵׁ֥ם עוֹלָֽם׃
מוֹלִיכָ֖ם בַּתְּהֹמ֑וֹת כַּסּ֥וּס בַּמִּדְבָּ֖ר לֹ֥א יִכָּשֵֽׁלוּ׃
כַּבְּהֵמָה֙ בַּבִּקְעָ֣ה תֵרֵ֔ד ר֥וּחַ יְהוָ֖ה תְּנִיחֶ֑נּוּ כֵּ֛ן נִהַ֥גְתָּ עַמְּךָ֖ לַעֲשׂ֥וֹת
לְךָ֖ שֵׁ֥ם תִּפְאָֽרֶת׃

A Reading (Lesson) from the first letter to Timothy (1:18–2:8)

Ταύτην τὴν παραγγελίαν παρατίθεμαί σοι, τέκνον Τιμόθεε, κατὰ τὰς προαγούσας ἐπὶ σὲ προφητείας, ἵνα στρατεύῃ ἐν αὐταῖς τὴν καλὴν στρατείαν ἔχων πίστιν καὶ ἀγαθὴν συνείδησιν, ἥν τινες ἀπωσάμενοι περὶ τὴν πίστιν ἐναυάγησαν, ὧν ἐστιν Ὑμέναιος καὶ Ἀλέξανδρος, οὓς παρέδωκα τῷ σατανᾷ, ἵνα παιδευθῶσιν μὴ βλασφημεῖν.

Παρακαλῶ οὖν πρῶτον πάντων ποιεῖσθαι δεήσεις προσευχὰς ἐντεύξεις εὐχαριστίας ὑπὲρ πάντων ἀνθρώπων, ὑπὲρ βασιλέων καὶ πάντων τῶν ἐν ὑπεροχῇ ὄντων, ἵνα ἤρεμον καὶ ἡσύχιον βίον διάγωμεν ἐν πάσῃ εὐσεβείᾳ καὶ σεμνότητι. τοῦτο καλὸν καὶ ἀπόδεκτον ἐνώπιον τοῦ σωτῆρος ἡμῶν θεοῦ, ὃς πάντας ἀνθρώπους θέλει σωθῆναι καὶ εἰς ἐπίγνωσιν ἀληθείας ἐλθεῖν.

Εἷς γὰρ θεός,
εἷς καὶ μεσίτης θεοῦ καὶ ἀνθρώπων,
ἄνθρωπος Χριστὸς Ἰησοῦς,
ὁ δοὺς ἑαυτὸν ἀντίλυτρον ὑπὲρ πάντων,
τὸ μαρτύριον καιροῖς ἰδίοις.

εἰς ὃ ἐτέθην ἐγὼ κῆρυξ καὶ ἀπόστολος, ἀλήθειαν λέγω οὐ ψεύδομαι, διδάσκαλος ἐθνῶν ἐν πίστει καὶ ἀληθείᾳ.

Βούλομαι οὖν προσεύχεσθαι τοὺς ἄνδρας ἐν παντὶ τόπῳ ἐπαίροντας ὁσίους χεῖρας χωρὶς ὀργῆς καὶ διαλογισμοῦ.

Wednesday

A Reading (Lesson) from the Prophet Isaiah (63:15–64:8)

הַבֵּ֤ט מִשָּׁמַ֙יִם֙ וּרְאֵ֔ה מִזְּבֻ֥ל קָדְשְׁךָ֖ וְתִפְאַרְתֶּ֑ךָ אַיֵּ֤ה קִנְאָתְךָ֙ וּגְב֣וּרֹתֶ֔ךָ הֲמ֥וֹן מֵעֶ֛יךָ וְרַחֲמֶ֖יךָ אֵלַ֥י הִתְאַפָּֽקוּ׃

כִּֽי־אַתָּ֣ה אָבִ֔ינוּ כִּ֤י אַבְרָהָם֙ לֹ֣א יְדָעָ֔נוּ וְיִשְׂרָאֵ֖ל לֹ֣א יַכִּירָ֑נוּ אַתָּ֤ה יְהוָה֙ אָבִ֔ינוּ גֹּאֲלֵ֥נוּ מֵעוֹלָ֖ם שְׁמֶֽךָ׃

לָ֣מָּה תַתְעֵ֤נוּ יְהוָה֙ מִדְּרָכֶ֔יךָ תַּקְשִׁ֥יחַ לִבֵּ֖נוּ מִיִּרְאָתֶ֑ךָ שׁ֚וּב לְמַ֣עַן עֲבָדֶ֔יךָ שִׁבְטֵ֖י נַחֲלָתֶֽךָ׃

לַמִּצְעָ֕ר יָרְשׁ֖וּ עַם־קָדְשֶׁ֑ךָ צָרֵ֕ינוּ בּוֹסְס֖וּ מִקְדָּשֶֽׁךָ׃

הָיִ֗ינוּ מֵֽעוֹלָם֙ לֹֽא־מָשַׁ֣לְתָּ בָּ֔ם לֹֽא־נִקְרָ֥א שִׁמְךָ֖ עֲלֵיהֶ֑ם ל֤וּא־קָרַ֨עְתָּ֙ שָׁמַ֣יִם יָרַ֔דְתָּ מִפָּנֶ֖יךָ הָרִ֥ים נָזֹֽלּוּ׃

כִּקְדֹ֨חַ אֵ֤שׁ הֲמָסִים֙ מַ֚יִם תִּבְעֶה־אֵ֔שׁ לְהוֹדִ֥יעַ שִׁמְךָ֖ לְצָרֶ֑יךָ מִפָּנֶ֖יךָ גּוֹיִ֥ם יִרְגָּֽזוּ׃

בַּעֲשׂוֹתְךָ֥ נוֹרָא֖וֹת לֹ֣א נְקַוֶּ֑ה יָרַ֕דְתָּ מִפָּנֶ֖יךָ הָרִ֥ים נָזֹֽלּוּ׃

וּמֵעוֹלָ֥ם לֹא־שָׁמְע֖וּ לֹ֣א הֶאֱזִ֑ינוּ עַ֣יִן לֹֽא־רָאָ֗תָה אֱלֹהִים֙ זֽוּלָתְךָ֔ יַעֲשֶׂ֖ה לִמְחַכֵּה־לֽוֹ׃

פָּגַ֤עְתָּ אֶת־שָׂשׂ֙ וְעֹ֣שֵׂה צֶ֔דֶק בִּדְרָכֶ֖יךָ יִזְכְּר֑וּךָ הֵן־אַתָּ֤ה קָצַ֙פְתָּ֙ וַנֶּחֱטָ֔א בָּהֶ֥ם עוֹלָ֖ם וְנִוָּשֵֽׁעַ׃

וַנְּהִ֤י כַטָּמֵא֙ כֻּלָּ֔נוּ וּכְבֶ֥גֶד עִדִּ֖ים כָּל־צִדְקֹתֵ֑ינוּ וַנָּ֤בֶל כֶּעָלֶה֙ כֻּלָּ֔נוּ וַעֲוֺנֵ֖נוּ כָּר֥וּחַ יִשָּׂאֻֽנוּ׃

וְאֵין־קוֹרֵ֣א בְשִׁמְךָ֔ מִתְעוֹרֵ֖ר לְהַחֲזִ֣יק בָּ֑ךְ כִּֽי־הִסְתַּ֤רְתָּ פָנֶ֙יךָ֙ מִמֶּ֔נּוּ וַתְּמוּגֵ֖נוּ בְּיַד־עֲוֺנֵֽנוּ׃

וְעַתָּ֥ה יְהוָ֖ה אָבִ֣ינוּ אָ֑תָּה אֲנַ֤חְנוּ הַחֹ֙מֶר֙ וְאַתָּ֣ה יֹצְרֵ֔נוּ וּמַעֲשֵׂ֥ה יָדְךָ֖ כֻּלָּֽנוּ׃

אַל־תִּקְצֹף יְהוָה עַד־מְאֹד וְאַל־לָעַד תִּזְכֹּר עָוֺן הֵן הַבֶּט־נָא עַמְּךָ כֻלָּנוּ׃

A Reading (Lesson) from the first letter to Timothy (3:1–16)

πιστὸς ὁ λόγος.

Εἴ τις ἐπισκοπῆς ὀρέγεται, καλοῦ ἔργου ἐπιθυμεῖ. δεῖ οὖν τὸν ἐπίσκοπον ἀνεπίλημπτον εἶναι, μιᾶς γυναικὸς ἄνδρα, νηφάλιον σώφρονα κόσμιον φιλόξενον διδακτικόν, μὴ πάροινον μὴ πλήκτην, ἀλλ' ἐπιεικῆ ἄμαχον ἀφιλάργυρον, τοῦ ἰδίου οἴκου καλῶς προϊστάμενον, τέκνα ἔχοντα ἐν ὑποταγῇ, μετὰ πάσης σεμνότητος (εἰ δέ τις τοῦ ἰδίου οἴκου προστῆναι οὐκ οἶδεν, πῶς ἐκκλησίας θεοῦ ἐπιμελήσεται;), μὴ νεόφυτον, ἵνα μὴ τυφωθεὶς εἰς κρίμα ἐμπέσῃ τοῦ διαβόλου. δεῖ δὲ καὶ μαρτυρίαν καλὴν ἔχειν ἀπὸ τῶν ἔξωθεν, ἵνα μὴ εἰς ὀνειδισμὸν ἐμπέσῃ καὶ παγίδα τοῦ διαβόλου.

Διακόνους ὡσαύτως σεμνούς, μὴ διλόγους, μὴ οἴνῳ πολλῷ προσέχοντας, μὴ αἰσχροκερδεῖς, ἔχοντας τὸ μυστήριον τῆς πίστεως ἐν καθαρᾷ συνειδήσει. καὶ οὗτοι δὲ δοκιμαζέσθωσαν πρῶτον, εἶτα διακονείτωσαν ἀνέγκλητοι ὄντες. Γυναῖκας ὡσαύτως σεμνάς, μὴ διαβόλους, νηφαλίους, πιστὰς ἐν πᾶσιν. διάκονοι ἔστωσαν μιᾶς γυναικὸς ἄνδρες, τέκνων καλῶς προϊστάμενοι καὶ τῶν ἰδίων οἴκων. οἱ γὰρ καλῶς διακονήσαντες βαθμὸν ἑαυτοῖς καλὸν περιποιοῦνται καὶ πολλὴν παρρησίαν ἐν πίστει τῇ ἐν Χριστῷ Ἰησοῦ.

Ταῦτά σοι γράφω ἐλπίζων ἐλθεῖν πρὸς σὲ ἐν τάχει· ἐὰν δὲ βραδύνω, ἵνα εἰδῇς πῶς δεῖ ἐν οἴκῳ θεοῦ ἀναστρέφεσθαι, ἥτις ἐστὶν ἐκκλησία θεοῦ ζῶντος, στῦλος καὶ ἑδραίωμα τῆς ἀληθείας. καὶ ὁμολογουμένως μέγα ἐστὶν τὸ τῆς εὐσεβείας μυστήριον·

ὃς ἐφανερώθη ἐν σαρκί,
    ἐδικαιώθη ἐν πνεύματι,
ὤφθη ἀγγέλοις,
    ἐκηρύχθη ἐν ἔθνεσιν,

ἐπιστεύθη ἐν κόσμῳ,
ἀνελήμφθη ἐν δόξῃ.

Thursday

A Reading (Lesson) from the Prophet Isaiah (65:1–12)

נִדְרַ֙שְׁתִּי֙ לְל֣וֹא שָׁאָ֔לוּ נִמְצֵ֖אתִי לְלֹ֣א בִקְשֻׁ֑נִי אָמַ֙רְתִּי֙ הִנֵּ֣נִי הִנֵּ֔נִי
אֶל־גּ֖וֹי לֹא־קֹרָ֥א בִשְׁמִֽי׃
פֵּרַ֧שְׂתִּי יָדַ֛י כָּל־הַיּ֖וֹם אֶל־עַ֣ם סוֹרֵ֑ר הַהֹלְכִים֙ הַדֶּ֣רֶךְ לֹא־ט֔וֹב
אַחַ֖ר מַחְשְׁבֹתֵיהֶֽם׃
הָעָ֗ם הַמַּכְעִיסִ֥ים אוֹתִ֛י עַל־פָּנַ֖י תָּמִ֑יד זֹבְחִים֙ בַּגַּנּ֔וֹת וּמְקַטְּרִ֖ים
עַל־הַלְּבֵנִֽים׃
הַיֹּֽשְׁבִים֙ בַּקְּבָרִ֔ים וּבַנְּצוּרִ֖ים יָלִ֑ינוּ הָאֹֽכְלִים֙ בְּשַׂ֣ר הַחֲזִ֔יר [K]וּפְרַ֥ק
[Q]וּמְרַ֥ק פִּגֻּלִ֖ים כְּלֵיהֶֽם׃
הָאֹמְרִים֙ קְרַ֣ב אֵלֶ֔יךָ אַל־תִּגַּשׁ־בִּ֖י כִּ֣י קְדַשְׁתִּ֑יךָ אֵ֚לֶּה עָשָׁ֣ן בְּאַפִּ֔י
אֵ֥שׁ יֹקֶ֖דֶת כָּל־הַיּֽוֹם׃
הִנֵּ֥ה כְתוּבָ֖ה לְפָנָ֑י לֹ֤א אֶחֱשֶׁה֙ כִּ֣י אִם־שִׁלַּ֔מְתִּי וְשִׁלַּמְתִּ֖י עַל־חֵיקָֽם׃
עֲוֺנֹ֨תֵיכֶ֜ם וַעֲוֺנֹ֨ת אֲבוֹתֵיכֶ֤ם יַחְדָּו֙ אָמַ֣ר יְהוָ֔ה אֲשֶׁ֤ר קִטְּרוּ֙ עַל־
הֶ֣הָרִ֔ים וְעַל־הַגְּבָע֖וֹת חֵרְפ֑וּנִי וּמַדֹּתִ֞י פְּעֻלָּתָ֛ם רִאשֹׁנָ֖ה [K]עַל [Q]אֶל־
חֵיקָֽם׃ ס
כֹּ֣ה ׀ אָמַ֣ר יְהוָ֗ה כַּאֲשֶׁ֨ר יִמָּצֵ֤א הַתִּירוֹשׁ֙ בָּֽאֶשְׁכּ֔וֹל וְאָמַר֙ אַל־
תַּשְׁחִיתֵ֔הוּ כִּ֥י בְרָכָ֖ה בּ֑וֹ כֵּ֤ן אֶֽעֱשֶׂה֙ לְמַ֣עַן עֲבָדַ֔י לְבִלְתִּ֖י הַשְׁחִ֥ית
הַכֹּֽל׃
וְהוֹצֵאתִ֤י מִֽיַּעֲקֹב֙ זֶ֔רַע וּמִֽיהוּדָ֖ה יוֹרֵ֣שׁ הָרָ֑י וִירֵשׁ֣וּהָ בְחִירַ֔י וַעֲבָדַ֖י
יִשְׁכְּנוּ־שָֽׁמָּה׃

וְהָיָ֤ה הַשָּׁרוֹן֙ לִנְוֵה־צֹ֔אן וְעֵ֥מֶק עָכ֖וֹר לְרֵ֣בֶץ בָּקָ֑ר לְעַמִּ֖י אֲשֶׁ֥ר דְּרָשֽׁוּנִי׃
וְאַתֶּם֙ עֹזְבֵ֣י יְהוָ֔ה הַשְּׁכֵחִ֖ים אֶת־הַ֣ר קָדְשִׁ֑י הַֽעֹרְכִ֤ים לַגַּד֙ שֻׁלְחָ֔ן וְהַֽמְמַלְאִ֖ים לַמְנִ֥י מִמְסָֽךְ׃
וּמָנִ֨יתִי אֶתְכֶ֜ם לַחֶ֗רֶב וְכֻלְּכֶם֙ לַטֶּ֣בַח תִּכְרָ֔עוּ יַ֣עַן קָרָ֤אתִי וְלֹא֙ עֲנִיתֶ֔ם דִּבַּ֖רְתִּי וְלֹ֣א שְׁמַעְתֶּ֑ם וַתַּעֲשׂ֤וּ הָרַע֙ בְּעֵינַ֔י וּבַאֲשֶׁ֥ר לֹֽא־חָפַ֖צְתִּי בְּחַרְתֶּֽם׃ פ

A Reading (Lesson) from the first letter to Timothy (4:1–16)

Τὸ δὲ πνεῦμα ῥητῶς λέγει ὅτι ἐν ὑστέροις καιροῖς ἀποστήσονταί τινες τῆς πίστεως προσέχοντες πνεύμασιν πλάνοις καὶ διδασκαλίαις δαιμονίων, ἐν ὑποκρίσει ψευδολόγων, κεκαυστηριασμένων τὴν ἰδίαν συνείδησιν, κωλυόντων γαμεῖν, ἀπέχεσθαι βρωμάτων, ἃ ὁ θεὸς ἔκτισεν εἰς μετάλημψιν μετὰ εὐχαριστίας τοῖς πιστοῖς καὶ ἐπεγνωκόσιν τὴν ἀλήθειαν. ὅτι πᾶν κτίσμα θεοῦ καλὸν καὶ οὐδὲν ἀπόβλητον μετὰ εὐχαριστίας λαμβανόμενον· ἁγιάζεται γὰρ διὰ λόγου θεοῦ καὶ ἐντεύξεως.

Ταῦτα ὑποτιθέμενος τοῖς ἀδελφοῖς καλὸς ἔσῃ διάκονος Χριστοῦ Ἰησοῦ, ἐντρεφόμενος τοῖς λόγοις τῆς πίστεως καὶ τῆς καλῆς διδασκαλίας ᾗ παρηκολούθηκας· τοὺς δὲ βεβήλους καὶ γραώδεις μύθους παραιτοῦ. Γύμναζε δὲ σεαυτὸν πρὸς εὐσέβειαν· ἡ γὰρ σωματικὴ γυμνασία πρὸς ὀλίγον ἐστὶν ὠφέλιμος, ἡ δὲ εὐσέβεια πρὸς πάντα ὠφέλιμός ἐστιν ἐπαγγελίαν ἔχουσα ζωῆς τῆς νῦν καὶ τῆς μελλούσης. πιστὸς ὁ λόγος καὶ πάσης ἀποδοχῆς ἄξιος· εἰς τοῦτο γὰρ κοπιῶμεν καὶ ἀγωνιζόμεθα, ὅτι ἠλπίκαμεν ἐπὶ θεῷ ζῶντι, ὅς ἐστιν σωτὴρ πάντων ἀνθρώπων μάλιστα πιστῶν.

Παράγγελλε ταῦτα καὶ δίδασκε. Μηδείς σου τῆς νεότητος καταφρονείτω, ἀλλὰ τύπος γίνου τῶν πιστῶν ἐν λόγῳ, ἐν ἀναστροφῇ, ἐν ἀγάπῃ, ἐν πίστει, ἐν ἁγνείᾳ. ἕως ἔρχομαι πρόσεχε τῇ ἀναγνώσει, τῇ παρακλήσει, τῇ διδασκαλίᾳ. μὴ ἀμέλει τοῦ ἐν σοὶ χαρίσματος, ὃ ἐδόθη σοι διὰ προφητείας μετὰ ἐπιθέσεως τῶν χειρῶν τοῦ πρεσβυτερίου. ταῦτα μελέτα, ἐν τούτοις ἴσθι, ἵνα σου ἡ προκοπὴ φανερὰ ᾖ πᾶσιν. ἔπεχε σεαυτῷ καὶ τῇ διδασκαλίᾳ, ἐπίμενε αὐτοῖς· τοῦτο γὰρ ποιῶν καὶ σεαυτὸν σώσεις καὶ τοὺς ἀκούοντάς σου.

Friday

A Reading (Lesson) from the Prophet Isaiah (65:17–25)

כִּֽי־הִנְנִ֥י בוֹרֵ֛א שָׁמַ֥יִם חֲדָשִׁ֖ים וָאָ֣רֶץ חֲדָשָׁ֑ה וְלֹ֤א תִזָּכַ֙רְנָה֙ הָרִ֣אשֹׁנ֔וֹת וְלֹ֥א תַעֲלֶ֖ינָה עַל־לֵֽב׃

כִּֽי־אִם־שִׂ֤ישׂוּ וְגִ֙ילוּ֙ עֲדֵי־עַ֔ד אֲשֶׁ֖ר אֲנִ֣י בוֹרֵ֑א כִּ֣י הִנְנִ֥י בוֹרֵ֛א אֶת־יְרוּשָׁלִַ֥ם גִּילָ֖ה וְעַמָּ֥הּ מָשֽׂוֹשׂ׃

וְגַלְתִּ֥י בִירוּשָׁלִַ֖ם וְשַׂשְׂתִּ֣י בְעַמִּ֑י וְלֹֽא־יִשָּׁמַ֥ע בָּהּ֙ ע֔וֹד ק֥וֹל בְּכִ֖י וְק֥וֹל זְעָקָֽה׃

לֹא־יִֽהְיֶ֨ה מִשָּׁ֜ם ע֗וֹד ע֤וּל יָמִים֙ וְזָקֵ֔ן אֲשֶׁ֥ר לֹֽא־יְמַלֵּ֖א אֶת־יָמָ֑יו כִּ֣י הַנַּ֗עַר בֶּן־מֵאָ֤ה שָׁנָה֙ יָמ֔וּת וְהַ֣חוֹטֶ֔א בֶּן־מֵאָ֥ה שָׁנָ֖ה יְקֻלָּֽל׃

וּבָנ֥וּ בָתִּ֖ים וְיָשָׁ֑בוּ וְנָטְע֣וּ כְרָמִ֔ים וְאָכְל֖וּ פִּרְיָֽם׃

לֹ֤א יִבְנוּ֙ וְאַחֵ֣ר יֵשֵׁ֔ב לֹ֥א יִטְּע֖וּ וְאַחֵ֣ר יֹאכֵ֑ל כִּֽי־כִימֵ֤י הָעֵץ֙ יְמֵ֣י עַמִּ֔י וּמַעֲשֵׂ֥ה יְדֵיהֶ֖ם יְבַלּ֥וּ בְחִירָֽי׃

לֹ֤א יִֽיגְעוּ֙ לָרִ֔יק וְלֹ֥א יֵלְד֖וּ לַבֶּהָלָ֑ה כִּ֣י זֶ֜רַע בְּרוּכֵ֤י יְהוָה֙ הֵ֔מָּה וְצֶאֱצָאֵיהֶ֖ם אִתָּֽם׃

וְהָיָ֥ה טֶֽרֶם־יִקְרָ֖אוּ וַאֲנִ֣י אֶעֱנֶ֑ה ע֛וֹד הֵ֥ם מְדַבְּרִ֖ים וַאֲנִ֥י אֶשְׁמָֽע׃

זְאֵ֨ב וְטָלֶ֜ה יִרְע֣וּ כְאֶחָ֗ד וְאַרְיֵה֙ כַּבָּקָ֣ר יֹֽאכַל־תֶּ֔בֶן וְנָחָ֖שׁ עָפָ֣ר לַחְמ֑וֹ לֹֽא־יָרֵ֧עוּ וְלֹֽא־יַשְׁחִ֛יתוּ בְּכָל־הַ֥ר קָדְשִׁ֖י אָמַ֥ר יְהוָֽה׃ ס

A Reading (Lesson) from the first letter to Timothy (5:17–22)

Οἱ καλῶς προεστῶτες πρεσβύτεροι διπλῆς τιμῆς ἀξιούσθωσαν, μάλιστα οἱ κοπιῶντες ἐν λόγῳ καὶ διδασκαλίᾳ. λέγει γὰρ ἡ γραφή· *βοῦν ἀλοῶντα οὐ φιμώσεις*, καί· *ἄξιος ὁ ἐργάτης τοῦ μισθοῦ αὐτοῦ.* κατὰ πρεσβυτέρου κατηγορίαν μὴ παραδέχου, ἐκτὸς εἰ μὴ *ἐπὶ δύο ἢ τριῶν μαρτύρων*. Τοὺς ἁμαρτάνοντας ἐνώπιον πάντων ἔλεγχε, ἵνα καὶ οἱ λοιποὶ φόβον ἔχωσιν. Διαμαρτύρομαι ἐνώπιον τοῦ θεοῦ καὶ Χριστοῦ Ἰησοῦ καὶ τῶν ἐκλεκτῶν ἀγγέλων, ἵνα ταῦτα φυλάξῃς χωρὶς προκρίματος, μηδὲν ποιῶν κατὰ πρόσκλισιν. χεῖρας ταχέως μηδενὶ ἐπιτίθει μηδὲ κοινώνει ἁμαρτίαις ἀλλοτρίαις· σεαυτὸν ἁγνὸν τήρει.

Week of 7 Epiphany

Monday

A Reading (Lesson) from the Book of Ruth (1:1–14)

וַיְהִ֗י בִּימֵי֙ שְׁפֹ֣ט הַשֹּׁפְטִ֔ים וַיְהִ֥י רָעָ֖ב בָּאָ֑רֶץ וַיֵּ֨לֶךְ אִ֜ישׁ מִבֵּ֧ית לֶ֣חֶם
יְהוּדָ֗ה לָגוּר֙ בִּשְׂדֵ֣י מוֹאָ֔ב ה֥וּא וְאִשְׁתּ֖וֹ וּשְׁנֵ֥י בָנָֽיו׃
וְשֵׁ֣ם הָאִ֣ישׁ אֱ֠לִימֶלֶךְ וְשֵׁ֨ם אִשְׁתּ֜וֹ נָעֳמִ֗י וְשֵׁ֣ם שְׁנֵי־בָנָ֣יו ׀ מַחְל֤וֹן
וְכִלְיוֹן֙ אֶפְרָתִ֔ים מִבֵּ֥ית לֶ֖חֶם יְהוּדָ֑ה וַיָּבֹ֥אוּ שְׂדֵי־מוֹאָ֖ב וַיִּֽהְיוּ־שָֽׁם׃
וַיָּ֥מָת אֱלִימֶ֖לֶךְ אִ֣ישׁ נָעֳמִ֑י וַתִּשָּׁאֵ֥ר הִ֖יא וּשְׁנֵ֥י בָנֶֽיהָ׃
וַיִּשְׂא֣וּ לָהֶ֗ם נָשִׁים֙ מֹֽאֲבִיּ֔וֹת שֵׁ֤ם הָֽאַחַת֙ עָרְפָּ֔ה וְשֵׁ֥ם הַשֵּׁנִ֖ית ר֑וּת
וַיֵּ֥שְׁבוּ שָׁ֖ם כְּעֶ֥שֶׂר שָׁנִֽים׃
וַיָּמ֥וּתוּ גַם־שְׁנֵיהֶ֖ם מַחְל֣וֹן וְכִלְי֑וֹן וַתִּשָּׁאֵר֙ הָֽאִשָּׁ֔ה מִשְּׁנֵ֥י יְלָדֶ֖יהָ
וּמֵאִישָֽׁהּ׃
וַתָּ֤קָם הִיא֙ וְכַלֹּתֶ֔יהָ וַתָּ֖שָׁב מִשְּׂדֵ֣י מוֹאָ֑ב כִּ֤י שָֽׁמְעָה֙ בִּשְׂדֵ֣ה מוֹאָ֔ב
כִּֽי־פָקַ֤ד יְהוָה֙ אֶת־עַמּ֔וֹ לָתֵ֥ת לָהֶ֖ם לָֽחֶם׃

וַתֵּצֵ֗א מִן־הַמָּקוֹם֙ אֲשֶׁ֣ר הָיְתָה־שָׁ֔מָּה וּשְׁתֵּ֥י כַלֹּתֶ֖יהָ עִמָּ֑הּ וַתֵּלַ֣כְנָה
בַדֶּ֔רֶךְ לָשׁ֖וּב אֶל־אֶ֥רֶץ יְהוּדָֽה׃
וַתֹּ֤אמֶר נָעֳמִי֙ לִשְׁתֵּ֣י כַלֹּתֶ֔יהָ לֵ֣כְנָה שֹּׁ֔בְנָה אִשָּׁ֖ה לְבֵ֣ית אִמָּ֑הּ K יעשה
Q יַ֣עַשׂ יְהוָ֤ה עִמָּכֶם֙ חֶ֔סֶד כַּאֲשֶׁ֧ר עֲשִׂיתֶ֛ם עִם־הַמֵּתִ֖ים וְעִמָּדִֽי׃
יִתֵּ֤ן יְהוָה֙ לָכֶ֔ם וּמְצֶ֣אןָ מְנוּחָ֔ה אִשָּׁ֖ה בֵּ֣ית אִישָׁ֑הּ וַתִּשַּׁ֣ק לָהֶ֔ן
וַתִּשֶּׂ֥אנָה קוֹלָ֖ן וַתִּבְכֶּֽינָה׃
וַתֹּאמַ֣רְנָה־לָּ֑הּ כִּי־אִתָּ֥ךְ נָשׁ֖וּב לְעַמֵּֽךְ׃
וַתֹּ֤אמֶר נָעֳמִי֙ שֹׁ֣בְנָה בְנֹתַ֔י לָ֥מָּה תֵלַ֖כְנָה עִמִּ֑י הַֽעוֹד־לִ֤י בָנִים֙ בְּֽמֵעַ֔י
וְהָי֥וּ לָכֶ֖ם לַאֲנָשִֽׁים׃
שֹׁ֤בְנָה בְנֹתַי֙ לֵ֔כְןָ כִּ֥י זָקַ֖נְתִּי מִהְי֣וֹת לְאִ֑ישׁ כִּ֤י אָמַ֙רְתִּי֙ יֶשׁ־לִ֣י תִקְוָ֔ה
גַּ֣ם הָיִ֤יתִי הַלַּ֙יְלָה֙ לְאִ֔ישׁ וְגַ֖ם יָלַ֥דְתִּי בָנִֽים׃
הֲלָהֵ֣ן ׀ תְּשַׂבֵּ֗רְנָה עַ֚ד אֲשֶׁ֣ר יִגְדָּ֔לוּ הֲלָהֵן֙ תֵּֽעָגֵ֔נָה לְבִלְתִּ֖י הֱי֣וֹת
לְאִ֑ישׁ אַ֣ל בְּנֹתַ֗י כִּֽי־מַר־לִ֤י מְאֹד֙ מִכֶּ֔ם כִּֽי־יָצְאָ֥ה בִ֖י יַד־יְהוָֽה׃
וַתִּשֶּׂ֣נָה קוֹלָ֔ן וַתִּבְכֶּ֖ינָה ע֑וֹד וַתִּשַּׁ֤ק עָרְפָּה֙ לַחֲמוֹתָ֔הּ וְר֖וּת דָּ֥בְקָה
בָּֽהּ׃

A Reading (Lesson) from Paul's second letter to the Corinthians (1:1–11)

Παῦλος ἀπόστολος Χριστοῦ Ἰησοῦ διὰ θελήματος θεοῦ καὶ Τιμόθεος ὁ ἀδελφὸς τῇ ἐκκλησίᾳ τοῦ θεοῦ τῇ οὔσῃ ἐν Κορίνθῳ σὺν τοῖς ἁγίοις πᾶσιν τοῖς οὖσιν ἐν ὅλῃ τῇ Ἀχαΐᾳ, χάρις ὑμῖν καὶ εἰρήνη ἀπὸ θεοῦ πατρὸς ἡμῶν καὶ κυρίου Ἰησοῦ Χριστοῦ.

Εὐλογητὸς ὁ θεὸς καὶ πατὴρ τοῦ κυρίου ἡμῶν Ἰησοῦ Χριστοῦ, ὁ πατὴρ τῶν οἰκτιρμῶν καὶ θεὸς πάσης παρακλήσεως, ὁ παρακαλῶν ἡμᾶς ἐπὶ πάσῃ τῇ θλίψει ἡμῶν εἰς τὸ δύνασθαι ἡμᾶς παρακαλεῖν τοὺς ἐν πάσῃ θλίψει διὰ τῆς παρακλήσεως ἧς παρακαλούμεθα αὐτοὶ ὑπὸ τοῦ θεοῦ. ὅτι καθὼς περισσεύει τὰ παθήματα τοῦ Χριστοῦ εἰς ἡμᾶς, οὕτως διὰ τοῦ Χριστοῦ περισσεύει καὶ ἡ παράκλησις ἡμῶν. εἴτε δὲ θλιβόμεθα, ὑπὲρ τῆς ὑμῶν παρακλήσεως καὶ σωτηρίας· εἴτε παρακαλούμεθα, ὑπὲρ τῆς ὑμῶν παρακλήσεως τῆς ἐνεργουμένης ἐν ὑπομονῇ τῶν αὐτῶν παθημάτων ὧν καὶ ἡμεῖς πάσχομεν. καὶ ἡ ἐλπὶς ἡμῶν βεβαία ὑπὲρ ὑμῶν εἰδότες ὅτι ὡς κοινωνοί ἐστε τῶν παθημάτων, οὕτως καὶ τῆς παρακλήσεως.

Οὐ γὰρ θέλομεν ὑμᾶς ἀγνοεῖν, ἀδελφοί, ὑπὲρ τῆς θλίψεως ἡμῶν τῆς γενομένης ἐν τῇ Ἀσίᾳ, ὅτι καθ' ὑπερβολὴν ὑπὲρ δύναμιν ἐβαρήθημεν ὥστε ἐξαπορηθῆναι ἡμᾶς καὶ τοῦ ζῆν· ἀλλ' αὐτοὶ ἐν ἑαυτοῖς τὸ ἀπόκριμα τοῦ θανάτου ἐσχήκαμεν, ἵνα μὴ πεποιθότες ὦμεν ἐφ' ἑαυτοῖς ἀλλ' ἐπὶ τῷ θεῷ τῷ ἐγείροντι τοὺς νεκρούς· ὃς ἐκ τηλικούτου θανάτου ἐρρύσατο ἡμᾶς καὶ ῥύσεται, εἰς ὃν ἠλπίκαμεν [ὅτι] καὶ ἔτι ῥύσεται, συνυπουργούντων καὶ ὑμῶν ὑπὲρ ἡμῶν τῇ δεήσει, ἵνα ἐκ πολλῶν προσώπων τὸ εἰς ἡμᾶς χάρισμα διὰ πολλῶν εὐχαριστηθῇ ὑπὲρ ἡμῶν.

Tuesday

A Reading (Lesson) from the Book of Ruth (1:15–22)

וַתֹּ֗אמֶר הִנֵּה֙ שָׁ֣בָה יְבִמְתֵּ֔ךְ אֶל־עַמָּ֖הּ וְאֶל־אֱלֹהֶ֑יהָ שׁ֖וּבִי אַחֲרֵ֥י יְבִמְתֵּֽךְ׃

וַתֹּ֤אמֶר רוּת֙ אַל־תִּפְגְּעִי־בִ֔י לְעָזְבֵ֖ךְ לָשׁ֣וּב מֵאַחֲרָ֑יִךְ כִּ֞י אֶל־אֲשֶׁ֣ר תֵּלְכִ֗י אֵלֵךְ֙ וּבַאֲשֶׁ֣ר תָּלִ֔ינִי אָלִ֔ין עַמֵּ֣ךְ עַמִּ֔י וֵאלֹהַ֖יִךְ אֱלֹהָֽי׃

בַּאֲשֶׁ֤ר תָּמ֙וּתִי֙ אָמ֔וּת וְשָׁ֖ם אֶקָּבֵ֑ר כֹּה֩ יַעֲשֶׂ֨ה יְהוָ֥ה לִי֙ וְכֹ֣ה יֹסִ֔יף כִּ֣י הַמָּ֔וֶת יַפְרִ֖יד בֵּינִ֥י וּבֵינֵֽךְ׃

וַתֵּ֕רֶא כִּֽי־מִתְאַמֶּ֥צֶת הִ֖יא לָלֶ֣כֶת אִתָּ֑הּ וַתֶּחְדַּ֖ל לְדַבֵּ֥ר אֵלֶֽיהָ׃

וַתֵּלַ֣כְנָה שְׁתֵּיהֶ֔ם עַד־בֹּאָ֖נָה בֵּ֣ית לָ֑חֶם וַיְהִ֗י כְּבֹאָ֙נָה֙ בֵּ֣ית לֶ֔חֶם וַתֵּהֹ֤ם כָּל־הָעִיר֙ עֲלֵיהֶ֔ן וַתֹּאמַ֖רְנָה הֲזֹ֥את נָעֳמִֽי׃

וַתֹּ֣אמֶר אֲלֵיהֶ֔ן אַל־תִּקְרֶ֥אנָה לִ֖י נָעֳמִ֑י קְרֶ֤אןָ לִי֙ מָרָ֔א כִּֽי־הֵמַ֥ר שַׁדַּ֛י לִ֖י מְאֹֽד׃

אֲנִי֙ מְלֵאָ֣ה הָלַ֔כְתִּי וְרֵיקָ֖ם הֱשִׁיבַ֣נִי יְהוָ֑ה לָ֣מָּה תִקְרֶ֤אנָה לִי֙ נָעֳמִ֔י וַֽיהוָה֙ עָ֣נָה בִ֔י וְשַׁדַּ֖י הֵ֥רַֽע לִֽי׃
וַתָּ֣שָׁב נָעֳמִ֗י וְר֨וּת הַמּוֹאֲבִיָּ֤ה כַלָּתָהּ֙ עִמָּ֔הּ הַשָּׁ֖בָה מִשְּׂדֵ֣י מוֹאָ֑ב וְהֵ֗מָּה בָּ֚אוּ בֵּ֣ית לֶ֔חֶם בִּתְחִלַּ֖ת קְצִ֥יר שְׂעֹרִֽים׃

A Reading (Lesson) from Paul's second letter to the Corinthians (1:12–22)

Ἡ γὰρ καύχησις ἡμῶν αὕτη ἐστίν, τὸ μαρτύριον τῆς συνειδήσεως ἡμῶν, ὅτι ἐν ἁπλότητι καὶ εἰλικρινείᾳ τοῦ θεοῦ, [καὶ] οὐκ ἐν σοφίᾳ σαρκικῇ ἀλλ' ἐν χάριτι θεοῦ, ἀνεστράφημεν ἐν τῷ κόσμῳ, περισσοτέρως δὲ πρὸς ὑμᾶς. οὐ γὰρ ἄλλα γράφομεν ὑμῖν ἀλλ' ἢ ἃ ἀναγινώσκετε ἢ καὶ ἐπιγινώσκετε· ἐλπίζω δὲ ὅτι ἕως τέλους ἐπιγνώσεσθε, καθὼς καὶ ἐπέγνωτε ἡμᾶς ἀπὸ μέρους, ὅτι καύχημα ὑμῶν ἐσμεν καθάπερ καὶ ὑμεῖς ἡμῶν ἐν τῇ ἡμέρᾳ τοῦ κυρίου [ἡμῶν] Ἰησοῦ.

Καὶ ταύτῃ τῇ πεποιθήσει ἐβουλόμην πρότερον πρὸς ὑμᾶς ἐλθεῖν, ἵνα δευτέραν χάριν σχῆτε, καὶ δι' ὑμῶν διελθεῖν εἰς Μακεδονίαν καὶ πάλιν ἀπὸ Μακεδονίας ἐλθεῖν πρὸς ὑμᾶς καὶ ὑφ' ὑμῶν προπεμφθῆναι εἰς τὴν Ἰουδαίαν. τοῦτο οὖν βουλόμενος μήτι ἄρα τῇ ἐλαφρίᾳ ἐχρησάμην; ἢ ἃ βουλεύομαι κατὰ σάρκα βουλεύομαι, ἵνα ᾖ παρ' ἐμοὶ τὸ ναὶ ναὶ καὶ τὸ οὔ οὔ; πιστὸς δὲ ὁ θεὸς ὅτι ὁ λόγος ἡμῶν ὁ πρὸς ὑμᾶς οὐκ ἔστιν ναὶ καὶ οὔ. ὁ τοῦ θεοῦ γὰρ υἱὸς Ἰησοῦς Χριστὸς ὁ ἐν ὑμῖν δι' ἡμῶν κηρυχθείς, δι' ἐμοῦ καὶ Σιλουανοῦ καὶ Τιμοθέου, οὐκ ἐγένετο ναὶ καὶ οὒ ἀλλὰ ναὶ ἐν αὐτῷ γέγονεν. ὅσαι γὰρ ἐπαγγελίαι θεοῦ, ἐν αὐτῷ τὸ ναί· διὸ καὶ δι' αὐτοῦ τὸ ἀμὴν τῷ θεῷ πρὸς δόξαν δι' ἡμῶν. ὁ δὲ βεβαιῶν ἡμᾶς σὺν ὑμῖν εἰς Χριστὸν καὶ χρίσας ἡμᾶς θεός, ὁ καὶ σφραγισάμενος ἡμᾶς καὶ δοὺς τὸν ἀρραβῶνα τοῦ πνεύματος ἐν ταῖς καρδίαις ἡμῶν.

Wednesday

A Reading (Lesson) from the Book of Ruth (2:1–13)

וּֽלְנָעֳמִ֞י [K]מְיֻדָּ֣ע [Q]מוֹדַ֣ע לְאִישָׁ֗הּ אִ֚ישׁ גִּבּ֣וֹר חַ֔יִל מִמִּשְׁפַּ֖חַת אֱלִימֶ֑לֶךְ
וּשְׁמ֖וֹ בֹּֽעַז׃
וַתֹּאמֶר֩ ר֨וּת הַמּוֹאֲבִיָּ֜ה אֶֽל־נָעֳמִ֗י אֵֽלְכָה־נָּ֤א הַשָּׂדֶה֙ וַאֲלַקֳטָ֣ה
בַשִּׁבֳּלִ֔ים אַחַ֕ר אֲשֶׁ֥ר אֶמְצָא־חֵ֖ן בְּעֵינָ֑יו וַתֹּ֥אמֶר לָ֖הּ לְכִ֥י בִתִּֽי׃
וַתֵּ֤לֶךְ וַתָּבוֹא֙ וַתְּלַקֵּ֣ט בַּשָּׂדֶ֔ה אַחֲרֵ֖י הַקֹּצְרִ֑ים וַיִּ֣קֶר מִקְרֶ֔הָ חֶלְקַ֤ת
הַשָּׂדֶה֙ לְבֹ֔עַז אֲשֶׁ֖ר מִמִּשְׁפַּ֥חַת אֱלִימֶֽלֶךְ׃
וְהִנֵּה־בֹ֗עַז בָּ֚א מִבֵּ֣ית לֶ֔חֶם וַיֹּ֥אמֶר לַקּוֹצְרִ֖ים יְהוָ֣ה עִמָּכֶ֑ם וַיֹּ֥אמְרוּ
ל֖וֹ יְבָרֶכְךָ֥ יְהוָֽה׃
וַיֹּ֤אמֶר בֹּ֙עַז֙ לְנַעֲר֔וֹ הַנִּצָּ֖ב עַל־הַקּֽוֹצְרִ֑ים לְמִ֖י הַנַּעֲרָ֥ה הַזֹּֽאת׃
וַיַּ֗עַן הַנַּ֛עַר הַנִּצָּ֥ב עַל־הַקּוֹצְרִ֖ים וַיֹּאמַ֑ר נַעֲרָ֤ה מֽוֹאֲבִיָּה֙ הִ֔יא
הַשָּׁ֥בָה עִֽם־נָעֳמִ֖י מִשְּׂדֵ֥ה מוֹאָֽב׃
וַתֹּ֗אמֶר אֲלַקֳטָה־נָּא֙ וְאָסַפְתִּ֣י בָֽעֳמָרִ֔ים אַחֲרֵ֖י הַקּוֹצְרִ֑ים וַתָּב֣וֹא
וַֽתַּעֲמ֗וֹד מֵאָ֤ז הַבֹּ֙קֶר֙ וְעַד־עַ֔תָּה זֶ֛ה שִׁבְתָּ֥הּ הַבַּ֖יִת מְעָֽט׃
וַיֹּאמֶר֩ בֹּ֨עַז אֶל־ר֜וּת הֲל֧וֹא שָׁמַ֣עַתְּ בִּתִּ֗י אַל־תֵּלְכִי֙ לִלְקֹט֙ בְּשָׂדֶ֣ה
אַחֵ֔ר וְגַ֛ם לֹ֥א תַעֲבוּרִ֖י מִזֶּ֑ה וְכֹ֥ה תִדְבָּקִ֖ין עִם־נַעֲרֹתָֽי׃
עֵינַ֜יִךְ בַּשָּׂדֶ֤ה אֲשֶׁר־יִקְצֹרוּן֙ וְהָלַ֣כְתְּ אַחֲרֵיהֶ֔ן הֲל֥וֹא צִוִּ֛יתִי אֶת־
הַנְּעָרִ֖ים לְבִלְתִּ֣י נָגְעֵ֑ךְ וְצָמִ֗ת וְהָלַכְתְּ֙ אֶל־הַכֵּלִ֔ים וְשָׁתִ֕ית מֵאֲשֶׁ֥ר
יִשְׁאֲב֖וּן הַנְּעָרִֽים׃
וַתִּפֹּל֙ עַל־פָּנֶ֔יהָ וַתִּשְׁתַּ֖חוּ אָ֑רְצָה וַתֹּ֣אמֶר אֵלָ֗יו מַדּוּעַ֩ מָצָ֨אתִי חֵ֤ן
בְּעֵינֶ֙יךָ֙ לְהַכִּירֵ֔נִי וְאָנֹכִ֖י נָכְרִיָּֽה׃
וַיַּ֤עַן בֹּ֙עַז֙ וַיֹּ֣אמֶר לָ֔הּ הֻגֵּ֨ד הֻגַּ֜ד לִ֗י כֹּ֤ל אֲשֶׁר־עָשִׂית֙ אֶת־חֲמוֹתֵ֔ךְ
אַחֲרֵ֖י מ֣וֹת אִישֵׁ֑ךְ וַתַּעַזְבִ֞י אָבִ֣יךְ וְאִמֵּ֗ךְ וְאֶ֙רֶץ֙ מֽוֹלַדְתֵּ֔ךְ וַתֵּ֣לְכִ֔י
אֶל־עַ֖ם אֲשֶׁ֥ר לֹא־יָדַ֖עַתְּ תְּמ֥וֹל שִׁלְשֽׁוֹם׃
יְשַׁלֵּ֥ם יְהוָ֖ה פָּעֳלֵ֑ךְ וּתְהִ֨י מַשְׂכֻּרְתֵּ֜ךְ שְׁלֵמָ֗ה מֵעִ֤ם יְהוָה֙ אֱלֹהֵ֣י
יִשְׂרָאֵ֔ל אֲשֶׁר־בָּ֖את לַחֲס֥וֹת תַּֽחַת־כְּנָפָֽיו׃

וַתֹּאמֶר אֶמְצָא־חֵן בְּעֵינֶיךָ אֲדֹנִי כִּי נִחַמְתָּנִי וְכִי דִבַּרְתָּ עַל־לֵב שִׁפְחָתֶךָ וְאָנֹכִי לֹא אֶהְיֶה כְּאַחַת שִׁפְחֹתֶיךָ׃

A Reading (Lesson) from Paul's second letter to the Corinthians (1:23–2:17)

Ἐγὼ δὲ μάρτυρα τὸν θεὸν ἐπικαλοῦμαι ἐπὶ τὴν ἐμὴν ψυχήν, ὅτι φειδόμενος ὑμῶν οὐκέτι ἦλθον εἰς Κόρινθον. οὐχ ὅτι κυριεύομεν ὑμῶν τῆς πίστεως ἀλλὰ συνεργοί ἐσμεν τῆς χαρᾶς ὑμῶν· τῇ γὰρ πίστει ἑστήκατε. Ἔκρινα γὰρ ἐμαυτῷ τοῦτο τὸ μὴ πάλιν ἐν λύπῃ πρὸς ὑμᾶς ἐλθεῖν. εἰ γὰρ ἐγὼ λυπῶ ὑμᾶς, καὶ τίς ὁ εὐφραίνων με εἰ μὴ ὁ λυπούμενος ἐξ ἐμοῦ; καὶ ἔγραψα τοῦτο αὐτό, ἵνα μὴ ἐλθὼν λύπην σχῶ ἀφ' ὧν ἔδει με χαίρειν, πεποιθὼς ἐπὶ πάντας ὑμᾶς ὅτι ἡ ἐμὴ χαρὰ πάντων ὑμῶν ἐστιν. ἐκ γὰρ πολλῆς θλίψεως καὶ συνοχῆς καρδίας ἔγραψα ὑμῖν διὰ πολλῶν δακρύων, οὐχ ἵνα λυπηθῆτε ἀλλὰ τὴν ἀγάπην ἵνα γνῶτε ἣν ἔχω περισσοτέρως εἰς ὑμᾶς.

Εἰ δέ τις λελύπηκεν, οὐκ ἐμὲ λελύπηκεν, ἀλλ' ἀπὸ μέρους, ἵνα μὴ ἐπιβαρῶ, πάντας ὑμᾶς. ἱκανὸν τῷ τοιούτῳ ἡ ἐπιτιμία αὕτη ἡ ὑπὸ τῶν πλειόνων, ὥστε τοὐναντίον μᾶλλον ὑμᾶς χαρίσασθαι καὶ παρακαλέσαι, μή πως τῇ περισσοτέρᾳ λύπῃ καταποθῇ ὁ τοιοῦτος. διὸ παρακαλῶ ὑμᾶς κυρῶσαι εἰς αὐτὸν ἀγάπην· εἰς τοῦτο γὰρ καὶ ἔγραψα, ἵνα γνῶ τὴν δοκιμὴν ὑμῶν, εἰ εἰς πάντα ὑπήκοοί ἐστε. ᾧ δέ τι χαρίζεσθε, κἀγώ· καὶ γὰρ ἐγὼ ὃ κεχάρισμαι, εἴ τι κεχάρισμαι, δι' ὑμᾶς ἐν προσώπῳ Χριστοῦ, ἵνα μὴ πλεονεκτηθῶμεν ὑπὸ τοῦ σατανᾶ· οὐ γὰρ αὐτοῦ τὰ νοήματα ἀγνοοῦμεν.

Ἐλθὼν δὲ εἰς τὴν Τρῳάδα εἰς τὸ εὐαγγέλιον τοῦ Χριστοῦ καὶ θύρας μοι ἀνεῳγμένης ἐν κυρίῳ, οὐκ ἔσχηκα ἄνεσιν τῷ πνεύματί μου τῷ μὴ εὑρεῖν με Τίτον τὸν ἀδελφόν μου, ἀλλ' ἀποταξάμενος αὐτοῖς ἐξῆλθον εἰς Μακεδονίαν.

Τῷ δὲ θεῷ χάρις τῷ πάντοτε θριαμβεύοντι ἡμᾶς ἐν τῷ Χριστῷ καὶ τὴν ὀσμὴν τῆς γνώσεως αὐτοῦ φανεροῦντι δι' ἡμῶν ἐν παντὶ τόπῳ· ὅτι Χριστοῦ εὐωδία ἐσμὲν τῷ θεῷ ἐν τοῖς σῳζομένοις καὶ ἐν τοῖς ἀπολλυμένοις, οἷς μὲν ὀσμὴ ἐκ θανάτου εἰς θάνατον, οἷς δὲ ὀσμὴ ἐκ ζωῆς εἰς ζωήν. καὶ πρὸς ταῦτα τίς ἱκανός; οὐ γάρ ἐσμεν ὡς οἱ πολλοὶ καπηλεύοντες τὸν λόγον τοῦ θεοῦ, ἀλλ' ὡς ἐξ εἰλικρινείας, ἀλλ' ὡς ἐκ θεοῦ κατέναντι θεοῦ ἐν Χριστῷ λαλοῦμεν.

Thursday

A Reading (Lesson) from the Book of Ruth (2:14–23)

וַיֹּאמֶר לָה בֹעַז לְעֵת הָאֹכֶל גֹּשִׁי הֲלֹם וְאָכַלְתְּ מִן־הַלֶּחֶם וְטָבַלְתְּ
פִּתֵּךְ בַּחֹמֶץ וַתֵּשֶׁב מִצַּד הַקּוֹצְרִים וַיִּצְבָּט־לָהּ קָלִי וַתֹּאכַל
וַתִּשְׂבַּע וַתֹּתַר׃
וַתָּקָם לְלַקֵּט וַיְצַו בֹּעַז אֶת־נְעָרָיו לֵאמֹר גַּם בֵּין הָעֳמָרִים תְּלַקֵּט
וְלֹא תַכְלִימוּהָ׃
וְגַם שֹׁל־תָּשֹׁלּוּ לָהּ מִן־הַצְּבָתִים וַעֲזַבְתֶּם וְלִקְּטָה וְלֹא תִגְעֲרוּ־בָהּ׃
וַתְּלַקֵּט בַּשָּׂדֶה עַד־הָעָרֶב וַתַּחְבֹּט אֵת אֲשֶׁר־לִקֵּטָה וַיְהִי כְּאֵיפָה
שְׂעֹרִים׃
וַתִּשָּׂא וַתָּבוֹא הָעִיר וַתֵּרֶא חֲמוֹתָהּ אֵת אֲשֶׁר־לִקֵּטָה וַתּוֹצֵא וַתִּתֶּן־
לָהּ אֵת אֲשֶׁר־הוֹתִרָה מִשָּׂבְעָהּ׃
וַתֹּאמֶר לָהּ חֲמוֹתָהּ אֵיפֹה לִקַּטְתְּ הַיּוֹם וְאָנָה עָשִׂית יְהִי מַכִּירֵךְ
בָּרוּךְ וַתַּגֵּד לַחֲמוֹתָהּ אֵת אֲשֶׁר־עָשְׂתָה עִמּוֹ וַתֹּאמֶר שֵׁם הָאִישׁ
אֲשֶׁר עָשִׂיתִי עִמּוֹ הַיּוֹם בֹּעַז׃
וַתֹּאמֶר נָעֳמִי לְכַלָּתָהּ בָּרוּךְ הוּא לַיהוָה אֲשֶׁר לֹא־עָזַב חַסְדּוֹ
אֶת־הַחַיִּים וְאֶת־הַמֵּתִים וַתֹּאמֶר לָהּ נָעֳמִי קָרוֹב לָנוּ הָאִישׁ
מִגֹּאֲלֵנוּ הוּא׃
וַתֹּאמֶר רוּת הַמּוֹאֲבִיָּה גַּם ׀ כִּי־אָמַר אֵלַי עִם־הַנְּעָרִים אֲשֶׁר־לִי
תִּדְבָּקִין עַד אִם־כִּלּוּ אֵת כָּל־הַקָּצִיר אֲשֶׁר־לִי׃

וַתֹּ֥אמֶר נָעֳמִ֖י אֶל־ר֣וּת כַּלָּתָ֑הּ ט֣וֹב בִּתִּ֗י כִּ֤י תֵֽצְאִי֙ עִם־נַ֣עֲרוֹתָ֔יו
וְלֹ֥א יִפְגְּעוּ־בָ֖ךְ בְּשָׂדֶ֥ה אַחֵֽר׃
וַתִּדְבַּ֞ק בְּנַעֲר֥וֹת בֹּ֙עַז֙ לְלַקֵּ֔ט עַד־כְּל֥וֹת קְצִיר־הַשְּׂעֹרִ֖ים וּקְצִ֣יר
הַחִטִּ֑ים וַתֵּ֖שֶׁב אֶת־חֲמוֹתָֽהּ׃

A Reading (Lesson) from Paul's second letter to the Corinthians (3:1–18)

Ἀρχόμεθα πάλιν ἑαυτοὺς συνιστάνειν; ἢ μὴ χρῄζομεν ὥς τινες συστατικῶν ἐπιστολῶν πρὸς ὑμᾶς ἢ ἐξ ὑμῶν; ἡ ἐπιστολὴ ἡμῶν ὑμεῖς ἐστε, ἐγγεγραμμένη ἐν ταῖς καρδίαις ἡμῶν, γινωσκομένη καὶ ἀναγινωσκομένη ὑπὸ πάντων ἀνθρώπων, φανερούμενοι ὅτι ἐστὲ ἐπιστολὴ Χριστοῦ διακονηθεῖσα ὑφ' ἡμῶν, ἐγγεγραμμένη οὐ μέλανι ἀλλὰ πνεύματι θεοῦ ζῶντος, οὐκ ἐν πλαξὶν λιθίναις ἀλλ' ἐν πλαξὶν καρδίαις σαρκίναις.

Πεποίθησιν δὲ τοιαύτην ἔχομεν διὰ τοῦ Χριστοῦ πρὸς τὸν θεόν. οὐχ ὅτι ἀφ' ἑαυτῶν ἱκανοί ἐσμεν λογίσασθαί τι ὡς ἐξ ἑαυτῶν, ἀλλ' ἡ ἱκανότης ἡμῶν ἐκ τοῦ θεοῦ, ὃς καὶ ἱκάνωσεν ἡμᾶς διακόνους καινῆς διαθήκης, οὐ γράμματος ἀλλὰ πνεύματος· τὸ γὰρ γράμμα ἀποκτέννει, τὸ δὲ πνεῦμα ζῳοποιεῖ. Εἰ δὲ ἡ διακονία τοῦ θανάτου ἐν γράμμασιν ἐντετυπωμένη λίθοις ἐγενήθη ἐν δόξῃ, ὥστε μὴ δύνασθαι ἀτενίσαι τοὺς υἱοὺς Ἰσραὴλ εἰς τὸ πρόσωπον Μωϋσέως διὰ τὴν δόξαν τοῦ προσώπου αὐτοῦ τὴν καταργουμένην, πῶς οὐχὶ μᾶλλον ἡ διακονία τοῦ πνεύματος ἔσται ἐν δόξῃ; εἰ γὰρ τῇ διακονίᾳ τῆς κατακρίσεως δόξα, πολλῷ μᾶλλον περισσεύει ἡ διακονία τῆς δικαιοσύνης δόξῃ. καὶ γὰρ οὐ δεδόξασται τὸ δεδοξασμένον ἐν τούτῳ τῷ μέρει εἵνεκεν τῆς ὑπερβαλλούσης δόξης. εἰ γὰρ τὸ καταργούμενον διὰ δόξης, πολλῷ μᾶλλον τὸ μένον ἐν δόξῃ.

Ἔχοντες οὖν τοιαύτην ἐλπίδα πολλῇ παρρησίᾳ χρώμεθα καὶ οὐ καθάπερ Μωϋσῆς ἐτίθει κάλυμμα ἐπὶ τὸ πρόσωπον αὐτοῦ πρὸς τὸ μὴ ἀτενίσαι τοὺς υἱοὺς Ἰσραὴλ εἰς τὸ τέλος τοῦ καταργουμένου. ἀλλ' ἐπωρώθη τὰ νοήματα αὐτῶν. ἄχρι γὰρ τῆς σήμερον ἡμέρας τὸ αὐτὸ κάλυμμα ἐπὶ τῇ ἀναγνώσει τῆς παλαιᾶς διαθήκης μένει, μὴ ἀνακαλυπτόμενον ὅτι ἐν Χριστῷ καταργεῖται· ἀλλ’ ἕως σήμερον ἡνίκα ἂν ἀναγινώσκηται Μωϋσῆς, κάλυμμα ἐπὶ τὴν καρδίαν αὐτῶν κεῖται· ἡνίκα δὲ ἐὰν ἐπιστρέψῃ πρὸς κύριον, περιαιρεῖται τὸ κάλυμμα. ὁ δὲ κύριος τὸ πνεῦμά ἐστιν· οὗ δὲ τὸ πνεῦμα κυρίου, ἐλευθερία. ἡμεῖς δὲ πάντες ἀνακεκαλυμμένῳ προσώπῳ τὴν δόξαν κυρίου κατοπτριζόμενοι τὴν αὐτὴν εἰκόνα μεταμορφούμεθα ἀπὸ δόξης εἰς δόξαν καθάπερ ἀπὸ κυρίου πνεύματος.

Friday

A Reading (Lesson) from the Book of Ruth (3:1–18)

וַתֹּאמֶר לָהּ נָעֳמִי חֲמוֹתָהּ בִּתִּי הֲלֹא אֲבַקֶּשׁ־לָךְ מָנוֹחַ אֲשֶׁר יִיטַב־
לָךְ׃
וְעַתָּה הֲלֹא בֹעַז מֹדַעְתָּנוּ אֲשֶׁר הָיִית אֶת־נַעֲרוֹתָיו הִנֵּה־הוּא זֹרֶה
אֶת־גֹּרֶן הַשְּׂעֹרִים הַלָּיְלָה׃
וְרָחַצְתְּ ׀ וָסַכְתְּ וְשַׂמְתְּ Kשִׂמְלֹתֵךְ Qשִׂמְלֹתַיִךְ עָלַיִךְ Kוְיָרַדְתִּי
Qוְיָרַדְתְּ הַגֹּרֶן אַל־תִּוָּדְעִי לָאִישׁ עַד כַּלֹּתוֹ לֶאֱכֹל וְלִשְׁתּוֹת׃
וִיהִי בְשָׁכְבוֹ וְיָדַעַתְּ אֶת־הַמָּקוֹם אֲשֶׁר יִשְׁכַּב־שָׁם וּבָאת וְגִלִּית
מַרְגְּלֹתָיו Kוְשָׁכָבְתִּי Qוְשָׁכָבְתְּ וְהוּא יַגִּיד לָךְ אֵת אֲשֶׁר תַּעֲשִׂין׃
וַתֹּאמֶר אֵלֶיהָ כֹּל אֲשֶׁר־תֹּאמְרִי K Qאֵלַי אֶעֱשֶׂה׃
וַתֵּרֶד הַגֹּרֶן וַתַּעַשׂ כְּכֹל אֲשֶׁר־צִוַּתָּה חֲמוֹתָהּ׃
וַיֹּאכַל בֹּעַז וַיֵּשְׁתְּ וַיִּיטַב לִבּוֹ וַיָּבֹא לִשְׁכַּב בִּקְצֵה הָעֲרֵמָה וַתָּבֹא
בַלָּט וַתְּגַל מַרְגְּלֹתָיו וַתִּשְׁכָּב׃
וַיְהִי בַּחֲצִי הַלַּיְלָה וַיֶּחֱרַד הָאִישׁ וַיִּלָּפֵת וְהִנֵּה אִשָּׁה שֹׁכֶבֶת
מַרְגְּלֹתָיו׃
וַיֹּאמֶר מִי־אָתְּ וַתֹּאמֶר אָנֹכִי רוּת אֲמָתֶךָ וּפָרַשְׂתָּ כְנָפֶךָ עַל־אֲמָתְךָ
כִּי גֹאֵל אָתָּה׃

וַיֹּאמֶר בְּרוּכָה אַתְּ לַיהוָה בִּתִּי הֵיטַבְתְּ חַסְדֵּךְ הָאַחֲרוֹן מִן־
הָרִאשׁוֹן לְבִלְתִּי־לֶכֶת אַחֲרֵי הַבַּחוּרִים אִם־דַּל וְאִם־עָשִׁיר׃
וְעַתָּה בִּתִּי אַל־תִּירְאִי כֹּל אֲשֶׁר־תֹּאמְרִי אֶעֱשֶׂה־לָּךְ כִּי יוֹדֵעַ כָּל־
שַׁעַר עַמִּי כִּי אֵשֶׁת חַיִל אָתְּ׃
וְעַתָּה כִּי אָמְנָם K כִּי אִם Q כִּי גֹאֵל אָנֹכִי וְגַם יֵשׁ גֹּאֵל קָרוֹב מִמֶּנִּי׃
לִינִי ׀ הַלַּיְלָה וְהָיָה בַבֹּקֶר אִם־יִגְאָלֵךְ טוֹב יִגְאָל וְאִם־לֹא יַחְפֹּץ
לְגָאֳלֵךְ וּגְאַלְתִּיךְ אָנֹכִי חַי־יְהוָה שִׁכְבִי עַד־הַבֹּקֶר׃
וַתִּשְׁכַּב K מַרְגְּלֹתוֹ Q מַרְגְּלוֹתָיו עַד־הַבֹּקֶר וַתָּקָם K בְּטְרוֹם Q בְּטֶרֶם
יַכִּיר אִישׁ אֶת־רֵעֵהוּ וַיֹּאמֶר אַל־יִוָּדַע כִּי־בָאָה הָאִשָּׁה׃ הַגֹּרֶן
וַיֹּאמֶר הָבִי הַמִּטְפַּחַת אֲשֶׁר־עָלַיִךְ וְאֶחֳזִי־בָהּ וַתֹּאחֶז בָּהּ וַיָּמָד
שֵׁשׁ־שְׂעֹרִים וַיָּשֶׁת עָלֶיהָ וַיָּבֹא הָעִיר׃
וַתָּבוֹא אֶל־חֲמוֹתָהּ וַתֹּאמֶר מִי־אַתְּ בִּתִּי וַתַּגֶּד־לָהּ אֵת כָּל־אֲשֶׁר
עָשָׂה־לָהּ הָאִישׁ׃
וַתֹּאמֶר שֵׁשׁ־הַשְּׂעֹרִים הָאֵלֶּה נָתַן לִי כִּי אָמַר K Q אֵלַי אַל־תָּבוֹאִי
רֵיקָם אֶל־חֲמוֹתֵךְ׃
וַתֹּאמֶר שְׁבִי בִתִּי עַד אֲשֶׁר תֵּדְעִין אֵיךְ יִפֹּל דָּבָר כִּי לֹא יִשְׁקֹט
הָאִישׁ כִּי־אִם־כִּלָּה הַדָּבָר הַיּוֹם׃

A Reading (Lesson) from Paul's second letter to the Corinthians (4:1–12)

Διὰ τοῦτο, ἔχοντες τὴν διακονίαν ταύτην καθὼς ἠλεήθημεν, οὐκ ἐγκακοῦμεν ἀλλ' ἀπειπάμεθα τὰ κρυπτὰ τῆς αἰσχύνης, μὴ περιπατοῦντες ἐν πανουργίᾳ μηδὲ δολοῦντες τὸν λόγον τοῦ θεοῦ ἀλλὰ τῇ φανερώσει τῆς ἀληθείας συνιστάνοντες ἑαυτοὺς πρὸς πᾶσαν συνείδησιν ἀνθρώπων ἐνώπιον τοῦ θεοῦ. εἰ δὲ καὶ ἔστιν κεκαλυμμένον τὸ εὐαγγέλιον ἡμῶν, ἐν τοῖς ἀπολλυμένοις ἐστὶν κεκαλυμμένον, ἐν οἷς ὁ θεὸς τοῦ αἰῶνος τούτου ἐτύφλωσεν τὰ νοήματα τῶν ἀπίστων εἰς τὸ μὴ αὐγάσαι τὸν φωτισμὸν τοῦ εὐαγγελίου τῆς δόξης τοῦ Χριστοῦ, ὅς ἐστιν εἰκὼν τοῦ θεοῦ. Οὐ γὰρ ἑαυτοὺς κηρύσσομεν ἀλλ' Ἰησοῦν Χριστὸν κύριον, ἑαυτοὺς δὲ δούλους ὑμῶν διὰ Ἰησοῦν. ὅτι ὁ θεὸς ὁ εἰπών· ἐκ σκότους φῶς λάμψει, ὃς ἔλαμψεν ἐν ταῖς καρδίαις ἡμῶν πρὸς φωτισμὸν τῆς γνώσεως τῆς δόξης τοῦ θεοῦ ἐν προσώπῳ [Ἰησοῦ] Χριστοῦ.

Ἔχομεν δὲ τὸν θησαυρὸν τοῦτον ἐν ὀστρακίνοις σκεύεσιν, ἵνα ἡ ὑπερβολὴ τῆς δυνάμεως ᾖ τοῦ θεοῦ καὶ μὴ ἐξ ἡμῶν· ἐν παντὶ θλιβόμενοι ἀλλ' οὐ στενοχωρούμενοι, ἀπορούμενοι ἀλλ' οὐκ ἐξαπορούμενοι, διωκόμενοι ἀλλ' οὐκ ἐγκαταλειπόμενοι, καταβαλλόμενοι ἀλλ' οὐκ ἀπολλύμενοι, πάντοτε τὴν νέκρωσιν τοῦ Ἰησοῦ ἐν τῷ σώματι περιφέροντες, ἵνα καὶ ἡ ζωὴ τοῦ Ἰησοῦ ἐν τῷ σώματι ἡμῶν φανερωθῇ. ἀεὶ γὰρ ἡμεῖς οἱ ζῶντες εἰς θάνατον παραδιδόμεθα διὰ Ἰησοῦν, ἵνα καὶ ἡ ζωὴ τοῦ Ἰησοῦ φανερωθῇ ἐν τῇ θνητῇ σαρκὶ ἡμῶν. ὥστε ὁ θάνατος ἐν ἡμῖν ἐνεργεῖται, ἡ δὲ ζωὴ ἐν ὑμῖν.

Week of 8 Epiphany

Monday

A Reading (Lesson) from the Book of Deuteronomy (4:9–14)

רַ֡ק הִשָּׁ֣מֶר לְךָ֩ וּשְׁמֹ֨ר נַפְשְׁךָ֜ מְאֹ֗ד פֶּן־תִּשְׁכַּ֨ח אֶת־הַדְּבָרִ֜ים אֲשֶׁר־
רָא֣וּ עֵינֶ֗יךָ וּפֶן־יָס֙וּרוּ֙ מִלְּבָ֣בְךָ֔ כֹּ֖ל יְמֵ֣י חַיֶּ֑יךָ וְהוֹדַעְתָּ֥ם לְבָנֶ֖יךָ
וְלִבְנֵ֥י בָנֶֽיךָ׃
י֗וֹם אֲשֶׁ֨ר עָמַ֜דְתָּ לִפְנֵ֨י יְהוָ֣ה אֱלֹהֶ֘יךָ֮ בְּחֹרֵב֒ בֶּאֱמֹ֨ר יְהוָ֜ה אֵלַ֗י
הַקְהֶל־לִי֙ אֶת־הָעָ֔ם וְאַשְׁמִעֵ֖ם אֶת־דְּבָרָ֑י אֲשֶׁ֨ר יִלְמְד֜וּן לְיִרְאָ֣ה
אֹתִ֗י כָּל־הַיָּמִים֙ אֲשֶׁ֨ר הֵ֤ם חַיִּים֙ עַל־הָ֣אֲדָמָ֔ה וְאֶת־בְּנֵיהֶ֖ם יְלַמֵּדֽוּן׃
וַתִּקְרְב֥וּן וַתַּֽעַמְד֖וּן תַּ֣חַת הָהָ֑ר וְהָהָ֞ר בֹּעֵ֤ר בָּאֵשׁ֙ עַד־לֵ֣ב הַשָּׁמַ֔יִם
חֹ֖שֶׁךְ עָנָ֥ן וַעֲרָפֶֽל׃

וַיְדַבֵּ֧ר יְהוָ֛ה אֲלֵיכֶ֖ם מִתּ֣וֹךְ הָאֵ֑שׁ ק֤וֹל דְּבָרִים֙ אַתֶּ֣ם שֹׁמְעִ֔ים
וּתְמוּנָ֛ה אֵינְכֶ֥ם רֹאִ֖ים זוּלָתִ֥י קֽוֹל׃
וַיַּגֵּ֨ד לָכֶ֜ם אֶת־בְּרִית֗וֹ אֲשֶׁ֨ר צִוָּ֤ה אֶתְכֶם֙ לַעֲשׂ֔וֹת עֲשֶׂ֖רֶת הַדְּבָרִ֑ים
וַֽיִּכְתְּבֵ֔ם עַל־שְׁנֵ֖י לֻח֥וֹת אֲבָנִֽים׃
וְאֹתִ֞י צִוָּ֤ה יְהוָה֙ בָּעֵ֣ת הַהִ֔וא לְלַמֵּ֣ד אֶתְכֶ֔ם חֻקִּ֖ים וּמִשְׁפָּטִ֑ים
לַעֲשֹׂתְכֶ֣ם אֹתָ֔ם בָּאָ֕רֶץ אֲשֶׁ֨ר אַתֶּ֛ם עֹבְרִ֥ים שָׁ֖מָּה לְרִשְׁתָּֽהּ׃

A Reading (Lesson) from Paul's second letter to the Corinthians (10:1–18)

Αὐτὸς δὲ ἐγὼ Παῦλος παρακαλῶ ὑμᾶς διὰ τῆς πραΰτητος καὶ ἐπιεικείας τοῦ Χριστοῦ, ὃς κατὰ πρόσωπον μὲν ταπεινὸς ἐν ὑμῖν, ἀπὼν δὲ θαρρῶ εἰς ὑμᾶς· δέομαι δὲ τὸ μὴ παρὼν θαρρῆσαι τῇ πεποιθήσει ᾗ λογίζομαι τολμῆσαι ἐπί τινας τοὺς λογιζομένους ἡμᾶς ὡς κατὰ σάρκα περιπατοῦντας. Ἐν σαρκὶ γὰρ περιπατοῦντες οὐ κατὰ σάρκα στρατευόμεθα, τὰ γὰρ ὅπλα τῆς στρατείας ἡμῶν οὐ σαρκικὰ ἀλλὰ δυνατὰ τῷ θεῷ πρὸς καθαίρεσιν ὀχυρωμάτων, λογισμοὺς καθαιροῦντες καὶ πᾶν ὕψωμα ἐπαιρόμενον κατὰ τῆς γνώσεως τοῦ θεοῦ, καὶ αἰχμαλωτίζοντες πᾶν νόημα εἰς τὴν ὑπακοὴν τοῦ Χριστοῦ, καὶ ἐν ἑτοίμῳ ἔχοντες ἐκδικῆσαι πᾶσαν παρακοήν, ὅταν πληρωθῇ ὑμῶν ἡ ὑπακοή.

Τὰ κατὰ πρόσωπον βλέπετε. εἴ τις πέποιθεν ἑαυτῷ Χριστοῦ εἶναι, τοῦτο λογιζέσθω πάλιν ἐφ' ἑαυτοῦ, ὅτι καθὼς αὐτὸς Χριστοῦ, οὕτως καὶ ἡμεῖς. ἐάν [τε] γὰρ περισσότερόν τι καυχήσωμαι περὶ τῆς ἐξουσίας ἡμῶν ἧς ἔδωκεν ὁ κύριος εἰς οἰκοδομὴν καὶ οὐκ εἰς καθαίρεσιν ὑμῶν, οὐκ αἰσχυνθήσομαι. ἵνα μὴ δόξω ὡς ἂν ἐκφοβεῖν ὑμᾶς διὰ τῶν ἐπιστολῶν· ὅτι αἱ ἐπιστολαὶ μέν, φησίν, βαρεῖαι καὶ ἰσχυραί, ἡ δὲ παρουσία τοῦ σώματος ἀσθενὴς καὶ ὁ λόγος ἐξουθενημένος. τοῦτο λογιζέσθω ὁ τοιοῦτος, ὅτι οἷοί ἐσμεν τῷ λόγῳ δι' ἐπιστολῶν ἀπόντες, τοιοῦτοι καὶ παρόντες τῷ ἔργῳ.

Οὐ γὰρ τολμῶμεν ἐγκρῖναι ἢ συγκρῖναι ἑαυτούς τισιν τῶν ἑαυτοὺς συνιστανόντων, ἀλλ' αὐτοὶ ἐν ἑαυτοῖς ἑαυτοὺς μετροῦντες καὶ συγκρίνοντες ἑαυτοὺς ἑαυτοῖς οὐ συνιᾶσιν. ἡμεῖς δὲ οὐκ εἰς τὰ ἄμετρα καυχησόμεθα ἀλλὰ κατὰ τὸ μέτρον τοῦ κανόνος οὗ ἐμέρισεν ἡμῖν ὁ θεὸς μέτρου, ἐφικέσθαι ἄχρι καὶ ὑμῶν. οὐ γὰρ ὡς μὴ ἐφικνούμενοι εἰς ὑμᾶς ὑπερεκτείνομεν ἑαυτούς, ἄχρι γὰρ καὶ ὑμῶν ἐφθάσαμεν ἐν τῷ εὐαγγελίῳ τοῦ Χριστοῦ, οὐκ εἰς τὰ ἄμετρα καυχώμενοι ἐν ἀλλοτρίοις κόποις, ἐλπίδα δὲ ἔχοντες αὐξανομένης τῆς πίστεως ὑμῶν ἐν ὑμῖν μεγαλυνθῆναι κατὰ τὸν κανόνα ἡμῶν εἰς περισσείαν εἰς τὰ ὑπερέκεινα ὑμῶν εὐαγγελίσασθαι, οὐκ ἐν ἀλλοτρίῳ κανόνι εἰς τὰ ἕτοιμα καυχήσασθαι. *Ὁ δὲ καυχώμενος ἐν κυρίῳ καυχάσθω·* οὐ γὰρ ὁ ἑαυτὸν συνιστάνων, ἐκεῖνός ἐστιν δόκιμος, ἀλλ’ ὃν ὁ κύριος συνίστησιν.

Tuesday

A Reading (Lesson) from the Book of Deuteronomy (4:15–24)

וְנִשְׁמַרְתֶּם מְאֹד לְנַפְשֹׁתֵיכֶם כִּי לֹא רְאִיתֶם כָּל־תְּמוּנָה בְּיוֹם דִּבֶּר יְהוָה אֲלֵיכֶם בְּחֹרֵב מִתּוֹךְ הָאֵשׁ׃

פֶּן־תַּשְׁחִתוּן וַעֲשִׂיתֶם לָכֶם פֶּסֶל תְּמוּנַת כָּל־סָמֶל תַּבְנִית זָכָר אוֹ נְקֵבָה׃

תַּבְנִית כָּל־בְּהֵמָה אֲשֶׁר בָּאָרֶץ תַּבְנִית כָּל־צִפּוֹר כָּנָף אֲשֶׁר תָּעוּף בַּשָּׁמָיִם׃

תַּבְנִית כָּל־רֹמֵשׂ בָּאֲדָמָה תַּבְנִית כָּל־דָּגָה אֲשֶׁר־בַּמַּיִם מִתַּחַת לָאָרֶץ׃

וּפֶן־תִּשָּׂא עֵינֶיךָ הַשָּׁמַיְמָה וְרָאִיתָ אֶת־הַשֶּׁמֶשׁ וְאֶת־הַיָּרֵחַ וְאֶת־הַכּוֹכָבִים כֹּל צְבָא הַשָּׁמַיִם וְנִדַּחְתָּ וְהִשְׁתַּחֲוִיתָ לָהֶם וַעֲבַדְתָּם אֲשֶׁר חָלַק יְהוָה אֱלֹהֶיךָ אֹתָם לְכֹל הָעַמִּים תַּחַת כָּל־הַשָּׁמָיִם׃

וְאֶתְכֶם לָקַח יְהוָה וַיּוֹצִא אֶתְכֶם מִכּוּר הַבַּרְזֶל מִמִּצְרָיִם לִהְיוֹת לוֹ לְעַם נַחֲלָה כַּיּוֹם הַזֶּה׃

וַיהוָ֥ה הִתְאַנֶּף־בִּ֖י עַל־דִּבְרֵיכֶ֑ם וַיִּשָּׁבַ֗ע לְבִלְתִּ֤י עָבְרִי֙ אֶת־הַיַּרְדֵּ֔ן
וּלְבִלְתִּי־בֹא֙ אֶל־הָאָ֣רֶץ הַטּוֹבָ֔ה אֲשֶׁר֙ יְהוָ֣ה אֱלֹהֶ֔יךָ נֹתֵ֥ן לְךָ֖
נַחֲלָֽה׃
כִּ֣י אָנֹכִ֥י מֵת֙ בָּאָ֣רֶץ הַזֹּ֔את אֵינֶ֥נִּי עֹבֵ֖ר אֶת־הַיַּרְדֵּ֑ן וְאַתֶּם֙ עֹֽבְרִ֔ים
וִֽירִשְׁתֶּ֕ם אֶת־הָאָ֥רֶץ הַטּוֹבָ֖ה הַזֹּֽאת׃
הִשָּׁמְר֣וּ לָכֶ֗ם פֶּן־תִּשְׁכְּחוּ֙ אֶת־בְּרִ֤ית יְהוָה֙ אֱלֹ֣הֵיכֶ֔ם אֲשֶׁ֥ר כָּרַ֖ת
עִמָּכֶ֑ם וַעֲשִׂיתֶ֨ם לָכֶ֥ם פֶּ֙סֶל֙ תְּמ֣וּנַת כֹּ֔ל אֲשֶׁ֥ר צִוְּךָ֖ יְהוָ֥ה אֱלֹהֶֽיךָ׃
כִּ֚י יְהוָ֣ה אֱלֹהֶ֔יךָ אֵ֥שׁ אֹכְלָ֖ה ה֑וּא אֵ֖ל קַנָּֽא׃ פ

A Reading (Lesson) from Paul's second letter to the Corinthians (11:1–21a)

Ὄφελον ἀνείχεσθέ μου μικρόν τι ἀφροσύνης· ἀλλὰ καὶ ἀνέχεσθέ μου. ζηλῶ γὰρ ὑμᾶς θεοῦ ζήλῳ, ἡρμοσάμην γὰρ ὑμᾶς ἑνὶ ἀνδρὶ παρθένον ἁγνὴν παραστῆσαι τῷ Χριστῷ· φοβοῦμαι δὲ μή πως, ὡς ὁ ὄφις ἐξηπάτησεν Εὕαν ἐν τῇ πανουργίᾳ αὐτοῦ, φθαρῇ τὰ νοήματα ὑμῶν ἀπὸ τῆς ἁπλότητος [καὶ τῆς ἁγνότητος] τῆς εἰς τὸν Χριστόν. εἰ μὲν γὰρ ὁ ἐρχόμενος ἄλλον Ἰησοῦν κηρύσσει ὃν οὐκ ἐκηρύξαμεν, ἢ πνεῦμα ἕτερον λαμβάνετε ὃ οὐκ ἐλάβετε, ἢ εὐαγγέλιον ἕτερον ὃ οὐκ ἐδέξασθε, καλῶς ἀνέχεσθε.

Λογίζομαι γὰρ μηδὲν ὑστερηκέναι τῶν ὑπερλίαν ἀποστόλων. εἰ δὲ καὶ ἰδιώτης τῷ λόγῳ, ἀλλ᾽ οὐ τῇ γνώσει, ἀλλ᾽ ἐν παντὶ φανερώσαντες ἐν πᾶσιν εἰς ὑμᾶς. Ἢ ἁμαρτίαν ἐποίησα ἐμαυτὸν ταπεινῶν ἵνα ὑμεῖς ὑψωθῆτε, ὅτι δωρεὰν τὸ τοῦ θεοῦ εὐαγγέλιον εὐηγγελισάμην ὑμῖν; ἄλλας ἐκκλησίας ἐσύλησα λαβὼν ὀψώνιον πρὸς τὴν ὑμῶν διακονίαν, καὶ παρὼν πρὸς ὑμᾶς καὶ ὑστερηθεὶς οὐ κατενάρκησα οὐθενός· τὸ γὰρ ὑστέρημά μου προσανεπλήρωσαν οἱ ἀδελφοὶ ἐλθόντες ἀπὸ Μακεδονίας, καὶ ἐν παντὶ ἀβαρῆ ἐμαυτὸν ὑμῖν ἐτήρησα καὶ τηρήσω. ἔστιν ἀλήθεια Χριστοῦ ἐν ἐμοὶ ὅτι ἡ καύχησις αὕτη οὐ φραγήσεται εἰς ἐμὲ ἐν τοῖς κλίμασιν τῆς Ἀχαΐας. διὰ τί; ὅτι οὐκ ἀγαπῶ ὑμᾶς; ὁ θεὸς οἶδεν.

Ὃ δὲ ποιῶ, καὶ ποιήσω, ἵνα ἐκκόψω τὴν ἀφορμὴν τῶν θελόντων ἀφορμήν, ἵνα ἐν ᾧ καυχῶνται εὑρεθῶσιν καθὼς καὶ ἡμεῖς. οἱ γὰρ τοιοῦτοι ψευδαπόστολοι, ἐργάται δόλιοι, μετασχηματιζόμενοι εἰς ἀποστόλους Χριστοῦ. καὶ οὐ θαῦμα· αὐτὸς γὰρ ὁ σατανᾶς μετασχηματίζεται εἰς ἄγγελον φωτός. οὐ μέγα οὖν εἰ καὶ οἱ διάκονοι αὐτοῦ μετασχηματίζονται ὡς διάκονοι δικαιοσύνης· ὧν τὸ τέλος ἔσται κατὰ τὰ ἔργα αὐτῶν.

Πάλιν λέγω, μή τίς με δόξῃ ἄφρονα εἶναι· εἰ δὲ μή γε, κἂν ὡς ἄφρονα δέξασθέ με, ἵνα κἀγὼ μικρόν τι καυχήσωμαι. ὃ λαλῶ, οὐ κατὰ κύριον λαλῶ ἀλλ' ὡς ἐν ἀφροσύνῃ, ἐν ταύτῃ τῇ ὑποστάσει τῆς καυχήσεως. ἐπεὶ πολλοὶ καυχῶνται κατὰ σάρκα, κἀγὼ καυχήσομαι. ἡδέως γὰρ ἀνέχεσθε τῶν ἀφρόνων φρόνιμοι ὄντες· ἀνέχεσθε γὰρ εἴ τις ὑμᾶς καταδουλοῖ, εἴ τις κατεσθίει, εἴ τις λαμβάνει, εἴ τις ἐπαίρεται, εἴ τις εἰς πρόσωπον ὑμᾶς δέρει. κατὰ ἀτιμίαν λέγω, ὡς ὅτι ἡμεῖς ἠσθενήκαμεν.

Wednesday

A Reading (Lesson) from the Book of Deuteronomy (4:25–31)

כִּֽי־תוֹלִ֤יד בָּנִים֙ וּבְנֵ֣י בָנִ֔ים וְנוֹשַׁנְתֶּ֖ם בָּאָ֑רֶץ וְהִשְׁחַתֶּ֗ם וַעֲשִׂ֤יתֶם
פֶּ֙סֶל֙ תְּמ֣וּנַת כֹּ֔ל וַעֲשִׂיתֶ֥ם הָרַ֛ע בְּעֵינֵ֥י יְהוָֽה־אֱלֹהֶ֖יךָ לְהַכְעִיסֽוֹ׃
הַעִידֹ֨תִי בָכֶ֜ם הַיּ֗וֹם אֶת־הַשָּׁמַ֣יִם וְאֶת־הָאָ֒רֶץ֒ כִּֽי־אָבֹ֣ד תֹּאבֵדוּן֮
מַהֵר֒ מֵעַ֣ל הָאָ֗רֶץ אֲשֶׁ֨ר אַתֶּ֜ם עֹבְרִ֧ים אֶת־הַיַּרְדֵּ֛ן שָׁ֖מָּה לְרִשְׁתָּ֑הּ
לֹֽא־תַאֲרִיכֻ֤ן יָמִים֙ עָלֶ֔יהָ כִּ֥י הִשָּׁמֵ֖ד תִּשָּׁמֵדֽוּן׃
וְהֵפִ֧יץ יְהוָ֛ה אֶתְכֶ֖ם בָּעַמִּ֑ים וְנִשְׁאַרְתֶּם֙ מְתֵ֣י מִסְפָּ֔ר בַּגּוֹיִ֕ם אֲשֶׁ֨ר
יְנַהֵ֧ג יְהוָ֛ה אֶתְכֶ֖ם שָֽׁמָּה׃
וַעֲבַדְתֶּם־שָׁ֣ם אֱלֹהִ֔ים מַעֲשֵׂ֖ה יְדֵ֣י אָדָ֑ם עֵ֣ץ וָאֶ֔בֶן אֲשֶׁ֤ר לֹֽא־יִרְאוּן֙
וְלֹ֣א יִשְׁמְע֔וּן וְלֹ֥א יֹאכְל֖וּן וְלֹ֥א יְרִיחֻֽן׃

וּבִקַּשְׁתֶּם מִשָּׁם אֶת־יְהוָה אֱלֹהֶיךָ וּמָצָאתָ כִּי תִדְרְשֶׁנּוּ בְּכָל־
לְבָבְךָ וּבְכָל־נַפְשֶׁךָ׃
בַּצַּר לְךָ וּמְצָאוּךָ כֹּל הַדְּבָרִים הָאֵלֶּה בְּאַחֲרִית הַיָּמִים וְשַׁבְתָּ
עַד־יְהוָה אֱלֹהֶיךָ וְשָׁמַעְתָּ בְּקֹלוֹ׃
כִּי אֵל רַחוּם יְהוָה אֱלֹהֶיךָ לֹא יַרְפְּךָ וְלֹא יַשְׁחִיתֶךָ וְלֹא יִשְׁכַּח
אֶת־בְּרִית אֲבֹתֶיךָ אֲשֶׁר נִשְׁבַּע לָהֶם׃

A Reading (Lesson) from Paul's second letter to the Corinthians (11:21b–33)

Ἐν ᾧ δ' ἄν τις τολμᾷ, ἐν ἀφροσύνῃ λέγω, τολμῶ κἀγώ. Ἑβραῖοί εἰσιν; κἀγώ. Ἰσραηλῖταί εἰσιν; κἀγώ. σπέρμα Ἀβραάμ εἰσιν; κἀγώ. διάκονοι Χριστοῦ εἰσιν; παραφρονῶν λαλῶ, ὑπὲρ ἐγώ· ἐν κόποις περισσοτέρως, ἐν φυλακαῖς περισσοτέρως, ἐν πληγαῖς ὑπερβαλλόντως, ἐν θανάτοις πολλάκις. Ὑπὸ Ἰουδαίων πεντάκις τεσσεράκοντα παρὰ μίαν ἔλαβον, τρὶς ἐρραβδίσθην, ἅπαξ ἐλιθάσθην, τρὶς ἐναυάγησα, νυχθήμερον ἐν τῷ βυθῷ πεποίηκα· ὁδοιπορίαις πολλάκις, κινδύνοις ποταμῶν, κινδύνοις λῃστῶν, κινδύνοις ἐκ γένους, κινδύνοις ἐξ ἐθνῶν, κινδύνοις ἐν πόλει, κινδύνοις ἐν ἐρημίᾳ, κινδύνοις ἐν θαλάσσῃ, κινδύνοις ἐν ψευδαδέλφοις, κόπῳ καὶ μόχθῳ, ἐν ἀγρυπνίαις πολλάκις, ἐν λιμῷ καὶ δίψει, ἐν νηστείαις πολλάκις, ἐν ψύχει καὶ γυμνότητι· χωρὶς τῶν παρεκτὸς ἡ ἐπίστασίς μοι ἡ καθ' ἡμέραν, ἡ μέριμνα πασῶν τῶν ἐκκλησιῶν. τίς ἀσθενεῖ καὶ οὐκ ἀσθενῶ; τίς σκανδαλίζεται καὶ οὐκ ἐγὼ πυροῦμαι; Εἰ καυχᾶσθαι δεῖ, τὰ τῆς ἀσθενείας μου καυχήσομαι. ὁ θεὸς καὶ πατὴρ τοῦ κυρίου Ἰησοῦ οἶδεν, ὁ ὢν εὐλογητὸς εἰς τοὺς αἰῶνας, ὅτι οὐ ψεύδομαι. ἐν Δαμασκῷ ὁ ἐθνάρχης Ἁρέτα τοῦ βασιλέως ἐφρούρει τὴν πόλιν Δαμασκηνῶν πιάσαι με, καὶ διὰ θυρίδος ἐν σαργάνῃ ἐχαλάσθην διὰ τοῦ τείχους καὶ ἐξέφυγον τὰς χεῖρας αὐτοῦ.

Thursday

A Reading (Lesson) from the Book of Deuteronomy (4:32–40)

כִּ֣י שְׁאַל־נָ֡א לְיָמִ֣ים רִאשֹׁנִ֩ים אֲשֶׁר־הָי֨וּ לְפָנֶ֜יךָ לְמִן־הַיּ֗וֹם אֲשֶׁר֩ בָּרָ֨א אֱלֹהִ֤ים ׀ אָדָם֙ עַל־הָאָ֔רֶץ וּלְמִקְצֵ֥ה הַשָּׁמַ֖יִם וְעַד־קְצֵ֣ה הַשָּׁמָ֑יִם הֲנִהְיָ֗ה כַּדָּבָ֤ר הַגָּדוֹל֙ הַזֶּ֔ה א֖וֹ הֲנִשְׁמַ֥ע כָּמֹֽהוּ׃

הֲשָׁ֣מַֽע עָם֩ ק֨וֹל אֱלֹהִ֜ים מְדַבֵּ֧ר מִתּוֹךְ־הָאֵ֛שׁ כַּאֲשֶׁר־שָׁמַ֥עְתָּ אַתָּ֖ה וַיֶּֽחִי׃

א֣וֹ ׀ הֲנִסָּ֣ה אֱלֹהִ֗ים לָבוֹא֩ לָקַ֨חַת ל֣וֹ ג֘וֹי מִקֶּ֣רֶב גּוֹי֒ בְּמַסֹּת֩ בְּאֹתֹ֨ת וּבְמוֹפְתִ֜ים וּבְמִלְחָמָ֗ה וּבְיָ֤ד חֲזָקָה֙ וּבִזְר֣וֹעַ נְטוּיָ֔ה וּבְמוֹרָאִ֖ים גְּדֹלִ֑ים כְּכֹל֩ אֲשֶׁר־עָשָׂ֨ה לָכֶ֜ם יְהוָ֧ה אֱלֹהֵיכֶ֛ם בְּמִצְרַ֖יִם לְעֵינֶֽיךָ׃

אַתָּה֙ הָרְאֵ֣תָ לָדַ֔עַת כִּ֥י יְהוָ֖ה ה֣וּא הָאֱלֹהִ֑ים אֵ֥ין ע֖וֹד מִלְּבַדּֽוֹ׃

מִן־הַשָּׁמַ֛יִם הִשְׁמִֽיעֲךָ֥ אֶת־קֹל֖וֹ לְיַסְּרֶ֑ךָּ וְעַל־הָאָ֗רֶץ הֶרְאֲךָ֙ אֶת־אִשּׁ֣וֹ הַגְּדוֹלָ֔ה וּדְבָרָ֥יו שָׁמַ֖עְתָּ מִתּ֥וֹךְ הָאֵֽשׁ׃

וְתַ֗חַת כִּ֤י אָהַב֙ אֶת־אֲבֹתֶ֔יךָ וַיִּבְחַ֥ר בְּזַרְע֖וֹ אַחֲרָ֑יו וַיּוֹצִֽאֲךָ֧ בְּפָנָ֛יו בְּכֹח֥וֹ הַגָּדֹ֖ל מִמִּצְרָֽיִם׃

לְהוֹרִ֗ישׁ גּוֹיִ֛ם גְּדֹלִ֧ים וַעֲצֻמִ֛ים מִמְּךָ֖ מִפָּנֶ֑יךָ לַהֲבִיאֲךָ֗ לָֽתֶת־לְךָ֧ אֶת־אַרְצָ֛ם נַחֲלָ֖ה כַּיּ֥וֹם הַזֶּֽה׃

וְיָדַעְתָּ֣ הַיּ֗וֹם וַהֲשֵׁבֹתָ֮ אֶל־לְבָבֶ֒ךָ֒ כִּ֤י יְהוָה֙ ה֣וּא הָֽאֱלֹהִ֔ים בַּשָּׁמַ֣יִם מִמַּ֔עַל וְעַל־הָאָ֖רֶץ מִתָּ֑חַת אֵ֖ין עֽוֹד׃

וְשָׁמַרְתָּ֞ אֶת־חֻקָּ֣יו וְאֶת־מִצְוֺתָ֗יו אֲשֶׁ֨ר אָנֹכִ֤י מְצַוְּךָ֙ הַיּ֔וֹם אֲשֶׁר֙ יִיטַ֣ב לְךָ֔ וּלְבָנֶ֖יךָ אַחֲרֶ֑יךָ וּלְמַ֨עַן תַּאֲרִ֤יךְ יָמִים֙ עַל־הָ֣אֲדָמָ֔ה אֲשֶׁ֨ר יְהוָ֧ה אֱלֹהֶ֛יךָ נֹתֵ֥ן לְךָ֖ כָּל־הַיָּמִֽים׃ פ

A Reading (Lesson) from Paul's second letter to the Corinthians (12:1–10)

Καυχᾶσθαι δεῖ, οὐ συμφέρον μέν, ἐλεύσομαι δὲ εἰς ὀπτασίας καὶ ἀποκαλύψεις κυρίου. οἶδα ἄνθρωπον ἐν Χριστῷ πρὸ ἐτῶν δεκατεσσάρων, εἴτε ἐν σώματι οὐκ οἶδα, εἴτε ἐκτὸς τοῦ σώματος οὐκ οἶδα, ὁ θεὸς οἶδεν, ἁρπαγέντα τὸν τοιοῦτον ἕως τρίτου οὐρανοῦ. καὶ οἶδα τὸν τοιοῦτον ἄνθρωπον, εἴτε ἐν σώματι εἴτε χωρὶς τοῦ σώματος οὐκ οἶδα, ὁ θεὸς οἶδεν, ὅτι ἡρπάγη εἰς τὸν παράδεισον καὶ ἤκουσεν ἄρρητα ῥήματα ἃ οὐκ ἐξὸν ἀνθρώπῳ λαλῆσαι. ὑπὲρ τοῦ τοιούτου καυχήσομαι, ὑπὲρ δὲ ἐμαυτοῦ οὐ καυχήσομαι εἰ μὴ ἐν ταῖς ἀσθενείαις. Ἐὰν γὰρ θελήσω καυχήσασθαι, οὐκ ἔσομαι ἄφρων, ἀλήθειαν γὰρ ἐρῶ· φείδομαι δέ, μή τις εἰς ἐμὲ λογίσηται ὑπὲρ ὃ βλέπει με ἢ ἀκούει [τι] ἐξ ἐμοῦ καὶ τῇ ὑπερβολῇ τῶν ἀποκαλύψεων. διὸ ἵνα μὴ ὑπεραίρωμαι, ἐδόθη μοι σκόλοψ τῇ σαρκί, ἄγγελος σατανᾶ, ἵνα με κολαφίζῃ, ἵνα μὴ ὑπεραίρωμαι. ὑπὲρ τούτου τρὶς τὸν κύριον παρεκάλεσα ἵνα ἀποστῇ ἀπ' ἐμοῦ. καὶ εἴρηκέν μοι· ἀρκεῖ σοι ἡ χάρις μου, ἡ γὰρ δύναμις ἐν ἀσθενείᾳ τελεῖται. Ἥδιστα οὖν μᾶλλον καυχήσομαι ἐν ταῖς ἀσθενείαις μου, ἵνα ἐπισκηνώσῃ ἐπ' ἐμὲ ἡ δύναμις τοῦ Χριστοῦ. διὸ εὐδοκῶ ἐν ἀσθενείαις, ἐν ὕβρεσιν, ἐν ἀνάγκαις, ἐν διωγμοῖς καὶ στενοχωρίαις, ὑπὲρ Χριστοῦ· ὅταν γὰρ ἀσθενῶ, τότε δυνατός εἰμι.

Friday

A Reading (Lesson) from the Book of Deuteronomy (5:1–22)

וַיִּקְרָ֣א מֹשֶׁה֮ אֶל־כָּל־יִשְׂרָאֵל֒ וַיֹּ֣אמֶר אֲלֵהֶ֗ם שְׁמַ֤ע יִשְׂרָאֵל֙ אֶת־
הַחֻקִּ֣ים וְאֶת־הַמִּשְׁפָּטִ֔ים אֲשֶׁ֧ר אָנֹכִ֛י דֹּבֵ֥ר בְּאָזְנֵיכֶ֖ם הַיּ֑וֹם וּלְמַדְתֶּ֣ם
אֹתָ֔ם וּשְׁמַרְתֶּ֖ם לַעֲשֹׂתָֽם׃
יְהוָ֣ה אֱלֹהֵ֗ינוּ כָּרַ֥ת עִמָּ֛נוּ בְּרִ֖ית בְּחֹרֵֽב׃
לֹ֣א אֶת־אֲבֹתֵ֔ינוּ כָּרַ֥ת יְהוָ֖ה אֶת־הַבְּרִ֣ית הַזֹּ֑את כִּ֣י אִתָּ֔נוּ אֲנַ֨חְנוּ
אֵ֥לֶּה פֹ֛ה הַיּ֖וֹם כֻּלָּ֥נוּ חַיִּֽים׃

פָּנִ֣ים ׀ בְּפָנִ֗ים דִּבֶּ֨ר יְהוָ֧ה עִמָּכֶ֛ם בָּהָ֖ר מִתּ֥וֹךְ הָאֵֽשׁ׃
אָנֹכִ֞י עֹמֵ֤ד בֵּין־יְהוָה֙ וּבֵ֣ינֵיכֶ֔ם בָּעֵ֣ת הַהִ֔וא לְהַגִּ֥יד לָכֶ֖ם אֶת־דְּבַ֣ר
יְהוָ֑ה כִּ֤י יְרֵאתֶם֙ מִפְּנֵ֣י הָאֵ֔שׁ וְלֹֽא־עֲלִיתֶ֥ם בָּהָ֖ר לֵאמֹֽר׃ ס
אָנֹכִי֙ יְהוָ֣ה אֱלֹהֶ֔יךָ אֲשֶׁ֧ר הוֹצֵאתִ֛יךָ מֵאֶ֥רֶץ מִצְרַ֖יִם מִבֵּ֥ית עֲבָדִֽים׃
לֹ֣א יִהְיֶֽה־לְךָ֛ אֱלֹהִ֥ים אֲחֵרִ֖ים עַל־פָּנָֽי׃
לֹֽא־תַעֲשֶׂ֨ה־לְךָ֥ פֶ֙סֶל֙ כָּל־תְּמוּנָ֔ה אֲשֶׁ֤ר בַּשָּׁמַ֙יִם֙ ׀ מִמַּ֔עַל וַאֲשֶׁר֙
בָּאָ֖רֶץ מִתָּ֑חַת וַאֲשֶׁ֥ר בַּמַּ֖יִם ׀ מִתַּ֥חַת לָאָֽרֶץ׃
לֹא־תִשְׁתַּחֲוֶ֥ה לָהֶ֖ם וְלֹ֣א תָעָבְדֵ֑ם כִּ֣י אָנֹכִ֞י יְהוָ֤ה אֱלֹהֶ֙יךָ֙ אֵ֣ל קַנָּ֔א
פֹּ֠קֵד עֲוֺ֨ן אָב֧וֹת עַל־בָּנִ֛ים וְעַל־שִׁלֵּשִׁ֥ים וְעַל־רִבֵּעִ֖ים לְשֹׂנְאָֽי׃
וְעֹ֥שֶׂה חֶ֖סֶד לַאֲלָפִ֑ים לְאֹהֲבַ֖י וּלְשֹׁמְרֵ֥י [K]מִצְוֹתוֹ [Q]מִצְוֹתָֽי׃
לֹ֥א תִשָּׂ֛א אֶת־שֵׁם־יְהוָ֥ה אֱלֹהֶ֖יךָ לַשָּׁ֑וְא כִּ֣י לֹ֤א יְנַקֶּה֙ יְהוָ֔ה אֵ֛ת
אֲשֶׁר־יִשָּׂ֥א אֶת־שְׁמ֖וֹ לַשָּֽׁוְא׃ ס
שָׁמ֛וֹר אֶת־י֥וֹם הַשַּׁבָּ֖ת לְקַדְּשׁ֑וֹ כַּאֲשֶׁ֥ר צִוְּךָ֖ ׀ יְהוָ֥ה אֱלֹהֶֽיךָ׃
שֵׁ֤שֶׁת יָמִים֙ תַּעֲבֹ֔ד וְעָשִׂ֖יתָ כָּל־מְלַאכְתֶּֽךָ׃
וְיוֹם֙ הַשְּׁבִיעִ֔י שַׁבָּ֖ת ׀ לַיהוָ֣ה אֱלֹהֶ֑יךָ לֹ֣א תַעֲשֶׂ֣ה כָל־מְלָאכָ֡ה אַתָּ֣ה
וּבִנְךָֽ־וּבִתֶּ֣ךָ וְעַבְדְּךָֽ־וַ֠אֲמָתֶ֠ךָ וְשׁוֹרְךָ֨ וַחֲמֹֽרְךָ֜ וְכָל־בְּהֶמְתֶּ֗ךָ וְגֵֽרְךָ֙
אֲשֶׁ֣ר בִּשְׁעָרֶ֔יךָ לְמַ֗עַן יָנ֛וּחַ עַבְדְּךָ֥ וַאֲמָתְךָ֖ כָּמֽוֹךָ׃
וְזָכַרְתָּ֞ כִּ֣י־עֶ֣בֶד הָיִ֣יתָ ׀ בְּאֶ֣רֶץ מִצְרַ֗יִם וַיֹּצִאֲךָ֩ יְהוָ֨ה אֱלֹהֶ֤יךָ מִשָּׁם֙
בְּיָ֤ד חֲזָקָה֙ וּבִזְרֹ֣עַ נְטוּיָ֔ה עַל־כֵּ֗ן צִוְּךָ֙ יְהוָ֣ה אֱלֹהֶ֔יךָ לַעֲשׂ֖וֹת אֶת־
י֥וֹם הַשַּׁבָּֽת׃ ס
כַּבֵּ֤ד אֶת־אָבִ֙יךָ֙ וְאֶת־אִמֶּ֔ךָ כַּאֲשֶׁ֥ר צִוְּךָ֖ יְהוָ֣ה אֱלֹהֶ֑יךָ לְמַ֣עַן ׀
יַאֲרִיכֻ֣ן יָמֶ֗יךָ וּלְמַ֙עַן֙ יִ֣יטַב לָ֔ךְ עַ֚ל הָֽאֲדָמָ֔ה אֲשֶׁר־יְהוָ֥ה אֱלֹהֶ֖יךָ
נֹתֵ֥ן לָֽךְ׃ ס
לֹ֖א תִּרְצָֽח׃ ס
וְלֹ֖א תִּנְאָֽף׃ ס

וְלֹ֖א תִּגְנֹֽב׃ ס
וְלֹא־תַעֲנֶ֥ה בְרֵעֲךָ֖ עֵ֥ד שָֽׁוְא׃ ס
וְלֹ֥א תַחְמֹ֖ד אֵ֣שֶׁת רֵעֶ֑ךָ ס וְלֹ֨א תִתְאַוֶּ֜ה בֵּ֣ית רֵעֶ֗ךָ שָׂדֵ֨הוּ וְעַבְדּ֤וֹ
וַאֲמָתוֹ֙ שׁוֹר֣וֹ וַחֲמֹר֔וֹ וְכֹ֖ל אֲשֶׁ֥ר לְרֵעֶֽךָ׃ ס
אֶת־הַדְּבָרִ֣ים הָאֵ֡לֶּה דִּבֶּ֣ר יְהוָה֩ אֶל־כָּל־קְהַלְכֶ֨ם בָּהָ֜ר מִתּ֣וֹךְ
הָאֵ֗שׁ הֶֽעָנָן֙ וְהָ֣עֲרָפֶ֔ל ק֥וֹל גָּד֖וֹל וְלֹ֣א יָסָ֑ף וַֽיִּכְתְּבֵ֗ם עַל־שְׁנֵי֙ לֻחֹ֣ת
אֲבָנִ֔ים וַֽיִּתְּנֵ֖ם אֵלָֽי׃

A Reading (Lesson) from Paul's second letter to the Corinthians (12:11–21)

Γέγονα ἄφρων, ὑμεῖς με ἠναγκάσατε. ἐγὼ γὰρ ὤφειλον ὑφ' ὑμῶν συνίστασθαι· οὐδὲν γὰρ ὑστέρησα τῶν ὑπερλίαν ἀποστόλων εἰ καὶ οὐδέν εἰμι. τὰ μὲν σημεῖα τοῦ ἀποστόλου κατειργάσθη ἐν ὑμῖν ἐν πάσῃ ὑπομονῇ, σημείοις τε καὶ τέρασιν καὶ δυνάμεσιν. τί γάρ ἐστιν ὃ ἡσσώθητε ὑπὲρ τὰς λοιπὰς ἐκκλησίας, εἰ μὴ ὅτι αὐτὸς ἐγὼ οὐ κατενάρκησα ὑμῶν; χαρίσασθέ μοι τὴν ἀδικίαν ταύτην.

Ἰδοὺ τρίτον τοῦτο ἑτοίμως ἔχω ἐλθεῖν πρὸς ὑμᾶς, καὶ οὐ καταναρκήσω· οὐ γὰρ ζητῶ τὰ ὑμῶν ἀλλ' ὑμᾶς. οὐ γὰρ ὀφείλει τὰ τέκνα τοῖς γονεῦσιν θησαυρίζειν ἀλλ' οἱ γονεῖς τοῖς τέκνοις. ἐγὼ δὲ ἥδιστα δαπανήσω καὶ ἐκδαπανηθήσομαι ὑπὲρ τῶν ψυχῶν ὑμῶν. εἰ περισσοτέρως ὑμᾶς ἀγαπῶ [ν], ἧσσον ἀγαπῶμαι; Ἔστω δέ, ἐγὼ οὐ κατεβάρησα ὑμᾶς· ἀλλ' ὑπάρχων πανοῦργος δόλῳ ὑμᾶς ἔλαβον. μή τινα ὧν ἀπέσταλκα πρὸς ὑμᾶς, δι' αὐτοῦ ἐπλεονέκτησα ὑμᾶς; παρεκάλεσα Τίτον καὶ συναπέστειλα τὸν ἀδελφόν· μήτι ἐπλεονέκτησεν ὑμᾶς Τίτος; οὐ τῷ αὐτῷ πνεύματι περιεπατήσαμεν; οὐ τοῖς αὐτοῖς ἴχνεσιν;

Πάλαι δοκεῖτε ὅτι ὑμῖν ἀπολογούμεθα. κατέναντι θεοῦ ἐν Χριστῷ λαλοῦμεν· τὰ δὲ πάντα, ἀγαπητοί, ὑπὲρ τῆς ὑμῶν οἰκοδομῆς. φοβοῦμαι γὰρ μή πως ἐλθὼν οὐχ οἵους θέλω εὕρω ὑμᾶς κἀγὼ εὑρεθῶ ὑμῖν οἷον οὐ θέλετε· μή πως ἔρις, ζῆλος, θυμοί, ἐριθεῖαι, καταλαλιαί, ψιθυρισμοί, φυσιώσεις, ἀκαταστασίαι· μὴ πάλιν ἐλθόντος μου ταπεινώσῃ με ὁ θεός μου πρὸς ὑμᾶς καὶ πενθήσω πολλοὺς τῶν προημαρτηκότων καὶ μὴ μετανοησάντων ἐπὶ τῇ ἀκαθαρσίᾳ καὶ πορνείᾳ καὶ ἀσελγείᾳ ᾗ ἔπραξαν.

Week of Last Epiphany

Monday

A Reading (Lesson) from the Book of Deuteronomy (6:10–15)

וְהָיָ֞ה כִּ֣י יְבִֽיאֲךָ֣ ׀ יְהוָ֣ה אֱלֹהֶ֗יךָ אֶל־הָאָ֛רֶץ אֲשֶׁ֨ר נִשְׁבַּ֧ע לַאֲבֹתֶ֛יךָ
לְאַבְרָהָ֛ם לְיִצְחָ֥ק וּֽלְיַעֲקֹ֖ב לָ֣תֶת לָ֑ךְ עָרִ֛ים גְּדֹלֹ֥ת וְטֹבֹ֖ת אֲשֶׁ֥ר
לֹא־בָנִֽיתָ׃
וּבָ֨תִּ֜ים מְלֵאִ֣ים כָּל־טוּב֮ אֲשֶׁ֣ר לֹא־מִלֵּאתָ֒ וּבֹרֹ֤ת חֲצוּבִים֙ אֲשֶׁ֣ר
לֹא־חָצַ֔בְתָּ כְּרָמִ֥ים וְזֵיתִ֖ים אֲשֶׁ֣ר לֹא־נָטָ֑עְתָּ וְאָכַלְתָּ֖ וְשָׂבָֽעְתָּ׃
הִשָּׁ֣מֶר לְךָ֔ פֶּן־תִּשְׁכַּ֖ח אֶת־יְהוָ֑ה אֲשֶׁ֧ר הוֹצִיאֲךָ֛ מֵאֶ֥רֶץ מִצְרַ֖יִם
מִבֵּ֥ית עֲבָדִֽים׃
אֶת־יְהוָ֧ה אֱלֹהֶ֛יךָ תִּירָ֖א וְאֹת֣וֹ תַעֲבֹ֑ד וּבִשְׁמ֖וֹ תִּשָּׁבֵֽעַ׃
לֹ֣א תֵֽלְכ֔וּן אַחֲרֵ֖י אֱלֹהִ֣ים אֲחֵרִ֑ים מֵאֱלֹהֵי֙ הָֽעַמִּ֔ים אֲשֶׁ֖ר
סְבִיבוֹתֵיכֶֽם׃
כִּ֣י אֵ֥ל קַנָּ֛א יְהוָ֥ה אֱלֹהֶ֖יךָ בְּקִרְבֶּ֑ךָ פֶּן־יֶ֠חֱרֶה אַף־יְהוָ֤ה אֱלֹהֶ֙יךָ֙
בָּ֔ךְ וְהִשְׁמִ֣ידְךָ֔ מֵעַ֖ל פְּנֵ֥י הָאֲדָמָֽה׃ ס

A Reading (Lesson) from the letter to the Hebrews (1:1–14)

Πολυμερῶς καὶ πολυτρόπως πάλαι ὁ θεὸς λαλήσας τοῖς πατράσιν ἐν τοῖς προφήταις ἐπ᾽ ἐσχάτου τῶν ἡμερῶν τούτων ἐλάλησεν ἡμῖν ἐν υἱῷ, ὃν ἔθηκεν κληρονόμον πάντων, δι᾽ οὗ καὶ ἐποίησεν τοὺς αἰῶνας·

ὃς ὢν ἀπαύγασμα τῆς δόξης καὶ χαρακτὴρ τῆς ὑποστάσεως αὐτοῦ,
φέρων τε τὰ πάντα τῷ ῥήματι τῆς δυνάμεως αὐτοῦ,

καθαρισμὸν τῶν ἁμαρτιῶν ποιησάμενος
ἐκάθισεν ἐν δεξιᾷ τῆς μεγαλωσύνης ἐν ὑψηλοῖς,
τοσούτῳ κρείττων γενόμενος τῶν ἀγγέλων
ὅσῳ διαφορώτερον παρ' αὐτοὺς κεκληρονόμηκεν ὄνομα.
Τίνι γὰρ εἶπέν ποτε τῶν ἀγγέλων·
υἱός μου εἶ σύ,
ἐγὼ σήμερον γεγέννηκά σε;
καὶ πάλιν·
ἐγὼ ἔσομαι αὐτῷ εἰς πατέρα,
καὶ αὐτὸς ἔσται μοι εἰς υἱόν;
ὅταν δὲ πάλιν εἰσαγάγῃ τὸν πρωτότοκον εἰς τὴν οἰκουμένην, λέγει·
καὶ προσκυνησάτωσαν αὐτῷ πάντες ἄγγελοι θεοῦ.
καὶ πρὸς μὲν τοὺς ἀγγέλους λέγει·
ὁ ποιῶν τοὺς ἀγγέλους αὐτοῦ πνεύματα
καὶ τοὺς λειτουργοὺς αὐτοῦ πυρὸς φλόγα,
πρὸς δὲ τὸν υἱόν·
ὁ θρόνος σου ὁ θεὸς εἰς τὸν αἰῶνα τοῦ αἰῶνος ,
καὶ ἡ ῥάβδος τῆς εὐθύτητος ῥάβδος τῆς βασιλείας σου.
ἠγάπησας δικαιοσύνην καὶ ἐμίσησας ἀνομίαν·
διὰ τοῦτο ἔχρισέν σε ὁ θεὸς ὁ θεός σου
ἔλαιον ἀγαλλιάσεως παρὰ τοὺς μετόχους σου.
καί·
σὺ κατ' ἀρχάς, κύριε, τὴν γῆν ἐθεμελίωσας,
καὶ ἔργα τῶν χειρῶν σού εἰσιν οἱ οὐρανοί·
αὐτοὶ ἀπολοῦνται, σὺ δὲ διαμένεις,
καὶ πάντες ὡς ἱμάτιον παλαιωθήσονται,
καὶ ὡσεὶ περιβόλαιον ἑλίξεις αὐτούς,
ὡς ἱμάτιον *καὶ ἀλλαγήσονται·*
σὺ δὲ ὁ αὐτὸς εἶ καὶ τὰ ἔτη σου οὐκ ἐκλείψουσιν.
πρὸς τίνα δὲ τῶν ἀγγέλων εἴρηκέν ποτε·
κάθου ἐκ δεξιῶν μου,

ἕως ἂν θῶ τοὺς ἐχθρούς σου ὑποπόδιον τῶν ποδῶν σου;
οὐχὶ πάντες εἰσὶν λειτουργικὰ πνεύματα εἰς διακονίαν ἀποστελλόμενα διὰ τοὺς μέλλοντας κληρονομεῖν σωτηρίαν;

Tuesday

A Reading (Lesson) from the Book of Deuteronomy (6:16–25)

לֹ֣א תְנַסּ֔וּ אֶת־יְהוָ֖ה אֱלֹהֵיכֶ֑ם כַּאֲשֶׁ֥ר נִסִּיתֶ֖ם בַּמַּסָּֽה׃
שָׁמ֣וֹר תִּשְׁמְר֔וּן אֶת־מִצְוֺ֖ת יְהוָ֣ה אֱלֹהֵיכֶ֑ם וְעֵדֹתָ֥יו וְחֻקָּ֖יו אֲשֶׁ֥ר
צִוָּֽךְ׃
וְעָשִׂ֛יתָ הַיָּשָׁ֥ר וְהַטּ֖וֹב בְּעֵינֵ֣י יְהוָ֑ה לְמַ֙עַן֙ יִ֣יטַב לָ֔ךְ וּבָ֗אתָ וְיָֽרַשְׁתָּ֙
אֶת־הָאָ֣רֶץ הַטֹּבָ֔ה אֲשֶׁר־נִשְׁבַּ֥ע יְהוָ֖ה לַאֲבֹתֶֽיךָ׃
לַהֲדֹ֥ף אֶת־כָּל־אֹיְבֶ֖יךָ מִפָּנֶ֑יךָ כַּאֲשֶׁ֖ר דִּבֶּ֥ר יְהוָֽה׃ ס
כִּֽי־יִשְׁאָלְךָ֥ בִנְךָ֛ מָחָ֖ר לֵאמֹ֑ר מָ֣ה הָעֵדֹ֗ת וְהַֽחֻקִּים֙ וְהַמִּשְׁפָּטִ֔ים
אֲשֶׁ֥ר צִוָּ֛ה יְהוָ֥ה אֱלֹהֵ֖ינוּ אֶתְכֶֽם׃
וְאָמַרְתָּ֣ לְבִנְךָ֔ עֲבָדִ֛ים הָיִ֥ינוּ לְפַרְעֹ֖ה בְּמִצְרָ֑יִם וַיּוֹצִיאֵ֧נוּ יְהוָ֛ה
מִמִּצְרַ֖יִם בְּיָ֥ד חֲזָקָֽה׃
וַיִּתֵּ֣ן יְהוָ֡ה אוֹתֹ֣ת וּ֠מֹפְתִים גְּדֹלִ֨ים וְרָעִ֧ים ׀ בְּמִצְרַ֛יִם בְּפַרְעֹ֥ה
וּבְכָל־בֵּית֖וֹ לְעֵינֵֽינוּ׃
וְאוֹתָ֖נוּ הוֹצִ֣יא מִשָּׁ֑ם לְמַ֙עַן֙ הָבִ֣יא אֹתָ֔נוּ לָ֤תֶת לָ֙נוּ֙ אֶת־הָאָ֔רֶץ אֲשֶׁ֥ר
נִשְׁבַּ֖ע לַאֲבֹתֵֽינוּ׃
וַיְצַוֵּ֣נוּ יְהוָ֗ה לַעֲשׂוֹת֙ אֶת־כָּל־הַחֻקִּ֣ים הָאֵ֔לֶּה לְיִרְאָ֖ה אֶת־יְהוָ֣ה
אֱלֹהֵ֑ינוּ לְט֥וֹב לָ֙נוּ֙ כָּל־הַיָּמִ֔ים לְחַיֹּתֵ֖נוּ כְּהַיּ֥וֹם הַזֶּֽה׃
וּצְדָקָ֖ה תִּֽהְיֶה־לָּ֑נוּ כִּֽי־נִשְׁמֹ֨ר לַעֲשׂ֜וֹת אֶת־כָּל־הַמִּצְוָ֣ה הַזֹּ֗את לִפְנֵ֛י
יְהוָ֥ה אֱלֹהֵ֖ינוּ כַּאֲשֶׁ֥ר צִוָּֽנוּ׃ ס

A Reading (Lesson) from the letter to the Hebrews (2:1–10)

Διὰ τοῦτο δεῖ περισσοτέρως προσέχειν ἡμᾶς τοῖς ἀκουσθεῖσιν, μήποτε παραρυῶμεν. εἰ γὰρ ὁ δι' ἀγγέλων λαληθεὶς λόγος ἐγένετο βέβαιος καὶ πᾶσα παράβασις καὶ παρακοὴ ἔλαβεν ἔνδικον μισθαποδοσίαν, πῶς ἡμεῖς ἐκφευξόμεθα τηλικαύτης ἀμελήσαντες σωτηρίας, ἥτις ἀρχὴν λαβοῦσα λαλεῖσθαι διὰ τοῦ κυρίου ὑπὸ τῶν ἀκουσάντων εἰς ἡμᾶς ἐβεβαιώθη, συνεπιμαρτυροῦντος τοῦ θεοῦ σημείοις τε καὶ τέρασιν καὶ ποικίλαις δυνάμεσιν καὶ πνεύματος ἁγίου μερισμοῖς κατὰ τὴν αὐτοῦ θέλησιν;

Οὐ γὰρ ἀγγέλοις ὑπέταξεν τὴν οἰκουμένην τὴν μέλλουσαν, περὶ ἧς λαλοῦμεν. διεμαρτύρατο δέ πού τις λέγων·

τί ἐστιν ἄνθρωπος ὅτι μιμνῄσκῃ αὐτοῦ,
ἢ υἱὸς ἀνθρώπου ὅτι ἐπισκέπτῃ αὐτόν;
ἠλάττωσας αὐτὸν βραχύ τι παρ' ἀγγέλους,
δόξῃ καὶ τιμῇ ἐστεφάνωσας αὐτόν,
πάντα ὑπέταξας ὑποκάτω τῶν ποδῶν αὐτοῦ.

ἐν τῷ γὰρ ὑποτάξαι [αὐτῷ] τὰ πάντα οὐδὲν ἀφῆκεν αὐτῷ ἀνυπότακτον. Νῦν δὲ οὔπω ὁρῶμεν αὐτῷ τὰ πάντα ὑποτεταγμένα· τὸν δὲ βραχύ τι παρ' ἀγγέλους ἠλαττωμένον βλέπομεν Ἰησοῦν διὰ τὸ πάθημα τοῦ θανάτου δόξῃ καὶ τιμῇ ἐστεφανωμένον, ὅπως χάριτι θεοῦ ὑπὲρ παντὸς γεύσηται θανάτου.

Ἔπρεπεν γὰρ αὐτῷ, δι' ὃν τὰ πάντα καὶ δι' οὗ τὰ πάντα, πολλοὺς υἱοὺς εἰς δόξαν ἀγαγόντα τὸν ἀρχηγὸν τῆς σωτηρίας αὐτῶν διὰ παθημάτων τελειῶσαι.

Ash Wednesday

A Reading (Lesson) from the Prophet Jonah (3:1–4:11)

וַיְהִ֧י דְבַר־יְהֹוָ֛ה אֶל־יוֹנָ֖ה שֵׁנִ֥ית לֵאמֹֽר׃

קֻ֛ום לֵ֥ךְ אֶל־נִֽינְוֵ֖ה הָעִ֣יר הַגְּדוֹלָ֑ה וִּקְרָ֤א אֵלֶ֙יהָ֙ אֶת־הַקְּרִיאָ֔ה אֲשֶׁ֥ר
אָנֹכִ֖י דֹּבֵ֥ר אֵלֶֽיךָ׃

וַיָּ֣קָם יוֹנָ֗ה וַיֵּ֛לֶךְ אֶל־נִֽינְוֶ֖ה כִּדְבַ֣ר יְהוָ֑ה וְנִֽינְוֵ֗ה הָיְתָ֤ה עִיר־גְּדוֹלָה֙
לֵֽאלֹהִ֔ים מַהֲלַ֖ךְ שְׁלֹ֥שֶׁת יָמִֽים׃

וַיָּ֤חֶל יוֹנָה֙ לָב֣וֹא בָעִ֔יר מַהֲלַ֖ךְ י֣וֹם אֶחָ֑ד וַיִּקְרָא֙ וַיֹּאמַ֔ר ע֚וֹד
אַרְבָּעִ֣ים י֔וֹם וְנִֽינְוֵ֖ה נֶהְפָּֽכֶת׃

וַיַּאֲמִ֛ינוּ אַנְשֵׁ֥י נִֽינְוֵ֖ה בֵּֽאלֹהִ֑ים וַיִּקְרְאוּ־צוֹם֙ וַיִּלְבְּשׁ֣וּ שַׂקִּ֔ים מִגְּדוֹלָ֖ם
וְעַד־קְטַנָּֽם׃

וַיִּגַּ֤ע הַדָּבָר֙ אֶל־מֶ֣לֶךְ נִֽינְוֵ֔ה וַיָּ֙קָם֙ מִכִּסְא֔וֹ וַיַּעֲבֵ֥ר אַדַּרְתּ֖וֹ מֵֽעָלָ֑יו
וַיְכַ֣ס שַׂ֔ק וַיֵּ֖שֶׁב עַל־הָאֵֽפֶר׃

וַיַּזְעֵ֗ק וַיֹּ֙אמֶר֙ בְּנִֽינְוֵ֔ה מִטַּ֧עַם הַמֶּ֛לֶךְ וּגְדֹלָ֖יו לֵאמֹ֑ר הָאָדָ֨ם
וְהַבְּהֵמָ֜ה הַבָּקָ֣ר וְהַצֹּ֗אן אַל־יִטְעֲמוּ֙ מְא֔וּמָה אַ֨ל־יִרְע֔וּ וּמַ֖יִם אַל־
יִשְׁתּֽוּ׃

וְיִתְכַּסּ֣וּ שַׂקִּ֗ים הָֽאָדָם֙ וְהַבְּהֵמָ֔ה וְיִקְרְא֥וּ אֶל־אֱלֹהִ֖ים בְּחָזְקָ֑ה וְיָשֻׁ֗בוּ
אִ֚ישׁ מִדַּרְכּ֣וֹ הָֽרָעָ֔ה וּמִן־הֶחָמָ֖ס אֲשֶׁ֥ר בְּכַפֵּיהֶֽם׃

מִֽי־יוֹדֵ֣עַ יָשׁ֔וּב וְנִחַ֖ם הָאֱלֹהִ֑ים וְשָׁ֛ב מֵחֲר֥וֹן אַפּ֖וֹ וְלֹ֥א נֹאבֵֽד׃

וַיַּ֤רְא הָֽאֱלֹהִים֙ אֶת־מַ֣עֲשֵׂיהֶ֔ם כִּי־שָׁ֖בוּ מִדַּרְכָּ֣ם הָֽרָעָ֑ה וַיִּנָּ֣חֶם
הָֽאֱלֹהִ֗ים עַל־הָרָעָ֛ה אֲשֶׁר־דִּבֶּ֥ר לַעֲשׂוֹת־לָהֶ֖ם וְלֹ֥א עָשָֽׂה׃

וַיֵּ֥רַע אֶל־יוֹנָ֖ה רָעָ֣ה גְדוֹלָ֑ה וַיִּ֖חַר לֽוֹ׃

וַיִּתְפַּלֵּ֨ל אֶל־יְהוָ֜ה וַיֹּאמַ֗ר אָנָּ֤ה יְהוָה֙ הֲלוֹא־זֶ֣ה דְבָרִ֗י עַד־הֱיוֹתִי֙
עַל־אַדְמָתִ֔י עַל־כֵּ֥ן קִדַּ֖מְתִּי לִבְרֹ֣חַ תַּרְשִׁ֑ישָׁה כִּ֣י יָדַ֗עְתִּי כִּ֤י אַתָּה֙
אֵל־חַנּ֣וּן וְרַח֔וּם אֶ֤רֶךְ אַפַּ֙יִם֙ וְרַב־חֶ֔סֶד וְנִחָ֖ם עַל־הָרָעָֽה׃

וְעַתָּ֣ה יְהוָ֔ה קַח־נָ֥א אֶת־נַפְשִׁ֖י מִמֶּ֑נִּי כִּ֛י ט֥וֹב מוֹתִ֖י מֵחַיָּֽי׃ ס

וַיֹּ֣אמֶר יְהוָ֔ה הַהֵיטֵ֖ב חָ֥רָה לָֽךְ׃

וַיֵּצֵ֤א יוֹנָה֙ מִן־הָעִ֔יר וַיֵּ֖שֶׁב מִקֶּ֣דֶם לָעִ֑יר וַיַּ֨עַשׂ ל֜וֹ שָׁ֗ם סֻכָּה֙ וַיֵּ֤שֶׁב תַּחְתֶּ֙יהָ֙ בַּצֵּ֔ל עַ֚ד אֲשֶׁ֣ר יִרְאֶ֔ה מַה־יִּהְיֶ֖ה בָּעִֽיר׃

וַיְמַ֣ן יְהוָֽה־אֱ֠לֹהִים קִ֞יקָי֗וֹן וַיַּ֣עַל ׀ מֵעַ֣ל לְיוֹנָ֗ה לִֽהְי֥וֹת צֵל֙ עַל־רֹאשׁ֔וֹ לְהַצִּ֥יל ל֖וֹ מֵרָֽעָת֑וֹ וַיִּשְׂמַ֥ח יוֹנָ֛ה עַל־הַקִּֽיקָי֖וֹן שִׂמְחָ֥ה גְדוֹלָֽה׃

וַיְמַ֤ן הָֽאֱלֹהִים֙ תּוֹלַ֔עַת בַּעֲל֥וֹת הַשַּׁ֖חַר לַֽמָּחֳרָ֑ת וַתַּ֥ךְ אֶת־הַקִּֽיקָי֖וֹן וַיִּיבָֽשׁ׃

וַיְהִ֣י ׀ כִּזְרֹ֣חַ הַשֶּׁ֗מֶשׁ וַיְמַ֨ן אֱלֹהִ֜ים ר֤וּחַ קָדִים֙ חֲרִישִׁ֔ית וַתַּ֥ךְ הַשֶּׁ֛מֶשׁ עַל־רֹ֥אשׁ יוֹנָ֖ה וַיִּתְעַלָּ֑ף וַיִּשְׁאַ֤ל אֶת־נַפְשׁוֹ֙ לָמ֔וּת וַיֹּ֕אמֶר ט֥וֹב מוֹתִ֖י מֵחַיָּֽי׃

וַיֹּ֤אמֶר אֱלֹהִים֙ אֶל־יוֹנָ֔ה הַהֵיטֵ֥ב חָרָֽה־לְךָ֖ עַל־הַקִּֽיקָי֑וֹן וַיֹּ֕אמֶר הֵיטֵ֥ב חָֽרָה־לִ֖י עַד־מָֽוֶת׃

וַיֹּ֣אמֶר יְהוָ֔ה אַתָּ֥ה חַ֙סְתָּ֙ עַל־הַקִּ֣יקָי֔וֹן אֲשֶׁ֛ר לֹא־עָמַ֥לְתָּ בּ֖וֹ וְלֹ֣א גִדַּלְתּ֑וֹ שֶׁבִּן־לַ֥יְלָה הָיָ֖ה וּבִן־לַ֥יְלָה אָבָֽד׃

וַאֲנִי֙ לֹ֣א אָח֔וּס עַל־נִֽינְוֵ֖ה הָעִ֣יר הַגְּדוֹלָ֑ה אֲשֶׁ֣ר יֶשׁ־בָּ֡הּ הַרְבֵּה֩ מִֽשְׁתֵּים־עֶשְׂרֵ֨ה רִבּ֜וֹ אָדָ֗ם אֲשֶׁ֤ר לֹֽא־יָדַע֙ בֵּין־יְמִינ֣וֹ לִשְׂמֹאל֔וֹ וּבְהֵמָ֖ה רַבָּֽה׃

A Reading (Lesson) from the letter to the Hebrews (12:1–14)

Τοιγαροῦν καὶ ἡμεῖς τοσοῦτον ἔχοντες περικείμενον ἡμῖν νέφος μαρτύρων, ὄγκον ἀποθέμενοι πάντα καὶ τὴν εὐπερίστατον ἁμαρτίαν, δι' ὑπομονῆς τρέχωμεν τὸν προκείμενον ἡμῖν ἀγῶνα ἀφορῶντες εἰς τὸν τῆς πίστεως ἀρχηγὸν καὶ τελειωτὴν Ἰησοῦν, ὃς ἀντὶ τῆς προκειμένης αὐτῷ χαρᾶς ὑπέμεινεν σταυρὸν αἰσχύνης καταφρονήσας ἐν δεξιᾷ τε τοῦ θρόνου τοῦ θεοῦ κεκάθικεν. ἀναλογίσασθε γὰρ τὸν τοιαύτην ὑπομεμενηκότα ὑπὸ τῶν ἁμαρτωλῶν εἰς ἑαυτὸν ἀντιλογίαν, ἵνα μὴ κάμητε ταῖς ψυχαῖς ὑμῶν ἐκλυόμενοι.

Οὔπω μέχρις αἵματος ἀντικατέστητε πρὸς τὴν ἁμαρτίαν ἀνταγωνιζόμενοι. καὶ ἐκλέλησθε τῆς παρακλήσεως, ἥτις ὑμῖν ὡς υἱοῖς διαλέγεται·

υἱέ μου, μὴ ὀλιγώρει παιδείας κυρίου
μηδὲ ἐκλύου ὑπ' αὐτοῦ ἐλεγχόμενος·
ὃν γὰρ ἀγαπᾷ κύριος παιδεύει,
μαστιγοῖ δὲ πάντα υἱὸν ὃν παραδέχεται.

εἰς παιδείαν ὑπομένετε, ὡς υἱοῖς ὑμῖν προσφέρεται ὁ θεός. τίς γὰρ υἱὸς ὃν οὐ παιδεύει πατήρ; εἰ δὲ χωρίς ἐστε παιδείας ἧς μέτοχοι γεγόνασιν πάντες, ἄρα νόθοι καὶ οὐχ υἱοί ἐστε. εἶτα τοὺς μὲν τῆς σαρκὸς ἡμῶν πατέρας εἴχομεν παιδευτὰς καὶ ἐνετρεπόμεθα· οὐ πολὺ [δὲ] μᾶλλον ὑποταγησόμεθα τῷ πατρὶ τῶν πνευμάτων καὶ ζήσομεν; οἱ μὲν γὰρ πρὸς ὀλίγας ἡμέρας κατὰ τὸ δοκοῦν αὐτοῖς ἐπαίδευον, ὁ δὲ ἐπὶ τὸ συμφέρον εἰς τὸ μεταλαβεῖν τῆς ἁγιότητος αὐτοῦ. πᾶσα δὲ παιδεία πρὸς μὲν τὸ παρὸν οὐ δοκεῖ χαρᾶς εἶναι ἀλλὰ λύπης, ὕστερον δὲ καρπὸν εἰρηνικὸν τοῖς δι' αὐτῆς γεγυμνασμένοις ἀποδίδωσιν δικαιοσύνης.

Διὸ τὰς παρειμένας χεῖρας καὶ τὰ παραλελυμένα γόνατα ἀνορθώσατε, καὶ τροχιὰς ὀρθὰς ποιεῖτε τοῖς ποσὶν ὑμῶν, ἵνα μὴ τὸ χωλὸν ἐκτραπῇ, ἰαθῇ δὲ μᾶλλον. Εἰρήνην διώκετε μετὰ πάντων καὶ τὸν ἁγιασμόν, οὗ χωρὶς οὐδεὶς ὄψεται τὸν κύριον...

Thursday

A Reading (Lesson) from the Book of Deuteronomy (7:6–11)

כִּ֣י עַ֤ם קָדוֹשׁ֙ אַתָּ֔ה לַיהוָ֖ה אֱלֹהֶ֑יךָ בְּךָ֞ בָּחַ֣ר ׀ יְהוָ֣ה אֱלֹהֶ֗יךָ
לִהְי֥וֹת לוֹ֙ לְעַ֣ם סְגֻלָּ֔ה מִכֹּל֙ הָֽעַמִּ֔ים אֲשֶׁ֖ר עַל־פְּנֵ֥י הָאֲדָמָֽה׃ ס
לֹ֣א מֵֽרֻבְּכֶ֞ם מִכָּל־הָֽעַמִּ֗ים חָשַׁ֧ק יְהוָ֛ה בָּכֶ֖ם וַיִּבְחַ֣ר בָּכֶ֑ם כִּֽי־אַתֶּ֥ם
הַמְעַ֖ט מִכָּל־הָעַמִּֽים׃

כִּי֩ מֵאַהֲבַ֨ת יְהוָ֜ה אֶתְכֶ֗ם וּמִשָּׁמְר֤וֹ אֶת־הַשְּׁבֻעָה֙ אֲשֶׁ֤ר נִשְׁבַּע֙
לַאֲבֹ֣תֵיכֶ֔ם הוֹצִ֧יא יְהוָ֛ה אֶתְכֶ֖ם בְּיָ֣ד חֲזָקָ֑ה וַֽיִּפְדְּךָ֙ מִבֵּ֣ית עֲבָדִ֔ים
מִיַּ֖ד פַּרְעֹ֥ה מֶֽלֶךְ־מִצְרָֽיִם׃
וְיָדַעְתָּ֕ כִּֽי־יְהוָ֥ה אֱלֹהֶ֖יךָ ה֣וּא הָאֱלֹהִ֑ים הָאֵל֙ הַֽנֶּאֱמָ֔ן שֹׁמֵ֧ר הַבְּרִ֣ית
וְהַחֶ֗סֶד לְאֹהֲבָ֛יו וּלְשֹׁמְרֵ֥י [K]מצותו [Q]מִצְוֺתָ֖יו לְאֶ֥לֶף דּֽוֹר׃
וּמְשַׁלֵּ֧ם לְשֹׂנְאָ֛יו אֶל־פָּנָ֖יו לְהַאֲבִיד֑וֹ לֹ֤א יְאַחֵר֙ לְשֹׂנְא֔וֹ אֶל־פָּנָ֖יו
יְשַׁלֶּם־לֽוֹ׃
וְשָׁמַרְתָּ֨ אֶת־הַמִּצְוָ֜ה וְאֶת־הַחֻקִּ֣ים וְאֶת־הַמִּשְׁפָּטִ֗ים אֲשֶׁ֨ר אָנֹכִ֧י
מְצַוְּךָ֛ הַיּ֖וֹם לַעֲשׂוֹתָֽם׃ פ

A Reading (Lesson) from the letter to Titus (1:1–16)

Παῦλος δοῦλος θεοῦ, ἀπόστολος δὲ Ἰησοῦ Χριστοῦ κατὰ πίστιν ἐκλεκτῶν θεοῦ καὶ ἐπίγνωσιν ἀληθείας τῆς κατ' εὐσέβειαν ἐπ' ἐλπίδι ζωῆς αἰωνίου, ἣν ἐπηγγείλατο ὁ ἀψευδὴς θεὸς πρὸ χρόνων αἰωνίων, ἐφανέρωσεν δὲ καιροῖς ἰδίοις τὸν λόγον αὐτοῦ ἐν κηρύγματι, ὃ ἐπιστεύθην ἐγὼ κατ' ἐπιταγὴν τοῦ σωτῆρος ἡμῶν θεοῦ, Τίτῳ γνησίῳ τέκνῳ κατὰ κοινὴν πίστιν, χάρις καὶ εἰρήνη ἀπὸ θεοῦ πατρὸς καὶ Χριστοῦ Ἰησοῦ τοῦ σωτῆρος ἡμῶν.

Τούτου χάριν ἀπέλιπόν σε ἐν Κρήτῃ, ἵνα τὰ λείποντα ἐπιδιορθώσῃ καὶ καταστήσῃς κατὰ πόλιν πρεσβυτέρους, ὡς ἐγώ σοι διεταξάμην, εἴ τίς ἐστιν ἀνέγκλητος, μιᾶς γυναικὸς ἀνήρ, τέκνα ἔχων πιστά, μὴ ἐν κατηγορίᾳ ἀσωτίας ἢ ἀνυπότακτα. δεῖ γὰρ τὸν ἐπίσκοπον ἀνέγκλητον εἶναι ὡς θεοῦ οἰκονόμον, μὴ αὐθάδη, μὴ ὀργίλον, μὴ πάροινον, μὴ πλήκτην, μὴ αἰσχροκερδῆ, ἀλλὰ φιλόξενον φιλάγαθον σώφρονα δίκαιον ὅσιον ἐγκρατῆ, ἀντεχόμενον τοῦ κατὰ τὴν διδαχὴν πιστοῦ λόγου, ἵνα δυνατὸς ᾖ καὶ παρακαλεῖν ἐν τῇ διδασκαλίᾳ τῇ ὑγιαινούσῃ καὶ τοὺς ἀντιλέγοντας ἐλέγχειν.

Εἰσὶν γὰρ πολλοὶ [καὶ] ἀνυπότακτοι, ματαιολόγοι καὶ φρεναπάται, μάλιστα οἱ ἐκ τῆς περιτομῆς, οὓς δεῖ ἐπιστομίζειν, οἵτινες ὅλους οἴκους ἀνατρέπουσιν διδάσκοντες ἃ μὴ δεῖ αἰσχροῦ κέρδους χάριν. εἶπέν τις ἐξ αὐτῶν ἴδιος αὐτῶν προφήτης·

Κρῆτες ἀεὶ ψεῦσται, κακὰ θηρία, γαστέρες ἀργαί. ἡ μαρτυρία αὕτη ἐστὶν ἀληθής. δι’ ἣν αἰτίαν ἔλεγχε αὐτοὺς ἀποτόμως, ἵνα ὑγιαίνωσιν ἐν τῇ πίστει, μὴ προσέχοντες Ἰουδαϊκοῖς μύθοις καὶ ἐντολαῖς ἀνθρώπων ἀποστρεφομένων τὴν ἀλήθειαν. πάντα καθαρὰ τοῖς καθαροῖς· τοῖς δὲ μεμιαμμένοις καὶ ἀπίστοις οὐδὲν καθαρόν, ἀλλὰ μεμίανται αὐτῶν καὶ ὁ νοῦς καὶ ἡ συνείδησις. θεὸν ὁμολογοῦσιν εἰδέναι, τοῖς δὲ ἔργοις ἀρνοῦνται, βδελυκτοὶ ὄντες καὶ ἀπειθεῖς καὶ πρὸς πᾶν ἔργον ἀγαθὸν ἀδόκιμοι.

Friday

A Reading (Lesson) from the Book of Deuteronomy (7:12–16)

וְהָיָ֣ה ׀ עֵ֣קֶב תִּשְׁמְע֗וּן אֵ֤ת הַמִּשְׁפָּטִים֙ הָאֵ֔לֶּה וּשְׁמַרְתֶּ֥ם וַעֲשִׂיתֶ֖ם אֹתָ֑ם וְשָׁמַר֩ יְהוָ֨ה אֱלֹהֶ֜יךָ לְךָ֗ אֶֽת־הַבְּרִית֙ וְאֶת־הַחֶ֔סֶד אֲשֶׁ֥ר נִשְׁבַּ֖ע לַאֲבֹתֶֽיךָ׃

וַאֲהֵ֣בְךָ֔ וּבֵרַכְךָ֖ וְהִרְבֶּ֑ךָ וּבֵרַ֣ךְ פְּרִֽי־בִטְנְךָ֣ וּפְרִֽי־אַ֠דְמָתֶךָ דְּגָנְךָ֞ וְתִירֹשְׁךָ֣ וְיִצְהָרֶ֗ךָ שְׁגַר־אֲלָפֶ֙יךָ֙ וְעַשְׁתְּרֹ֣ת צֹאנֶ֔ךָ עַ֚ל הָֽאֲדָמָ֔ה אֲשֶׁר־נִשְׁבַּ֥ע לַאֲבֹתֶ֖יךָ לָ֥תֶת לָֽךְ׃

בָּר֥וּךְ תִּֽהְיֶ֖ה מִכָּל־הָעַמִּ֑ים לֹא־יִהְיֶ֥ה בְךָ֛ עָקָ֥ר וַעֲקָרָ֖ה וּבִבְהֶמְתֶּֽךָ׃

וְהֵסִ֧יר יְהוָ֛ה מִמְּךָ֖ כָּל־חֹ֑לִי וְכָל־מַדְוֵ֨י מִצְרַ֜יִם הָרָעִ֗ים אֲשֶׁ֣ר יָדַ֘עְתָּ֒ לֹ֤א יְשִׂימָם֙ בָּ֔ךְ וּנְתָנָ֖ם בְּכָל־שֹׂנְאֶֽיךָ׃

וְאָכַלְתָּ֣ אֶת־כָּל־הָֽעַמִּ֗ים אֲשֶׁ֨ר יְהוָ֤ה אֱלֹהֶ֙יךָ֙ נֹתֵ֣ן לָ֔ךְ לֹא־תָחֹ֥ס עֵינְךָ֖ עֲלֵיהֶ֑ם וְלֹ֤א תַעֲבֹד֙ אֶת־אֱלֹ֣הֵיהֶ֔ם כִּֽי־מוֹקֵ֥שׁ ה֖וּא לָֽךְ׃ ס

A Reading (Lesson) from the letter to Titus (2:1–15)

Σὺ δὲ λάλει ἃ πρέπει τῇ ὑγιαινούσῃ διδασκαλίᾳ. Πρεσβύτας νηφαλίους εἶναι, σεμνούς, σώφρονας, ὑγιαίνοντας τῇ πίστει, τῇ ἀγάπῃ, τῇ ὑπομονῇ· πρεσβύτιδας ὡσαύτως ἐν καταστήματι ἱεροπρεπεῖς, μὴ διαβόλους μὴ οἴνῳ πολλῷ δεδουλωμένας, καλοδιδασκάλους, ἵνα σωφρονίζωσιν τὰς νέας φιλάνδρους εἶναι, φιλοτέκνους σώφρονας ἁγνὰς οἰκουργοὺς ἀγαθάς, ὑποτασσομένας τοῖς ἰδίοις ἀνδράσιν, ἵνα μὴ ὁ λόγος τοῦ θεοῦ βλασφημῆται.

Τοὺς νεωτέρους ὡσαύτως παρακάλει σωφρονεῖν περὶ πάντα, σεαυτὸν παρεχόμενος τύπον καλῶν ἔργων, ἐν τῇ διδασκαλίᾳ ἀφθορίαν, σεμνότητα, λόγον ὑγιῆ ἀκατάγνωστον, ἵνα ὁ ἐξ ἐναντίας ἐντραπῇ μηδὲν ἔχων λέγειν περὶ ἡμῶν φαῦλον.

Δούλους ἰδίοις δεσπόταις ὑποτάσσεσθαι ἐν πᾶσιν εὐαρέστους εἶναι, μὴ ἀντιλέγοντας, μὴ νοσφιζομένους, ἀλλὰ πᾶσαν πίστιν ἐνδεικνυμένους ἀγαθήν, ἵνα τὴν διδασκαλίαν τὴν τοῦ σωτῆρος ἡμῶν θεοῦ κοσμῶσιν ἐν πᾶσιν.

Ἐπεφάνη γὰρ ἡ χάρις τοῦ θεοῦ σωτήριος πᾶσιν ἀνθρώποις παιδεύουσα ἡμᾶς, ἵνα ἀρνησάμενοι τὴν ἀσέβειαν καὶ τὰς κοσμικὰς ἐπιθυμίας σωφρόνως καὶ δικαίως καὶ εὐσεβῶς ζήσωμεν ἐν τῷ νῦν αἰῶνι, προσδεχόμενοι τὴν μακαρίαν ἐλπίδα καὶ ἐπιφάνειαν τῆς δόξης τοῦ μεγάλου θεοῦ καὶ σωτῆρος ἡμῶν Ἰησοῦ Χριστοῦ, ὃς ἔδωκεν ἑαυτὸν ὑπὲρ ἡμῶν, ἵνα λυτρώσηται ἡμᾶς ἀπὸ πάσης ἀνομίας καὶ καθαρίσῃ ἑαυτῷ λαὸν περιούσιον, ζηλωτὴν καλῶν ἔργων. Ταῦτα λάλει καὶ παρακάλει καὶ ἔλεγχε μετὰ πάσης ἐπιταγῆς· μηδείς σου περιφρονείτω.

Monday

A Reading (Lesson) from the Book of Deuteronomy (8:11–20)

הִשָּׁמֶר לְךָ פֶּן־תִּשְׁכַּח אֶת־יְהוָה אֱלֹהֶיךָ לְבִלְתִּי שְׁמֹר מִצְוֹתָיו
וּמִשְׁפָּטָיו וְחֻקֹּתָיו אֲשֶׁר אָנֹכִי מְצַוְּךָ הַיּוֹם׃
פֶּן־תֹּאכַל וְשָׂבָעְתָּ וּבָתִּים טוֹבִים תִּבְנֶה וְיָשָׁבְתָּ׃
וּבְקָרְךָ וְצֹאנְךָ יִרְבְּיֻן וְכֶסֶף וְזָהָב יִרְבֶּה־לָּךְ וְכֹל אֲשֶׁר־לְךָ
יִרְבֶּה׃
וְרָם לְבָבֶךָ וְשָׁכַחְתָּ אֶת־יְהוָה אֱלֹהֶיךָ הַמּוֹצִיאֲךָ מֵאֶרֶץ מִצְרַיִם
מִבֵּית עֲבָדִים׃
הַמּוֹלִיכֲךָ בַּמִּדְבָּר ׀ הַגָּדֹל וְהַנּוֹרָא נָחָשׁ ׀ שָׂרָף וְעַקְרָב וְצִמָּאוֹן
אֲשֶׁר אֵין־מָיִם הַמּוֹצִיא לְךָ מַיִם מִצּוּר הַחַלָּמִישׁ׃
הַמַּאֲכִלְךָ מָן בַּמִּדְבָּר אֲשֶׁר לֹא־יָדְעוּן אֲבֹתֶיךָ לְמַעַן עַנֹּתְךָ
וּלְמַעַן נַסֹּתֶךָ לְהֵיטִבְךָ בְּאַחֲרִיתֶךָ׃
וְאָמַרְתָּ בִּלְבָבֶךָ כֹּחִי וְעֹצֶם יָדִי עָשָׂה לִי אֶת־הַחַיִל הַזֶּה׃
וְזָכַרְתָּ אֶת־יְהוָה אֱלֹהֶיךָ כִּי הוּא הַנֹּתֵן לְךָ כֹּחַ לַעֲשׂוֹת חָיִל
לְמַעַן הָקִים אֶת־בְּרִיתוֹ אֲשֶׁר־נִשְׁבַּע לַאֲבֹתֶיךָ כַּיּוֹם הַזֶּה׃ פ
וְהָיָה אִם־שָׁכֹחַ תִּשְׁכַּח אֶת־יְהוָה אֱלֹהֶיךָ וְהָלַכְתָּ אַחֲרֵי אֱלֹהִים
אֲחֵרִים וַעֲבַדְתָּם וְהִשְׁתַּחֲוִיתָ לָהֶם הַעִדֹתִי בָכֶם הַיּוֹם כִּי אָבֹד
תֹּאבֵדוּן׃
כַּגּוֹיִם אֲשֶׁר יְהוָה מַאֲבִיד מִפְּנֵיכֶם כֵּן תֹּאבֵדוּן עֵקֶב לֹא תִשְׁמְעוּן
בְּקוֹל יְהוָה אֱלֹהֵיכֶם׃ פ

A Reading (Lesson) from the letter to the Hebrews (2:11–18)

ὅ τε γὰρ ἁγιάζων καὶ οἱ ἁγιαζόμενοι ἐξ ἑνὸς πάντες· δι᾽ ἣν αἰτίαν οὐκ ἐπαισχύνεται ἀδελφοὺς αὐτοὺς καλεῖν λέγων·

ἀπαγγελῶ τὸ ὄνομά σου τοῖς ἀδελφοῖς μου,
ἐν μέσῳ ἐκκλησίας ὑμνήσω σε,

καὶ πάλιν·

ἐγὼ ἔσομαι πεποιθὼς ἐπ᾽ αὐτῷ,

καὶ πάλιν·

ἰδοὺ ἐγὼ καὶ τὰ παιδία ἅ μοι ἔδωκεν ὁ θεός.

Ἐπεὶ οὖν τὰ παιδία κεκοινώνηκεν αἵματος καὶ σαρκός, καὶ αὐτὸς παραπλησίως μετέσχεν τῶν αὐτῶν, ἵνα διὰ τοῦ θανάτου καταργήσῃ τὸν τὸ κράτος ἔχοντα τοῦ θανάτου, τοῦτ᾽ ἔστιν τὸν διάβολον, καὶ ἀπαλλάξῃ τούτους, ὅσοι φόβῳ θανάτου διὰ παντὸς τοῦ ζῆν ἔνοχοι ἦσαν δουλείας. οὐ γὰρ δήπου ἀγγέλων ἐπιλαμβάνεται ἀλλὰ σπέρματος Ἀβραὰμ ἐπιλαμβάνεται. ὅθεν ὤφειλεν κατὰ πάντα τοῖς ἀδελφοῖς ὁμοιωθῆναι, ἵνα ἐλεήμων γένηται καὶ πιστὸς ἀρχιερεὺς τὰ πρὸς τὸν θεὸν εἰς τὸ ἱλάσκεσθαι τὰς ἁμαρτίας τοῦ λαοῦ. ἐν ᾧ γὰρ πέπονθεν αὐτὸς πειρασθείς, δύναται τοῖς πειραζομένοις βοηθῆσαι.

Tuesday

A Reading (Lesson) from the Book of Deuteronomy (9:4–12)

אַל־תֹּאמַ֣ר בִּלְבָבְךָ֗ בַּהֲדֹ֣ף יְהוָה֩ אֱלֹהֶ֨יךָ אֹתָ֥ם ׀ מִלְּפָנֶ֘יךָ֮ לֵאמֹר֒ בְּצִדְקָתִי֙ הֱבִיאַ֣נִי יְהוָ֔ה לָרֶ֖שֶׁת אֶת־הָאָ֣רֶץ הַזֹּ֑את וּבְרִשְׁעַת֙ הַגּוֹיִ֣ם הָאֵ֔לֶּה יְהוָ֖ה מוֹרִישָׁ֥ם מִפָּנֶֽיךָ׃
לֹ֣א בְצִדְקָתְךָ֗ וּבְיֹ֙שֶׁר֙ לְבָ֣בְךָ֔ אַתָּ֥ה בָ֖א לָרֶ֣שֶׁת אֶת־אַרְצָ֑ם כִּ֞י בְּרִשְׁעַ֣ת ׀ הַגּוֹיִ֣ם הָאֵ֗לֶּה יְהוָ֤ה אֱלֹהֶ֙יךָ֙ מוֹרִישָׁ֣ם מִפָּנֶ֔יךָ וּלְמַ֜עַן

הָקִ֣ים אֶת־הַדָּבָ֗ר אֲשֶׁ֨ר נִשְׁבַּ֤ע יְהוָה֙ לַאֲבֹתֶ֔יךָ לְאַבְרָהָ֖ם לְיִצְחָ֥ק
וּֽלְיַעֲקֹֽב׃
וְיָדַעְתָּ֗ כִּ֠י לֹ֤א בְצִדְקָֽתְךָ֙ יְהוָ֣ה אֱ֠לֹהֶיךָ נֹתֵ֨ן לְךָ֜ אֶת־הָאָ֧רֶץ הַטּוֹבָ֛ה
הַזֹּ֖את לְרִשְׁתָּ֑הּ כִּ֥י עַם־קְשֵׁה־עֹ֖רֶף אָֽתָּה׃
זְכֹר֙ אַל־תִּשְׁכַּ֔ח אֵ֧ת אֲשֶׁר־הִקְצַ֛פְתָּ אֶת־יְהוָ֥ה אֱלֹהֶ֖יךָ בַּמִּדְבָּ֑ר
לְמִן־הַיּ֞וֹם אֲשֶׁר־יָצָ֣אתָ ׀ מֵאֶ֣רֶץ מִצְרַ֗יִם עַד־בֹּֽאֲכֶם֙ עַד־הַמָּק֣וֹם
הַזֶּ֔ה מַמְרִ֥ים הֱיִיתֶ֖ם עִם־יְהוָֽה׃
וּבְחֹרֵ֥ב הִקְצַפְתֶּ֖ם אֶת־יְהוָ֑ה וַיִּתְאַנַּ֧ף יְהוָ֛ה בָּכֶ֖ם לְהַשְׁמִ֥יד אֶתְכֶֽם׃
בַּעֲלֹתִ֣י הָהָ֗רָה לָקַ֜חַת ל֤וּחֹת הָֽאֲבָנִים֙ ל֣וּחֹת הַבְּרִ֔ית אֲשֶׁר־כָּרַ֥ת
יְהוָ֖ה עִמָּכֶ֑ם וָאֵשֵׁ֣ב בָּהָ֗ר אַרְבָּעִ֥ים יוֹם֙ וְאַרְבָּעִ֣ים לַ֔יְלָה לֶ֚חֶם לֹ֣א
אָכַ֔לְתִּי וּמַ֖יִם לֹ֥א שָׁתִֽיתִי׃
וַיִּתֵּ֨ן יְהוָ֜ה אֵלַ֗י אֶת־שְׁנֵי֙ לוּחֹ֣ת הָאֲבָנִ֔ים כְּתֻבִ֖ים בְּאֶצְבַּ֣ע אֱלֹהִ֑ים
וַעֲלֵיהֶ֗ם כְּֽכָל־הַדְּבָרִ֡ים אֲשֶׁר֩ דִּבֶּ֨ר יְהוָ֧ה עִמָּכֶ֛ם בָּהָ֛ר מִתּ֥וֹךְ הָאֵ֖שׁ
בְּי֥וֹם הַקָּהָֽל׃
וַיְהִ֗י מִקֵּץ֙ אַרְבָּעִ֣ים י֔וֹם וְאַרְבָּעִ֖ים לָ֑יְלָה נָתַ֨ן יְהוָ֜ה אֵלַ֗י אֶת־שְׁנֵ֛י
לֻחֹ֥ת הָאֲבָנִ֖ים לֻח֥וֹת הַבְּרִֽית׃
וַיֹּ֨אמֶר יְהוָ֜ה אֵלַ֗י ק֣וּם רֵ֤ד מַהֵר֙ מִזֶּ֔ה כִּ֚י שִׁחֵ֣ת עַמְּךָ֔ אֲשֶׁ֥ר הוֹצֵ֖אתָ
מִמִּצְרָ֑יִם סָ֣רוּ מַהֵ֗ר מִן־הַדֶּ֙רֶךְ֙ אֲשֶׁ֣ר צִוִּיתִ֔ם עָשׂ֥וּ לָהֶ֖ם מַסֵּכָֽה׃

A Reading (Lesson) from the letter to the Hebrews (3:1–11)

Ὅθεν, ἀδελφοὶ ἅγιοι, κλήσεως ἐπουρανίου μέτοχοι, κατανοήσατε τὸν ἀπόστολον καὶ ἀρχιερέα τῆς ὁμολογίας ἡμῶν Ἰησοῦν, πιστὸν ὄντα τῷ ποιήσαντι αὐτὸν ὡς καὶ Μωϋσῆς ἐν [ὅλῳ] τῷ οἴκῳ αὐτοῦ. πλείονος γὰρ οὗτος δόξης παρὰ Μωϋσῆν ἠξίωται, καθ' ὅσον πλείονα τιμὴν ἔχει τοῦ οἴκου ὁ κατασκευάσας αὐτόν· πᾶς γὰρ οἶκος κατασκευάζεται ὑπό τινος, ὁ δὲ πάντα κατασκευάσας θεός. καὶ *Μωϋσῆς* μὲν *πιστὸς ἐν ὅλῳ τῷ* οἴκῳ αὐτοῦ ὡς θεράπων εἰς μαρτύριον τῶν λαληθησομένων, Χριστὸς δὲ ὡς υἱὸς ἐπὶ τὸν οἶκον αὐτοῦ· οὗ οἶκός ἐσμεν ἡμεῖς, ἐάν [περ] τὴν παρρησίαν καὶ τὸ καύχημα τῆς ἐλπίδος κατάσχωμεν.

Διό, καθὼς λέγει τὸ πνεῦμα τὸ ἅγιον·

σήμερον ἐὰν τῆς φωνῆς αὐτοῦ ἀκούσητε,
μὴ σκληρύνητε τὰς καρδίας ὑμῶν ὡς ἐν τῷ παραπικρασμῷ
κατὰ τὴν ἡμέραν τοῦ πειρασμοῦ ἐν τῇ ἐρήμῳ,
οὗ ἐπείρασαν οἱ πατέρες ὑμῶν ἐν δοκιμασίᾳ
καὶ εἶδον τὰ ἔργα μου τεσσεράκοντα ἔτη·
διὸ προσώχθισα τῇ γενεᾷ ταύτῃ
καὶ εἶπον· ἀεὶ πλανῶνται τῇ καρδίᾳ,
αὐτοὶ δὲ οὐκ ἔγνωσαν τὰς ὁδούς μου,
ὡς ὤμοσα ἐν τῇ ὀργῇ μου·
εἰ εἰσελεύσονται εἰς τὴν κατάπαυσίν μου.

Wednesday

A Reading (Lesson) from the Book of Deuteronomy (9:13–21)

וַיֹּ֥אמֶר יְהוָ֖ה אֵלַ֣י לֵאמֹ֑ר רָאִ֨יתִי֙ אֶת־הָעָ֣ם הַזֶּ֔ה וְהִנֵּ֥ה עַם־קְשֵׁה־
עֹ֖רֶף הֽוּא׃
הֶ֣רֶף מִמֶּ֗נִּי וְאַשְׁמִידֵ֔ם וְאֶמְחֶ֣ה אֶת־שְׁמָ֔ם מִתַּ֖חַת הַשָּׁמָ֑יִם וְאֶֽעֱשֶׂה֙
אֽוֹתְךָ֔ לְגוֹי־עָצ֥וּם וָרָ֖ב מִמֶּֽנּוּ׃
וָאֵ֗פֶן וָֽאֵרֵד֙ מִן־הָהָ֔ר וְהָהָ֖ר בֹּעֵ֣ר בָּאֵ֑שׁ וּשְׁנֵי֙ לֻחֹ֣ת הַבְּרִ֔ית עַ֖ל שְׁתֵּ֥י
יָדָֽי׃
וָאֵ֗רֶא וְהִנֵּ֤ה חֲטָאתֶם֙ לַיהוָ֣ה אֱלֹהֵיכֶ֔ם עֲשִׂיתֶ֣ם לָכֶ֔ם עֵ֖גֶל מַסֵּכָ֑ה
סַרְתֶּ֣ם מַהֵ֔ר מִן־הַדֶּ֕רֶךְ אֲשֶׁר־צִוָּ֥ה יְהוָ֖ה אֶתְכֶֽם׃
וָאֶתְפֹּשׂ֙ בִּשְׁנֵ֣י הַלֻּחֹ֔ת וָֽאַשְׁלִכֵ֔ם מֵעַ֖ל שְׁתֵּ֣י יָדָ֑י וָאֲשַׁבְּרֵ֖ם לְעֵינֵיכֶֽם׃

וָאֶתְנַפַּל לִפְנֵי יְהוָה כָּרִאשֹׁנָה אַרְבָּעִים יוֹם וְאַרְבָּעִים לַיְלָה לֶחֶם
לֹא אָכַלְתִּי וּמַיִם לֹא שָׁתִיתִי עַל כָּל־חַטַּאתְכֶם אֲשֶׁר חֲטָאתֶם
לַעֲשׂוֹת הָרַע בְּעֵינֵי יְהוָה לְהַכְעִיסוֹ׃
כִּי יָגֹרְתִּי מִפְּנֵי הָאַף וְהַחֵמָה אֲשֶׁר קָצַף יְהוָה עֲלֵיכֶם לְהַשְׁמִיד
אֶתְכֶם וַיִּשְׁמַע יְהוָה אֵלַי גַּם בַּפַּעַם הַהִוא׃
וּבְאַהֲרֹן הִתְאַנַּף יְהוָה מְאֹד לְהַשְׁמִידוֹ וָאֶתְפַּלֵּל גַּם־בְּעַד אַהֲרֹן
בָּעֵת הַהִוא׃
וְאֶת־חַטַּאתְכֶם אֲשֶׁר־עֲשִׂיתֶם אֶת־הָעֵגֶל לָקַחְתִּי וָאֶשְׂרֹף אֹתוֹ ׀
בָּאֵשׁ וָאֶכֹּת אֹתוֹ טָחוֹן הֵיטֵב עַד אֲשֶׁר־דַּק לְעָפָר וָאַשְׁלִךְ אֶת־
עֲפָרוֹ אֶל־הַנַּחַל הַיֹּרֵד מִן־הָהָר׃

A Reading (Lesson) from the letter to the Hebrews (3:12–19)

Βλέπετε, ἀδελφοί, μήποτε ἔσται ἔν τινι ὑμῶν καρδία πονηρὰ ἀπιστίας ἐν τῷ ἀποστῆναι ἀπὸ θεοῦ ζῶντος, ἀλλὰ παρακαλεῖτε ἑαυτοὺς καθ᾽ ἑκάστην ἡμέραν, ἄχρις οὗ τὸ σήμερον καλεῖται, ἵνα μὴ σκληρυνθῇ τις ἐξ ὑμῶν ἀπάτῃ τῆς ἁμαρτίας– μέτοχοι γὰρ τοῦ Χριστοῦ γεγόναμεν, ἐάνπερ τὴν ἀρχὴν τῆς ὑποστάσεως μέχρι τέλους βεβαίαν κατάσχωμεν– ἐν τῷ λέγεσθαι·

σήμερον ἐὰν τῆς φωνῆς αὐτοῦ ἀκούσητε,
μὴ σκληρύνητε τὰς καρδίας ὑμῶν ὡς ἐν τῷ παραπικρασμῷ.

τίνες γὰρ ἀκούσαντες παρεπίκραναν; ἀλλ᾽ οὐ πάντες οἱ ἐξελθόντες ἐξ Αἰγύπτου διὰ Μωϋσέως; τίσιν δὲ προσώχθισεν τεσσεράκοντα ἔτη; οὐχὶ τοῖς ἁμαρτήσασιν, ὧν τὰ κῶλα ἔπεσεν ἐν τῇ ἐρήμῳ; τίσιν δὲ ὤμοσεν μὴ εἰσελεύσεσθαι εἰς τὴν κατάπαυσιν αὐτοῦ εἰ μὴ τοῖς ἀπειθήσασιν; καὶ βλέπομεν ὅτι οὐκ ἠδυνήθησαν εἰσελθεῖν δι᾽ ἀπιστίαν.

Thursday

A Reading (Lesson) from the Book of Deuteronomy (9:23–10:5)

וּבִשְׁלֹ֨חַ יְהוָ֜ה אֶתְכֶ֗ם מִקָּדֵ֤שׁ בַּרְנֵ֙עַ֙ לֵאמֹ֔ר עֲל֕וּ וּרְשׁ֣וּ אֶת־הָאָ֔רֶץ
אֲשֶׁ֖ר נָתַ֣תִּי לָכֶ֑ם וַתַּמְר֗וּ אֶת־פִּ֤י יְהוָה֙ אֱלֹהֵיכֶ֔ם וְלֹ֤א הֶֽאֱמַנְתֶּם֙ ל֔וֹ
וְלֹ֥א שְׁמַעְתֶּ֖ם בְּקֹלֽוֹ׃
מַמְרִ֥ים הֱיִיתֶ֖ם עִם־יְהוָ֑ה מִיּ֖וֹם דַּעְתִּ֥י אֶתְכֶֽם׃
וָאֶתְנַפַּ֞ל לִפְנֵ֣י יְהוָ֗ה אֵ֣ת אַרְבָּעִ֥ים הַיּ֛וֹם וְאֶת־אַרְבָּעִ֥ים הַלַּ֖יְלָה
אֲשֶׁ֣ר הִתְנַפָּ֑לְתִּי כִּֽי־אָמַ֥ר יְהוָ֖ה לְהַשְׁמִ֥יד אֶתְכֶֽם׃
וָאֶתְפַּלֵּ֣ל אֶל־יְהוָה֮ וָאֹמַר֒ אֲדֹנָ֣י יְהוִ֗ה אַל־תַּשְׁחֵ֤ת עַמְּךָ֙ וְנַחֲלָ֣תְךָ֔
אֲשֶׁ֥ר פָּדִ֖יתָ בְּגָדְלֶ֑ךָ אֲשֶׁר־הוֹצֵ֥אתָ מִמִּצְרַ֖יִם בְּיָ֥ד חֲזָקָֽה׃
זְכֹר֙ לַעֲבָדֶ֔יךָ לְאַבְרָהָ֖ם לְיִצְחָ֣ק וּֽלְיַעֲקֹ֑ב אַל־תֵּ֗פֶן אֶל־קְשִׁי֙ הָעָ֣ם
הַזֶּ֔ה וְאֶל־רִשְׁע֖וֹ וְאֶל־חַטָּאתֽוֹ׃
פֶּן־יֹאמְר֗וּ הָאָרֶץ֮ אֲשֶׁ֣ר הוֹצֵאתָ֣נוּ מִשָּׁם֒ מִבְּלִי֙ יְכֹ֣לֶת יְהוָ֔ה
לַהֲבִיאָ֕ם אֶל־הָאָ֖רֶץ אֲשֶׁר־דִּבֶּ֣ר לָהֶ֑ם וּמִשִּׂנְאָת֣וֹ אוֹתָ֔ם הוֹצִיאָ֖ם
לַהֲמִתָ֥ם בַּמִּדְבָּֽר׃
וְהֵ֥ם עַמְּךָ֖ וְנַחֲלָתֶ֑ךָ אֲשֶׁ֤ר הוֹצֵ֙אתָ֙ בְּכֹחֲךָ֣ הַגָּדֹ֔ל וּבִזְרֹעֲךָ֖ הַנְּטוּיָֽה׃
פ
בָּעֵ֨ת הַהִ֜וא אָמַ֧ר יְהוָ֣ה אֵלַ֗י פְּסָל־לְךָ֞ שְׁנֵֽי־לוּחֹ֤ת אֲבָנִים֙ כָּרִ֣אשֹׁנִ֔ים
וַעֲלֵ֥ה אֵלַ֖י הָהָ֑רָה וְעָשִׂ֥יתָ לְּךָ֖ אֲר֥וֹן עֵֽץ׃
וְאֶכְתֹּב֙ עַל־הַלֻּחֹ֔ת אֶת־הַדְּבָרִ֔ים אֲשֶׁ֥ר הָי֛וּ עַל־הַלֻּחֹ֥ת הָרִאשֹׁנִ֖ים
אֲשֶׁ֣ר שִׁבַּ֑רְתָּ וְשַׂמְתָּ֖ם בָּאָרֽוֹן׃
וָאַ֤עַשׂ אֲרוֹן֙ עֲצֵ֣י שִׁטִּ֔ים וָאֶפְסֹ֛ל שְׁנֵֽי־לֻחֹ֥ת אֲבָנִ֖ים כָּרִאשֹׁנִ֑ים וָאַ֣עַל
הָהָ֔רָה וּשְׁנֵ֥י הַלֻּחֹ֖ת בְּיָדִֽי׃

וַיִּכְתֹּב עַל־הַלֻּחֹת כַּמִּכְתָּב הָרִאשׁוֹן אֵת עֲשֶׂרֶת הַדְּבָרִים אֲשֶׁר
דִּבֶּר יְהוָה אֲלֵיכֶם בָּהָר מִתּוֹךְ הָאֵשׁ בְּיוֹם הַקָּהָל וַיִּתְּנֵם יְהוָה
אֵלָי׃
וָאֵפֶן וָאֵרֵד מִן־הָהָר וָאָשִׂם אֶת־הַלֻּחֹת בָּאָרוֹן אֲשֶׁר עָשִׂיתִי וַיִּהְיוּ
שָׁם כַּאֲשֶׁר צִוַּנִי יְהוָה׃

A Reading (Lesson) from the letter to the Hebrews (4:1–10)

Φοβηθῶμεν οὖν, μήποτε καταλειπομένης ἐπαγγελίας εἰσελθεῖν εἰς τὴν κατάπαυσιν αὐτοῦ δοκῇ τις ἐξ ὑμῶν ὑστερηκέναι. καὶ γάρ ἐσμεν εὐηγγελισμένοι καθάπερ κἀκεῖνοι· ἀλλ' οὐκ ὠφέλησεν ὁ λόγος τῆς ἀκοῆς ἐκείνους μὴ συγκεκερασμένους τῇ πίστει τοῖς ἀκούσασιν. Εἰσερχόμεθα γὰρ εἰς [τὴν] κατάπαυσιν οἱ πιστεύσαντες, καθὼς εἴρηκεν·

ὡς ὤμοσα ἐν τῇ ὀργῇ μου·
εἰ εἰσελεύσονται εἰς τὴν κατάπαυσίν μου,

καίτοι *τῶν ἔργων* ἀπὸ καταβολῆς κόσμου γενηθέντων. εἴρηκεν γάρ που περὶ τῆς ἑβδόμης οὕτως· *καὶ κατέπαυσεν ὁ θεὸς ἐν τῇ ἡμέρᾳ τῇ ἑβδόμῃ ἀπὸ πάντων τῶν ἔργων αὐτοῦ,* καὶ ἐν τούτῳ πάλιν· *εἰ εἰσελεύσονται εἰς τὴν κατάπαυσίν μου.* ἐπεὶ οὖν ἀπολείπεται τινὰς εἰσελθεῖν εἰς αὐτήν, καὶ οἱ πρότερον εὐαγγελισθέντες οὐκ εἰσῆλθον δι' ἀπείθειαν, πάλιν τινὰ ὁρίζει ἡμέραν, σήμερον, ἐν Δαυὶδ λέγων μετὰ τοσοῦτον χρόνον, καθὼς προείρηται·

σήμερον ἐὰν τῆς φωνῆς αὐτοῦ ἀκούσητε,
μὴ σκληρύνητε τὰς καρδίας ὑμῶν.

εἰ γὰρ αὐτοὺς Ἰησοῦς κατέπαυσεν, οὐκ ἂν περὶ ἄλλης ἐλάλει μετὰ ταῦτα ἡμέρας. ἄρα ἀπολείπεται σαββατισμὸς τῷ λαῷ τοῦ θεοῦ. ὁ γὰρ εἰσελθὼν εἰς τὴν κατάπαυσιν αὐτοῦ καὶ αὐτὸς κατέπαυσεν ἀπὸ τῶν ἔργων αὐτοῦ ὥσπερ ἀπὸ τῶν ἰδίων ὁ θεός.

Friday

A Reading (Lesson) from the Book of Deuteronomy (10:12–22)

וְעַתָּה יִשְׂרָאֵל מָה יְהוָה אֱלֹהֶיךָ שֹׁאֵל מֵעִמָּךְ כִּי אִם־לְיִרְאָה אֶת־
יְהוָה אֱלֹהֶיךָ לָלֶכֶת בְּכָל־דְּרָכָיו וּלְאַהֲבָה אֹתוֹ וְלַעֲבֹד אֶת־יְהוָה
אֱלֹהֶיךָ בְּכָל־לְבָבְךָ וּבְכָל־נַפְשֶׁךָ׃
לִשְׁמֹר אֶת־מִצְוֹת יְהוָה וְאֶת־חֻקֹּתָיו אֲשֶׁר אָנֹכִי מְצַוְּךָ הַיּוֹם לְטוֹב
לָךְ׃
הֵן לַיהוָה אֱלֹהֶיךָ הַשָּׁמַיִם וּשְׁמֵי הַשָּׁמָיִם הָאָרֶץ וְכָל־אֲשֶׁר־בָּהּ׃
רַק בַּאֲבֹתֶיךָ חָשַׁק יְהוָה לְאַהֲבָה אוֹתָם וַיִּבְחַר בְּזַרְעָם אַחֲרֵיהֶם
בָּכֶם מִכָּל־הָעַמִּים כַּיּוֹם הַזֶּה׃
וּמַלְתֶּם אֵת עָרְלַת לְבַבְכֶם וְעָרְפְּכֶם לֹא תַקְשׁוּ עוֹד׃
כִּי יְהוָה אֱלֹהֵיכֶם הוּא אֱלֹהֵי הָאֱלֹהִים וַאֲדֹנֵי הָאֲדֹנִים הָאֵל
הַגָּדֹל הַגִּבֹּר וְהַנּוֹרָא אֲשֶׁר לֹא־יִשָּׂא פָנִים וְלֹא יִקַּח שֹׁחַד׃
עֹשֶׂה מִשְׁפַּט יָתוֹם וְאַלְמָנָה וְאֹהֵב גֵּר לָתֶת לוֹ לֶחֶם וְשִׂמְלָה׃
וַאֲהַבְתֶּם אֶת־הַגֵּר כִּי־גֵרִים הֱיִיתֶם בְּאֶרֶץ מִצְרָיִם׃
אֶת־יְהוָה אֱלֹהֶיךָ תִּירָא אֹתוֹ תַעֲבֹד וּבוֹ תִדְבָּק וּבִשְׁמוֹ תִּשָּׁבֵעַ׃
הוּא תְהִלָּתְךָ וְהוּא אֱלֹהֶיךָ אֲשֶׁר־עָשָׂה אִתְּךָ אֶת־הַגְּדֹלֹת וְאֶת־
הַנּוֹרָאֹת הָאֵלֶּה אֲשֶׁר רָאוּ עֵינֶיךָ׃
בְּשִׁבְעִים נֶפֶשׁ יָרְדוּ אֲבֹתֶיךָ מִצְרָיְמָה וְעַתָּה שָׂמְךָ יְהוָה אֱלֹהֶיךָ
כְּכוֹכְבֵי הַשָּׁמַיִם לָרֹב׃

A Reading (Lesson) from the letter to the Hebrews (4:11–16)

Σπουδάσωμεν οὖν εἰσελθεῖν εἰς ἐκείνην τὴν κατάπαυσιν, ἵνα μὴ ἐν τῷ αὐτῷ τις ὑποδείγματι πέσῃ τῆς ἀπειθείας. Ζῶν γὰρ ὁ λόγος τοῦ θεοῦ καὶ ἐνεργὴς καὶ τομώτερος ὑπὲρ πᾶσαν μάχαιραν δίστομον καὶ διϊκνούμενος ἄχρι μερισμοῦ ψυχῆς καὶ πνεύματος, ἁρμῶν τε καὶ μυελῶν, καὶ κριτικὸς ἐνθυμήσεων καὶ ἐννοιῶν καρδίας· καὶ οὐκ ἔστιν κτίσις ἀφανὴς ἐνώπιον αὐτοῦ, πάντα δὲ γυμνὰ καὶ τετραχηλισμένα τοῖς ὀφθαλμοῖς αὐτοῦ, πρὸς ὃν ἡμῖν ὁ λόγος.

Ἔχοντες οὖν ἀρχιερέα μέγαν διεληλυθότα τοὺς οὐρανούς, Ἰησοῦν τὸν υἱὸν τοῦ θεοῦ, κρατῶμεν τῆς ὁμολογίας. οὐ γὰρ ἔχομεν ἀρχιερέα μὴ δυνάμενον συμπαθῆσαι ταῖς ἀσθενείαις ἡμῶν, πεπειρασμένον δὲ κατὰ πάντα καθ' ὁμοιότητα χωρὶς ἁμαρτίας. προσερχώμεθα οὖν μετὰ παρρησίας τῷ θρόνῳ τῆς χάριτος, ἵνα λάβωμεν ἔλεος καὶ χάριν εὕρωμεν εἰς εὔκαιρον βοήθειαν.

Week of 2 Lent

Monday

A Reading (Lesson) from the Prophet Jeremiah (1:11–19)

וַיְהִ֤י דְבַר־יְהוָה֙ אֵלַ֣י לֵאמֹ֔ר מָה־אַתָּ֥ה רֹאֶ֖ה יִרְמְיָ֑הוּ וָאֹמַ֕ר מַקֵּ֥ל
שָׁקֵ֖ד אֲנִ֥י רֹאֶֽה׃
וַיֹּ֧אמֶר יְהוָ֛ה אֵלַ֖י הֵיטַ֣בְתָּ לִרְא֑וֹת כִּֽי־שֹׁקֵ֥ד אֲנִ֛י עַל־דְּבָרִ֖י
לַעֲשֹׂתֽוֹ׃ פ
וַיְהִ֨י דְבַר־יְהוָ֤ה ׀ אֵלַי֙ שֵׁנִ֣ית לֵאמֹ֔ר מָ֖ה אַתָּ֣ה רֹאֶ֑ה וָאֹמַ֗ר סִ֤יר
נָפ֙וּחַ֙ אֲנִ֣י רֹאֶ֔ה וּפָנָ֖יו מִפְּנֵ֥י צָפֽוֹנָה׃
וַיֹּ֥אמֶר יְהוָ֖ה אֵלָ֑י מִצָּפוֹן֙ תִּפָּתַ֣ח הָֽרָעָ֔ה עַ֥ל כָּל־יֹשְׁבֵ֖י הָאָֽרֶץ׃
כִּ֣י ׀ הִנְנִ֣י קֹרֵ֗א לְכָל־מִשְׁפְּח֛וֹת מַמְלְכ֥וֹת צָפ֖וֹנָה נְאֻם־יְהוָ֑ה וּבָ֡אוּ
וְנָתְנוּ֩ אִ֨ישׁ כִּסְא֜וֹ פֶּ֣תַח ׀ שַׁעֲרֵ֣י יְרוּשָׁלִַ֗ם וְעַ֤ל כָּל־חוֹמֹתֶ֙יהָ֙ סָבִ֔יב
וְעַ֖ל כָּל־עָרֵ֥י יְהוּדָֽה׃

וְדִבַּרְתִּי מִשְׁפָּטַי אוֹתָם עַל כָּל־רָעָתָם אֲשֶׁר עֲזָבוּנִי וַיְקַטְּרוּ
לֵאלֹהִים אֲחֵרִים וַיִּשְׁתַּחֲווּ לְמַעֲשֵׂי יְדֵיהֶם׃
וְאַתָּה תֶּאְזֹר מָתְנֶיךָ וְקַמְתָּ וְדִבַּרְתָּ אֲלֵיהֶם אֵת כָּל־אֲשֶׁר אָנֹכִי
אֲצַוֶּךָּ אַל־תֵּחַת מִפְּנֵיהֶם פֶּן־אֲחִתְּךָ לִפְנֵיהֶם׃
וַאֲנִי הִנֵּה נְתַתִּיךָ הַיּוֹם לְעִיר מִבְצָר וּלְעַמּוּד בַּרְזֶל וּלְחֹמוֹת
נְחֹשֶׁת עַל־כָּל־הָאָרֶץ לְמַלְכֵי יְהוּדָה לְשָׂרֶיהָ לְכֹהֲנֶיהָ וּלְעַם
הָאָרֶץ׃
וְנִלְחֲמוּ אֵלֶיךָ וְלֹא־יוּכְלוּ לָךְ כִּי־אִתְּךָ אֲנִי נְאֻם־יְהוָה לְהַצִּילֶךָ׃
פ

A Reading (Lesson) from Paul’s letter to the Romans (1:1–15)

Παῦλος δοῦλος Χριστοῦ Ἰησοῦ, κλητὸς ἀπόστολος ἀφωρισμένος εἰς εὐαγγέλιον θεοῦ, ὃ προεπηγγείλατο διὰ τῶν προφητῶν αὐτοῦ ἐν γραφαῖς ἁγίαις περὶ τοῦ υἱοῦ αὐτοῦ τοῦ γενομένου ἐκ σπέρματος Δαυὶδ κατὰ σάρκα, τοῦ ὁρισθέντος υἱοῦ θεοῦ ἐν δυνάμει κατὰ πνεῦμα ἁγιωσύνης ἐξ ἀναστάσεως νεκρῶν, Ἰησοῦ Χριστοῦ τοῦ κυρίου ἡμῶν, δι’ οὗ ἐλάβομεν χάριν καὶ ἀποστολὴν εἰς ὑπακοὴν πίστεως ἐν πᾶσιν τοῖς ἔθνεσιν ὑπὲρ τοῦ ὀνόματος αὐτοῦ, ἐν οἷς ἐστε καὶ ὑμεῖς κλητοὶ Ἰησοῦ Χριστοῦ, πᾶσιν τοῖς οὖσιν ἐν Ῥώμῃ ἀγαπητοῖς θεοῦ, κλητοῖς ἁγίοις, χάρις ὑμῖν καὶ εἰρήνη ἀπὸ θεοῦ πατρὸς ἡμῶν καὶ κυρίου Ἰησοῦ Χριστοῦ.

Πρῶτον μὲν εὐχαριστῶ τῷ θεῷ μου διὰ Ἰησοῦ Χριστοῦ περὶ πάντων ὑμῶν ὅτι ἡ πίστις ὑμῶν καταγγέλλεται ἐν ὅλῳ τῷ κόσμῳ. μάρτυς γάρ μού ἐστιν ὁ θεός, ᾧ λατρεύω ἐν τῷ πνεύματί μου ἐν τῷ εὐαγγελίῳ τοῦ υἱοῦ αὐτοῦ, ὡς ἀδιαλείπτως μνείαν ὑμῶν ποιοῦμαι πάντοτε ἐπὶ τῶν προσευχῶν μου δεόμενος εἴ πως ἤδη ποτὲ εὐοδωθήσομαι ἐν τῷ θελήματι τοῦ θεοῦ ἐλθεῖν πρὸς ὑμᾶς. ἐπιποθῶ γὰρ ἰδεῖν ὑμᾶς, ἵνα τι μεταδῶ χάρισμα ὑμῖν πνευματικὸν εἰς τὸ στηριχθῆναι ὑμᾶς, τοῦτο δέ ἐστιν συμπαρακληθῆναι ἐν ὑμῖν διὰ τῆς ἐν ἀλλήλοις πίστεως ὑμῶν τε καὶ ἐμοῦ. οὐ θέλω δὲ ὑμᾶς ἀγνοεῖν, ἀδελφοί, ὅτι πολλάκις προεθέμην ἐλθεῖν πρὸς ὑμᾶς, καὶ ἐκωλύθην ἄχρι τοῦ δεῦρο, ἵνα τινὰ καρπὸν σχῶ καὶ ἐν ὑμῖν καθὼς καὶ ἐν τοῖς λοιποῖς ἔθνεσιν. Ἕλλησίν τε καὶ βαρβάροις, σοφοῖς τε καὶ ἀνοήτοις ὀφειλέτης εἰμί, οὕτως τὸ κατ' ἐμὲ πρόθυμον καὶ ὑμῖν τοῖς ἐν Ῥώμῃ εὐαγγελίσασθαι.

Tuesday

A Reading (Lesson) from the Prophet Jeremiah (2:1–13)

וַיְהִ֥י דְבַר־יְהוָ֖ה אֵלַ֥י לֵאמֹֽר׃
הָלֹ֡ךְ וְֽקָרָאתָ֩ בְאָזְנֵ֨י יְרוּשָׁלִַ֜ם לֵאמֹ֗ר כֹּ֚ה אָמַ֣ר יְהוָ֔ה זָכַ֤רְתִּי לָךְ֙
חֶ֣סֶד נְעוּרַ֔יִךְ אַהֲבַ֖ת כְּלוּלֹתָ֑יִךְ לֶכְתֵּ֤ךְ אַחֲרַי֙ בַּמִּדְבָּ֔ר בְּאֶ֖רֶץ לֹ֥א
זְרוּעָֽה׃
קֹ֤דֶשׁ יִשְׂרָאֵל֙ לַֽיהוָ֔ה רֵאשִׁ֖ית תְּבוּאָתֹ֑ה כָּל־אֹכְלָ֣יו יֶאְשָׁ֔מוּ רָעָ֛ה
תָּבֹ֥א אֲלֵיהֶ֖ם נְאֻם־יְהוָֽה׃ פ
שִׁמְע֥וּ דְבַר־יְהוָ֖ה בֵּ֣ית יַעֲקֹ֑ב וְכָל־מִשְׁפְּח֖וֹת בֵּ֥ית יִשְׂרָאֵֽל׃
כֹּ֣ה ׀ אָמַ֣ר יְהוָ֗ה מַה־מָּצְא֨וּ אֲבוֹתֵיכֶ֥ם בִּי֙ עָ֔וֶל כִּ֥י רָחֲק֖וּ מֵעָלָ֑י
וַיֵּֽלְכ֛וּ אַחֲרֵ֥י הַהֶ֖בֶל וַיֶּהְבָּֽלוּ׃
וְלֹ֣א אָמְר֔וּ אַיֵּ֣ה יְהוָ֔ה הַמַּעֲלֶ֥ה אֹתָ֖נוּ מֵאֶ֣רֶץ מִצְרָ֑יִם הַמּוֹלִ֨יךְ אֹתָ֜נוּ
בַּמִּדְבָּ֗ר בְּאֶ֨רֶץ עֲרָבָ֤ה וְשׁוּחָה֙ בְּאֶ֙רֶץ֙ צִיָּ֣ה וְצַלְמָ֔וֶת בְּאֶ֗רֶץ לֹֽא־
עָ֤בַר בָּהּ֙ אִ֔ישׁ וְלֹֽא־יָשַׁ֥ב אָדָ֖ם שָֽׁם׃
וָאָבִ֤יא אֶתְכֶם֙ אֶל־אֶ֣רֶץ הַכַּרְמֶ֔ל לֶאֱכֹ֥ל פִּרְיָ֖הּ וְטוּבָ֑הּ וַתָּבֹ֙אוּ֙
וַתְּטַמְּא֣וּ אֶת־אַרְצִ֔י וְנַחֲלָתִ֥י שַׂמְתֶּ֖ם לְתוֹעֵבָֽה׃
הַכֹּהֲנִ֗ים לֹ֤א אָֽמְרוּ֙ אַיֵּ֣ה יְהוָ֔ה וְתֹפְשֵׂ֤י הַתּוֹרָה֙ לֹ֣א יְדָע֔וּנִי וְהָרֹעִ֖ים
פָּ֣שְׁעוּ בִ֑י וְהַנְּבִיאִים֙ נִבְּא֣וּ בַבַּ֔עַל וְאַחֲרֵ֥י לֹא־יוֹעִ֖לוּ הָלָֽכוּ׃
לָכֵ֗ן עֹ֛ד אָרִ֥יב אִתְּכֶ֖ם נְאֻם־יְהוָ֑ה וְאֶת־בְּנֵ֥י בְנֵיכֶ֖ם אָרִֽיב׃

כִּ֣י עִבְר֞וּ אִיֵּ֤י כִתִּיִּים֙ וּרְא֔וּ וְקֵדָ֛ר שִׁלְח֥וּ וְהִתְבּוֹנְנ֖וּ מְאֹ֑ד וּרְא֕וּ הֵ֥ן
הָיְתָ֖ה כָּזֹֽאת׃
הַהֵימִ֥יר גּוֹי֙ אֱלֹהִ֔ים וְהֵ֖מָּה לֹ֣א אֱלֹהִ֑ים וְעַמִּ֛י הֵמִ֥יר כְּבוֹד֖וֹ בְּל֥וֹא
יוֹעִֽיל׃
שֹׁ֥מּוּ שָׁמַ֖יִם עַל־זֹ֑את וְשַׂעֲר֛וּ חָרְב֥וּ מְאֹ֖ד נְאֻם־יְהוָֽה׃
כִּֽי־שְׁתַּ֥יִם רָע֖וֹת עָשָׂ֣ה עַמִּ֑י אֹתִ֨י עָזְב֜וּ מְק֣וֹר ׀ מַ֣יִם חַיִּ֗ים לַחְצֹ֤ב
לָהֶם֙ בֹּאר֔וֹת בֹּארֹת֙ נִשְׁבָּרִ֔ים אֲשֶׁ֥ר לֹא־יָכִ֖לוּ הַמָּֽיִם׃

A Reading (Lesson) from Paul's letter to the Romans (1:16–25)

Οὐ γὰρ ἐπαισχύνομαι τὸ εὐαγγέλιον, δύναμις γὰρ θεοῦ ἐστιν εἰς σωτηρίαν παντὶ τῷ πιστεύοντι, Ἰουδαίῳ τε πρῶτον καὶ Ἕλληνι. δικαιοσύνη γὰρ θεοῦ ἐν αὐτῷ ἀποκαλύπτεται ἐκ πίστεως εἰς πίστιν, καθὼς γέγραπται· *ὁ δὲ δίκαιος ἐκ πίστεως ζήσεται.*

Ἀποκαλύπτεται γὰρ ὀργὴ θεοῦ ἀπ' οὐρανοῦ ἐπὶ πᾶσαν ἀσέβειαν καὶ ἀδικίαν ἀνθρώπων τῶν τὴν ἀλήθειαν ἐν ἀδικίᾳ κατεχόντων, διότι τὸ γνωστὸν τοῦ θεοῦ φανερόν ἐστιν ἐν αὐτοῖς· ὁ θεὸς γὰρ αὐτοῖς ἐφανέρωσεν. τὰ γὰρ ἀόρατα αὐτοῦ ἀπὸ κτίσεως κόσμου τοῖς ποιήμασιν νοούμενα καθορᾶται, ἥ τε ἀΐδιος αὐτοῦ δύναμις καὶ θειότης, εἰς τὸ εἶναι αὐτοὺς ἀναπολογήτους, διότι γνόντες τὸν θεὸν οὐχ ὡς θεὸν ἐδόξασαν ἢ ηὐχαρίστησαν, ἀλλ' ἐματαιώθησαν ἐν τοῖς διαλογισμοῖς αὐτῶν καὶ ἐσκοτίσθη ἡ ἀσύνετος αὐτῶν καρδία. φάσκοντες εἶναι σοφοὶ ἐμωράνθησαν καὶ ἤλλαξαν τὴν δόξαν τοῦ ἀφθάρτου θεοῦ ἐν ὁμοιώματι εἰκόνος φθαρτοῦ ἀνθρώπου καὶ πετεινῶν καὶ τετραπόδων καὶ ἑρπετῶν.

Διὸ παρέδωκεν αὐτοὺς ὁ θεὸς ἐν ταῖς ἐπιθυμίαις τῶν καρδιῶν αὐτῶν εἰς ἀκαθαρσίαν τοῦ ἀτιμάζεσθαι τὰ σώματα αὐτῶν ἐν αὐτοῖς· οἵτινες μετήλλαξαν τὴν ἀλήθειαν τοῦ θεοῦ ἐν τῷ ψεύδει καὶ ἐσεβάσθησαν καὶ ἐλάτρευσαν τῇ κτίσει παρὰ τὸν κτίσαντα, ὅς ἐστιν εὐλογητὸς εἰς τοὺς αἰῶνας, ἀμήν.

Wednesday

A Reading (Lesson) from the Prophet Jeremiah (3:6–18)

וַיֹּאמֶר יְהוָה אֵלַי בִּימֵי יֹאשִׁיָּהוּ הַמֶּלֶךְ הֲרָאִיתָ אֲשֶׁר עָשְׂתָה
מְשֻׁבָה יִשְׂרָאֵל הֹלְכָה הִיא עַל־כָּל־הַר גָּבֹהַּ וְאֶל־תַּחַת כָּל־עֵץ
רַעֲנָן וַתִּזְנִי־שָׁם׃

וָאֹמַר אַחֲרֵי עֲשׂוֹתָהּ אֶת־כָּל־אֵלֶּה אֵלַי תָּשׁוּב וְלֹא־שָׁבָה [K]וַתִּרְאֶה
[Q]וַתֵּרֶא בָּגוֹדָה אֲחוֹתָהּ יְהוּדָה׃

וָאֵרֶא כִּי עַל־כָּל־אֹדוֹת אֲשֶׁר נִאֲפָה מְשֻׁבָה יִשְׂרָאֵל שִׁלַּחְתִּיהָ
וָאֶתֵּן אֶת־סֵפֶר כְּרִיתֻתֶיהָ אֵלֶיהָ וְלֹא יָרְאָה בֹּגֵדָה יְהוּדָה אֲחוֹתָהּ
וַתֵּלֶךְ וַתִּזֶן גַּם־הִיא׃

וְהָיָה מִקֹּל זְנוּתָהּ וַתֶּחֱנַף אֶת־הָאָרֶץ וַתִּנְאַף אֶת־הָאֶבֶן וְאֶת־הָעֵץ׃

וְגַם־בְּכָל־זֹאת לֹא־שָׁבָה אֵלַי בָּגוֹדָה אֲחוֹתָהּ יְהוּדָה בְּכָל־לִבָּהּ
כִּי אִם־בְּשֶׁקֶר נְאֻם־יְהוָה׃ פ

וַיֹּאמֶר יְהוָה אֵלַי צִדְּקָה נַפְשָׁהּ מְשֻׁבָה יִשְׂרָאֵל מִבֹּגֵדָה יְהוּדָה׃

הָלֹךְ וְקָרָאתָ אֶת־הַדְּבָרִים הָאֵלֶּה צָפוֹנָה וְאָמַרְתָּ שׁוּבָה מְשֻׁבָה
יִשְׂרָאֵל נְאֻם־יְהוָה לוֹא־אַפִּיל פָּנַי בָּכֶם כִּי־חָסִיד אֲנִי נְאֻם־יְהוָה
לֹא אֶטּוֹר לְעוֹלָם׃

אַךְ דְּעִי עֲוֹנֵךְ כִּי בַּיהוָה אֱלֹהַיִךְ פָּשָׁעַתְּ וַתְּפַזְּרִי אֶת־דְּרָכַיִךְ
לַזָּרִים תַּחַת כָּל־עֵץ רַעֲנָן וּבְקוֹלִי לֹא־שְׁמַעְתֶּם נְאֻם־יְהוָה׃

שׁוּבוּ בָנִים שׁוֹבָבִים נְאֻם־יְהוָה כִּי אָנֹכִי בָּעַלְתִּי בָכֶם וְלָקַחְתִּי
אֶתְכֶם אֶחָד מֵעִיר וּשְׁנַיִם מִמִּשְׁפָּחָה וְהֵבֵאתִי אֶתְכֶם צִיּוֹן׃

וְנָתַתִּי לָכֶם רֹעִים כְּלִבִּי וְרָעוּ אֶתְכֶם דֵּעָה וְהַשְׂכֵּיל׃

וְהָיָ֡ה כִּ֣י תִרְבּוּ֩ וּפְרִיתֶ֨ם בָּאָ֜רֶץ בַּיָּמִ֤ים הָהֵ֙מָּה֙ נְאֻם־יְהוָ֔ה לֹא־
יֹ֤אמְרוּ עוֹד֙ אֲר֣וֹן בְּרִית־יְהוָ֔ה וְלֹ֥א יַעֲלֶ֖ה עַל־לֵ֑ב וְלֹ֤א יִזְכְּרוּ־בוֹ֙
וְלֹ֣א יִפְקֹ֔דוּ וְלֹ֥א יֵעָשֶׂ֖ה עֽוֹד׃
בָּעֵ֣ת הַהִ֗יא יִקְרְא֤וּ לִירוּשָׁלִַ֙ם֙ כִּסֵּ֣א יְהוָ֔ה וְנִקְוּ֨ אֵלֶ֧יהָ כָֽל־הַגּוֹיִ֛ם
לְשֵׁ֥ם יְהוָ֖ה לִירוּשָׁלִָ֑ם וְלֹא־יֵלְכ֣וּ ע֔וֹד אַחֲרֵ֕י שְׁרִר֖וּת לִבָּ֥ם הָרָֽע׃ ס
בַּיָּמִ֣ים הָהֵ֔מָּה יֵלְכ֥וּ בֵית־יְהוּדָ֖ה עַל־בֵּ֣ית יִשְׂרָאֵ֑ל וְיָבֹ֤אוּ יַחְדָּו֙
מֵאֶ֣רֶץ צָפ֔וֹן עַל־הָאָ֕רֶץ אֲשֶׁ֥ר הִנְחַ֖לְתִּי אֶת־אֲבוֹתֵיכֶֽם׃

A Reading (Lesson) from Paul's letter to the Romans (1:28–2:11)

Καὶ καθὼς οὐκ ἐδοκίμασαν τὸν θεὸν ἔχειν ἐν ἐπιγνώσει, παρέδωκεν αὐτοὺς ὁ θεὸς εἰς ἀδόκιμον νοῦν, ποιεῖν τὰ μὴ καθήκοντα, πεπληρωμένους πάσῃ ἀδικίᾳ πονηρίᾳ πλεονεξίᾳ κακίᾳ, μεστοὺς φθόνου φόνου ἔριδος δόλου κακοηθείας, ψιθυριστὰς καταλάλους θεοστυγεῖς ὑβριστὰς ὑπερηφάνους ἀλαζόνας, ἐφευρετὰς κακῶν, γονεῦσιν ἀπειθεῖς, ἀσυνέτους ἀσυνθέτους ἀστόργους ἀνελεήμονας· οἵτινες τὸ δικαίωμα τοῦ θεοῦ ἐπιγνόντες ὅτι οἱ τὰ τοιαῦτα πράσσοντες ἄξιοι θανάτου εἰσίν, οὐ μόνον αὐτὰ ποιοῦσιν ἀλλὰ καὶ συνευδοκοῦσιν τοῖς πράσσουσιν.

Διὸ ἀναπολόγητος εἶ, ὦ ἄνθρωπε πᾶς ὁ κρίνων· ἐν ᾧ γὰρ κρίνεις τὸν ἕτερον, σεαυτὸν κατακρίνεις, τὰ γὰρ αὐτὰ πράσσεις ὁ κρίνων. οἴδαμεν δὲ ὅτι τὸ κρίμα τοῦ θεοῦ ἐστιν κατὰ ἀλήθειαν ἐπὶ τοὺς τὰ τοιαῦτα πράσσοντας. λογίζῃ δὲ τοῦτο, ὦ ἄνθρωπε ὁ κρίνων τοὺς τὰ τοιαῦτα πράσσοντας καὶ ποιῶν αὐτά, ὅτι σὺ ἐκφεύξῃ τὸ κρίμα τοῦ θεοῦ; ἢ τοῦ πλούτου τῆς χρηστότητος αὐτοῦ καὶ τῆς ἀνοχῆς καὶ τῆς μακροθυμίας καταφρονεῖς, ἀγνοῶν ὅτι τὸ χρηστὸν τοῦ θεοῦ εἰς μετάνοιάν σε ἄγει; κατὰ δὲ τὴν σκληρότητά σου καὶ ἀμετανόητον καρδίαν θησαυρίζεις σεαυτῷ ὀργὴν ἐν ἡμέρᾳ ὀργῆς καὶ ἀποκαλύψεως δικαιοκρισίας τοῦ θεοῦ ὃς *ἀποδώσει ἑκάστῳ κατὰ τὰ ἔργα αὐτοῦ*· τοῖς μὲν καθ᾽ ὑπομονὴν ἔργου ἀγαθοῦ δόξαν καὶ τιμὴν καὶ ἀφθαρσίαν ζητοῦσιν ζωὴν αἰώνιον, τοῖς δὲ ἐξ ἐριθείας καὶ ἀπειθοῦσιν τῇ ἀληθείᾳ πειθομένοις δὲ τῇ ἀδικίᾳ ὀργὴ καὶ θυμός. θλῖψις καὶ στενοχωρία ἐπὶ πᾶσαν ψυχὴν ἀνθρώπου τοῦ κατεργαζομένου τὸ κακόν, Ἰουδαίου τε πρῶτον καὶ Ἕλληνος· δόξα δὲ καὶ τιμὴ καὶ εἰρήνη παντὶ τῷ ἐργαζομένῳ τὸ ἀγαθόν, Ἰουδαίῳ τε πρῶτον καὶ Ἕλληνι· οὐ γάρ ἐστιν προσωποληmψία παρὰ τῷ θεῷ.

Thursday

A Reading (Lesson) from the Prophet Jeremiah (4:9–10, 19–28)

וְהָיָ֤ה בַיּוֹם־הַהוּא֙ נְאֻם־יְהוָ֔ה יֹאבַ֥ד לֵב־הַמֶּ֖לֶךְ וְלֵ֣ב הַשָּׂרִ֑ים
וְנָשַׁ֙מּוּ֙ הַכֹּ֣הֲנִ֔ים וְהַנְּבִאִ֖ים יִתְמָֽהוּ׃
וָאֹמַ֞ר אֲהָ֣הּ ׀ אֲדֹנָ֣י יְהוִ֗ה אָכֵן֩ הַשֵּׁ֨א הִשֵּׁ֜אתָ לָעָ֤ם הַזֶּה֙ וְלִיר֣וּשָׁלִַ֔ם
לֵאמֹ֕ר שָׁל֖וֹם יִהְיֶ֣ה לָכֶ֑ם וְנָגְעָ֥ה חֶ֖רֶב עַד־הַנָּֽפֶשׁ׃
מֵעַ֣י ׀ מֵעַ֣י ׀ [K]אָחוּלָה [Q]אוֹחִ֗ילָה קִיר֥וֹת לִבִּ֛י הֹמֶה־לִּ֥י לִבִּ֖י לֹ֣א
אַחֲרִ֑ישׁ כִּ֣י ק֤וֹל שׁוֹפָר֙ [K]שָׁמַעְתִּי [Q]שָׁמַ֣עַתְּ נַפְשִׁ֔י תְּרוּעַ֖ת מִלְחָמָֽה׃
שֶׁ֤בֶר עַל־שֶׁ֙בֶר֙ נִקְרָ֔א כִּ֥י שֻׁדְּדָ֖ה כָּל־הָאָ֑רֶץ פִּתְאֹם֙ שֻׁדְּד֣וּ אֹהָלַ֔י
רֶ֖גַע יְרִיעֹתָֽי׃
עַד־מָתַ֖י אֶרְאֶה־נֵּ֑ס אֶשְׁמְעָ֖ה ק֥וֹל שׁוֹפָֽר׃ ס
כִּ֣י ׀ אֱוִ֣יל עַמִּ֗י אוֹתִי֙ לֹ֣א יָדָ֔עוּ בָּנִ֤ים סְכָלִים֙ הֵ֔מָּה וְלֹ֥א נְבוֹנִ֖ים
הֵ֑מָּה חֲכָמִ֥ים הֵ֙מָּה֙ לְהָרַ֔ע וּלְהֵיטִ֖יב לֹ֥א יָדָֽעוּ׃
רָאִ֙יתִי֙ אֶת־הָאָ֔רֶץ וְהִנֵּה־תֹ֖הוּ וָבֹ֑הוּ וְאֶל־הַשָּׁמַ֖יִם וְאֵ֥ין אוֹרָֽם׃
רָאִ֙יתִי֙ הֶהָרִ֔ים וְהִנֵּ֖ה רֹעֲשִׁ֑ים וְכָל־הַגְּבָע֖וֹת הִתְקַלְקָֽלוּ׃
רָאִ֕יתִי וְהִנֵּ֖ה אֵ֣ין הָאָדָ֑ם וְכָל־ע֥וֹף הַשָּׁמַ֖יִם נָדָֽדוּ׃
רָאִ֕יתִי וְהִנֵּ֥ה הַכַּרְמֶ֖ל הַמִּדְבָּ֑ר וְכָל־עָרָ֗יו נִתְּצוּ֙ מִפְּנֵ֣י יְהוָ֔ה מִפְּנֵ֖י
חֲר֥וֹן אַפּֽוֹ׃ ס
כִּי־כֹה֙ אָמַ֣ר יְהוָ֔ה שְׁמָמָ֥ה תִהְיֶ֖ה כָּל־הָאָ֑רֶץ וְכָלָ֖ה לֹ֥א אֶעֱשֶֽׂה׃

עַל־זֹאת תֶּאֱבַל הָאָרֶץ וְקָדְרוּ הַשָּׁמַיִם מִמָּעַל עַל כִּי־דִבַּרְתִּי
זַמֹּתִי וְלֹא נִחַמְתִּי וְלֹא־אָשׁוּב מִמֶּנָּה׃

A Reading (Lesson) from Paul's letter to the Romans (2:12–24)

Ὅσοι γὰρ ἀνόμως ἥμαρτον, ἀνόμως καὶ ἀπολοῦνται, καὶ ὅσοι ἐν νόμῳ ἥμαρτον, διὰ νόμου κριθήσονται· οὐ γὰρ οἱ ἀκροαταὶ νόμου δίκαιοι παρὰ [τῷ] θεῷ, ἀλλ' οἱ ποιηταὶ νόμου δικαιωθήσονται. ὅταν γὰρ ἔθνη τὰ μὴ νόμον ἔχοντα φύσει τὰ τοῦ νόμου ποιῶσιν, οὗτοι νόμον μὴ ἔχοντες ἑαυτοῖς εἰσιν νόμος· οἵτινες ἐνδείκνυνται τὸ ἔργον τοῦ νόμου γραπτὸν ἐν ταῖς καρδίαις αὐτῶν, συμμαρτυρούσης αὐτῶν τῆς συνειδήσεως καὶ μεταξὺ ἀλλήλων τῶν λογισμῶν κατηγορούντων ἢ καὶ ἀπολογουμένων, ἐν ἡμέρᾳ ὅτε κρίνει ὁ θεὸς τὰ κρυπτὰ τῶν ἀνθρώπων κατὰ τὸ εὐαγγέλιόν μου διὰ Χριστοῦ Ἰησοῦ.

Εἰ δὲ σὺ Ἰουδαῖος ἐπονομάζῃ καὶ ἐπαναπαύῃ νόμῳ καὶ καυχᾶσαι ἐν θεῷ καὶ γινώσκεις τὸ θέλημα καὶ δοκιμάζεις τὰ διαφέροντα κατηχούμενος ἐκ τοῦ νόμου, πέποιθάς τε σεαυτὸν ὁδηγὸν εἶναι τυφλῶν, φῶς τῶν ἐν σκότει, παιδευτὴν ἀφρόνων, διδάσκαλον νηπίων, ἔχοντα τὴν μόρφωσιν τῆς γνώσεως καὶ τῆς ἀληθείας ἐν τῷ νόμῳ· ὁ οὖν διδάσκων ἕτερον σεαυτὸν οὐ διδάσκεις; ὁ κηρύσσων μὴ κλέπτειν κλέπτεις; ὁ λέγων μὴ μοιχεύειν μοιχεύεις; ὁ βδελυσσόμενος τὰ εἴδωλα ἱεροσυλεῖς; ὃς ἐν νόμῳ καυχᾶσαι, διὰ τῆς παραβάσεως τοῦ νόμου τὸν θεὸν ἀτιμάζεις· *τὸ γὰρ ὄνομα τοῦ θεοῦ δι' ὑμᾶς βλασφημεῖται ἐν τοῖς ἔθνεσιν*, καθὼς γέγραπται.

Friday

A Reading (Lesson) from the Prophet Jeremiah (5:1–9)

שׁוֹטְטוּ בְּחוּצוֹת יְרוּשָׁלַםִ וּרְאוּ־נָא וּדְעוּ וּבַקְשׁוּ בִרְחוֹבוֹתֶיהָ אִם־
תִּמְצְאוּ אִישׁ אִם־יֵשׁ עֹשֶׂה מִשְׁפָּט מְבַקֵּשׁ אֱמוּנָה וְאֶסְלַח לָהּ׃

וְאִם חַי־יְהוָה יֹאמֵרוּ לָכֵן לַשֶּׁקֶר יִשָּׁבֵעוּ׃

יְהוָה עֵינֶיךָ הֲלוֹא לֶאֱמוּנָה הִכִּיתָה אֹתָם וְלֹא־חָלוּ כִּלִּיתָם מֵאֲנוּ קַחַת מוּסָר חִזְּקוּ פְנֵיהֶם מִסֶּלַע מֵאֲנוּ לָשׁוּב׃

וַאֲנִי אָמַרְתִּי אַךְ־דַּלִּים הֵם נוֹאֲלוּ כִּי לֹא יָדְעוּ דֶּרֶךְ יְהוָה מִשְׁפַּט אֱלֹהֵיהֶם׃

אֵלְכָה־לִּי אֶל־הַגְּדֹלִים וַאֲדַבְּרָה אוֹתָם כִּי הֵמָּה יָדְעוּ דֶּרֶךְ יְהוָה מִשְׁפַּט אֱלֹהֵיהֶם אַךְ הֵמָּה יַחְדָּו שָׁבְרוּ עֹל נִתְּקוּ מוֹסֵרוֹת׃

עַל־כֵּן הִכָּם אַרְיֵה מִיַּעַר זְאֵב עֲרָבוֹת יְשָׁדְדֵם נָמֵר שֹׁקֵד עַל־עָרֵיהֶם כָּל־הַיּוֹצֵא מֵהֵנָּה יִטָּרֵף כִּי רַבּוּ פִּשְׁעֵיהֶם עָצְמוּ [K]מְשֻׁבוֹתֵיהֶם׃ [Q]מְשׁוּבוֹתֵיהֶם׃

אֵי לָזֹאת [K]אסלוח [Q]אֶסְלַח־לָךְ בָּנַיִךְ עֲזָבוּנִי וַיִּשָּׁבְעוּ בְּלֹא אֱלֹהִים וָאַשְׂבִּעַ אוֹתָם וַיִּנְאָפוּ וּבֵית זוֹנָה יִתְגֹּדָדוּ׃

סוּסִים מְיֻזָּנִים מַשְׁכִּים הָיוּ אִישׁ אֶל־אֵשֶׁת רֵעֵהוּ יִצְהָלוּ׃

הַעַל־אֵלֶּה לוֹא־אֶפְקֹד נְאֻם־יְהוָה וְאִם בְּגוֹי אֲשֶׁר־כָּזֶה לֹא תִתְנַקֵּם נַפְשִׁי׃ ס

A Reading (Lesson) from Paul's letter to the Romans (2:25–3:18)

Περιτομὴ μὲν γὰρ ὠφελεῖ ἐὰν νόμον πράσσῃς· ἐὰν δὲ παραβάτης νόμου ᾖς, ἡ περιτομή σου ἀκροβυστία γέγονεν. ἐὰν οὖν ἡ ἀκροβυστία τὰ δικαιώματα τοῦ νόμου φυλάσσῃ, οὐχ ἡ ἀκροβυστία αὐτοῦ εἰς περιτομὴν λογισθήσεται; καὶ κρινεῖ ἡ ἐκ φύσεως ἀκροβυστία τὸν νόμον τελοῦσα σὲ τὸν διὰ γράμματος καὶ περιτομῆς παραβάτην νόμου. οὐ γὰρ ὁ ἐν τῷ φανερῷ Ἰουδαῖός ἐστιν οὐδὲ ἡ ἐν τῷ φανερῷ ἐν σαρκὶ περιτομή, ἀλλʼ ὁ ἐν τῷ κρυπτῷ Ἰουδαῖος, καὶ περιτομὴ καρδίας ἐν πνεύματι οὐ γράμματι, οὗ ὁ ἔπαινος οὐκ ἐξ ἀνθρώπων ἀλλʼ ἐκ τοῦ θεοῦ.

Τί οὖν τὸ περισσὸν τοῦ Ἰουδαίου ἢ τίς ἡ ὠφέλεια τῆς περιτομῆς; πολὺ κατὰ πάντα τρόπον. πρῶτον μὲν [γὰρ] ὅτι ἐπιστεύθησαν τὰ λόγια τοῦ θεοῦ. τί γάρ; εἰ ἠπίστησάν τινες, μὴ ἡ ἀπιστία αὐτῶν τὴν πίστιν τοῦ θεοῦ καταργήσει; μὴ γένοιτο· γινέσθω δὲ ὁ θεὸς ἀληθής, πᾶς δὲ ἄνθρωπος ψεύστης, καθὼς γέγραπται·

ὅπως ἂν δικαιωθῇς ἐν τοῖς λόγοις σου
καὶ νικήσεις ἐν τῷ κρίνεσθαί σε.

εἰ δὲ ἡ ἀδικία ἡμῶν θεοῦ δικαιοσύνην συνίστησιν, τί ἐροῦμεν; μὴ ἄδικος ὁ θεὸς ὁ ἐπιφέρων τὴν ὀργήν; κατὰ ἄνθρωπον λέγω. μὴ γένοιτο· ἐπεὶ πῶς κρινεῖ ὁ θεὸς τὸν κόσμον; εἰ δὲ ἡ ἀλήθεια τοῦ θεοῦ ἐν τῷ ἐμῷ ψεύσματι ἐπερίσσευσεν εἰς τὴν δόξαν αὐτοῦ, τί ἔτι κἀγὼ ὡς ἁμαρτωλὸς κρίνομαι; καὶ μὴ καθὼς βλασφημούμεθα καὶ καθώς φασίν τινες ἡμᾶς λέγειν ὅτι ποιήσωμεν τὰ κακά, ἵνα ἔλθῃ τὰ ἀγαθά; ὧν τὸ κρίμα ἔνδικόν ἐστιν.

Τί οὖν; προεχόμεθα; οὐ πάντως· προῃτιασάμεθα γὰρ Ἰουδαίους τε καὶ Ἕλληνας πάντας ὑφ' ἁμαρτίαν εἶναι, καθὼς γέγραπται ὅτι

οὐκ ἔστιν δίκαιος οὐδὲ εἷς,
οὐκ ἔστιν ὁ συνίων,
οὐκ ἔστιν ὁ ἐκζητῶν τὸν θεόν.
πάντες ἐξέκλιναν ἅμα ἠχρεώθησαν·
οὐκ ἔστιν ὁ ποιῶν χρηστότητα,
[οὐκ ἔστιν] ἕως ἑνός.
τάφος ἀνεῳγμένος ὁ λάρυγξ αὐτῶν,
ταῖς γλώσσαις αὐτῶν ἐδολιοῦσαν,
ἰὸς ἀσπίδων ὑπὸ τὰ χείλη αὐτῶν·
ὧν τὸ στόμα ἀρᾶς καὶ πικρίας γέμει,
ὀξεῖς οἱ πόδες αὐτῶν ἐκχέαι αἷμα,
σύντριμμα καὶ ταλαιπωρία ἐν ταῖς ὁδοῖς αὐτῶν,
καὶ ὁδὸν εἰρήνης οὐκ ἔγνωσαν.
οὐκ ἔστιν φόβος θεοῦ ἀπέναντι τῶν ὀφθαλμῶν αὐτῶν.

Week of 3 Lent

Monday

A Reading (Lesson) from the Prophet Jeremiah (7:1–15)

הַדָּבָר֙ אֲשֶׁ֣ר הָיָ֣ה אֶֽל־יִרְמְיָ֔הוּ מֵאֵ֥ת יְהוָ֖ה לֵאמֹֽר׃
עֲמֹ֗ד בְּשַׁ֙עַר֙ בֵּ֣ית יְהוָ֔ה וְקָרָ֣אתָ שָּׁ֔ם אֶת־הַדָּבָ֖ר הַזֶּ֑ה וְאָמַרְתָּ֞ שִׁמְע֣וּ
דְבַר־יְהוָ֗ה כָּל־יְהוּדָה֙ הַבָּאִים֙ בַּשְּׁעָרִ֣ים הָאֵ֔לֶּה לְהִֽשְׁתַּחֲוֺ֖ת
לַיהוָֽה׃ ס
כֹּֽה־אָמַ֞ר יְהוָ֤ה צְבָאוֹת֙ אֱלֹהֵ֣י יִשְׂרָאֵ֔ל הֵיטִ֥יבוּ דַרְכֵיכֶ֖ם
וּמַעַלְלֵיכֶ֑ם וַאֲשַׁכְּנָ֣ה אֶתְכֶ֔ם בַּמָּק֖וֹם הַזֶּֽה׃
אַל־תִּבְטְח֣וּ לָכֶ֔ם אֶל־דִּבְרֵ֥י הַשֶּׁ֖קֶר לֵאמֹ֑ר הֵיכַ֤ל יְהוָה֙ הֵיכַ֣ל
יְהוָ֔ה הֵיכַ֥ל יְהוָ֖ה הֵֽמָּה׃
כִּ֤י אִם־הֵיטֵיב֙ תֵּיטִ֔יבוּ אֶת־דַּרְכֵיכֶ֖ם וְאֶת־מַעַלְלֵיכֶ֑ם אִם־עָשׂ֤וֹ
תַֽעֲשׂוּ֙ מִשְׁפָּ֔ט בֵּ֥ין אִ֖ישׁ וּבֵ֥ין רֵעֵֽהוּ׃
גֵּ֣ר יָת֤וֹם וְאַלְמָנָה֙ לֹ֣א תַעֲשֹׁ֔קוּ וְדָ֣ם נָקִ֔י אַֽל־תִּשְׁפְּכ֖וּ בַּמָּק֣וֹם הַזֶּ֑ה
וְאַחֲרֵ֨י אֱלֹהִ֧ים אֲחֵרִ֛ים לֹ֥א תֵלְכ֖וּ לְרַ֥ע לָכֶֽם׃
וְשִׁכַּנְתִּ֤י אֶתְכֶם֙ בַּמָּק֣וֹם הַזֶּ֔ה בָּאָ֕רֶץ אֲשֶׁ֥ר נָתַ֖תִּי לַאֲבוֹתֵיכֶ֑ם לְמִן־
עוֹלָ֖ם וְעַד־עוֹלָֽם׃
הִנֵּ֤ה אַתֶּם֙ בֹּטְחִ֣ים לָכֶ֔ם עַל־דִּבְרֵ֖י הַשָּׁ֑קֶר לְבִלְתִּ֖י הוֹעִֽיל׃
הֲגָנֹ֤ב ׀ רָצֹ֙חַ֙ וְֽנָאֹ֔ף וְהִשָּׁבֵ֥עַ לַשֶּׁ֖קֶר וְקַטֵּ֣ר לַבָּ֑עַל וְהָלֹ֗ךְ אַחֲרֵ֛י
אֱלֹהִ֥ים אֲחֵרִ֖ים אֲשֶׁ֥ר לֹֽא־יְדַעְתֶּֽם׃
וּבָאתֶ֞ם וַעֲמַדְתֶּ֣ם לְפָנַ֗י בַּבַּ֤יִת הַזֶּה֙ אֲשֶׁ֣ר נִֽקְרָא־שְׁמִ֣י עָלָ֔יו
וַאֲמַרְתֶּ֖ם נִצַּ֑לְנוּ לְמַ֣עַן עֲשׂ֔וֹת אֵ֥ת כָּל־הַתּוֹעֵב֖וֹת הָאֵֽלֶּה׃
הַמְעָרַ֣ת פָּרִצִ֗ים הָיָ֨ה הַבַּ֧יִת הַזֶּ֛ה אֲשֶׁר־נִקְרָֽא־שְׁמִ֥י עָלָ֖יו בְּעֵינֵיכֶ֑ם
גַּ֧ם אָנֹכִ֛י הִנֵּ֥ה רָאִ֖יתִי נְאֻם־יְהוָֽה׃ ס

כִּי לְכוּ־נָא אֶל־מְקוֹמִי֙ אֲשֶׁר בְּשִׁילוֹ אֲשֶׁר שִׁכַּנְתִּי שְׁמִי שָׁם
בָּרִאשׁוֹנָה וּרְאוּ֙ אֵת אֲשֶׁר־עָשִׂיתִי לוֹ מִפְּנֵי רָעַת עַמִּי יִשְׂרָאֵל׃
וְעַתָּה יַעַן עֲשׂוֹתְכֶם אֶת־כָּל־הַמַּעֲשִׂים הָאֵלֶּה נְאֻם־יְהוָה וָאֲדַבֵּר
אֲלֵיכֶם הַשְׁכֵּם וְדַבֵּר֙ וְלֹא שְׁמַעְתֶּם וָאֶקְרָא אֶתְכֶם וְלֹא עֲנִיתֶם׃
וְעָשִׂיתִי לַבַּיִת ׀ אֲשֶׁר נִקְרָא־שְׁמִי עָלָיו אֲשֶׁר אַתֶּם֙ בֹּטְחִים בּוֹ
וְלַמָּקוֹם אֲשֶׁר־נָתַתִּי לָכֶם וְלַאֲבוֹתֵיכֶם כַּאֲשֶׁר עָשִׂיתִי לְשִׁלוֹ׃
וְהִשְׁלַכְתִּי אֶתְכֶם מֵעַל פָּנָי כַּאֲשֶׁר הִשְׁלַכְתִּי֙ אֶת־כָּל־אֲחֵיכֶם אֶת
כָּל־זֶרַע אֶפְרָיִם׃ ס

A Reading (Lesson) from Paul's letter to the Romans (4:1–12)

Τί οὖν ἐροῦμεν εὑρηκέναι Ἀβραὰμ τὸν προπάτορα ἡμῶν κατὰ σάρκα; εἰ γὰρ Ἀβραὰμ ἐξ ἔργων ἐδικαιώθη, ἔχει καύχημα, ἀλλ' οὐ πρὸς θεόν. τί γὰρ ἡ γραφὴ λέγει; *ἐπίστευσεν δὲ Ἀβραὰμ τῷ θεῷ καὶ ἐλογίσθη αὐτῷ εἰς δικαιοσύνην.* τῷ δὲ ἐργαζομένῳ ὁ μισθὸς οὐ λογίζεται κατὰ χάριν ἀλλὰ κατὰ ὀφείλημα, τῷ δὲ μὴ ἐργαζομένῳ πιστεύοντι δὲ ἐπὶ τὸν δικαιοῦντα τὸν ἀσεβῆ λογίζεται ἡ πίστις αὐτοῦ εἰς δικαιοσύνην· καθάπερ καὶ Δαυὶδ λέγει τὸν μακαρισμὸν τοῦ ἀνθρώπου ᾧ ὁ θεὸς λογίζεται δικαιοσύνην χωρὶς ἔργων·

μακάριοι ὧν ἀφέθησαν αἱ ἀνομίαι
  καὶ ὧν ἐπεκαλύφθησαν αἱ ἁμαρτίαι·
μακάριος ἀνὴρ οὗ οὐ μὴ λογίσηται κύριος ἁμαρτίαν.

Ὁ μακαρισμὸς οὖν οὗτος ἐπὶ τὴν περιτομὴν ἢ καὶ ἐπὶ τὴν ἀκροβυστίαν; λέγομεν γάρ· ἐλογίσθη τῷ Ἀβραὰμ ἡ πίστις εἰς δικαιοσύνην. πῶς οὖν ἐλογίσθη; ἐν περιτομῇ ὄντι ἢ ἐν ἀκροβυστίᾳ; οὐκ ἐν περιτομῇ ἀλλ' ἐν ἀκροβυστίᾳ· καὶ σημεῖον ἔλαβεν περιτομῆς σφραγῖδα τῆς δικαιοσύνης τῆς πίστεως τῆς ἐν τῇ ἀκροβυστίᾳ, εἰς τὸ εἶναι αὐτὸν πατέρα πάντων τῶν πιστευόντων δι' ἀκροβυστίας, εἰς τὸ λογισθῆναι [καὶ] αὐτοῖς [τὴν] δικαιοσύνην, καὶ πατέρα περιτομῆς τοῖς οὐκ ἐκ περιτομῆς μόνον ἀλλὰ καὶ τοῖς στοιχοῦσιν τοῖς ἴχνεσιν τῆς ἐν ἀκροβυστίᾳ πίστεως τοῦ πατρὸς ἡμῶν Ἀβραάμ.

Tuesday

A Reading (Lesson) from the Prophet Jeremiah (7:21–34)

כֹּ֥ה אָמַ֛ר יְהוָ֥ה צְבָא֖וֹת אֱלֹהֵ֣י יִשְׂרָאֵ֑ל עֹלוֹתֵיכֶ֛ם סְפ֥וּ עַל־זִבְחֵיכֶ֖ם
וְאִכְל֥וּ בָשָֽׂר׃
כִּ֠י לֹֽא־דִבַּ֤רְתִּי אֶת־אֲבֽוֹתֵיכֶם֙ וְלֹ֣א צִוִּיתִ֔ים בְּי֛וֹם [K]הוציא [Q]הֽוֹצִיאִ֥י
אוֹתָ֖ם מֵאֶ֣רֶץ מִצְרָ֑יִם עַל־דִּבְרֵ֥י עוֹלָ֖ה וָזָֽבַח׃
כִּ֣י אִם־אֶת־הַדָּבָ֣ר הַ֠זֶּה צִוִּ֨יתִי אוֹתָ֤ם לֵאמֹר֙ שִׁמְע֣וּ בְקוֹלִ֔י וְהָיִ֤יתִי
לָכֶם֙ לֵֽאלֹהִ֔ים וְאַתֶּ֖ם תִּֽהְיוּ־לִ֣י לְעָ֑ם וַהֲלַכְתֶּ֗ם בְּכָל־הַדֶּ֙רֶךְ֙ אֲשֶׁ֣ר
אֲצַוֶּ֣ה אֶתְכֶ֔ם לְמַ֖עַן יִיטַ֥ב לָכֶֽם׃
וְלֹ֤א שָֽׁמְעוּ֙ וְלֹֽא־הִטּ֣וּ אֶת־אָזְנָ֔ם וַיֵּֽלְכוּ֙ בְּמֹ֣עֵצ֔וֹת בִּשְׁרִר֖וּת לִבָּ֣ם
הָרָ֑ע וַיִּהְי֥וּ לְאָח֖וֹר וְלֹ֥א לְפָנִֽים׃
לְמִן־הַיּ֗וֹם אֲשֶׁ֨ר יָצְא֤וּ אֲבֽוֹתֵיכֶם֙ מֵאֶ֣רֶץ מִצְרַ֔יִם עַ֖ד הַיּ֣וֹם הַזֶּ֑ה
וָאֶשְׁלַ֤ח אֲלֵיכֶם֙ אֶת־כָּל־עֲבָדַ֣י הַנְּבִיאִ֔ים י֖וֹם הַשְׁכֵּ֥ם וְשָׁלֹֽחַ׃
וְל֤וֹא שָֽׁמְעוּ֙ אֵלַ֔י וְלֹ֥א הִטּ֖וּ אֶת־אָזְנָ֑ם וַיַּקְשׁוּ֙ אֶת־עָרְפָּ֔ם הֵרֵ֖עוּ
מֵאֲבוֹתָֽם׃
וְדִבַּרְתָּ֤ אֲלֵיהֶם֙ אֶת־כָּל־הַדְּבָרִ֣ים הָאֵ֔לֶּה וְלֹ֥א יִשְׁמְע֖וּ אֵלֶ֑יךָ
וְקָרָ֥אתָ אֲלֵיהֶ֖ם וְלֹ֥א יַעֲנֽוּכָה׃
וְאָמַרְתָּ֣ אֲלֵיהֶ֗ם זֶ֤ה הַגּוֹי֙ אֲשֶׁ֣ר לֽוֹא־שָׁמְע֗וּ בְּקוֹל֙ יְהוָ֣ה אֱלֹהָ֔יו וְלֹ֥א
לָקְח֖וּ מוּסָ֑ר אָֽבְדָה֙ הָֽאֱמוּנָ֔ה וְנִכְרְתָ֖ה מִפִּיהֶֽם׃ ס
גָּזִּ֤י נִזְרֵךְ֙ וְֽהַשְׁלִ֔יכִי וּשְׂאִ֥י עַל־שְׁפָיִ֖ם קִינָ֑ה כִּ֚י מָאַ֣ס יְהוָ֔ה וַיִּטֹּ֖שׁ אֶת־
דּ֥וֹר עֶבְרָתֽוֹ׃

כִּֽי־עָשׂ֧וּ בְנֵי־יְהוּדָ֛ה הָרַ֥ע בְּעֵינַ֖י נְאֻ֑ום־יְהוָ֑ה שָׂ֣מוּ שִׁקּֽוּצֵיהֶ֗ם בַּבַּ֛יִת
אֲשֶׁר־נִקְרָא־שְׁמִ֥י עָלָ֖יו לְטַמְּאֽוֹ׃
וּבָנ֞וּ בָּמ֣וֹת הַתֹּ֗פֶת אֲשֶׁר֙ בְּגֵ֣יא בֶן־הִנֹּ֔ם לִשְׂרֹ֛ף אֶת־בְּנֵיהֶ֥ם וְאֶת־
בְּנֹתֵיהֶ֖ם בָּאֵ֑שׁ אֲשֶׁר֙ לֹ֣א צִוִּ֔יתִי וְלֹ֥א עָלְתָ֖ה עַל־לִבִּֽי׃ ס
לָכֵ֞ן הִנֵּֽה־יָמִ֣ים בָּאִים֮ נְאֻם־יְהוָה֒ וְלֹא־יֵאָמֵ֨ר ע֤וֹד הַתֹּ֙פֶת֙ וְגֵ֣יא בֶן־
הִנֹּ֔ם כִּ֖י אִם־גֵּ֣יא הַהֲרֵגָ֑ה וְקָבְר֥וּ בְתֹ֖פֶת מֵאֵ֥ין מָקֽוֹם׃
וְֽהָיְתָ֞ה נִבְלַ֨ת הָעָ֤ם הַזֶּה֙ לְמַֽאֲכָ֔ל לְע֥וֹף הַשָּׁמַ֖יִם וּלְבֶהֱמַ֣ת הָאָ֑רֶץ
וְאֵ֖ין מַחֲרִֽיד׃
וְהִשְׁבַּתִּ֣י ׀ מֵעָרֵ֣י יְהוּדָ֗ה וּמֵֽחֻצוֹת֙ יְר֣וּשָׁלִַ֔ם ק֤וֹל שָׂשׂוֹן֙ וְק֣וֹל שִׂמְחָ֔ה
ק֥וֹל חָתָ֖ן וְק֣וֹל כַּלָּ֑ה כִּ֥י לְחָרְבָּ֖ה תִּהְיֶ֥ה הָאָֽרֶץ׃

A Reading (Lesson) from Paul's letter to the Romans (4:13–25)

Οὐ γὰρ διὰ νόμου ἡ ἐπαγγελία τῷ Ἀβραὰμ ἢ τῷ σπέρματι αὐτοῦ, τὸ κληρονόμον αὐτὸν εἶναι κόσμου, ἀλλὰ διὰ δικαιοσύνης πίστεως. εἰ γὰρ οἱ ἐκ νόμου κληρονόμοι, κεκένωται ἡ πίστις καὶ κατήργηται ἡ ἐπαγγελία· ὁ γὰρ νόμος ὀργὴν κατεργάζεται· οὗ δὲ οὐκ ἔστιν νόμος οὐδὲ παράβασις. Διὰ τοῦτο ἐκ πίστεως, ἵνα κατὰ χάριν, εἰς τὸ εἶναι βεβαίαν τὴν ἐπαγγελίαν παντὶ τῷ σπέρματι, οὐ τῷ ἐκ τοῦ νόμου μόνον ἀλλὰ καὶ τῷ ἐκ πίστεως Ἀβραάμ, ὅς ἐστιν πατὴρ πάντων ἡμῶν, καθὼς γέγραπται ὅτι *πατέρα πολλῶν ἐθνῶν τέθεικά σε,* κατέναντι οὗ ἐπίστευσεν θεοῦ τοῦ ζῳοποιοῦντος τοὺς νεκροὺς καὶ καλοῦντος τὰ μὴ ὄντα ὡς ὄντα. Ὃς παρ' ἐλπίδα ἐπ' ἐλπίδι ἐπίστευσεν εἰς τὸ γενέσθαι αὐτὸν πατέρα πολλῶν ἐθνῶν κατὰ τὸ εἰρημένον· *οὕτως ἔσται τὸ σπέρμα σου,* καὶ μὴ ἀσθενήσας τῇ πίστει κατενόησεν τὸ ἑαυτοῦ σῶμα [ἤδη] νενεκρωμένον, ἑκατονταετής που ὑπάρχων, καὶ τὴν νέκρωσιν τῆς μήτρας Σάρρας· εἰς δὲ τὴν ἐπαγγελίαν τοῦ θεοῦ οὐ διεκρίθη τῇ ἀπιστίᾳ ἀλλ' ἐνεδυναμώθη τῇ πίστει, δοὺς δόξαν τῷ θεῷ καὶ πληροφορηθεὶς ὅτι ὃ ἐπήγγελται δυνατός ἐστιν καὶ ποιῆσαι. διὸ [καὶ] ἐλογίσθη αὐτῷ εἰς δικαιοσύνην. Οὐκ ἐγράφη δὲ δι’ αὐτὸν μόνον ὅτι *ἐλογίσθη αὐτῷ* ἀλλὰ καὶ δι’ ἡμᾶς, οἷς μέλλει λογίζεσθαι, τοῖς πιστεύουσιν ἐπὶ τὸν ἐγείραντα Ἰησοῦν τὸν κύριον ἡμῶν ἐκ νεκρῶν, ὃς παρεδόθη διὰ τὰ παραπτώματα ἡμῶν καὶ ἠγέρθη διὰ τὴν δικαίωσιν ἡμῶν.

Wednesday

A Reading (Lesson) from the Prophet Jeremiah (8:18–9:5)

מַבְלִ֥יגִיתִ֖י עֲלֵ֣י יָג֑וֹן עָלַ֖י לִבִּ֥י דַוָּֽי׃
הִנֵּה־ק֞וֹל שַׁ֫וְעַ֣ת בַּת־עַמִּ֗י מֵאֶ֙רֶץ֙ מַרְחַקִּ֔ים הַיהוָה֙ אֵ֣ין בְּצִיּ֔וֹן אִם־
מַלְכָּ֖הּ אֵ֣ין בָּ֑הּ מַדּ֙וּעַ֙ הִכְעִס֥וּנִי בִּפְסִלֵיהֶ֖ם בְּהַבְלֵ֥י נֵכָֽר׃
עָבַ֥ר קָצִ֖יר כָּ֣לָה קָ֑יִץ וַאֲנַ֖חְנוּ ל֥וֹא נוֹשָֽׁעְנוּ׃
עַל־שֶׁ֥בֶר בַּת־עַמִּ֖י הָשְׁבָּ֑רְתִּי קָדַ֕רְתִּי שַׁמָּ֖ה הֶחֱזִקָֽתְנִי׃
הַצֳרִי֙ אֵ֣ין בְּגִלְעָ֔ד אִם־רֹפֵ֖א אֵ֣ין שָׁ֑ם כִּ֡י מַדּ֙וּעַ֙ לֹ֣א עָֽלְתָ֔ה אֲרֻכַ֖ת
בַּת־עַמִּֽי׃
מִֽי־יִתֵּ֤ן רֹאשִׁי֙ מַ֔יִם וְעֵינִ֖י מְק֣וֹר דִּמְעָ֑ה וְאֶבְכֶּה֙ יוֹמָ֣ם וָלַ֔יְלָה אֵ֖ת
חַלְלֵ֥י בַת־עַמִּֽי׃
מִֽי־יִתְּנֵ֣נִי בַמִּדְבָּ֗ר מְלוֹן֙ אֹֽרְחִ֔ים וְאֶֽעֶזְבָה֙ אֶת־עַמִּ֔י וְאֵלְכָ֖ה מֵאִתָּ֑ם
כִּ֤י כֻלָּם֙ מְנָ֣אֲפִ֔ים עֲצֶ֖רֶת בֹּגְדִֽים׃
וַֽיַּדְרְכ֤וּ אֶת־לְשׁוֹנָם֙ קַשְׁתָּ֣ם שֶׁ֔קֶר וְלֹ֥א לֶאֱמוּנָ֖ה גָּבְר֣וּ בָאָ֑רֶץ כִּי֩
מֵרָעָ֨ה אֶל־רָעָ֧ה ׀ יָצָ֛אוּ וְאֹתִ֥י לֹא־יָדָ֖עוּ נְאֻם־יְהוָֽה׃ ס
אִ֤ישׁ מֵרֵעֵ֙הוּ֙ הִשָּׁמֵ֔רוּ וְעַל־כָּל־אָ֖ח אַל־תִּבְטָ֑חוּ כִּ֤י כָל־אָח֙ עָק֣וֹב
יַעְקֹ֔ב וְכָל־רֵ֖עַ רָכִ֥יל יַהֲלֹֽךְ׃
וְאִ֤ישׁ בְּרֵעֵ֙הוּ֙ יְהָתֵ֔לּוּ וֶאֱמֶ֖ת לֹ֣א יְדַבֵּ֑רוּ לִמְּד֧וּ לְשׁוֹנָ֛ם דַּבֶּר־שֶׁ֖קֶר
הַעֲוֵ֥ה נִלְאֽוּ׃
שִׁבְתְּךָ֖ בְּת֣וֹךְ מִרְמָ֑ה בְּמִרְמָ֛ה מֵאֲנ֥וּ דַעַת־אוֹתִ֖י נְאֻם־יְהוָֽה׃ ס

A Reading (Lesson) from Paul's letter to the Romans (5:1–11)

Δικαιωθέντες οὖν ἐκ πίστεως εἰρήνην ἔχομεν πρὸς τὸν θεὸν διὰ τοῦ κυρίου ἡμῶν Ἰησοῦ Χριστοῦ δι' οὗ καὶ τὴν προσαγωγὴν ἐσχήκαμεν [τῇ πίστει] εἰς τὴν χάριν ταύτην ἐν ᾗ ἑστήκαμεν καὶ καυχώμεθα ἐπ' ἐλπίδι τῆς δόξης τοῦ θεοῦ. οὐ μόνον δέ, ἀλλὰ καὶ καυχώμεθα ἐν ταῖς θλίψεσιν, εἰδότες ὅτι ἡ θλῖψις ὑπομονὴν κατεργάζεται, ἡ δὲ ὑπομονὴ δοκιμήν, ἡ δὲ δοκιμὴ ἐλπίδα. ἡ δὲ ἐλπὶς οὐ καταισχύνει, ὅτι ἡ ἀγάπη τοῦ θεοῦ ἐκκέχυται ἐν ταῖς καρδίαις ἡμῶν διὰ πνεύματος ἁγίου τοῦ δοθέντος ἡμῖν. Ἔτι γὰρ Χριστὸς ὄντων ἡμῶν ἀσθενῶν ἔτι κατὰ καιρὸν ὑπὲρ ἀσεβῶν ἀπέθανεν. μόλις γὰρ ὑπὲρ δικαίου τις ἀποθανεῖται· ὑπὲρ γὰρ τοῦ ἀγαθοῦ τάχα τις καὶ τολμᾷ ἀποθανεῖν· συνίστησιν δὲ τὴν ἑαυτοῦ ἀγάπην εἰς ἡμᾶς ὁ θεός, ὅτι ἔτι ἁμαρτωλῶν ὄντων ἡμῶν Χριστὸς ὑπὲρ ἡμῶν ἀπέθανεν. πολλῷ οὖν μᾶλλον δικαιωθέντες νῦν ἐν τῷ αἵματι αὐτοῦ σωθησόμεθα δι' αὐτοῦ ἀπὸ τῆς ὀργῆς. εἰ γὰρ ἐχθροὶ ὄντες κατηλλάγημεν τῷ θεῷ διὰ τοῦ θανάτου τοῦ υἱοῦ αὐτοῦ, πολλῷ μᾶλλον καταλλαγέντες σωθησόμεθα ἐν τῇ ζωῇ αὐτοῦ· οὐ μόνον δέ, ἀλλὰ καὶ καυχώμενοι ἐν τῷ θεῷ διὰ τοῦ κυρίου ἡμῶν Ἰησοῦ Χριστοῦ δι' οὗ νῦν τὴν καταλλαγὴν ἐλάβομεν.

Thursday

A Reading (Lesson) from the Prophet Jeremiah (10:11–24)

כִּדְנָה֙ תֵּאמְר֣וּן לְה֔וֹם אֱלָהַיָּ֕א דִּֽי־שְׁמַיָּ֥א וְאַרְקָ֖א לָ֣א עֲבַ֑דוּ יֵאבַ֧דוּ
מֵֽאַרְעָ֛א וּמִן־תְּח֥וֹת שְׁמַיָּ֖א אֵֽלֶּה׃ ס
עֹשֵׂ֥ה אֶ֙רֶץ֙ בְּכֹח֔וֹ מֵכִ֥ין תֵּבֵ֖ל בְּחָכְמָת֑וֹ וּבִתְבוּנָת֖וֹ נָטָ֥ה שָׁמָֽיִם׃
לְק֨וֹל תִּתּ֜וֹ הֲמ֥וֹן מַ֙יִם֙ בַּשָּׁמַ֔יִם וַיַּֽעֲלֶ֥ה נְשִׂאִ֖ים מִקְצֵ֣ה [K]אֶ֑רֶץ [Q]הָאָ֑רֶץ
בְּרָקִ֤ים לַמָּטָר֙ עָשָׂ֔ה וַיּ֥וֹצֵא ר֖וּחַ מֵאֹצְרֹתָֽיו׃

נִבְעַ֤ר כָּל־אָדָם֙ מִדַּ֔עַת הֹבִ֥ישׁ כָּל־צוֹרֵ֖ף מִפָּ֑סֶל כִּ֛י שֶׁ֥קֶר נִסְכּ֖וֹ
וְלֹא־ר֥וּחַ בָּֽם׃
הֶ֣בֶל הֵ֔מָּה מַעֲשֵׂ֖ה תַּעְתֻּעִ֑ים בְּעֵ֥ת פְּקֻדָּתָ֖ם יֹאבֵֽדוּ׃
לֹֽא־כְאֵ֜לֶּה חֵ֣לֶק יַעֲקֹ֗ב כִּֽי־יוֹצֵ֤ר הַכֹּל֙ ה֔וּא וְיִשְׂרָאֵ֖ל שֵׁ֣בֶט נַחֲלָת֑וֹ
יְהוָ֥ה צְבָא֖וֹת שְׁמֽוֹ׃ ס
אִסְפִּ֥י מֵאֶ֖רֶץ כִּנְעָתֵ֑ךְ [K]יֹשַׁבְתִּי [Q]יֹשֶׁ֖בֶת בַּמָּצֽוֹר׃ ס
כִּי־כֹה֙ אָמַ֣ר יְהוָ֔ה הִנְנִ֥י קוֹלֵ֛עַ אֶת־יוֹשְׁבֵ֥י הָאָ֖רֶץ בַּפַּ֣עַם הַזֹּ֑את
וַהֲצֵר֥וֹתִי לָהֶ֖ם לְמַ֥עַן יִמְצָֽאוּ׃ ס
א֥וֹי לִי֙ עַל־שִׁבְרִ֔י נַחְלָ֖ה מַכָּתִ֑י וַאֲנִ֣י אָמַ֔רְתִּי אַ֛ךְ זֶ֥ה חֳלִ֖י וְאֶשָּׂאֶֽנּוּ׃
אָהֳלִ֣י שֻׁדָּ֔ד וְכָל־מֵיתָרַ֖י נִתָּ֑קוּ בָּנַ֤י יְצָאֻ֙נִי֙ וְאֵינָ֔ם אֵין־נֹטֶ֥ה עוֹד֙
אָהֳלִ֔י וּמֵקִ֖ים יְרִיעוֹתָֽי׃
כִּ֤י נִבְעֲרוּ֙ הָרֹעִ֔ים וְאֶת־יְהוָ֖ה לֹ֣א דָרָ֑שׁוּ עַל־כֵּן֙ לֹ֣א הִשְׂכִּ֔ילוּ וְכָל־
מַרְעִיתָ֖ם נְפוֹצָֽה׃ ס
ק֤וֹל שְׁמוּעָה֙ הִנֵּ֣ה בָאָ֔ה וְרַ֥עַשׁ גָּד֖וֹל מֵאֶ֣רֶץ צָפ֑וֹן לָשׂ֞וּם אֶת־עָרֵ֧י
יְהוּדָ֛ה שְׁמָמָ֖ה מְע֥וֹן תַּנִּֽים׃ ס
יָדַ֣עְתִּי יְהוָ֔ה כִּ֛י לֹ֥א לָאָדָ֖ם דַּרְכּ֑וֹ לֹֽא־לְאִ֣ישׁ הֹלֵ֔ךְ וְהָכִ֖ין אֶֽת־
צַעֲדֽוֹ׃
יַסְּרֵ֥נִי יְהוָ֖ה אַךְ־בְּמִשְׁפָּ֑ט אַל־בְּאַפְּךָ֖ פֶּן־תַּמְעִטֵֽנִי׃

A Reading (Lesson) from Paul's letter to the Romans (5:12–21)

Διὰ τοῦτο ὥσπερ δι' ἑνὸς ἀνθρώπου ἡ ἁμαρτία εἰς τὸν κόσμον εἰσῆλθεν καὶ διὰ τῆς ἁμαρτίας ὁ θάνατος, καὶ οὕτως εἰς πάντας ἀνθρώπους ὁ θάνατος διῆλθεν, ἐφ' ᾧ πάντες ἥμαρτον· ἄχρι γὰρ νόμου ἁμαρτία ἦν ἐν κόσμῳ, ἁμαρτία δὲ οὐκ ἐλλογεῖται μὴ ὄντος νόμου, ἀλλ' ἐβασίλευσεν ὁ θάνατος ἀπὸ Ἀδὰμ μέχρι Μωϋσέως καὶ ἐπὶ τοὺς μὴ ἁμαρτήσαντας ἐπὶ τῷ ὁμοιώματι τῆς παραβάσεως Ἀδὰμ ὅς ἐστιν τύπος τοῦ μέλλοντος. Ἀλλ᾽ οὐχ ὡς τὸ παράπτωμα, οὕτως καὶ τὸ χάρισμα· εἰ γὰρ τῷ τοῦ ἑνὸς παραπτώματι οἱ πολλοὶ ἀπέθανον, πολλῷ μᾶλλον ἡ χάρις τοῦ θεοῦ καὶ ἡ δωρεὰ ἐν χάριτι τῇ τοῦ ἑνὸς ἀνθρώπου Ἰησοῦ Χριστοῦ εἰς τοὺς πολλοὺς ἐπερίσσευσεν. καὶ οὐχ ὡς δι᾽ ἑνὸς ἁμαρτήσαντος τὸ δώρημα· τὸ μὲν γὰρ κρίμα ἐξ ἑνὸς εἰς κατάκριμα, τὸ δὲ χάρισμα ἐκ πολλῶν παραπτωμάτων εἰς δικαίωμα. εἰ γὰρ τῷ τοῦ ἑνὸς παραπτώματι ὁ θάνατος ἐβασίλευσεν διὰ τοῦ ἑνός, πολλῷ μᾶλλον οἱ τὴν περισσείαν τῆς χάριτος καὶ τῆς δωρεᾶς τῆς δικαιοσύνης λαμβάνοντες ἐν ζωῇ βασιλεύσουσιν διὰ τοῦ ἑνὸς Ἰησοῦ Χριστοῦ. Ἄρα οὖν ὡς δι᾽ ἑνὸς παραπτώματος εἰς πάντας ἀνθρώπους εἰς κατάκριμα, οὕτως καὶ δι᾽ ἑνὸς δικαιώματος εἰς πάντας ἀνθρώπους εἰς δικαίωσιν ζωῆς· ὥσπερ γὰρ διὰ τῆς παρακοῆς τοῦ ἑνὸς ἀνθρώπου ἁμαρτωλοὶ κατεστάθησαν οἱ πολλοί, οὕτως καὶ διὰ τῆς ὑπακοῆς τοῦ ἑνὸς δίκαιοι κατασταθήσονται οἱ πολλοί. νόμος δὲ παρεισῆλθεν, ἵνα πλεονάσῃ τὸ παράπτωμα· οὗ δὲ ἐπλεόνασεν ἡ ἁμαρτία, ὑπερεπερίσσευσεν ἡ χάρις, ἵνα ὥσπερ ἐβασίλευσεν ἡ ἁμαρτία ἐν τῷ θανάτῳ, οὕτως καὶ ἡ χάρις βασιλεύσῃ διὰ δικαιοσύνης εἰς ζωὴν αἰώνιον διὰ Ἰησοῦ Χριστοῦ τοῦ κυρίου ἡμῶν.

Friday

A Reading (Lesson) from the Prophet Jeremiah (11:1–8, 14–20)

הַדָּבָר אֲשֶׁר הָיָה אֶל־יִרְמְיָהוּ מֵאֵת יְהוָה לֵאמֹר׃
שִׁמְעוּ אֶת־דִּבְרֵי הַבְּרִית הַזֹּאת וְדִבַּרְתָּם אֶל־אִישׁ יְהוּדָה וְעַל־
יֹשְׁבֵי יְרוּשָׁלִָם׃
וְאָמַרְתָּ אֲלֵיהֶם כֹּה־אָמַר יְהוָה אֱלֹהֵי יִשְׂרָאֵל אָרוּר הָאִישׁ אֲשֶׁר
לֹא יִשְׁמַע אֶת־דִּבְרֵי הַבְּרִית הַזֹּאת׃
אֲשֶׁר צִוִּיתִי אֶת־אֲבוֹתֵיכֶם בְּיוֹם הוֹצִיאִי־אוֹתָם מֵאֶרֶץ־מִצְרַיִם
מִכּוּר הַבַּרְזֶל לֵאמֹר שִׁמְעוּ בְקוֹלִי וַעֲשִׂיתֶם אוֹתָם כְּכֹל אֲשֶׁר־
אֲצַוֶּה אֶתְכֶם וִהְיִיתֶם לִי לְעָם וְאָנֹכִי אֶהְיֶה לָכֶם לֵאלֹהִים׃

לְמַעַן הָקִים אֶת־הַשְּׁבוּעָה אֲשֶׁר־נִשְׁבַּעְתִּי לַאֲבוֹתֵיכֶם לָתֵת לָהֶם
אֶרֶץ זָבַת חָלָב וּדְבַשׁ כַּיּוֹם הַזֶּה וָאַעַן וָאֹמַר אָמֵן ׀ יְהוָה׃ ס
וַיֹּאמֶר יְהוָה אֵלַי קְרָא אֶת־כָּל־הַדְּבָרִים הָאֵלֶּה בְּעָרֵי יְהוּדָה
וּבְחֻצוֹת יְרוּשָׁלִַם לֵאמֹר שִׁמְעוּ אֶת־דִּבְרֵי הַבְּרִית הַזֹּאת וַעֲשִׂיתֶם
אוֹתָם׃
כִּי הָעֵד הַעִדֹתִי בַּאֲבוֹתֵיכֶם בְּיוֹם הַעֲלוֹתִי אוֹתָם מֵאֶרֶץ מִצְרַיִם
וְעַד־הַיּוֹם הַזֶּה הַשְׁכֵּם וְהָעֵד לֵאמֹר שִׁמְעוּ בְּקוֹלִי׃
וְלֹא שָׁמְעוּ וְלֹא־הִטּוּ אֶת־אָזְנָם וַיֵּלְכוּ אִישׁ בִּשְׁרִירוּת לִבָּם הָרָע
וָאָבִיא עֲלֵיהֶם אֶת־כָּל־דִּבְרֵי הַבְּרִית־הַזֹּאת אֲשֶׁר־צִוִּיתִי לַעֲשׂוֹת
וְלֹא עָשׂוּ׃ ס
וְאַתָּה אַל־תִּתְפַּלֵּל בְּעַד־הָעָם הַזֶּה וְאַל־תִּשָּׂא בַעֲדָם רִנָּה וּתְפִלָּה
כִּי אֵינֶנִּי שֹׁמֵעַ בְּעֵת קָרְאָם אֵלַי בְּעַד רָעָתָם׃ ס
מֶה לִידִידִי בְּבֵיתִי עֲשׂוֹתָהּ הַמְזִמָּתָה הָרַבִּים וּבְשַׂר־קֹדֶשׁ יַעַבְרוּ
מֵעָלָיִךְ כִּי רָעָתֵכִי אָז תַּעֲלֹזִי׃
זַיִת רַעֲנָן יְפֵה פְרִי־תֹאַר קָרָא יְהוָה שְׁמֵךְ לְקוֹל ׀ הֲמוּלָּה גְדֹלָה
הִצִּית אֵשׁ עָלֶיהָ וְרָעוּ דָּלִיּוֹתָיו׃
וַיהוָה צְבָאוֹת הַנּוֹטֵעַ אוֹתָךְ דִּבֶּר עָלַיִךְ רָעָה בִּגְלַל רָעַת בֵּית־
יִשְׂרָאֵל וּבֵית יְהוּדָה אֲשֶׁר עָשׂוּ לָהֶם לְהַכְעִסֵנִי לְקַטֵּר לַבָּעַל׃ ס
וַיהוָה הוֹדִיעַנִי וָאֵדָעָה אָז הִרְאִיתַנִי מַעַלְלֵיהֶם׃
וַאֲנִי כְּכֶבֶשׂ אַלּוּף יוּבַל לִטְבוֹחַ וְלֹא־יָדַעְתִּי כִּי־עָלַי ׀ חָשְׁבוּ
מַחֲשָׁבוֹת נַשְׁחִיתָה עֵץ בְּלַחְמוֹ וְנִכְרְתֶנּוּ מֵאֶרֶץ חַיִּים וּשְׁמוֹ לֹא־
יִזָּכֵר עוֹד׃
וַיהוָה צְבָאוֹת שֹׁפֵט צֶדֶק בֹּחֵן כְּלָיוֹת וָלֵב אֶרְאֶה נִקְמָתְךָ מֵהֶם
כִּי אֵלֶיךָ גִּלִּיתִי אֶת־רִיבִי׃ ס

A Reading (Lesson) from Paul's letter to the Romans (6:1–11)

Τί οὖν ἐροῦμεν; ἐπιμένωμεν τῇ ἁμαρτίᾳ, ἵνα ἡ χάρις πλεονάσῃ; μὴ γένοιτο. οἵτινες ἀπεθάνομεν τῇ ἁμαρτίᾳ, πῶς ἔτι ζήσομεν ἐν αὐτῇ; ἢ ἀγνοεῖτε ὅτι, ὅσοι ἐβαπτίσθημεν εἰς Χριστὸν Ἰησοῦν, εἰς τὸν θάνατον αὐτοῦ ἐβαπτίσθημεν; συνετάφημεν οὖν αὐτῷ διὰ τοῦ βαπτίσματος εἰς τὸν θάνατον, ἵνα ὥσπερ ἠγέρθη Χριστὸς ἐκ νεκρῶν διὰ τῆς δόξης τοῦ πατρός, οὕτως καὶ ἡμεῖς ἐν καινότητι ζωῆς περιπατήσωμεν. εἰ γὰρ σύμφυτοι γεγόναμεν τῷ ὁμοιώματι τοῦ θανάτου αὐτοῦ, ἀλλὰ καὶ τῆς ἀναστάσεως ἐσόμεθα· τοῦτο γινώσκοντες ὅτι ὁ παλαιὸς ἡμῶν ἄνθρωπος συνεσταυρώθη, ἵνα καταργηθῇ τὸ σῶμα τῆς ἁμαρτίας, τοῦ μηκέτι δουλεύειν ἡμᾶς τῇ ἁμαρτίᾳ· ὁ γὰρ ἀποθανὼν δεδικαίωται ἀπὸ τῆς ἁμαρτίας. εἰ δὲ ἀπεθάνομεν σὺν Χριστῷ, πιστεύομεν ὅτι καὶ συζήσομεν αὐτῷ, εἰδότες ὅτι Χριστὸς ἐγερθεὶς ἐκ νεκρῶν οὐκέτι ἀποθνῄσκει, θάνατος αὐτοῦ οὐκέτι κυριεύει. ὃ γὰρ ἀπέθανεν, τῇ ἁμαρτίᾳ ἀπέθανεν ἐφάπαξ· ὃ δὲ ζῇ, ζῇ τῷ θεῷ. οὕτως καὶ ὑμεῖς λογίζεσθε ἑαυτοὺς [εἶναι] νεκροὺς μὲν τῇ ἁμαρτίᾳ ζῶντας δὲ τῷ θεῷ ἐν Χριστῷ Ἰησοῦ.

Week of 4 Lent

Monday

A Reading (Lesson) from the Prophet Jeremiah (16:10–21)

וְהָיָ֗ה כִּ֤י תַגִּיד֙ לָעָ֣ם הַזֶּ֔ה אֵ֥ת כָּל־הַדְּבָרִ֖ים הָאֵ֑לֶּה וְאָמְר֣וּ אֵלֶ֗יךָ
עַל־מֶה֩ דִבֶּ֨ר יְהוָ֤ה עָלֵ֙ינוּ֙ אֵ֣ת כָּל־הָרָעָ֤ה הַגְּדוֹלָה֙ הַזֹּ֔את וּמֶ֤ה
עֲוֺנֵ֙נוּ֙ וּמֶ֣ה חַטָּאתֵ֔נוּ אֲשֶׁ֥ר חָטָ֖אנוּ לַיהוָ֥ה אֱלֹהֵֽינוּ׃
וְאָמַרְתָּ֣ אֲלֵיהֶ֗ם עַל֩ אֲשֶׁר־עָזְב֨וּ אֲבוֹתֵיכֶ֤ם אוֹתִי֙ נְאֻם־יְהוָ֔ה וַיֵּֽלְכ֗וּ
אַחֲרֵי֙ אֱלֹהִ֣ים אֲחֵרִ֔ים וַיַּעַבְד֖וּם וַיִּשְׁתַּחֲו֣וּ לָהֶ֑ם וְאֹתִ֣י עָזָ֔בוּ וְאֶת־
תּוֹרָתִ֖י לֹ֥א שָׁמָֽרוּ׃

וְאַתֶּם֙ הֲרֵעֹתֶ֣ם לַעֲשׂ֔וֹת מֵאֲבֽוֹתֵיכֶ֑ם וְהִנְּכֶ֣ם הֹלְכִ֗ים אִ֚ישׁ אַחֲרֵי֙ שְׁרִר֣וּת לִבּֽוֹ־הָרָ֔ע לְבִלְתִּ֖י שְׁמֹ֥עַ אֵלָֽי׃

וְהֵטַלְתִּ֣י אֶתְכֶ֗ם מֵעַל֙ הָאָ֣רֶץ הַזֹּ֔את עַל־הָאָ֕רֶץ אֲשֶׁר֙ לֹ֣א יְדַעְתֶּ֔ם אַתֶּ֖ם וַאֲבֽוֹתֵיכֶ֑ם וַעֲבַדְתֶּם־שָׁ֞ם אֶת־אֱלֹהִ֤ים אֲחֵרִים֙ יוֹמָ֣ם וָלַ֔יְלָה אֲשֶׁ֛ר לֹֽא־אֶתֵּ֥ן לָכֶ֖ם חֲנִינָֽה׃ ס

לָכֵ֛ן הִנֵּה־יָמִ֥ים בָּאִ֖ים נְאֻם־יְהוָ֑ה וְלֹא־יֵאָמֵ֣ר עוֹד֙ חַי־יְהוָ֔ה אֲשֶׁ֧ר הֶעֱלָ֛ה אֶת־בְּנֵ֥י יִשְׂרָאֵ֖ל מֵאֶ֥רֶץ מִצְרָֽיִם׃

כִּ֣י אִם־חַי־יְהוָ֗ה אֲשֶׁ֨ר הֶעֱלָ֜ה אֶת־בְּנֵ֤י יִשְׂרָאֵל֙ מֵאֶ֣רֶץ צָפ֔וֹן וּמִכֹּל֙ הָאֲרָצ֔וֹת אֲשֶׁ֥ר הִדִּיחָ֖ם שָׁ֑מָּה וַהֲשִׁבֹתִים֙ עַל־אַדְמָתָ֔ם אֲשֶׁ֥ר נָתַ֖תִּי לַאֲבוֹתָֽם׃ ס

הִנְנִ֨י שֹׁלֵ֜חַ [K]לְדַוָּגִים [Q]לְדַיָּגִ֧ים רַבִּ֛ים נְאֻם־יְהוָ֖ה וְדִיג֑וּם וְאַחֲרֵי־כֵ֗ן אֶֽשְׁלַח֙ לְרַבִּ֣ים צַיָּדִ֔ים וְצָד֗וּם מֵעַ֤ל כָּל־הַר֙ וּמֵעַ֣ל כָּל־גִּבְעָ֔ה וּמִנְּקִיקֵ֖י הַסְּלָעִֽים׃

כִּ֤י עֵינַי֙ עַל־כָּל־דַּרְכֵיהֶ֔ם לֹ֥א נִסְתְּר֖וּ מִלְּפָנָ֑י וְלֹֽא־נִצְפַּ֥ן עֲוֺנָ֖ם מִנֶּ֥גֶד עֵינָֽי׃

וְשִׁלַּמְתִּ֣י רִֽאשׁוֹנָ֗ה מִשְׁנֵ֤ה עֲוֺנָם֙ וְחַטָּאתָ֔ם עַ֖ל חַלְּלָ֣ם אֶת־אַרְצִ֑י בְּנִבְלַ֤ת שִׁקּֽוּצֵיהֶם֙ וְתוֹעֲב֣וֹתֵיהֶ֔ם מָלְא֖וּ אֶת־נַחֲלָתִֽי׃ ס

יְהוָ֞ה עֻזִּ֧י וּמָעֻזִּ֛י וּמְנוּסִ֖י בְּי֣וֹם צָרָ֑ה אֵלֶ֗יךָ גּוֹיִ֤ם יָבֹ֙אוּ֙ מֵֽאַפְסֵי־אָ֔רֶץ וְיֹֽאמְר֗וּ אַךְ־שֶׁ֙קֶר֙ נָחֲל֣וּ אֲבוֹתֵ֔ינוּ הֶ֖בֶל וְאֵֽין־בָּ֥ם מוֹעִֽיל׃

הֲיַעֲשֶׂה־לּ֥וֹ אָדָ֖ם אֱלֹהִ֑ים וְהֵ֖מָּה לֹ֥א אֱלֹהִֽים׃

לָכֵן֙ הִנְנִ֣י מֽוֹדִיעָ֔ם בַּפַּ֣עַם הַזֹּ֔את אוֹדִיעֵ֥ם אֶת־יָדִ֖י וְאֶת־גְּבֽוּרָתִ֑י וְיָדְע֖וּ כִּֽי־שְׁמִ֥י יְהוָֽה׃ ס

A Reading (Lesson) from Paul's letter to the Romans (7:1–12)

Ἢ ἀγνοεῖτε, ἀδελφοί, γινώσκουσιν γὰρ νόμον λαλῶ, ὅτι ὁ νόμος κυριεύει τοῦ ἀνθρώπου ἐφ' ὅσον χρόνον ζῇ; ἡ γὰρ ὕπανδρος γυνὴ τῷ ζῶντι ἀνδρὶ δέδεται νόμῳ· ἐὰν δὲ ἀποθάνῃ ὁ ἀνήρ, κατήργηται ἀπὸ τοῦ νόμου τοῦ ἀνδρός. ἄρα οὖν ζῶντος τοῦ ἀνδρὸς μοιχαλὶς χρηματίσει ἐὰν γένηται ἀνδρὶ ἑτέρῳ· ἐὰν δὲ ἀποθάνῃ ὁ ἀνήρ, ἐλευθέρα ἐστὶν ἀπὸ τοῦ νόμου, τοῦ μὴ εἶναι αὐτὴν μοιχαλίδα γενομένην ἀνδρὶ ἑτέρῳ. ὥστε, ἀδελφοί μου, καὶ ὑμεῖς ἐθανατώθητε τῷ νόμῳ διὰ τοῦ σώματος τοῦ Χριστοῦ, εἰς τὸ γενέσθαι ὑμᾶς ἑτέρῳ, τῷ ἐκ νεκρῶν ἐγερθέντι, ἵνα καρποφορήσωμεν τῷ θεῷ. ὅτε γὰρ ἦμεν ἐν τῇ σαρκί, τὰ παθήματα τῶν ἁμαρτιῶν τὰ διὰ τοῦ νόμου ἐνηργεῖτο ἐν τοῖς μέλεσιν ἡμῶν, εἰς τὸ καρποφορῆσαι τῷ θανάτῳ· νυνὶ δὲ κατηργήθημεν ἀπὸ τοῦ νόμου ἀποθανόντες ἐν ᾧ κατειχόμεθα, ὥστε δουλεύειν ἡμᾶς ἐν καινότητι πνεύματος καὶ οὐ παλαιότητι γράμματος.

Τί οὖν ἐροῦμεν; ὁ νόμος ἁμαρτία; μὴ γένοιτο· ἀλλὰ τὴν ἁμαρτίαν οὐκ ἔγνων εἰ μὴ διὰ νόμου· τήν τε γὰρ ἐπιθυμίαν οὐκ ᾔδειν εἰ μὴ ὁ νόμος ἔλεγεν· *οὐκ ἐπιθυμήσεις*. ἀφορμὴν δὲ λαβοῦσα ἡ ἁμαρτία διὰ τῆς ἐντολῆς κατειργάσατο ἐν ἐμοὶ πᾶσαν ἐπιθυμίαν· χωρὶς γὰρ νόμου ἁμαρτία νεκρά. ἐγὼ δὲ ἔζων χωρὶς νόμου ποτέ, ἐλθούσης δὲ τῆς ἐντολῆς ἡ ἁμαρτία ἀνέζησεν, ἐγὼ δὲ ἀπέθανον καὶ εὑρέθη μοι ἡ ἐντολὴ ἡ εἰς ζωήν, αὕτη εἰς θάνατον· ἡ γὰρ ἁμαρτία ἀφορμὴν λαβοῦσα διὰ τῆς ἐντολῆς ἐξηπάτησέν με καὶ δι' αὐτῆς ἀπέκτεινεν. ὥστε ὁ μὲν νόμος ἅγιος καὶ ἡ ἐντολὴ ἁγία καὶ δικαία καὶ ἀγαθή.

Tuesday

A Reading (Lesson) from the Prophet Jeremiah (17:19–27)

כֹּה־אָמַר יְהוָה אֵלַי הָלֹךְ וְעָמַדְתָּ בְּשַׁעַר בְּנֵי־[K]עם [Q]הָעָם אֲשֶׁר יָבֹאוּ בוֹ מַלְכֵי יְהוּדָה וַאֲשֶׁר יֵצְאוּ בוֹ וּבְכֹל שַׁעֲרֵי יְרוּשָׁלִָם׃

וְאָמַרְתָּ֣ אֲלֵיהֶ֗ם שִׁמְע֣וּ דְבַר־יְהוָ֗ה מַלְכֵ֤י יְהוּדָה֙ וְכָל־יְהוּדָ֔ה וְכֹל֙
יֹשְׁבֵ֣י יְרוּשָׁלִָ֔ם הַבָּאִ֖ים בַּשְּׁעָרִ֥ים הָאֵֽלֶּה׃ ס
כֹּ֚ה אָמַ֣ר יְהוָ֔ה הִשָּֽׁמְר֖וּ בְּנַפְשׁוֹתֵיכֶ֑ם וְאַל־תִּשְׂא֤וּ מַשָּׂא֙ בְּי֣וֹם הַשַּׁבָּ֔ת
וַהֲבֵאתֶ֖ם בְּשַׁעֲרֵ֥י יְרוּשָׁלִָֽם׃
וְלֹא־תוֹצִ֨יאוּ מַשָּׂ֤א מִבָּֽתֵּיכֶם֙ בְּי֣וֹם הַשַּׁבָּ֔ת וְכָל־מְלָאכָ֖ה לֹ֣א תַעֲשׂ֑וּ
וְקִדַּשְׁתֶּם֙ אֶת־י֣וֹם הַשַּׁבָּ֔ת כַּאֲשֶׁ֥ר צִוִּ֖יתִי אֶת־אֲבוֹתֵיכֶֽם׃
וְלֹ֣א שָֽׁמְע֔וּ וְלֹ֥א הִטּ֖וּ אֶת־אָזְנָ֑ם וַיַּקְשׁוּ֙ אֶת־עָרְפָּ֔ם לְבִלְתִּ֣י [K]שׁוֹמֵ֔עַ
[Q]שְׁמ֔וֹעַ וּלְבִלְתִּ֖י קַ֥חַת מוּסָֽר׃
וְהָיָה֩ אִם־שָׁמֹ֨עַ תִּשְׁמְע֜וּן אֵלַ֗י נְאֻם־יְהוָ֔ה לְבִלְתִּ֣י ׀ הָבִ֣יא מַשָּׂ֗א
בְּשַׁעֲרֵ֛י הָעִ֥יר הַזֹּ֖את בְּי֣וֹם הַשַּׁבָּ֑ת וּלְקַדֵּשׁ֙ אֶת־י֣וֹם הַשַּׁבָּ֔ת לְבִלְתִּ֥י
עֲשׂוֹת־[K]בֹּה [Q]בּ֖וֹ כָּל־מְלָאכָֽה׃
וּבָ֣אוּ בְשַׁעֲרֵי֩ הָעִ֨יר הַזֹּ֜את מְלָכִ֣ים ׀ וְשָׂרִ֗ים יֹשְׁבִים֙ עַל־כִּסֵּ֣א דָוִ֔ד
רֹֽכְבִים֙ ׀ בָּרֶ֣כֶב וּבַסּוּסִ֔ים הֵ֣מָּה וְשָׂרֵיהֶ֔ם אִ֥ישׁ יְהוּדָ֖ה וְיֹשְׁבֵ֣י
יְרוּשָׁלִָ֑ם וְיָשְׁבָ֥ה הָֽעִיר־הַזֹּ֖את לְעוֹלָֽם׃
וּבָ֣אוּ מֵעָרֵֽי־יְהוּדָ֡ה וּמִסְּבִיב֣וֹת יְרוּשָׁלִַ֡ם וּמֵאֶ֨רֶץ בִּנְיָמִ֜ן וּמִן־
הַשְּׁפֵלָ֤ה וּמִן־הָהָר֙ וּמִן־הַנֶּ֔גֶב מְבִאִ֛ים עוֹלָ֥ה וְזֶ֖בַח וּמִנְחָ֣ה וּלְבוֹנָ֑ה
וּמְבִאֵ֥י תוֹדָ֖ה בֵּ֥ית יְהוָֽה׃
וְאִם־לֹ֨א תִשְׁמְע֜וּ אֵלַ֗י לְקַדֵּשׁ֙ אֶת־י֣וֹם הַשַּׁבָּ֔ת וּלְבִלְתִּ֣י ׀ שְׂאֵ֣ת מַשָּׂ֗א
וּבֹ֛א בְּשַׁעֲרֵ֥י יְרוּשָׁלִַ֖ם בְּי֣וֹם הַשַּׁבָּ֑ת וְהִצַּ֧תִּי אֵ֣שׁ בִּשְׁעָרֶ֗יהָ וְאָֽכְלָה֙
אַרְמְנ֣וֹת יְרוּשָׁלִַ֔ם וְלֹ֖א תִכְבֶּֽה׃ פ

A Reading (Lesson) from Paul's letter to the Romans (7:13–25)

Τὸ οὖν ἀγαθὸν ἐμοὶ ἐγένετο θάνατος; μὴ γένοιτο· ἀλλ' ἡ ἁμαρτία, ἵνα φανῇ ἁμαρτία, διὰ τοῦ ἀγαθοῦ μοι κατεργαζομένη θάνατον, ἵνα γένηται καθ' ὑπερβολὴν ἁμαρτωλὸς ἡ ἁμαρτία διὰ τῆς ἐντολῆς. Οἴδαμεν γὰρ ὅτι ὁ νόμος πνευματικός ἐστιν, ἐγὼ δὲ σάρκινός εἰμι πεπραμένος ὑπὸ τὴν ἁμαρτίαν. ὃ γὰρ κατεργάζομαι οὐ γινώσκω· οὐ γὰρ ὃ θέλω τοῦτο πράσσω, ἀλλ' ὃ μισῶ τοῦτο ποιῶ. εἰ δὲ ὃ οὐ θέλω τοῦτο ποιῶ, σύμφημι τῷ νόμῳ ὅτι καλός. νυνὶ δὲ οὐκέτι ἐγὼ κατεργάζομαι αὐτὸ ἀλλ' ἡ οἰκοῦσα ἐν ἐμοὶ ἁμαρτία. Οἶδα γὰρ ὅτι οὐκ οἰκεῖ ἐν ἐμοί, τοῦτ' ἔστιν ἐν τῇ σαρκί μου, ἀγαθόν· τὸ γὰρ θέλειν παράκειταί μοι, τὸ δὲ κατεργάζεσθαι τὸ καλὸν οὔ· οὐ γὰρ ὃ θέλω ποιῶ ἀγαθόν, ἀλλ' ὃ οὐ θέλω κακὸν τοῦτο πράσσω. εἰ δὲ ὃ οὐ θέλω [ἐγὼ] τοῦτο ποιῶ, οὐκέτι ἐγὼ κατεργάζομαι αὐτὸ ἀλλ' ἡ οἰκοῦσα ἐν ἐμοὶ ἁμαρτία. εὑρίσκω ἄρα τὸν νόμον, τῷ θέλοντι ἐμοὶ ποιεῖν τὸ καλόν, ὅτι ἐμοὶ τὸ κακὸν παράκειται· συνήδομαι γὰρ τῷ νόμῳ τοῦ θεοῦ κατὰ τὸν ἔσω ἄνθρωπον, βλέπω δὲ ἕτερον νόμον ἐν τοῖς μέλεσίν μου ἀντιστρατευόμενον τῷ νόμῳ τοῦ νοός μου καὶ αἰχμαλωτίζοντά με ἐν τῷ νόμῳ τῆς ἁμαρτίας τῷ ὄντι ἐν τοῖς μέλεσίν μου. Ταλαίπωρος ἐγὼ ἄνθρωπος· τίς με ῥύσεται ἐκ τοῦ σώματος τοῦ θανάτου τούτου; χάρις δὲ τῷ θεῷ διὰ Ἰησοῦ Χριστοῦ τοῦ κυρίου ἡμῶν. Ἄρα οὖν αὐτὸς ἐγὼ τῷ μὲν νοῒ δουλεύω νόμῳ θεοῦ τῇ δὲ σαρκὶ νόμῳ ἁμαρτίας.

Wednesday

A Reading (Lesson) from the Prophet Jeremiah (18:1–11)

הַדָּבָר֙ אֲשֶׁ֣ר הָיָ֣ה אֶֽל־יִרְמְיָ֔הוּ מֵאֵ֥ת יְהוָ֖ה לֵאמֹֽר׃
ק֥וּם וְיָרַדְתָּ֖ בֵּ֣ית הַיּוֹצֵ֑ר וְשָׁ֖מָּה אַשְׁמִֽיעֲךָ֥ אֶת־דְּבָרָֽי׃
וָאֵרֵ֖ד בֵּ֣ית הַיּוֹצֵ֑ר [K]וְהִנֵּהוּ [Q]וְהִנֵּה־ה֛וּא עֹשֶׂ֥ה מְלָאכָ֖ה עַל־הָאָבְנָֽיִם׃
וְנִשְׁחַ֣ת הַכְּלִ֗י אֲשֶׁ֨ר ה֥וּא עֹשֶׂ֛ה בַּחֹ֖מֶר בְּיַ֣ד הַיּוֹצֵ֑ר וְשָׁ֗ב וַֽיַּעֲשֵׂ֙הוּ֙
כְּלִ֣י אַחֵ֔ר כַּאֲשֶׁ֥ר יָשַׁ֛ר בְּעֵינֵ֥י הַיּוֹצֵ֖ר לַעֲשֽׂוֹת׃ פ
וַיְהִ֥י דְבַר־יְהוָ֖ה אֵלַ֥י לֵאמֽוֹר׃
הֲכַיּוֹצֵ֨ר הַזֶּ֜ה לֹא־אוּכַ֨ל לַעֲשׂ֥וֹת לָכֶ֛ם בֵּ֥ית יִשְׂרָאֵ֖ל נְאֻם־יְהוָ֑ה
הִנֵּ֤ה כַחֹ֙מֶר֙ בְּיַ֣ד הַיּוֹצֵ֔ר כֵּן־אַתֶּ֥ם בְּיָדִ֖י בֵּ֥ית יִשְׂרָאֵֽל׃ ס
רֶ֣גַע אֲדַבֵּ֔ר עַל־גּ֖וֹי וְעַל־מַמְלָכָ֑ה לִנְת֥וֹשׁ וְלִנְת֖וֹץ וּֽלְהַאֲבִֽיד׃

וְשָׁב֙ הַגּ֣וֹי הַה֔וּא מֵרָ֣עָת֔וֹ אֲשֶׁ֥ר דִּבַּ֖רְתִּי עָלָ֑יו וְנִחַמְתִּי֙ עַל־הָ֣רָעָ֔ה
אֲשֶׁ֥ר חָשַׁ֖בְתִּי לַעֲשׂ֥וֹת לֽוֹ׃ ס
וְרֶ֣גַע אֲדַבֵּ֔ר עַל־גּ֖וֹי וְעַל־מַמְלָכָ֑ה לִבְנֹ֖ת וְלִנְטֹֽעַ׃
וְעָשָׂ֤ה [K]הָרָעָה [Q]הָרַע֙ בְּעֵינַ֔י לְבִלְתִּ֖י שְׁמֹ֣עַ בְּקוֹלִ֑י וְנִחַמְתִּי֙ עַל־
הַטּוֹבָ֔ה אֲשֶׁ֥ר אָמַ֖רְתִּי לְהֵיטִ֥יב אוֹתֽוֹ׃ ס
וְעַתָּ֡ה אֱמָר־נָ֣א אֶל־אִישׁ־יְהוּדָה֩ וְעַל־יוֹשְׁבֵ֨י יְרוּשָׁלִַ֜ם לֵאמֹ֗ר כֹּ֚ה
אָמַ֣ר יְהוָ֔ה הִנֵּ֨ה אָנֹכִ֜י יוֹצֵ֤ר עֲלֵיכֶם֙ רָעָ֔ה וְחֹשֵׁ֥ב עֲלֵיכֶ֖ם מַחֲשָׁבָ֑ה
שׁ֣וּבוּ נָ֗א אִ֣ישׁ מִדַּרְכּ֤וֹ הָֽרָעָה֙ וְהֵיטִ֥יבוּ דַרְכֵיכֶ֖ם וּמַֽעַלְלֵיכֶֽם׃

A Reading (Lesson) from Paul's letter to the Romans (8:1–11)

Οὐδὲν ἄρα νῦν κατάκριμα τοῖς ἐν Χριστῷ Ἰησοῦ. ὁ γὰρ νόμος τοῦ πνεύματος τῆς ζωῆς ἐν Χριστῷ Ἰησοῦ ἠλευθέρωσέν σε ἀπὸ τοῦ νόμου τῆς ἁμαρτίας καὶ τοῦ θανάτου. Τὸ γὰρ ἀδύνατον τοῦ νόμου ἐν ᾧ ἠσθένει διὰ τῆς σαρκός, ὁ θεὸς τὸν ἑαυτοῦ υἱὸν πέμψας ἐν ὁμοιώματι σαρκὸς ἁμαρτίας καὶ περὶ ἁμαρτίας κατέκρινεν τὴν ἁμαρτίαν ἐν τῇ σαρκί, ἵνα τὸ δικαίωμα τοῦ νόμου πληρωθῇ ἐν ἡμῖν τοῖς μὴ κατὰ σάρκα περιπατοῦσιν ἀλλὰ κατὰ πνεῦμα. οἱ γὰρ κατὰ σάρκα ὄντες τὰ τῆς σαρκὸς φρονοῦσιν, οἱ δὲ κατὰ πνεῦμα τὰ τοῦ πνεύματος. τὸ γὰρ φρόνημα τῆς σαρκὸς θάνατος, τὸ δὲ φρόνημα τοῦ πνεύματος ζωὴ καὶ εἰρήνη· διότι τὸ φρόνημα τῆς σαρκὸς ἔχθρα εἰς θεόν, τῷ γὰρ νόμῳ τοῦ θεοῦ οὐχ ὑποτάσσεται, οὐδὲ γὰρ δύναται· οἱ δὲ ἐν σαρκὶ ὄντες θεῷ ἀρέσαι οὐ δύνανται. Ὑμεῖς δὲ οὐκ ἐστὲ ἐν σαρκὶ ἀλλ' ἐν πνεύματι, εἴπερ πνεῦμα θεοῦ οἰκεῖ ἐν ὑμῖν. εἰ δέ τις πνεῦμα Χριστοῦ οὐκ ἔχει, οὗτος οὐκ ἔστιν αὐτοῦ. εἰ δὲ Χριστὸς ἐν ὑμῖν, τὸ μὲν σῶμα νεκρὸν διὰ ἁμαρτίαν τὸ δὲ πνεῦμα ζωὴ διὰ δικαιοσύνην. εἰ δὲ τὸ πνεῦμα τοῦ ἐγείραντος τὸν Ἰησοῦν ἐκ νεκρῶν οἰκεῖ ἐν ὑμῖν, ὁ ἐγείρας Χριστὸν ἐκ νεκρῶν ζῳοποιήσει καὶ τὰ θνητὰ σώματα ὑμῶν διὰ τοῦ ἐνοικοῦντος αὐτοῦ πνεύματος ἐν ὑμῖν.

Thursday

A Reading (Lesson) from the Prophet Jeremiah (22:13–23)

הוֹי בֹּנֶה בֵיתוֹ בְּלֹא־צֶדֶק וַעֲלִיּוֹתָיו בְּלֹא מִשְׁפָּט בְּרֵעֵהוּ יַעֲבֹד
חִנָּם וּפֹעֲלוֹ לֹא יִתֶּן־לוֹ׃
הָאֹמֵר אֶבְנֶה־לִּי בֵּית מִדּוֹת וַעֲלִיּוֹת מְרֻוָּחִים וְקָרַע לוֹ חַלּוֹנָי
וְסָפוּן בָּאָרֶז וּמָשׁוֹחַ בַּשָּׁשַׁר׃
הֲתִמְלֹךְ כִּי אַתָּה מְתַחֲרֶה בָאָרֶז אָבִיךָ הֲלוֹא אָכַל וְשָׁתָה וְעָשָׂה
מִשְׁפָּט וּצְדָקָה אָז טוֹב לוֹ׃
דָּן דִּין־עָנִי וְאֶבְיוֹן אָז טוֹב הֲלוֹא־הִיא הַדַּעַת אֹתִי נְאֻם־יְהוָה׃
כִּי אֵין עֵינֶיךָ וְלִבְּךָ כִּי אִם־עַל־בִּצְעֶךָ וְעַל דַּם־הַנָּקִי לִשְׁפּוֹךְ
וְעַל־הָעֹשֶׁק וְעַל־הַמְּרוּצָה לַעֲשׂוֹת׃ ס
לָכֵן כֹּה־אָמַר יְהוָה אֶל־יְהוֹיָקִים בֶּן־יֹאשִׁיָּהוּ מֶלֶךְ יְהוּדָה לֹא־
יִסְפְּדוּ לוֹ הוֹי אָחִי וְהוֹי אָחוֹתלֹא־יִסְפְּדוּ לוֹ הוֹי אָדוֹן וְהוֹי הדה
קְבוּרַת חֲמוֹר יִקָּבֵר סָחוֹב וְהַשְׁלֵךְ מֵהָלְאָה לְשַׁעֲרֵי יְרוּשָׁלִָם׃ ס
עֲלִי הַלְּבָנוֹן וּצְעָקִי וּבַבָּשָׁן תְּנִי קוֹלֵךְ וְצַעֲקִי מֵעֲבָרִים כִּי נִשְׁבְּרוּ
כָּל־מְאַהֲבָיִךְ׃
דִּבַּרְתִּי אֵלַיִךְ בְּשַׁלְוֺתַיִךְ אָמַרְתְּ לֹא אֶשְׁמָע זֶה דַרְכֵּךְ מִנְּעוּרַיִךְ
כִּי לֹא־שָׁמַעַתְּ בְּקוֹלִי׃
כָּל־רֹעַיִךְ תִּרְעֶה־רוּחַ וּמְאַהֲבַיִךְ בַּשְּׁבִי יֵלֵכוּ כִּי אָז תֵּבֹשִׁי
וְנִכְלַמְתְּ מִכֹּל רָעָתֵךְ׃
[K]יֹשַׁבְתִּי [Q]יֹשַׁבְתְּ בַּלְּבָנוֹן [K]מְקֻנַּנְתִּי [Q]מְקֻנַּנְתְּ בָּאֲרָזִים מַה־נֵּחַנְתְּ
בְּבֹא־לָךְ חֲבָלִים חִיל כַּיֹּלֵדָה׃

A Reading (Lesson) from Paul's letter to the Romans (8:12–27)

Ἄρα οὖν, ἀδελφοί, ὀφειλέται ἐσμὲν οὐ τῇ σαρκὶ τοῦ κατὰ σάρκα ζῆν, εἰ γὰρ κατὰ σάρκα ζῆτε, μέλλετε ἀποθνῄσκειν· εἰ δὲ πνεύματι τὰς πράξεις τοῦ σώματος θανατοῦτε, ζήσεσθε. ὅσοι γὰρ πνεύματι θεοῦ ἄγονται, οὗτοι υἱοὶ θεοῦ εἰσιν. οὐ γὰρ ἐλάβετε πνεῦμα δουλείας πάλιν εἰς φόβον ἀλλ' ἐλάβετε πνεῦμα υἱοθεσίας ἐν ᾧ κράζομεν· αββα ὁ πατήρ. αὐτὸ τὸ πνεῦμα συμμαρτυρεῖ τῷ πνεύματι ἡμῶν ὅτι ἐσμὲν τέκνα θεοῦ. εἰ δὲ τέκνα, καὶ κληρονόμοι· κληρονόμοι μὲν θεοῦ, συγκληρονόμοι δὲ Χριστοῦ, εἴπερ συμπάσχομεν ἵνα καὶ συνδοξασθῶμεν.

Λογίζομαι γὰρ ὅτι οὐκ ἄξια τὰ παθήματα τοῦ νῦν καιροῦ πρὸς τὴν μέλλουσαν δόξαν ἀποκαλυφθῆναι εἰς ἡμᾶς. ἡ γὰρ ἀποκαραδοκία τῆς κτίσεως τὴν ἀποκάλυψιν τῶν υἱῶν τοῦ θεοῦ ἀπεκδέχεται. τῇ γὰρ ματαιότητι ἡ κτίσις ὑπετάγη, οὐχ ἑκοῦσα ἀλλὰ διὰ τὸν ὑποτάξαντα, ἐφ' ἐλπίδι ὅτι καὶ αὐτὴ ἡ κτίσις ἐλευθερωθήσεται ἀπὸ τῆς δουλείας τῆς φθορᾶς εἰς τὴν ἐλευθερίαν τῆς δόξης τῶν τέκνων τοῦ θεοῦ. οἴδαμεν γὰρ ὅτι πᾶσα ἡ κτίσις συστενάζει καὶ συνωδίνει ἄχρι τοῦ νῦν· οὐ μόνον δέ, ἀλλὰ καὶ αὐτοὶ τὴν ἀπαρχὴν τοῦ πνεύματος ἔχοντες, ἡμεῖς καὶ αὐτοὶ ἐν ἑαυτοῖς στενάζομεν υἱοθεσίαν ἀπεκδεχόμενοι, τὴν ἀπολύτρωσιν τοῦ σώματος ἡμῶν. τῇ γὰρ ἐλπίδι ἐσώθημεν· ἐλπὶς δὲ βλεπομένη οὐκ ἔστιν ἐλπίς· ὃ γὰρ βλέπει τίς ἐλπίζει; εἰ δὲ ὃ οὐ βλέπομεν ἐλπίζομεν, δι' ὑπομονῆς ἀπεκδεχόμεθα. Ὡσαύτως δὲ καὶ τὸ πνεῦμα συναντιλαμβάνεται τῇ ἀσθενείᾳ ἡμῶν· τὸ γὰρ τί προσευξώμεθα καθὸ δεῖ οὐκ οἴδαμεν, ἀλλ' αὐτὸ τὸ πνεῦμα ὑπερεντυγχάνει στεναγμοῖς ἀλαλήτοις· ὁ δὲ ἐραυνῶν τὰς καρδίας οἶδεν τί τὸ φρόνημα τοῦ πνεύματος, ὅτι κατὰ θεὸν ἐντυγχάνει ὑπὲρ ἁγίων.

Friday

A Reading (Lesson) from the Prophet Jeremiah (23:1–8)

הֹ֣וי רֹעִ֗ים מְאַבְּדִ֧ים וּמְפִצִ֛ים אֶת־צֹ֥אן מַרְעִיתִ֖י נְאֻם־יְהוָֽה׃

לָכֵ֞ן כֹּה־אָמַ֣ר יְהוָה֮ אֱלֹהֵ֣י יִשְׂרָאֵל֒ עַל־הָרֹעִים֮ הָרֹעִ֣ים אֶת־עַמִּי֒
אַתֶּ֞ם הֲפִצֹתֶ֤ם אֶת־צֹאנִי֙ וַתַּדִּח֔וּם וְלֹ֥א פְקַדְתֶּ֖ם אֹתָ֑ם הִנְנִ֨י פֹקֵ֧ד
עֲלֵיכֶ֛ם אֶת־רֹ֥עַ מַעַלְלֵיכֶ֖ם נְאֻם־יְהוָֽה׃
וַאֲנִ֗י אֲקַבֵּץ֙ אֶת־שְׁאֵרִ֣ית צֹאנִ֔י מִכֹּל֙ הָאֲרָצ֔וֹת אֲשֶׁר־הִדַּ֥חְתִּי אֹתָ֖ם
שָׁ֑ם וַהֲשִׁבֹתִ֥י אֶתְהֶ֛ן עַל־נְוֵהֶ֖ן וּפָר֥וּ וְרָבֽוּ׃
וַהֲקִמֹתִ֧י עֲלֵיהֶ֛ם רֹעִ֖ים וְרָע֑וּם וְלֹא־יִ֨ירְא֥וּ ע֛וֹד וְלֹא־יֵחַ֖תּוּ וְלֹ֣א
יִפָּקֵ֑דוּ נְאֻם־יְהוָֽה׃ ס
הִנֵּ֨ה יָמִ֤ים בָּאִים֙ נְאֻם־יְהוָ֔ה וַהֲקִמֹתִ֥י לְדָוִ֖ד צֶ֣מַח צַדִּ֑יק וּמָ֤לַךְ
מֶ֙לֶךְ֙ וְהִשְׂכִּ֔יל וְעָשָׂ֛ה מִשְׁפָּ֥ט וּצְדָקָ֖ה בָּאָֽרֶץ׃
בְּיָמָיו֙ תִּוָּשַׁ֣ע יְהוּדָ֔ה וְיִשְׂרָאֵ֖ל יִשְׁכֹּ֣ן לָבֶ֑טַח וְזֶה־שְּׁמ֥וֹ אֲשֶׁר־יִקְרְא֖וֹ
יְהוָ֥ה ׀ צִדְקֵֽנוּ׃ ס
לָכֵ֛ן הִנֵּֽה־יָמִ֥ים בָּאִ֖ים נְאֻם־יְהוָ֑ה וְלֹא־יֹ֤אמְרוּ עוֹד֙ חַי־יְהוָ֔ה אֲשֶׁ֧ר
הֶעֱלָ֛ה אֶת־בְּנֵ֥י יִשְׂרָאֵ֖ל מֵאֶ֥רֶץ מִצְרָֽיִם׃
כִּ֣י אִם־חַי־יְהוָ֡ה אֲשֶׁ֣ר הֶעֱלָה֩ וַאֲשֶׁ֨ר הֵבִ֜יא אֶת־זֶ֨רַע בֵּ֤ית יִשְׂרָאֵל֙
מֵאֶ֣רֶץ צָפ֔וֹנָה וּמִכֹּל֙ הָאֲרָצ֔וֹת אֲשֶׁ֥ר הִדַּחְתִּ֖ים שָׁ֑ם וְיָשְׁב֖וּ עַל־
אַדְמָתָֽם׃ ס

A Reading (Lesson) from Paul's letter to the Romans (8:28–39)

Οἴδαμεν δὲ ὅτι τοῖς ἀγαπῶσιν τὸν θεὸν πάντα συνεργεῖ εἰς ἀγαθόν, τοῖς κατὰ πρόθεσιν κλητοῖς οὖσιν. ὅτι οὓς προέγνω, καὶ προώρισεν συμμόρφους τῆς εἰκόνος τοῦ υἱοῦ αὐτοῦ, εἰς τὸ εἶναι αὐτὸν πρωτότοκον ἐν πολλοῖς ἀδελφοῖς· οὓς δὲ προώρισεν, τούτους καὶ ἐκάλεσεν· καὶ οὓς ἐκάλεσεν, τούτους καὶ ἐδικαίωσεν· οὓς δὲ ἐδικαίωσεν, τούτους καὶ ἐδόξασεν.

Τί οὖν ἐροῦμεν πρὸς ταῦτα; εἰ ὁ θεὸς ὑπὲρ ἡμῶν, τίς καθ' ἡμῶν; ὅς γε τοῦ ἰδίου υἱοῦ οὐκ ἐφείσατο ἀλλ' ὑπὲρ ἡμῶν πάντων παρέδωκεν αὐτόν, πῶς οὐχὶ καὶ σὺν αὐτῷ τὰ πάντα ἡμῖν χαρίσεται; τίς ἐγκαλέσει κατὰ ἐκλεκτῶν θεοῦ; θεὸς ὁ δικαιῶν· τίς ὁ κατακρινῶν; Χριστὸς [Ἰησοῦς] ὁ ἀποθανών, μᾶλλον δὲ ἐγερθείς, ὃς καί ἐστιν ἐν δεξιᾷ τοῦ θεοῦ, ὃς καὶ ἐντυγχάνει ὑπὲρ ἡμῶν. τίς ἡμᾶς χωρίσει ἀπὸ τῆς ἀγάπης τοῦ Χριστοῦ; θλῖψις ἢ στενοχωρία ἢ διωγμὸς ἢ λιμὸς ἢ γυμνότης ἢ κίνδυνος ἢ μάχαιρα; καθὼς γέγραπται ὅτι

ἕνεκεν σοῦ θανατούμεθα ὅλην τὴν ἡμέραν,
ἐλογίσθημεν ὡς πρόβατα σφαγῆς.

ἀλλ᾽ ἐν τούτοις πᾶσιν ὑπερνικῶμεν διὰ τοῦ ἀγαπήσαντος ἡμᾶς. πέπεισμαι γὰρ ὅτι οὔτε θάνατος οὔτε ζωὴ οὔτε ἄγγελοι οὔτε ἀρχαὶ οὔτε ἐνεστῶτα οὔτε μέλλοντα οὔτε δυνάμεις οὔτε ὕψωμα οὔτε βάθος οὔτε τις κτίσις ἑτέρα δυνήσεται ἡμᾶς χωρίσαι ἀπὸ τῆς ἀγάπης τοῦ θεοῦ τῆς ἐν Χριστῷ Ἰησοῦ τῷ κυρίῳ ἡμῶν.

Week of 5 Lent

Monday

A Reading (Lesson) from the Prophet Jeremiah (24:1–10)

הִרְאַ֨נִי֙ יְהוָ֔ה וְהִנֵּ֗ה שְׁנֵי֙ דּוּדָאֵ֣י תְאֵנִ֔ים מוּעָדִ֖ים לִפְנֵ֣י הֵיכַ֣ל יְהוָ֑ה
אַחֲרֵ֣י הַגְלֹ֣ות נְבוּכַדְרֶאצַּ֣ר מֶֽלֶךְ־בָּ֠בֶל אֶת־יְכָנְיָ֨הוּ בֶן־יְהוֹיָקִ֜ים
מֶֽלֶךְ־יְהוּדָ֗ה וְאֶת־שָׂרֵ֨י יְהוּדָ֜ה וְאֶת־הֶחָרָ֤שׁ וְאֶת־הַמַּסְגֵּר֙
מִיר֣וּשָׁלִַ֔ם וַיְבִאֵ֖ם בָּבֶֽל׃
הַדּ֣וּד אֶחָ֗ד תְּאֵנִים֙ טֹב֣וֹת מְאֹ֔ד כִּתְאֵנֵ֖י הַבַּכֻּר֑וֹת וְהַדּ֣וּד אֶחָ֗ד
תְּאֵנִים֙ רָע֣וֹת מְאֹ֔ד אֲשֶׁ֥ר לֹא־תֵאָכַ֖לְנָה מֵרֹֽעַ׃ ס
וַיֹּ֨אמֶר יְהוָ֜ה אֵלַ֗י מָֽה־אַתָּ֤ה רֹאֶה֙ יִרְמְיָ֔הוּ וָאֹמַ֖ר תְּאֵנִ֑ים הַתְּאֵנִ֤ים
הַטֹּבוֹת֙ טֹב֣וֹת מְאֹ֔ד וְהָֽרָעוֹת֙ רָע֣וֹת מְאֹ֔ד אֲשֶׁ֥ר לֹא־תֵאָכַ֖לְנָה מֵרֹֽעַ׃
פ
וַיְהִ֥י דְבַר־יְהוָ֖ה אֵלַ֥י לֵאמֹֽר׃

כֹּה־אָמַר יְהוָה אֱלֹהֵי יִשְׂרָאֵל כַּתְּאֵנִים הַטֹּבוֹת הָאֵלֶּה כֵּן־אַכִּיר
אֶת־גָּלוּת יְהוּדָה אֲשֶׁר שִׁלַּחְתִּי מִן־הַמָּקוֹם הַזֶּה אֶרֶץ כַּשְׂדִּים
לְטוֹבָה׃
וְשַׂמְתִּי עֵינִי עֲלֵיהֶם לְטוֹבָה וַהֲשִׁבֹתִים עַל־הָאָרֶץ הַזֹּאת וּבְנִיתִים
וְלֹא אֶהֱרֹס וּנְטַעְתִּים וְלֹא אֶתּוֹשׁ׃
וְנָתַתִּי לָהֶם לֵב לָדַעַת אֹתִי כִּי אֲנִי יְהוָה וְהָיוּ־לִי לְעָם וְאָנֹכִי
אֶהְיֶה לָהֶם לֵאלֹהִים כִּי־יָשֻׁבוּ אֵלַי בְּכָל־לִבָּם׃ ס
וְכַתְּאֵנִים הָרָעוֹת אֲשֶׁר לֹא־תֵאָכַלְנָה מֵרֹעַ כִּי־כֹה ׀ אָמַר יְהוָה כֵּן
אֶתֵּן אֶת־צִדְקִיָּהוּ מֶלֶךְ־יְהוּדָה וְאֶת־שָׂרָיו וְאֵת ׀ שְׁאֵרִית יְרוּשָׁלִַם
הַנִּשְׁאָרִים בָּאָרֶץ הַזֹּאת וְהַיֹּשְׁבִים בְּאֶרֶץ מִצְרָיִם׃
וּנְתַתִּים [K]לְזַוָעָה [Q]לְזַעֲוָה לְרָעָה לְכֹל מַמְלְכוֹת הָאָרֶץ לְחֶרְפָּה
וּלְמָשָׁל לִשְׁנִינָה וְלִקְלָלָה בְּכָל־הַמְּקֹמוֹת אֲשֶׁר־אַדִּיחֵם שָׁם׃
וְשִׁלַּחְתִּי בָם אֶת־הַחֶרֶב אֶת־הָרָעָב וְאֶת־הַדָּבֶר עַד־תֻּמָּם מֵעַל
הָאֲדָמָה אֲשֶׁר־נָתַתִּי לָהֶם וְלַאֲבוֹתֵיהֶם׃ פ

A Reading (Lesson) from Paul's letter to the Romans (9:19–33)

Ἐρεῖς μοι οὖν· τί [οὖν] ἔτι μέμφεται; τῷ γὰρ βουλήματι αὐτοῦ τίς ἀνθέστηκεν; ὦ ἄνθρωπε, μενοῦνγε σὺ τίς εἶ ὁ ἀνταποκρινόμενος τῷ θεῷ; *μὴ ἐρεῖ τὸ πλάσμα τῷ πλάσαντι· τί με ἐποίησας* οὕτως; ἢ οὐκ ἔχει ἐξουσίαν ὁ κεραμεὺς τοῦ πηλοῦ ἐκ τοῦ αὐτοῦ φυράματος ποιῆσαι ὃ μὲν εἰς τιμὴν σκεῦος ὃ δὲ εἰς ἀτιμίαν; εἰ δὲ θέλων ὁ θεὸς ἐνδείξασθαι τὴν ὀργὴν καὶ γνωρίσαι τὸ δυνατὸν αὐτοῦ ἤνεγκεν ἐν πολλῇ μακροθυμίᾳ σκεύη ὀργῆς κατηρτισμένα εἰς ἀπώλειαν, καὶ ἵνα γνωρίσῃ τὸν πλοῦτον τῆς δόξης αὐτοῦ ἐπὶ σκεύη ἐλέους ἃ προητοίμασεν εἰς δόξαν; Οὓς καὶ ἐκάλεσεν ἡμᾶς οὐ μόνον ἐξ Ἰουδαίων ἀλλὰ καὶ ἐξ ἐθνῶν, ὡς καὶ ἐν τῷ Ὡσηὲ λέγει·

καλέσω τὸν οὐ λαόν μου λαόν μου
καὶ τὴν οὐκ ἠγαπημένην ἠγαπημένην·

καὶ ἔσται ἐν τῷ τόπῳ οὗ ἐρρέθη αὐτοῖς · οὐ λαός μου ὑμεῖς,
ἐκεῖ κληθήσονται υἱοὶ θεοῦ ζῶντος.

Ἠσαΐας δὲ κράζει ὑπὲρ τοῦ Ἰσραήλ·

ἐὰν ᾖ ὁ ἀριθμὸς τῶν υἱῶν Ἰσραὴλ ὡς ἡ ἄμμος τῆς θαλάσσης,
τὸ ὑπόλειμμα σωθήσεται·
λόγον γὰρ συντελῶν καὶ συντέμνων
ποιήσει κύριος ἐπὶ τῆς γῆς.

καὶ καθὼς προείρηκεν Ἠσαΐας·

εἰ μὴ κύριος σαβαὼθ ἐγκατέλιπεν ἡμῖν σπέρμα,
ὡς Σόδομα ἂν ἐγενήθημεν καὶ ὡς Γόμορρα ἂν ὡμοιώθημεν.

Τί οὖν ἐροῦμεν; ὅτι ἔθνη τὰ μὴ διώκοντα δικαιοσύνην κατέλαβεν δικαιοσύνην, δικαιοσύνην δὲ τὴν ἐκ πίστεως, Ἰσραὴλ δὲ διώκων νόμον δικαιοσύνης εἰς νόμον οὐκ ἔφθασεν. διὰ τί; ὅτι οὐκ ἐκ πίστεως ἀλλ' ὡς ἐξ ἔργων· προσέκοψαν τῷ λίθῳ τοῦ προσκόμματος, καθὼς γέγραπται·

ἰδοὺ τίθημι ἐν Σιὼν λίθον προσκόμματος καὶ πέτραν σκανδάλου,
καὶ ὁ πιστεύων ἐπ' αὐτῷ οὐ καταισχυνθήσεται.

Tuesday

A Reading (Lesson) from the Prophet Jeremiah (25:8–17)

לָכֵ֕ן כֹּ֥ה אָמַ֖ר יְהוָ֣ה צְבָא֑וֹת יַ֕עַן אֲשֶׁ֥ר לֹֽא־שְׁמַעְתֶּ֖ם אֶת־דְּבָרָֽי׃

הִנְנִ֣י שֹׁלֵ֡חַ וְלָקַחְתִּי֩ אֶת־כָּל־מִשְׁפְּח֨וֹת צָפ֜וֹן נְאֻם־יְהוָ֗ה וְאֶל־נְבוּכַדְרֶאצַּ֣ר מֶלֶךְ־בָּבֶל֮ עַבְדִּי֒ וַהֲבִאֹתִ֞ים עַל־הָאָ֤רֶץ הַזֹּאת֙ וְעַל־יֹ֣שְׁבֶ֔יהָ וְעַ֛ל כָּל־הַגּוֹיִ֥ם הָאֵ֖לֶּה סָבִ֑יב וְהַחֲרַמְתִּ֗ים וְשַׂמְתִּים֙ לְשַׁמָּ֣ה וְלִשְׁרֵקָ֔ה וּלְחָרְב֖וֹת עוֹלָֽם׃

וְהַאֲבַדְתִּ֣י מֵהֶ֗ם ק֤וֹל שָׂשׂוֹן֙ וְק֣וֹל שִׂמְחָ֔ה ק֥וֹל חָתָ֖ן וְק֣וֹל כַּלָּ֑ה ק֥וֹל רֵחַ֖יִם וְא֥וֹר נֵֽר׃

וְהָיְתָה֙ כָּל־הָאָ֣רֶץ הַזֹּ֔את לְחָרְבָּ֖ה לְשַׁמָּ֑ה וְעָ֨בְד֜וּ הַגּוֹיִ֥ם הָאֵ֛לֶּה אֶת־מֶ֥לֶךְ בָּבֶ֖ל שִׁבְעִ֥ים שָׁנָֽה׃

וְהָיָ֣ה כִמְלֹ֣אות שִׁבְעִ֣ים שָׁנָ֡ה אֶפְקֹ֣ד עַל־מֶֽלֶךְ־בָּבֶ֣ל וְעַל־הַגּ֣וֹי
הַה֣וּא נְאֻם־יְהוָ֧ה אֶת־עֲוֺנָ֛ם וְעַל־אֶ֥רֶץ כַּשְׂדִּ֖ים וְשַׂמְתִּ֥י אֹת֖וֹ
לְשִׁמְמ֥וֹת עוֹלָֽם׃
[K]וְהֵבֵאתִי [Q]וְהֵֽבֵאתִי֙ עַל־הָאָ֣רֶץ הַהִ֔יא אֶת־כָּל־דְּבָרַ֖י אֲשֶׁר־
דִּבַּ֣רְתִּי עָלֶ֑יהָ אֵ֤ת כָּל־הַכָּתוּב֙ בַּסֵּ֣פֶר הַזֶּ֔ה אֲשֶׁר־נִבָּ֥א יִרְמְיָ֖הוּ
עַל־כָּל־הַגּוֹיִֽם׃
כִּ֣י עָֽבְדוּ־בָ֤ם גַּם־הֵ֙מָּה֙ גּוֹיִ֣ם רַבִּ֔ים וּמְלָכִ֖ים גְּדוֹלִ֑ים וְשִׁלַּמְתִּ֥י
לָהֶ֛ם כְּפָעֳלָ֖ם וּכְמַעֲשֵׂ֥ה יְדֵיהֶֽם׃ ס
כִּי֩ כֹ֨ה אָמַ֜ר יְהוָ֨ה אֱלֹהֵ֤י יִשְׂרָאֵל֙ אֵלַ֔י קַ֞ח אֶת־כּ֥וֹס הַיַּ֛יִן הַחֵמָ֥ה
הַזֹּ֖את מִיָּדִ֑י וְהִשְׁקִיתָ֤ה אֹתוֹ֙ אֶת־כָּל־הַגּוֹיִ֔ם אֲשֶׁ֧ר אָנֹכִ֛י שֹׁלֵ֥חַ אוֹתְךָ֖
אֲלֵיהֶֽם׃
וְשָׁת֕וּ וְהִֽתְגֹּעֲשׁ֖וּ וְהִתְהֹלָ֑לוּ מִפְּנֵ֣י הַחֶ֔רֶב אֲשֶׁ֛ר אָנֹכִ֥י שֹׁלֵ֖חַ בֵּינֹתָֽם׃
וָאֶקַּ֥ח אֶת־הַכּ֖וֹס מִיַּ֣ד יְהוָ֑ה וָֽאַשְׁקֶה֙ אֶת־כָּל־הַגּוֹיִ֔ם אֲשֶׁר־שְׁלָחַ֥נִי
יְהוָ֖ה אֲלֵיהֶֽם׃

A Reading (Lesson) from Paul's letter to the Romans (10:1–13)

Ἀδελφοί, ἡ μὲν εὐδοκία τῆς ἐμῆς καρδίας καὶ ἡ δέησις πρὸς τὸν θεὸν ὑπὲρ αὐτῶν εἰς σωτηρίαν. μαρτυρῶ γὰρ αὐτοῖς ὅτι ζῆλον θεοῦ ἔχουσιν ἀλλ' οὐ κατ' ἐπίγνωσιν· ἀγνοοῦντες γὰρ τὴν τοῦ θεοῦ δικαιοσύνην καὶ τὴν ἰδίαν [δικαιοσύνην] ζητοῦντες στῆσαι, τῇ δικαιοσύνῃ τοῦ θεοῦ οὐχ ὑπετάγησαν. τέλος γὰρ νόμου Χριστὸς εἰς δικαιοσύνην παντὶ τῷ πιστεύοντι. Μωϋσῆς γὰρ γράφει τὴν δικαιοσύνην τὴν ἐκ [τοῦ] νόμου ὅτι *ὁ ποιήσας αὐτὰ ἄνθρωπος ζήσεται ἐν αὐτοῖς*. ἡ δὲ ἐκ πίστεως δικαιοσύνη οὕτως λέγει· *μὴ εἴπῃς ἐν τῇ καρδίᾳ σου· τίς ἀναβήσεται εἰς τὸν οὐρανόν;* τοῦτ' ἔστιν Χριστὸν καταγαγεῖν· ἤ· τίς καταβήσεται εἰς τὴν ἄβυσσον; τοῦτ' ἔστιν Χριστὸν ἐκ νεκρῶν ἀναγαγεῖν. ἀλλὰ τί λέγει; *ἐγγύς σου τὸ ῥῆμά ἐστιν ἐν τῷ στόματί σου καὶ ἐν τῇ καρδίᾳ σου*, τοῦτ' ἔστιν τὸ ῥῆμα τῆς πίστεως ὃ κηρύσσομεν. ὅτι ἐὰν ὁμολογήσῃς ἐν τῷ στόματί σου κύριον Ἰησοῦν καὶ πιστεύσῃς ἐν τῇ καρδίᾳ σου ὅτι ὁ θεὸς αὐτὸν ἤγειρεν ἐκ νεκρῶν, σωθήσῃ· καρδίᾳ γὰρ πιστεύεται εἰς δικαιοσύνην, στόματι δὲ ὁμολογεῖται εἰς σωτηρίαν. λέγει γὰρ ἡ γραφή· πᾶς ὁ *πιστεύων ἐπ' αὐτῷ οὐ καταισχυνθήσεται.* οὐ γάρ ἐστιν διαστολὴ Ἰουδαίου τε καὶ Ἕλληνος, ὁ γὰρ αὐτὸς κύριος πάντων, πλουτῶν εἰς πάντας τοὺς ἐπικαλουμένους αὐτόν· *πᾶς* γὰρ *ὃς ἂν ἐπικαλέσηται τὸ ὄνομα κυρίου σωθήσεται.*

Wednesday

A Reading (Lesson) from the Prophet Jeremiah (25:30–38)

וְאַתָּה֙ תִּנָּבֵ֣א אֲלֵיהֶ֔ם אֵ֥ת כָּל־הַדְּבָרִ֖ים הָאֵ֑לֶּה וְאָמַרְתָּ֣ אֲלֵיהֶ֗ם
יְהוָ֞ה מִמָּר֤וֹם יִשְׁאָג֙ וּמִמְּע֤וֹן קָדְשׁוֹ֙ יִתֵּ֣ן קוֹל֔וֹ שָׁאֹ֤ג יִשְׁאַג֙ עַל־נָוֵ֔הוּ
הֵידָד֙ כְּדֹרְכִ֣ים יַעֲנֶ֔ה אֶ֥ל כָּל־יֹשְׁבֵ֖י הָאָֽרֶץ׃
בָּ֤א שָׁאוֹן֙ עַד־קְצֵ֣ה הָאָ֔רֶץ כִּ֣י רִ֤יב לַֽיהוָה֙ בַּגּוֹיִ֔ם נִשְׁפָּ֥ט ה֖וּא לְכָל־
בָּשָׂ֑ר הָרְשָׁעִ֛ים נְתָנָ֥ם לַחֶ֖רֶב נְאֻם־יְהוָֽה׃ ס
כֹּ֤ה אָמַר֙ יְהוָ֣ה צְבָא֔וֹת הִנֵּ֥ה רָעָ֛ה יֹצֵ֖את מִגּ֣וֹי אֶל־גּ֑וֹי וְסַ֣עַר גָּד֔וֹל
יֵע֖וֹר מִיַּרְכְּתֵי־אָֽרֶץ׃
וְהָי֞וּ חַלְלֵ֤י יְהוָה֙ בַּיּ֣וֹם הַה֔וּא מִקְצֵ֥ה הָאָ֖רֶץ וְעַד־קְצֵ֣ה הָאָ֑רֶץ לֹ֣א
יִסָּפְד֗וּ וְלֹ֤א יֵאָֽסְפוּ֙ וְלֹ֣א יִקָּבֵ֔רוּ לְדֹ֛מֶן עַל־פְּנֵ֥י הָאֲדָמָ֖ה יִהְיֽוּ׃
הֵילִ֨ילוּ הָרֹעִ֜ים וְזַעֲק֗וּ וְהִֽתְפַּלְּשׁוּ֙ אַדִּירֵ֣י הַצֹּ֔אן כִּֽי־מָלְא֥וּ יְמֵיכֶ֖ם
לִטְב֑וֹחַ וּתְפוֹצ֣וֹתִיכֶ֔ם וּנְפַלְתֶּ֖ם כִּכְלִ֥י חֶמְדָּֽה׃
וְאָבַ֥ד מָנ֖וֹס מִן־הָרֹעִ֑ים וּפְלֵיטָ֖ה מֵאַדִּירֵ֥י הַצֹּֽאן׃
ק֚וֹל צַעֲקַ֣ת הָרֹעִ֔ים וִֽילְלַ֖ת אַדִּירֵ֣י הַצֹּ֑אן כִּֽי־שֹׁדֵ֥ד יְהוָ֖ה אֶת־
מַרְעִיתָֽם׃
וְנָדַ֖מּוּ נְא֣וֹת הַשָּׁל֑וֹם מִפְּנֵ֖י חֲר֥וֹן אַף־יְהוָֽה׃

עָזַ֥ב כַּכְּפִ֖יר סֻכּ֑וֹ כִּֽי־הָיְתָ֤ה אַרְצָם֙ לְשַׁמָּ֔ה מִפְּנֵי֙ חֲר֣וֹן הַיּוֹנָ֔ה וּמִפְּנֵ֖י חֲר֥וֹן אַפּֽוֹ׃ פ

A Reading (Lesson) from Paul's letter to the Romans (10:14–21)

Πῶς οὖν ἐπικαλέσωνται εἰς ὃν οὐκ ἐπίστευσαν; πῶς δὲ πιστεύσωσιν οὗ οὐκ ἤκουσαν; πῶς δὲ ἀκούσωσιν χωρὶς κηρύσσοντος; πῶς δὲ κηρύξωσιν ἐὰν μὴ ἀποσταλῶσιν; καθὼς γέγραπται· *ὡς ὡραῖοι οἱ πόδες τῶν εὐαγγελιζομένων [τὰ] ἀγαθά*. Ἀλλ' οὐ πάντες ὑπήκουσαν τῷ εὐαγγελίῳ. Ἠσαΐας γὰρ λέγει· *κύριε, τίς ἐπίστευσεν τῇ ἀκοῇ ἡμῶν;* ἄρα ἡ πίστις ἐξ ἀκοῆς, ἡ δὲ ἀκοὴ διὰ ῥήματος Χριστοῦ. ἀλλὰ λέγω, μὴ οὐκ ἤκουσαν; μενοῦνγε·

εἰς πᾶσαν τὴν γῆν ἐξῆλθεν ὁ φθόγγος αὐτῶν
καὶ εἰς τὰ πέρατα τῆς οἰκουμένης τὰ ῥήματα αὐτῶν.

ἀλλὰ λέγω, μὴ Ἰσραὴλ οὐκ ἔγνω; πρῶτος Μωϋσῆς λέγει·

ἐγὼ παραζηλώσω ὑμᾶς ἐπ' οὐκ ἔθνει,
ἐπ' ἔθνει ἀσυνέτῳ παροργιῶ ὑμᾶς.

Ἠσαΐας δὲ ἀποτολμᾷ καὶ λέγει·

εὑρέθην [ἐν] τοῖς ἐμὲ μὴ ζητοῦσιν,
ἐμφανὴς ἐγενόμην τοῖς ἐμὲ μὴ ἐπερωτῶσιν.

πρὸς δὲ τὸν Ἰσραὴλ λέγει·

ὅλην τὴν ἡμέραν ἐξεπέτασα τὰς χεῖράς μου
πρὸς λαὸν ἀπειθοῦντα καὶ ἀντιλέγοντα.

Thursday

A Reading (Lesson) from the Prophet Jeremiah (26:1–16)

בְּֽרֵאשִׁ֗ית מַֽמְלְכ֛וּת יְהוֹיָקִ֥ים בֶּן־יֹאשִׁיָּ֖הוּ מֶ֣לֶךְ יְהוּדָ֑ה הָיָ֛ה הַדָּבָ֥ר הַזֶּ֖ה מֵאֵ֥ת יְהוָ֖ה לֵאמֹֽר׃

כֹּ֣ה ׀ אָמַ֣ר יְהוָ֗ה עֲמֹד֙ בַּחֲצַ֣ר בֵּית־יְהוָ֔ה וְדִבַּרְתָּ֞ עַל־כָּל־עָרֵ֣י
יְהוּדָ֗ה הַבָּאִים֙ לְהִשְׁתַּחֲוֺ֣ת בֵּית־יְהוָ֔ה אֵ֣ת כָּל־הַדְּבָרִ֔ים אֲשֶׁ֥ר
צִוִּיתִ֖יךָ לְדַבֵּ֣ר אֲלֵיהֶ֑ם אַל־תִּגְרַ֖ע דָּבָֽר׃
אוּלַ֣י יִשְׁמְע֔וּ וְיָשֻׁ֖בוּ אִ֣ישׁ מִדַּרְכּ֣וֹ הָרָעָ֑ה וְנִֽחַמְתִּ֣י אֶל־הָרָעָ֗ה אֲשֶׁ֨ר
אָנֹכִ֤י חֹשֵׁב֙ לַעֲשׂ֣וֹת לָהֶ֔ם מִפְּנֵ֖י רֹ֥עַ מַעַלְלֵיהֶֽם׃
וְאָמַרְתָּ֣ אֲלֵיהֶ֔ם כֹּ֖ה אָמַ֣ר יְהוָ֑ה אִם־לֹ֤א תִשְׁמְעוּ֙ אֵלַ֔י לָלֶ֙כֶת֙
בְּת֣וֹרָתִ֔י אֲשֶׁ֥ר נָתַ֖תִּי לִפְנֵיכֶֽם׃
לִשְׁמֹ֗עַ עַל־דִּבְרֵי֙ עֲבָדַ֣י הַנְּבִאִ֔ים אֲשֶׁ֧ר אָנֹכִ֛י שֹׁלֵ֥חַ אֲלֵיכֶ֖ם וְהַשְׁכֵּ֣ם
וְשָׁלֹ֑חַ וְלֹ֖א שְׁמַעְתֶּֽם׃
וְנָתַתִּ֛י אֶת־הַבַּ֥יִת הַזֶּ֖ה כְּשִׁלֹ֑ה וְאֶת־הָעִ֣יר K הזאתה Q הַזֹּאת֙ אֶתֵּ֣ן
לִקְלָלָ֔ה לְכֹ֖ל גּוֹיֵ֥ הָאָֽרֶץ׃ ס
וַֽיִּשְׁמְע֛וּ הַכֹּהֲנִ֥ים וְהַנְּבִאִ֖ים וְכָל־הָעָ֑ם אֶֽת־יִרְמְיָ֔הוּ מְדַבֵּ֛ר אֶת־
הַדְּבָרִ֥ים הָאֵ֖לֶּה בְּבֵ֥ית יְהוָֽה׃
וַיְהִ֣י ׀ כְּכַלּ֣וֹת יִרְמְיָ֗הוּ לְדַבֵּר֙ אֵ֣ת כָּל־אֲשֶׁר־צִוָּ֣ה יְהוָ֔ה לְדַבֵּ֖ר
אֶל־כָּל־הָעָ֑ם וַיִּתְפְּשׂ֨וּ אֹת֜וֹ הַכֹּהֲנִ֧ים וְהַנְּבִאִ֛ים וְכָל־הָעָ֖ם לֵאמֹ֥ר
מ֥וֹת תָּמֽוּת׃
מַדּ֜וּעַ נִבֵּ֣יתָ בְשֵׁם־יְהוָה֮ לֵאמֹר֒ כְּשִׁלוֹ֙ יִהְיֶ֣ה הַבַּ֣יִת הַזֶּ֔ה וְהָעִ֥יר
הַזֹּ֛את תֶּחֱרַ֖ב מֵאֵ֣ין יוֹשֵׁ֑ב וַיִּקָּהֵ֧ל כָּל־הָעָ֛ם אֶֽל־יִרְמְיָ֖הוּ בְּבֵ֥ית
יְהוָֽה׃
וַֽיִּשְׁמְע֣וּ ׀ שָׂרֵ֣י יְהוּדָ֗ה אֵ֚ת הַדְּבָרִ֣ים הָאֵ֔לֶּה וַיַּעֲל֥וּ מִבֵּית־הַמֶּ֖לֶךְ
בֵּ֣ית יְהוָ֑ה וַיֵּשְׁב֛וּ בְּפֶ֥תַח שַֽׁעַר־יְהוָ֖ה הֶחָדָֽשׁ׃ ס
וַיֹּ֨אמְר֜וּ הַכֹּהֲנִ֣ים וְהַנְּבִאִ֗ים אֶל־הַשָּׂרִ֛ים וְאֶל־כָּל־הָעָ֖ם לֵאמֹ֑ר
מִשְׁפַּט־מָ֙וֶת֙ לָאִ֣ישׁ הַזֶּ֔ה כִּ֚י נִבָּא֙ אֶל־הָעִ֣יר הַזֹּ֔את כַּאֲשֶׁ֥ר שְׁמַעְתֶּ֖ם
בְּאָזְנֵיכֶֽם׃

וַיֹּ֤אמֶר יִרְמְיָ֙הוּ֙ אֶל־כָּל־הַשָּׂרִ֔ים וְאֶל־כָּל־הָעָ֖ם לֵאמֹ֑ר יְהוָ֣ה
שְׁלָחַ֗נִי לְהִנָּבֵא֙ אֶל־הַבַּ֤יִת הַזֶּה֙ וְאֶל־הָעִ֣יר הַזֹּ֔את אֵ֥ת כָּל־
הַדְּבָרִ֖ים אֲשֶׁ֥ר שְׁמַעְתֶּֽם׃
וְעַתָּ֗ה הֵיטִ֤יבוּ דַרְכֵיכֶם֙ וּמַ֣עַלְלֵיכֶ֔ם וְשִׁמְע֕וּ בְּק֖וֹל יְהוָ֣ה אֱלֹהֵיכֶ֑ם
וְיִנָּחֵ֣ם יְהוָ֔ה אֶל־הָרָעָ֖ה אֲשֶׁ֥ר דִּבֶּ֖ר עֲלֵיכֶֽם׃
וַאֲנִ֖י הִנְנִ֣י בְיֶדְכֶ֑ם עֲשׂוּ־לִ֛י כַּטּ֥וֹב וְכַיָּשָׁ֖ר בְּעֵינֵיכֶֽם׃
אַ֣ךְ ׀ יָדֹ֣עַ תֵּדְע֗וּ כִּ֠י אִם־מְמִתִ֤ים אַתֶּם֙ אֹתִ֔י כִּֽי־דָ֣ם נָקִ֗י אַתֶּם֙ נֹתְנִ֣ים
עֲלֵיכֶ֔ם וְאֶל־הָעִ֥יר הַזֹּ֖את וְאֶל־יֹשְׁבֶ֑יהָ כִּ֣י בֶֽאֱמֶ֗ת שְׁלָחַ֤נִי יְהוָה֙
עֲלֵיכֶ֔ם לְדַבֵּר֙ בְּאָזְנֵיכֶ֔ם אֵ֥ת כָּל־הַדְּבָרִ֖ים הָאֵֽלֶּה׃ ס
וַיֹּאמְר֤וּ הַשָּׂרִים֙ וְכָל־הָעָ֔ם אֶל־הַכֹּהֲנִ֖ים וְאֶל־הַנְּבִיאִ֑ים אֵין־לָאִ֤ישׁ
הַזֶּה֙ מִשְׁפַּט־מָ֔וֶת כִּ֗י בְּשֵׁ֛ם יְהוָ֥ה אֱלֹהֵ֖ינוּ דִּבֶּ֥ר אֵלֵֽינוּ׃

A Reading (Lesson) from Paul's letter to the Romans (11:1–12)

Λέγω οὖν, μὴ ἀπώσατο ὁ θεὸς τὸν λαὸν αὐτοῦ; μὴ γένοιτο· καὶ γὰρ ἐγὼ Ἰσραηλίτης εἰμί, ἐκ σπέρματος Ἀβραάμ, φυλῆς Βενιαμίν. *οὐκ ἀπώσατο ὁ θεὸς τὸν λαὸν αὐτοῦ* ὃν προέγνω. ἢ οὐκ οἴδατε ἐν Ἠλίᾳ τί λέγει ἡ γραφή, ὡς ἐντυγχάνει τῷ θεῷ κατὰ τοῦ Ἰσραήλ; κύριε, *τοὺς προφήτας σου ἀπέκτειναν, τὰ θυσιαστήριά σου κατέσκαψαν, κἀγὼ ὑπελείφθην μόνος καὶ ζητοῦσιν τὴν ψυχήν μου.* ἀλλὰ τί λέγει αὐτῷ ὁ χρηματισμός; *κατέλιπον* ἐμαυτῷ *ἑπτακισχιλίους ἄνδρας, οἵτινες οὐκ ἔκαμψαν γόνυ τῇ Βάαλ.* οὕτως οὖν καὶ ἐν τῷ νῦν καιρῷ λεῖμμα κατ' ἐκλογὴν χάριτος γέγονεν· εἰ δὲ χάριτι, οὐκέτι ἐξ ἔργων, ἐπεὶ ἡ χάρις οὐκέτι γίνεται χάρις. Τί οὖν; ὃ ἐπιζητεῖ Ἰσραήλ, τοῦτο οὐκ ἐπέτυχεν, ἡ δὲ ἐκλογὴ ἐπέτυχεν· οἱ δὲ λοιποὶ ἐπωρώθησαν, καθὼς γέγραπται·

ἔδωκεν αὐτοῖς ὁ θεὸς πνεῦμα κατανύξεως,
ὀφθαλμοὺς τοῦ μὴ βλέπειν καὶ ὦτα τοῦ μὴ ἀκούειν,
ἕως τῆς σήμερον ἡμέρας.

καὶ Δαυὶδ λέγει·

γενηθήτω ἡ τράπεζα αὐτῶν εἰς παγίδα καὶ εἰς θήραν
καὶ εἰς σκάνδαλον καὶ εἰς ἀνταπόδομα αὐτοῖς,
σκοτισθήτωσαν οἱ ὀφθαλμοὶ αὐτῶν τοῦ μὴ βλέπειν
καὶ τὸν νῶτον αὐτῶν διὰ παντὸς σύγκαμψον.

Λέγω οὖν, μὴ ἔπταισαν ἵνα πέσωσιν; μὴ γένοιτο· ἀλλὰ τῷ αὐτῶν παραπτώματι ἡ σωτηρία τοῖς ἔθνεσιν εἰς τὸ παραζηλῶσαι αὐτούς. εἰ δὲ τὸ παράπτωμα αὐτῶν πλοῦτος κόσμου καὶ τὸ ἥττημα αὐτῶν πλοῦτος ἐθνῶν, πόσῳ μᾶλλον τὸ πλήρωμα αὐτῶν.

Friday

A Reading (Lesson) from the Prophet Jeremiah (29:1, 4–13)

וְאֵ֙לֶּה֙ דִּבְרֵ֣י הַסֵּ֔פֶר אֲשֶׁ֥ר שָׁלַ֛ח יִרְמְיָ֥ה הַנָּבִ֖יא מִירוּשָׁלִָ֑ם אֶל־יֶ֙תֶר֙
זִקְנֵ֣י הַגּוֹלָ֔ה וְאֶל־הַכֹּהֲנִ֖ים וְאֶל־הַנְּבִיאִים֙ וְאֶל־כָּל־הָעָ֗ם אֲשֶׁ֙ר
הֶגְלָ֧ה נְבוּכַדְנֶאצַּ֛ר מִירוּשָׁלִַ֖ם בָּבֶֽלָה׃
כֹּ֥ה אָמַ֛ר יְהוָ֥ה צְבָא֖וֹת אֱלֹהֵ֣י יִשְׂרָאֵ֑ל לְכָל־הַ֨גּוֹלָ֔ה אֲשֶׁר־הִגְלֵ֥יתִי
מִירוּשָׁלִַ֖ם בָּבֶֽלָה׃
בְּנ֥וּ בָתִּ֖ים וְשֵׁ֑בוּ וְנִטְע֣וּ גַנּ֔וֹת וְאִכְל֖וּ אֶת־פִּרְיָֽן׃
קְח֣וּ נָשִׁ֗ים וְהוֹלִ֘ידוּ֮ בָּנִ֣ים וּבָנוֹת֒ וּקְח֨וּ לִבְנֵיכֶ֜ם נָשִׁ֗ים וְאֶת־
בְּנוֹתֵיכֶם֙ תְּנ֣וּ לַאֲנָשִׁ֔ים וְתֵלַ֖דְנָה בָּנִ֣ים וּבָנ֑וֹת וּרְבוּ־שָׁ֖ם וְאַל־
תִּמְעָֽטוּ׃
וְדִרְשׁ֞וּ אֶת־שְׁל֣וֹם הָעִ֗יר אֲשֶׁ֨ר הִגְלֵ֤יתִי אֶתְכֶם֙ שָׁ֔מָּה וְהִתְפַּֽלְל֥וּ
בַעֲדָ֖הּ אֶל־יְהוָ֑ה כִּ֣י בִשְׁלוֹמָ֔הּ יִהְיֶ֥ה לָכֶ֖ם שָׁלֽוֹם׃ פ
כִּי֩ כֹ֨ה אָמַ֜ר יְהוָ֤ה צְבָאוֹת֙ אֱלֹהֵ֣י יִשְׂרָאֵ֔ל אַל־יַשִּׁ֧יאוּ לָכֶ֛ם
נְבִיאֵיכֶ֥ם אֲשֶׁר־בְּקִרְבְּכֶ֖ם וְקֹסְמֵיכֶ֑ם וְאַל־תִּשְׁמְעוּ֙ אֶל־חֲלֹמֹ֣תֵיכֶ֔ם
אֲשֶׁ֥ר אַתֶּ֖ם מַחְלְמִֽים׃
כִּ֣י בְשֶׁ֔קֶר הֵ֛ם נִבְּאִ֥ים לָכֶ֖ם בִּשְׁמִ֑י לֹ֥א שְׁלַחְתִּ֖ים נְאֻם־יְהוָֽה׃ ס

כִּי־כֹה֙ אָמַר יְהוָה כִּי לְפִי מְלֹאת לְבָבֶל שִׁבְעִים שָׁנָה אֶפְקֹד
אֶתְכֶם וַהֲקִמֹתִי עֲלֵיכֶם֙ אֶת־דְּבָרִי הַטּוֹב לְהָשִׁיב אֶתְכֶם אֶל־
הַמָּקוֹם הַזֶּה׃
כִּי אָנֹכִי יָדַעְתִּי אֶת־הַמַּחֲשָׁבֹת אֲשֶׁר אָנֹכִי חֹשֵׁב עֲלֵיכֶם נְאֻם־יְהוָה
מַחְשְׁבוֹת שָׁלוֹם֙ וְלֹא לְרָעָה לָתֵת לָכֶם אַחֲרִית וְתִקְוָה׃
וּקְרָאתֶם אֹתִי֙ וַהֲלַכְתֶּם וְהִתְפַּלַּלְתֶּם אֵלָי וְשָׁמַעְתִּי אֲלֵיכֶם׃
וּבִקַּשְׁתֶּם אֹתִי וּמְצָאתֶם כִּי תִדְרְשֻׁנִי בְּכָל־לְבַבְכֶם׃

A Reading (Lesson) from Paul's letter to the Romans (11:13–24)

Ὑμῖν δὲ λέγω τοῖς ἔθνεσιν· ἐφ' ὅσον μὲν οὖν εἰμι ἐγὼ ἐθνῶν ἀπόστολος, τὴν διακονίαν μου δοξάζω, εἴ πως παραζηλώσω μου τὴν σάρκα καὶ σώσω τινὰς ἐξ αὐτῶν. εἰ γὰρ ἡ ἀποβολὴ αὐτῶν καταλλαγὴ κόσμου, τίς ἡ πρόσλημψις εἰ μὴ ζωὴ ἐκ νεκρῶν; εἰ δὲ ἡ ἀπαρχὴ ἁγία, καὶ τὸ φύραμα· καὶ εἰ ἡ ῥίζα ἁγία, καὶ οἱ κλάδοι. Εἰ δέ τινες τῶν κλάδων ἐξεκλάσθησαν, σὺ δὲ ἀγριέλαιος ὢν ἐνεκεντρίσθης ἐν αὐτοῖς καὶ συγκοινωνὸς τῆς ῥίζης τῆς πιότητος τῆς ἐλαίας ἐγένου, μὴ κατακαυχῶ τῶν κλάδων· εἰ δὲ κατακαυχᾶσαι οὐ σὺ τὴν ῥίζαν βαστάζεις ἀλλ' ἡ ῥίζα σέ. ἐρεῖς οὖν· ἐξεκλάσθησαν κλάδοι ἵνα ἐγὼ ἐγκεντρισθῶ. καλῶς· τῇ ἀπιστίᾳ ἐξεκλάσθησαν, σὺ δὲ τῇ πίστει ἕστηκας. μὴ ὑψηλὰ φρόνει ἀλλὰ φοβοῦ· εἰ γὰρ ὁ θεὸς τῶν κατὰ φύσιν κλάδων οὐκ ἐφείσατο, [μή πως] οὐδὲ σοῦ φείσεται. ἴδε οὖν χρηστότητα καὶ ἀποτομίαν θεοῦ· ἐπὶ μὲν τοὺς πεσόντας ἀποτομία, ἐπὶ δὲ σὲ χρηστότης θεοῦ, ἐὰν ἐπιμένῃς τῇ χρηστότητι, ἐπεὶ καὶ σὺ ἐκκοπήσῃ. κἀκεῖνοι δέ, ἐὰν μὴ ἐπιμένωσιν τῇ ἀπιστίᾳ, ἐγκεντρισθήσονται· δυνατὸς γάρ ἐστιν ὁ θεὸς πάλιν ἐγκεντρίσαι αὐτούς. εἰ γὰρ σὺ ἐκ τῆς κατὰ φύσιν ἐξεκόπης ἀγριελαίου καὶ παρὰ φύσιν ἐνεκεντρίσθης εἰς καλλιέλαιον, πόσῳ μᾶλλον οὗτοι οἱ κατὰ φύσιν ἐγκεντρισθήσονται τῇ ἰδίᾳ ἐλαίᾳ.

Holy Week

Monday

A Reading (Lesson) from the Prophet Jeremiah (12:1–16)

צַדִּ֤יק אַתָּה֙ יְהוָ֔ה כִּ֥י אָרִ֖יב אֵלֶ֑יךָ אַ֤ךְ מִשְׁפָּטִים֙ אֲדַבֵּ֣ר אוֹתָ֔ךְ מַדּ֗וּעַ דֶּ֤רֶךְ רְשָׁעִים֙ צָלֵ֔חָה שָׁל֖וּ כָּל־בֹּ֥גְדֵי בָֽגֶד׃

נְטַעְתָּם֙ גַּם־שֹׁרָ֔שׁוּ יֵלְכ֖וּ גַּם־עָ֣שׂוּ פֶ֑רִי קָר֤וֹב אַתָּה֙ בְּפִיהֶ֔ם וְרָח֖וֹק מִכִּלְיוֹתֵיהֶֽם׃

וְאַתָּ֤ה יְהוָה֙ יְדַעְתָּ֔נִי תִּרְאֵ֕נִי וּבָחַנְתָּ֥ לִבִּ֖י אִתָּ֑ךְ הַתִּקֵם֙ כְּצֹ֣אן לְטִבְחָ֔ה וְהַקְדִּשֵׁ֖ם לְי֥וֹם הֲרֵגָֽה׃ ס

עַד־מָתַי֙ תֶּאֱבַ֣ל הָאָ֔רֶץ וְעֵ֖שֶׂב כָּל־הַשָּׂדֶ֣ה יִיבָ֑שׁ מֵרָעַ֣ת יֹֽשְׁבֵי־בָ֗הּ סָֽפְתָ֤ה בְהֵמוֹת֙ וָע֔וֹף כִּ֣י אָֽמְר֔וּ לֹ֥א יִרְאֶ֖ה אֶת־אַחֲרִיתֵֽנוּ׃

כִּ֣י אֶת־רַגְלִ֥ים ׀ רַ֙צְתָּה֙ וַיַּלְא֔וּךָ וְאֵ֥יךְ תְּתַחֲרֶ֖ה אֶת־הַסּוּסִ֑ים וּבְאֶ֤רֶץ שָׁלוֹם֙ אַתָּ֣ה בוֹטֵ֔חַ וְאֵ֥יךְ תַּעֲשֶׂ֖ה בִּגְא֥וֹן הַיַּרְדֵּֽן׃

כִּ֧י גַם־אַחֶ֣יךָ וּבֵית־אָבִ֗יךָ גַּם־הֵ֙מָּה֙ בָּ֣גְדוּ בָ֔ךְ גַּם־הֵ֛מָּה קָרְא֥וּ אַחֲרֶ֖יךָ מָלֵ֑א אַל־תַּאֲמֵ֣ן בָּ֔ם כִּֽי־יְדַבְּר֥וּ אֵלֶ֖יךָ טוֹבֽוֹת׃ ס

עָזַ֙בְתִּי֙ אֶת־בֵּיתִ֔י נָטַ֖שְׁתִּי אֶת־נַחֲלָתִ֑י נָתַ֛תִּי אֶת־יְדִד֥וּת נַפְשִׁ֖י בְּכַ֥ף אֹיְבֶֽיהָ׃

הָיְתָה־לִּ֥י נַחֲלָתִ֖י כְּאַרְיֵ֣ה בַיָּ֑עַר נָתְנָ֥ה עָלַ֛י בְּקוֹלָ֖הּ עַל־כֵּ֥ן שְׂנֵאתִֽיהָ׃

הַעַ֨יִט צָב֤וּעַ נַחֲלָתִי֙ לִ֔י הַעַ֖יִט סָבִ֣יב עָלֶ֑יהָ לְכ֗וּ אִסְפ֛וּ כָּל־חַיַּ֥ת הַשָּׂדֶ֖ה הֵתָ֥יוּ לְאָכְלָֽה׃

רֹעִ֤ים רַבִּים֙ שִֽׁחֲת֣וּ כַרְמִ֔י בֹּסְס֖וּ אֶת־חֶלְקָתִ֑י נָֽתְנ֛וּ אֶת־חֶלְקַ֥ת חֶמְדָּתִ֖י לְמִדְבַּ֥ר שְׁמָמָֽה׃

שָׂמָהּ֙ לִשְׁמָמָה אָבְלָה עָלַי שְׁמֵמָה נָשַׁמָּה֙ כָּל־הָאָרֶץ כִּי אֵין אִישׁ
שָׂם עַל־לֵב׃
עַל־כָּל־שְׁפָיִם בַּמִּדְבָּר בָּאוּ שֹׁדְדִים כִּי חֶרֶב לַיהוָה֙ אֹכְלָה
מִקְצֵה־אֶרֶץ וְעַד־קְצֵה הָאָרֶץ אֵין שָׁלוֹם לְכָל־בָּשָׂר׃ ס
זָרְעוּ חִטִּים֙ וְקֹצִים קָצָרוּ נֶחְלוּ לֹא יוֹעִלוּ וּבֹשׁוּ֙ מִתְּבוּאֹתֵיכֶם
מֵחֲרוֹן אַף־יְהוָה׃ ס
כֹּה ׀ אָמַר יְהוָה עַל־כָּל־שְׁכֵנַי֙ הָרָעִים הַנֹּגְעִים֙ בַּנַּחֲלָה אֲשֶׁר־
הִנְחַלְתִּי אֶת־עַמִּי אֶת־יִשְׂרָאֵל הִנְנִי נֹתְשָׁם֙ מֵעַל אַדְמָתָם וְאֶת־בֵּית
יְהוּדָה אֶתּוֹשׁ מִתּוֹכָם׃
וְהָיָה אַחֲרֵי֙ נָתְשִׁי אוֹתָם אָשׁוּב וְרִחַמְתִּים וַהֲשִׁבֹתִים אִישׁ לְנַחֲלָתוֹ
וְאִישׁ לְאַרְצוֹ׃
וְהָיָה אִם־לָמֹד יִלְמְדוּ֩ אֶת־דַּרְכֵי עַמִּי לְהִשָּׁבֵעַ בִּשְׁמִי֙ חַי־יְהוָה
כַּאֲשֶׁר לִמְּדוּ֙ אֶת־עַמִּי לְהִשָּׁבֵעַ בַּבָּעַל וְנִבְנוּ בְּתוֹךְ עַמִּי׃

A Reading (Lesson) from Paul's letter to the Philippians (3:1–14)

Τὸ λοιπόν, ἀδελφοί μου, χαίρετε ἐν κυρίῳ. τὰ αὐτὰ γράφειν ὑμῖν ἐμοὶ μὲν οὐκ ὀκνηρόν, ὑμῖν δὲ ἀσφαλές.

Βλέπετε τοὺς κύνας, βλέπετε τοὺς κακοὺς ἐργάτας, βλέπετε τὴν κατατομήν. ἡμεῖς γάρ ἐσμεν ἡ περιτομή, οἱ πνεύματι θεοῦ λατρεύοντες καὶ καυχώμενοι ἐν Χριστῷ Ἰησοῦ καὶ οὐκ ἐν σαρκὶ πεποιθότες, καίπερ ἐγὼ ἔχων πεποίθησιν καὶ ἐν σαρκί. Εἴ τις δοκεῖ ἄλλος πεποιθέναι ἐν σαρκί, ἐγὼ μᾶλλον· περιτομῇ ὀκταήμερος, ἐκ γένους Ἰσραήλ, φυλῆς Βενιαμίν, Ἑβραῖος ἐξ Ἑβραίων, κατὰ νόμον Φαρισαῖος, κατὰ ζῆλος διώκων τὴν ἐκκλησίαν, κατὰ δικαιοσύνην τὴν ἐν νόμῳ γενόμενος ἄμεμπτος. ['Αλλ'] ἅτινα ἦν μοι κέρδη, ταῦτα ἥγημαι διὰ τὸν Χριστὸν ζημίαν. ἀλλὰ μενοῦνγε καὶ ἡγοῦμαι πάντα ζημίαν εἶναι διὰ τὸ ὑπερέχον τῆς γνώσεως Χριστοῦ Ἰησοῦ τοῦ κυρίου μου, δι' ὃν τὰ πάντα ἐζημιώθην, καὶ ἡγοῦμαι σκύβαλα, ἵνα Χριστὸν κερδήσω καὶ εὑρεθῶ ἐν αὐτῷ, μὴ ἔχων ἐμὴν δικαιοσύνην τὴν ἐκ νόμου ἀλλὰ τὴν διὰ πίστεως Χριστοῦ, τὴν ἐκ θεοῦ δικαιοσύνην ἐπὶ τῇ πίστει, τοῦ γνῶναι αὐτὸν καὶ τὴν δύναμιν τῆς ἀναστάσεως αὐτοῦ καὶ [τὴν] κοινωνίαν [τῶν] παθημάτων αὐτοῦ, συμμορφιζόμενος τῷ θανάτῳ αὐτοῦ, εἴ πως καταντήσω εἰς τὴν ἐξανάστασιν τὴν ἐκ νεκρῶν.

Οὐχ ὅτι ἤδη ἔλαβον ἢ ἤδη τετελείωμαι, διώκω δὲ εἰ καὶ καταλάβω, ἐφ’ ᾧ καὶ κατελήμφθην ὑπὸ Χριστοῦ [Ἰησοῦ]. ἀδελφοί, ἐγὼ ἐμαυτὸν οὐ λογίζομαι κατειληφέναι· ἓν δέ, τὰ μὲν ὀπίσω ἐπιλανθανόμενος τοῖς δὲ ἔμπροσθεν ἐπεκτεινόμενος, κατὰ σκοπὸν διώκω εἰς τὸ βραβεῖον τῆς ἄνω κλήσεως τοῦ θεοῦ ἐν Χριστῷ Ἰησοῦ.

Tuesday

A Reading (Lesson) from the Prophet Jeremiah (15:10–21)

אֽוֹי־לִ֣י אִמִּ֔י כִּ֣י יְלִדְתִּ֗נִי אִ֥ישׁ רִ֛יב וְאִ֥ישׁ מָד֖וֹן לְכָל־הָאָ֑רֶץ לֹֽא־
נָשִׁ֥יתִי וְלֹא־נָֽשׁוּ־בִ֖י כֻּלֹּ֥ה מְקַלְלַֽונִי׃ ס

אָמַ֣ר יְהוָ֔ה אִם־לֹ֥א [K]שָׁר֥וֹתִךָ [Q]שֵׁרִיתִ֖ךָ לְט֑וֹב אִם־ל֣וֹא ׀ הִפְגַּ֣עְתִּֽי
בְךָ֜ בְּעֵת־רָעָ֛ה וּבְעֵ֥ת צָרָ֖ה אֶת־הָאֹיֵֽב׃

הֲיָרֹ֨עַ בַּרְזֶ֧ל ׀ בַּרְזֶ֛ל מִצָּפ֖וֹן וּנְחֹֽשֶׁת׃

חֵילְךָ֧ וְאוֹצְרוֹתֶ֛יךָ לָבַ֥ז אֶתֵּ֖ן לֹ֣א בִמְחִ֑יר וּבְכָל־חַטֹּאותֶ֖יךָ וּבְכָל־
גְּבוּלֶֽיךָ׃

וְהַֽעֲבַרְתִּי֙ אֶת־אֹ֣יְבֶ֔יךָ בְּאֶ֖רֶץ לֹ֣א יָדָ֑עְתָּ כִּֽי־אֵ֛שׁ קָדְחָ֥ה בְאַפִּ֖י
עֲלֵיכֶ֥ם תּוּקָֽד׃ ס

אַתָּ֧ה יָדַ֣עְתָּ יְהוָ֗ה זָכְרֵ֤נִי וּפָקְדֵ֙נִי֙ וְהִנָּ֤קֶם לִי֙ מֵרֹ֣דְפַ֔י אַל־לְאֶ֥רֶךְ
אַפְּךָ֖ תִּקָּחֵ֑נִי דַּ֕ע שְׂאֵתִ֥י עָלֶ֖יךָ חֶרְפָּֽה׃

נִמְצְא֤וּ דְבָרֶ֙יךָ֙ וָאֹ֣כְלֵ֔ם וַיְהִ֤י [K]דְבָרֶ֙יךָ [Q]דְבָֽרְךָ֙ לִ֔י לְשָׂשׂ֖וֹן וּלְשִׂמְחַ֣ת
לְבָבִ֑י כִּֽי־נִקְרָ֤א שִׁמְךָ֙ עָלַ֔י יְהוָ֖ה אֱלֹהֵ֥י צְבָאֽוֹת׃ ס

לֹא־יָשַׁבְתִּי בְסוֹד־מְשַׂחֲקִים וָאֶעְלֹז מִפְּנֵי יָדְךָ בָּדָד יָשַׁבְתִּי כִּי־
זַעַם מִלֵּאתָנִי׃ ס
לָמָּה הָיָה כְאֵבִי נֶצַח וּמַכָּתִי אֲנוּשָׁה מֵאֲנָה הֵרָפֵא הָיוֹ תִהְיֶה לִי
כְּמוֹ אַכְזָב מַיִם לֹא נֶאֱמָנוּ׃ ס
לָכֵן כֹּה־אָמַר יְהוָה אִם־תָּשׁוּב וַאֲשִׁיבְךָ לְפָנַי תַּעֲמֹד וְאִם־תּוֹצִיא
יָקָר מִזּוֹלֵל כְּפִי תִהְיֶה יָשֻׁבוּ הֵמָּה אֵלֶיךָ וְאַתָּה לֹא־תָשׁוּב
אֲלֵיהֶם׃
וּנְתַתִּיךָ לָעָם הַזֶּה לְחוֹמַת נְחֹשֶׁת בְּצוּרָה וְנִלְחֲמוּ אֵלֶיךָ וְלֹא־
יוּכְלוּ לָךְ כִּי־אִתְּךָ אֲנִי לְהוֹשִׁיעֲךָ וּלְהַצִּילֶךָ נְאֻם־יְהוָה׃
וְהִצַּלְתִּיךָ מִיַּד רָעִים וּפְדִתִיךָ מִכַּף עָרִצִים׃ פ

A Reading (Lesson) from Paul's letter to the Philippians (3:15–21)

Ὅσοι οὖν τέλειοι, τοῦτο φρονῶμεν· καὶ εἴ τι ἑτέρως φρονεῖτε, καὶ τοῦτο ὁ θεὸς ὑμῖν ἀποκαλύψει· πλὴν εἰς ὃ ἐφθάσαμεν, τῷ αὐτῷ στοιχεῖν.

Συμμιμηταί μου γίνεσθε, ἀδελφοί, καὶ σκοπεῖτε τοὺς οὕτως περιπατοῦντας καθὼς ἔχετε τύπον ἡμᾶς. πολλοὶ γὰρ περιπατοῦσιν οὓς πολλάκις ἔλεγον ὑμῖν, νῦν δὲ καὶ κλαίων λέγω, τοὺς ἐχθροὺς τοῦ σταυροῦ τοῦ Χριστοῦ, ὧν τὸ τέλος ἀπώλεια, ὧν ὁ θεὸς ἡ κοιλία καὶ ἡ δόξα ἐν τῇ αἰσχύνῃ αὐτῶν, οἱ τὰ ἐπίγεια φρονοῦντες. ἡμῶν γὰρ τὸ πολίτευμα ἐν οὐρανοῖς ὑπάρχει, ἐξ οὗ καὶ σωτῆρα ἀπεκδεχόμεθα κύριον Ἰησοῦν Χριστόν, ὃς μετασχηματίσει τὸ σῶμα τῆς ταπεινώσεως ἡμῶν σύμμορφον τῷ σώματι τῆς δόξης αὐτοῦ κατὰ τὴν ἐνέργειαν τοῦ δύνασθαι αὐτὸν καὶ ὑποτάξαι αὐτῷ τὰ πάντα.

Wednesday

A Reading (Lesson) from the Prophet Jeremiah (17:5–10, 14–17)

כֹּ֣ה ׀ אָמַ֣ר יְהוָ֗ה אָר֤וּר הַגֶּ֙בֶר֙ אֲשֶׁ֣ר יִבְטַ֣ח בָּֽאָדָ֔ם וְשָׂ֥ם בָּשָׂ֖ר זְרֹע֑וֹ
וּמִן־יְהוָ֖ה יָס֥וּר לִבּֽוֹ׃
וְהָיָה֙ כְּעַרְעָ֣ר בָּעֲרָבָ֔ה וְלֹ֥א יִרְאֶ֖ה כִּֽי־יָב֣וֹא ט֑וֹב וְשָׁכַ֤ן חֲרֵרִים֙
בַּמִּדְבָּ֔ר אֶ֥רֶץ מְלֵחָ֖ה וְלֹ֥א תֵשֵֽׁב׃ ס
בָּר֣וּךְ הַגֶּ֔בֶר אֲשֶׁ֥ר יִבְטַ֖ח בַּֽיהוָ֑ה וְהָיָ֥ה יְהוָ֖ה מִבְטַחֽוֹ׃
וְהָיָ֞ה כְּעֵ֣ץ ׀ שָׁת֣וּל עַל־מַ֗יִם וְעַל־יוּבַל֙ יְשַׁלַּ֣ח שָׁרָשָׁ֔יו וְלֹ֤א [K]ירא
[Q]יִרְאֶה֙ כִּֽי־יָבֹ֣א חֹ֔ם וְהָיָ֥ה עָלֵ֖הוּ רַעֲנָ֑ן וּבִשְׁנַ֤ת בַּצֹּ֙רֶת֙ לֹ֣א יִדְאָ֔ג וְלֹ֥א
יָמִ֖ישׁ מֵעֲשׂ֥וֹת פֶּֽרִי׃
עָקֹ֥ב הַלֵּ֛ב מִכֹּ֖ל וְאָנֻ֣שׁ ה֑וּא מִ֖י יֵדָעֶֽנּוּ׃
אֲנִ֧י יְהוָ֛ה חֹקֵ֥ר לֵ֖ב בֹּחֵ֣ן כְּלָי֑וֹת וְלָתֵ֤ת לְאִישׁ֙ [K]כדרכו [Q]כִּדְרָכָ֔יו
כִּפְרִ֖י מַעֲלָלָֽיו׃ ס
רְפָאֵ֤נִי יְהוָה֙ וְאֵ֣רָפֵ֔א הוֹשִׁיעֵ֖נִי וְאִוָּשֵׁ֑עָה כִּ֥י תְהִלָּתִ֖י אָֽתָּה׃
הִנֵּה־הֵ֕מָּה אֹמְרִ֖ים אֵלָ֑י אַיֵּ֥ה דְבַר־יְהוָ֖ה יָ֥בוֹא נָֽא׃
וַאֲנִ֞י לֹא־אַ֣צְתִּי ׀ מֵרֹעֶ֣ה אַחֲרֶ֗יךָ וְי֥וֹם אָנ֛וּשׁ לֹ֥א הִתְאַוֵּ֖יתִי אַתָּ֣ה
יָדָ֑עְתָּ מוֹצָ֣א שְׂפָתַ֔י נֹ֥כַח פָּנֶ֖יךָ הָיָֽה׃
אַל־תִּֽהְיֵה־לִ֖י לִמְחִתָּ֑ה מַחֲסִי־אַ֖תָּה בְּי֥וֹם רָעָֽה׃

A Reading (Lesson) from Paul's letter to the Philippians (4:1–13)

Ὥστε, ἀδελφοί μου ἀγαπητοὶ καὶ ἐπιπόθητοι, χαρὰ καὶ στέφανός μου, οὕτως στήκετε ἐν κυρίῳ, ἀγαπητοί.

Εὐοδίαν παρακαλῶ καὶ Συντύχην παρακαλῶ τὸ αὐτὸ φρονεῖν ἐν κυρίῳ. ναὶ ἐρωτῶ καὶ σέ, γνήσιε σύζυγε, συλλαμβάνου αὐταῖς, αἵτινες ἐν τῷ εὐαγγελίῳ συνήθλησάν μοι μετὰ καὶ Κλήμεντος καὶ τῶν λοιπῶν συνεργῶν μου, ὧν τὰ ὀνόματα ἐν βίβλῳ ζωῆς.

Χαίρετε ἐν κυρίῳ πάντοτε· πάλιν ἐρῶ, χαίρετε. τὸ ἐπιεικὲς ὑμῶν γνωσθήτω πᾶσιν ἀνθρώποις. ὁ κύριος ἐγγύς. μηδὲν μεριμνᾶτε, ἀλλ' ἐν παντὶ τῇ προσευχῇ καὶ τῇ δεήσει μετὰ εὐχαριστίας τὰ αἰτήματα ὑμῶν γνωριζέσθω πρὸς τὸν θεόν. καὶ ἡ εἰρήνη τοῦ θεοῦ ἡ ὑπερέχουσα πάντα νοῦν φρουρήσει τὰς καρδίας ὑμῶν καὶ τὰ νοήματα ὑμῶν ἐν Χριστῷ Ἰησοῦ.

Τὸ λοιπόν, ἀδελφοί, ὅσα ἐστὶν ἀληθῆ, ὅσα σεμνά, ὅσα δίκαια, ὅσα ἁγνά, ὅσα προσφιλῆ, ὅσα εὔφημα, εἴ τις ἀρετὴ καὶ εἴ τις ἔπαινος, ταῦτα λογίζεσθε· ἃ καὶ ἐμάθετε καὶ παρελάβετε καὶ ἠκούσατε καὶ εἴδετε ἐν ἐμοί, ταῦτα πράσσετε· καὶ ὁ θεὸς τῆς εἰρήνης ἔσται μεθ' ὑμῶν.

Ἐχάρην δὲ ἐν κυρίῳ μεγάλως ὅτι ἤδη ποτὲ ἀνεθάλετε τὸ ὑπὲρ ἐμοῦ φρονεῖν, ἐφ' ᾧ καὶ ἐφρονεῖτε, ἠκαιρεῖσθε δέ. οὐχ ὅτι καθ' ὑστέρησιν λέγω, ἐγὼ γὰρ ἔμαθον ἐν οἷς εἰμι αὐτάρκης εἶναι. οἶδα καὶ ταπεινοῦσθαι, οἶδα καὶ περισσεύειν· ἐν παντὶ καὶ ἐν πᾶσιν μεμύημαι, καὶ χορτάζεσθαι καὶ πεινᾶν καὶ περισσεύειν καὶ ὑστερεῖσθαι· πάντα ἰσχύω ἐν τῷ ἐνδυναμοῦντί με.

Maundy Thursday

A Reading (Lesson) from the Prophet Jeremiah (20:7–11)

פִּתִּיתַ֤נִי יְהוָה֙ וָֽאֶפָּ֔ת חֲזַקְתַּ֖נִי וַתּוּכָ֑ל הָיִ֤יתִי לִשְׂחוֹק֙ כָּל־הַיּ֔וֹם כֻּלֹּ֖ה
לֹעֵ֥ג לִֽי׃
כִּֽי־מִדֵּ֤י אֲדַבֵּר֙ אֶזְעָ֔ק חָמָ֥ס וָשֹׁ֖ד אֶקְרָ֑א כִּֽי־הָיָ֨ה דְבַר־יְהוָ֥ה לִ֛י
לְחֶרְפָּ֥ה וּלְקֶ֖לֶס כָּל־הַיּֽוֹם׃
וְאָמַרְתִּ֣י לֹֽא־אֶזְכְּרֶ֗נּוּ וְלֹֽא־אֲדַבֵּ֥ר עוֹד֙ בִּשְׁמ֔וֹ וְהָיָ֤ה בְלִבִּי֙ כְּאֵ֣שׁ
בֹּעֶ֔רֶת עָצֻ֖ר בְּעַצְמֹתָ֑י וְנִלְאֵ֥יתִי כַּלְכֵ֖ל וְלֹ֥א אוּכָֽל׃

כִּ֣י שָׁמַ֜עְתִּי דִּבַּ֣ת רַבִּ֗ים מָג֣וֹר מִסָּבִ֔יב הַגִּ֙ידוּ֙ וְנַגִּידֶ֔נּוּ כֹּ֚ל אֱנ֣וֹשׁ
שְׁלוֹמִ֔י שֹׁמְרֵ֖י צַלְעִ֑י אוּלַ֤י יְפֻתֶּה֙ וְנ֣וּכְלָה ל֔וֹ וְנִקְחָ֥ה נִקְמָתֵ֖נוּ מִמֶּֽנּוּ׃
וַֽיהוָ֤ה אוֹתִי֙ כְּגִבּ֣וֹר עָרִ֔יץ עַל־כֵּ֛ן רֹדְפַ֥י יִכָּשְׁל֖וּ וְלֹ֣א יֻכָ֑לוּ בֹּ֤שׁוּ
מְאֹד֙ כִּי־לֹ֣א הִשְׂכִּ֔ילוּ כְּלִמַּ֥ת עוֹלָ֖ם לֹ֥א תִשָּׁכֵֽחַ׃

A Reading (Lesson) from Paul's first letter to the Corinthians (10:14–17; 11:27–32)

Διόπερ, ἀγαπητοί μου, φεύγετε ἀπὸ τῆς εἰδωλολατρίας. ὡς φρονίμοις λέγω· κρίνατε ὑμεῖς ὅ φημι. Τὸ ποτήριον τῆς εὐλογίας ὃ εὐλογοῦμεν, οὐχὶ κοινωνία ἐστὶν τοῦ αἵματος τοῦ Χριστοῦ; τὸν ἄρτον ὃν κλῶμεν, οὐχὶ κοινωνία τοῦ σώματος τοῦ Χριστοῦ ἐστιν; ὅτι εἷς ἄρτος, ἓν σῶμα οἱ πολλοί ἐσμεν, οἱ γὰρ πάντες ἐκ τοῦ ἑνὸς ἄρτου μετέχομεν.

Ὥστε ὃς ἂν ἐσθίῃ τὸν ἄρτον ἢ πίνῃ τὸ ποτήριον τοῦ κυρίου ἀναξίως, ἔνοχος ἔσται τοῦ σώματος καὶ τοῦ αἵματος τοῦ κυρίου. δοκιμαζέτω δὲ ἄνθρωπος ἑαυτὸν καὶ οὕτως ἐκ τοῦ ἄρτου ἐσθιέτω καὶ ἐκ τοῦ ποτηρίου πινέτω· ὁ γὰρ ἐσθίων καὶ πίνων κρίμα ἑαυτῷ ἐσθίει καὶ πίνει μὴ διακρίνων τὸ σῶμα. διὰ τοῦτο ἐν ὑμῖν πολλοὶ ἀσθενεῖς καὶ ἄρρωστοι καὶ κοιμῶνται ἱκανοί. εἰ δὲ ἑαυτοὺς διεκρίνομεν, οὐκ ἂν ἐκρινόμεθα· κρινόμενοι δὲ ὑπὸ [τοῦ] κυρίου παιδευόμεθα, ἵνα μὴ σὺν τῷ κόσμῳ κατακριθῶμεν.

Good Friday

A Reading (Lesson) from the Wisdom of Solomon (1:16–2:1, 12–22)

Ἀσεβεῖς δὲ ταῖς χερσὶν καὶ τοῖς λόγοις προσεκαλέσαντο αὐτόν, φίλον ἡγησάμενοι αὐτὸν ἐτάκησαν καὶ συνθήκην ἔθεντο πρὸς αὐτόν, ὅτι ἄξιοί εἰσιν τῆς ἐκείνου μερίδος εἶναι. εἶπον γὰρ ἐν ἑαυτοῖς λογισάμενοι οὐκ ὀρθῶς Ὀλίγος ἐστὶν καὶ λυπηρὸς ὁ βίος ἡμῶν, καὶ οὐκ ἔστιν ἴασις ἐν τελευτῇ ἀνθρώπου, καὶ οὐκ ἐγνώσθη ὁ ἀναλύσας ἐξ ᾅδου.

ἐνεδρεύσωμεν τὸν δίκαιον, ὅτι δύσχρηστος ἡμῖν ἐστιν καὶ ἐναντιοῦται τοῖς ἔργοις ἡμῶν καὶ ὀνειδίζει ἡμῖν ἁμαρτήματα νόμου καὶ ἐπιφημίζει ἡμῖν ἁμαρτήματα παιδείας ἡμῶν· ἐπαγγέλλεται γνῶσιν ἔχειν θεοῦ καὶ παῖδα κυρίου ἑαυτὸν ὀνομάζει· ἐγένετο ἡμῖν εἰς ἔλεγχον ἐννοιῶν ἡμῶν, βαρύς ἐστιν ἡμῖν καὶ βλεπόμενος, ὅτι ἀνόμοιος τοῖς ἄλλοις ὁ βίος αὐτοῦ, καὶ ἐξηλλαγμέναι αἱ τρίβοι αὐτοῦ· εἰς κίβδηλον ἐλογίσθημεν αὐτῷ, καὶ ἀπέχεται τῶν ὁδῶν ἡμῶν ὡς ἀπὸ ἀκαθαρσιῶν· μακαρίζει ἔσχατα δικαίων καὶ ἀλαζονεύεται πατέρα θεόν. ἴδωμεν εἰ οἱ λόγοι αὐτοῦ ἀληθεῖς, καὶ πειράσωμεν τὰ ἐν ἐκβάσει αὐτοῦ· εἰ γάρ ἐστιν ὁ δίκαιος υἱὸς θεοῦ, ἀντιλήμψεται αὐτοῦ καὶ ῥύσεται αὐτὸν ἐκ χειρὸς ἀνθεστηκότων. ὕβρει καὶ βασάνῳ ἐτάσωμεν αὐτόν, ἵνα γνῶμεν τὴν ἐπιείκειαν αὐτοῦ καὶ δοκιμάσωμεν τὴν ἀνεξικακίαν αὐτοῦ· θανάτῳ ἀσχήμονι καταδικάσωμεν αὐτόν, ἔσται γὰρ αὐτοῦ ἐπισκοπὴ ἐκ λόγων αὐτοῦ.

Ταῦτα ἐλογίσαντο, καὶ ἐπλανήθησαν· ἀπετύφλωσεν γὰρ αὐτοὺς ἡ κακία αὐτῶν, καὶ οὐκ ἔγνωσαν μυστήρια θεοῦ οὐδὲ μισθὸν ἤλπισαν ὁσιότητος οὐδὲ ἔκριναν γέρας ψυχῶν ἀμώμων.

A Reading (Lesson) from the first letter of Peter (1:10–20)

περὶ ἧς σωτηρίας ἐξεζήτησαν καὶ ἐξηραύνησαν προφῆται οἱ περὶ τῆς εἰς ὑμᾶς χάριτος προφητεύσαντες ἐραυνῶντες εἰς τίνα ἢ ποῖον καιρὸν ἐδήλου τὸ ἐν αὐτοῖς πνεῦμα Χριστοῦ προμαρτυρόμενον τὰ εἰς Χριστὸν παθήματα καὶ τὰς μετὰ ταῦτα δόξας. οἷς ἀπεκαλύφθη ὅτι οὐχ ἑαυτοῖς, ὑμῖν δὲ διηκόνουν αὐτὰ ἃ νῦν ἀνηγγέλη ὑμῖν διὰ τῶν εὐαγγελισαμένων ὑμᾶς ἐν πνεύματι ἁγίῳ ἀποσταλέντι ἀπ᾽ οὐρανοῦ, εἰς ἃ ἐπιθυμοῦσιν ἄγγελοι παρακύψαι.

Διὸ ἀναζωσάμενοι τὰς ὀσφύας τῆς διανοίας ὑμῶν νήφοντες τελείως ἐλπίσατε ἐπὶ τὴν φερομένην ὑμῖν χάριν ἐν ἀποκαλύψει Ἰησοῦ Χριστοῦ. ὡς τέκνα ὑπακοῆς μὴ συσχηματιζόμενοι ταῖς πρότερον ἐν τῇ ἀγνοίᾳ ὑμῶν ἐπιθυμίαις, ἀλλὰ κατὰ τὸν καλέσαντα ὑμᾶς ἅγιον καὶ αὐτοὶ ἅγιοι ἐν πάσῃ ἀναστροφῇ γενήθητε, διότι γέγραπται· *ἅγιοι ἔσεσθε, ὅτι ἐγὼ ἅγιος.*

καὶ εἰ πατέρα ἐπικαλεῖσθε τὸν ἀπροσωπολήμπτως κρίνοντα κατὰ τὸ ἑκάστου ἔργον, ἐν φόβῳ τὸν τῆς παροικίας ὑμῶν χρόνον ἀναστράφητε

εἰδότες ὅτι οὐ φθαρτοῖς, ἀργυρίῳ ἢ χρυσίῳ, ἐλυτρώθητε
ἐκ τῆς ματαίας ὑμῶν ἀναστροφῆς πατροπαραδότου
ἀλλὰ τιμίῳ αἵματι ὡς ἀμνοῦ ἀμώμου καὶ ἀσπίλου Χριστοῦ
προεγνωσμένου μὲν πρὸ καταβολῆς κόσμου,
φανερωθέντος δὲ ἐπ' ἐσχάτου τῶν χρόνων δι' ὑμᾶς...

Easter Week

Monday

A Reading (Lesson) from the Prophet Jonah (2:2–10)

וַיִּתְפַּלֵּ֣ל יוֹנָ֔ה אֶל־יְהוָ֖ה אֱלֹהָ֑יו מִמְּעֵ֖י הַדָּגָֽה׃
וַיֹּ֗אמֶר קָ֠רָאתִי מִצָּ֥רָה לִ֛י אֶל־יְהוָ֖ה וַֽיַּעֲנֵ֑נִי מִבֶּ֧טֶן שְׁא֛וֹל שִׁוַּ֖עְתִּי
שָׁמַ֥עְתָּ קוֹלִֽי׃
וַתַּשְׁלִיכֵ֤נִי מְצוּלָה֙ בִּלְבַ֣ב יַמִּ֔ים וְנָהָ֖ר יְסֹבְבֵ֑נִי כָּל־מִשְׁבָּרֶ֥יךָ וְגַלֶּ֖יךָ
עָלַ֥י עָבָֽרוּ׃
וַאֲנִ֣י אָמַ֔רְתִּי נִגְרַ֖שְׁתִּי מִנֶּ֣גֶד עֵינֶ֑יךָ אַ֚ךְ אוֹסִ֣יף לְהַבִּ֔יט אֶל־הֵיכַ֖ל
קָדְשֶֽׁךָ׃
אֲפָפ֤וּנִי מַ֙יִם֙ עַד־נֶ֔פֶשׁ תְּה֖וֹם יְסֹבְבֵ֑נִי ס֖וּף חָב֥וּשׁ לְרֹאשִֽׁי׃
לְקִצְבֵ֤י הָרִים֙ יָרַ֔דְתִּי הָאָ֛רֶץ בְּרִחֶ֥יהָ בַעֲדִ֖י לְעוֹלָ֑ם וַתַּ֧עַל מִשַּׁ֛חַת
חַיַּ֖י יְהוָ֥ה אֱלֹהָֽי׃
בְּהִתְעַטֵּ֤ף עָלַי֙ נַפְשִׁ֔י אֶת־יְהוָ֖ה זָכָ֑רְתִּי וַתָּב֤וֹא אֵלֶ֙יךָ֙ תְּפִלָּתִ֔י אֶל־
הֵיכַ֖ל קָדְשֶֽׁךָ׃
מְשַׁמְּרִ֖ים הַבְלֵי־שָׁ֑וְא חַסְדָּ֖ם יַעֲזֹֽבוּ׃

וַאֲנִי בְּקוֹל תּוֹדָה אֶזְבְּחָה־לָּךְ אֲשֶׁר נָדַרְתִּי אֲשַׁלֵּמָה יְשׁוּעָתָה לַיהוָה׃ ס

A Reading (Lesson) from the Acts of the Apostles (2:14, 22–32)

Σταθεὶς δὲ ὁ Πέτρος σὺν τοῖς ἕνδεκα ἐπῆρεν τὴν φωνὴν αὐτοῦ καὶ ἀπεφθέγξατο αὐτοῖς· ἄνδρες Ἰουδαῖοι καὶ οἱ κατοικοῦντες Ἰερουσαλὴμ πάντες, τοῦτο ὑμῖν γνωστὸν ἔστω καὶ ἐνωτίσασθε τὰ ῥήματά μου.

Ἄνδρες Ἰσραηλῖται, ἀκούσατε τοὺς λόγους τούτους· Ἰησοῦν τὸν Ναζωραῖον, ἄνδρα ἀποδεδειγμένον ἀπὸ τοῦ θεοῦ εἰς ὑμᾶς δυνάμεσιν καὶ τέρασιν καὶ σημείοις οἷς ἐποίησεν δι’ αὐτοῦ ὁ θεὸς ἐν μέσῳ ὑμῶν καθὼς αὐτοὶ οἴδατε, τοῦτον τῇ ὡρισμένῃ βουλῇ καὶ προγνώσει τοῦ θεοῦ ἔκδοτον διὰ χειρὸς ἀνόμων προσπήξαντες ἀνείλατε, ὃν ὁ θεὸς ἀνέστησεν λύσας τὰς ὠδῖνας τοῦ θανάτου, καθότι οὐκ ἦν δυνατὸν κρατεῖσθαι αὐτὸν ὑπ’ αὐτοῦ. Δαυὶδ γὰρ λέγει εἰς αὐτόν·

προορώμην τὸν κύριον ἐνώπιόν μου διὰ παντός,
ὅτι ἐκ δεξιῶν μού ἐστιν ἵνα μὴ σαλευθῶ.
διὰ τοῦτο ηὐφράνθη ἡ καρδία μου
καὶ ἠγαλλιάσατο ἡ γλῶσσά μου,
ἔτι δὲ καὶ ἡ σάρξ μου κατασκηνώσει ἐπ’ ἐλπίδι,
ὅτι οὐκ ἐγκαταλείψεις τὴν ψυχήν μου εἰς ᾅδην
οὐδὲ δώσεις τὸν ὅσιόν σου ἰδεῖν διαφθοράν.
ἐγνώρισάς μοι ὁδοὺς ζωῆς,
πληρώσεις με εὐφροσύνης μετὰ τοῦ προσώπου σου.

Ἄνδρες ἀδελφοί, ἐξὸν εἰπεῖν μετὰ παρρησίας πρὸς ὑμᾶς περὶ τοῦ πατριάρχου Δαυὶδ ὅτι καὶ ἐτελεύτησεν καὶ ἐτάφη, καὶ τὸ μνῆμα αὐτοῦ ἔστιν ἐν ἡμῖν ἄχρι τῆς ἡμέρας ταύτης. προφήτης οὖν ὑπάρχων καὶ εἰδὼς ὅτι ὅρκῳ ὤμοσεν αὐτῷ ὁ θεὸς ἐκ καρποῦ τῆς ὀσφύος αὐτοῦ καθίσαι ἐπὶ τὸν θρόνον αὐτοῦ, προϊδὼν ἐλάλησεν περὶ τῆς ἀναστάσεως τοῦ Χριστοῦ ὅτι οὔτε ἐγκατελείφθη εἰς ᾅδην οὔτε ἡ σὰρξ αὐτοῦ εἶδεν διαφθοράν. τοῦτον τὸν Ἰησοῦν ἀνέστησεν ὁ θεός, οὗ πάντες ἡμεῖς ἐσμεν μάρτυρες·

Tuesday

A Reading (Lesson) from the Prophet Isaiah (30:18–21)

וְלָכֵן יְחַכֶּה יְהוָה לַחֲנַנְכֶם וְלָכֵן יָרוּם לְרַחֶמְכֶם כִּי־אֱלֹהֵי מִשְׁפָּט
יְהוָה אַשְׁרֵי כָּל־חוֹכֵי לוֹ׃ ס

כִּי־עַם בְּצִיּוֹן יֵשֵׁב בִּירוּשָׁלִָם בָּכוֹ לֹא־תִבְכֶּה חָנוֹן יָחְנְךָ לְקוֹל
זַעֲקֶךָ כְּשָׁמְעָתוֹ עָנָךְ׃

וְנָתַן לָכֶם אֲדֹנָי לֶחֶם צָר וּמַיִם לָחַץ וְלֹא־יִכָּנֵף עוֹד מוֹרֶיךָ וְהָיוּ
עֵינֶיךָ רֹאוֹת אֶת־מוֹרֶיךָ׃

וְאָזְנֶיךָ תִּשְׁמַעְנָה דָבָר מֵאַחֲרֶיךָ לֵאמֹר זֶה הַדֶּרֶךְ לְכוּ בוֹ כִּי
תַאֲמִינוּ וְכִי תַשְׂמְאִילוּ׃

A Reading (Lesson) from the Acts of the Apostles (2:36–41)

ἀσφαλῶς οὖν γινωσκέτω πᾶς οἶκος Ἰσραὴλ ὅτι καὶ κύριον αὐτὸν καὶ χριστὸν ἐποίησεν ὁ θεός, τοῦτον τὸν Ἰησοῦν ὃν ὑμεῖς ἐσταυρώσατε.

Ἀκούσαντες δὲ κατενύγησαν τὴν καρδίαν εἶπόν τε πρὸς τὸν Πέτρον καὶ τοὺς λοιποὺς ἀποστόλους· τί ποιήσωμεν, ἄνδρες ἀδελφοί; Πέτρος δὲ πρὸς αὐτούς· μετανοήσατε, [φησίν,] καὶ βαπτισθήτω ἕκαστος ὑμῶν ἐπὶ τῷ ὀνόματι Ἰησοῦ Χριστοῦ εἰς ἄφεσιν τῶν ἁμαρτιῶν ὑμῶν καὶ λήμψεσθε τὴν δωρεὰν τοῦ ἁγίου πνεύματος. ὑμῖν γάρ ἐστιν ἡ ἐπαγγελία καὶ τοῖς τέκνοις ὑμῶν καὶ πᾶσιν τοῖς εἰς μακράν, ὅσους ἂν προσκαλέσηται κύριος ὁ θεὸς ἡμῶν. ἑτέροις τε λόγοις πλείοσιν διεμαρτύρατο καὶ παρεκάλει αὐτοὺς λέγων· σώθητε ἀπὸ τῆς γενεᾶς τῆς σκολιᾶς ταύτης. οἱ μὲν οὖν ἀποδεξάμενοι τὸν λόγον αὐτοῦ ἐβαπτίσθησαν καὶ προσετέθησαν ἐν τῇ ἡμέρᾳ ἐκείνῃ ψυχαὶ ὡσεὶ τρισχίλιαι.

Wednesday

A Reading (Lesson) from the Prophet Micah (7:7–15)

וַאֲנִי֙ בַּיהוָ֣ה אֲצַפֶּ֔ה אוֹחִ֖ילָה לֵאלֹהֵ֣י יִשְׁעִ֑י יִשְׁמָעֵ֖נִי אֱלֹהָֽי׃
אַל־תִּשְׂמְחִ֤י אֹיַ֙בְתִּי֙ לִ֔י כִּ֣י נָפַ֖לְתִּי קָ֑מְתִּי כִּֽי־אֵשֵׁ֣ב בַּחֹ֔שֶׁךְ יְהוָ֖ה
א֥וֹר לִֽי׃ ס
זַ֤עַף יְהוָה֙ אֶשָּׂ֔א כִּ֥י חָטָ֖אתִי ל֑וֹ עַד֩ אֲשֶׁ֨ר יָרִ֤יב רִיבִי֙ וְעָשָׂ֣ה מִשְׁפָּטִ֔י
יוֹצִיאֵ֣נִי לָא֔וֹר אֶרְאֶ֖ה בְּצִדְקָתֽוֹ׃
וְתֵרֶ֤א אֹיַ֙בְתִּי֙ וּתְכַסֶּ֣הָ בוּשָׁ֔ה הָאֹמְרָ֣ה אֵלַ֔י אַיּ֖וֹ יְהוָ֣ה אֱלֹהָ֑יִךְ עֵינַי֙
תִּרְאֶ֣ינָּה בָּ֔הּ עַתָּ֛ה תִּהְיֶ֥ה לְמִרְמָ֖ס כְּטִ֥יט חוּצֽוֹת׃
י֚וֹם לִבְנ֣וֹת גְּדֵרָ֑יִךְ י֥וֹם הַה֖וּא יִרְחַק־חֹֽק׃
י֧וֹם הוּא֙ וְעָדֶ֣יךָ יָב֔וֹא לְמִנִּ֥י אַשּׁ֖וּר וְעָרֵ֣י מָצ֑וֹר וּלְמִנִּ֤י מָצוֹר֙ וְעַד־
נָהָ֔ר וְיָ֥ם מִיָּ֖ם וְהַ֥ר הָהָֽר׃
וְהָיְתָ֥ה הָאָ֛רֶץ לִשְׁמָמָ֖ה עַל־יֹשְׁבֶ֑יהָ מִפְּרִ֖י מַעַלְלֵיהֶֽם׃ ס
רְעֵ֧ה עַמְּךָ֣ בְשִׁבְטֶ֗ךָ צֹ֚אן נַחֲלָתֶ֔ךָ שֹׁכְנִ֣י לְבָדָ֔ד יַ֖עַר בְּת֣וֹךְ כַּרְמֶ֑ל
יִרְע֥וּ בָשָׁ֛ן וְגִלְעָ֖ד כִּימֵ֥י עוֹלָֽם׃
כִּימֵ֥י צֵאתְךָ֖ מֵאֶ֣רֶץ מִצְרָ֑יִם אַרְאֶ֖נּוּ נִפְלָאֽוֹת׃

A Reading (Lesson) from the Acts of the Apostles (3:1–10)

Πέτρος δὲ καὶ Ἰωάννης ἀνέβαινον εἰς τὸ ἱερὸν ἐπὶ τὴν ὥραν τῆς προσευχῆς τὴν ἐνάτην. καί τις ἀνὴρ χωλὸς ἐκ κοιλίας μητρὸς αὐτοῦ ὑπάρχων ἐβαστάζετο, ὃν ἐτίθουν καθ' ἡμέραν πρὸς τὴν θύραν τοῦ ἱεροῦ τὴν λεγομένην Ὡραίαν τοῦ αἰτεῖν ἐλεημοσύνην παρὰ τῶν εἰσπορευομένων εἰς τὸ ἱερόν· ὃς ἰδὼν Πέτρον καὶ Ἰωάννην μέλλοντας εἰσιέναι εἰς τὸ ἱερόν, ἠρώτα ἐλεημοσύνην λαβεῖν. ἀτενίσας δὲ Πέτρος εἰς αὐτὸν σὺν τῷ Ἰωάννῃ εἶπεν· βλέψον εἰς ἡμᾶς. ὁ δὲ ἐπεῖχεν αὐτοῖς προσδοκῶν τι παρ’ αὐτῶν λαβεῖν. εἶπεν δὲ Πέτρος· ἀργύριον καὶ χρυσίον οὐχ ὑπάρχει μοι, ὃ δὲ ἔχω τοῦτό σοι δίδωμι· ἐν τῷ ὀνόματι Ἰησοῦ Χριστοῦ τοῦ Ναζωραίου [ἔγειρε καὶ] περιπάτει. καὶ πιάσας αὐτὸν τῆς δεξιᾶς χειρὸς ἤγειρεν αὐτόν· παραχρῆμα δὲ ἐστερεώθησαν αἱ βάσεις αὐτοῦ καὶ τὰ σφυδρά, καὶ ἐξαλλόμενος ἔστη καὶ περιεπάτει καὶ εἰσῆλθεν σὺν αὐτοῖς εἰς τὸ ἱερὸν περιπατῶν καὶ ἁλλόμενος καὶ αἰνῶν τὸν θεόν. καὶ εἶδεν πᾶς ὁ λαὸς αὐτὸν περιπατοῦντα καὶ αἰνοῦντα τὸν θεόν· ἐπεγίνωσκον δὲ αὐτὸν ὅτι αὐτὸς ἦν ὁ πρὸς τὴν ἐλεημοσύνην καθήμενος ἐπὶ τῇ ὡραίᾳ πύλῃ τοῦ ἱεροῦ καὶ ἐπλήσθησαν θάμβους καὶ ἐκστάσεως ἐπὶ τῷ συμβεβηκότι αὐτῷ.

Thursday

A Reading (Lesson) from the Prophet Ezekiel (37:1–14)

הָיְתָ֣ה עָלַי֮ יַד־יְהוָה֒ וַיּוֹצִאֵ֤נִי בְר֙וּחַ֙ יְהוָ֔ה וַיְנִיחֵ֖נִי בְּת֣וֹךְ הַבִּקְעָ֑ה
וְהִ֖יא מְלֵאָ֥ה עֲצָמֽוֹת׃
וְהֶעֱבִירַ֥נִי עֲלֵיהֶ֖ם סָבִ֣יב ׀ סָבִ֑יב וְהִנֵּ֨ה רַבּ֤וֹת מְאֹד֙ עַל־פְּנֵ֣י
הַבִּקְעָ֔ה וְהִנֵּ֖ה יְבֵשׁ֥וֹת מְאֹֽד׃
וַיֹּ֣אמֶר אֵלַ֔י בֶּן־אָדָ֕ם הֲתִחְיֶ֖ינָה הָעֲצָמ֣וֹת הָאֵ֑לֶּה וָאֹמַ֕ר אֲדֹנָ֥י יְהוִ֖ה
אַתָּ֥ה יָדָֽעְתָּ׃
וַיֹּ֣אמֶר אֵלַ֔י הִנָּבֵ֖א עַל־הָעֲצָמ֣וֹת הָאֵ֑לֶּה וְאָמַרְתָּ֣ אֲלֵיהֶ֗ם הָֽעֲצָמוֹת֙
הַיְבֵשׁ֔וֹת שִׁמְע֖וּ דְּבַר־יְהוָֽה׃
כֹּ֤ה אָמַר֙ אֲדֹנָ֣י יְהוִ֔ה לָעֲצָמ֖וֹת הָאֵ֑לֶּה הִנֵּ֨ה אֲנִ֜י מֵבִ֥יא בָכֶ֛ם ר֖וּחַ
וִחְיִיתֶֽם׃
וְנָתַתִּ֨י עֲלֵיכֶ֜ם גִּידִ֗ים וְהַעֲלֵתִ֤י עֲלֵיכֶם֙ בָּשָׂ֔ר וְקָרַמְתִּ֤י עֲלֵיכֶם֙ ע֔וֹר
וְנָתַתִּ֥י בָכֶ֛ם ר֖וּחַ וִחְיִיתֶ֑ם וִֽידַעְתֶּ֖ם כִּֽי־אֲנִ֥י יְהוָֽה׃

וְנִבֵּאתִי כַּאֲשֶׁר צֻוֵּיתִי וַיְהִי־קוֹל כְּהִנָּבְאִי וְהִנֵּה־רַעַשׁ וַתִּקְרְבוּ
עֲצָמוֹת עֶצֶם אֶל־עַצְמוֹ׃
וְרָאִיתִי וְהִנֵּה־עֲלֵיהֶם גִּדִים וּבָשָׂר עָלָה וַיִּקְרַם עֲלֵיהֶם עוֹר
מִלְמָעְלָה וְרוּחַ אֵין בָּהֶם׃
וַיֹּאמֶר אֵלַי הִנָּבֵא אֶל־הָרוּחַ הִנָּבֵא בֶן־אָדָם וְאָמַרְתָּ אֶל־הָרוּחַ
כֹּה־אָמַר ׀ אֲדֹנָי יְהוִה מֵאַרְבַּע רוּחוֹת בֹּאִי הָרוּחַ וּפְחִי בַּהֲרוּגִים
הָאֵלֶּה וְיִחְיוּ׃
וְהִנַּבֵּאתִי כַּאֲשֶׁר צִוָּנִי וַתָּבוֹא בָהֶם הָרוּחַ וַיִּחְיוּ וַיַּעַמְדוּ עַל־
רַגְלֵיהֶם חַיִל גָּדוֹל מְאֹד־מְאֹד׃ ס
וַיֹּאמֶר אֵלַי בֶּן־אָדָם הָעֲצָמוֹת הָאֵלֶּה כָּל־בֵּית יִשְׂרָאֵל הֵמָּה הִנֵּה
אֹמְרִים יָבְשׁוּ עַצְמוֹתֵינוּ וְאָבְדָה תִקְוָתֵנוּ נִגְזַרְנוּ לָנוּ׃
לָכֵן הִנָּבֵא וְאָמַרְתָּ אֲלֵיהֶם כֹּה־אָמַר אֲדֹנָי יְהוִה הִנֵּה אֲנִי פֹתֵחַ
אֶת־קִבְרוֹתֵיכֶם וְהַעֲלֵיתִי אֶתְכֶם מִקִּבְרוֹתֵיכֶם עַמִּי וְהֵבֵאתִי
אֶתְכֶם אֶל־אַדְמַת יִשְׂרָאֵל׃ ס
וִידַעְתֶּם כִּי־אֲנִי יְהוָה בְּפִתְחִי אֶת־קִבְרוֹתֵיכֶם וּבְהַעֲלוֹתִי אֶתְכֶם
מִקִּבְרוֹתֵיכֶם עַמִּי׃
וְנָתַתִּי רוּחִי בָכֶם וִחְיִיתֶם וְהִנַּחְתִּי אֶתְכֶם עַל־אַדְמַתְכֶם וִידַעְתֶּם
כִּי־אֲנִי יְהוָה דִּבַּרְתִּי וְעָשִׂיתִי נְאֻם־יְהוָה׃ פ

A Reading (Lesson) from the Acts of the Apostles (3:11–26)

Κρατοῦντος δὲ αὐτοῦ τὸν Πέτρον καὶ τὸν Ἰωάννην συνέδραμεν πᾶς ὁ λαὸς πρὸς αὐτοὺς ἐπὶ τῇ στοᾷ τῇ καλουμένῃ Σολομῶντος ἔκθαμβοι. ἰδὼν δὲ ὁ Πέτρος ἀπεκρίνατο πρὸς τὸν λαόν· ἄνδρες Ἰσραηλῖται, τί θαυμάζετε ἐπὶ τούτῳ ἢ ἡμῖν τί ἀτενίζετε ὡς ἰδίᾳ δυνάμει ἢ εὐσεβείᾳ πεποιηκόσιν τοῦ περιπατεῖν αὐτόν; *ὁ θεὸς Ἀβραὰμ καὶ [ὁ θεὸς] Ἰσαὰκ καὶ [ὁ θεὸς] Ἰακώβ, ὁ θεὸς τῶν πατέρων ἡμῶν,* ἐδόξασεν τὸν παῖδα αὐτοῦ Ἰησοῦν ὃν ὑμεῖς μὲν παρεδώκατε καὶ ἠρνήσασθε κατὰ πρόσωπον Πιλάτου, κρίναντος ἐκείνου ἀπολύειν· ὑμεῖς δὲ τὸν ἅγιον καὶ δίκαιον ἠρνήσασθε καὶ ᾐτήσασθε ἄνδρα φονέα χαρισθῆναι ὑμῖν, τὸν δὲ ἀρχηγὸν τῆς ζωῆς ἀπεκτείνατε ὃν ὁ θεὸς ἤγειρεν ἐκ νεκρῶν, οὗ ἡμεῖς μάρτυρές ἐσμεν. καὶ ἐπὶ τῇ πίστει τοῦ ὀνόματος αὐτοῦ τοῦτον ὃν θεωρεῖτε καὶ οἴδατε, ἐστερέωσεν τὸ ὄνομα αὐτοῦ, καὶ ἡ πίστις ἡ δι' αὐτοῦ ἔδωκεν αὐτῷ τὴν ὁλοκληρίαν ταύτην ἀπέναντι πάντων ὑμῶν. Καὶ νῦν, ἀδελφοί, οἶδα ὅτι κατὰ ἄγνοιαν ἐπράξατε ὥσπερ καὶ οἱ ἄρχοντες ὑμῶν· ὁ δὲ θεός, ἃ προκατήγγειλεν διὰ στόματος πάντων τῶν προφητῶν παθεῖν τὸν χριστὸν αὐτοῦ, ἐπλήρωσεν οὕτως. μετανοήσατε οὖν καὶ ἐπιστρέψατε εἰς τὸ ἐξαλειφθῆναι ὑμῶν τὰς ἁμαρτίας, ὅπως ἂν ἔλθωσιν καιροὶ ἀναψύξεως ἀπὸ προσώπου τοῦ κυρίου καὶ ἀποστείλῃ τὸν προκεχειρισμένον ὑμῖν χριστὸν Ἰησοῦν, ὃν δεῖ οὐρανὸν μὲν δέξασθαι ἄχρι χρόνων ἀποκαταστάσεως πάντων ὧν ἐλάλησεν ὁ θεὸς διὰ στόματος τῶν ἁγίων ἀπ' αἰῶνος αὐτοῦ προφητῶν. Μωϋσῆς μὲν εἶπεν ὅτι *προφήτην ὑμῖν ἀναστήσει κύριος ὁ θεὸς ὑμῶν ἐκ τῶν ἀδελφῶν ὑμῶν ὡς ἐμέ· αὐτοῦ ἀκούσεσθε κατὰ πάντα ὅσα ἂν λαλήσῃ* πρὸς ὑμᾶς. *ἔσται δὲ πᾶσα ψυχὴ ἥτις ἐὰν μὴ ἀκούσῃ τοῦ προφήτου ἐκείνου ἐξολεθρευθήσεται ἐκ τοῦ λαοῦ.* καὶ πάντες δὲ οἱ προφῆται ἀπὸ Σαμουὴλ καὶ τῶν καθεξῆς ὅσοι ἐλάλησαν καὶ κατήγγειλαν τὰς ἡμέρας ταύτας. ὑμεῖς ἐστε οἱ υἱοὶ τῶν προφητῶν καὶ τῆς διαθήκης ἧς διέθετο ὁ θεὸς πρὸς τοὺς πατέρας ὑμῶν λέγων πρὸς Ἀβραάμ· *καὶ ἐν τῷ σπέρματί σου [ἐν]*ευλογηθήσονται *πᾶσαι αἱ πατριαὶ τῆς γῆς*. ὑμῖν πρῶτον ἀναστήσας ὁ θεὸς τὸν παῖδα αὐτοῦ ἀπέστειλεν αὐτὸν εὐλογοῦντα ὑμᾶς ἐν τῷ ἀποστρέφειν ἕκαστον ἀπὸ τῶν πονηριῶν ὑμῶν.

Friday

A Reading (Lesson) from the Prophet Daniel (12:1–4, 13)

וּבָעֵ֨ת הַהִ֜יא יַעֲמֹ֣ד מִֽיכָאֵ֗ל הַשַּׂ֤ר הַגָּדוֹל֙ הָעֹמֵד֙ עַל־בְּנֵ֣י עַמֶּ֔ךָ
וְהָֽיְתָה֙ עֵ֣ת צָרָ֔ה אֲשֶׁ֧ר לֹֽא־נִהְיְתָ֛ה מִֽהְי֥וֹת גּ֖וֹי עַ֚ד הָעֵ֣ת הַהִ֑יא

וּבָעֵת הַהִיא יִמָּלֵט עַמְּךָ כָּל־הַנִּמְצָא כָּתוּב בַּסֵּפֶר׃
וְרַבִּים מִיְּשֵׁנֵי אַדְמַת־עָפָר יָקִיצוּ אֵלֶּה לְחַיֵּי עוֹלָם וְאֵלֶּה
לַחֲרָפוֹת לְדִרְאוֹן עוֹלָם׃ ס
וְהַמַּשְׂכִּלִים יַזְהִרוּ כְּזֹהַר הָרָקִיעַ וּמַצְדִּיקֵי הָרַבִּים כַּכּוֹכָבִים
לְעוֹלָם וָעֶד׃ פ
וְאַתָּה דָנִיֵּאל סְתֹם הַדְּבָרִים וַחֲתֹם הַסֵּפֶר עַד־עֵת קֵץ יְשֹׁטְטוּ
רַבִּים וְתִרְבֶּה הַדָּעַת׃
וְאַתָּה לֵךְ לַקֵּץ וְתָנוּחַ וְתַעֲמֹד לְגֹרָלְךָ לְקֵץ הַיָּמִין׃

A Reading (Lesson) from the Acts of the Apostles (4:1–12)

Λαλούντων δὲ αὐτῶν πρὸς τὸν λαὸν ἐπέστησαν αὐτοῖς οἱ ἱερεῖς καὶ ὁ στρατηγὸς τοῦ ἱεροῦ καὶ οἱ Σαδδουκαῖοι, διαπονούμενοι διὰ τὸ διδάσκειν αὐτοὺς τὸν λαὸν καὶ καταγγέλλειν ἐν τῷ Ἰησοῦ τὴν ἀνάστασιν τὴν ἐκ νεκρῶν, καὶ ἐπέβαλον αὐτοῖς τὰς χεῖρας καὶ ἔθεντο εἰς τήρησιν εἰς τὴν αὔριον· ἦν γὰρ ἑσπέρα ἤδη. πολλοὶ δὲ τῶν ἀκουσάντων τὸν λόγον ἐπίστευσαν καὶ ἐγενήθη [ὁ] ἀριθμὸς τῶν ἀνδρῶν [ὡς] χιλιάδες πέντε.

Ἐγένετο δὲ ἐπὶ τὴν αὔριον συναχθῆναι αὐτῶν τοὺς ἄρχοντας καὶ τοὺς πρεσβυτέρους καὶ τοὺς γραμματεῖς ἐν Ἰερουσαλήμ, καὶ Ἅννας ὁ ἀρχιερεὺς καὶ Καϊάφας καὶ Ἰωάννης καὶ Ἀλέξανδρος καὶ ὅσοι ἦσαν ἐκ γένους ἀρχιερατικοῦ, καὶ στήσαντες αὐτοὺς ἐν τῷ μέσῳ ἐπυνθάνοντο· ἐν ποίᾳ δυνάμει ἢ ἐν ποίῳ ὀνόματι ἐποιήσατε τοῦτο ὑμεῖς; Τότε Πέτρος πλησθεὶς πνεύματος ἁγίου εἶπεν πρὸς αὐτούς· ἄρχοντες τοῦ λαοῦ καὶ πρεσβύτεροι, εἰ ἡμεῖς σήμερον ἀνακρινόμεθα ἐπὶ εὐεργεσίᾳ ἀνθρώπου ἀσθενοῦς ἐν τίνι οὗτος σέσωται, γνωστὸν ἔστω πᾶσιν ὑμῖν καὶ παντὶ τῷ λαῷ Ἰσραὴλ ὅτι ἐν τῷ ὀνόματι Ἰησοῦ Χριστοῦ τοῦ Ναζωραίου ὃν ὑμεῖς ἐσταυρώσατε, ὃν ὁ θεὸς ἤγειρεν ἐκ νεκρῶν, ἐν τούτῳ οὗτος παρέστηκεν ἐνώπιον ὑμῶν ὑγιής. οὗτός ἐστιν ὁ λίθος, ὁ ἐξουθενηθεὶς ὑφ' ὑμῶν τῶν οἰκοδόμων, ὁ γενόμενος εἰς κεφαλὴν γωνίας. καὶ οὐκ ἔστιν ἐν ἄλλῳ οὐδενὶ ἡ σωτηρία, οὐδὲ γὰρ ὄνομά ἐστιν ἕτερον ὑπὸ τὸν οὐρανὸν τὸ δεδομένον ἐν ἀνθρώποις ἐν ᾧ δεῖ σωθῆναι ἡμᾶς.

Week of 2 Easter

Monday

A Reading (Lesson) from the Prophet Daniel (1:1–21)

בִּשְׁנַ֣ת שָׁל֔וֹשׁ לְמַלְכ֖וּת יְהוֹיָקִ֣ים מֶֽלֶךְ־יְהוּדָ֑ה בָּ֣א נְבוּכַדְנֶאצַּ֧ר
מֶֽלֶךְ־בָּבֶ֛ל יְרוּשָׁלִַ֖ם וַיָּ֥צַר עָלֶֽיהָ׃
וַיִּתֵּן֩ אֲדֹנָ֨י בְּיָד֜וֹ אֶת־יְהוֹיָקִ֣ים מֶֽלֶךְ־יְהוּדָ֗ה וּמִקְצָת֙ כְּלֵ֣י בֵית־
הָֽאֱלֹהִ֔ים וַיְבִיאֵ֥ם אֶֽרֶץ־שִׁנְעָ֖ר בֵּ֣ית אֱלֹהָ֑יו וְאֶת־הַכֵּלִ֣ים הֵבִ֔יא בֵּ֖ית
אוֹצַ֥ר אֱלֹהָֽיו׃
וַיֹּ֣אמֶר הַמֶּ֔לֶךְ לְאַשְׁפְּנַ֖ז רַ֣ב סָרִיסָ֑יו לְהָבִ֞יא מִבְּנֵ֧י יִשְׂרָאֵ֛ל וּמִזֶּ֥רַע
הַמְּלוּכָ֖ה וּמִן־הַֽפַּרְתְּמִֽים׃
יְלָדִ֣ים אֲשֶׁ֣ר אֵֽין־בָּהֶ֣ם כָּל־Kמאום Qמ֡וּם וְטוֹבֵ֨י מַרְאֶ֜ה וּמַשְׂכִּילִ֣ים
בְּכָל־חָכְמָ֗ה וְיֹ֤דְעֵי דַ֙עַת֙ וּמְבִינֵ֣י מַדָּ֔ע וַאֲשֶׁר֙ כֹּ֣חַ בָּהֶ֔ם לַעֲמֹ֖ד
בְּהֵיכַ֣ל הַמֶּ֑לֶךְ וּֽלֲלַמְּדָ֥ם סֵ֖פֶר וּלְשׁ֥וֹן כַּשְׂדִּֽים׃
וַיְמַן֩ לָהֶ֨ם הַמֶּ֜לֶךְ דְּבַר־י֣וֹם בְּיוֹמ֗וֹ מִפַּת־בַּ֤ג הַמֶּ֙לֶךְ֙ וּמִיֵּ֣ין מִשְׁתָּ֔יו
וּֽלְגַדְּלָ֖ם שָׁנִ֣ים שָׁל֑וֹשׁ וּמִ֨קְצָתָ֔ם יַֽעַמְד֖וּ לִפְנֵ֥י הַמֶּֽלֶךְ׃
וַיְהִ֣י בָהֶ֔ם מִבְּנֵ֖י יְהוּדָ֑ה דָּנִיֵּ֣אל חֲנַנְיָ֔ה מִֽישָׁאֵ֖ל וַעֲזַרְיָֽה׃
וַיָּ֧שֶׂם לָהֶ֛ם שַׂ֥ר הַסָּרִיסִ֖ים שֵׁמ֑וֹת וַיָּ֨שֶׂם לְדָנִיֵּ֜אל בֵּ֣לְטְשַׁאצַּ֗ר
וְלַחֲנַנְיָה֙ שַׁדְרַ֔ךְ וּלְמִֽישָׁאֵ֖ל מֵישַׁ֑ךְ וְלַעֲזַרְיָ֖ה עֲבֵ֥ד נְגֽוֹ׃
וַיָּ֤שֶׂם דָּנִיֵּאל֙ עַל־לִבּ֔וֹ אֲשֶׁ֧ר לֹֽא־יִתְגָּאַ֛ל בְּפַתְבַּ֥ג הַמֶּ֖לֶךְ וּבְיֵ֣ין
מִשְׁתָּ֑יו וַיְבַקֵּשׁ֙ מִשַּׂ֣ר הַסָּרִיסִ֔ים אֲשֶׁ֖ר לֹ֥א יִתְגָּאָֽל׃
וַיִּתֵּ֤ן הָֽאֱלֹהִים֙ אֶת־דָּ֣נִיֵּ֔אל לְחֶ֖סֶד וּֽלְרַחֲמִ֑ים לִפְנֵ֖י שַׂ֥ר הַסָּרִיסִֽים׃

וַיֹּ֜אמֶר שַׂ֤ר הַסָּרִיסִים֙ לְדָ֣נִיֵּ֔אל יָרֵ֤א אֲנִי֙ אֶת־אֲדֹנִ֣י הַמֶּ֔לֶךְ אֲשֶׁ֥ר
מִנָּ֛ה אֶת־מַאֲכַלְכֶ֖ם וְאֶת־מִשְׁתֵּיכֶ֑ם אֲשֶׁ֣ר לָ֠מָּה יִרְאֶ֨ה אֶת־פְּנֵיכֶ֜ם
זֹעֲפִ֗ים מִן־הַיְלָדִים֙ אֲשֶׁ֣ר כְּגִֽילְכֶ֔ם וְחִיַּבְתֶּ֥ם אֶת־רֹאשִׁ֖י לַמֶּֽלֶךְ׃
וַיֹּ֥אמֶר דָּנִיֵּ֖אל אֶל־הַמֶּלְצַ֑ר אֲשֶׁ֤ר מִנָּה֙ שַׂ֣ר הַסָּֽרִיסִ֔ים עַל־דָּֽנִיֵּ֕אל
חֲנַנְיָ֥ה מִֽישָׁאֵ֖ל וַעֲזַרְיָֽה׃
נַס־נָ֥א אֶת־עֲבָדֶ֖יךָ יָמִ֣ים עֲשָׂרָ֑ה וְיִתְּנוּ־לָ֜נוּ מִן־הַזֵּרֹעִ֛ים וְנֹאכְלָ֖ה
וּמַ֥יִם וְנִשְׁתֶּֽה׃
וְיֵרָא֤וּ לְפָנֶ֙יךָ֙ מַרְאֵ֔ינוּ וּמַרְאֵה֙ הַיְלָדִ֔ים הָאֹ֣כְלִ֔ים אֵ֖ת פַּתְבַּ֣ג הַמֶּ֑לֶךְ
וְכַאֲשֶׁ֣ר תִּרְאֵ֔ה עֲשֵׂ֖ה עִם־עֲבָדֶֽיךָ׃
וַיִּשְׁמַ֥ע לָהֶ֖ם לַדָּבָ֣ר הַזֶּ֑ה וַיְנַסֵּ֖ם יָמִ֥ים עֲשָׂרָֽה׃
וּמִקְצָת֙ יָמִ֣ים עֲשָׂרָ֔ה נִרְאָ֤ה מַרְאֵיהֶם֙ ט֔וֹב וּבְרִיאֵ֖י בָּשָׂ֑ר מִן־כָּל־
הַיְלָדִ֔ים הָאֹ֣כְלִ֔ים אֵ֖ת פַּתְבַּ֥ג הַמֶּֽלֶךְ׃
וַיְהִ֣י הַמֶּלְצַ֗ר נֹשֵׂא֙ אֶת־פַּתְבָּגָ֔ם וְיֵ֖ין מִשְׁתֵּיהֶ֑ם וְנֹתֵ֥ן לָהֶ֖ם זֵרְעֹנִֽים׃
וְהַיְלָדִ֤ים הָאֵלֶּה֙ אַרְבַּעְתָּ֔ם נָתַ֨ן לָהֶ֧ם הָאֱלֹהִ֛ים מַדָּ֥ע וְהַשְׂכֵּ֖ל
בְּכָל־סֵ֣פֶר וְחָכְמָ֑ה וְדָנִיֵּ֣אל הֵבִ֔ין בְּכָל־חָז֖וֹן וַחֲלֹמֽוֹת׃
וּלְמִקְצָת֙ הַיָּמִ֔ים אֲשֶׁר־אָמַ֥ר הַמֶּ֖לֶךְ לַהֲבִיאָ֑ם וַיְבִיאֵם֙ שַׂ֣ר
הַסָּרִיסִ֔ים לִפְנֵ֖י נְבֻכַדְנֶצַּֽר׃
וַיְדַבֵּ֤ר אִתָּם֙ הַמֶּ֔לֶךְ וְלֹ֤א נִמְצָא֙ מִכֻּלָּ֔ם כְּדָנִיֵּ֣אל חֲנַנְיָ֔ה מִֽישָׁאֵ֖ל
וַעֲזַרְיָ֑ה וַיַּֽעַמְדוּ לִפְנֵ֥י הַמֶּֽלֶךְ׃
וְכֹ֗ל דְּבַר֙ חָכְמַ֣ת בִּינָ֔ה אֲשֶׁר־בִּקֵּ֥שׁ מֵהֶ֖ם הַמֶּ֑לֶךְ וַיִּמְצָאֵ֞ם עֶ֣שֶׂר
יָד֗וֹת עַ֤ל כָּל־הַחַרְטֻמִּים֙ הָֽאַשָּׁפִ֔ים אֲשֶׁ֖ר בְּכָל־מַלְכוּתֽוֹ׃
וַֽיְהִי֙ דָּנִיֵּ֔אל עַד־שְׁנַ֥ת אַחַ֖ת לְכ֥וֹרֶשׁ הַמֶּֽלֶךְ׃ פ

A Reading (Lesson) from the first letter of John (1:1–10)

Ὃ ἦν ἀπ' ἀρχῆς, ὃ ἀκηκόαμεν, ὃ ἑωράκαμεν τοῖς ὀφθαλμοῖς ἡμῶν, ὃ ἐθεασάμεθα καὶ αἱ χεῖρες ἡμῶν ἐψηλάφησαν περὶ τοῦ λόγου τῆς ζωῆς– καὶ ἡ ζωὴ ἐφανερώθη, καὶ ἑωράκαμεν καὶ μαρτυροῦμεν καὶ ἀπαγγέλλομεν ὑμῖν τὴν ζωὴν τὴν αἰώνιον ἥτις ἦν πρὸς τὸν πατέρα καὶ ἐφανερώθη ἡμῖν– ὃ ἑωράκαμεν καὶ ἀκηκόαμεν, ἀπαγγέλλομεν καὶ ὑμῖν, ἵνα καὶ ὑμεῖς κοινωνίαν ἔχητε μεθ' ἡμῶν. καὶ ἡ κοινωνία δὲ ἡ ἡμετέρα μετὰ τοῦ πατρὸς καὶ μετὰ τοῦ υἱοῦ αὐτοῦ Ἰησοῦ Χριστοῦ. καὶ ταῦτα γράφομεν ἡμεῖς, ἵνα ἡ χαρὰ ἡμῶν ᾖ πεπληρωμένη.

Καὶ ἔστιν αὕτη ἡ ἀγγελία ἣν ἀκηκόαμεν ἀπ' αὐτοῦ καὶ ἀναγγέλλομεν ὑμῖν, ὅτι ὁ θεὸς φῶς ἐστιν καὶ σκοτία ἐν αὐτῷ οὐκ ἔστιν οὐδεμία. ἐὰν εἴπωμεν ὅτι κοινωνίαν ἔχομεν μετ' αὐτοῦ καὶ ἐν τῷ σκότει περιπατῶμεν, ψευδόμεθα καὶ οὐ ποιοῦμεν τὴν ἀλήθειαν· ἐὰν ἐν τῷ φωτὶ περιπατῶμεν, ὡς αὐτός ἐστιν ἐν τῷ φωτί, κοινωνίαν ἔχομεν μετ' ἀλλήλων, καὶ τὸ αἷμα Ἰησοῦ τοῦ υἱοῦ αὐτοῦ καθαρίζει ἡμᾶς ἀπὸ πάσης ἁμαρτίας. ἐὰν εἴπωμεν ὅτι ἁμαρτίαν οὐκ ἔχομεν, ἑαυτοὺς πλανῶμεν καὶ ἡ ἀλήθεια οὐκ ἔστιν ἐν ἡμῖν. ἐὰν ὁμολογῶμεν τὰς ἁμαρτίας ἡμῶν, πιστός ἐστιν καὶ δίκαιος, ἵνα ἀφῇ ἡμῖν τὰς ἁμαρτίας καὶ καθαρίσῃ ἡμᾶς ἀπὸ πάσης ἀδικίας. ἐὰν εἴπωμεν ὅτι οὐχ ἡμαρτήκαμεν, ψεύστην ποιοῦμεν αὐτόν, καὶ ὁ λόγος αὐτοῦ οὐκ ἔστιν ἐν ἡμῖν.

Tuesday

A Reading (Lesson) from the Prophet Daniel (2:1–16)

וּבִשְׁנַ֣ת שְׁתַּ֔יִם לְמַלְכוּת֙ נְבֻֽכַדְנֶצַּ֔ר חָלַ֥ם נְבֻֽכַדְנֶצַּ֖ר חֲלֹמ֑וֹת
וַתִּתְפָּ֣עֶם רוּח֔וֹ וּשְׁנָת֖וֹ נִהְיְתָ֥ה עָלָֽיו׃
וַיֹּ֣אמֶר הַ֠מֶּלֶךְ לִקְרֹ֨א לַֽחַרְטֻמִּ֜ים וְלָֽאַשָּׁפִ֗ים וְלַֽמְכַשְּׁפִים֙ וְלַכַּשְׂדִּ֔ים
לְהַגִּ֥יד לַמֶּ֖לֶךְ חֲלֹמֹתָ֑יו וַיָּבֹ֕אוּ וַיַּֽעַמְד֖וּ לִפְנֵ֥י הַמֶּֽלֶךְ׃

וַיֹּ֧אמֶר לָהֶ֛ם הַמֶּ֖לֶךְ חֲל֣וֹם חָלָ֑מְתִּי וַתִּפָּ֣עֶם רוּחִ֔י לָדַ֖עַת אֶת־
הַחֲלֽוֹם׃
וַיְדַבְּר֧וּ הַכַּשְׂדִּ֛ים לַמֶּ֖לֶךְ אֲרָמִ֑ית מַלְכָּא֙ לְעָלְמִ֣ין חֱיִ֔י אֱמַ֥ר
חֶלְמָ֛א [K]לְעַבְדַ֖יִךְ [Q]לְעַבְדָ֖ךְ וּפִשְׁרָ֥א נְחַוֵּֽא׃
עָנֵ֤ה מַלְכָּא֙ וְאָמַ֣ר [K]לְכַשְׂדָּיֵא [Q]לְכַשְׂדָּאֵ֔י מִלְּתָ֖א מִנִּ֣י אַזְדָּ֑א הֵ֣ן לָ֤א
תְהוֹדְעוּנַּ֙נִי֙ חֶלְמָ֣א וּפִשְׁרֵ֔הּ הַדָּמִין֙ תִּתְעַבְד֔וּן וּבָתֵּיכ֖וֹן נְוָלִ֥י
יִתְּשָׂמֽוּן׃
וְהֵ֨ן חֶלְמָ֜א וּפִשְׁרֵ֣הּ תְּֽהַחֲוֹ֗ן מַתְּנָ֤ן וּנְבִזְבָּה֙ וִיקָ֣ר שַׂגִּ֔יא תְּקַבְּל֖וּן מִן־
קֳדָמָ֑י לָהֵ֕ן חֶלְמָ֥א וּפִשְׁרֵ֖הּ הַחֲוֹֽנִי׃
עֲנ֥וֹ תִנְיָנ֖וּת וְאָמְרִ֑ין מַלְכָּ֗א חֶלְמָ֛א יֵאמַ֥ר לְעַבְד֖וֹהִי וּפִשְׁרָ֥ה
נְהַחֲוֵֽה׃
עָנֵ֤ה מַלְכָּא֙ וְאָמַ֔ר מִן־יַצִּיב֙ יָדַ֣ע אֲנָ֔ה דִּ֥י עִדָּנָ֖א אַנְתּ֣וּן זָבְנִ֑ין כָּל־
קֳבֵל֙ דִּ֣י חֲזֵית֔וֹן דִּ֥י אַזְדָּ֖א מִנִּ֥י מִלְּתָֽא׃
דִּ֣י הֵן־חֶלְמָא֩ לָ֨א תְהוֹדְעֻנַּ֜נִי חֲדָה־הִ֣יא דָֽתְכ֗וֹן וּמִלָּ֨ה כִדְבָ֤ה
וּשְׁחִיתָה֙ [K]הִזְמִנְתּוּן [Q]הִזְדְּמִנְתּוּן֙ לְמֵאמַ֣ר קָֽדָמַ֔י עַ֛ד דִּ֥י עִדָּנָ֖א יִשְׁתַּנֵּ֑א
לָהֵ֗ן חֶלְמָא֙ אֱמַ֣רוּ לִ֔י וְאִנְדַּ֕ע דִּ֥י פִשְׁרֵ֖הּ תְּהַחֲוֻנַּֽנִי׃
עֲנ֨וֹ [K]כַשְׂדָּיֵא [Q]כַשְׂדָּאֵ֤י קֳדָם־מַלְכָּא֙ וְאָמְרִ֔ין לָֽא־אִיתַ֤י אֱנָשׁ֙ עַל־
יַבֶּשְׁתָּ֔א דִּ֚י מִלַּ֣ת מַלְכָּ֔א יוּכַ֖ל לְהַחֲוָיָ֑ה כָּל־קֳבֵ֗ל דִּ֚י כָּל־מֶ֙לֶךְ֙ רַ֣ב
וְשַׁלִּ֔יט מִלָּ֤ה כִדְנָה֙ לָ֣א שְׁאֵ֔ל לְכָל־חַרְטֹּ֖ם וְאָשַׁ֥ף וְכַשְׂדָּֽי׃
וּמִלְּתָ֨א דִֽי־מַלְכָּ֤ה שָׁאֵל֙ יַקִּירָ֔ה וְאָחֳרָן֙ לָ֣א אִיתַ֔י דִּ֥י יְחַוִּנַּ֖הּ קֳדָ֣ם
מַלְכָּ֑א לָהֵ֣ן אֱלָהִ֔ין דִּ֚י מְדָ֣רְה֔וֹן עִם־בִּשְׂרָ֖א לָ֥א אִיתֽוֹהִי׃
כָּל־קֳבֵ֣ל דְּנָ֔ה מַלְכָּ֕א בְּנַ֖ס וּקְצַ֣ף שַׂגִּ֑יא וַאֲמַר֙ לְהוֹבָדָ֔ה לְכֹ֖ל
חַכִּימֵ֥י בָבֶֽל׃
וְדָתָ֣א נֶפְקַ֔ת וְחַכִּימַיָּ֖א מִֽתְקַטְּלִ֑ין וּבְע֛וֹ דָּנִיֵּ֥אל וְחַבְר֖וֹהִי
לְהִתְקְטָלָֽה׃ פ

בֵּאדַ֣יִן דָּנִיֵּ֗אל הֲתִיב֙ עֵטָ֣א וּטְעֵ֔ם לְאַרְי֖וֹךְ רַב־טַבָּחַיָּ֣א דִּ֣י מַלְכָּ֑א
דִּ֚י נְפַ֔ק לְקַטָּלָ֖ה לְחַכִּימֵ֥י בָּבֶֽל׃
עָנֵ֣ה וְאָמַ֗ר לְאַרְי֙וֹךְ֙ שַׁלִּיטָ֣א דִֽי־מַלְכָּ֔א עַל־מָ֥ה דָתָ֛א מְהַחְצְפָ֖ה
מִן־קֳדָ֣ם מַלְכָּ֑א אֱדַ֣יִן מִלְּתָ֔א הוֹדַ֥ע אַרְי֖וֹךְ לְדָנִיֵּֽאל׃
וְדָ֣נִיֵּ֔אל עַ֖ל וּבְעָ֣ה מִן־מַלְכָּ֑א דִּ֚י זְמָ֣ן יִנְתֵּן־לֵ֔הּ וּפִשְׁרָ֖א לְהַחֲוָיָ֥ה
לְמַלְכָּֽא׃ פ

A Reading (Lesson) from the first letter of John (2:1–11)

Τεκνία μου, ταῦτα γράφω ὑμῖν ἵνα μὴ ἁμάρτητε. καὶ ἐάν τις ἁμάρτῃ, παράκλητον ἔχομεν πρὸς τὸν πατέρα Ἰησοῦν Χριστὸν δίκαιον· καὶ αὐτὸς ἱλασμός ἐστιν περὶ τῶν ἁμαρτιῶν ἡμῶν, οὐ περὶ τῶν ἡμετέρων δὲ μόνον ἀλλὰ καὶ περὶ ὅλου τοῦ κόσμου.

Καὶ ἐν τούτῳ γινώσκομεν ὅτι ἐγνώκαμεν αὐτόν, ἐὰν τὰς ἐντολὰς αὐτοῦ τηρῶμεν. ὁ λέγων ὅτι ἔγνωκα αὐτὸν καὶ τὰς ἐντολὰς αὐτοῦ μὴ τηρῶν ψεύστης ἐστίν, καὶ ἐν τούτῳ ἡ ἀλήθεια οὐκ ἔστιν· ὃς δ᾽ ἂν τηρῇ αὐτοῦ τὸν λόγον, ἀληθῶς ἐν τούτῳ ἡ ἀγάπη τοῦ θεοῦ τετελείωται· ἐν τούτῳ γινώσκομεν ὅτι ἐν αὐτῷ ἐσμεν. ὁ λέγων ἐν αὐτῷ μένειν ὀφείλει, καθὼς ἐκεῖνος περιεπάτησεν, καὶ αὐτὸς οὕτως περιπατεῖν.

Ἀγαπητοί, οὐκ ἐντολὴν καινὴν γράφω ὑμῖν ἀλλ᾽ ἐντολὴν παλαιὰν ἣν εἴχετε ἀπ᾽ ἀρχῆς· ἡ ἐντολὴ ἡ παλαιά ἐστιν ὁ λόγος ὃν ἠκούσατε. πάλιν ἐντολὴν καινὴν γράφω ὑμῖν ὅ ἐστιν ἀληθὲς ἐν αὐτῷ καὶ ἐν ὑμῖν, ὅτι ἡ σκοτία παράγεται καὶ τὸ φῶς τὸ ἀληθινὸν ἤδη φαίνει. Ὁ λέγων ἐν τῷ φωτὶ εἶναι καὶ τὸν ἀδελφὸν αὐτοῦ μισῶν ἐν τῇ σκοτίᾳ ἐστὶν ἕως ἄρτι. ὁ ἀγαπῶν τὸν ἀδελφὸν αὐτοῦ ἐν τῷ φωτὶ μένει, καὶ σκάνδαλον ἐν αὐτῷ οὐκ ἔστιν· ὁ δὲ μισῶν τὸν ἀδελφὸν αὐτοῦ ἐν τῇ σκοτίᾳ ἐστὶν καὶ ἐν τῇ σκοτίᾳ περιπατεῖ καὶ οὐκ οἶδεν ποῦ ὑπάγει, ὅτι ἡ σκοτία ἐτύφλωσεν τοὺς ὀφθαλμοὺς αὐτοῦ.

Wednesday

A Reading (Lesson) from the Prophet Daniel (2:17–30)

אֱדַ֫יִן דָּנִיֵּ֖אל לְבַיְתֵ֣הּ אֲזַ֑ל וְלַחֲנַנְיָ֨ה מִֽישָׁאֵ֜ל וַעֲזַרְיָ֧ה חַבְר֛וֹהִי
מִלְּתָ֖א הוֹדַֽע׃
וְרַחֲמִ֗ין לְמִבְעֵא֙ מִן־קֳדָם֙ אֱלָ֣הּ שְׁמַיָּ֔א עַל־רָזָ֖ה דְּנָ֑ה דִּ֣י לָ֤א
יְהֹֽבְדוּן֙ דָּנִיֵּ֣אל וְחַבְר֔וֹהִי עִם־שְׁאָ֖ר חַכִּימֵ֥י בָבֶֽל׃
אֱדַ֗יִן לְדָֽנִיֵּ֛אל בְּחֶזְוָ֥א דִֽי־לֵילְיָ֖א רָזָ֣ה גֲלִ֑י אֱדַ֙יִן֙ דָּֽנִיֵּ֔אל בָּרִ֖ךְ
לֶאֱלָ֥הּ שְׁמַיָּֽא׃
עָנֵ֤ה דָנִיֵּאל֙ וְאָמַ֔ר לֶהֱוֵ֨א שְׁמֵ֤הּ דִּֽי־אֱלָהָא֙ מְבָרַ֔ךְ מִן־עָלְמָ֖א וְעַ֣ד־
עָלְמָ֑א דִּ֧י חָכְמְתָ֛א וּגְבוּרְתָ֖א דִּ֥י לֵֽהּ־הִֽיא׃
וְה֗וּא מְהַשְׁנֵ֤א עִדָּנַיָּא֙ וְזִמְנַיָּ֔א מְהַעְדֵּ֥ה מַלְכִ֖ין וּמְהָקֵ֣ים מַלְכִ֑ין יָהֵ֤ב
חָכְמְתָא֙ לְחַכִּימִ֔ין וּמַנְדְּעָ֖א לְיָדְעֵ֥י בִינָֽה׃
ה֛וּא גָּלֵ֥א עַמִּֽיקָתָ֖א וּמְסַתְּרָתָ֑א יָדַע֙ מָ֣ה בַחֲשׁוֹכָ֔א [K] וּנְהִירָא [Q] וּנְהוֹרָ֖א
עִמֵּ֥הּ שְׁרֵֽא׃
לָ֣ךְ ׀ אֱלָ֣הּ אֲבָהָתִ֗י מְהוֹדֵ֤א וּמְשַׁבַּח֙ אֲנָ֔ה דִּ֧י חָכְמְתָ֛א וּגְבוּרְתָ֖א
יְהַ֣בְתְּ לִ֑י וּכְעַ֤ן הוֹדַעְתַּ֙נִי֙ דִּֽי־בְעֵ֣ינָא מִנָּ֔ךְ דִּֽי־מִלַּ֥ת מַלְכָּ֖א
הוֹדַעְתֶּֽנָא׃
כָּל־קֳבֵ֣ל דְּנָ֗ה דָּֽנִיֵּאל֙ עַ֣ל עַל־אַרְי֔וֹךְ דִּ֚י מַנִּ֣י מַלְכָּ֔א לְהוֹבָדָ֖ה
לְחַכִּימֵ֣י בָבֶ֑ל אֲזַ֣ל ׀ וְכֵ֣ן אֲמַר־לֵ֗הּ לְחַכִּימֵ֤י בָבֶל֙ אַל־תְּהוֹבֵ֔ד
הַעֵ֙לְנִי֙ קֳדָ֣ם מַלְכָּ֔א וּפִשְׁרָ֖א לְמַלְכָּ֥א אֲחַוֵּֽא׃ ס
אֱדַ֣יִן אַרְי֗וֹךְ בְּהִתְבְּהָלָה֙ הַנְעֵ֣ל לְדָֽנִיֵּ֔אל קֳדָ֥ם מַלְכָּ֖א וְכֵ֣ן אֲמַר־
לֵ֗הּ דִּֽי־הַשְׁכַּ֤חַת גְּבַר֙ מִן־בְּנֵ֤י גָלוּתָא֙ דִּ֣י יְה֔וּד דִּ֥י פִשְׁרָ֖א לְמַלְכָּ֥א
יְהוֹדַֽע׃

עָנֵ֤ה מַלְכָּא֙ וְאָמַ֣ר לְדָנִיֵּ֔אל דִּ֥י שְׁמֵ֖הּ בֵּלְטְשַׁאצַּ֑ר [K]הַֽאִיתַ֣יךְ
[Q]הַֽאִיתָ֣ךְ כָּהֵ֗ל לְהוֹדָעֻתַ֛נִי חֶלְמָ֥א דִֽי־חֲזֵ֖ית וּפִשְׁרֵֽהּ׃
עָנֵ֧ה דָנִיֵּ֛אל קֳדָ֥ם מַלְכָּ֖א וְאָמַ֑ר רָזָה֙ דִּֽי־מַלְכָּ֣א שָׁאֵ֔ל לָ֧א חַכִּימִ֛ין
אָֽשְׁפִ֥ין חַרְטֻמִּ֖ין גָּֽזְרִ֑ין יָכְלִ֖ין לְהַחֲוָיָ֥ה לְמַלְכָּֽא׃
בְּרַ֨ם אִיתַ֨י אֱלָ֤ה בִּשְׁמַיָּא֙ גָּלֵ֣א רָזִ֔ין וְהוֹדַ֗ע לְמַלְכָּא֙ נְבֽוּכַדְנֶצַּ֔ר מָ֛ה
דִּ֥י לֶהֱוֵ֖א בְּאַחֲרִ֣ית יוֹמַיָּ֑א חֶלְמָ֛ךְ וְחֶזְוֵ֥י רֵאשָׁ֖ךְ עַֽל־מִשְׁכְּבָ֖ךְ דְּנָ֥ה
הֽוּא׃ פ
[K]אַ֣נְתְּה [Q]אַ֣נְתְּ מַלְכָּ֗א רַעְיוֹנָךְ֙ עַל־מִשְׁכְּבָ֣ךְ סְלִ֔קוּ מָ֛ה דִּ֥י לֶהֱוֵ֖א
אַחֲרֵ֣י דְנָ֑ה וְגָלֵ֥א רָזַיָּ֛א הוֹדְעָ֖ךְ מָה־דִ֥י לֶהֱוֵֽא׃
וַאֲנָ֗ה לָ֤א בְחָכְמָה֙ דִּֽי־אִיתַ֥י בִּי֙ מִן־כָּל־חַיַּיָּ֔א רָזָ֥א דְנָ֖ה גֱּלִ֣י לִ֑י לָהֵ֗ן
עַל־דִּבְרַת֙ דִּ֤י פִשְׁרָא֙ לְמַלְכָּ֣א יְהוֹדְע֔וּן וְרַעְיוֹנֵ֥י לִבְבָ֖ךְ תִּנְדַּֽע׃

A Reading (Lesson) from the first letter of John (2:12–17)

Γράφω ὑμῖν, τεκνία, ὅτι ἀφέωνται ὑμῖν αἱ ἁμαρτίαι διὰ τὸ ὄνομα αὐτοῦ.

γράφω ὑμῖν, πατέρες, ὅτι ἐγνώκατε τὸν ἀπ’ ἀρχῆς.

γράφω ὑμῖν, νεανίσκοι, ὅτι νενικήκατε τὸν πονηρόν.

ἔγραψα ὑμῖν, παιδία, ὅτι ἐγνώκατε τὸν πατέρα.

ἔγραψα ὑμῖν, πατέρες, ὅτι ἐγνώκατε τὸν ἀπ’ ἀρχῆς.

ἔγραψα ὑμῖν, νεανίσκοι, ὅτι ἰσχυροί ἐστε καὶ ὁ λόγος τοῦ θεοῦ ἐν ὑμῖν μένει καὶ νενικήκατε τὸν πονηρόν.

Μὴ ἀγαπᾶτε τὸν κόσμον μηδὲ τὰ ἐν τῷ κόσμῳ. ἐάν τις ἀγαπᾷ τὸν κόσμον, οὐκ ἔστιν ἡ ἀγάπη τοῦ πατρὸς ἐν αὐτῷ· ὅτι πᾶν τὸ ἐν τῷ κόσμῳ, ἡ ἐπιθυμία τῆς σαρκὸς καὶ ἡ ἐπιθυμία τῶν ὀφθαλμῶν καὶ ἡ ἀλαζονεία τοῦ βίου, οὐκ ἔστιν ἐκ τοῦ πατρὸς ἀλλ’ ἐκ τοῦ κόσμου ἐστίν. καὶ ὁ κόσμος παράγεται καὶ ἡ ἐπιθυμία αὐτοῦ, ὁ δὲ ποιῶν τὸ θέλημα τοῦ θεοῦ μένει εἰς τὸν αἰῶνα.

Thursday

A Reading (Lesson) from the Prophet Daniel (2:31–49)

[K]אַנְתָּה [Q]אַנְתְּ מַלְכָּא חָזֵה הֲוַיְתָ וַאֲלוּ צְלֵם חַד שַׂגִּיא צַלְמָא דִכֵּן
רַב וְזִיוֵהּ יַתִּיר קָאֵם לְקָבְלָךְ וְרֵוֵהּ דְּחִיל׃
הוּא צַלְמָא רֵאשֵׁהּ דִּי־דְהַב טָב חֲדוֹהִי וּדְרָעוֹהִי דִּי כְסַף מְעוֹהִי
וְיַרְכָתֵהּ דִּי נְחָשׁ׃
שָׁקוֹהִי דִּי פַרְזֶל רַגְלוֹהִי [K]מִנְּהוֹן [Q]מִנְּהֵין דִּי פַרְזֶל [K]וּמִנְּהוֹן
[Q]וּמִנְּהֵין דִּי חֲסַף׃
חָזֵה הֲוַיְתָ עַד דִּי הִתְגְּזֶרֶת אֶבֶן דִּי־לָא בִידַיִן וּמְחָת לְצַלְמָא עַל־
רַגְלוֹהִי דִּי פַרְזְלָא וְחַסְפָּא וְהַדֵּקֶת הִמּוֹן׃
בֵּאדַיִן דָּקוּ כַחֲדָה פַּרְזְלָא חַסְפָּא נְחָשָׁא כַּסְפָּא וְדַהֲבָא וַהֲווֹ
כְּעוּר מִן־אִדְּרֵי־קַיִט וּנְשָׂא הִמּוֹן רוּחָא וְכָל־אֲתַר לָא־הִשְׁתְּכַח
לְהוֹן וְאַבְנָא ׀ דִּי־מְחָת לְצַלְמָא הֲוָת לְטוּר רַב וּמְלָת כָּל־אַרְעָא׃
דְּנָה חֶלְמָא וּפִשְׁרֵהּ נֵאמַר קֳדָם־מַלְכָּא׃
[K]אַנְתָּה [Q]אַנְתְּ מַלְכָּא מֶלֶךְ מַלְכַיָּא דִּי אֱלָהּ שְׁמַיָּא מַלְכוּתָא חִסְנָא
וְתָקְפָּא וִיקָרָא יְהַב־לָךְ׃
וּבְכָל־דִּי [K]דָאֲרִין [Q]דָּיְרִין בְּנֵי־אֲנָשָׁא חֵיוַת בָּרָא וְעוֹף־שְׁמַיָּא יְהַב
בִּידָךְ וְהַשְׁלְטָךְ בְּכָלְּהוֹן [K]אַנְתָּה [Q]אַנְתְּ־הוּא רֵאשָׁה דִּי דַהֲבָא׃
וּבָתְרָךְ תְּקוּם מַלְכוּ אָחֳרִי אֲרַע מִנָּךְ וּמַלְכוּ [K]תְלִיתָיָא [Q]תְלִיתָאָה
אָחֳרִי דִּי נְחָשָׁא דִּי תִשְׁלַט בְּכָל־אַרְעָא׃
וּמַלְכוּ [K]רְבִיעָיָה [Q]רְבִיעָאָה תֶּהֱוֵא תַקִּיפָה כְּפַרְזְלָא כָּל־קֳבֵל דִּי
פַרְזְלָא מְהַדֵּק וְחָשֵׁל כֹּלָּא וּכְפַרְזְלָא דִּי־מְרָעַע כָּל־אִלֵּין תַּדִּק
וְתֵרֹעַ׃
וְדִי־חֲזַיְתָה רַגְלַיָּא וְאֶצְבְּעָתָא [K]מִנְּהוֹן [Q]מִנְּהֵן חֲסַף דִּי־פֶחָר

[K]וּמִנְּהוֹן [Q]וּמִנְּהֵין פַּרְזֶל מַלְכוּ פְלִיגָה֙ תֶּהֱוֵה וּמִן־נִצְבְּתָא דִי־פַרְזְלָא לֶהֱוֵא־בַהּ כָּל־קֳבֵל֙ דִּי חֲזַיְתָה פַּרְזְלָא מְעָרַב בַּחֲסַף טִינָא׃

וְאֶצְבְּעָת֙ רַגְלַיָּא [K]מִנְּהוֹן [Q]מִנְּהֵין פַּרְזֶל [K]וּמִנְּהוֹן [Q]וּמִנְּהֵין חֲסַף מִן־קְצָת מַלְכוּתָא֙ תֶּהֱוֵה תַקִּיפָה וּמִנַּהּ תֶּהֱוֵה תְבִירָה׃

[K]דִּי [Q]וְדִי חֲזַיְתָ פַּרְזְלָא֙ מְעָרַב בַּחֲסַף טִינָא מִתְעָרְבִין לֶהֱוֺן֙ בִּזְרַע אֲנָשָׁא וְלָא־לֶהֱוֺן דָּבְקִין דְּנָה עִם־דְּנָה הֵא־כְדִי פַרְזְלָא לָא מִתְעָרַב עִם־חַסְפָּא׃

וּבְיוֹמֵיהוֹן דִּי מַלְכַיָּא אִנּוּן יְקִים אֱלָהּ שְׁמַיָּא מַלְכוּ֙ דִּי לְעָלְמִין֙ לָא תִתְחַבַּל וּמַלְכוּתָה לְעַם אָחֳרָן לָא תִשְׁתְּבִק תַּדִּק וְתָסֵיף֙ כָּל־אִלֵּין מַלְכְוָתָא וְהִיא תְּקוּם לְעָלְמַיָּא׃

כָּל־קֳבֵל דִּי־חֲזַיְתָ דִּי מִטּוּרָא֙ אִתְגְּזֶרֶת אֶבֶן דִּי־לָא בִידַיִן וְהַדֶּקֶת פַּרְזְלָא נְחָשָׁא חַסְפָּא֙ כַּסְפָּא וְדַהֲבָא אֱלָהּ רַב֙ הוֹדַע לְמַלְכָּא מָה דִּי לֶהֱוֵא אַחֲרֵי דְנָה וְיַצִּיב חֶלְמָא וּמְהֵימַן פִּשְׁרֵהּ׃ פ

בֵּאדַיִן מַלְכָּא נְבוּכַדְנֶצַּר֙ נְפַל עַל־אַנְפּוֹהִי וּלְדָנִיֵּאל סְגִד וּמִנְחָה֙ וְנִיחֹחִין אֲמַר לְנַסָּכָה לֵהּ׃

עָנֵה֙ מַלְכָּא לְדָנִיֵּאל וְאָמַר מִן־קְשֹׁט֙ דִּי אֱלָהֲכוֹן הוּא אֱלָהּ אֱלָהִין וּמָרֵא מַלְכִין וְגָלֵה רָזִין דִּי יְכֵלְתָּ לְמִגְלֵא רָזָה דְנָה׃

אֱדַיִן מַלְכָּא לְדָנִיֵּאל רַבִּי וּמַתְּנָן רַבְרְבָן שַׂגִּיאָן יְהַב־לֵהּ וְהַשְׁלְטֵהּ עַל כָּל־מְדִינַת בָּבֶל וְרַב־סִגְנִין עַל כָּל־חַכִּימֵי בָבֶל׃

וְדָנִיֵּאל֙ בְּעָא מִן־מַלְכָּא וּמַנִּי עַל עֲבִידְתָּא֙ דִּי מְדִינַת בָּבֶל לְשַׁדְרַךְ מֵישַׁךְ וַעֲבֵד נְגוֹ וְדָנִיֵּאל בִּתְרַע מַלְכָּא׃ פ

A Reading (Lesson) from the first letter of John (2:18–29)

Παιδία, ἐσχάτη ὥρα ἐστίν, καὶ καθὼς ἠκούσατε ὅτι ἀντίχριστος ἔρχεται, καὶ νῦν ἀντίχριστοι πολλοὶ γεγόνασιν, ὅθεν γινώσκομεν ὅτι ἐσχάτη ὥρα ἐστίν. ἐξ ἡμῶν ἐξῆλθαν ἀλλ' οὐκ ἦσαν ἐξ ἡμῶν, εἰ γὰρ ἐξ ἡμῶν ἦσαν, μεμενήκεισαν ἂν μεθ' ἡμῶν– ἀλλ' ἵνα φανερωθῶσιν ὅτι οὐκ εἰσὶν πάντες ἐξ ἡμῶν. καὶ ὑμεῖς χρῖσμα ἔχετε ἀπὸ τοῦ ἁγίου καὶ οἴδατε πάντες. οὐκ ἔγραψα ὑμῖν ὅτι οὐκ οἴδατε τὴν ἀλήθειαν ἀλλ' ὅτι οἴδατε αὐτὴν καὶ ὅτι πᾶν ψεῦδος ἐκ τῆς ἀληθείας οὐκ ἔστιν.

Τίς ἐστιν ὁ ψεύστης εἰ μὴ ὁ ἀρνούμενος ὅτι Ἰησοῦς οὐκ ἔστιν ὁ Χριστός; οὗτός ἐστιν ὁ ἀντίχριστος, ὁ ἀρνούμενος τὸν πατέρα καὶ τὸν υἱόν. πᾶς ὁ ἀρνούμενος τὸν υἱὸν οὐδὲ τὸν πατέρα ἔχει, ὁ ὁμολογῶν τὸν υἱὸν καὶ τὸν πατέρα ἔχει. ὑμεῖς ὃ ἠκούσατε ἀπ' ἀρχῆς, ἐν ὑμῖν μενέτω. ἐὰν ἐν ὑμῖν μείνῃ ὃ ἀπ' ἀρχῆς ἠκούσατε, καὶ ὑμεῖς ἐν τῷ υἱῷ καὶ ἐν τῷ πατρὶ μενεῖτε. καὶ αὕτη ἐστὶν ἡ ἐπαγγελία ἣν αὐτὸς ἐπηγγείλατο ἡμῖν, τὴν ζωὴν τὴν αἰώνιον.

Ταῦτα ἔγραψα ὑμῖν περὶ τῶν πλανώντων ὑμᾶς. καὶ ὑμεῖς τὸ χρῖσμα ὃ ἐλάβετε ἀπ' αὐτοῦ μένει ἐν ὑμῖν, καὶ οὐ χρείαν ἔχετε ἵνα τις διδάσκῃ ὑμᾶς, ἀλλ' ὡς τὸ αὐτοῦ χρῖσμα διδάσκει ὑμᾶς περὶ πάντων, καὶ ἀληθές ἐστιν καὶ οὐκ ἔστιν ψεῦδος, καὶ καθὼς ἐδίδαξεν ὑμᾶς, μένετε ἐν αὐτῷ.

Καὶ νῦν, τεκνία, μένετε ἐν αὐτῷ, ἵνα ἐὰν φανερωθῇ, σχῶμεν παρρησίαν καὶ μὴ αἰσχυνθῶμεν ἀπ' αὐτοῦ ἐν τῇ παρουσίᾳ αὐτοῦ. ἐὰν εἰδῆτε ὅτι δίκαιός ἐστιν, γινώσκετε ὅτι καὶ πᾶς ὁ ποιῶν τὴν δικαιοσύνην ἐξ αὐτοῦ γεγέννηται.

Friday

A Reading (Lesson) from the Prophet Daniel (3:1–18)

נְבוּכַדְנֶצַּ֣ר מַלְכָּ֗א עֲבַד֙ צְלֵ֣ם דִּֽי־דְהַ֔ב רוּמֵהּ֙ אַמִּ֣ין שִׁתִּ֔ין פְּתָיֵ֖הּ אַמִּ֣ין שִׁ֑ת אֲקִימֵהּ֙ בְּבִקְעַ֣ת דּוּרָ֔א בִּמְדִינַ֖ת בָּבֶֽל׃

וּנְבוּכַדְנֶצַּר מַלְכָּא שְׁלַח לְמִכְנַשׁ ׀ לַאֲחַשְׁדַּרְפְּנַיָּא סִגְנַיָּא וּפַחֲוָתָא אֲדַרְגָּזְרַיָּא גְדָבְרַיָּא דְּתָבְרַיָּא תִּפְתָּיֵא וְכֹל שִׁלְטֹנֵי מְדִינָתָא לְמֵתֵא לַחֲנֻכַּת צַלְמָא דִּי הֲקֵים נְבוּכַדְנֶצַּר מַלְכָּא׃

בֵּאדַיִן מִתְכַּנְּשִׁין אֲחַשְׁדַּרְפְּנַיָּא סִגְנַיָּא וּפַחֲוָתָא אֲדַרְגָּזְרַיָּא גְדָבְרַיָּא דְּתָבְרַיָּא תִּפְתָּיֵא וְכֹל שִׁלְטֹנֵי מְדִינָתָא לַחֲנֻכַּת צַלְמָא דִּי הֲקֵים נְבוּכַדְנֶצַּר מַלְכָּא [K]וְקָאֲמִין [Q]וְקָיְמִין לָקֳבֵל צַלְמָא דִּי הֲקֵים נְבוּכַדְנֶצַּר׃

וְכָרוֹזָא קָרֵא בְחָיִל לְכוֹן אָמְרִין עַמְמַיָּא אֻמַּיָּא וְלִשָּׁנַיָּא׃

בְּעִדָּנָא דִּי־תִשְׁמְעוּן קָל קַרְנָא מַשְׁרוֹקִיתָא [K]קִיתָרוֹס [Q]קַתְרוֹס סַבְּכָא פְּסַנְתֵּרִין סוּמְפֹּנְיָה וְכֹל זְנֵי זְמָרָא תִּפְּלוּן וְתִסְגְּדוּן לְצֶלֶם דַּהֲבָא דִּי הֲקֵים נְבוּכַדְנֶצַּר מַלְכָּא׃

וּמַן־דִּי־לָא יִפֵּל וְיִסְגֻּד בַּהּ־שַׁעֲתָא יִתְרְמֵא לְגוֹא־אַתּוּן נוּרָא יָקִדְתָּא׃

כָּל־קֳבֵל דְּנָה בֵּהּ־זִמְנָא כְּדִי שָׁמְעִין כָּל־עַמְמַיָּא קָל קַרְנָא מַשְׁרוֹקִיתָא [K]קִיתָרֹס [Q]קַתְרוֹס שַׂבְּכָא פְּסַנְטֵרִין וְכֹל זְנֵי זְמָרָא נָפְלִין כָּל־עַמְמַיָּא אֻמַּיָּא וְלִשָּׁנַיָּא סָגְדִין לְצֶלֶם דַּהֲבָא דִּי הֲקֵים נְבוּכַדְנֶצַּר מַלְכָּא׃

כָּל־קֳבֵל דְּנָה בֵּהּ־זִמְנָא קְרִבוּ גֻּבְרִין כַּשְׂדָּאִין וַאֲכַלוּ קַרְצֵיהוֹן דִּי יְהוּדָיֵא׃

עֲנוֹ וְאָמְרִין לִנְבוּכַדְנֶצַּר מַלְכָּא מַלְכָּא לְעָלְמִין חֱיִי׃

[K]אַנְתָּה [Q]אַנְתְּ מַלְכָּא שָׂמְתָּ טְּעֵם דִּי כָל־אֱנָשׁ דִּי־יִשְׁמַע קָל קַרְנָא מַשְׁרֹקִיתָא [K]קִיתָרֹס [Q]קַתְרוֹס שַׂבְּכָא פְּסַנְתֵּרִין [K]וְסִיפֹּנְיָה [Q]וְסוּמְפֹּנְיָה וְכֹל זְנֵי זְמָרָא יִפֵּל וְיִסְגֻּד לְצֶלֶם דַּהֲבָא׃

וּמַן־דִּי־לָא יִפֵּל וְיִסְגֻּד יִתְרְמֵא לְגוֹא־אַתּוּן נוּרָא יָקִדְתָּא׃

אִיתַ֞י גֻּבְרִ֣ין יְהוּדָאִ֗ין דִּֽי־מַנִּ֤יתָ יָתְהוֹן֙ עַל־עֲבִידַת֙ מְדִינַ֣ת בָּבֶ֔ל
שַׁדְרַ֥ךְ מֵישַׁ֖ךְ וַעֲבֵ֣ד נְג֑וֹ גֻּבְרַיָּ֣א אִלֵּ֗ךְ לָא־שָׂ֨מוּ [K]עֲלַיִךְ [Q]עֲלָ֤ךְ מַלְכָּא֙
טְעֵ֔ם [K]לֵאלָהַיִךְ [Q]לֵֽאלָהָ֙ךְ֙ לָ֣א פָֽלְחִ֔ין וּלְצֶ֧לֶם דַּהֲבָ֛א דִּ֥י הֲקֵ֖ימְתָּ
לָ֥א סָגְדִֽין׃ ס
בֵּאדַ֙יִן֙ נְבוּכַדְנֶצַּ֔ר בִּרְגַ֣ז וַחֲמָ֔ה אֲמַר֙ לְהַיְתָיָ֔ה לְשַׁדְרַ֥ךְ מֵישַׁ֖ךְ
וַעֲבֵ֣ד נְג֑וֹ בֵּאדַ֙יִן֙ גֻּבְרַיָּ֣א אִלֵּ֔ךְ הֵיתָ֖יוּ קֳדָ֥ם מַלְכָּֽא׃
עָנֵ֤ה נְבֻֽכַדְנֶצַּר֙ וְאָמַ֣ר לְה֔וֹן הַצְדָּ֕א שַׁדְרַ֥ךְ מֵישַׁ֖ךְ וַעֲבֵ֣ד נְג֑וֹ לֵֽאלָהַ֗י
לָ֤א אִֽיתֵיכוֹן֙ פָּֽלְחִ֔ין וּלְצֶ֧לֶם דַּהֲבָ֛א דִּ֥י הֲקֵ֖ימֶת לָ֥א סָגְדִֽין׃
כְּעַ֞ן הֵ֣ן אִֽיתֵיכ֣וֹן עֲתִידִ֡ין דִּ֣י בְעִדָּנָא֩ דִֽי־תִשְׁמְע֨וּן קָ֜ל קַרְנָ֣א
מַשְׁר֣וֹקִיתָ֣א [K]קִיתְרֹס [Q]קַתְר֡וֹס שַׂבְּכָא֩ פְּסַנְתֵּרִ֨ין וְסוּמְפֹּנְיָ֜ה וְכֹ֣ל ׀ זְנֵ֣י
זְמָרָ֗א תִּפְּל֤וּן וְתִסְגְּדוּן֙ לְצַלְמָ֣א דִֽי־עַבְדֵ֔ת וְהֵן֙ לָ֣א תִסְגְּד֔וּן בַּהּ־
שַׁעֲתָ֣ה תִתְרְמ֔וֹן לְגֽוֹא־אַתּ֥וּן נוּרָ֖א יָקִֽדְתָּ֑א וּמַן־ה֣וּא אֱלָ֔הּ דִּ֥י
יְשֵֽׁיזְבִנְכ֖וֹן מִן־יְדָֽי׃
עֲנ֗וֹ שַׁדְרַ֤ךְ מֵישַׁךְ֙ וַעֲבֵ֣ד נְג֔וֹ וְאָמְרִ֖ין לְמַלְכָּ֑א נְבֽוּכַדְנֶצַּ֔ר לָֽא־
חַשְׁחִ֨ין אֲנַ֧חְנָה עַל־דְּנָ֛ה פִּתְגָ֖ם לַהֲתָבוּתָֽךְ׃
הֵ֣ן אִיתַ֗י אֱלָהַ֙נָא֙ דִּֽי־אֲנַ֣חְנָא פָלְחִ֔ין יָכִ֖ל לְשֵֽׁיזָבוּתַ֑נָא מִן־אַתּ֨וּן נוּרָ֧א
יָקִֽדְתָּ֛א וּמִן־יְדָ֥ךְ מַלְכָּ֖א יְשֵׁיזִֽב׃
וְהֵ֣ן לָ֔א יְדִ֖יעַ לֶֽהֱוֵא־לָ֣ךְ מַלְכָּ֑א דִּ֣י לֵֽאלָהָ֞יךְ לָ֣א־[K]אִיתַיְנָא [Q]אִיתַ֣נָא
פָּֽלְחִ֔ין וּלְצֶ֧לֶם דַּהֲבָ֛א דִּ֥י הֲקֵ֖ימְתָּ לָ֥א נִסְגֻּֽד׃ ס

A Reading (Lesson) from the first letter of John (3:1–10)

Ἴδετε ποταπὴν ἀγάπην δέδωκεν ἡμῖν ὁ πατήρ, ἵνα τέκνα θεοῦ κληθῶμεν, καὶ ἐσμέν. διὰ τοῦτο ὁ κόσμος οὐ γινώσκει ἡμᾶς, ὅτι οὐκ ἔγνω αὐτόν. ἀγαπητοὶ νῦν τέκνα θεοῦ ἐσμεν, καὶ οὔπω ἐφανερώθη τί ἐσόμεθα. οἴδαμεν ὅτι ἐὰν φανερωθῇ, ὅμοιοι αὐτῷ ἐσόμεθα, ὅτι ὀψόμεθα αὐτόν, καθώς ἐστιν. καὶ πᾶς ὁ ἔχων τὴν ἐλπίδα ταύτην ἐπ' αὐτῷ ἁγνίζει ἑαυτόν, καθὼς ἐκεῖνος ἁγνός ἐστιν.

Πᾶς ὁ ποιῶν τὴν ἁμαρτίαν καὶ τὴν ἀνομίαν ποιεῖ, καὶ ἡ ἁμαρτία ἐστὶν ἡ ἀνομία. καὶ οἴδατε ὅτι ἐκεῖνος ἐφανερώθη, ἵνα τὰς ἁμαρτίας ἄρῃ, καὶ ἁμαρτία ἐν αὐτῷ οὐκ ἔστιν. πᾶς ὁ ἐν αὐτῷ μένων οὐχ ἁμαρτάνει· πᾶς ὁ ἁμαρτάνων οὐχ ἑώρακεν αὐτὸν οὐδὲ ἔγνωκεν αὐτόν.

Παιδία, μηδεὶς πλανάτω ὑμᾶς· ὁ ποιῶν τὴν δικαιοσύνην δίκαιός ἐστιν, καθὼς ἐκεῖνος δίκαιός ἐστιν· ὁ ποιῶν τὴν ἁμαρτίαν ἐκ τοῦ διαβόλου ἐστίν, ὅτι ἀπ' ἀρχῆς ὁ διάβολος ἁμαρτάνει. εἰς τοῦτο ἐφανερώθη ὁ υἱὸς τοῦ θεοῦ, ἵνα λύσῃ τὰ ἔργα τοῦ διαβόλου. Πᾶς ὁ γεγεννημένος ἐκ τοῦ θεοῦ ἁμαρτίαν οὐ ποιεῖ, ὅτι σπέρμα αὐτοῦ ἐν αὐτῷ μένει, καὶ οὐ δύναται ἁμαρτάνειν, ὅτι ἐκ τοῦ θεοῦ γεγέννηται. ἐν τούτῳ φανερά ἐστιν τὰ τέκνα τοῦ θεοῦ καὶ τὰ τέκνα τοῦ διαβόλου· πᾶς ὁ μὴ ποιῶν δικαιοσύνην οὐκ ἔστιν ἐκ τοῦ θεοῦ καὶ ὁ μὴ ἀγαπῶν τὸν ἀδελφὸν αὐτοῦ.

Week of 3 Easter

Monday

A Reading (Lesson) from the Prophet Daniel (4:16–24)

אֱדַ֣יִן דָּנִיֵּ֗אל דִּֽי־שְׁמֵ֤הּ בֵּלְטְשַׁאצַּר֙ אֶשְׁתּוֹמַ֙ם֙ כְּשָׁעָ֣ה חֲדָ֔ה וְרַעְיֹנֹ֖הִי יְבַהֲלֻנֵּ֑הּ עָנֵ֨ה מַלְכָּ֜א וְאָמַ֗ר בֵּלְטְשַׁאצַּר֙ חֶלְמָ֤א וּפִשְׁרֵא֙ אַל־יְבַהֲלָ֔ךְ עָנֵ֤ה בֵלְטְשַׁאצַּר֙ וְאָמַ֔ר [K]מָרִאי [Q]מָרִ֕י חֶלְמָ֥א [K]לְשָׂנְאַיךְ [Q]לְשָׂנְאָ֖ךְ וּפִשְׁרֵ֥הּ [K]לְעָרַיךְ [Q]לְעָרָֽךְ׃

אִֽילָנָא֙ דִּ֣י חֲזַ֔יְתָ דִּ֥י רְבָ֖ה וּתְקִ֑ף וְרוּמֵהּ֙ יִמְטֵ֣א לִשְׁמַיָּ֔א וַחֲזוֹתֵ֖הּ לְכָל־אַרְעָֽא׃

וְעָפְיֵ֤הּ שַׁפִּיר֙ וְאִנְבֵּ֣הּ שַׂגִּ֔יא וּמָז֥וֹן לְכֹֽלָּא־בֵ֑הּ תְּחֹת֗וֹהִי תְּד֨וּר׀ חֵיוַ֣ת בָּרָ֔א וּבְעַנְפ֕וֹהִי יִשְׁכְּנָ֖ן צִפְּרֵ֥י שְׁמַיָּֽא׃

[K]אַנְתָּה [Q]אַנְתְּ־ה֣וּא מַלְכָּ֔א דִּ֥י רְבַ֖ית וּתְקֵ֑פְתְּ וּרְבוּתָ֤ךְ רְבָת֙ וּמְטָ֣ת
לִשְׁמַיָּ֔א וְשָׁלְטָנָ֖ךְ לְס֥וֹף אַרְעָֽא׃
וְדִ֣י חֲזָ֣ה מַלְכָּ֡א עִ֣יר וְקַדִּ֣ישׁ נָחִ֣ת ׀ מִן־שְׁמַיָּ֡א וְאָמַר֩ גֹּ֨דּוּ אִֽילָנָ֜א
וְחַבְּל֗וּהִי בְּרַ֨ם עִקַּ֤ר שָׁרְשׁ֙וֹהִי֙ בְּאַרְעָ֣א שְׁבֻ֔קוּ וּבֶֽאֱסוּר֙ דִּֽי־פַרְזֶ֣ל
וּנְחָ֔שׁ בְּדִתְאָ֖א דִּ֣י בָרָ֑א וּבְטַ֧ל שְׁמַיָּ֣א יִצְטַבַּ֗ע וְעִם־חֵיוַ֤ת בָּרָא֙
חֲלָקֵ֔הּ עַ֛ד דִּֽי־שִׁבְעָ֥ה עִדָּנִ֖ין יַחְלְפ֥וּן עֲלֽוֹהִי׃
דְּנָ֥ה פִשְׁרָ֖א מַלְכָּ֑א וּגְזֵרַ֤ת [K]עִלָּיָא [Q]עִלָּאָה֙ הִ֔יא דִּ֥י מְטָ֖ת עַל־[K]מַרְאִי
[Q]מָרִ֥י מַלְכָּֽא׃
וְלָ֣ךְ טָֽרְדִ֣ין מִן־אֲנָשָׁ֡א וְעִם־חֵיוַת֩ בָּרָ֨א לֶהֱוֵ֜ה מְדֹרָ֗ךְ וְעִשְׂבָּ֣א
כְתוֹרִ֣ין ׀ לָ֣ךְ יְטַעֲמ֡וּן וּמִטַּ֣ל שְׁמַיָּא֩ לָ֨ךְ מְצַבְּעִ֜ין וְשִׁבְעָ֧ה עִדָּנִ֛ין
יַחְלְפ֥וּן [K]עֲלַיִךְ [Q]עֲלָ֑ךְ עַ֣ד דִּֽי־תִנְדַּ֗ע דִּֽי־שַׁלִּ֤יט [K]עִלָּיָא [Q]עִלָּאָה֙
בְּמַלְכ֣וּת אֲנָשָׁ֔א וּלְמַן־דִּ֥י יִצְבֵּ֖א יִתְּנִנַּֽהּ׃
וְדִ֣י אֲמַ֗רוּ לְמִשְׁבַּ֞ק עִקַּ֤ר שָׁרְשׁ֙וֹהִי֙ דִּ֣י אִֽילָנָ֔א מַלְכוּתָ֖ךְ לָ֣ךְ קַיָּמָ֑ה
מִן־דִּ֣י תִנְדַּ֔ע דִּ֥י שַׁלִּטִ֖ן שְׁמַיָּֽא׃
לָהֵ֣ן מַלְכָּ֗א מִלְכִּי֙ יִשְׁפַּ֣ר [K]עֲלַיִךְ [Q]עֲלָ֔ךְ [K]וַחֲטָיָךְ [Q]וַחֲטָאָךְ֙ בְּצִדְקָ֣ה
פְרֻ֔ק וַעֲוָיָתָ֖ךְ בְּמִחַ֣ן עֲנָיִ֑ן הֵ֛ן תֶּהֱוֵ֥א אַרְכָ֖ה לִשְׁלֵוְתָֽךְ׃

A Reading (Lesson) from the first letter of John (3:19–4:6)

Καὶ ἐν τούτῳ γνωσόμεθα ὅτι ἐκ τῆς ἀληθείας ἐσμέν. καὶ ἔμπροσθεν αὐιοῦ πείσομεν τὴν καρδίαν ἡμῶν, ὅτι ἐὰν καταγινώσκῃ ἡμῶν ἡ καρδία, ὅτι μείζων ἐστὶν ὁ θεὸς τῆς καρδίας ἡμῶν καὶ γινώσκει πάντα. Ἀγαπητοί, ἐὰν ἡ καρδία ἡμῶν μὴ καταγινώσκῃ, παρρησίαν ἔχομεν πρὸς τὸν θεὸν καὶ ὃ ἐὰν αἰτῶμεν, λαμβάνομεν ἀπ᾽ αὐτοῦ, ὅτι τὰς ἐντολὰς αὐτοῦ τηροῦμεν καὶ τὰ ἀρεστὰ ἐνώπιον αὐτοῦ ποιοῦμεν.

Καὶ αὕτη ἐστὶν ἡ ἐντολὴ αὐτοῦ, ἵνα πιστεύσωμεν τῷ ὀνόματι τοῦ υἱοῦ αὐτοῦ Ἰησοῦ Χριστοῦ καὶ ἀγαπῶμεν ἀλλήλους, καθὼς ἔδωκεν ἐντολὴν ἡμῖν. καὶ ὁ τηρῶν τὰς ἐντολὰς αὐτοῦ ἐν αὐτῷ μένει καὶ αὐτὸς ἐν αὐτῷ· καὶ ἐν τούτῳ γινώσκομεν ὅτι μένει ἐν ἡμῖν, ἐκ τοῦ πνεύματος οὗ ἡμῖν ἔδωκεν.

Ἀγαπητοί, μὴ παντὶ πνεύματι πιστεύετε ἀλλὰ δοκιμάζετε τὰ πνεύματα εἰ ἐκ τοῦ θεοῦ ἐστιν, ὅτι πολλοὶ ψευδοπροφῆται ἐξεληλύθασιν εἰς τὸν κόσμον. ἐν τούτῳ γινώσκετε τὸ πνεῦμα τοῦ θεοῦ· πᾶν πνεῦμα ὃ ὁμολογεῖ Ἰησοῦν Χριστὸν ἐν σαρκὶ ἐληλυθότα ἐκ τοῦ θεοῦ ἐστιν, καὶ πᾶν πνεῦμα ὃ μὴ ὁμολογεῖ τὸν Ἰησοῦν ἐκ τοῦ θεοῦ οὐκ ἔστιν· καὶ τοῦτό ἐστιν τὸ τοῦ ἀντιχρίστου ὃ ἀκηκόατε ὅτι ἔρχεται, καὶ νῦν ἐν τῷ κόσμῳ ἐστὶν ἤδη.

Ὑμεῖς ἐκ τοῦ θεοῦ ἐστε, τεκνία, καὶ νενικήκατε αὐτούς, ὅτι μείζων ἐστὶν ὁ ἐν ὑμῖν ἢ ὁ ἐν τῷ κόσμῳ. αὐτοὶ ἐκ τοῦ κόσμου εἰσίν, διὰ τοῦτο ἐκ τοῦ κόσμου λαλοῦσιν καὶ ὁ κόσμος αὐτῶν ἀκούει. ἡμεῖς ἐκ τοῦ θεοῦ ἐσμεν· ὁ γινώσκων τὸν θεὸν ἀκούει ἡμῶν· ὃς οὐκ ἔστιν ἐκ τοῦ θεοῦ οὐκ ἀκούει ἡμῶν. ἐκ τούτου γινώσκομεν τὸ πνεῦμα τῆς ἀληθείας καὶ τὸ πνεῦμα τῆς πλάνης.

Tuesday

A Reading (Lesson) from the Prophet Daniel (4:25–34)

כֹּלָּא מְּטָא עַל־נְבוּכַדְנֶצַּר מַלְכָּא׃ פ
לִקְצָת יַרְחִין תְּרֵי־עֲשַׂר עַל־הֵיכַל מַלְכוּתָא דִּי בָבֶל מְהַלֵּךְ
הֲוָה׃
עָנֵה מַלְכָּא וְאָמַר הֲלָא דָא־הִיא בָּבֶל רַבְּתָא דִּי־אֲנָה בֱנַיְתַהּ
לְבֵית מַלְכוּ בִּתְקַף חִסְנִי וְלִיקָר הַדְרִי׃
עוֹד מִלְּתָא בְּפֻם מַלְכָּא קָל מִן־שְׁמַיָּא נְפַל לָךְ אָמְרִין נְבוּכַדְנֶצַּר
מַלְכָּא מַלְכוּתָה עֲדָת מִנָּךְ׃

וּמִן־אֲנָשָׁא לָךְ טָרְדִין וְעִם־חֵיוַת בָּרָא מְדֹרָךְ עִשְׂבָּא כְתוֹרִין לָךְ
יְטַעֲמוּן וְשִׁבְעָה עִדָּנִין יַחְלְפוּן [K]עֲלַיִךְ [Q]עֲלָךְ עַד דִּי־תִנְדַּע דִּי־
שַׁלִּיט [K]עִלָּיָא [Q]עִלָּאָה בְּמַלְכוּת אֲנָשָׁא וּלְמַן־דִּי יִצְבֵּא יִתְּנִנַּהּ׃
בַּהּ־שַׁעֲתָא מִלְּתָא סָפַת עַל־נְבוּכַדְנֶצַּר וּמִן־אֲנָשָׁא טְרִיד וְעִשְׂבָּא
כְתוֹרִין יֵאכֻל וּמִטַּל שְׁמַיָּא גִּשְׁמֵהּ יִצְטַבַּע עַד דִּי שַׂעְרֵהּ כְּנִשְׁרִין
רְבָה וְטִפְרוֹהִי כְצִפְּרִין׃
וְלִקְצָת יוֹמַיָּה אֲנָה נְבוּכַדְנֶצַּר עַיְנַי ׀ לִשְׁמַיָּא נִטְלֵת וּמַנְדְּעִי עֲלַי
יְתוּב [K]וּלְעִלָּיָא [Q]וּלְעִלָּאָה בָּרְכֵת וּלְחַי עָלְמָא שַׁבְּחֵת וְהַדְּרֵת דִּי
שָׁלְטָנֵהּ שָׁלְטָן עָלַם וּמַלְכוּתֵהּ עִם־דָּר וְדָר׃
וְכָל־[K]דָּארֵי [Q]דָּיְרֵי אַרְעָא כְּלָה חֲשִׁיבִין וּכְמִצְבְּיֵהּ עָבֵד בְּחֵיל
שְׁמַיָּא [K]וְדָארֵי [Q]וְדָיְרֵי אַרְעָא וְלָא אִיתַי דִּי־יְמַחֵא בִידֵהּ וְיֵאמַר
לֵהּ מָה עֲבַדְתְּ׃
בֵּהּ־זִמְנָא מַנְדְּעִי ׀ יְתוּב עֲלַי וְלִיקַר מַלְכוּתִי הַדְרִי וְזִוִי יְתוּב עֲלַי
וְלִי הַדָּבְרַי וְרַבְרְבָנַי יְבַעוֹן וְעַל־מַלְכוּתִי הָתְקְנַת וּרְבוּ יַתִּירָה
הוּסְפַת לִי׃
כְּעַן אֲנָה נְבוּכַדְנֶצַּר מְשַׁבַּח וּמְרוֹמֵם וּמְהַדַּר לְמֶלֶךְ שְׁמַיָּא דִּי
כָל־מַעֲבָדוֹהִי קְשֹׁט וְאֹרְחָתֵהּ דִּין וְדִי מַהְלְכִין בְּגֵוָה יָכִל
לְהַשְׁפָּלָה׃ פ

A Reading (Lesson) from the first letter of John (4:7–21)

Ἀγαπητοί, ἀγαπῶμεν ἀλλήλους,
ὅτι ἡ ἀγάπη ἐκ τοῦ θεοῦ ἐστιν,
καὶ πᾶς ὁ ἀγαπῶν ἐκ τοῦ θεοῦ γεγέννηται
καὶ γινώσκει τὸν θεόν.
ὁ μὴ ἀγαπῶν οὐκ ἔγνω τὸν θεόν,
ὅτι ὁ θεὸς ἀγάπη ἐστίν.

ἐν τούτῳ ἐφανερώθη ἡ ἀγάπη τοῦ θεοῦ ἐν ἡμῖν,
ὅτι τὸν υἱὸν αὐτοῦ τὸν μονογενῆ ἀπέσταλκεν ὁ θεὸς
εἰς τὸν κόσμον, ἵνα ζήσωμεν δι' αὐτοῦ.
ἐν τούτῳ ἐστὶν ἡ ἀγάπη,
οὐχ ὅτι ἡμεῖς ἠγαπήκαμεν τὸν θεόν,
ἀλλ' ὅτι αὐτὸς ἠγάπησεν ἡμᾶς
καὶ ἀπέστειλεν τὸν υἱὸν αὐτοῦ
ἱλασμὸν περὶ τῶν ἁμαρτιῶν ἡμῶν.

Ἀγαπητοί, εἰ οὕτως ὁ θεὸς ἠγάπησεν ἡμᾶς, καὶ ἡμεῖς ὀφείλομεν ἀλλήλους ἀγαπᾶν. θεὸν οὐδεὶς πώποτε τεθέαται. ἐὰν ἀγαπῶμεν ἀλλήλους, ὁ θεὸς ἐν ἡμῖν μένει καὶ ἡ ἀγάπη αὐτοῦ ἐν ἡμῖν τετελειωμένη ἐστίν. Ἐν τούτῳ γινώσκομεν ὅτι ἐν αὐτῷ μένομεν καὶ αὐτὸς ἐν ἡμῖν, ὅτι ἐκ τοῦ πνεύματος αὐτοῦ δέδωκεν ἡμῖν. καὶ ἡμεῖς τεθεάμεθα καὶ μαρτυροῦμεν ὅτι ὁ πατὴρ ἀπέσταλκεν τὸν υἱὸν σωτῆρα τοῦ κόσμου. ὃς ἐὰν ὁμολογήσῃ ὅτι Ἰησοῦς ἐστιν ὁ υἱὸς τοῦ θεοῦ, ὁ θεὸς ἐν αὐτῷ μένει καὶ αὐτὸς ἐν τῷ θεῷ. καὶ ἡμεῖς ἐγνώκαμεν καὶ πεπιστεύκαμεν τὴν ἀγάπην ἣν ἔχει ὁ θεὸς ἐν ἡμῖν.

Ὁ θεὸς ἀγάπη ἐστίν, καὶ ὁ μένων ἐν τῇ ἀγάπῃ ἐν τῷ θεῷ μένει, καὶ ὁ θεὸς ἐν αὐτῷ μένει. ἐν τούτῳ τετελείωται ἡ ἀγάπη μεθ' ἡμῶν, ἵνα παρρησίαν ἔχωμεν ἐν τῇ ἡμέρᾳ τῆς κρίσεως, ὅτι καθὼς ἐκεῖνός ἐστιν, καὶ ἡμεῖς ἐσμεν ἐν τῷ κόσμῳ τούτῳ. φόβος οὐκ ἔστιν ἐν τῇ ἀγάπῃ, ἀλλ' ἡ τελεία ἀγάπη ἔξω βάλλει τὸν φόβον, ὅτι ὁ φόβος κόλασιν ἔχει, ὁ δὲ φοβούμενος οὐ τετελείωται ἐν τῇ ἀγάπῃ. ἡμεῖς ἀγαπῶμεν, ὅτι αὐτὸς πρῶτος ἠγάπησεν ἡμᾶς. ἐάν τις εἴπῃ ὅτι ἀγαπῶ τὸν θεὸν καὶ τὸν ἀδελφὸν αὐτοῦ μισῇ, ψεύστης ἐστίν· ὁ γὰρ μὴ ἀγαπῶν τὸν ἀδελφὸν αὐτοῦ ὃν ἑώρακεν, τὸν θεὸν ὃν οὐχ ἑώρακεν οὐ δύναται ἀγαπᾶν. καὶ ταύτην τὴν ἐντολὴν ἔχομεν ἀπ' αὐτοῦ, ἵνα ὁ ἀγαπῶν τὸν θεὸν ἀγαπᾷ καὶ τὸν ἀδελφὸν αὐτοῦ.

Wednesday

A Reading (Lesson) from the Prophet Daniel (5:1–12)

בֵּלְשַׁאצַּ֣ר מַלְכָּ֗א עֲבַד֙ לְחֶ֣ם רַ֔ב לְרַבְרְבָנ֖וֹהִי אֲלַ֑ף וְלָקֳבֵ֥ל אַלְפָּ֖א
חַמְרָ֥א שָׁתֵֽה׃
בֵּלְשַׁאצַּ֞ר אֲמַ֣ר ׀ בִּטְעֵ֣ם חַמְרָ֗א לְהַיְתָיָה֙ לְמָאנֵי֙ דַּהֲבָ֣א וְכַסְפָּ֔א דִּ֤י
הַנְפֵּק֙ נְבוּכַדְנֶצַּ֣ר אֲב֔וּהִי מִן־הֵיכְלָ֖א דִּ֣י בִירוּשְׁלֶ֑ם וְיִשְׁתּ֣וֹן בְּה֗וֹן
מַלְכָּא֙ וְרַבְרְבָנ֔וֹהִי שֵׁגְלָתֵ֖הּ וּלְחֵנָתֵֽהּ׃
בֵּאדַ֗יִן הַיְתִיו֙ מָאנֵ֣י דַהֲבָ֔א דִּ֣י הַנְפִּ֗קוּ מִן־הֵיכְלָ֛א דִּי־בֵ֥ית אֱלָהָ֖א
דִּ֣י בִירוּשְׁלֶ֑ם וְאִשְׁתִּ֣יו בְּה֗וֹן מַלְכָּא֙ וְרַבְרְבָנ֔וֹהִי שֵׁגְלָתֵ֖הּ וּלְחֵנָתֵֽהּ׃
אִשְׁתִּ֖יו חַמְרָ֑א וְשַׁ֨בַּ֜חוּ לֵֽאלָהֵ֨י דַהֲבָ֧א וְכַסְפָּ֛א נְחָשָׁ֥א פַרְזְלָ֖א אָעָ֥א
וְאַבְנָֽא׃
בַּהּ־שַׁעֲתָ֗ה [K]נְפַקוּ [Q]נְפַ֙קָה֙ אֶצְבְּעָן֙ דִּ֣י יַד־אֱנָ֔שׁ וְכָֽתְבָן֙ לָקֳבֵ֣ל
נֶבְרַשְׁתָּ֔א עַל־גִּירָ֕א דִּֽי־כְתַ֥ל הֵיכְלָ֖א דִּ֣י מַלְכָּ֑א וּמַלְכָּ֣א חָזֵ֔ה פַּ֥ס
יְדָ֖ה דִּ֥י כָתְבָֽה׃
אֱדַ֤יִן מַלְכָּא֙ זִיוֺ֣הִי שְׁנ֔וֹהִי וְרַעְיֹנֹ֖הִי יְבַהֲלוּנֵּ֑הּ וְקִטְרֵ֤י חַרְצֵהּ֙
מִשְׁתָּרַ֔יִן וְאַ֨רְכֻבָּתֵ֔הּ דָּ֥א לְדָ֖א נָֽקְשָֽׁן׃
קָרֵ֤א מַלְכָּא֙ בְּחַ֔יִל לְהֶֽעָלָה֙ לְאָ֣שְׁפַיָּ֔א [K]כַּשְׂדָיֵא [Q]כַּשְׂדָּאֵ֖י וְגָזְרַיָּ֑א
עָנֵ֨ה מַלְכָּ֜א וְאָמַ֣ר ׀ לְחַכִּימֵ֣י בָבֶ֗ל דִּ֣י כָל־אֱנָ֡שׁ דִּֽי־יִקְרֵה֩ כְּתָבָ֨ה
דְנָ֜ה וּפִשְׁרֵהּ֙ יְחַוִּנַּ֔נִי אַרְגְּוָנָ֣א יִלְבַּ֗שׁ [K]וְהַמּוּנְכָא [Q]וְהַֽמְנִיכָ֤א דִֽי־דַהֲבָא֙
עַֽל־צַוְּארֵ֔הּ וְתַלְתִּ֥י בְמַלְכוּתָ֖א יִשְׁלַֽט׃ ס
אֱדַ֙יִן֙ [K]עָלְלִין [Q]עָֽלִּ֔ין כֹּ֖ל חַכִּימֵ֣י מַלְכָּ֑א וְלָא־כָהֲלִ֤ין כְּתָבָא֙
לְמִקְרֵ֔א [K]וּפִשְׁרָא [Q]וּפִשְׁרֵ֖הּ לְהוֹדָעָ֥ה לְמַלְכָּֽא׃
אֱדַ֙יִן֙ מַלְכָּ֣א בֵלְשַׁאצַּ֔ר שַׂגִּ֣יא מִתְבָּהַ֔ל וְזִיו֖וֹהִי שָׁנַ֣יִן עֲל֑וֹהִי
וְרַבְרְבָנ֖וֹהִי מִשְׁתַּבְּשִֽׁין׃

מַלְכְּתָ֗א לָקֳבֵל֙ מִלֵּ֤י מַלְכָּא֙ וְרַבְרְבָנ֔וֹהִי לְבֵ֥ית מִשְׁתְּיָ֖א [K]עַלֲלַת
[Q]עַלַּ֑ת עֲנָ֨ת מַלְכְּתָ֜א וַאֲמֶ֗רֶת מַלְכָּא֙ לְעָלְמִ֣ין חֱיִ֔י אַל־יְבַהֲלוּךְ֙
רַעְיוֹנָ֔ךְ וְזִיוָ֖יךְ אַל־יִשְׁתַּנּֽוֹ׃
אִ֨יתַ֜י גְּבַ֣ר בְּמַלְכוּתָ֗ךְ דִּ֠י ר֣וּחַ אֱלָהִ֣ין קַדִּישִׁין֮ בֵּהּ֒ וּבְיוֹמֵ֣י אֲב֗וּךְ
נַהִיר֧וּ וְשָׂכְלְתָנ֛וּ וְחָכְמָ֥ה כְּחָכְמַת־אֱלָהִ֖ין הִשְׁתְּכַ֣חַת בֵּ֑הּ וּמַלְכָּ֣א
נְבֻכַדְנֶצַּ֣ר אֲב֗וּךְ רַ֤ב חַרְטֻמִּין֙ אָֽשְׁפִ֔ין כַּשְׂדָּאִ֖ין גָּזְרִ֑ין הֲקִימֵ֕הּ אֲב֖וּךְ
מַלְכָּֽא׃
כָּל־קֳבֵ֡ל דִּ֣י ר֣וּחַ ׀ יַתִּירָ֡ה וּמַנְדַּ֡ע וְשָׂכְלְתָנ֡וּ מְפַשַּׁ֣ר חֶלְמִין֩ וַאַֽחֲוָיַ֨ת
אֲחִידָ֜ן וּמְשָׁרֵ֣א קִטְרִ֗ין הִשְׁתְּכַ֣חַת בֵּהּ֙ בְּדָ֣נִיֵּ֔אל דִּֽי־מַלְכָּ֥א שָׂם־
שְׁמֵ֖הּ בֵּלְטְשַׁאצַּ֑ר כְּעַ֗ן דָּנִיֵּ֛אל יִתְקְרֵ֖י וּפִשְׁרָ֥ה יְהַחֲוֵֽה׃ פ

A Reading (Lesson) from the first letter of John (5:1–12)

Πᾶς ὁ πιστεύων ὅτι Ἰησοῦς ἐστιν ὁ Χριστὸς ἐκ τοῦ θεοῦ γεγέννηται, καὶ πᾶς ὁ ἀγαπῶν τὸν γεννήσαντα ἀγαπᾷ καὶ τὸν γεγεννημένον ἐξ αὐτοῦ. ἐν τούτῳ γινώσκομεν ὅτι ἀγαπῶμεν τὰ τέκνα τοῦ θεοῦ, ὅταν τὸν θεὸν ἀγαπῶμεν καὶ τὰς ἐντολὰς αὐτοῦ ποιῶμεν. αὕτη γάρ ἐστιν ἡ ἀγάπη τοῦ θεοῦ, ἵνα τὰς ἐντολὰς αὐτοῦ τηρῶμεν, καὶ αἱ ἐντολαὶ αὐτοῦ βαρεῖαι οὐκ εἰσίν. ὅτι πᾶν τὸ γεγεννημένον ἐκ τοῦ θεοῦ νικᾷ τὸν κόσμον· καὶ αὕτη ἐστὶν ἡ νίκη ἡ νικήσασα τὸν κόσμον, ἡ πίστις ἡμῶν.

Τίς δέ ἐστιν ὁ νικῶν τὸν κόσμον εἰ μὴ ὁ πιστεύων ὅτι Ἰησοῦς ἐστιν ὁ υἱὸς τοῦ θεοῦ; οὗτός ἐστιν ὁ ἐλθὼν δι’ ὕδατος καὶ αἵματος, Ἰησοῦς Χριστός, οὐκ ἐν τῷ ὕδατι μόνον, ἀλλ’ ἐν τῷ ὕδατι καὶ ἐν τῷ αἵματι· καὶ τὸ πνεῦμά ἐστιν τὸ μαρτυροῦν, ὅτι τὸ πνεῦμά ἐστιν ἡ ἀλήθεια. ὅτι τρεῖς εἰσιν οἱ μαρτυροῦντες , τὸ πνεῦμα καὶ τὸ ὕδωρ καὶ τὸ αἷμα, καὶ οἱ τρεῖς εἰς τὸ ἕν εἰσιν. εἰ τὴν μαρτυρίαν τῶν ἀνθρώπων λαμβάνομεν, ἡ μαρτυρία τοῦ θεοῦ μείζων ἐστίν· ὅτι αὕτη ἐστὶν ἡ μαρτυρία τοῦ θεοῦ, ὅτι μεμαρτύρηκεν περὶ τοῦ υἱοῦ αὐτοῦ. ὁ πιστεύων εἰς τὸν υἱὸν τοῦ θεοῦ ἔχει τὴν μαρτυρίαν ἐν αὐτῷ, ὁ μὴ πιστεύων τῷ θεῷ ψεύστην πεποίηκεν αὐτόν, ὅτι οὐ πεπίστευκεν εἰς τὴν μαρτυρίαν ἣν μεμαρτύρηκεν ὁ θεὸς περὶ τοῦ υἱοῦ αὐτοῦ. καὶ αὕτη ἐστὶν ἡ μαρτυρία, ὅτι ζωὴν αἰώνιον ἔδωκεν ἡμῖν ὁ θεός, καὶ αὕτη ἡ ζωὴ ἐν τῷ υἱῷ αὐτοῦ ἐστιν. ὁ ἔχων τὸν υἱὸν ἔχει τὴν ζωήν· ὁ μὴ ἔχων τὸν υἱὸν τοῦ θεοῦ τὴν ζωὴν οὐκ ἔχει.

Thursday

A Reading (Lesson) from the Prophet Daniel (5:13–30)

בֵּאדַיִן דָּנִיֵּאל הֻעַל קֳדָם מַלְכָּא עָנֵה מַלְכָּא וְאָמַר לְדָנִיֵּאל
[K]אַנְתָּה [Q]אַנְתְּ־הוּא דָנִיֵּאל דִּי־מִן־בְּנֵי גָלוּתָא דִּי יְהוּד דִּי הַיְתִי
מַלְכָּא אַבִי מִן־יְהוּד׃
וְשִׁמְעֵת [K]עֲלַיִךְ [Q]עֲלָךְ דִּי רוּחַ אֱלָהִין בָּךְ וְנַהִירוּ וְשָׂכְלְתָנוּ וְחָכְמָה
יַתִּירָה הִשְׁתְּכַחַת בָּךְ׃
וּכְעַן הֻעַלּוּ קָדָמַי חַכִּימַיָּא אָשְׁפַיָּא דִּי־כְתָבָה דְנָה יִקְרוֹן וּפִשְׁרֵהּ
לְהוֹדָעֻתַנִי וְלָא־כָהֲלִין פְּשַׁר־מִלְּתָא לְהַחֲוָיָה׃
וַאֲנָה שִׁמְעֵת [K]עֲלַיִךְ [Q]עֲלָךְ דִּי־[K]תוכל [Q]תִכּוּל פִּשְׁרִין לְמִפְשַׁר
וְקִטְרִין לְמִשְׁרֵא כְּעַן הֵן [K]תוכל [Q]תִּכּוּל כְּתָבָא לְמִקְרֵא וּפִשְׁרֵהּ
לְהוֹדָעֻתַנִי אַרְגְּוָנָא תִלְבַּשׁ [K]והמונכא [Q]וְהַמְנִיכָא דִּי־דַהֲבָא עַל־
צַוְּארָךְ וְתַלְתָּא בְמַלְכוּתָא תִּשְׁלַט׃ פ
בֵּאדַיִן עָנֵה דָנִיֵּאל וְאָמַר קֳדָם מַלְכָּא מַתְּנָתָךְ לָךְ לֶהֶוְיָן
וּנְבָזְבְּיָתָךְ לְאָחֳרָן הַב בְּרַם כְּתָבָא אֶקְרֵא לְמַלְכָּא וּפִשְׁרָא
אֲהוֹדְעִנֵּהּ׃
[K]אַנְתָּה [Q]אַנְתְּ מַלְכָּא אֱלָהָא [K]עִלָּיָא [Q]עִלָּאָה מַלְכוּתָא וּרְבוּתָא
וִיקָרָא וְהַדְרָה יְהַב לִנְבֻכַדְנֶצַּר אֲבוּךְ׃

וּמִן־רְבוּתָא֙ דִּי יְהַב־לֵהּ כֹּל עַמְמַיָּא אֻמַּיָּא֙ וְלִשָּׁנַיָּא הֲווֹ [K]זָאֲעִין [Q]זָיְעִין וְדָחֲלִין מִן־קֳדָמוֹהִי דִּי־הֲוָה צָבֵא הֲוָא קָטֵל וְדִי־הֲוָה צָבֵא֙ הֲוָה מַחֵא וְדִי־הֲוָה צָבֵא֙ הֲוָה מָרִים וְדִי־הֲוָה צָבֵא הֲוָה מַשְׁפִּיל׃

וּכְדִי֙ רִם לִבְבֵהּ וְרוּחֵהּ תִּקְפַת לַהֲזָדָה הָנְחַת֙ מִן־כָּרְסֵא מַלְכוּתֵהּ וִיקָרָה הֶעְדִּיו מִנֵּהּ׃

וּמִן־בְּנֵי אֲנָשָׁא טְרִיד וְלִבְבֵהּ ׀ עִם־חֵיוְתָא [K]שַׁוִי [Q]שַׁוִּיו וְעִם־עֲרָדַיָּא֙ מְדוֹרֵהּ עִשְׂבָּא כְתוֹרִין֙ יְטַעֲמוּנֵּהּ וּמִטַּל שְׁמַיָּא גִּשְׁמֵהּ יִצְטַבַּע עַד דִּי־יְדַע דִּי־שַׁלִּיט אֱלָהָא [K]עִלָּיָא [Q]עִלָּאָה֙ בְּמַלְכוּת אֲנָשָׁא וּלְמַן־דִּי יִצְבֵּא יְהָקֵים [K]עֲלַיַּהּ [Q]עֲלַהּ׃

[K]וְאַנְתָּה [Q]וְאַנְתְּ בְּרֵהּ֙ בֵּלְשַׁאצַּר לָא הַשְׁפֵּלְתְּ לִבְבָךְ כָּל־קֳבֵל דִּי כָל־דְּנָה יְדַעְתָּ׃

וְעַל מָרֵא־שְׁמַיָּא ׀ הִתְרוֹמַמְתָּ וּלְמָאנַיָּא דִּי־בַיְתֵהּ הַיְתִיו [K]קָדָמַיִךְ [Q]קָדָמָךְ [K]וְאַנְתָּה וְרַבְרְבָנַיִךְ [Q]וְאַנְתְּ וְרַבְרְבָנָךְ שֵׁגְלָתָךְ וּלְחֵנָתָךְ֙ חַמְרָא֙ שָׁתַיִן בְּהוֹן וְלֵאלָהֵי כַסְפָּא־וְדַהֲבָא נְחָשָׁא פַרְזְלָא אָעָא וְאַבְנָא דִּי לָא־חָזַיִן וְלָא־שָׁמְעִין וְלָא יָדְעִין שַׁבַּחְתָּ וְלֵאלָהָא דִּי־נִשְׁמְתָךְ בִּידֵהּ וְכָל־אֹרְחָתָךְ לֵהּ לָא הַדַּרְתָּ׃

בֵּאדַיִן֙ מִן־קֳדָמוֹהִי שְׁלִיחַ פַּסָּא דִי־יְדָא וּכְתָבָא דְנָה רְשִׁים׃

וּדְנָה כְתָבָא דִּי רְשִׁים מְנֵא מְנֵא תְּקֵל וּפַרְסִין׃

דְּנָה פְּשַׁר־מִלְּתָא מְנֵא מְנָה־אֱלָהָא מַלְכוּתָךְ וְהַשְׁלְמַהּ׃

תְּקֵל תְּקִילְתָּה בְמֹאזַנְיָא וְהִשְׁתְּכַחַתְּ חַסִּיר׃

פְּרֵס פְּרִיסַת֙ מַלְכוּתָךְ וִיהִיבַת לְמָדַי וּפָרָס׃

בֵּאדַיִן ׀ אֲמַר בֵּלְשַׁאצַּר וְהַלְבִּשׁוּ לְדָנִיֵּאל֙ אַרְגְּוָנָא [K]וְהַמּוֹנְכָא [Q]וְהַמְנִיכָא דִי־דַהֲבָא עַל־צַוְּארֵהּ וְהַכְרִזוּ עֲלוֹהִי דִּי־לֶהֱוֵא שַׁלִּיט תַּלְתָּא בְּמַלְכוּתָא׃

בֵּהּ בְּלֵילְיָא קְטִיל בֵּלְאשַׁצַּר מַלְכָּא [K]כַשְׂדָיָא [Q]כַשְׂדָּאָה׃

A Reading (Lesson) from the first letter of John (5:13–20)

Ταῦτα ἔγραψα ὑμῖν, ἵνα εἰδῆτε ὅτι ζωὴν ἔχετε αἰώνιον, τοῖς πιστεύουσιν εἰς τὸ ὄνομα τοῦ υἱοῦ τοῦ θεοῦ. καὶ αὕτη ἐστὶν ἡ παρρησία ἣν ἔχομεν πρὸς αὐτόν, ὅτι ἐάν τι αἰτώμεθα κατὰ τὸ θέλημα αὐτοῦ ἀκούει ἡμῶν. καὶ ἐὰν οἴδαμεν ὅτι ἀκούει ἡμῶν ὃ ἐὰν αἰτώμεθα, οἴδαμεν ὅτι ἔχομεν τὰ αἰτήματα ἃ ᾐτήκαμεν ἀπ’ αὐτοῦ.

Ἐάν τις ἴδῃ τὸν ἀδελφὸν αὐτοῦ ἁμαρτάνοντα ἁμαρτίαν μὴ πρὸς θάνατον, αἰτήσει καὶ δώσει αὐτῷ ζωήν, τοῖς ἁμαρτάνουσιν μὴ πρὸς θάνατον. ἔστιν ἁμαρτία πρὸς θάνατον· οὐ περὶ ἐκείνης λέγω ἵνα ἐρωτήσῃ. πᾶσα ἀδικία ἁμαρτία ἐστίν, καὶ ἔστιν ἁμαρτία οὐ πρὸς θάνατον.

Οἴδαμεν ὅτι πᾶς ὁ γεγεννημένος ἐκ τοῦ θεοῦ οὐχ ἁμαρτάνει, ἀλλ’ ὁ γεννηθεὶς ἐκ τοῦ θεοῦ τηρεῖ ἑαυτὸν καὶ ὁ πονηρὸς οὐχ ἅπτεται αὐτοῦ. οἴδαμεν ὅτι ἐκ τοῦ θεοῦ ἐσμεν καὶ ὁ κόσμος ὅλος ἐν τῷ πονηρῷ κεῖται. οἴδαμεν δὲ ὅτι ὁ υἱὸς τοῦ θεοῦ ἥκει καὶ δέδωκεν ἡμῖν διάνοιαν, ἵνα γινώσκωμεν τὸν ἀληθινόν, καὶ ἐσμὲν ἐν τῷ ἀληθινῷ, ἐν τῷ υἱῷ αὐτοῦ Ἰησοῦ Χριστῷ. οὗτός ἐστιν ὁ ἀληθινὸς θεὸς καὶ ζωὴ αἰώνιος.

Friday

A Reading (Lesson) from the Prophet Daniel (6:2–16)

שְׁפַר֙ קֳדָ֣ם דָּרְיָ֔וֶשׁ וַהֲקִים֙ עַל־מַלְכוּתָ֔א לַאֲחַשְׁדַּרְפְּנַיָּ֖א מְאָ֣ה
וְעֶשְׂרִ֑ין דִּ֥י לֶהֱוֺ֖ן בְּכָל־מַלְכוּתָֽא׃
וְעֵ֤לָּא מִנְּהוֹן֙ סָרְכִ֣ין תְּלָתָ֔א דִּ֥י דָנִיֵּ֖אל חַד־מִנְּהֹ֑ון דִּי־לֶהֱוֺ֞ן
אֲחַשְׁדַּרְפְּנַיָּ֣א אִלֵּ֗ין יָהֲבִ֤ין לְהוֹן֙ טַעְמָ֔א וּמַלְכָּ֖א לָ֥א לֶהֱוֵ֥א נָזִֽק׃
אֱדַ֙יִן֙ דָּנִיֵּ֣אל דְּנָ֔ה הֲוָ֣א מִתְנַצַּ֔ח עַל־סָרְכַיָּ֖א וַאֲחַשְׁדַּרְפְּנַיָּ֑א כָּל־
קֳבֵל֙ דִּ֣י ר֤וּחַ יַתִּירָא֙ בֵּ֔הּ וּמַלְכָּ֣א עֲשִׁ֔ית לַהֲקָמוּתֵ֖הּ עַל־כָּל־
מַלְכוּתָֽא׃

אֱדַ֨יִן סָרְכַיָּ֜א וַאֲחַשְׁדַּרְפְּנַיָּ֗א הֲו֨וֹ בָעַ֥יִן עִלָּ֛ה לְהַשְׁכָּחָ֥ה לְדָנִיֵּ֖אל מִצַּ֣ד מַלְכוּתָ֑א וְכָל־עִלָּ֨ה וּשְׁחִיתָ֜ה לָא־יָכְלִ֣ין לְהַשְׁכָּחָ֗ה כָּל־קֳבֵל֙ דִּי־מְהֵימַ֣ן ה֔וּא וְכָל־שָׁלוּ֙ וּשְׁחִיתָ֔ה לָ֥א הִשְׁתְּכַ֖חַת עֲלֽוֹהִי׃

אֱדַ֨יִן גֻּבְרַיָּ֤א אִלֵּךְ֙ אָמְרִ֔ין דִּ֣י לָ֧א נְהַשְׁכַּ֛ח לְדָנִיֵּ֥אל דְּנָ֖ה כָּל־עִלָּ֑א לָהֵ֕ן הַשְׁכַּ֥חְנָה עֲל֖וֹהִי בְּדָ֥ת אֱלָהֵֽהּ׃ ס

אֱדַ֨יִן סָרְכַיָּ֤א וַאֲחַשְׁדַּרְפְּנַיָּא֙ אִלֵּ֔ן הַרְגִּ֖שׁוּ עַל־מַלְכָּ֑א וְכֵן֙ אָמְרִ֣ין לֵ֔הּ דָּרְיָ֥וֶשׁ מַלְכָּ֖א לְעָלְמִ֥ין חֱיִֽי׃

אִתְיָעַ֜טוּ כֹּ֣ל ׀ סָרְכֵ֣י מַלְכוּתָ֗א סִגְנַיָּ֤א וַאֲחַשְׁדַּרְפְּנַיָּא֙ הַדָּֽבְרַיָּ֣א וּפַחֲוָתָ֔א לְקַיָּמָ֤ה קְיָם֙ מַלְכָּ֔א וּלְתַקָּפָ֖ה אֱסָ֑ר דִּ֣י כָל־דִּֽי־יִבְעֵ֣ה בָ֠עוּ מִן־כָּל־אֱלָ֨הּ וֶֽאֱנָ֜שׁ עַד־יוֹמִ֣ין תְּלָתִ֗ין לָהֵן֙ מִנָּ֣ךְ מַלְכָּ֔א יִתְרְמֵ֕א לְגֹ֖ב אַרְיָוָתָֽא׃

כְּעַ֣ן מַלְכָּ֗א תְּקִ֥ים אֱסָרָ֛א וְתִרְשֻׁ֥ם כְּתָבָ֖א דִּ֣י לָ֣א לְהַשְׁנָיָ֑ה כְּדָת־מָדַ֥י וּפָרַ֖ס דִּי־לָ֥א תֶעְדֵּֽא׃

כָּל־קֳבֵ֖ל דְּנָ֑ה מַלְכָּא֙ דָּרְיָ֔וֶשׁ רְשַׁ֥ם כְּתָבָ֖א וֶאֱסָרָֽא׃

וְדָנִיֵּ֗אל כְּדִ֨י יְדַ֜ע דִּֽי־רְשִׁ֣ים כְּתָבָא֮ עַ֣ל לְבַיְתֵהּ֒ וְכַוִּ֣ין פְּתִיחָ֥ן לֵהּ֙ בְּעִלִּיתֵ֔הּ נֶ֖גֶד יְרוּשְׁלֶ֑ם וְזִמְנִ֡ין תְּלָתָה֩ בְיוֹמָ֨א ה֜וּא ׀ בָּרֵ֧ךְ עַל־בִּרְכ֣וֹהִי וּמְצַלֵּ֗א וּמוֹדֵא֙ קֳדָ֣ם אֱלָהֵ֔הּ כָּל־קֳבֵל֙ דִּֽי־הֲוָ֣א עָבֵ֔ד מִן־קַדְמַ֖ת דְּנָֽה׃ ס

אֱדַ֙יִן֙ גֻּבְרַיָּ֣א אִלֵּ֔ךְ הַרְגִּ֕שׁוּ וְהַשְׁכַּ֖חוּ לְדָֽנִיֵּ֑אל בָּעֵ֥א וּמִתְחַנַּ֖ן קֳדָ֥ם אֱלָהֵֽהּ׃

בֵּאדַ֨יִן קְרִ֜יבוּ וְאָמְרִ֣ין קֳדָם־מַלְכָּא֮ עַל־אֱסָ֣ר מַלְכָּא֒ הֲלָ֧א אֱסָ֣ר רְשַׁ֗מְתָּ דִּ֣י כָל־אֱ֠נָשׁ דִּֽי־יִבְעֵ֨ה מִן־כָּל־אֱלָ֜הּ וֶאֱנָ֗שׁ עַד־יוֹמִ֤ין תְּלָתִין֙ לָהֵן֙ מִנָּ֣ךְ מַלְכָּ֔א יִתְרְמֵ֕א לְגֹ֖ב אַרְיָוָתָ֑א עָנֵ֨ה מַלְכָּ֜א וְאָמַ֗ר יַצִּיבָ֤א מִלְּתָא֙ כְּדָת־מָדַ֣י וּפָרַ֔ס דִּי־לָ֖א תֶעְדֵּֽא׃

בֵּאדַ֫יִן עֲנ֣וֹ וְאָמְרִין֮ קֳדָ֣ם מַלְכָּא֒ דִּ֣י דָנִיֵּ֡אל דִּי֩ מִן־בְּנֵ֨י גָלוּתָ֜א דִּ֣י
יְה֗וּד לָא־שָׂ֨ם [K]עֲלַ֫יִךְ [Q]עֲלָ֤ךְ מַלְכָּא֙ טְעֵ֔ם וְעַל־אֱסָרָ֖א דִּ֣י רְשַׁ֑מְתָּ
וְזִמְנִ֣ין תְּלָתָ֣ה בְּיוֹמָ֔א בָּעֵ֖א בָּעוּתֵֽהּ׃
אֱדַ֨יִן מַלְכָּ֜א כְּדִ֨י מִלְּתָ֤א שְׁמַע֙ שַׂגִּיא֙ בְּאֵ֣שׁ עֲל֔וֹהִי וְעַ֧ל דָּנִיֵּ֛אל שָׂ֥ם
בָּ֖ל לְשֵׁיזָבוּתֵ֑הּ וְעַד֙ מֶעָלֵ֣י שִׁמְשָׁ֔א הֲוָ֥א מִשְׁתַּדַּ֖ר לְהַצָּלוּתֵֽהּ׃
בֵּאדַ֙יִן֙ גֻּבְרַיָּ֣א אִלֵּ֔ךְ הַרְגִּ֖שׁוּ עַל־מַלְכָּ֑א וְאָמְרִ֣ין לְמַלְכָּ֗א דַּ֤ע
מַלְכָּא֙ דִּֽי־דָת֙ לְמָדַ֣י וּפָרַ֔ס דִּֽי־כָל־אֱסָ֥ר וּקְיָ֛ם דִּֽי־מַלְכָּ֥א יְהָקִ֖ים
לָ֥א לְהַשְׁנָיָֽה׃

A Reading (Lesson) from the second letter of John (1–13)

Ὁ πρεσβύτερος ἐκλεκτῇ κυρίᾳ καὶ τοῖς τέκνοις αὐτῆς, οὓς ἐγὼ ἀγαπῶ ἐν ἀληθείᾳ, καὶ οὐκ ἐγὼ μόνος ἀλλὰ καὶ πάντες οἱ ἐγνωκότες τὴν ἀλήθειαν, διὰ τὴν ἀλήθειαν τὴν μένουσαν ἐν ἡμῖν καὶ μεθ’ ἡμῶν ἔσται εἰς τὸν αἰῶνα. ἔσται μεθ’ ἡμῶν χάρις ἔλεος εἰρήνη παρὰ θεοῦ πατρὸς καὶ παρὰ Ἰησοῦ Χριστοῦ τοῦ υἱοῦ τοῦ πατρὸς ἐν ἀληθείᾳ καὶ ἀγάπῃ.

Ἐχάρην λίαν ὅτι εὕρηκα ἐκ τῶν τέκνων σου περιπατοῦντας ἐν ἀληθείᾳ, καθὼς ἐντολὴν ἐλάβομεν παρὰ τοῦ πατρός. καὶ νῦν ἐρωτῶ σε, κυρία, οὐχ ὡς ἐντολὴν γράφων σοι καινὴν ἀλλ’ ἣν εἴχομεν ἀπ’ ἀρχῆς, ἵνα ἀγαπῶμεν ἀλλήλους. καὶ αὕτη ἐστὶν ἡ ἀγάπη, ἵνα περιπατῶμεν κατὰ τὰς ἐντολὰς αὐτοῦ· αὕτη ἡ ἐντολή ἐστιν, καθὼς ἠκούσατε ἀπ’ ἀρχῆς, ἵνα ἐν αὐτῇ περιπατῆτε.

Ὅτι πολλοὶ πλάνοι ἐξῆλθον εἰς τὸν κόσμον, οἱ μὴ ὁμολογοῦντες Ἰησοῦν Χριστὸν ἐρχόμενον ἐν σαρκί· οὗτός ἐστιν ὁ πλάνος καὶ ὁ ἀντίχριστος. βλέπετε ἑαυτούς, ἵνα μὴ ἀπολέσητε ἃ εἰργασάμεθα ἀλλὰ μισθὸν πλήρη ἀπολάβητε.

Πᾶς ὁ προάγων καὶ μὴ μένων ἐν τῇ διδαχῇ τοῦ Χριστοῦ θεὸν οὐκ ἔχει· ὁ μένων ἐν τῇ διδαχῇ, οὗτος καὶ τὸν πατέρα καὶ τὸν υἱὸν ἔχει. εἴ τις ἔρχεται πρὸς ὑμᾶς καὶ ταύτην τὴν διδαχὴν οὐ φέρει, μὴ λαμβάνετε αὐτὸν εἰς οἰκίαν καὶ χαίρειν αὐτῷ μὴ λέγετε· ὁ λέγων γὰρ αὐτῷ χαίρειν κοινωνεῖ τοῖς ἔργοις αὐτοῦ τοῖς πονηροῖς.

Πολλὰ ἔχων ὑμῖν γράφειν οὐκ ἐβουλήθην διὰ χάρτου καὶ μέλανος, ἀλλ' ἐλπίζω γενέσθαι πρὸς ὑμᾶς καὶ στόμα πρὸς στόμα λαλῆσαι, ἵνα ἡ χαρὰ ἡμῶν ᾖ πεπληρωμένη.

Ἀσπάζεταί σε τὰ τέκνα τῆς ἀδελφῆς σου τῆς ἐκλεκτῆς.

Week of 4 Easter

Monday

A Reading (Lesson) from the Wisdom of Solomon (1:16–2:11, 21–24)

Ἀσεβεῖς δὲ ταῖς χερσὶν καὶ τοῖς λόγοις προσεκαλέσαντο αὐτόν, φίλον ἡγησάμενοι αὐτὸν ἐτάκησαν καὶ συνθήκην ἔθεντο πρὸς αὐτόν, ὅτι ἄξιοί εἰσιν τῆς ἐκείνου μερίδος εἶναι.

εἶπον γὰρ ἐν ἑαυτοῖς λογισάμενοι οὐκ ὀρθῶς Ὀλίγος ἐστὶν καὶ λυπηρὸς ὁ βίος ἡμῶν, καὶ οὐκ ἔστιν ἴασις ἐν τελευτῇ ἀνθρώπου, καὶ οὐκ ἐγνώσθη ὁ ἀναλύσας ἐξ ᾅδου. ὅτι αὐτοσχεδίως ἐγενήθημεν καὶ μετὰ τοῦτο ἐσόμεθα ὡς οὐχ ὑπάρξαντες· ὅτι καπνὸς ἡ πνοὴ ἐν ῥισὶν ἡμῶν, καὶ ὁ λόγος σπινθὴρ ἐν κινήσει καρδίας ἡμῶν, οὗ σβεσθέντος τέφρα ἀποβήσεται τὸ σῶμα καὶ τὸ πνεῦμα διαχυθήσεται ὡς χαῦνος ἀήρ. καὶ τὸ ὄνομα ἡμῶν ἐπιλησθήσεται ἐν χρόνῳ, καὶ οὐθεὶς μνημονεύσει τῶν ἔργων ἡμῶν· καὶ παρελεύσεται ὁ βίος ἡμῶν ὡς ἴχνη νεφέλης καὶ ὡς ὁμίχλη διασκεδασθήσεται διωχθεῖσα ὑπὸ ἀκτίνων ἡλίου καὶ ὑπὸ θερμότητος αὐτοῦ βαρυνθεῖσα. σκιᾶς γὰρ πάροδος ὁ καιρὸς ἡμῶν, καὶ οὐκ ἔστιν ἀναποδισμὸς τῆς τελευτῆς ἡμῶν, ὅτι κατεσφραγίσθη καὶ οὐδεὶς ἀναστρέφει. δεῦτε οὖν καὶ ἀπολαύσωμεν τῶν ὄντων ἀγαθῶν καὶ χρησώμεθα τῇ κτίσει ὡς ἐν νεότητι σπουδαίως· οἴνου πολυτελοῦς καὶ μύρων πλησθῶμεν, καὶ μὴ παροδευσάτω ἡμᾶς ἄνθος ἔαρος· στεψώμεθα ῥόδων κάλυξιν πρὶν ἢ μαρανθῆναι· μηδεὶς ἡμῶν ἄμοιρος ἔστω τῆς ἡμετέρας ἀγερωχίας, πανταχῇ καταλίπωμεν σύμβολα τῆς εὐφροσύνης, ὅτι αὕτη ἡ μερὶς ἡμῶν καὶ ὁ κλῆρος οὗτος. καταδυναστεύσωμεν πένητα δίκαιον, μὴ φεισώμεθα χήρας μηδὲ πρεσβύτου ἐντραπῶμεν πολιὰς πολυχρονίους· ἔστω δὲ ἡμῶν ἡ ἰσχὺς νόμος τῆς δικαιοσύνης, τὸ γὰρ ἀσθενὲς ἄχρηστον ἐλέγχεται.

Ταῦτα ἐλογίσαντο, καὶ ἐπλανήθησαν· ἀπετύφλωσεν γὰρ αὐτοὺς ἡ κακία αὐτῶν, καὶ οὐκ ἔγνωσαν μυστήρια θεοῦ οὐδὲ μισθὸν ἤλπισαν ὁσιότητος οὐδὲ ἔκριναν γέρας ψυχῶν ἀμώμων. ὅτι ὁ θεὸς ἔκτισεν τὸν ἄνθρωπον ἐπ᾽ ἀφθαρσίᾳ καὶ εἰκόνα τῆς ἰδίας ἀϊδιότητος ἐποίησεν αὐτόν· φθόνῳ δὲ διαβόλου θάνατος εἰσῆλθεν εἰς τὸν κόσμον, πειράζουσιν δὲ αὐτὸν οἱ τῆς ἐκείνου μερίδος ὄντες.

A Reading (Lesson) from the letter to the Colossians (1:1–14)

Παῦλος ἀπόστολος Χριστοῦ Ἰησοῦ διὰ θελήματος θεοῦ καὶ Τιμόθεος ὁ ἀδελφὸς τοῖς ἐν Κολοσσαῖς ἁγίοις καὶ πιστοῖς ἀδελφοῖς ἐν Χριστῷ, χάρις ὑμῖν καὶ εἰρήνη ἀπὸ θεοῦ πατρὸς ἡμῶν.

Εὐχαριστοῦμεν τῷ θεῷ πατρὶ τοῦ κυρίου ἡμῶν Ἰησοῦ Χριστοῦ πάντοτε περὶ ὑμῶν προσευχόμενοι, ἀκούσαντες τὴν πίστιν ὑμῶν ἐν Χριστῷ Ἰησοῦ καὶ τὴν ἀγάπην ἣν ἔχετε εἰς πάντας τοὺς ἁγίους διὰ τὴν ἐλπίδα τὴν ἀποκειμένην ὑμῖν ἐν τοῖς οὐρανοῖς, ἣν προηκούσατε ἐν τῷ λόγῳ τῆς ἀληθείας τοῦ εὐαγγελίου τοῦ παρόντος εἰς ὑμᾶς, καθὼς καὶ ἐν παντὶ τῷ κόσμῳ ἐστὶν καρποφορούμενον καὶ αὐξανόμενον καθὼς καὶ ἐν ὑμῖν, ἀφ᾽ ἧς ἡμέρας ἠκούσατε καὶ ἐπέγνωτε τὴν χάριν τοῦ θεοῦ ἐν ἀληθείᾳ· καθὼς ἐμάθετε ἀπὸ Ἐπαφρᾶ τοῦ ἀγαπητοῦ συνδούλου ἡμῶν, ὅς ἐστιν πιστὸς ὑπὲρ ὑμῶν διάκονος τοῦ Χριστοῦ, ὁ καὶ δηλώσας ἡμῖν τὴν ὑμῶν ἀγάπην ἐν πνεύματι.

Διὰ τοῦτο καὶ ἡμεῖς, ἀφ᾽ ἧς ἡμέρας ἠκούσαμεν, οὐ παυόμεθα ὑπὲρ ὑμῶν προσευχόμενοι καὶ αἰτούμενοι, ἵνα πληρωθῆτε τὴν ἐπίγνωσιν τοῦ θελήματος αὐτοῦ ἐν πάσῃ σοφίᾳ καὶ συνέσει πνευματικῇ, περιπατῆσαι ἀξίως τοῦ κυρίου εἰς πᾶσαν ἀρεσκείαν, ἐν παντὶ ἔργῳ ἀγαθῷ καρποφοροῦντες καὶ αὐξανόμενοι τῇ ἐπιγνώσει τοῦ θεοῦ, ἐν πάσῃ δυνάμει δυναμούμενοι κατὰ τὸ κράτος τῆς δόξης αὐτοῦ εἰς πᾶσαν ὑπομονὴν καὶ μακροθυμίαν. Μετὰ χαρᾶς εὐχαριστοῦντες τῷ πατρὶ τῷ ἱκανώσαντι ὑμᾶς εἰς τὴν μερίδα τοῦ κλήρου τῶν ἁγίων ἐν τῷ φωτί· ὃς ἐρρύσατο ἡμᾶς ἐκ τῆς ἐξουσίας τοῦ σκότους καὶ μετέστησεν εἰς τὴν βασιλείαν τοῦ υἱοῦ τῆς ἀγάπης αὐτοῦ, ἐν ᾧ ἔχομεν τὴν ἀπολύτρωσιν, τὴν ἄφεσιν τῶν ἁμαρτιῶν·

Tuesday

A Reading (Lesson) from the Wisdom of Solomon (3:1–9)

Δικαίων δὲ ψυχαὶ ἐν χειρὶ θεοῦ, καὶ οὐ μὴ ἅψηται αὐτῶν βάσανος. ἔδοξαν ἐν ὀφθαλμοῖς ἀφρόνων τεθνάναι, καὶ ἐλογίσθη κάκωσις ἡ ἔξοδος αὐτῶν καὶ ἡ ἀφ᾽ ἡμῶν πορεία σύντριμμα, οἱ δέ εἰσιν ἐν εἰρήνῃ. καὶ γὰρ ἐν ὄψει ἀνθρώπων ἐὰν κολασθῶσιν, ἡ ἐλπὶς αὐτῶν ἀθανασίας πλήρης· καὶ ὀλίγα παιδευθέντες μεγάλα εὐεργετηθήσονται, ὅτι ὁ θεὸς ἐπείρασεν αὐτοὺς καὶ εὗρεν αὐτοὺς ἀξίους ἑαυτοῦ· ὡς χρυσὸν ἐν χωνευτηρίῳ ἐδοκίμασεν αὐτοὺς καὶ ὡς ὁλοκάρπωμα θυσίας προσεδέξατο αὐτούς. καὶ ἐν καιρῷ ἐπισκοπῆς αὐτῶν ἀναλάμψουσιν καὶ ὡς σπινθῆρες ἐν καλάμῃ διαδραμοῦνται· κρινοῦσιν ἔθνη καὶ κρατήσουσιν λαῶν, καὶ βασιλεύσει αὐτῶν κύριος εἰς τοὺς αἰῶνας. οἱ πεποιθότες ἐπ᾽ αὐτῷ συνήσουσιν ἀλήθειαν, καὶ οἱ πιστοὶ ἐν ἀγάπῃ προσμενοῦσιν αὐτῷ· ὅτι χάρις καὶ ἔλεος τοῖς ἐκλεκτοῖς αὐτοῦ.

A Reading (Lesson) from the letter to the Colossians (1:15–23)

ὅς ἐστιν εἰκὼν τοῦ θεοῦ τοῦ ἀοράτου,
πρωτότοκος πάσης κτίσεως,
ὅτι ἐν αὐτῷ ἐκτίσθη τὰ πάντα
ἐν τοῖς οὐρανοῖς καὶ ἐπὶ τῆς γῆς,
τὰ ὁρατὰ καὶ τὰ ἀόρατα,
εἴτε θρόνοι εἴτε κυριότητες
εἴτε ἀρχαὶ εἴτε ἐξουσίαι·

τὰ πάντα δι᾽ αὐτοῦ καὶ εἰς αὐτὸν ἔκτισται·
καὶ αὐτός ἐστιν πρὸ πάντων
καὶ τὰ πάντα ἐν αὐτῷ συνέστηκεν,
καὶ αὐτός ἐστιν ἡ κεφαλὴ τοῦ σώματος τῆς ἐκκλησίας·
ὅς ἐστιν ἀρχή,
πρωτότοκος ἐκ τῶν νεκρῶν,
ἵνα γένηται ἐν πᾶσιν αὐτὸς πρωτεύων,
ὅτι ἐν αὐτῷ εὐδόκησεν πᾶν τὸ πλήρωμα κατοικῆσαι
καὶ δι᾽ αὐτοῦ ἀποκαταλλάξαι τὰ πάντα εἰς αὐτόν,
εἰρηνοποιήσας διὰ τοῦ αἵματος τοῦ σταυροῦ αὐτοῦ,
[δι᾽ αὐτοῦ] εἴτε τὰ ἐπὶ τῆς γῆς
εἴτε τὰ ἐν τοῖς οὐρανοῖς.

Καὶ ὑμᾶς ποτε ὄντας ἀπηλλοτριωμένους καὶ ἐχθροὺς τῇ διανοίᾳ ἐν τοῖς ἔργοις τοῖς πονηροῖς, νυνὶ δὲ ἀποκατήλλαξεν ἐν τῷ σώματι τῆς σαρκὸς αὐτοῦ διὰ τοῦ θανάτου παραστῆσαι ὑμᾶς ἁγίους καὶ ἀμώμους καὶ ἀνεγκλήτους κατενώπιον αὐτοῦ, εἴ γε ἐπιμένετε τῇ πίστει τεθεμελιωμένοι καὶ ἑδραῖοι καὶ μὴ μετακινούμενοι ἀπὸ τῆς ἐλπίδος τοῦ εὐαγγελίου οὗ ἠκούσατε, τοῦ κηρυχθέντος ἐν πάσῃ κτίσει τῇ ὑπὸ τὸν οὐρανόν, οὗ ἐγενόμην ἐγὼ Παῦλος διάκονος.

Wednesday

A Reading (Lesson) from the Wisdom of Solomon (4:16–5:8)

κατακρινεῖ δὲ δίκαιος καμὼν τοὺς ζῶντας ἀσεβεῖς καὶ νεότης τελεσθεῖσα ταχέως πολυετὲς γῆρας ἀδίκου· ὄψονται γὰρ τελευτὴν σοφοῦ καὶ οὐ νοήσουσιν τί ἐβουλεύσατο περὶ αὐτοῦ καὶ εἰς τί ἠσφαλίσατο αὐτὸν ὁ κύριος. ὄψονται καὶ ἐξουθενήσουσιν· αὐτοὺς δὲ ὁ κύριος ἐκγελάσεται, καὶ ἔσονται μετὰ τοῦτο εἰς πτῶμα ἄτιμον καὶ εἰς ὕβριν ἐν νεκροῖς δι᾽ αἰῶνος, ὅτι ῥήξει αὐτοὺς ἀφώνους πρηνεῖς καὶ σαλεύσει αὐτοὺς ἐκ θεμελίων, καὶ ἕως ἐσχάτου χερσωθήσονται καὶ ἔσονται ἐν ὀδύνῃ, καὶ ἡ μνήμη αὐτῶν ἀπολεῖται. ἐλεύσονται ἐν συλλογισμῷ ἁμαρτημάτων αὐτῶν δειλοί, καὶ ἐλέγξει αὐτοὺς ἐξ ἐναντίας τὰ ἀνομήματα αὐτῶν.

Τότε στήσεται ἐν παρρησίᾳ πολλῇ ὁ δίκαιος κατὰ πρόσωπον τῶν θλιψάντων αὐτὸν καὶ τῶν ἀθετούντων τοὺς πόνους αὐτοῦ. ἰδόντες ταραχθήσονται φόβῳ δεινῷ καὶ ἐκστήσονται ἐπὶ τῷ παραδόξῳ τῆς σωτηρίας· ἐροῦσιν ἐν ἑαυτοῖς μετανοοῦντες καὶ διὰ στενοχωρίαν πνεύματος στενάξονται καὶ ἐροῦσιν Οὗτος ἦν, ὃν ἔσχομέν ποτε εἰς γέλωτα καὶ εἰς παραβολὴν ὀνειδισμοῦ οἱ ἄφρονες· τὸν βίον αὐτοῦ ἐλογισάμεθα μανίαν καὶ τὴν τελευτὴν αὐτοῦ ἄτιμον. πῶς κατελογίσθη ἐν υἱοῖς θεοῦ καὶ ἐν ἁγίοις ὁ κλῆρος αὐτοῦ ἐστιν; ἄρα ἐπλανήθημεν ἀπὸ ὁδοῦ ἀληθείας, καὶ τὸ τῆς δικαιοσύνης φῶς οὐκ ἐπέλαμψεν ἡμῖν, καὶ ὁ ἥλιος οὐκ ἀνέτειλεν ἡμῖν· ἀνομίας ἐνεπλήσθημεν τρίβοις καὶ ἀπωλείας καὶ διωδεύσαμεν ἐρήμους ἀβάτους, τὴν δὲ ὁδὸν κυρίου οὐκ ἐπέγνωμεν. τί ὠφέλησεν ἡμᾶς ἡ ὑπερηφανία; καὶ τί πλοῦτος μετὰ ἀλαζονείας συμβέβληται ἡμῖν;

A Reading (Lesson) from the letter to the Colossians (1:24–2:7)

Νῦν χαίρω ἐν τοῖς παθήμασιν ὑπὲρ ὑμῶν καὶ ἀνταναπληρῶ τὰ ὑστερήματα τῶν θλίψεων τοῦ Χριστοῦ ἐν τῇ σαρκί μου ὑπὲρ τοῦ σώματος αὐτοῦ, ὅ ἐστιν ἡ ἐκκλησία, ἧς ἐγενόμην ἐγὼ διάκονος κατὰ τὴν οἰκονομίαν τοῦ θεοῦ τὴν δοθεῖσάν μοι εἰς ὑμᾶς πληρῶσαι τὸν λόγον τοῦ θεοῦ, τὸ μυστήριον τὸ ἀποκεκρυμμένον ἀπὸ τῶν αἰώνων καὶ ἀπὸ τῶν γενεῶν– νῦν δὲ ἐφανερώθη τοῖς ἁγίοις αὐτοῦ, οἷς ἠθέλησεν ὁ θεὸς γνωρίσαι τί τὸ πλοῦτος τῆς δόξης τοῦ μυστηρίου τούτου ἐν τοῖς ἔθνεσιν, ὅ ἐστιν Χριστὸς ἐν ὑμῖν, ἡ ἐλπὶς τῆς δόξης· ὃν ἡμεῖς καταγγέλλομεν νουθετοῦντες πάντα ἄνθρωπον καὶ διδάσκοντες πάντα ἄνθρωπον ἐν πάσῃ σοφίᾳ, ἵνα παραστήσωμεν πάντα ἄνθρωπον τέλειον ἐν Χριστῷ· εἰς ὃ καὶ κοπιῶ ἀγωνιζόμενος κατὰ τὴν ἐνέργειαν αὐτοῦ τὴν ἐνεργουμένην ἐν ἐμοὶ ἐν δυνάμει.

Θέλω γὰρ ὑμᾶς εἰδέναι ἡλίκον ἀγῶνα ἔχω ὑπὲρ ὑμῶν καὶ τῶν ἐν Λαοδικείᾳ καὶ ὅσοι οὐχ ἑόρακαν τὸ πρόσωπόν μου ἐν σαρκί, ἵνα παρακληθῶσιν αἱ καρδίαι αὐτῶν συμβιβασθέντες ἐν ἀγάπῃ καὶ εἰς πᾶν πλοῦτος τῆς πληροφορίας τῆς συνέσεως, εἰς ἐπίγνωσιν τοῦ μυστηρίου τοῦ θεοῦ, Χριστοῦ, ἐν ᾧ εἰσιν πάντες οἱ θησαυροὶ τῆς σοφίας καὶ γνώσεως ἀπόκρυφοι. Τοῦτο λέγω, ἵνα μηδεὶς ὑμᾶς παραλογίζηται ἐν πιθανολογίᾳ. εἰ γὰρ καὶ τῇ σαρκὶ ἄπειμι, ἀλλὰ τῷ πνεύματι σὺν ὑμῖν εἰμι, χαίρων καὶ βλέπων ὑμῶν τὴν τάξιν καὶ τὸ στερέωμα τῆς εἰς Χριστὸν πίστεως ὑμῶν.

Ὡς οὖν παρελάβετε τὸν Χριστὸν Ἰησοῦν τὸν κύριον, ἐν αὐτῷ περιπατεῖτε, ἐρριζωμένοι καὶ ἐποικοδομούμενοι ἐν αὐτῷ καὶ βεβαιούμενοι τῇ πίστει καθὼς ἐδιδάχθητε, περισσεύοντες ἐν εὐχαριστίᾳ.

Thursday

A Reading (Lesson) from the Wisdom of Solomon (5:9–23)

παρῆλθεν ἐκεῖνα πάντα ὡς σκιὰ καὶ ὡς ἀγγελία παρατρέχουσα· ὡς ναῦς διερχομένη κυμαινόμενον ὕδωρ, ἧς διαβάσης οὐκ ἔστιν ἴχνος εὑρεῖν οὐδὲ ἀτραπὸν τρόπιος αὐτῆς ἐν κύμασιν· ἢ ὡς ὀρνέου διιπτάντος ἀέρα οὐθὲν εὑρίσκεται τεκμήριον πορείας, πληγῇ δὲ μαστιζόμενον ταρσῶν πνεῦμα κοῦφον καὶ σχιζόμενον βίᾳ ῥοίζου κινουμένων πτερύγων διωδεύθη, καὶ μετὰ τοῦτο οὐχ εὑρέθη σημεῖον ἐπιβάσεως ἐν αὐτῷ· ἢ ὡς βέλους βληθέντος ἐπὶ σκοπὸν τμηθεὶς ὁ ἀὴρ εὐθέως εἰς ἑαυτὸν ἀνελύθη ὡς ἀγνοῆσαι τὴν δίοδον αὐτοῦ· οὕτως καὶ ἡμεῖς γεννηθέντες ἐξελίπομεν καὶ ἀρετῆς μὲν σημεῖον οὐδὲν ἔσχομεν δεῖξαι, ἐν δὲ τῇ κακίᾳ ἡμῶν κατεδαπανήθημεν. ὅτι ἐλπὶς ἀσεβοῦς ὡς φερόμενος χνοῦς ὑπὸ ἀνέμου καὶ ὡς πάχνη ὑπὸ λαίλαπος διωχθεῖσα λεπτὴ καὶ ὡς καπνὸς ὑπὸ ἀνέμου διεχύθη καὶ ὡς μνεία καταλύτου μονοημέρου παρώδευσεν.

Δίκαιοι δὲ εἰς τὸν αἰῶνα ζῶσιν, καὶ ἐν κυρίῳ ὁ μισθὸς αὐτῶν, καὶ ἡ φροντὶς αὐτῶν παρὰ ὑψίστῳ. διὰ τοῦτο λήμψονται τὸ βασίλειον τῆς εὐπρεπείας καὶ τὸ διάδημα τοῦ κάλλους ἐκ χειρὸς κυρίου, ὅτι τῇ δεξιᾷ σκεπάσει αὐτοὺς καὶ τῷ βραχίονι ὑπερασπιεῖ αὐτῶν. λήμψεται πανοπλίαν τὸν ζῆλον αὐτοῦ καὶ ὁπλοποιήσει τὴν κτίσιν εἰς ἄμυναν ἐχθρῶν· ἐνδύσεται θώρακα δικαιοσύνην καὶ περιθήσεται κόρυθα κρίσιν ἀνυπόκριτον· λήμψεται ἀσπίδα ἀκαταμάχητον ὁσιότητα, ὀξυνεῖ δὲ ἀπότομον ὀργὴν εἰς ῥομφαίαν, συνεκπολεμήσει δὲ αὐτῷ ὁ κόσμος ἐπὶ τοὺς παράφρονας. πορεύσονται εὔστοχοι βολίδες ἀστραπῶν καὶ ὡς ἀπὸ εὐκύκλου τόξου τῶν νεφῶν ἐπὶ σκοπὸν ἁλοῦνται, καὶ ἐκ πετροβόλου θυμοῦ πλήρεις ῥιφήσονται χάλαζαι· ἀγανακτήσει κατ᾽ αὐτῶν ὕδωρ θαλάσσης, ποταμοὶ δὲ συγκλύσουσιν ἀποτόμως· ἀντιστήσεται αὐτοῖς πνεῦμα δυνάμεως καὶ ὡς λαῖλαψ ἐκλικμήσει αὐτούς· καὶ ἐρημώσει πᾶσαν τὴν γῆν ἀνομία, καὶ ἡ κακοπραγία περιτρέψει θρόνους δυναστῶν.

A Reading (Lesson) from the letter to the Colossians (2:8–23)

Βλέπετε μή τις ὑμᾶς ἔσται ὁ συλαγωγῶν διὰ τῆς φιλοσοφίας καὶ κενῆς ἀπάτης κατὰ τὴν παράδοσιν τῶν ἀνθρώπων, κατὰ τὰ στοιχεῖα τοῦ κόσμου καὶ οὐ κατὰ Χριστόν· ὅτι ἐν αὐτῷ κατοικεῖ πᾶν τὸ πλήρωμα τῆς θεότητος σωματικῶς, καὶ ἐστὲ ἐν αὐτῷ πεπληρωμένοι, ὅς ἐστιν ἡ κεφαλὴ πάσης ἀρχῆς καὶ ἐξουσίας. Ἐν ᾧ καὶ περιετμήθητε περιτομῇ ἀχειροποιήτῳ ἐν τῇ ἀπεκδύσει τοῦ σώματος τῆς σαρκός, ἐν τῇ περιτομῇ τοῦ Χριστοῦ, συνταφέντες αὐτῷ ἐν τῷ βαπτισμῷ, ἐν ᾧ καὶ συνηγέρθητε διὰ τῆς πίστεως τῆς ἐνεργείας τοῦ θεοῦ τοῦ ἐγείραντος αὐτὸν ἐκ νεκρῶν· καὶ ὑμᾶς νεκροὺς ὄντας [ἐν] τοῖς παραπτώμασιν καὶ τῇ ἀκροβυστίᾳ τῆς σαρκὸς ὑμῶν, συνεζωοποίησεν ὑμᾶς σὺν αὐτῷ, χαρισάμενος ἡμῖν πάντα τὰ παραπτώματα. ἐξαλείψας τὸ καθ᾽ ἡμῶν χειρόγραφον τοῖς δόγμασιν ὃ ἦν ὑπεναντίον ἡμῖν, καὶ αὐτὸ ἦρκεν ἐκ τοῦ μέσου προσηλώσας αὐτὸ τῷ σταυρῷ· ἀπεκδυσάμενος τὰς ἀρχὰς καὶ τὰς ἐξουσίας ἐδειγμάτισεν ἐν παρρησίᾳ, θριαμβεύσας αὐτοὺς ἐν αὐτῷ.

Μὴ οὖν τις ὑμᾶς κρινέτω ἐν βρώσει καὶ ἐν πόσει ἢ ἐν μέρει ἑορτῆς ἢ νεομηνίας ἢ σαββάτων· ἅ ἐστιν σκιὰ τῶν μελλόντων, τὸ δὲ σῶμα τοῦ Χριστοῦ. μηδεὶς ὑμᾶς καταβραβευέτω θέλων ἐν ταπεινοφροσύνῃ καὶ θρησκείᾳ τῶν ἀγγέλων, ἃ ἑόρακεν ἐμβατεύων, εἰκῇ φυσιούμενος ὑπὸ τοῦ νοὸς τῆς σαρκὸς αὐτοῦ, καὶ οὐ κρατῶν τὴν κεφαλήν, ἐξ οὗ πᾶν τὸ σῶμα διὰ τῶν ἁφῶν καὶ συνδέσμων ἐπιχορηγούμενον καὶ συμβιβαζόμενον αὔξει τὴν αὔξησιν τοῦ θεοῦ.

Εἰ ἀπεθάνετε σὺν Χριστῷ ἀπὸ τῶν στοιχείων τοῦ κόσμου, τί ὡς ζῶντες ἐν κόσμῳ δογματίζεσθε; μὴ ἅψῃ μηδὲ γεύσῃ μηδὲ θίγῃς, ἅ ἐστιν πάντα εἰς φθορὰν τῇ ἀποχρήσει, κατὰ τὰ ἐντάλματα καὶ διδασκαλίας τῶν ἀνθρώπων, ἅτινά ἐστιν λόγον μὲν ἔχοντα σοφίας ἐν ἐθελοθρησκίᾳ καὶ ταπεινοφροσύνῃ [καὶ] ἀφειδίᾳ σώματος, οὐκ ἐν τιμῇ τινι πρὸς πλησμονὴν τῆς σαρκός.

Friday

A Reading (Lesson) from the Wisdom of Solomon (6:12–23)

Λαμπρὰ καὶ ἀμάραντός ἐστιν ἡ σοφία καὶ εὐχερῶς θεωρεῖται ὑπὸ τῶν ἀγαπώντων αὐτὴν καὶ εὑρίσκεται ὑπὸ τῶν ζητούντων αὐτήν, φθάνει τοὺς ἐπιθυμοῦντας προγνωσθῆναι. ὁ ὀρθρίσας πρὸς αὐτὴν οὐ κοπιάσει· πάρεδρον γὰρ εὑρήσει τῶν πυλῶν αὐτοῦ. τὸ γὰρ ἐνθυμηθῆναι περὶ αὐτῆς φρονήσεως τελειότης, καὶ ὁ ἀγρυπνήσας δι᾽ αὐτὴν ταχέως ἀμέριμνος ἔσται· ὅτι τοὺς ἀξίους αὐτῆς αὐτὴ περιέρχεται ζητοῦσα καὶ ἐν ταῖς τρίβοις φαντάζεται αὐτοῖς εὐμενῶς καὶ ἐν πάσῃ ἐπινοίᾳ ὑπαντᾷ αὐτοῖς. ἀρχὴ γὰρ αὐτῆς ἡ ἀληθεστάτη παιδείας ἐπιθυμία, φροντὶς δὲ παιδείας ἀγάπη, ἀγάπη δὲ τήρησις νόμων αὐτῆς, προσοχὴ δὲ νόμων βεβαίωσις ἀφθαρσίας, ἀφθαρσία δὲ ἐγγὺς εἶναι ποιεῖ θεοῦ· ἐπιθυμία ἄρα σοφίας ἀνάγει ἐπὶ βασιλείαν. εἰ οὖν ἥδεσθε ἐπὶ θρόνοις καὶ σκήπτροις, τύραννοι λαῶν, τιμήσατε σοφίαν, ἵνα εἰς τὸν αἰῶνα βασιλεύσητε. τί δέ ἐστιν σοφία καὶ πῶς ἐγένετο, ἀπαγγελῶ καὶ οὐκ ἀποκρύψω ὑμῖν μυστήρια, ἀλλὰ ἀπ᾽ ἀρχῆς γενέσεως ἐξιχνιάσω καὶ θήσω εἰς τὸ ἐμφανὲς τὴν γνῶσιν αὐτῆς καὶ οὐ μὴ παροδεύσω τὴν ἀλήθειαν. οὔτε μὴν φθόνῳ τετηκότι συνοδεύσω, ὅτι οὗτος οὐ κοινωνήσει σοφίᾳ.

A Reading (Lesson) from the letter to the Colossians (3:1–11)

Εἰ οὖν συνηγέρθητε τῷ Χριστῷ, τὰ ἄνω ζητεῖτε, οὗ ὁ Χριστός ἐστιν ἐν δεξιᾷ τοῦ θεοῦ καθήμενος· τὰ ἄνω φρονεῖτε, μὴ τὰ ἐπὶ τῆς γῆς. ἀπεθάνετε γὰρ καὶ ἡ ζωὴ ὑμῶν κέκρυπται σὺν τῷ Χριστῷ ἐν τῷ θεῷ· ὅταν ὁ Χριστὸς φανερωθῇ, ἡ ζωὴ ὑμῶν, τότε καὶ ὑμεῖς σὺν αὐτῷ φανερωθήσεσθε ἐν δόξῃ.

Νεκρώσατε οὖν τὰ μέλη τὰ ἐπὶ τῆς γῆς, πορνείαν ἀκαθαρσίαν πάθος ἐπιθυμίαν κακήν, καὶ τὴν πλεονεξίαν, ἥτις ἐστὶν εἰδωλολατρία, δι' ἃ ἔρχεται ἡ ὀργὴ τοῦ θεοῦ [ἐπὶ τοὺς υἱοὺς τῆς ἀπειθείας]. ἐν οἷς καὶ ὑμεῖς περιεπατήσατέ ποτε, ὅτε ἐζῆτε ἐν τούτοις· νυνὶ δὲ ἀπόθεσθε καὶ ὑμεῖς τὰ πάντα, ὀργήν, θυμόν, κακίαν, βλασφημίαν, αἰσχρολογίαν ἐκ τοῦ στόματος ὑμῶν· μὴ ψεύδεσθε εἰς ἀλλήλους, ἀπεκδυσάμενοι τὸν παλαιὸν ἄνθρωπον σὺν ταῖς πράξεσιν αὐτοῦ καὶ ἐνδυσάμενοι τὸν νέον τὸν ἀνακαινούμενον εἰς ἐπίγνωσιν κατ' εἰκόνα τοῦ κτίσαντος αὐτόν, ὅπου οὐκ ἔνι Ἕλλην καὶ Ἰουδαῖος, περιτομὴ καὶ ἀκροβυστία, βάρβαρος, Σκύθης, δοῦλος, ἐλεύθερος, ἀλλὰ [τὰ] πάντα καὶ ἐν πᾶσιν Χριστός.

Week of 5 Easter

Monday

A Reading (Lesson) from the Wisdom of Solomon (9:1, 7–18)

Θεὲ πατέρων καὶ κύριε τοῦ ἐλέους ὁ ποιήσας τὰ πάντα ἐν λόγῳ σου... σύ με προείλω βασιλέα λαοῦ σου καὶ δικαστὴν υἱῶν σου καὶ θυγατέρων· εἶπας οἰκοδομῆσαι ναὸν ἐν ὄρει ἁγίῳ σου καὶ ἐν πόλει κατασκηνώσεώς σου θυσιαστήριον, μίμημα σκηνῆς ἁγίας, ἣν προητοίμασας ἀπ' ἀρχῆς. καὶ μετὰ σοῦ ἡ σοφία ἡ εἰδυῖα τὰ ἔργα σου καὶ παροῦσα, ὅτε ἐποίεις τὸν κόσμον, καὶ ἐπισταμένη τί ἀρεστὸν ἐν ὀφθαλμοῖς σου καὶ τί εὐθὲς ἐν ἐντολαῖς σου. ἐξαπόστειλον αὐτὴν ἐξ ἁγίων οὐρανῶν καὶ ἀπὸ θρόνου δόξης σου πέμψον αὐτήν, ἵνα συμπαροῦσά μοι κοπιάσῃ, καὶ γνῶ τί εὐάρεστόν ἐστιν παρὰ σοί. οἶδε γὰρ ἐκείνη πάντα καὶ συνίει καὶ ὁδηγήσει με ἐν ταῖς πράξεσί μου σωφρόνως καὶ φυλάξει με ἐν τῇ δόξῃ αὐτῆς· καὶ ἔσται προσδεκτὰ τὰ ἔργα μου, καὶ διακρινῶ τὸν λαόν σου δικαίως καὶ ἔσομαι ἄξιος θρόνων πατρός μου. τίς γὰρ ἄνθρωπος γνώσεται βουλὴν θεοῦ; ἢ τίς ἐνθυμηθήσεται τί θέλει ὁ κύριος; λογισμοὶ γὰρ θνητῶν δειλοί, καὶ ἐπισφαλεῖς αἱ ἐπίνοιαι ἡμῶν· φθαρτὸν γὰρ σῶμα βαρύνει ψυχήν, καὶ βρίθει τὸ γεῶδες σκῆνος νοῦν πολυφρόντιδα. καὶ μόλις εἰκάζομεν τὰ ἐπὶ γῆς καὶ τὰ ἐν χερσὶν εὑρίσκομεν μετὰ πόνου· τὰ δὲ ἐν οὐρανοῖς τίς ἐξιχνίασεν; βουλὴν δέ σου τίς ἔγνω, εἰ μὴ σὺ ἔδωκας σοφίαν καὶ ἔπεμψας τὸ ἅγιόν σου πνεῦμα ἀπὸ ὑψίστων; καὶ οὕτως διωρθώθησαν αἱ τρίβοι τῶν ἐπὶ γῆς, καὶ τὰ ἀρεστά σου ἐδιδάχθησαν ἄνθρωποι, καὶ τῇ σοφίᾳ ἐσώθησαν.

A Reading (Lesson) from the letter to the Colossians (4:2–18)

Τῇ προσευχῇ προσκαρτερεῖτε, γρηγοροῦντες ἐν αὐτῇ ἐν εὐχαριστίᾳ, προσευχόμενοι ἅμα καὶ περὶ ἡμῶν, ἵνα ὁ θεὸς ἀνοίξῃ ἡμῖν θύραν τοῦ λόγου λαλῆσαι τὸ μυστήριον τοῦ Χριστοῦ, δι' ὃ καὶ δέδεμαι, ἵνα φανερώσω αὐτὸ ὡς δεῖ με λαλῆσαι. Ἐν σοφίᾳ περιπατεῖτε πρὸς τοὺς ἔξω τὸν καιρὸν ἐξαγοραζόμενοι. ὁ λόγος ὑμῶν πάντοτε ἐν χάριτι, ἅλατι ἠρτυμένος, εἰδέναι πῶς δεῖ ὑμᾶς ἑνὶ ἑκάστῳ ἀποκρίνεσθαι.

Τὰ κατ' ἐμὲ πάντα γνωρίσει ὑμῖν Τύχικος ὁ ἀγαπητὸς ἀδελφὸς καὶ πιστὸς διάκονος καὶ σύνδουλος ἐν κυρίῳ, ὃν ἔπεμψα πρὸς ὑμᾶς εἰς αὐτὸ τοῦτο, ἵνα γνῶτε τὰ περὶ ἡμῶν καὶ παρακαλέσῃ τὰς καρδίας ὑμῶν, σὺν Ὀνησίμῳ τῷ πιστῷ καὶ ἀγαπητῷ ἀδελφῷ, ὅς ἐστιν ἐξ ὑμῶν· πάντα ὑμῖν γνωρίσουσιν τὰ ὧδε.

Ἀσπάζεται ὑμᾶς Ἀρίσταρχος ὁ συναιχμάλωτός μου καὶ Μᾶρκος ὁ ἀνεψιὸς Βαρναβᾶ(περὶ οὗ ἐλάβετε ἐντολάς, ἐὰν ἔλθῃ πρὸς ὑμᾶς, δέξασθε αὐτόν) καὶ Ἰησοῦς ὁ λεγόμενος Ἰοῦστος, οἱ ὄντες ἐκ περιτομῆς, οὗτοι μόνοι συνεργοὶ εἰς τὴν βασιλείαν τοῦ θεοῦ, οἵτινες ἐγενήθησάν μοι παρηγορία. ἀσπάζεται ὑμᾶς Ἐπαφρᾶς ὁ ἐξ ὑμῶν, δοῦλος Χριστοῦ [Ἰησοῦ], πάντοτε ἀγωνιζόμενος ὑπὲρ ὑμῶν ἐν ταῖς προσευχαῖς, ἵνα σταθῆτε τέλειοι καὶ πεπληροφορημένοι ἐν παντὶ θελήματι τοῦ θεοῦ. μαρτυρῶ γὰρ αὐτῷ ὅτι ἔχει πολὺν πόνον ὑπὲρ ὑμῶν καὶ τῶν ἐν Λαοδικείᾳ καὶ τῶν ἐν Ἱεραπόλει. ἀσπάζεται ὑμᾶς Λουκᾶς ὁ ἰατρὸς ὁ ἀγαπητὸς καὶ Δημᾶς.

Ἀσπάσασθε τοὺς ἐν Λαοδικείᾳ ἀδελφοὺς καὶ Νύμφαν καὶ τὴν κατ' οἶκον αὐτῆς ἐκκλησίαν. καὶ ὅταν ἀναγνωσθῇ παρ' ὑμῖν ἡ ἐπιστολή, ποιήσατε ἵνα καὶ ἐν τῇ Λαοδικέων ἐκκλησίᾳ ἀναγνωσθῇ, καὶ τὴν ἐκ Λαοδικείας ἵνα καὶ ὑμεῖς ἀναγνῶτε. καὶ εἴπατε Ἀρχίππῳ· βλέπε τὴν διακονίαν ἣν παρέλαβες ἐν κυρίῳ, ἵνα αὐτὴν πληροῖς.

Ὁ ἀσπασμὸς τῇ ἐμῇ χειρὶ Παύλου. μνημονεύετέ μου τῶν δεσμῶν. ἡ χάρις μεθ' ὑμῶν.

Tuesday

A Reading (Lesson) from the Wisdom of Solomon (10:1–4, 13–21)

Αὕτη πρωτόπλαστον πατέρα κόσμου μόνον κτισθέντα διεφύλαξεν καὶ ἐξείλατο αὐτὸν ἐκ παραπτώματος ἰδίου ἔδωκέν τε αὐτῷ ἰσχὺν κρατῆσαι ἁπάντων. ἀποστὰς δὲ ἀπ' αὐτῆς ἄδικος ἐν ὀργῇ αὐτοῦ ἀδελφοκτόνοις συναπώλετο θυμοῖς. δι' ὃν κατακλυζομένην γῆν πάλιν ἔσωσεν σοφία δι' εὐτελοῦς ξύλου τὸν δίκαιον κυβερνήσασα. αὕτη πραθέντα δίκαιον οὐκ ἐγκατέλιπεν, ἀλλὰ ἐξ ἁμαρτίας ἐρρύσατο αὐτόν· συγκατέβη αὐτῷ εἰς λάκκον καὶ ἐν δεσμοῖς οὐκ ἀφῆκεν αὐτόν, ἕως ἤνεγκεν αὐτῷ σκῆπτρα βασιλείας καὶ ἐξουσίαν τυραννούντων αὐτοῦ· ψευδεῖς τε ἔδειξεν τοὺς μωμησαμένους αὐτὸν καὶ ἔδωκεν αὐτῷ δόξαν αἰώνιον.

Αὕτη λαὸν ὅσιον καὶ σπέρμα ἄμεμπτον ἐρρύσατο ἐξ ἔθνους θλιβόντων· εἰσῆλθεν εἰς ψυχὴν θεράποντος κυρίου καὶ ἀντέστη βασιλεῦσιν φοβεροῖς ἐν τέρασι καὶ σημείοις. ἀπέδωκεν ὁσίοις μισθὸν κόπων αὐτῶν, ὡδήγησεν αὐτοὺς ἐν ὁδῷ θαυμαστῇ καὶ ἐγένετο αὐτοῖς εἰς σκέπην ἡμέρας καὶ εἰς φλόγα ἄστρων τὴν νύκτα. διεβίβασεν αὐτοὺς θάλασσαν ἐρυθρὰν καὶ διήγαγεν αὐτοὺς δι' ὕδατος πολλοῦ· τοὺς δὲ ἐχθροὺς αὐτῶν κατέκλυσεν καὶ ἐκ βάθους ἀβύσσου ἀνέβρασεν αὐτούς. διὰ τοῦτο δίκαιοι ἐσκύλευσαν ἀσεβεῖς καὶ ὕμνησαν, κύριε, τὸ ὄνομα τὸ ἅγιόν σου τήν τε ὑπέρμαχόν σου χεῖρα ᾔνεσαν ὁμοθυμαδόν· ὅτι ἡ σοφία ἤνοιξεν στόμα κωφῶν καὶ γλώσσας νηπίων ἔθηκεν τρανάς.

A Reading (Lesson) from Paul's letter to the Romans (12:1–21)

Παρακαλῶ οὖν ὑμᾶς, ἀδελφοί, διὰ τῶν οἰκτιρμῶν τοῦ θεοῦ παραστῆσαι τὰ σώματα ὑμῶν θυσίαν ζῶσαν ἁγίαν εὐάρεστον τῷ θεῷ, τὴν λογικὴν λατρείαν ὑμῶν· καὶ μὴ συσχηματίζεσθε τῷ αἰῶνι τούτῳ, ἀλλὰ μεταμορφοῦσθε τῇ ἀνακαινώσει τοῦ νοὸς εἰς τὸ δοκιμάζειν ὑμᾶς τί τὸ θέλημα τοῦ θεοῦ, τὸ ἀγαθὸν καὶ εὐάρεστον καὶ τέλειον.

Λέγω γὰρ διὰ τῆς χάριτος τῆς δοθείσης μοι παντὶ τῷ ὄντι ἐν ὑμῖν μὴ ὑπερφρονεῖν παρ' ὃ δεῖ φρονεῖν ἀλλὰ φρονεῖν εἰς τὸ σωφρονεῖν, ἑκάστῳ ὡς ὁ θεὸς ἐμέρισεν μέτρον πίστεως. καθάπερ γὰρ ἐν ἑνὶ σώματι πολλὰ μέλη ἔχομεν, τὰ δὲ μέλη πάντα οὐ τὴν αὐτὴν ἔχει πρᾶξιν, οὕτως οἱ πολλοὶ ἓν σῶμά ἐσμεν ἐν Χριστῷ, τὸ δὲ καθ' εἷς ἀλλήλων μέλη. ἔχοντες δὲ χαρίσματα κατὰ τὴν χάριν τὴν δοθεῖσαν ἡμῖν διάφορα, εἴτε προφητείαν κατὰ τὴν ἀναλογίαν τῆς πίστεως, εἴτε διακονίαν ἐν τῇ διακονίᾳ, εἴτε ὁ διδάσκων ἐν τῇ διδασκαλίᾳ, εἴτε ὁ παρακαλῶν ἐν τῇ παρακλήσει· ὁ μεταδιδοὺς ἐν ἁπλότητι, ὁ προϊστάμενος ἐν σπουδῇ, ὁ ἐλεῶν ἐν ἱλαρότητι.

Ἡ ἀγάπη ἀνυπόκριτος. ἀποστυγοῦντες τὸ πονηρόν, κολλώμενοι τῷ ἀγαθῷ, τῇ φιλαδελφίᾳ εἰς ἀλλήλους φιλόστοργοι, τῇ τιμῇ ἀλλήλους προηγούμενοι, τῇ σπουδῇ μὴ ὀκνηροί, τῷ πνεύματι ζέοντες, τῷ κυρίῳ δουλεύοντες, τῇ ἐλπίδι χαίροντες, τῇ θλίψει ὑπομένοντες, τῇ προσευχῇ προσκαρτεροῦντες, ταῖς χρείαις τῶν ἁγίων κοινωνοῦντες, τὴν φιλοξενίαν διώκοντες. εὐλογεῖτε τοὺς διώκοντας [ὑμᾶς], εὐλογεῖτε καὶ μὴ καταρᾶσθε. χαίρειν μετὰ χαιρόντων, κλαίειν μετὰ κλαιόντων. τὸ αὐτὸ εἰς ἀλλήλους φρονοῦντες, μὴ τὰ ὑψηλὰ φρονοῦντες ἀλλὰ τοῖς ταπεινοῖς συναπαγόμενοι. μὴ γίνεσθε φρόνιμοι παρ' ἑαυτοῖς. μηδενὶ κακὸν ἀντὶ κακοῦ ἀποδιδόντες, προνοούμενοι καλὰ ἐνώπιον πάντων ἀνθρώπων· εἰ δυνατὸν τὸ ἐξ ὑμῶν, μετὰ πάντων ἀνθρώπων εἰρηνεύοντες· μὴ ἑαυτοὺς ἐκδικοῦντες, ἀγαπητοί, ἀλλὰ δότε τόπον τῇ ὀργῇ, γέγραπται γάρ· *ἐμοὶ ἐκδίκησις, ἐγὼ ἀνταποδώσω*, λέγει κύριος. ἀλλ' *ἐὰν πεινᾷ ὁ ἐχθρός σου, ψώμιζε αὐτόν· ἐὰν διψᾷ, πότιζε αὐτόν· τοῦτο γὰρ ποιῶν ἄνθρακας πυρὸς σωρεύσεις ἐπὶ τὴν κεφαλὴν αὐτοῦ.* μὴ νικῶ ὑπὸ τοῦ κακοῦ ἀλλὰ νίκα ἐν τῷ ἀγαθῷ τὸ κακόν.

Wednesday

A Reading (Lesson) from the Wisdom of Solomon (13:1–9)

Μάταιοι μὲν γὰρ πάντες ἄνθρωποι φύσει, οἷς παρῆν θεοῦ ἀγνωσία καὶ ἐκ τῶν ὁρωμένων ἀγαθῶν οὐκ ἴσχυσαν εἰδέναι τὸν ὄντα οὔτε τοῖς ἔργοις προσέχοντες ἐπέγνωσαν τὸν τεχνίτην, ἀλλ' ἢ πῦρ ἢ πνεῦμα ἢ ταχινὸν ἀέρα ἢ κύκλον ἄστρων ἢ βίαιον ὕδωρ ἢ φωστῆρας οὐρανοῦ πρυτάνεις κόσμου θεοὺς ἐνόμισαν. ὧν εἰ μὲν τῇ καλλονῇ τερπόμενοι ταῦτα θεοὺς ὑπελάμβανον, γνώτωσαν πόσῳ τούτων ὁ δεσπότης ἐστὶ βελτίων, ὁ γὰρ τοῦ κάλλους γενεσιάρχης ἔκτισεν αὐτά· εἰ δὲ δύναμιν καὶ ἐνέργειαν ἐκπλαγέντες, νοησάτωσαν ἀπ' αὐτῶν πόσῳ ὁ κατασκευάσας αὐτὰ δυνατώτερός ἐστιν· ἐκ γὰρ μεγέθους καὶ καλλονῆς κτισμάτων ἀναλόγως ὁ γενεσιουργὸς αὐτῶν θεωρεῖται. ἀλλ' ὅμως ἐπὶ τούτοις μέμψις ἐστὶν ὀλίγη, καὶ γὰρ αὐτοὶ τάχα πλανῶνται θεὸν ζητοῦντες καὶ θέλοντες εὑρεῖν· ἐν γὰρ τοῖς ἔργοις αὐτοῦ ἀναστρεφόμενοι διερευνῶσιν καὶ πείθονται τῇ ὄψει, ὅτι καλὰ τὰ βλεπόμενα. πάλιν δ' οὐδ' αὐτοὶ συγγνωστοί· εἰ γὰρ τοσοῦτον ἴσχυσαν εἰδέναι ἵνα δύνωνται στοχάσασθαι τὸν αἰῶνα, τὸν τούτων δεσπότην πῶς τάχιον οὐχ εὗρον;

A Reading (Lesson) from Paul's letter to the Romans (13:1–14)

Πᾶσα ψυχὴ ἐξουσίαις ὑπερεχούσαις ὑποτασσέσθω. οὐ γὰρ ἔστιν ἐξουσία εἰ μὴ ὑπὸ θεοῦ, αἱ δὲ οὖσαι ὑπὸ θεοῦ τεταγμέναι εἰσίν. ὥστε ὁ ἀντιτασσόμενος τῇ ἐξουσίᾳ τῇ τοῦ θεοῦ διαταγῇ ἀνθέστηκεν, οἱ δὲ ἀνθεστηκότες ἑαυτοῖς κρίμα λήμψονται. οἱ γὰρ ἄρχοντες οὐκ εἰσὶν φόβος τῷ ἀγαθῷ ἔργῳ ἀλλὰ τῷ κακῷ. θέλεις δὲ μὴ φοβεῖσθαι τὴν ἐξουσίαν· τὸ ἀγαθὸν ποίει, καὶ ἕξεις ἔπαινον ἐξ αὐτῆς· θεοῦ γὰρ διάκονός ἐστιν σοὶ εἰς τὸ ἀγαθόν. ἐὰν δὲ τὸ κακὸν ποιῇς, φοβοῦ· οὐ γὰρ εἰκῇ τὴν μάχαιραν φορεῖ· θεοῦ γὰρ διάκονός ἐστιν ἔκδικος εἰς ὀργὴν τῷ τὸ κακὸν πράσσοντι. διὸ ἀνάγκη ὑποτάσσεσθαι, οὐ μόνον διὰ τὴν ὀργὴν ἀλλὰ καὶ διὰ τὴν συνείδησιν. διὰ τοῦτο γὰρ καὶ φόρους τελεῖτε· λειτουργοὶ γὰρ θεοῦ εἰσιν εἰς αὐτὸ τοῦτο προσκαρτεροῦντες. ἀπόδοτε πᾶσιν τὰς ὀφειλάς, τῷ τὸν φόρον τὸν φόρον, τῷ τὸ τέλος τὸ τέλος, τῷ τὸν φόβον τὸν φόβον, τῷ τὴν τιμὴν τὴν τιμήν.

Μηδενὶ μηδὲν ὀφείλετε εἰ μὴ τὸ ἀλλήλους ἀγαπᾶν· ὁ γὰρ ἀγαπῶν τὸν ἕτερον νόμον πεπλήρωκεν. τὸ γὰρ *οὐ μοιχεύσεις, οὐ φονεύσεις, οὐ κλέψεις, οὐκ ἐπιθυμήσεις,* καὶ εἴ τις ἑτέρα ἐντολή, ἐν τῷ λόγῳ τούτῳ ἀνακεφαλαιοῦται [ἐν τῷ]· *ἀγαπήσεις τὸν πλησίον σου ὡς σεαυτόν.* ἡ ἀγάπη τῷ πλησίον κακὸν οὐκ ἐργάζεται· πλήρωμα οὖν νόμου ἡ ἀγάπη. Καὶ τοῦτο εἰδότες τὸν καιρόν, ὅτι ὥρα ἤδη ὑμᾶς ἐξ ὕπνου ἐγερθῆναι, νῦν γὰρ ἐγγύτερον ἡμῶν ἡ σωτηρία ἢ ὅτε ἐπιστεύσαμεν. ἡ νὺξ προέκοψεν, ἡ δὲ ἡμέρα ἤγγικεν. ἀποθώμεθα οὖν τὰ ἔργα τοῦ σκότους, ἐνδυσώμεθα [δὲ] τὰ ὅπλα τοῦ φωτός. ὡς ἐν ἡμέρᾳ εὐσχημόνως περιπατήσωμεν, μὴ κώμοις καὶ μέθαις, μὴ κοίταις καὶ ἀσελγείαις, μὴ ἔριδι καὶ ζήλῳ, ἀλλ᾽ ἐνδύσασθε τὸν κύριον Ἰησοῦν Χριστὸν καὶ τῆς σαρκὸς πρόνοιαν μὴ ποιεῖσθε εἰς ἐπιθυμίας.

Thursday

A Reading (Lesson) from the Wisdom of Solomon (14:27–15:3)

ἡ γὰρ τῶν ἀνωνύμων εἰδώλων θρησκεία παντὸς ἀρχὴ κακοῦ καὶ αἰτία καὶ πέρας ἐστίν· ἢ γὰρ εὐφραινόμενοι μεμήνασιν ἢ προφητεύουσιν ψευδῆ ἢ ζῶσιν ἀδίκως ἢ ἐπιορκοῦσιν ταχέως· ἀψύχοις γὰρ πεποιθότες εἰδώλοις κακῶς ὀμόσαντες ἀδικηθῆναι οὐ προσδέχονται. ἀμφότερα δὲ αὐτοὺς μετελεύσεται τὰ δίκαια, ὅτι κακῶς ἐφρόνησαν περὶ θεοῦ προσέχοντες εἰδώλοις καὶ ἀδίκως ὤμοσαν ἐν δόλῳ καταφρονήσαντες ὁσιότητος· οὐ γὰρ ἡ τῶν ὀμνυμένων δύναμις, ἀλλ' ἡ τῶν ἁμαρτανόντων δίκη ἐπεξέρχεται ἀεὶ τὴν τῶν ἀδίκων παράβασιν.

Σὺ δέ, ὁ θεὸς ἡμῶν, χρηστὸς καὶ ἀληθής, μακρόθυμος καὶ ἐλέει διοικῶν τὰ πάντα. καὶ γὰρ ἐὰν ἁμάρτωμεν, σοί ἐσμεν, εἰδότες σου τὸ κράτος· οὐχ ἁμαρτησόμεθα δέ, εἰδότες ὅτι σοὶ λελογίσμεθα. τὸ γὰρ ἐπίστασθαί σε ὁλόκληρος δικαιοσύνη, καὶ εἰδέναι σου τὸ κράτος ῥίζα ἀθανασίας.

A Reading (Lesson) from Paul's letter to the Romans (14:1–12)

Τὸν δὲ ἀσθενοῦντα τῇ πίστει προσλαμβάνεσθε, μὴ εἰς διακρίσεις διαλογισμῶν. ὃς μὲν πιστεύει φαγεῖν πάντα, ὁ δὲ ἀσθενῶν λάχανα ἐσθίει. ὁ ἐσθίων τὸν μὴ ἐσθίοντα μὴ ἐξουθενείτω, ὁ δὲ μὴ ἐσθίων τὸν ἐσθίοντα μὴ κρινέτω, ὁ θεὸς γὰρ αὐτὸν προσελάβετο. σὺ τίς εἶ ὁ κρίνων ἀλλότριον οἰκέτην; τῷ ἰδίῳ κυρίῳ στήκει ἢ πίπτει· σταθήσεται δέ, δυνατεῖ γὰρ ὁ κύριος στῆσαι αὐτόν. Ὃς μὲν [γὰρ] κρίνει ἡμέραν παρ' ἡμέραν, ὃς δὲ κρίνει πᾶσαν ἡμέραν· ἕκαστος ἐν τῷ ἰδίῳ νοῒ πληροφορείσθω. ὁ φρονῶν τὴν ἡμέραν κυρίῳ φρονεῖ· καὶ ὁ ἐσθίων κυρίῳ ἐσθίει, εὐχαριστεῖ γὰρ τῷ θεῷ· καὶ ὁ μὴ ἐσθίων κυρίῳ οὐκ ἐσθίει καὶ εὐχαριστεῖ τῷ θεῷ. οὐδεὶς γὰρ ἡμῶν ἑαυτῷ ζῇ καὶ οὐδεὶς ἑαυτῷ ἀποθνῄσκει· ἐάν τε γὰρ ζῶμεν, τῷ κυρίῳ ζῶμεν, ἐάν τε ἀποθνῄσκωμεν, τῷ κυρίῳ ἀποθνῄσκομεν. ἐάν τε οὖν ζῶμεν ἐάν τε ἀποθνῄσκωμεν, τοῦ κυρίου ἐσμέν. εἰς τοῦτο γὰρ Χριστὸς ἀπέθανεν καὶ ἔζησεν, ἵνα καὶ νεκρῶν καὶ ζώντων κυριεύσῃ. Σὺ δὲ τί κρίνεις τὸν ἀδελφόν σου; ἢ καὶ σὺ τί ἐξουθενεῖς τὸν ἀδελφόν σου; πάντες γὰρ παραστησόμεθα τῷ βήματι τοῦ θεοῦ, γέγραπται γάρ·

ζῶ ἐγώ, λέγει κύριος, ὅτι ἐμοὶ κάμψει πᾶν γόνυ
καὶ πᾶσα γλῶσσα ἐξομολογήσεται τῷ θεῷ.

ἄρα [οὖν] ἕκαστος ἡμῶν περὶ ἑαυτοῦ λόγον δώσει [τῷ θεῷ].

Friday

A Reading (Lesson) from the Wisdom of Solomon (16:15–17:1)

Τὴν δὲ σὴν χεῖρα φυγεῖν ἀδύνατόν ἐστιν· ἀρνούμενοι γάρ σε εἰδέναι ἀσεβεῖς ἐν ἰσχύι βραχίονός σου ἐμαστιγώθησαν ξένοις ὑετοῖς καὶ χαλάζαις καὶ ὄμβροις διωκόμενοι ἀπαραιτήτοις καὶ πυρὶ καταναλισκόμενοι. τὸ γὰρ παραδοξότατον, ἐν τῷ πάντα σβεννύντι ὕδατι πλεῖον ἐνήργει τὸ πῦρ, ὑπέρμαχος γὰρ ὁ κόσμος ἐστὶν δικαίων· ποτὲ μὲν γὰρ ἡμεροῦτο φλόξ, ἵνα μὴ καταφλέξῃ τὰ ἐπ᾽ ἀσεβεῖς ἀπεσταλμένα ζῷα, ἀλλ᾽ αὐτοὶ βλέποντες εἰδῶσιν ὅτι θεοῦ κρίσει ἐλαύνονται· ποτὲ δὲ καὶ μεταξὺ ὕδατος ὑπὲρ τὴν πυρὸς δύναμιν φλέγει, ἵνα ἀδίκου γῆς γενήματα διαφθείρῃ. ἀνθ᾽ ὧν ἀγγέλων τροφὴν ἐψώμισας τὸν λαόν σου καὶ ἕτοιμον ἄρτον ἀπ᾽ οὐρανοῦ παρέσχες αὐτοῖς ἀκοπιάτως πᾶσαν ἡδονὴν ἰσχύοντα καὶ πρὸς πᾶσαν ἁρμόνιον γεῦσιν· ἡ μὲν γὰρ ὑπόστασίς σου τὴν σὴν πρὸς τέκνα ἐνεφάνιζεν γλυκύτητα, τῇ δὲ τοῦ προσφερομένου ἐπιθυμίᾳ ὑπηρετῶν πρὸς ὅ τις ἐβούλετο μετεκιρνᾶτο. χιὼν δὲ καὶ κρύσταλλος ὑπέμεινε πῦρ καὶ οὐκ ἐτήκετο, ἵνα γνῶσιν ὅτι τοὺς τῶν ἐχθρῶν καρποὺς κατέφθειρε πῦρ φλεγόμενον ἐν τῇ χαλάζῃ καὶ ἐν τοῖς ὑετοῖς διαστράπτον· τοῦτο πάλιν δ᾽, ἵνα τραφῶσιν δίκαιοι, καὶ τῆς ἰδίας ἐπιλέλησται δυνάμεως.

Ἡ γὰρ κτίσις σοὶ τῷ ποιήσαντι ὑπηρετοῦσα ἐπιτείνεται εἰς κόλασιν κατὰ τῶν ἀδίκων καὶ ἀνίεται εἰς εὐεργεσίαν ὑπὲρ τῶν ἐπὶ σοὶ πεποιθότων. διὰ τοῦτο καὶ τότε εἰς πάντα μεταλλευομένη τῇ παντοτρόφῳ σου δωρεᾷ ὑπηρέτει πρὸς τὴν τῶν δεομένων θέλησιν, ἵνα μάθωσιν οἱ υἱοί σου, οὓς ἠγάπησας, κύριε, ὅτι οὐχ αἱ γενέσεις τῶν καρπῶν τρέφουσιν ἄνθρωπον, ἀλλὰ τὸ ῥῆμά σου τοὺς σοὶ πιστεύοντας διατηρεῖ. τὸ γὰρ ὑπὸ πυρὸς μὴ φθειρόμενον ἁπλῶς ὑπὸ βραχείας ἀκτῖνος ἡλίου θερμαινόμενον ἐτήκετο, ὅπως γνωστὸν ᾖ ὅτι δεῖ φθάνειν τὸν ἥλιον ἐπ᾽ εὐχαριστίαν σου καὶ πρὸς ἀνατολὴν φωτὸς ἐντυγχάνειν σοι· ἀχαρίστου γὰρ ἐλπὶς ὡς χειμέριος πάχνη τακήσεται καὶ ῥυήσεται ὡς ὕδωρ ἄχρηστον.

Μεγάλαι γάρ σου αἱ κρίσεις καὶ δυσδιήγητοι· διὰ τοῦτο ἀπαίδευτοι ψυχαὶ ἐπλανήθησαν.

A Reading (Lesson) from Paul's letter to the Romans (14:13–23)

Μηκέτι οὖν ἀλλήλους κρίνωμεν· ἀλλὰ τοῦτο κρίνατε μᾶλλον, τὸ μὴ τιθέναι πρόσκομμα τῷ ἀδελφῷ ἢ σκάνδαλον. οἶδα καὶ πέπεισμαι ἐν κυρίῳ Ἰησοῦ ὅτι οὐδὲν κοινὸν δι' ἑαυτοῦ, εἰ μὴ τῷ λογιζομένῳ τι κοινὸν εἶναι, ἐκείνῳ κοινόν. εἰ γὰρ διὰ βρῶμα ὁ ἀδελφός σου λυπεῖται, οὐκέτι κατὰ ἀγάπην περιπατεῖς· μὴ τῷ βρώματί σου ἐκεῖνον ἀπόλλυε ὑπὲρ οὗ Χριστὸς ἀπέθανεν. μὴ βλασφημείσθω οὖν ὑμῶν τὸ ἀγαθόν. οὐ γάρ ἐστιν ἡ βασιλεία τοῦ θεοῦ βρῶσις καὶ πόσις ἀλλὰ δικαιοσύνη καὶ εἰρήνη καὶ χαρὰ ἐν πνεύματι ἁγίῳ· ὁ γὰρ ἐν τούτῳ δουλεύων τῷ Χριστῷ εὐάρεστος τῷ θεῷ καὶ δόκιμος τοῖς ἀνθρώποις. Ἄρα οὖν τὰ τῆς εἰρήνης διώκωμεν καὶ τὰ τῆς οἰκοδομῆς τῆς εἰς ἀλλήλους. μὴ ἕνεκεν βρώματος κατάλυε τὸ ἔργον τοῦ θεοῦ. πάντα μὲν καθαρά, ἀλλὰ κακὸν τῷ ἀνθρώπῳ τῷ διὰ προσκόμματος ἐσθίοντι. καλὸν τὸ μὴ φαγεῖν κρέα μηδὲ πιεῖν οἶνον μηδὲ ἐν ᾧ ὁ ἀδελφός σου προσκόπτει. σὺ πίστιν [ἣν] ἔχεις κατὰ σεαυτὸν ἔχε ἐνώπιον τοῦ θεοῦ. μακάριος ὁ μὴ κρίνων ἑαυτὸν ἐν ᾧ δοκιμάζει· ὁ δὲ διακρινόμενος ἐὰν φάγῃ κατακέκριται, ὅτι οὐκ ἐκ πίστεως· πᾶν δὲ ὃ οὐκ ἐκ πίστεως ἁμαρτία ἐστίν.

Week of 6 Easter

Monday

A Reading (Lesson) from the Book of Deuteronomy (8:1–10)

כָּל־הַמִּצְוָה אֲשֶׁר אָנֹכִי מְצַוְּךָ הַיּוֹם תִּשְׁמְרוּן לַעֲשׂוֹת לְמַעַן תִּחְיוּן
וּרְבִיתֶם וּבָאתֶם וִירִשְׁתֶּם אֶת־הָאָרֶץ אֲשֶׁר־נִשְׁבַּע יְהוָה
לַאֲבֹתֵיכֶם׃

וְזָכַרְתָּ֣ אֶת־כָּל־הַדֶּ֗רֶךְ אֲשֶׁ֨ר הוֹלִֽיכְךָ֜ יְהוָ֧ה אֱלֹהֶ֛יךָ זֶ֛ה אַרְבָּעִ֥ים
שָׁנָ֖ה בַּמִּדְבָּ֑ר לְמַ֨עַן עַנֹּֽתְךָ֜ לְנַסֹּֽתְךָ֗ לָדַ֜עַת אֶת־אֲשֶׁ֧ר בִּֽלְבָבְךָ֛
הֲתִשְׁמֹ֥ר [K]מצותו [Q]מִצְוֺתָ֖יו אִם־לֹֽא׃
וַֽיְעַנְּךָ֮ וַיַּרְעִבֶ֒ךָ֒ וַיַּאֲכִֽלְךָ֤ אֶת־הַמָּן֙ אֲשֶׁ֣ר לֹא־יָדַ֔עְתָּ וְלֹ֥א יָדְע֖וּן
אֲבֹתֶ֑יךָ לְמַ֣עַן הוֹדִֽעֲךָ֗ כִּ֠י לֹ֣א עַל־הַלֶּ֤חֶם לְבַדּוֹ֙ יִחְיֶ֣ה הָֽאָדָ֔ם כִּ֛י
עַל־כָּל־מוֹצָ֥א פִֽי־יְהוָ֖ה יִחְיֶ֥ה הָאָדָֽם׃
שִׂמְלָ֨תְךָ֜ לֹ֤א בָֽלְתָה֙ מֵֽעָלֶ֔יךָ וְרַגְלְךָ֖ לֹ֣א בָצֵ֑קָה זֶ֖ה אַרְבָּעִ֥ים שָׁנָֽה׃
וְיָדַעְתָּ֖ עִם־לְבָבֶ֑ךָ כִּ֗י כַּאֲשֶׁ֨ר יְיַסֵּ֥ר אִישׁ֙ אֶת־בְּנ֔וֹ יְהוָ֥ה אֱלֹהֶ֖יךָ
מְיַסְּרֶֽךָּ׃
וְשָׁ֣מַרְתָּ֔ אֶת־מִצְוֺ֖ת יְהוָ֣ה אֱלֹהֶ֑יךָ לָלֶ֥כֶת בִּדְרָכָ֖יו וּלְיִרְאָ֥ה אֹתֽוֹ׃
כִּ֚י יְהוָ֣ה אֱלֹהֶ֔יךָ מְבִֽיאֲךָ֖ אֶל־אֶ֣רֶץ טוֹבָ֑ה אֶ֚רֶץ נַ֣חֲלֵי מָ֔יִם עֲיָנֹת֙
וּתְהֹמֹ֔ת יֹצְאִ֥ים בַּבִּקְעָ֖ה וּבָהָֽר׃
אֶ֤רֶץ חִטָּה֙ וּשְׂעֹרָ֔ה וְגֶ֥פֶן וּתְאֵנָ֖ה וְרִמּ֑וֹן אֶֽרֶץ־זֵ֥ית שֶׁ֖מֶן וּדְבָֽשׁ׃
אֶ֗רֶץ אֲשֶׁ֨ר לֹ֤א בְמִסְכֵּנֻת֙ תֹּֽאכַל־בָּ֣הּ לֶ֔חֶם לֹֽא־תֶחְסַ֥ר כֹּ֖ל בָּ֑הּ אֶ֚רֶץ
אֲשֶׁ֣ר אֲבָנֶ֣יהָ בַרְזֶ֔ל וּמֵהֲרָרֶ֖יהָ תַּחְצֹ֥ב נְחֹֽשֶׁת׃
וְאָכַלְתָּ֖ וְשָׂבָ֑עְתָּ וּבֵֽרַכְתָּ֙ אֶת־יְהוָ֣ה אֱלֹהֶ֔יךָ עַל־הָאָ֥רֶץ הַטֹּבָ֖ה אֲשֶׁ֥ר
נָֽתַן־לָֽךְ׃

A Reading (Lesson) from the letter of James (1:1–15)

Ἰάκωβος θεοῦ καὶ κυρίου Ἰησοῦ Χριστοῦ δοῦλος ταῖς δώδεκα φυλαῖς ταῖς ἐν τῇ διασπορᾷ χαίρειν.

Πᾶσαν χαρὰν ἡγήσασθε, ἀδελφοί μου, ὅταν πειρασμοῖς περιπέσητε ποικίλοις, γινώσκοντες ὅτι τὸ δοκίμιον ὑμῶν τῆς πίστεως κατεργάζεται ὑπομονήν. ἡ δὲ ὑπομονὴ ἔργον τέλειον ἐχέτω, ἵνα ἦτε τέλειοι καὶ ὁλόκληροι ἐν μηδενὶ λειπόμενοι.

Εἰ δέ τις ὑμῶν λείπεται σοφίας, αἰτείτω παρὰ τοῦ διδόντος θεοῦ πᾶσιν ἁπλῶς καὶ μὴ ὀνειδίζοντος, καὶ δοθήσεται αὐτῷ. αἰτείτω δὲ ἐν πίστει μηδὲν διακρινόμενος· ὁ γὰρ διακρινόμενος ἔοικεν κλύδωνι θαλάσσης ἀνεμιζομένῳ καὶ ῥιπιζομένῳ. μὴ γὰρ οἰέσθω ὁ ἄνθρωπος ἐκεῖνος ὅτι λήμψεταί τι παρὰ τοῦ κυρίου, ἀνὴρ δίψυχος, ἀκατάστατος ἐν πάσαις ταῖς ὁδοῖς αὐτοῦ.

Καυχάσθω δὲ ὁ ἀδελφὸς ὁ ταπεινὸς ἐν τῷ ὕψει αὐτοῦ, ὁ δὲ πλούσιος ἐν τῇ ταπεινώσει αὐτοῦ, ὅτι ὡς ἄνθος χόρτου παρελεύσεται. ἀνέτειλεν γὰρ ὁ ἥλιος σὺν τῷ καύσωνι καὶ ἐξήρανεν τὸν χόρτον, καὶ τὸ ἄνθος αὐτοῦ ἐξέπεσεν, καὶ ἡ εὐπρέπεια τοῦ προσώπου αὐτοῦ ἀπώλετο· οὕτως καὶ ὁ πλούσιος ἐν ταῖς πορείαις αὐτοῦ μαρανθήσεται.

Μακάριος ἀνὴρ ὃς ὑπομένει πειρασμόν, ὅτι δόκιμος γενόμενος λήμψεται τὸν στέφανον τῆς ζωῆς ὃν ἐπηγγείλατο τοῖς ἀγαπῶσιν αὐτόν. μηδεὶς πειραζόμενος λεγέτω ὅτι ἀπὸ θεοῦ πειράζομαι· ὁ γὰρ θεὸς ἀπείραστός ἐστιν κακῶν, πειράζει δὲ αὐτὸς οὐδένα. ἕκαστος δὲ πειράζεται ὑπὸ τῆς ἰδίας ἐπιθυμίας ἐξελκόμενος καὶ δελεαζόμενος· εἶτα ἡ ἐπιθυμία συλλαβοῦσα τίκτει ἁμαρτίαν, ἡ δὲ ἁμαρτία ἀποτελεσθεῖσα ἀποκύει θάνατον.

Tuesday

A Reading (Lesson) from the Book of Deuteronomy (8:11–20)

הִשָּׁמֶר לְךָ פֶּן־תִּשְׁכַּח אֶת־יְהוָה אֱלֹהֶיךָ לְבִלְתִּי שְׁמֹר מִצְוֺתָיו
וּמִשְׁפָּטָיו וְחֻקֹּתָיו אֲשֶׁר אָנֹכִי מְצַוְּךָ הַיּוֹם׃
פֶּן־תֹּאכַל וְשָׂבָעְתָּ וּבָתִּים טוֹבִים תִּבְנֶה וְיָשָׁבְתָּ׃
וּבְקָרְךָ וְצֹאנְךָ יִרְבְּיֻן וְכֶסֶף וְזָהָב יִרְבֶּה־לָּךְ וְכֹל אֲשֶׁר־לְךָ
יִרְבֶּה׃
וְרָם לְבָבֶךָ וְשָׁכַחְתָּ אֶת־יְהוָה אֱלֹהֶיךָ הַמּוֹצִיאֲךָ מֵאֶרֶץ מִצְרַיִם
מִבֵּית עֲבָדִים׃

הַמּוֹלִ֨יכְךָ֜ בַּמִּדְבָּ֣ר ׀ הַגָּדֹ֣ל וְהַנּוֹרָ֗א נָחָ֤שׁ ׀ שָׂרָף֙ וְעַקְרָ֔ב וְצִמָּא֖וֹן
אֲשֶׁ֣ר אֵֽין־מָ֑יִם הַמּוֹצִ֤יא לְךָ֙ מַ֔יִם מִצּ֖וּר הַחַלָּמִֽישׁ׃
הַמַּאֲכִ֨לְךָ֥ מָן֙ בַּמִּדְבָּ֔ר אֲשֶׁ֥ר לֹא־יָדְע֖וּן אֲבֹתֶ֑יךָ לְמַ֣עַן עַנֹּֽתְךָ֗
וּלְמַ֙עַן֙ נַסֹּתֶ֔ךָ לְהֵיטִבְךָ֖ בְּאַחֲרִיתֶֽךָ׃
וְאָמַרְתָּ֖ בִּלְבָבֶ֑ךָ כֹּחִי֙ וְעֹ֣צֶם יָדִ֔י עָ֥שָׂה לִ֖י אֶת־הַחַ֥יִל הַזֶּֽה׃
וְזָֽכַרְתָּ֙ אֶת־יְהוָ֣ה אֱלֹהֶ֔יךָ כִּ֣י ה֗וּא הַנֹּתֵ֥ן לְךָ֛ כֹּ֖חַ לַעֲשׂ֣וֹת חָ֑יִל
לְמַ֨עַן הָקִ֧ים אֶת־בְּרִית֛וֹ אֲשֶׁר־נִשְׁבַּ֥ע לַאֲבֹתֶ֖יךָ כַּיּ֥וֹם הַזֶּֽה׃ פ
וְהָיָ֗ה אִם־שָׁכֹ֤חַ תִּשְׁכַּח֙ אֶת־יְהוָ֣ה אֱלֹהֶ֔יךָ וְהָֽלַכְתָּ֗ אַחֲרֵי֙ אֱלֹהִ֣ים
אֲחֵרִ֔ים וַעֲבַדְתָּ֖ם וְהִשְׁתַּחֲוִ֣יתָ לָהֶ֑ם הַעִדֹ֤תִי בָכֶם֙ הַיּ֔וֹם כִּ֥י אָבֹ֖ד
תֹּאבֵדֽוּן׃
כַּגּוֹיִ֗ם אֲשֶׁ֤ר יְהוָה֙ מַאֲבִ֣יד מִפְּנֵיכֶ֔ם כֵּ֖ן תֹּאבֵד֑וּן עֵ֚קֶב לֹ֣א תִשְׁמְע֔וּן
בְּק֖וֹל יְהוָ֥ה אֱלֹהֵיכֶֽם׃ פ

A Reading (Lesson) from the letter of James (1:16–27)

Μὴ πλανᾶσθε, ἀδελφοί μου ἀγαπητοί. πᾶσα δόσις ἀγαθὴ καὶ πᾶν δώρημα τέλειον ἄνωθέν ἐστιν καταβαῖνον ἀπὸ τοῦ πατρὸς τῶν φώτων, παρ' ᾧ οὐκ ἔνι παραλλαγὴ ἢ τροπῆς ἀποσκίασμα. βουληθεὶς ἀπεκύησεν ἡμᾶς λόγῳ ἀληθείας εἰς τὸ εἶναι ἡμᾶς ἀπαρχήν τινα τῶν αὐτοῦ κτισμάτων.

Ἴστε, ἀδελφοί μου ἀγαπητοί· ἔστω δὲ πᾶς ἄνθρωπος ταχὺς εἰς τὸ ἀκοῦσαι, βραδὺς εἰς τὸ λαλῆσαι, βραδὺς εἰς ὀργήν· ὀργὴ γὰρ ἀνδρὸς δικαιοσύνην θεοῦ οὐ κατεργάζεται. διὸ ἀποθέμενοι πᾶσαν ῥυπαρίαν καὶ περισσείαν κακίας ἐν πραΰτητι δέξασθε τὸν ἔμφυτον λόγον τὸν δυνάμενον σῶσαι τὰς ψυχὰς ὑμῶν.

Γίνεσθε δὲ ποιηταὶ λόγου καὶ μὴ μόνον ἀκροαταὶ παραλογιζόμενοι ἑαυτούς. ὅτι εἴ τις ἀκροατὴς λόγου ἐστὶν καὶ οὐ ποιητής, οὗτος ἔοικεν ἀνδρὶ κατανοοῦντι τὸ πρόσωπον τῆς γενέσεως αὐτοῦ ἐν ἐσόπτρῳ· κατενόησεν γὰρ ἑαυτὸν καὶ ἀπελήλυθεν καὶ εὐθέως ἐπελάθετο ὁποῖος ἦν. ὁ δὲ παρακύψας εἰς νόμον τέλειον τὸν τῆς ἐλευθερίας καὶ παραμείνας οὐκ ἀκροατὴς ἐπιλησμονῆς γενόμενος ἀλλὰ ποιητὴς ἔργου, οὗτος μακάριος ἐν τῇ ποιήσει αὐτοῦ ἔσται.

Εἴ τις δοκεῖ θρησκὸς εἶναι μὴ χαλιναγωγῶν γλῶσσαν αὐτοῦ ἀλλ' ἀπατῶν καρδίαν αὐτοῦ, τούτου μάταιος ἡ θρησκεία. θρησκεία καθαρὰ καὶ ἀμίαντος παρὰ τῷ θεῷ καὶ πατρὶ αὕτη ἐστίν, ἐπισκέπτεσθαι ὀρφανοὺς καὶ χήρας ἐν τῇ θλίψει αὐτῶν, ἄσπιλον ἑαυτὸν τηρεῖν ἀπὸ τοῦ κόσμου.

Wednesday

A Reading (Lesson) from the Book of Baruch (3:24–37)

ὦ Ισραηλ, ὡς μέγας ὁ οἶκος τοῦ θεοῦ καὶ ἐπιμήκης ὁ τόπος τῆς κτήσεως αὐτοῦ· μέγας καὶ οὐκ ἔχει τελευτήν, ὑψηλὸς καὶ ἀμέτρητος. ἐκεῖ ἐγεννήθησαν οἱ γίγαντες οἱ ὀνομαστοὶ οἱ ἀπ' ἀρχῆς, γενόμενοι εὐμεγέθεις, ἐπιστάμενοι πόλεμον. οὐ τούτους ἐξελέξατο ὁ θεὸς οὐδὲ ὁδὸν ἐπιστήμης ἔδωκεν αὐτοῖς· καὶ ἀπώλοντο παρὰ τὸ μὴ ἔχειν φρόνησιν, ἀπώλοντο διὰ τὴν ἀβουλίαν αὐτῶν.— τίς ἀνέβη εἰς τὸν οὐρανὸν καὶ ἔλαβεν αὐτὴν καὶ κατεβίβασεν αὐτὴν ἐκ τῶν νεφελῶν; τίς διέβη πέραν τῆς θαλάσσης καὶ εὗρεν αὐτὴν καὶ οἴσει αὐτὴν χρυσίου ἐκλεκτοῦ; οὐκ ἔστιν ὁ γινώσκων τὴν ὁδὸν αὐτῆς οὐδὲ ὁ ἐνθυμούμενος τὴν τρίβον αὐτῆς· ἀλλὰ ὁ εἰδὼς τὰ πάντα γινώσκει αὐτήν, ἐξεῦρεν αὐτὴν τῇ συνέσει αὐτοῦ· ὁ κατασκευάσας τὴν γῆν εἰς τὸν αἰῶνα χρόνον, ἐνέπλησεν αὐτὴν κτηνῶν τετραπόδων· ὁ ἀποστέλλων τὸ φῶς, καὶ πορεύεται, ἐκάλεσεν αὐτό, καὶ ὑπήκουσεν αὐτῷ τρόμῳ· οἱ δὲ ἀστέρες ἔλαμψαν ἐν ταῖς φυλακαῖς αὐτῶν καὶ εὐφράνθησαν, ἐκάλεσεν αὐτοὺς καὶ εἶπον Πάρεσμεν, ἔλαμψαν μετ' εὐφροσύνης τῷ ποιήσαντι αὐτούς. οὗτος ὁ θεὸς ἡμῶν, οὐ λογισθήσεται ἕτερος πρὸς αὐτόν. ἐξεῦρεν πᾶσαν ὁδὸν ἐπιστήμης καὶ ἔδωκεν αὐτὴν Ιακωβ τῷ παιδὶ αὐτοῦ καὶ Ισραηλ τῷ ἠγαπημένῳ ὑπ' αὐτοῦ·

A Reading (Lesson) from the letter of James (5:13–18)

Κακοπαθεῖ τις ἐν ὑμῖν, προσευχέσθω· εὐθυμεῖ τις, ψαλλέτω· ἀσθενεῖ τις ἐν ὑμῖν, προσκαλεσάσθω τοὺς πρεσβυτέρους τῆς ἐκκλησίας καὶ προσευξάσθωσαν ἐπ' αὐτὸν ἀλείψαντες αὐτὸν ἐλαίῳ ἐν τῷ ὀνόματι τοῦ κυρίου. καὶ ἡ εὐχὴ τῆς πίστεως σώσει τὸν κάμνοντα καὶ ἐγερεῖ αὐτὸν ὁ κύριος· κἂν ἁμαρτίας ᾖ πεποιηκώς, ἀφεθήσεται αὐτῷ. ἐξομολογεῖσθε οὖν ἀλλήλοις τὰς ἁμαρτίας καὶ εὔχεσθε ὑπὲρ ἀλλήλων, ὅπως ἰαθῆτε. πολὺ ἰσχύει δέησις δικαίου ἐνεργουμένη. Ἠλίας ἄνθρωπος ἦν ὁμοιοπαθὴς ἡμῖν καὶ προσευχῇ προσηύξατο τοῦ μὴ βρέξαι, καὶ οὐκ ἔβρεξεν ἐπὶ τῆς γῆς ἐνιαυτοὺς τρεῖς καὶ μῆνας ἕξ· καὶ πάλιν προσηύξατο, καὶ ὁ οὐρανὸς ὑετὸν ἔδωκεν καὶ ἡ γῆ ἐβλάστησεν τὸν καρπὸν αὐτῆς.

Ascension Day

A Reading (Lesson) from the Prophet Ezekiel (1:1–14, 24–28b)

וַיְהִי ׀ בִּשְׁלֹשִׁים שָׁנָה בָּרְבִיעִי בַּחֲמִשָּׁה לַחֹדֶשׁ וַאֲנִי בְתוֹךְ־הַגּוֹלָה
עַל־נְהַר־כְּבָר נִפְתְּחוּ הַשָּׁמַיִם וָאֶרְאֶה מַרְאוֹת אֱלֹהִים׃
בַּחֲמִשָּׁה לַחֹדֶשׁ הִיא הַשָּׁנָה הַחֲמִישִׁית לְגָלוּת הַמֶּלֶךְ יוֹיָכִין׃
הָיֹה הָיָה דְבַר־יְהוָה אֶל־יְחֶזְקֵאל בֶּן־בּוּזִי הַכֹּהֵן בְּאֶרֶץ כַּשְׂדִּים
עַל־נְהַר־כְּבָר וַתְּהִי עָלָיו שָׁם יַד־יְהוָה׃
וָאֵרֶא וְהִנֵּה רוּחַ סְעָרָה בָּאָה מִן־הַצָּפוֹן עָנָן גָּדוֹל וְאֵשׁ מִתְלַקַּחַת
וְנֹגַהּ לוֹ סָבִיב וּמִתּוֹכָהּ כְּעֵין הַחַשְׁמַל מִתּוֹךְ הָאֵשׁ׃
וּמִתּוֹכָהּ דְּמוּת אַרְבַּע חַיּוֹת וְזֶה מַרְאֵיהֶן דְּמוּת אָדָם לָהֵנָּה׃
וְאַרְבָּעָה פָנִים לְאֶחָת וְאַרְבַּע כְּנָפַיִם לְאַחַת לָהֶם׃
וְרַגְלֵיהֶם רֶגֶל יְשָׁרָה וְכַף רַגְלֵיהֶם כְּכַף רֶגֶל עֵגֶל וְנֹצְצִים כְּעֵין
נְחֹשֶׁת קָלָל׃

[K]וְיָדוֹ [Q]וִידֵ֣י אָדָ֗ם מִתַּ֙חַת֙ כַּנְפֵיהֶ֔ם עַ֖ל אַרְבַּ֣עַת רִבְעֵיהֶ֑ם וּפְנֵיהֶ֥ם וְכַנְפֵיהֶ֖ם לְאַרְבַּעְתָּֽם׃

חֹֽבְרֹ֛ת אִשָּׁ֥ה אֶל־אֲחוֹתָ֖הּ כַּנְפֵיהֶ֑ם לֹֽא־יִסַּ֣בּוּ בְלֶכְתָּ֔ן אִ֛ישׁ אֶל־עֵ֥בֶר פָּנָ֖יו יֵלֵֽכוּ׃

וּדְמ֣וּת פְּנֵיהֶם֮ פְּנֵ֣י אָדָם֒ וּפְנֵ֨י אַרְיֵ֤ה אֶל־הַיָּמִין֙ לְאַרְבַּעְתָּ֔ם וּפְנֵי־שׁ֥וֹר מֵֽהַשְּׂמֹ֖אול לְאַרְבַּעְתָּ֑ן וּפְנֵי־נֶ֖שֶׁר לְאַרְבַּעְתָּֽן׃

וּפְנֵיהֶ֕ם וְכַנְפֵיהֶ֥ם פְּרֻד֖וֹת מִלְמָ֑עְלָה לְאִ֗ישׁ שְׁתַּ֙יִם֙ חֹבְר֣וֹת אִ֔ישׁ וּשְׁתַּ֣יִם מְכַסּ֔וֹת אֵ֖ת גְּוִיֹתֵיהֶֽנָה׃

וְאִ֛ישׁ אֶל־עֵ֥בֶר פָּנָ֖יו יֵלֵ֑כוּ אֶ֣ל אֲשֶׁר֩ יִֽהְיֶה־שָׁ֨מָּה הָר֤וּחַ לָלֶ֙כֶת֙ יֵלֵ֔כוּ לֹ֥א יִסַּ֖בּוּ בְּלֶכְתָּֽן׃

וּדְמ֨וּת הַחַיּ֜וֹת מַרְאֵיהֶ֣ם כְּגַחֲלֵי־אֵ֗שׁ בֹּֽעֲרוֹת֙ כְּמַרְאֵ֣ה הַלַּפִּדִ֔ים הִ֕יא מִתְהַלֶּ֖כֶת בֵּ֣ין הַחַיּ֑וֹת וְנֹ֣גַהּ לָאֵ֔שׁ וּמִן־הָאֵ֖שׁ יוֹצֵ֥א בָרָֽק׃

וְהַחַיּ֖וֹת רָצ֣וֹא וָשׁ֑וֹב כְּמַרְאֵ֖ה הַבָּזָֽק׃

וָאֶשְׁמַ֣ע אֶת־ק֣וֹל כַּנְפֵיהֶ֡ם כְּקוֹל֩ מַ֨יִם רַבִּ֤ים כְּקוֹל־שַׁדַּי֙ בְּלֶכְתָּ֔ם ק֥וֹל הֲמֻלָּ֖ה כְּק֣וֹל מַחֲנֶ֑ה בְּעָמְדָ֖ם תְּרַפֶּ֥ינָה כַנְפֵיהֶֽן׃

וַֽיְהִי־ק֔וֹל מֵעַ֕ל לָרָקִ֖יעַ אֲשֶׁ֣ר עַל־רֹאשָׁ֑ם בְּעָמְדָ֖ם תְּרַפֶּ֥ינָה כַנְפֵיהֶֽן׃

וּמִמַּ֗עַל לָרָקִיעַ֙ אֲשֶׁ֣ר עַל־רֹאשָׁ֔ם כְּמַרְאֵ֥ה אֶֽבֶן־סַפִּ֖יר דְּמ֣וּת כִּסֵּ֑א וְעַל֙ דְּמ֣וּת הַכִּסֵּ֔א דְּמ֞וּת כְּמַרְאֵ֥ה אָדָ֛ם עָלָ֖יו מִלְמָֽעְלָה׃

וָאֵ֣רֶא ׀ כְּעֵ֣ין חַשְׁמַ֗ל כְּמַרְאֵה־אֵ֤שׁ בֵּית־לָהּ֙ סָבִ֔יב מִמַּרְאֵ֥ה מָתְנָ֖יו וּלְמָ֑עְלָה וּמִמַּרְאֵ֤ה מָתְנָיו֙ וּלְמַ֔טָּה רָאִ֙יתִי֙ כְּמַרְאֵה־אֵ֔שׁ וְנֹ֥גַהּ ל֖וֹ סָבִֽיב׃

כְּמַרְאֵ֣ה הַקֶּ֡שֶׁת אֲשֶׁר֩ יִהְיֶ֨ה בֶעָנָ֜ן בְּי֣וֹם הַגֶּ֗שֶׁם כֵּ֣ן מַרְאֵ֤ה הַנֹּ֙גַהּ֙ סָבִ֔יב ה֕וּא מַרְאֵ֖ה דְּמ֣וּת כְּבוֹד־יְהוָ֑ה

A Reading (Lesson) from the letter to the Hebrews (2:5–18)

Οὐ γὰρ ἀγγέλοις ὑπέταξεν τὴν οἰκουμένην τὴν μέλλουσαν, περὶ ἧς λαλοῦμεν. διεμαρτύρατο δέ πού τις λέγων·

τί ἐστιν ἄνθρωπος ὅτι μιμνῄσκῃ αὐτοῦ,
ἢ υἱὸς ἀνθρώπου ὅτι ἐπισκέπτῃ αὐτόν;
ἠλάττωσας αὐτὸν βραχύ τι παρ' ἀγγέλους,
δόξῃ καὶ τιμῇ ἐστεφάνωσας αὐτόν,
πάντα ὑπέταξας ὑποκάτω τῶν ποδῶν αὐτοῦ.

ἐν τῷ γὰρ ὑποτάξαι [αὐτῷ] τὰ πάντα οὐδὲν ἀφῆκεν αὐτῷ ἀνυπότακτον. Νῦν δὲ οὔπω ὁρῶμεν αὐτῷ τὰ πάντα ὑποτεταγμένα· τὸν δὲ βραχύ τι παρ' ἀγγέλους ἠλαττωμένον βλέπομεν Ἰησοῦν διὰ τὸ πάθημα τοῦ θανάτου δόξῃ καὶ τιμῇ ἐστεφανωμένον, ὅπως χάριτι θεοῦ ὑπὲρ παντὸς γεύσηται θανάτου.

Ἔπρεπεν γὰρ αὐτῷ, δι' ὃν τὰ πάντα καὶ δι' οὗ τὰ πάντα, πολλοὺς υἱοὺς εἰς δόξαν ἀγαγόντα τὸν ἀρχηγὸν τῆς σωτηρίας αὐτῶν διὰ παθημάτων τελειῶσαι. ὅ τε γὰρ ἁγιάζων καὶ οἱ ἁγιαζόμενοι ἐξ ἑνὸς πάντες· δι' ἣν αἰτίαν οὐκ ἐπαισχύνεται ἀδελφοὺς αὐτοὺς καλεῖν λέγων·

ἀπαγγελῶ τὸ ὄνομά σου τοῖς ἀδελφοῖς μου,
ἐν μέσῳ ἐκκλησίας ὑμνήσω σε,

καὶ πάλιν·

ἐγὼ ἔσομαι πεποιθὼς ἐπ' αὐτῷ,

καὶ πάλιν·

ἰδοὺ ἐγὼ καὶ τὰ παιδία ἅ μοι ἔδωκεν ὁ θεός.

Ἐπεὶ οὖν τὰ παιδία κεκοινώνηκεν αἵματος καὶ σαρκός, καὶ αὐτὸς παραπλησίως μετέσχεν τῶν αὐτῶν, ἵνα διὰ τοῦ θανάτου καταργήσῃ τὸν τὸ κράτος ἔχοντα τοῦ θανάτου, τοῦτ' ἔστιν τὸν διάβολον, καὶ ἀπαλλάξῃ τούτους, ὅσοι φόβῳ θανάτου διὰ παντὸς τοῦ ζῆν ἔνοχοι ἦσαν δουλείας. οὐ γὰρ δήπου ἀγγέλων ἐπιλαμβάνεται ἀλλὰ σπέρματος Ἀβραὰμ ἐπιλαμβάνεται. ὅθεν ὤφειλεν κατὰ πάντα τοῖς ἀδελφοῖς ὁμοιωθῆναι, ἵνα ἐλεήμων γένηται καὶ πιστὸς ἀρχιερεὺς τὰ πρὸς τὸν θεὸν εἰς τὸ ἱλάσκεσθαι τὰς ἁμαρτίας τοῦ λαοῦ. ἐν ᾧ γὰρ πέπονθεν αὐτὸς πειρασθείς, δύναται τοῖς πειραζομένοις βοηθῆσαι.

Friday

A Reading (Lesson) from the Prophet Ezekiel (1:28–3:3)

כְּמַרְאֵ֨ה הַקֶּ֜שֶׁת אֲשֶׁ֨ר יִהְיֶ֤ה בֶֽעָנָן֙ בְּי֣וֹם הַגֶּ֔שֶׁם כֵּ֣ן מַרְאֵ֤ה הַנֹּ֨גַהּ֙ סָבִ֔יב ה֕וּא מַרְאֵ֖ה דְּמ֣וּת כְּבוֹד־יְהוָ֑ה וָֽאֶרְאֶה֙ וָאֶפֹּ֣ל עַל־פָּנַ֔י וָאֶשְׁמַ֖ע ק֥וֹל מְדַבֵּֽר׃ ס

וַיֹּ֖אמֶר אֵלָ֑י בֶּן־אָדָ֕ם עֲמֹ֣ד עַל־רַגְלֶ֔יךָ וַאֲדַבֵּ֖ר אֹתָֽךְ׃

וַתָּ֧בֹא בִי֙ ר֔וּחַ כַּאֲשֶׁר֙ דִּבֶּ֣ר אֵלַ֔י וַתַּעֲמִדֵ֖נִי עַל־רַגְלָ֑י וָאֶשְׁמַ֕ע אֵ֖ת מִדַּבֵּ֥ר אֵלָֽי׃ פ

וַיֹּ֣אמֶר אֵלַ֗י בֶּן־אָדָ֞ם שׁוֹלֵ֨חַ אֲנִ֤י אוֹתְךָ֙ אֶל־בְּנֵ֣י יִשְׂרָאֵ֔ל אֶל־גּוֹיִ֥ם הַמּוֹרְדִ֖ים אֲשֶׁ֣ר מָֽרְדוּ־בִ֑י הֵ֤מָּה וַאֲבוֹתָם֙ פָּ֣שְׁעוּ בִ֔י עַד־עֶ֖צֶם הַיּ֥וֹם הַזֶּֽה׃

וְהַבָּנִ֗ים קְשֵׁ֤י פָנִים֙ וְחִזְקֵי־לֵ֔ב אֲנִ֛י שׁוֹלֵ֥חַ אוֹתְךָ֖ אֲלֵיהֶ֑ם וְאָמַרְתָּ֣ אֲלֵיהֶ֔ם כֹּ֥ה אָמַ֖ר אֲדֹנָ֥י יְהוִֽה׃

וְהֵ֙מָּה֙ אִם־יִשְׁמְע֣וּ וְאִם־יֶחְדָּ֔לוּ כִּ֛י בֵּ֥ית מְרִ֖י הֵ֑מָּה וְיָֽדְעוּ֙ כִּ֣י נָבִ֔יא הָיָ֖ה בְתוֹכָֽם׃ פ

וְאַתָּ֣ה בֶן־אָ֠דָם אַל־תִּירָ֨א מֵהֶ֜ם וּמִדִּבְרֵיהֶ֣ם אַל־תִּירָ֗א כִּ֣י סָרָבִ֤ים וְסַלּוֹנִים֙ אוֹתָ֔ךְ וְאֶל־עַקְרַבִּ֖ים אַתָּ֣ה יוֹשֵׁ֑ב מִדִּבְרֵיהֶ֤ם אַל־תִּירָא֙ וּמִפְּנֵיהֶ֣ם אַל־תֵּחָ֔ת כִּ֛י בֵּ֥ית מְרִ֖י הֵֽמָּה׃

וְדִבַּרְתָּ֤ אֶת־דְּבָרַי֙ אֲלֵיהֶ֔ם אִם־יִשְׁמְע֖וּ וְאִם־יֶחְדָּ֑לוּ כִּ֥י מְרִ֖י הֵֽמָּה׃ פ

וְאַתָּ֣ה בֶן־אָדָ֗ם שְׁמַע֙ אֵ֤ת אֲשֶׁר־אֲנִי֙ מְדַבֵּ֣ר אֵלֶ֔יךָ אַל־תְּהִי־מֶ֖רִי כְּבֵ֣ית הַמֶּ֑רִי פְּצֵ֣ה פִ֔יךָ וֶאֱכֹ֕ל אֵ֥ת אֲשֶׁר־אֲנִ֖י נֹתֵ֥ן אֵלֶֽיךָ׃

וָאֶרְאֶ֕ה וְהִנֵּה־יָ֖ד שְׁלוּחָ֣ה אֵלָ֑י וְהִנֵּה־ב֖וֹ מְגִלַּת־סֵֽפֶר׃
וַיִּפְרֹ֤שׂ אוֹתָהּ֙ לְפָנַ֔י וְהִ֛יא כְתוּבָ֥ה פָּנִ֖ים וְאָח֑וֹר וְכָת֣וּב אֵלֶ֔יהָ קִנִ֖ים
וָהֶ֥גֶה וָהִֽי׃ ס
וַיֹּ֣אמֶר אֵלַ֔י בֶּן־אָדָ֕ם אֵ֥ת אֲשֶׁר־תִּמְצָ֖א אֱכ֑וֹל אֱכוֹל֙ אֶת־הַמְּגִלָּ֣ה
הַזֹּ֔את וְלֵ֥ךְ דַּבֵּ֖ר אֶל־בֵּ֥ית יִשְׂרָאֵֽל׃
וָאֶפְתַּ֖ח אֶת־פִּ֑י וַיַּ֣אֲכִלֵ֔נִי אֵ֖ת הַמְּגִלָּ֥ה הַזֹּֽאת׃
וַיֹּ֣אמֶר אֵלַ֗י בֶּן־אָדָ֞ם בִּטְנְךָ֤ תַאֲכֵל֙ וּמֵעֶ֣יךָ תְמַלֵּ֔א אֵ֚ת הַמְּגִלָּ֣ה
הַזֹּ֔את אֲשֶׁ֥ר אֲנִ֖י נֹתֵ֣ן אֵלֶ֑יךָ וָאֹ֣כְלָ֔ה וַתְּהִ֥י בְּפִ֖י כִּדְבַ֥שׁ לְמָתֽוֹק׃ פ

A Reading (Lesson) from the letter to the Hebrews (4:14–5:6)

Ἔχοντες οὖν ἀρχιερέα μέγαν διεληλυθότα τοὺς οὐρανούς, Ἰησοῦν τὸν υἱὸν τοῦ θεοῦ, κρατῶμεν τῆς ὁμολογίας. οὐ γὰρ ἔχομεν ἀρχιερέα μὴ δυνάμενον συμπαθῆσαι ταῖς ἀσθενείαις ἡμῶν, πεπειρασμένον δὲ κατὰ πάντα καθ᾽ ὁμοιότητα χωρὶς ἁμαρτίας. προσερχώμεθα οὖν μετὰ παρρησίας τῷ θρόνῳ τῆς χάριτος, ἵνα λάβωμεν ἔλεος καὶ χάριν εὕρωμεν εἰς εὔκαιρον βοήθειαν.

Πᾶς γὰρ ἀρχιερεὺς ἐξ ἀνθρώπων λαμβανόμενος ὑπὲρ ἀνθρώπων καθίσταται τὰ πρὸς τὸν θεόν, ἵνα προσφέρῃ δῶρά τε καὶ θυσίας ὑπὲρ ἁμαρτιῶν, μετριοπαθεῖν δυνάμενος τοῖς ἀγνοοῦσιν καὶ πλανωμένοις, ἐπεὶ καὶ αὐτὸς περίκειται ἀσθένειαν καὶ δι᾽ αὐτὴν ὀφείλει, καθὼς περὶ τοῦ λαοῦ, οὕτως καὶ περὶ αὐτοῦ προσφέρειν περὶ ἁμαρτιῶν. καὶ οὐχ ἑαυτῷ τις λαμβάνει τὴν τιμὴν ἀλλὰ καλούμενος ὑπὸ τοῦ θεοῦ καθώσπερ καὶ Ἀαρών.

Οὕτως καὶ ὁ Χριστὸς οὐχ ἑαυτὸν ἐδόξασεν γενηθῆναι ἀρχιερέα ἀλλ᾽ ὁ λαλήσας πρὸς αὐτόν·

υἱός μου εἶ σύ, ἐγὼ σήμερον γεγέννηκά σε·

καθὼς καὶ ἐν ἑτέρῳ λέγει·

σὺ ἱερεὺς εἰς τὸν αἰῶνα κατὰ τὴν τάξιν Μελχισέδεκ...

Week of 7 Easter

Monday

A Reading (Lesson) from the Prophet Ezekiel (4:1–17)

וְאַתָּ֤ה בֶן־אָדָם֙ קַח־לְךָ֣ לְבֵנָ֔ה וְנָתַתָּ֥ה אוֹתָ֖הּ לְפָנֶ֑יךָ וְחַקּוֹתָ֥ עָלֶ֛יהָ
עִ֖יר אֶת־יְרוּשָׁלִָֽם׃
וְנָתַתָּ֨ה עָלֶ֜יהָ מָצ֗וֹר וּבָנִ֤יתָ עָלֶ֙יהָ֙ דָּיֵ֔ק וְשָׁפַכְתָּ֥ עָלֶ֖יהָ סֹלְלָ֑ה
וְנָתַתָּ֨ה עָלֶ֧יהָ מַחֲנ֛וֹת וְשִֽׂים־עָלֶ֥יהָ כָרִ֖ים סָבִֽיב׃
וְאַתָּ֣ה קַח־לְךָ֗ מַחֲבַ֣ת בַּרְזֶ֔ל וְנָתַתָּ֤ה אוֹתָהּ֙ קִ֣יר בַּרְזֶ֔ל בֵּינְךָ֖ וּבֵ֣ין
הָעִ֑יר וַהֲכִינֹ֨תָה אֶת־פָּנֶ֜יךָ אֵלֶ֗יהָ וְהָיְתָ֤ה בַמָּצוֹר֙ וְצַרְתָּ֣ עָלֶ֔יהָ א֥וֹת
הִ֖יא לְבֵ֥ית יִשְׂרָאֵֽל׃ ס
וְאַתָּ֤ה שְׁכַב֙ עַל־צִדְּךָ֣ הַשְּׂמָאלִ֔י וְשַׂמְתָּ֛ אֶת־עֲוֺ֥ן בֵּֽית־יִשְׂרָאֵ֖ל עָלָ֑יו
מִסְפַּ֤ר הַיָּמִים֙ אֲשֶׁ֣ר תִּשְׁכַּ֣ב עָלָ֔יו תִּשָּׂ֖א אֶת־עֲוֺנָֽם׃
וַאֲנִ֞י נָתַ֤תִּי לְךָ֙ אֶת־שְׁנֵ֣י עֲוֺנָ֔ם לְמִסְפַּ֣ר יָמִ֔ים שְׁלֹשׁ־מֵא֥וֹת וְתִשְׁעִ֖ים
י֑וֹם וְנָשָׂ֖אתָ עֲוֺ֥ן בֵּֽית־יִשְׂרָאֵֽל׃
וְכִלִּ֣יתָ אֶת־אֵ֗לֶּה וְשָׁכַבְתָּ֞ עַל־צִדְּךָ֤ [K]הַיְמוֹנִי [Q]הַיְמָנִי֙ שֵׁנִ֔ית וְנָשָׂ֖אתָ
אֶת־עֲוֺ֣ן בֵּית־יְהוּדָ֑ה אַרְבָּעִ֣ים י֔וֹם י֥וֹם לַשָּׁנָ֛ה י֥וֹם לַשָּׁנָ֖ה נְתַתִּ֥יו
לָֽךְ׃
וְאֶל־מְצ֣וֹר יְרוּשָׁלִַ֔ם תָּכִ֖ין פָּנֶ֑יךָ וּזְרֹעֲךָ֣ חֲשׂוּפָ֔ה וְנִבֵּאתָ֖ עָלֶֽיהָ׃
וְהִנֵּ֛ה נָתַ֥תִּי עָלֶ֖יךָ עֲבוֹתִ֑ים וְלֹא־תֵהָפֵךְ֙ מִצִּדְּךָ֣ אֶל־צִדֶּ֔ךָ עַד־
כַּלּוֹתְךָ֖ יְמֵ֥י מְצוּרֶֽךָ׃
וְאַתָּ֣ה קַח־לְךָ֡ חִטִּ֡ין וּשְׂעֹרִים֩ וּפ֨וֹל וַעֲדָשִׁ֜ים וְדֹ֣חַן וְכֻסְּמִ֗ים וְנָתַתָּ֤ה
אוֹתָם֙ בִּכְלִ֣י אֶחָ֔ד וְעָשִׂ֧יתָ אוֹתָ֛ם לְךָ֖ לְלָ֑חֶם מִסְפַּ֨ר הַיָּמִ֜ים אֲשֶׁר־
אַתָּ֣ה ׀ שׁוֹכֵ֣ב עַֽל־צִדְּךָ֗ שְׁלֹשׁ־מֵא֤וֹת וְתִשְׁעִים֙ י֔וֹם תֹּאכְלֶֽנּוּ׃

וּמַאֲכָלְךָ֙ אֲשֶׁ֣ר תֹּאכֲלֶ֔נּוּ בְּמִשְׁק֕וֹל עֶשְׂרִ֥ים שֶׁ֖קֶל לַיּ֑וֹם מֵעֵ֥ת עַד־עֵ֖ת
תֹּאכֲלֶֽנּוּ׃
וּמַ֙יִם֙ בִּמְשׂוּרָ֣ה תִשְׁתֶּ֔ה שִׁשִּׁ֖ית הַהִ֑ין מֵעֵ֥ת עַד־עֵ֖ת תִּשְׁתֶּֽה׃
וְעֻגַ֥ת שְׂעֹרִ֖ים תֹּֽאכֲלֶ֑נָּה וְהִ֗יא בְּגֶלְלֵי֙ צֵאַ֣ת הָֽאָדָ֔ם תְּעֻגֶ֖נָה
לְעֵינֵיהֶֽם׃ ס
וַיֹּ֣אמֶר יְהוָ֗ה כָּ֣כָה יֹאכְל֧וּ בְנֵֽי־יִשְׂרָאֵ֛ל אֶת־לַחְמָ֖ם טָמֵ֑א בַּגּוֹיִ֕ם
אֲשֶׁ֥ר אַדִּיחֵ֖ם שָֽׁם׃
וָאֹמַ֗ר אֲהָהּ֮ אֲדֹנָ֣י יְהוִה֒ הִנֵּ֥ה נַפְשִׁ֖י לֹ֣א מְטֻמָּאָ֑ה וּנְבֵלָ֨ה וּטְרֵפָ֜ה
לֹֽא־אָכַ֤לְתִּי֙ מִנְּעוּרַ֣י וְעַד־עַ֔תָּה וְלֹא־בָ֥א בְּפִ֖י בְּשַׂ֥ר פִּגּֽוּל׃ ס
וַיֹּ֣אמֶר אֵלַ֔י רְאֵ֗ה נָתַ֤תִּֽי לְךָ֙ אֶת־[K]צפועי [Q]צְפִיעֵ֣י הַבָּקָ֔ר תַּ֖חַת גֶּלְלֵ֣י
הָאָדָ֑ם וְעָשִׂ֥יתָ אֶֽת־לַחְמְךָ֖ עֲלֵיהֶֽם׃ ס
וַיֹּ֣אמֶר אֵלַ֗י בֶּן־אָדָם֮ הִנְנִ֨י שֹׁבֵ֤ר מַטֵּה־לֶ֙חֶם֙ בִּיר֣וּשָׁלִַ֔ם וְאָֽכְלוּ־
לֶ֧חֶם בְּמִשְׁקָ֛ל וּבִדְאָגָ֖ה וּמַ֕יִם בִּמְשׂוּרָ֥ה וּבְשִׁמָּמ֖וֹן יִשְׁתּֽוּ׃
לְמַ֥עַן יַחְסְר֖וּ לֶ֣חֶם וָמָ֑יִם וְנָשַׁ֙מּוּ֙ אִ֣ישׁ וְאָחִ֔יו וְנָמַ֖קּוּ בַּעֲוֺנָֽם׃ פ

A Reading (Lesson) from the letter to the Hebrews (6:1–12)

Διὸ ἀφέντες τὸν τῆς ἀρχῆς τοῦ Χριστοῦ λόγον ἐπὶ τὴν τελειότητα φερώμεθα, μὴ πάλιν θεμέλιον καταβαλλόμενοι μετανοίας ἀπὸ νεκρῶν ἔργων καὶ πίστεως ἐπὶ θεόν, βαπτισμῶν διδαχῆς ἐπιθέσεώς τε χειρῶν, ἀναστάσεώς τε νεκρῶν καὶ κρίματος αἰωνίου. καὶ τοῦτο ποιήσομεν, ἐάνπερ ἐπιτρέπῃ ὁ θεός.

Ἀδύνατον γὰρ τοὺς ἅπαξ φωτισθέντας, γευσαμένους τε τῆς δωρεᾶς τῆς ἐπουρανίου καὶ μετόχους γενηθέντας πνεύματος ἁγίου καὶ καλὸν γευσαμένους θεοῦ ῥῆμα δυνάμεις τε μέλλοντος αἰῶνος καὶ παραπεσόντας, πάλιν ἀνακαινίζειν εἰς μετάνοιαν, ἀνασταυροῦντας ἑαυτοῖς τὸν υἱὸν τοῦ θεοῦ καὶ παραδειγματίζοντας. γῆ γὰρ ἡ πιοῦσα τὸν ἐπ᾽ αὐτῆς ἐρχόμενον πολλάκις ὑετὸν καὶ τίκτουσα βοτάνην εὔθετον ἐκείνοις δι’ οὓς καὶ γεωργεῖται, μεταλαμβάνει εὐλογίας ἀπὸ τοῦ θεοῦ· ἐκφέρουσα δὲ ἀκάνθας καὶ τριβόλους, ἀδόκιμος καὶ κατάρας ἐγγύς, ἧς τὸ τέλος εἰς καῦσιν.

Πεπείσμεθα δὲ περὶ ὑμῶν, ἀγαπητοί, τὰ κρείσσονα καὶ ἐχόμενα σωτηρίας, εἰ καὶ οὕτως λαλοῦμεν. οὐ γὰρ ἄδικος ὁ θεὸς ἐπιλαθέσθαι τοῦ ἔργου ὑμῶν καὶ τῆς ἀγάπης ἧς ἐνεδείξασθε εἰς τὸ ὄνομα αὐτοῦ, διακονήσαντες τοῖς ἁγίοις καὶ διακονοῦντες. ἐπιθυμοῦμεν δὲ ἕκαστον ὑμῶν τὴν αὐτὴν ἐνδείκνυσθαι σπουδὴν πρὸς τὴν πληροφορίαν τῆς ἐλπίδος ἄχρι τέλους, ἵνα μὴ νωθροὶ γένησθε, μιμηταὶ δὲ τῶν διὰ πίστεως καὶ μακροθυμίας κληρονομούντων τὰς ἐπαγγελίας.

Tuesday

A Reading (Lesson) from the Prophet Ezekiel (7:10–15, 23b–27)

הִנֵּ֥ה הַיּ֖וֹם הִנֵּ֣ה בָאָ֑ה יָֽצְאָה֙ הַצְּפִרָ֔ה צָ֥ץ הַמַּטֶּ֖ה פָּרַ֥ח הַזָּדֽוֹן׃
הֶחָמָ֛ס ׀ קָ֥ם לְמַטֵּה־רֶ֖שַׁע לֹֽא־מֵהֶ֞ם וְלֹ֤א מֵהֲמוֹנָם֙ וְלֹ֣א מֶהֱמֵהֶ֔ם
וְלֹא־נֹ֖הַּ בָּהֶֽם׃
בָּ֤א הָעֵת֙ הִגִּ֣יעַ הַיּ֔וֹם הַקּוֹנֶה֙ אַל־יִשְׂמָ֔ח וְהַמּוֹכֵ֖ר אַל־יִתְאַבָּ֑ל כִּ֥י
חָר֖וֹן אֶל־כָּל־הֲמוֹנָֽהּ׃
כִּ֣י הַמּוֹכֵ֗ר אֶל־הַמִּמְכָּר֙ לֹ֣א יָשׁ֔וּב וְע֖וֹד בַּחַיִּ֣ים חַיָּתָ֑ם כִּֽי־חָז֤וֹן
אֶל־כָּל־הֲמוֹנָהּ֙ לֹ֣א יָשׁ֔וּב וְאִ֧ישׁ בַּעֲוֺנ֛וֹ חַיָּת֖וֹ לֹ֥א יִתְחַזָּֽקוּ׃
תָּקְע֤וּ בַתָּק֙וֹעַ֙ וְהָכִ֣ין הַכֹּ֔ל וְאֵ֥ין הֹלֵ֖ךְ לַמִּלְחָמָ֑ה כִּ֥י חֲרוֹנִ֖י אֶל־כָּל־
הֲמוֹנָֽהּ׃
הַחֶ֣רֶב בַּח֔וּץ וְהַדֶּ֥בֶר וְהָרָעָ֖ב מִבָּ֑יִת אֲשֶׁ֤ר בַּשָּׂדֶה֙ בַּחֶ֣רֶב יָמ֔וּת
וַאֲשֶׁ֣ר בָּעִ֔יר רָעָ֥ב וָדֶ֖בֶר יֹאכְלֶֽנּוּ׃
כִּ֤י הָאָ֙רֶץ֙ מָלְאָה֙ מִשְׁפַּ֣ט דָּמִ֔ים וְהָעִ֖יר מָלְאָ֥ה חָמָֽס׃

וְהֵבֵאתִי֙ רָעֵ֣י גוֹיִ֔ם וְיָרְשׁ֖וּ אֶת־בָּתֵּיהֶ֑ם וְהִשְׁבַּתִּי֙ גְּא֣וֹן עַזִּ֔ים וְנִחֲל֖וּ
מְקַֽדְשֵׁיהֶֽם׃
קְפָ֣דָה־בָ֑א וּבִקְשׁ֥וּ שָׁל֖וֹם וָאָֽיִן׃
הֹוָ֤ה עַל־הֹוָה֙ תָּב֔וֹא וּשְׁמֻעָ֥ה אֶל־שְׁמוּעָ֖ה תִּהְיֶ֑ה וּבִקְשׁ֤וּ חָזוֹן֙
מִנָּבִ֔יא וְתוֹרָה֙ תֹּאבַ֣ד מִכֹּהֵ֔ן וְעֵצָ֖ה מִזְּקֵנִֽים׃
הַמֶּ֣לֶךְ יִתְאַבָּ֗ל וְנָשִׂיא֙ יִלְבַּ֣שׁ שְׁמָמָ֔ה וִידֵ֥י עַם־הָאָ֖רֶץ תִּבָּהַ֑לְנָה
מִדַּרְכָּ֞ם אֶעֱשֶׂ֣ה אוֹתָ֗ם וּבְמִשְׁפְּטֵיהֶ֤ם אֶשְׁפְּטֵם֙ וְיָדְע֖וּ כִּֽי־אֲנִ֥י יְהוָֽה׃
פ

A Reading (Lesson) from the letter to the Hebrews (6:13–20)

Τῷ γὰρ Ἀβραὰμ ἐπαγγειλάμενος ὁ θεός, ἐπεὶ κατ' οὐδενὸς εἶχεν μείζονος ὀμόσαι, ὤμοσεν καθ' ἑαυτοῦ λέγων·

εἰ μὴν εὐλογῶν εὐλογήσω σε καὶ πληθύνων πληθυνῶ σε·

καὶ οὕτως μακροθυμήσας ἐπέτυχεν τῆς ἐπαγγελίας. ἄνθρωποι γὰρ κατὰ τοῦ μείζονος ὀμνύουσιν, καὶ πάσης αὐτοῖς ἀντιλογίας πέρας εἰς βεβαίωσιν ὁ ὅρκος· ἐν ᾧ περισσότερον βουλόμενος ὁ θεὸς ἐπιδεῖξαι τοῖς κληρονόμοις τῆς ἐπαγγελίας τὸ ἀμετάθετον τῆς βουλῆς αὐτοῦ ἐμεσίτευσεν ὅρκῳ, ἵνα διὰ δύο πραγμάτων ἀμεταθέτων, ἐν οἷς ἀδύνατον ψεύσασθαι [τὸν] θεόν, ἰσχυρὰν παράκλησιν ἔχωμεν οἱ καταφυγόντες κρατῆσαι τῆς προκειμένης ἐλπίδος· ἣν ὡς ἄγκυραν ἔχομεν τῆς ψυχῆς ἀσφαλῆ τε καὶ βεβαίαν καὶ εἰσερχομένην εἰς τὸ ἐσώτερον τοῦ καταπετάσματος, ὅπου πρόδρομος ὑπὲρ ἡμῶν εἰσῆλθεν Ἰησοῦς, κατὰ τὴν τάξιν Μελχισέδεκ ἀρχιερεὺς γενόμενος εἰς τὸν αἰῶνα.

Wednesday

A Reading (Lesson) from the Prophet Ezekiel (11:14–25)

וַיְהִ֥י דְבַר־יְהוָ֖ה אֵלַ֥י לֵאמֹֽר׃

בֶּן־אָדָ֗ם אַחֶ֤יךָ אַחֶ֙יךָ֙ אַנְשֵׁ֣י גְאֻלָּתֶ֔ךָ וְכָל־בֵּ֥ית יִשְׂרָאֵ֖ל כֻּלֹּ֑ה אֲשֶׁר֩
אָמְר֨וּ לָהֶ֜ם יֹשְׁבֵ֣י יְרוּשָׁלַ֗͏ִם רַֽחֲקוּ֙ מֵעַ֣ל יְהוָ֔ה לָ֥נוּ הִ֛יא נִתְּנָ֥ה הָאָ֖רֶץ
לְמוֹרָשָֽׁה׃ ס
לָכֵ֣ן אֱמֹ֗ר כֹּֽה־אָמַר֮ אֲדֹנָ֣י יְהוִה֒ כִּ֤י הִרְחַקְתִּים֙ בַּגּוֹיִ֔ם וְכִ֥י
הֲפִיצוֹתִ֖ים בָּאֲרָצ֑וֹת וָאֱהִ֥י לָהֶם֙ לְמִקְדָּ֣שׁ מְעַ֔ט בָּאֲרָצ֖וֹת אֲשֶׁר־בָּ֥אוּ
שָֽׁם׃ ס
לָכֵ֣ן אֱמֹ֗ר כֹּֽה־אָמַר֮ אֲדֹנָ֣י יְהוִה֒ וְקִבַּצְתִּ֤י אֶתְכֶם֙ מִן־הָ֣עַמִּ֔ים
וְאָסַפְתִּ֣י אֶתְכֶ֔ם מִן־הָ֣אֲרָצ֔וֹת אֲשֶׁ֥ר נְפֹצוֹתֶ֖ם בָּהֶ֑ם וְנָתַתִּ֥י לָכֶ֖ם אֶת־
אַדְמַ֥ת יִשְׂרָאֵֽל׃
וּבָ֖אוּ־שָׁ֑מָּה וְהֵסִ֜ירוּ אֶת־כָּל־שִׁקּוּצֶ֧יהָ וְאֶת־כָּל־תּוֹעֲבוֹתֶ֛יהָ מִמֶּ֖נָּה׃
וְנָתַתִּ֤י לָהֶם֙ לֵ֣ב אֶחָ֔ד וְר֥וּחַ חֲדָשָׁ֖ה אֶתֵּ֣ן בְּקִרְבְּכֶ֑ם וַהֲסִרֹתִ֞י לֵ֤ב
הָאֶ֙בֶן֙ מִבְּשָׂרָ֔ם וְנָתַתִּ֥י לָהֶ֖ם לֵ֥ב בָּשָֽׂר׃
לְמַ֙עַן֙ בְּחֻקֹּתַ֣י יֵלֵ֔כוּ וְאֶת־מִשְׁפָּטַ֥י יִשְׁמְר֖וּ וְעָשׂ֣וּ אֹתָ֑ם וְהָיוּ־לִ֣י לְעָ֔ם
וַאֲנִ֕י אֶהְיֶ֥ה לָהֶ֖ם לֵאלֹהִֽים׃
וְאֶל־לֵ֧ב שִׁקּוּצֵיהֶ֛ם וְתוֹעֲבוֹתֵיהֶ֖ם לִבָּ֣ם הֹלֵ֑ךְ דַּרְכָּם֙ בְּרֹאשָׁ֣ם נָתַ֔תִּי
נְאֻ֖ם אֲדֹנָ֥י יְהוִֽה׃
וַיִּשְׂא֤וּ הַכְּרוּבִים֙ אֶת־כַּנְפֵיהֶ֔ם וְהָאוֹפַנִּ֖ים לְעֻמָּתָ֑ם וּכְב֛וֹד אֱלֹהֵֽי־
יִשְׂרָאֵ֥ל עֲלֵיהֶ֖ם מִלְמָֽעְלָה׃
וַיַּ֙עַל֙ כְּב֣וֹד יְהוָ֔ה מֵעַ֖ל תּ֣וֹךְ הָעִ֑יר וַֽיַּעֲמֹד֙ עַל־הָהָ֔ר אֲשֶׁ֖ר מִקֶּ֥דֶם
לָעִֽיר׃
וְר֣וּחַ נְשָׂאַ֗תְנִי וַתְּבִיאֵ֤נִי כַשְׂדִּ֙ימָה֙ אֶל־הַגּוֹלָ֔ה בַּמַּרְאֶ֖ה בְּר֣וּחַ
אֱלֹהִ֑ים וַיַּ֙עַל֙ מֵעָלַ֔י הַמַּרְאֶ֖ה אֲשֶׁ֥ר רָאִֽיתִי׃
וָאֲדַבֵּ֖ר אֶל־הַגּוֹלָ֑ה אֵ֚ת כָּל־דִּבְרֵ֣י יְהוָ֔ה אֲשֶׁ֖ר הֶרְאָֽנִי׃ פ

A Reading (Lesson) from the letter to the Hebrews (7:1–17)

Οὗτος γὰρ ὁ *Μελχισέδεκ, βασιλεὺς Σαλήμ, ἱερεὺς τοῦ θεοῦ τοῦ ὑψίστου, ὁ συναντήσας Ἀβραὰμ ὑποστρέφοντι ἀπὸ τῆς κοπῆς τῶν βασιλέων καὶ εὐλογήσας αὐτόν, ᾧ καὶ δεκάτην ἀπὸ πάντων* ἐμέρισεν *Ἀβραάμ*, πρῶτον μὲν ἑρμηνευόμενος βασιλεὺς δικαιοσύνης ἔπειτα δὲ καὶ *βασιλεὺς Σαλήμ*, ὅ ἐστιν βασιλεὺς εἰρήνης, ἀπάτωρ ἀμήτωρ ἀγενεαλόγητος, μήτε ἀρχὴν ἡμερῶν μήτε ζωῆς τέλος ἔχων, ἀφωμοιωμένος δὲ τῷ υἱῷ τοῦ θεοῦ, μένει ἱερεὺς εἰς τὸ διηνεκές.

Θεωρεῖτε δὲ πηλίκος οὗτος, *ᾧ [καὶ] δεκάτην Ἀβραὰμ ἔδωκεν* ἐκ τῶν ἀκροθινίων ὁ πατριάρχης. καὶ οἱ μὲν ἐκ τῶν υἱῶν Λευὶ τὴν ἱερατείαν λαμβάνοντες ἐντολὴν ἔχουσιν ἀποδεκατοῦν τὸν λαὸν κατὰ τὸν νόμον, τοῦτ' ἔστιν τοὺς ἀδελφοὺς αὐτῶν, καίπερ ἐξεληλυθότας ἐκ τῆς ὀσφύος Ἀβραάμ· ὁ δὲ μὴ γενεαλογούμενος ἐξ αὐτῶν δεδεκάτωκεν Ἀβραὰμ καὶ τὸν ἔχοντα τὰς ἐπαγγελίας εὐλόγηκεν. χωρὶς δὲ πάσης ἀντιλογίας τὸ ἔλαττον ὑπὸ τοῦ κρείττονος εὐλογεῖται. καὶ ὧδε μὲν δεκάτας ἀποθνῄσκοντες ἄνθρωποι λαμβάνουσιν, ἐκεῖ δὲ μαρτυρούμενος ὅτι ζῇ. καὶ ὡς ἔπος εἰπεῖν, δι' Ἀβραὰμ καὶ Λευὶ ὁ δεκάτας λαμβάνων δεδεκάτωται· ἔτι γὰρ ἐν τῇ ὀσφύϊ τοῦ πατρὸς ἦν ὅτε συνήντησεν αὐτῷ Μελχισέδεκ.

Εἰ μὲν οὖν τελείωσις διὰ τῆς Λευιτικῆς ἱερωσύνης ἦν, ὁ λαὸς γὰρ ἐπ' αὐτῆς νενομοθέτηται, τίς ἔτι χρεία κατὰ τὴν τάξιν Μελχισέδεκ ἕτερον ἀνίστασθαι ἱερέα καὶ οὐ κατὰ τὴν τάξιν Ἀαρὼν λέγεσθαι; μετατιθεμένης γὰρ τῆς ἱερωσύνης ἐξ ἀνάγκης καὶ νόμου μετάθεσις γίνεται. ἐφ' ὃν γὰρ λέγεται ταῦτα, φυλῆς ἑτέρας μετέσχηκεν, ἀφ' ἧς οὐδεὶς προσέσχηκεν τῷ θυσιαστηρίῳ· πρόδηλον γὰρ ὅτι ἐξ Ἰούδα ἀνατέταλκεν ὁ κύριος ἡμῶν, εἰς ἣν φυλὴν περὶ ἱερέων οὐδὲν Μωϋσῆς ἐλάλησεν. καὶ περισσότερον ἔτι κατάδηλόν ἐστιν, εἰ κατὰ τὴν ὁμοιότητα Μελχισέδεκ ἀνίσταται ἱερεὺς ἕτερος, ὃς οὐ κατὰ νόμον ἐντολῆς σαρκίνης γέγονεν ἀλλὰ κατὰ δύναμιν ζωῆς ἀκαταλύτου. μαρτυρεῖται γὰρ ὅτι

σὺ ἱερεὺς εἰς τὸν αἰῶνα κατὰ τὴν τάξιν Μελχισέδεκ.

Thursday

A Reading (Lesson) from the Prophet Ezekiel (18:1–4, 19–32)

וַיְהִ֥י דְבַר־יְהוָ֖ה אֵלַ֥י לֵאמֹֽר׃
מַה־לָּכֶ֗ם אַתֶּם֙ מֹֽשְׁלִים֙ אֶת־הַמָּשָׁ֣ל הַזֶּ֔ה עַל־אַדְמַ֥ת יִשְׂרָאֵ֖ל
לֵאמֹ֑ר אָבוֹת֙ יֹ֣אכְלוּ בֹ֔סֶר וְשִׁנֵּ֥י הַבָּנִ֖ים תִּקְהֶֽינָה׃
חַי־אָ֕נִי נְאֻ֖ם אֲדֹנָ֣י יְהוִ֑ה אִם־יִהְיֶ֨ה לָכֶ֜ם ע֗וֹד מְשֹׁ֛ל הַמָּשָׁ֥ל הַזֶּ֖ה
בְּיִשְׂרָאֵֽל׃
הֵ֤ן כָּל־הַנְּפָשׁוֹת֙ לִ֣י הֵ֔נָּה כְּנֶ֧פֶשׁ הָאָ֛ב וּכְנֶ֥פֶשׁ הַבֵּ֖ן לִי־הֵ֑נָּה הַנֶּ֥פֶשׁ
הַחֹטֵ֖את הִ֥יא תָמֽוּת׃ ס
וַאֲמַרְתֶּ֕ם מַדֻּ֛עַ לֹא־נָשָׂ֥א הַבֵּ֖ן בַּעֲוֺ֣ן הָאָ֑ב וְהַבֵּ֞ן מִשְׁפָּ֧ט וּצְדָקָ֣ה
עָשָׂ֗ה אֵ֣ת כָּל־חֻקּוֹתַ֥י שָׁמַ֛ר וַיַּעֲשֶׂ֥ה אֹתָ֖ם חָיֹ֥ה יִחְיֶֽה׃
הַנֶּ֥פֶשׁ הַחֹטֵ֖את הִ֣יא תָמ֑וּת בֵּ֞ן לֹא־יִשָּׂ֣א ׀ בַּעֲוֺ֣ן הָאָ֗ב וְאָב֙ לֹ֤א יִשָּׂא֙
בַּעֲוֺ֣ן הַבֵּ֔ן צִדְקַ֤ת הַצַּדִּיק֙ עָלָ֣יו תִּֽהְיֶ֔ה וְרִשְׁעַ֥ת [K]רָשָׁע [Q]הָרָשָׁ֖ע עָלָ֥יו
תִּֽהְיֶֽה׃ ס
וְהָרָשָׁ֗ע כִּ֤י יָשׁוּב֙ מִכָּל־[K]חַטֹּאתוֹ [Q]חַטֹּאתָיו֙ אֲשֶׁ֣ר עָשָׂ֔ה וְשָׁמַר֙ אֶת־
כָּל־חֻקּוֹתַ֔י וְעָשָׂ֥ה מִשְׁפָּ֖ט וּצְדָקָ֑ה חָיֹ֥ה יִחְיֶ֖ה לֹ֥א יָמֽוּת׃
כָּל־פְּשָׁעָיו֙ אֲשֶׁ֣ר עָשָׂ֔ה לֹ֥א יִזָּכְר֖וּ ל֑וֹ בְּצִדְקָת֥וֹ אֲשֶׁר־עָשָׂ֖ה יִחְיֶֽה׃
הֶחָפֹ֤ץ אֶחְפֹּץ֙ מ֣וֹת רָשָׁ֔ע נְאֻ֖ם אֲדֹנָ֣י יְהוִ֑ה הֲל֛וֹא בְּשׁוּב֥וֹ מִדְּרָכָ֖יו
וְחָיָֽה׃ ס
וּבְשׁ֨וּב צַדִּ֤יק מִצִּדְקָתוֹ֙ וְעָ֣שָׂה עָ֔וֶל כְּכֹ֨ל הַתּוֹעֵב֜וֹת אֲשֶׁר־עָשָׂ֧ה
הָרָשָׁ֛ע יַעֲשֶׂ֖ה וָחָ֑י כָּל־[K]צִדְקָתוֹ [Q]צִדְקֹתָ֤יו אֲשֶׁר־עָשָׂה֙ לֹ֣א תִזָּכַ֔רְנָה
בְּמַעֲל֧וֹ אֲשֶׁר־מָעַ֛ל וּבְחַטָּאת֥וֹ אֲשֶׁר־חָטָ֖א בָּ֥ם יָמֽוּת׃
וַאֲמַרְתֶּ֕ם לֹ֥א יִתָּכֵ֖ן דֶּ֣רֶךְ אֲדֹנָ֑י שִׁמְעוּ־נָא֙ בֵּ֣ית יִשְׂרָאֵ֔ל הֲדַרְכִּי֙ לֹ֣א
יִתָּכֵ֔ן הֲלֹ֥א דַרְכֵיכֶ֖ם לֹ֥א יִתָּכֵֽנוּ׃

בְּשׁוּב־צַדִּ֧יק מִצִּדְקָת֛וֹ וְעָ֥שָׂה עָ֖וֶל וּמֵ֣ת עֲלֵיהֶ֑ם בְּעַוְל֥וֹ אֲשֶׁר־עָשָׂ֖ה
יָמֽוּת׃ ס
וּבְשׁ֣וּב רָשָׁ֗ע מֵֽרִשְׁעָתוֹ֙ אֲשֶׁ֣ר עָשָׂ֔ה וַיַּ֥עַשׂ מִשְׁפָּ֖ט וּצְדָקָ֑ה ה֖וּא אֶת־
נַפְשׁ֥וֹ יְחַיֶּֽה׃
וַיִּרְאֶ֣ה [K]וַיָּשׁוּב [Q]וַיָּ֕שָׁב מִכָּל־פְּשָׁעָ֖יו אֲשֶׁ֣ר עָשָׂ֑ה חָי֥וֹ יִחְיֶ֖ה לֹ֥א יָמֽוּת׃
וְאָֽמְרוּ֙ בֵּ֣ית יִשְׂרָאֵ֔ל לֹ֥א יִתָּכֵ֖ן דֶּ֣רֶךְ אֲדֹנָ֑י הַדְּרָכַ֞י לֹ֤א יִתָּֽכְנוּ֙ בֵּ֣ית
יִשְׂרָאֵ֔ל הֲלֹ֥א דַרְכֵיכֶ֖ם לֹ֥א יִתָּכֵֽן׃
לָכֵן֩ אִ֨ישׁ כִּדְרָכָ֜יו אֶשְׁפֹּ֤ט אֶתְכֶם֙ בֵּ֣ית יִשְׂרָאֵ֔ל נְאֻ֖ם אֲדֹנָ֣י יְהוִ֑ה
שׁ֤וּבוּ וְהָשִׁ֙יבוּ֙ מִכָּל־פִּשְׁעֵיכֶ֔ם וְלֹא־יִהְיֶ֥ה לָכֶ֛ם לְמִכְשׁ֖וֹל עָוֺֽן׃
הַשְׁלִ֣יכוּ מֵעֲלֵיכֶ֗ם אֶת־כָּל־פִּשְׁעֵיכֶם֙ אֲשֶׁ֣ר פְּשַׁעְתֶּ֣ם בָּ֔ם וַעֲשׂ֥וּ לָכֶ֛ם
לֵ֥ב חָדָ֖שׁ וְר֣וּחַ חֲדָשָׁ֑ה וְלָ֥מָּה תָמֻ֖תוּ בֵּ֥ית יִשְׂרָאֵֽל׃
כִּ֣י לֹ֤א אֶחְפֹּץ֙ בְּמ֣וֹת הַמֵּ֔ת נְאֻ֖ם אֲדֹנָ֣י יְהוִ֑ה וְהָשִׁ֖יבוּ וִֽחְיֽוּ׃ פ

A Reading (Lesson) from the letter to the Hebrews (7:18–28)

ἀθέτησις μὲν γὰρ γίνεται προαγούσης ἐντολῆς διὰ τὸ αὐτῆς ἀσθενὲς καὶ ἀνωφελές– οὐδὲν γὰρ ἐτελείωσεν ὁ νόμος– ἐπεισαγωγὴ δὲ κρείττονος ἐλπίδος δι’ ἧς ἐγγίζομεν τῷ θεῷ.

Καὶ καθ’ ὅσον οὐ χωρὶς ὁρκωμοσίας· οἱ μὲν γὰρ χωρὶς ὁρκωμοσίας εἰσὶν ἱερεῖς γεγονότες, ὁ δὲ μετὰ ὁρκωμοσίας διὰ τοῦ λέγοντος πρὸς αὐτόν·

ὤμοσεν κύριος καὶ οὐ μεταμεληθήσεται·
σὺ ἱερεὺς εἰς τὸν αἰῶνα.

κατὰ τοσοῦτο [καὶ] κρείττονος διαθήκης γέγονεν ἔγγυος Ἰησοῦς. Καὶ οἱ μὲν πλείονές εἰσιν γεγονότες ἱερεῖς διὰ τὸ θανάτῳ κωλύεσθαι παραμένειν· ὁ δὲ διὰ τὸ μένειν αὐτὸν εἰς τὸν αἰῶνα ἀπαράβατον ἔχει τὴν ἱερωσύνην· ὅθεν καὶ σῴζειν εἰς τὸ παντελὲς δύναται τοὺς προσερχομένους δι’ αὐτοῦ τῷ θεῷ, πάντοτε ζῶν εἰς τὸ ἐντυγχάνειν ὑπὲρ αὐτῶν.

Τοιοῦτος γὰρ ἡμῖν καὶ ἔπρεπεν ἀρχιερεύς, ὅσιος ἄκακος ἀμίαντος, κεχωρισμένος ἀπὸ τῶν ἁμαρτωλῶν καὶ ὑψηλότερος τῶν οὐρανῶν γενόμενος, ὃς οὐκ ἔχει καθ' ἡμέραν ἀνάγκην, ὥσπερ οἱ ἀρχιερεῖς, πρότερον ὑπὲρ τῶν ἰδίων ἁμαρτιῶν θυσίας ἀναφέρειν ἔπειτα τῶν τοῦ λαοῦ· τοῦτο γὰρ ἐποίησεν ἐφάπαξ ἑαυτὸν ἀνενέγκας. ὁ νόμος γὰρ ἀνθρώπους καθίστησιν ἀρχιερεῖς ἔχοντας ἀσθένειαν, ὁ λόγος δὲ τῆς ὁρκωμοσίας τῆς μετὰ τὸν νόμον υἱὸν εἰς τὸν αἰῶνα τετελειωμένον.

Friday

A Reading (Lesson) from the Prophet Ezekiel (34:17–31)

וְאַתֵּנָה צֹאנִי כֹּה אָמַר אֲדֹנָי יְהוִה הִנְנִי שֹׁפֵט בֵּין־שֶׂה לָשֶׂה
לָאֵילִים וְלָעַתּוּדִים׃
הַמְעַט מִכֶּם הַמִּרְעֶה הַטּוֹב תִּרְעוּ וְיֶתֶר מִרְעֵיכֶם תִּרְמְסוּ
בְּרַגְלֵיכֶם וּמִשְׁקַע־מַיִם תִּשְׁתּוּ וְאֵת הַנּוֹתָרִים בְּרַגְלֵיכֶם תִּרְפֹּשׂוּן׃
וְצֹאנִי מִרְמַס רַגְלֵיכֶם תִּרְעֶינָה וּמִרְפַּשׂ רַגְלֵיכֶם תִּשְׁתֶּינָה׃ ס
לָכֵן כֹּה אָמַר אֲדֹנָי יְהוִה אֲלֵיהֶם הִנְנִי־אָנִי וְשָׁפַטְתִּי בֵּין־שֶׂה
בִרְיָה וּבֵין שֶׂה רָזָה׃
יַעַן בְּצַד וּבְכָתֵף תֶּהְדֹּפוּ וּבְקַרְנֵיכֶם תְּנַגְּחוּ כָּל־הַנַּחְלוֹת עַד אֲשֶׁר
הֲפִיצוֹתֶם אוֹתָנָה אֶל־הַחוּצָה׃
וְהוֹשַׁעְתִּי לְצֹאנִי וְלֹא־תִהְיֶינָה עוֹד לָבַז וְשָׁפַטְתִּי בֵּין שֶׂה לָשֶׂה׃
וַהֲקִמֹתִי עֲלֵיהֶם רֹעֶה אֶחָד וְרָעָה אֶתְהֶן אֵת עַבְדִּי דָוִיד הוּא
יִרְעֶה אֹתָם וְהוּא־יִהְיֶה לָהֶן לְרֹעֶה׃
וַאֲנִי יְהוָה אֶהְיֶה לָהֶם לֵאלֹהִים וְעַבְדִּי דָוִד נָשִׂיא בְתוֹכָם אֲנִי
יְהוָה דִּבַּרְתִּי׃
וְכָרַתִּי לָהֶם בְּרִית שָׁלוֹם וְהִשְׁבַּתִּי חַיָּה־רָעָה מִן־הָאָרֶץ וְיָשְׁבוּ
בַמִּדְבָּר לָבֶטַח וְיָשְׁנוּ בַּיְּעָרִים׃

וְנָתַתִּ֥י אוֹתָ֛ם וּסְבִיב֥וֹת גִּבְעָתִ֖י בְּרָכָ֑ה וְהוֹרַדְתִּ֤י הַגֶּ֙שֶׁם֙ בְּעִתּ֔וֹ גִּשְׁמֵ֥י
בְרָכָ֖ה יִהְיֽוּ׃
וְנָתַן֩ עֵ֨ץ הַשָּׂדֶ֜ה אֶת־פִּרְי֗וֹ וְהָאָ֙רֶץ֙ תִּתֵּ֣ן יְבוּלָ֔הּ וְהָי֥וּ עַל־אַדְמָתָ֖ם
לָבֶ֑טַח וְיָדְע֞וּ כִּֽי־אֲנִ֣י יְהוָ֗ה בְּשִׁבְרִי֙ אֶת־מֹט֣וֹת עֻלָּ֔ם וְהִ֨צַּלְתִּ֔ים
מִיַּ֖ד הָעֹבְדִ֥ים בָּהֶֽם׃
וְלֹא־יִהְי֨וּ ע֥וֹד בַּ֙ז֙ לַגּוֹיִ֔ם וְחַיַּ֥ת הָאָ֖רֶץ לֹ֣א תֹאכְלֵ֑ם וְיָשְׁב֥וּ לָבֶ֖טַח
וְאֵ֥ין מַחֲרִֽיד׃
וַהֲקִמֹתִ֥י לָהֶ֛ם מַטָּ֖ע לְשֵׁ֑ם וְלֹא־יִהְי֨וּ ע֜וֹד אֲסֻפֵ֤י רָעָב֙ בָּאָ֔רֶץ וְלֹא־
יִשְׂא֥וּ ע֖וֹד כְּלִמַּ֥ת הַגּוֹיִֽם׃
וְיָדְע֗וּ כִּ֣י אֲנִ֧י יְהוָ֛ה אֱלֹהֵיהֶ֖ם אִתָּ֑ם וְהֵ֗מָּה עַמִּי֙ בֵּ֣ית יִשְׂרָאֵ֔ל נְאֻ֖ם
אֲדֹנָ֥י יְהוִֽה׃
וְאַתֵּ֥ן צֹאנִ֛י צֹ֥אן מַרְעִיתִ֖י אָדָ֣ם אַתֶּ֑ם אֲנִי֙ אֱלֹ֣הֵיכֶ֔ם נְאֻ֖ם אֲדֹנָ֥י יְהוִֽה׃
פ

A Reading (Lesson) from the letter to the Hebrews (8:1–13)

Κεφάλαιον δὲ ἐπὶ τοῖς λεγομένοις, τοιοῦτον ἔχομεν ἀρχιερέα, ὃς ἐκάθισεν ἐν δεξιᾷ τοῦ θρόνου τῆς μεγαλωσύνης ἐν τοῖς οὐρανοῖς, τῶν ἁγίων λειτουργὸς καὶ τῆς σκηνῆς τῆς ἀληθινῆς, ἣν ἔπηξεν ὁ κύριος, οὐκ ἄνθρωπος. Πᾶς γὰρ ἀρχιερεὺς εἰς τὸ προσφέρειν δῶρά τε καὶ θυσίας καθίσταται· ὅθεν ἀναγκαῖον ἔχειν τι καὶ τοῦτον ὃ προσενέγκῃ. εἰ μὲν οὖν ἦν ἐπὶ γῆς, οὐδ᾽ ἂν ἦν ἱερεύς, ὄντων τῶν προσφερόντων κατὰ νόμον τὰ δῶρα· οἵτινες ὑποδείγματι καὶ σκιᾷ λατρεύουσιν τῶν ἐπουρανίων, καθὼς κεχρημάτισται Μωϋσῆς μέλλων ἐπιτελεῖν τὴν σκηνήν· *ὅρα* γάρ φησιν, *ποιήσεις πάντα κατὰ τὸν τύπον τὸν δειχθέντα σοι ἐν τῷ ὄρει·* νυν [ὶ] δὲ διαφορωτέρας τέτυχεν λειτουργίας, ὅσῳ καὶ κρείττονός ἐστιν διαθήκης μεσίτης, ἥτις ἐπὶ κρείττοσιν ἐπαγγελίαις νενομοθέτηται.

Εἰ γὰρ ἡ πρώτη ἐκείνη ἦν ἄμεμπτος, οὐκ ἂν δευτέρας ἐζητεῖτο τόπος. μεμφόμενος γὰρ αὐτοὺς λέγει·

ἰδοὺ ἡμέραι ἔρχονται, λέγει κύριος,
καὶ συντελέσω ἐπὶ τὸν οἶκον Ἰσραὴλ
καὶ ἐπὶ τὸν οἶκον Ἰούδα διαθήκην καινήν,
οὐ κατὰ τὴν διαθήκην, ἣν ἐποίησα τοῖς πατράσιν αὐτῶν
ἐν ἡμέρᾳ ἐπιλαβομένου μου τῆς χειρὸς αὐτῶν
ἐξαγαγεῖν αὐτοὺς ἐκ γῆς Αἰγύπτου,
ὅτι αὐτοὶ οὐκ ἐνέμειναν ἐν τῇ διαθήκῃ μου,
κἀγὼ ἠμέλησα αὐτῶν, λέγει κύριος·
ὅτι αὕτη ἡ διαθήκη , ἣν διαθήσομαι τῷ οἴκῳ Ἰσραὴλ
μετὰ τὰς ἡμέρας ἐκείνας, λέγει κύριος·
διδοὺς νόμους μου εἰς τὴν διάνοιαν αὐτῶν
καὶ ἐπὶ καρδίας αὐτῶν ἐπιγράψω αὐτούς,
καὶ ἔσομαι αὐτοῖς εἰς θεόν,
καὶ αὐτοὶ ἔσονταί μοι εἰς λαόν·
καὶ οὐ μὴ διδάξωσιν ἕκαστος τὸν πολίτην αὐτοῦ
καὶ ἕκαστος τὸν ἀδελφὸν αὐτοῦ λέγων· γνῶθι τὸν κύριον,
ὅτι πάντες εἰδήσουσίν με
ἀπὸ μικροῦ ἕως μεγάλου αὐτῶν,
ὅτι ἵλεως ἔσομαι ταῖς ἀδικίαις αὐτῶν
καὶ τῶν ἁμαρτιῶν αὐτῶν οὐ μὴ μνησθῶ ἔτι.

ἐν τῷ λέγειν καινὴν πεπαλαίωκεν τὴν πρώτην· τὸ δὲ παλαιούμενον καὶ γηράσκον ἐγγὺς ἀφανισμοῦ.

Appendix

Holy Days

Confession of St. Peter *January 18*

A Reading (Lesson) from the Prophet Ezekiel (3:4–11)

וַיֹּ֣אמֶר אֵלָ֔י בֶּן־אָדָ֕ם לֶךְ־בֹּא֙ אֶל־בֵּ֣ית יִשְׂרָאֵ֔ל וְדִבַּרְתָּ֥ בִדְבָרַ֖י
אֲלֵיהֶֽם׃
כִּ֡י לֹא֩ אֶל־עַ֨ם עִמְקֵ֥י שָׂפָ֛ה וְכִבְדֵ֥י לָשׁ֖וֹן אַתָּ֣ה שָׁל֑וּחַ אֶל־בֵּ֖ית
יִשְׂרָאֵֽל׃
לֹ֣א ׀ אֶל־עַמִּ֣ים רַבִּ֗ים עִמְקֵ֤י שָׂפָה֙ וְכִבְדֵ֣י לָשׁ֔וֹן אֲשֶׁ֥ר לֹא־תִשְׁמַ֖ע
דִּבְרֵיהֶ֑ם אִם־לֹ֤א אֲלֵיהֶם֙ שְׁלַחְתִּ֔יךָ הֵ֖מָּה יִשְׁמְע֥וּ אֵלֶֽיךָ׃
וּבֵ֣ית יִשְׂרָאֵ֗ל לֹ֤א יֹאבוּ֙ לִשְׁמֹ֣עַ אֵלֶ֔יךָ כִּי־אֵינָ֥ם אֹבִ֖ים לִשְׁמֹ֣עַ אֵלָ֑י
כִּ֚י כָּל־בֵּ֣ית יִשְׂרָאֵ֔ל חִזְקֵי־מֵ֥צַח וּקְשֵׁי־לֵ֖ב הֵֽמָּה׃
הִנֵּ֨ה נָתַ֧תִּי אֶת־פָּנֶ֛יךָ חֲזָקִ֖ים לְעֻמַּ֣ת פְּנֵיהֶ֑ם וְאֶֽת־מִצְחֲךָ֥ חָזָ֖ק לְעֻמַּ֥ת
מִצְחָֽם׃
כְּשָׁמִ֛יר חָזָ֥ק מִצֹּ֖ר נָתַ֣תִּי מִצְחֶ֑ךָ לֹֽא־תִירָ֤א אוֹתָם֙ וְלֹא־תֵחַ֣ת
מִפְּנֵיהֶ֔ם כִּ֛י בֵּית־מְרִ֖י הֵֽמָּה׃ פ
וַיֹּ֖אמֶר אֵלָ֑י בֶּן־אָדָ֗ם אֶֽת־כָּל־דְּבָרַי֙ אֲשֶׁ֣ר אֲדַבֵּ֣ר אֵלֶ֔יךָ קַ֥ח
בִּֽלְבָבְךָ֖ וּבְאָזְנֶ֥יךָ שְׁמָֽע׃
וְלֵ֨ךְ בֹּ֤א אֶל־הַגּוֹלָה֙ אֶל־בְּנֵ֣י עַמֶּ֔ךָ וְדִבַּרְתָּ֤ אֲלֵיהֶם֙ וְאָמַרְתָּ֣ אֲלֵיהֶ֔ם
כֹּ֤ה אָמַר֙ אֲדֹנָ֣י יְהוִ֔ה אִם־יִשְׁמְע֖וּ וְאִם־יֶחְדָּֽלוּ׃

A Reading (Lesson) from the Acts of the Apostles (10:34–44)

Ἀνοίξας δὲ Πέτρος τὸ στόμα εἶπεν· ἐπ' ἀληθείας καταλαμβάνομαι ὅτι οὐκ ἔστιν προσωπολήμπτης ὁ θεός, ἀλλ' ἐν παντὶ ἔθνει ὁ φοβούμενος αὐτὸν καὶ ἐργαζόμενος δικαιοσύνην δεκτὸς αὐτῷ ἐστιν. τὸν λόγον [ὃν] ἀπέστειλεν τοῖς υἱοῖς Ἰσραὴλ εὐαγγελιζόμενος εἰρήνην διὰ Ἰησοῦ Χριστοῦ, οὗτός ἐστιν πάντων κύριος, ὑμεῖς οἴδατε τὸ γενόμενον ῥῆμα καθ' ὅλης τῆς Ἰουδαίας, ἀρξάμενος ἀπὸ τῆς Γαλιλαίας μετὰ τὸ βάπτισμα ὃ ἐκήρυξεν Ἰωάννης, Ἰησοῦν τὸν ἀπὸ Ναζαρέθ, ὡς ἔχρισεν αὐτὸν ὁ θεὸς πνεύματι ἁγίῳ καὶ δυνάμει, ὃς διῆλθεν εὐεργετῶν καὶ ἰώμενος πάντας τοὺς καταδυναστευομένους ὑπὸ τοῦ διαβόλου, ὅτι ὁ θεὸς ἦν μετ' αὐτοῦ. καὶ ἡμεῖς μάρτυρες πάντων ὧν ἐποίησεν ἔν τε τῇ χώρᾳ τῶν Ἰουδαίων καὶ [ἐν] Ἰερουσαλήμ. ὃν καὶ ἀνεῖλαν κρεμάσαντες ἐπὶ ξύλου, τοῦτον ὁ θεὸς ἤγειρεν [ἐν] τῇ τρίτῃ ἡμέρᾳ καὶ ἔδωκεν αὐτὸν ἐμφανῆ γενέσθαι, οὐ παντὶ τῷ λαῷ, ἀλλὰ μάρτυσιν τοῖς προκεχειροτονημένοις ὑπὸ τοῦ θεοῦ, ἡμῖν, οἵτινες συνεφάγομεν καὶ συνεπίομεν αὐτῷ μετὰ τὸ ἀναστῆναι αὐτὸν ἐκ νεκρῶν· καὶ παρήγγειλεν ἡμῖν κηρύξαι τῷ λαῷ καὶ διαμαρτύρασθαι ὅτι οὗτός ἐστιν ὁ ὡρισμένος ὑπὸ τοῦ θεοῦ κριτὴς ζώντων καὶ νεκρῶν. τούτῳ πάντες οἱ προφῆται μαρτυροῦσιν ἄφεσιν ἁμαρτιῶν λαβεῖν διὰ τοῦ ὀνόματος αὐτοῦ πάντα τὸν πιστεύοντα εἰς αὐτόν.

Ἔτι λαλοῦντος τοῦ Πέτρου τὰ ῥήματα ταῦτα ἐπέπεσεν τὸ πνεῦμα τὸ ἅγιον ἐπὶ πάντας τοὺς ἀκούοντας τὸν λόγον.

Conversion of St. Paul ***January 25***

A Reading (Lesson) from the Prophet Isaiah (45:18–25)

כִּ֣י כֹ֣ה אָֽמַר־יְהוָ֡ה בּוֹרֵ֨א הַשָּׁמַ֜יִם ה֣וּא הָאֱלֹהִ֗ים יֹצֵ֨ר הָאָ֤רֶץ וְעֹשָׂהּ֙
ה֣וּא כֽוֹנְנָ֔הּ לֹא־תֹ֥הוּ בְרָאָ֖הּ לָשֶׁ֣בֶת יְצָרָ֑הּ אֲנִ֥י יְהוָ֖ה וְאֵ֥ין עֽוֹד׃

לֹא בַסֵּתֶר דִּבַּרְתִּי בִּמְקוֹם אֶרֶץ חֹשֶׁךְ לֹא אָמַרְתִּי לְזֶרַע יַעֲקֹב
תֹּהוּ בַקְּשׁוּנִי אֲנִי יְהוָה דֹּבֵר צֶדֶק מַגִּיד מֵישָׁרִים׃
הִקָּבְצוּ וָבֹאוּ הִתְנַגְּשׁוּ יַחְדָּו פְּלִיטֵי הַגּוֹיִם לֹא יָדְעוּ הַנֹּשְׂאִים אֶת־
עֵץ פִּסְלָם וּמִתְפַּלְלִים אֶל־אֵל לֹא יוֹשִׁיעַ׃
הַגִּידוּ וְהַגִּישׁוּ אַף יִוָּעֲצוּ יַחְדָּו מִי הִשְׁמִיעַ זֹאת מִקֶּדֶם מֵאָז הִגִּידָהּ
הֲלוֹא אֲנִי יְהוָה וְאֵין־עוֹד אֱלֹהִים מִבַּלְעָדַי אֵל־צַדִּיק וּמוֹשִׁיעַ אַיִן
זוּלָתִי׃
פְּנוּ־אֵלַי וְהִוָּשְׁעוּ כָּל־אַפְסֵי־אָרֶץ כִּי אֲנִי־אֵל וְאֵין עוֹד׃
בִּי נִשְׁבַּעְתִּי יָצָא מִפִּי צְדָקָה דָּבָר וְלֹא יָשׁוּב כִּי־לִי תִּכְרַע כָּל־
בֶּרֶךְ תִּשָּׁבַע כָּל־לָשׁוֹן׃
אַךְ בַּיהוָה לִי אָמַר צְדָקוֹת וָעֹז עָדָיו יָבוֹא וְיֵבֹשׁוּ כֹּל הַנֶּחֱרִים
בּוֹ׃
בַּיהוָה יִצְדְּקוּ וְיִתְהַלְלוּ כָּל־זֶרַע יִשְׂרָאֵל׃

A Reading (Lesson) from Paul's letter to the Philippians (3:4b–11)

Εἴ τις δοκεῖ ἄλλος πεποιθέναι ἐν σαρκί, ἐγὼ μᾶλλον· περιτομῇ ὀκταήμερος, ἐκ γένους Ἰσραήλ, φυλῆς Βενιαμίν, Ἑβραῖος ἐξ Ἑβραίων, κατὰ νόμον Φαρισαῖος, κατὰ ζῆλος διώκων τὴν ἐκκλησίαν, κατὰ δικαιοσύνην τὴν ἐν νόμῳ γενόμενος ἄμεμπτος. [Ἀλλ'] ἅτινα ἦν μοι κέρδη, ταῦτα ἥγημαι διὰ τὸν Χριστὸν ζημίαν. ἀλλὰ μενοῦνγε καὶ ἡγοῦμαι πάντα ζημίαν εἶναι διὰ τὸ ὑπερέχον τῆς γνώσεως Χριστοῦ Ἰησοῦ τοῦ κυρίου μου, δι' ὃν τὰ πάντα ἐζημιώθην, καὶ ἡγοῦμαι σκύβαλα, ἵνα Χριστὸν κερδήσω καὶ εὑρεθῶ ἐν αὐτῷ, μὴ ἔχων ἐμὴν δικαιοσύνην τὴν ἐκ νόμου ἀλλὰ τὴν διὰ πίστεως Χριστοῦ, τὴν ἐκ θεοῦ δικαιοσύνην ἐπὶ τῇ πίστει, τοῦ γνῶναι αὐτὸν καὶ τὴν δύναμιν τῆς ἀναστάσεως αὐτοῦ καὶ [τὴν] κοινωνίαν [τῶν] παθημάτων αὐτοῦ, συμμορφιζόμενος τῷ θανάτῳ αὐτοῦ, εἴ πως καταντήσω εἰς τὴν ἐξανάστασιν τὴν ἐκ νεκρῶν.

A Reading (Lesson) from the First Book of Samuel (2:1–10)

וַתִּתְפַּלֵּל חַנָּה וַתֹּאמַר עָלַץ לִבִּי בַּיהוָה רָמָה קַרְנִי בַּיהוָה רָחַב
פִּי עַל־אוֹיְבַי כִּי שָׂמַחְתִּי בִּישׁוּעָתֶךָ׃
אֵין־קָדוֹשׁ כַּיהוָה כִּי אֵין בִּלְתֶּךָ וְאֵין צוּר כֵּאלֹהֵינוּ׃
אַל־תַּרְבּוּ תְדַבְּרוּ גְּבֹהָה גְבֹהָה יֵצֵא עָתָק מִפִּיכֶם כִּי אֵל דֵּעוֹת
יְהוָה [K]ולא [Q]וְלוֹ נִתְכְּנוּ עֲלִלוֹת׃
קֶשֶׁת גִּבֹּרִים חַתִּים וְנִכְשָׁלִים אָזְרוּ חָיִל׃
שְׂבֵעִים בַּלֶּחֶם נִשְׂכָּרוּ וּרְעֵבִים חָדֵלּוּ עַד־עֲקָרָה יָלְדָה שִׁבְעָה
וְרַבַּת בָּנִים אֻמְלָלָה׃
יְהוָה מֵמִית וּמְחַיֶּה מוֹרִיד שְׁאוֹל וַיָּעַל׃
יְהוָה מוֹרִישׁ וּמַעֲשִׁיר מַשְׁפִּיל אַף־מְרוֹמֵם׃
מֵקִים מֵעָפָר דָּל מֵאַשְׁפֹּת יָרִים אֶבְיוֹן לְהוֹשִׁיב עִם־נְדִיבִים וְכִסֵּא
כָבוֹד יַנְחִלֵם כִּי לַיהוָה מְצֻקֵי אֶרֶץ וַיָּשֶׁת עֲלֵיהֶם תֵּבֵל׃
רַגְלֵי [K]חסידו [Q]חֲסִידָיו יִשְׁמֹר וּרְשָׁעִים בַּחֹשֶׁךְ יִדָּמּוּ כִּי־לֹא בְכֹחַ
יִגְבַּר־אִישׁ׃
יְהוָה יֵחַתּוּ [K]מְרִיבוֹ [Q]מְרִיבָיו [K]עָלוֹ [Q]עָלָיו בַּשָּׁמַיִם יַרְעֵם יְהוָה יָדִין
אַפְסֵי־אָרֶץ וְיִתֶּן־עֹז לְמַלְכּוֹ וְיָרֵם קֶרֶן מְשִׁיחוֹ׃ פ

A Reading (Lesson) from the Gospel according to John (8:31–36)

Ἔλεγεν οὖν ὁ Ἰησοῦς πρὸς τοὺς πεπιστευκότας αὐτῷ Ἰουδαίους· ἐὰν ὑμεῖς μείνητε ἐν τῷ λόγῳ τῷ ἐμῷ, ἀληθῶς μαθηταί μού ἐστε καὶ γνώσεσθε τὴν ἀλήθειαν, καὶ ἡ ἀλήθεια ἐλευθερώσει ὑμᾶς. ἀπεκρίθησαν πρὸς αὐτόν· σπέρμα Ἀβραάμ ἐσμεν καὶ οὐδενὶ δεδουλεύκαμεν πώποτε· πῶς σὺ λέγεις ὅτι ἐλεύθεροι γενήσεσθε; ἀπεκρίθη αὐτοῖς ὁ Ἰησοῦς· ἀμὴν

ἀμὴν λέγω ὑμῖν ὅτι πᾶς ὁ ποιῶν τὴν ἁμαρτίαν δοῦλός ἐστιν τῆς ἁμαρτίας. ὁ δὲ δοῦλος οὐ μένει ἐν τῇ οἰκίᾳ εἰς τὸν αἰῶνα, ὁ υἱὸς μένει εἰς τὸν αἰῶνα. ἐὰν οὖν ὁ υἱὸς ὑμᾶς ἐλευθερώσῃ, ὄντως ἐλεύθεροι ἔσεσθε.

St. Matthias ***February 24***

A Reading (Lesson) from the First Book of Samuel (16:1–13)

וַיֹּאמֶר יְהוָה אֶל־שְׁמוּאֵל עַד־מָתַי אַתָּה מִתְאַבֵּל אֶל־שָׁאוּל וַאֲנִי
מְאַסְתִּיו מִמְּלֹךְ עַל־יִשְׂרָאֵל מַלֵּא קַרְנְךָ שֶׁמֶן וְלֵךְ אֶשְׁלָחֲךָ אֶל־
יִשַׁי בֵּית־הַלַּחְמִי כִּי־רָאִיתִי בְּבָנָיו לִי מֶלֶךְ׃
וַיֹּאמֶר שְׁמוּאֵל אֵיךְ אֵלֵךְ וְשָׁמַע שָׁאוּל וַהֲרָגָנִי ס וַיֹּאמֶר יְהוָה
עֶגְלַת בָּקָר תִּקַּח בְּיָדֶךָ וְאָמַרְתָּ לִזְבֹּחַ לַיהוָה בָּאתִי׃
וְקָרָאתָ לְיִשַׁי בַּזָּבַח וְאָנֹכִי אוֹדִיעֲךָ אֵת אֲשֶׁר־תַּעֲשֶׂה וּמָשַׁחְתָּ לִי
אֵת אֲשֶׁר־אֹמַר אֵלֶיךָ׃
וַיַּעַשׂ שְׁמוּאֵל אֵת אֲשֶׁר דִּבֶּר יְהוָה וַיָּבֹא בֵּית לָחֶם וַיֶּחֶרְדוּ זִקְנֵי
הָעִיר לִקְרָאתוֹ וַיֹּאמֶר שָׁלֹם בּוֹאֶךָ׃
וַיֹּאמֶר ׀ שָׁלוֹם לִזְבֹּחַ לַיהוָה בָּאתִי הִתְקַדְּשׁוּ וּבָאתֶם אִתִּי בַּזָּבַח
וַיְקַדֵּשׁ אֶת־יִשַׁי וְאֶת־בָּנָיו וַיִּקְרָא לָהֶם לַזָּבַח׃
וַיְהִי בְּבוֹאָם וַיַּרְא אֶת־אֱלִיאָב וַיֹּאמֶר אַךְ נֶגֶד יְהוָה מְשִׁיחוֹ׃
וַיֹּאמֶר יְהוָה אֶל־שְׁמוּאֵל אַל־תַּבֵּט אֶל־מַרְאֵהוּ וְאֶל־גְּבֹהַּ קוֹמָתוֹ
כִּי מְאַסְתִּיהוּ כִּי ׀ לֹא אֲשֶׁר יִרְאֶה הָאָדָם כִּי הָאָדָם יִרְאֶה לַעֵינַיִם
וַיהוָה יִרְאֶה לַלֵּבָב׃
וַיִּקְרָא יִשַׁי אֶל־אֲבִינָדָב וַיַּעֲבִרֵהוּ לִפְנֵי שְׁמוּאֵל וַיֹּאמֶר גַּם־בָּזֶה
לֹא־בָחַר יְהוָה׃
וַיַּעֲבֵר יִשַׁי שַׁמָּה וַיֹּאמֶר גַּם־בָּזֶה לֹא־בָחַר יְהוָה׃

וַיַּעֲבֵ֥ר יִשַׁ֛י שִׁבְעַ֥ת בָּנָ֖יו לִפְנֵ֣י שְׁמוּאֵ֑ל וַיֹּ֤אמֶר שְׁמוּאֵל֙ אֶל־יִשַׁ֔י לֹא־
בָחַ֥ר יְהוָ֖ה בָּאֵֽלֶּה׃
וַיֹּ֨אמֶר שְׁמוּאֵ֣ל אֶל־יִשַׁי֮ הֲתַ֣מּוּ הַנְּעָרִים֒ וַיֹּ֗אמֶר ע֚וֹד שָׁאַ֣ר הַקָּטָ֔ן
וְהִנֵּ֥ה רֹעֶ֖ה בַּצֹּ֑אן וַיֹּ֨אמֶר שְׁמוּאֵ֤ל אֶל־יִשַׁי֙ שִׁלְחָ֣ה וְקָחֶ֔נּוּ כִּ֥י לֹא־
נָסֹ֖ב עַד־בֹּא֥וֹ פֹֽה׃
וַיִּשְׁלַ֤ח וַיְבִיאֵ֙הוּ֙ וְה֣וּא אַדְמוֹנִ֔י עִם־יְפֵ֥ה עֵינַ֖יִם וְט֣וֹב רֹ֑אִי פ וַיֹּ֧אמֶר
יְהוָ֛ה ק֥וּם מְשָׁחֵ֖הוּ כִּי־זֶ֥ה הֽוּא׃
וַיִּקַּ֨ח שְׁמוּאֵ֜ל אֶת־קֶ֣רֶן הַשֶּׁ֗מֶן וַיִּמְשַׁ֣ח אֹתוֹ֮ בְּקֶ֣רֶב אֶחָיו֒ וַתִּצְלַ֤ח
רֽוּחַ־יְהוָה֙ אֶל־דָּוִ֔ד מֵהַיּ֥וֹם הַה֖וּא וָמָ֑עְלָה וַיָּ֣קָם שְׁמוּאֵ֔ל וַיֵּ֖לֶךְ
הָרָמָֽתָה׃ ס

A Reading (Lesson) from the first letter of John (2:18–25)

Παιδία, ἐσχάτη ὥρα ἐστίν, καὶ καθὼς ἠκούσατε ὅτι ἀντίχριστος ἔρχεται, καὶ νῦν ἀντίχριστοι πολλοὶ γεγόνασιν, ὅθεν γινώσκομεν ὅτι ἐσχάτη ὥρα ἐστίν. ἐξ ἡμῶν ἐξῆλθαν ἀλλ' οὐκ ἦσαν ἐξ ἡμῶν, εἰ γὰρ ἐξ ἡμῶν ἦσαν, μεμενήκεισαν ἂν μεθ' ἡμῶν– ἀλλ' ἵνα φανερωθῶσιν ὅτι οὐκ εἰσὶν πάντες ἐξ ἡμῶν. καὶ ὑμεῖς χρῖσμα ἔχετε ἀπὸ τοῦ ἁγίου καὶ οἴδατε πάντες. οὐκ ἔγραψα ὑμῖν ὅτι οὐκ οἴδατε τὴν ἀλήθειαν ἀλλ' ὅτι οἴδατε αὐτὴν καὶ ὅτι πᾶν ψεῦδος ἐκ τῆς ἀληθείας οὐκ ἔστιν.

Τίς ἐστιν ὁ ψεύστης εἰ μὴ ὁ ἀρνούμενος ὅτι Ἰησοῦς οὐκ ἔστιν ὁ Χριστός; οὗτός ἐστιν ὁ ἀντίχριστος, ὁ ἀρνούμενος τὸν πατέρα καὶ τὸν υἱόν. πᾶς ὁ ἀρνούμενος τὸν υἱὸν οὐδὲ τὸν πατέρα ἔχει, ὁ ὁμολογῶν τὸν υἱὸν καὶ τὸν πατέρα ἔχει. ὑμεῖς ὃ ἠκούσατε ἀπ' ἀρχῆς, ἐν ὑμῖν μενέτω. ἐὰν ἐν ὑμῖν μείνῃ ὃ ἀπ' ἀρχῆς ἠκούσατε, καὶ ὑμεῖς ἐν τῷ υἱῷ καὶ ἐν τῷ πατρὶ μενεῖτε. καὶ αὕτη ἐστὶν ἡ ἐπαγγελία ἣν αὐτὸς ἐπηγγείλατο ἡμῖν, τὴν ζωὴν τὴν αἰώνιον.

A Reading (Lesson) from the Prophet Isaiah (63:7–16)

חַֽסְדֵ֨י יְהוָ֤ה ׀ אַזְכִּיר֙ תְּהִלֹּ֣ת יְהוָ֔ה כְּעַ֕ל כֹּ֥ל אֲשֶׁר־גְּמָלָ֖נוּ יְהוָ֑ה
וְרַב־טוּב֙ לְבֵ֣ית יִשְׂרָאֵ֔ל אֲשֶׁר־גְּמָלָ֥ם כְּרַחֲמָ֖יו וּכְרֹ֥ב חֲסָדָֽיו׃
וַיֹּ֙אמֶר֙ אַךְ־עַמִּ֣י הֵ֔מָּה בָּנִ֖ים לֹ֣א יְשַׁקֵּ֑רוּ וַיְהִ֥י לָהֶ֖ם לְמוֹשִֽׁיעַ׃
בְּכָל־צָרָתָ֣ם ׀ [K]לא [Q]לוֹ֮ צָר֒ וּמַלְאַ֤ךְ פָּנָיו֙ הֽוֹשִׁיעָ֔ם בְּאַהֲבָת֥וֹ
וּבְחֶמְלָת֖וֹ ה֣וּא גְאָלָ֑ם וַֽיְנַטְּלֵ֥ם וַֽיְנַשְּׂאֵ֖ם כָּל־יְמֵ֥י עוֹלָֽם׃
וְהֵ֛מָּה מָר֥וּ וְעִצְּב֖וּ אֶת־ר֣וּחַ קָדְשׁ֑וֹ וַיֵּהָפֵ֥ךְ לָהֶ֛ם לְאוֹיֵ֖ב ה֥וּא
נִלְחַם־בָּֽם׃
וַיִּזְכֹּ֥ר יְמֵי־עוֹלָ֖ם מֹשֶׁ֣ה עַמּ֑וֹ אַיֵּ֣ה ׀ הַמַּעֲלֵ֣ם מִיָּ֗ם אֵ֚ת רֹעֵ֣י צֹאנ֔וֹ אַיֵּ֛ה
הַשָּׂ֥ם בְּקִרְבּ֖וֹ אֶת־ר֥וּחַ קָדְשֽׁוֹ׃
מוֹלִיךְ֙ לִימִ֣ין מֹשֶׁ֔ה זְר֖וֹעַ תִּפְאַרְתּ֑וֹ בּ֤וֹקֵֽעַ מַ֙יִם֙ מִפְּנֵיהֶ֔ם לַעֲשׂ֥וֹת ל֖וֹ
שֵׁ֥ם עוֹלָֽם׃
מוֹלִיכָ֖ם בַּתְּהֹמ֑וֹת כַּסּ֥וּס בַּמִּדְבָּ֖ר לֹ֥א יִכָּשֵֽׁלוּ׃
כַּבְּהֵמָה֙ בַּבִּקְעָ֣ה תֵרֵ֔ד ר֥וּחַ יְהוָ֖ה תְּנִיחֶ֑נּוּ כֵּ֚ן נִהַ֣גְתָּ עַמְּךָ֔ לַעֲשׂ֥וֹת
לְךָ֖ שֵׁ֥ם תִּפְאָֽרֶת׃
הַבֵּ֤ט מִשָּׁמַ֙יִם֙ וּרְאֵ֔ה מִזְּבֻ֥ל קָדְשְׁךָ֖ וְתִפְאַרְתֶּ֑ךָ אַיֵּ֤ה קִנְאָֽתְךָ֙
וּגְב֣וּרֹתֶ֔ךָ הֲמ֥וֹן מֵעֶ֛יךָ וְרַחֲמֶ֖יךָ אֵלַ֥י הִתְאַפָּֽקוּ׃
כִּֽי־אַתָּ֣ה אָבִ֔ינוּ כִּ֤י אַבְרָהָם֙ לֹ֣א יְדָעָ֔נוּ וְיִשְׂרָאֵ֖ל לֹ֣א יַכִּירָ֑נוּ אַתָּ֤ה
יְהוָה֙ אָבִ֔ינוּ גֹּאֲלֵ֥נוּ מֵעוֹלָ֖ם שְׁמֶֽךָ׃

A Reading (Lesson) from the Gospel according to Matthew (1:18–25)

Τοῦ δὲ Ἰησοῦ Χριστοῦ ἡ γένεσις οὕτως ἦν. μνηστευθείσης τῆς μητρὸς αὐτοῦ Μαρίας τῷ Ἰωσήφ, πρὶν ἢ συνελθεῖν αὐτοὺς εὑρέθη ἐν γαστρὶ ἔχουσα ἐκ πνεύματος ἁγίου. Ἰωσὴφ δὲ ὁ ἀνὴρ αὐτῆς, δίκαιος ὢν καὶ μὴ θέλων αὐτὴν δειγματίσαι, ἐβουλήθη λάθρᾳ ἀπολῦσαι αὐτήν. ταῦτα δὲ αὐτοῦ ἐνθυμηθέντος ἰδοὺ ἄγγελος κυρίου κατ' ὄναρ ἐφάνη αὐτῷ λέγων· Ἰωσὴφ υἱὸς Δαυίδ, μὴ φοβηθῇς παραλαβεῖν Μαρίαν τὴν γυναῖκά σου· τὸ γὰρ ἐν αὐτῇ γεννηθὲν ἐκ πνεύματός ἐστιν ἁγίου. τέξεται δὲ υἱόν, καὶ καλέσεις τὸ ὄνομα αὐτοῦ Ἰησοῦν· αὐτὸς γὰρ σώσει τὸν λαὸν αὐτοῦ ἀπὸ τῶν ἁμαρτιῶν αὐτῶν. τοῦτο δὲ ὅλον γέγονεν ἵνα πληρωθῇ τὸ ῥηθὲν ὑπὸ κυρίου διὰ τοῦ προφήτου λέγοντος·

ἰδοὺ ἡ παρθένος ἐν γαστρὶ ἕξει καὶ τέξεται υἱόν,
καὶ καλέσουσιν τὸ ὄνομα αὐτοῦ Ἐμμανουήλ,

ὅ ἐστιν μεθερμηνευόμενον *μεθ' ἡμῶν ὁ θεός*. ἐγερθεὶς δὲ ὁ Ἰωσὴφ ἀπὸ τοῦ ὕπνου ἐποίησεν ὡς προσέταξεν αὐτῷ ὁ ἄγγελος κυρίου καὶ παρέλαβεν τὴν γυναῖκα αὐτοῦ, καὶ οὐκ ἐγίνωσκεν αὐτὴν ἕως οὗ ἔτεκεν υἱόν· καὶ ἐκάλεσεν τὸ ὄνομα αὐτοῦ Ἰησοῦν.

Annunciation *March 25*

A Reading (Lesson) from the Prophet Isaiah (52:7–12)

מַה־נָּאו֨וּ עַל־הֶהָרִ֜ים רַגְלֵ֣י מְבַשֵּׂ֗ר מַשְׁמִ֧יעַ שָׁל֛וֹם מְבַשֵּׂ֥ר ט֖וֹב
מַשְׁמִ֣יעַ יְשׁוּעָ֑ה אֹמֵ֥ר לְצִיּ֖וֹן מָלַ֥ךְ אֱלֹהָֽיִךְ׃
ק֥וֹל צֹפַ֛יִךְ נָ֥שְׂאוּ ק֖וֹל יַחְדָּ֣ו יְרַנֵּ֑נוּ כִּ֣י עַ֤יִן בְּעַ֙יִן֙ יִרְא֔וּ בְּשׁ֥וּב יְהוָ֖ה
צִיּֽוֹן׃
פִּצְח֤וּ רַנְּנוּ֙ יַחְדָּ֔ו חָרְב֖וֹת יְרוּשָׁלִָ֑ם כִּֽי־נִחַ֤ם יְהוָה֙ עַמּ֔וֹ גָּאַ֖ל
יְרוּשָׁלִָֽם׃
חָשַׂ֤ף יְהוָה֙ אֶת־זְר֣וֹעַ קָדְשׁ֔וֹ לְעֵינֵ֖י כָּל־הַגּוֹיִ֑ם וְרָאוּ֙ כָּל־אַפְסֵי־
אָ֔רֶץ אֵ֖ת יְשׁוּעַ֥ת אֱלֹהֵֽינוּ׃ ס
ס֤וּרוּ ס֙וּרוּ֙ צְא֣וּ מִשָּׁ֔ם טָמֵ֖א אַל־תִּגָּ֑עוּ צְא֣וּ מִתּוֹכָ֔הּ הִבָּ֕רוּ נֹשְׂאֵ֖י
כְּלֵ֥י יְהוָֽה׃

כִּ֣י לֹ֤א בְחִפָּזוֹן֙ תֵּצֵ֔אוּ וּבִמְנוּסָ֖ה לֹ֣א תֵלֵכ֑וּן כִּֽי־הֹלֵ֤ךְ לִפְנֵיכֶם֙ יְהוָ֔ה וּמְאַסִּפְכֶ֖ם אֱלֹהֵ֥י יִשְׂרָאֵֽל׃ ס

A Reading (Lesson) from the letter to the Hebrews (2:5–10)

Οὐ γὰρ ἀγγέλοις ὑπέταξεν τὴν οἰκουμένην τὴν μέλλουσαν, περὶ ἧς λαλοῦμεν. διεμαρτύρατο δέ πού τις λέγων·

τί ἐστιν ἄνθρωπος ὅτι μιμνῄσκῃ αὐτοῦ,
ἢ υἱὸς ἀνθρώπου ὅτι ἐπισκέπτῃ αὐτόν;
ἠλάττωσας αὐτὸν βραχύ τι παρ' ἀγγέλους,
δόξῃ καὶ τιμῇ ἐστεφάνωσας αὐτόν,
πάντα ὑπέταξας ὑποκάτω τῶν ποδῶν αὐτοῦ.

ἐν τῷ γὰρ ὑποτάξαι [αὐτῷ] τὰ πάντα οὐδὲν ἀφῆκεν αὐτῷ ἀνυπότακτον. Νῦν δὲ οὔπω ὁρῶμεν αὐτῷ τὰ πάντα ὑποτεταγμένα· τὸν δὲ βραχύ τι παρ' ἀγγέλους ἠλαττωμένον βλέπομεν Ἰησοῦν διὰ τὸ πάθημα τοῦ θανάτου δόξῃ καὶ τιμῇ ἐστεφανωμένον, ὅπως χάριτι θεοῦ ὑπὲρ παντὸς γεύσηται θανάτου.

Ἔπρεπεν γὰρ αὐτῷ, δι' ὃν τὰ πάντα καὶ δι' οὗ τὰ πάντα, πολλοὺς υἱοὺς εἰς δόξαν ἀγαγόντα τὸν ἀρχηγὸν τῆς σωτηρίας αὐτῶν διὰ παθημάτων τελειῶσαι.

St. Mark ***April 25***

A Reading (Lesson) from the Book of Ecclesiasticus (2:1–11)

Τέκνον, εἰ προσέρχῃ δουλεύειν κυρίῳ,
ἑτοίμασον τὴν ψυχήν σου εἰς πειρασμόν·
εὔθυνον τὴν καρδίαν σου καὶ καρτέρησον
καὶ μὴ σπεύσῃς ἐν καιρῷ ἐπαγωγῆς·
κολλήθητι αὐτῷ καὶ μὴ ἀποστῇς,
ἵνα αὐξηθῇς ἐπ' ἐσχάτων σου.
πᾶν, ὃ ἐὰν ἐπαχθῇ σοι, δέξαι

καὶ ἐν ἀλλάγμασιν ταπεινώσεώς σου μακροθύμησον·
ὅτι ἐν πυρὶ δοκιμάζεται χρυσὸς
καὶ ἄνθρωποι δεκτοὶ ἐν καμίνῳ ταπεινώσεως.
πίστευσον αὐτῷ, καὶ ἀντιλήμψεταί σου·
εὔθυνον τὰς ὁδούς σου καὶ ἔλπισον ἐπ᾽ αὐτόν.
Οἱ φοβούμενοι τὸν κύριον, ἀναμείνατε τὸ ἔλεος αὐτοῦ
καὶ μὴ ἐκκλίνητε, ἵνα μὴ πέσητε.
οἱ φοβούμενοι κύριον, πιστεύσατε αὐτῷ,
καὶ οὐ μὴ πταίσῃ ὁ μισθὸς ὑμῶν.
οἱ φοβούμενοι κύριον, ἐλπίσατε εἰς ἀγαθὰ
καὶ εἰς εὐφροσύνην αἰῶνος καὶ ἔλεος.
ἐμβλέψατε εἰς ἀρχαίας γενεὰς καὶ ἴδετε·
τίς ἐνεπίστευσεν κυρίῳ καὶ κατῃσχύνθη;
ἢ τίς ἐνέμεινεν τῷ φόβῳ αὐτοῦ καὶ ἐγκατελείφθη;
ἢ τίς ἐπεκαλέσατο αὐτόν, καὶ ὑπερεῖδεν αὐτόν;
διότι οἰκτίρμων καὶ ἐλεήμων ὁ κύριος
καὶ ἀφίησιν ἁμαρτίας καὶ σῴζει ἐν καιρῷ θλίψεως.

A Reading (Lesson) from the Acts of the Apostles (12:25–13:3)

Βαρναβᾶς δὲ καὶ Σαῦλος ὑπέστρεψαν εἰς Ἰερουσαλὴμ πληρώσαντες τὴν διακονίαν, συμπαραλαβόντες Ἰωάννην τὸν ἐπικληθέντα Μᾶρκον.

Ἦσαν δὲ ἐν Ἀντιοχείᾳ κατὰ τὴν οὖσαν ἐκκλησίαν προφῆται καὶ διδάσκαλοι ὅ τε Βαρναβᾶς καὶ Συμεὼν ὁ καλούμενος Νίγερ καὶ Λούκιος ὁ Κυρηναῖος, Μαναήν τε Ἡρῴδου τοῦ τετραάρχου σύντροφος καὶ Σαῦλος. Λειτουργούντων δὲ αὐτῶν τῷ κυρίῳ καὶ νηστευόντων εἶπεν τὸ πνεῦμα τὸ ἅγιον· ἀφορίσατε δή μοι τὸν Βαρναβᾶν καὶ Σαῦλον εἰς τὸ ἔργον ὃ προσκέκλημαι αὐτούς. τότε νηστεύσαντες καὶ προσευξάμενοι καὶ ἐπιθέντες τὰς χεῖρας αὐτοῖς ἀπέλυσαν.

SS. Philip & James *May 1*

A Reading (Lesson) from the Book of Job (23:1–12)

וַיַּעַן אִיּוֹב וַיֹּאמַר׃
גַּם־הַיּוֹם מְרִי שִׂחִי יָדִי כָּבְדָה עַל־אַנְחָתִי׃
מִי־יִתֵּן יָדַעְתִּי וְאֶמְצָאֵהוּ אָבוֹא עַד־תְּכוּנָתוֹ׃
אֶעֶרְכָה לְפָנָיו מִשְׁפָּט וּפִי אֲמַלֵּא תוֹכָחוֹת׃
אֵדְעָה מִלִּים יַעֲנֵנִי וְאָבִינָה מַה־יֹּאמַר לִי׃
הַבְּרָב־כֹּחַ יָרִיב עִמָּדִי לֹא אַךְ־הוּא יָשִׂם בִּי׃
שָׁם יָשָׁר נוֹכָח עִמּוֹ וַאֲפַלְּטָה לָנֶצַח מִשֹּׁפְטִי׃
הֵן קֶדֶם אֶהֱלֹךְ וְאֵינֶנּוּ וְאָחוֹר וְלֹא־אָבִין לוֹ׃
שְׂמֹאול בַּעֲשֹׂתוֹ וְלֹא־אָחַז יַעְטֹף יָמִין וְלֹא אֶרְאֶה׃
כִּי־יָדַע דֶּרֶךְ עִמָּדִי בְּחָנַנִי כַּזָּהָב אֵצֵא׃
בַּאֲשֻׁרוֹ אָחֲזָה רַגְלִי דַּרְכּוֹ שָׁמַרְתִּי וְלֹא־אָט׃
מִצְוַת שְׂפָתָיו וְלֹא אָמִישׁ מֵחֻקִּי צָפַנְתִּי אִמְרֵי־פִיו׃

A Reading (Lesson) from the Gospel according to John (1:43–51)

Τῇ ἐπαύριον ἠθέλησεν ἐξελθεῖν εἰς τὴν Γαλιλαίαν καὶ εὑρίσκει Φίλιππον. καὶ λέγει αὐτῷ ὁ Ἰησοῦς· ἀκολούθει μοι. ἦν δὲ ὁ Φίλιππος ἀπὸ Βηθσαϊδά, ἐκ τῆς πόλεως Ἀνδρέου καὶ Πέτρου. εὑρίσκει Φίλιππος τὸν Ναθαναὴλ καὶ λέγει αὐτῷ· ὃν ἔγραψεν Μωϋσῆς ἐν τῷ νόμῳ καὶ οἱ προφῆται εὑρήκαμεν, Ἰησοῦν υἱὸν τοῦ Ἰωσὴφ τὸν ἀπὸ Ναζαρέτ. καὶ εἶπεν αὐτῷ Ναθαναήλ· ἐκ Ναζαρὲτ δύναταί τι ἀγαθὸν εἶναι; λέγει αὐτῷ [ὁ] Φίλιππος· ἔρχου καὶ ἴδε. Εἶδεν ὁ Ἰησοῦς τὸν Ναθαναὴλ ἐρχόμενον πρὸς αὐτὸν καὶ λέγει περὶ αὐτοῦ· ἴδε ἀληθῶς Ἰσραηλίτης ἐν ᾧ δόλος οὐκ ἔστιν. λέγει αὐτῷ Ναθαναήλ· πόθεν με γινώσκεις; ἀπεκρίθη Ἰησοῦς καὶ εἶπεν αὐτῷ· πρὸ τοῦ σε Φίλιππον φωνῆσαι ὄντα ὑπὸ τὴν συκῆν εἶδόν σε.

ἀπεκρίθη αὐτῷ Ναθαναήλ· ῥαββί, σὺ εἶ ὁ υἱὸς τοῦ θεοῦ, σὺ βασιλεὺς εἶ τοῦ Ἰσραήλ. ἀπεκρίθη Ἰησοῦς καὶ εἶπεν αὐτῷ· ὅτι εἶπόν σοι ὅτι εἶδόν σε ὑποκάτω τῆς συκῆς, πιστεύεις; μείζω τούτων ὄψῃ. καὶ λέγει αὐτῷ· ἀμὴν ἀμὴν λέγω ὑμῖν, ὄψεσθε *τὸν οὐρανὸν* ἀνεῳγότα *καὶ τοὺς ἀγγέλους τοῦ θεοῦ ἀναβαίνοντας καὶ καταβαίνοντας* ἐπὶ τὸν υἱὸν τοῦ ἀνθρώπου.

Acknowledgements

We are indebted to many people for their support in editing and publishing these volumes. This project would not have been possible without the initial vision and ongoing support of our Seminary's dean and president, the Very Rev. Ian S. Markham, Ph.D. and his assistants Cassandra Gravina and Taryn Habberley. Our Head Librarian Mitzi Budde, Ph.D., along with the library staff at the Bishop Payne Library, were invaluable in getting us access to materials during both a COVID-19 closure and an extensive renovation of the library building. Dorothy Pearson at VTS Press walked us through the basics of publishing, which neither of us had done before. Both of us have benefited from many professors of biblical and classical languages over the years of our educational journeys. We are grateful for the patience of our family and friends through the many hours spent writing and revising the manuscripts. Last, but certainly not least, our faculty advisor, Stephen L. Cook, Ph.D. provided both technical and linguistic support and showed his artistic side by designing our cover art. All credit goes to those who journeyed beside us, and all errors are our own.

The Editors

Molly Jane Layton is a Middler in the M.Div. program at Virginia Theological Seminary and a Postulant for Holy Orders in the Episcopal Diocese of New York. Before entering seminary, she earned an M.A. in Classics at Cornell University and an M.Ed. in Private School Leadership from the Klingenstein Center at Teachers College, Columbia University and taught high school for twelve years.

Garrett Ayers is a Middler in the M.Div. program at Virginia Theological Seminary and a Postulant for Holy Orders in the Episcopal Diocese of Upper South Carolina. Before seminary, Garrett completed an M.Litt. from the Institute for Theology, Imagination, and the Arts at St. Andrew's University, Scotland.

Made in the USA
Columbia, SC
15 November 2021